本书的出版获得
"北京大学创建世界一流大学计划"
经费资助

教育部人文社会科学重点研究基地基金资助

古 代 文 明

（第 11 卷）

北京大学中国考古学研究中心
北京大学震旦古代文明研究中心　编

文 物 出 版 社

北京 · 2016

封面设计　张希广
责任印制　张道奇
英文翻译　李新伟
责任编辑　王　霞

图书在版编目（CIP）数据

古代文明. 第 11 卷/北京大学中国考古学研究中心，
北京大学震旦古代文明研究中心编. —北京：文物出版社，
2016.12
　ISBN 978 - 7 - 5010 - 4891 - 5

　Ⅰ. ①古… Ⅱ. ①北… ②北… Ⅲ. ①文化史 - 研究 -
中国 - 古代 - 丛刊　Ⅳ. ①K220.3 - 55

　中国版本图书馆 CIP 数据核字（2016）第 313715 号

古　代　文　明

（第 11 卷）

北京大学中国考古学研究中心
北京大学震旦古代文明研究中心　编

*

文 物 出 版 社 出 版 发 行

（北京东直门内北小街2号楼）

http://www.wenwu.com

E - mail：web@wenwu.com

宝蕾元仁浩（天津）印刷有限公司

新 华 书 店 经 销

787×1092　1/16　印张：28.5

2016 年 12 月第 1 版　2016 年 12 月第 1 次印刷
ISBN 978 - 7 - 5010 - 4891 - 5　定价：180.00 元

目　　录

豫西晋西南地区龙山时代文化研究

魏兴涛 [*]

The paper, based on the analysis of typical sites, divided the Longshan 龙山 period cultures in the western Henan 河南 and southwestern Shanxi 山西 into two phases each consisting of two sub – phases, dating from 2300 BC to 2000 BC. Longshan period cultures in this area seem had been strongly influenced by the surrounding contemporary cultures. In the early phase, the local culture might can be regarded part of the powerful Taosi 陶寺 culture. In the late phase, however, the eastern, western and northern districts of this area show strong relationship with the Wangwan 王湾 Phase III, Keshengzhuang 客省庄 and Taosi cultures respectively. Generally speaking, this area had exhibited a mixture of different cultural elements from surrounding regions which had never been united by local power.

一、引 言

　　豫西晋西南地区，指河南省三门峡市辖区和山西省运城市辖区南部即峨嵋岭以南以运城盆地为主体的区域。本地区处于豫、晋、陕三省交界地带，属中原地区的中心区域之一。从已有考古材料可知，三门峡市和运城市南部尽管分处于黄河南、北岸畔，但包括龙山时代在内的新石器时代各个时期在文化上联系却十分紧密，因此本文将两者合并，作为一个地区一同研究。

　　本地区龙山时代文化遗存早在20世纪20年代初就有所发现。1921年河南渑池仰韶村遗址的发掘就曾发现有单把鬲、方格纹罐、单把小罐、单耳杯等陶器，但被归入到仰韶文化中[1]，后来才得以辨识明确这些器物应属于中原龙山文化[2]。而这里龙

---

　　* 作者系河南省文物考古研究院研究员。

〔1〕 安特生《中华远古之文化》，《地质汇报》第五号，1923年；J. G. Andersson, Prehistoric Sites in Honan, *The Museum of Far Eastern Antiquities Bulletin*, No. 19, 1947.
〔2〕 刘燿《龙山文化与仰韶文化之分析》，《中国考古学报》第二册，1947年；严文明《从王湾看仰韶村》，《仰韶文化研究》，文物出版社，1989年。

山遗存的大批发现则是在20世纪50年代以后，随着考古发掘工作的陆续开展，有越来越多的这一时期文化遗存被揭示出来。目前经过发掘的主要龙山遗址除仰韶村外，还有河南三门峡市（原陕县）三里桥[3]、灵宝城东寨[4]、泉鸠[5]、山西垣曲古城东关[6]、龙王崖[7]、丰村[8]、夏县东下冯[9]、芮城南礼教[10]、清凉寺[11]等，已积累了较丰富的考古材料（图一）。

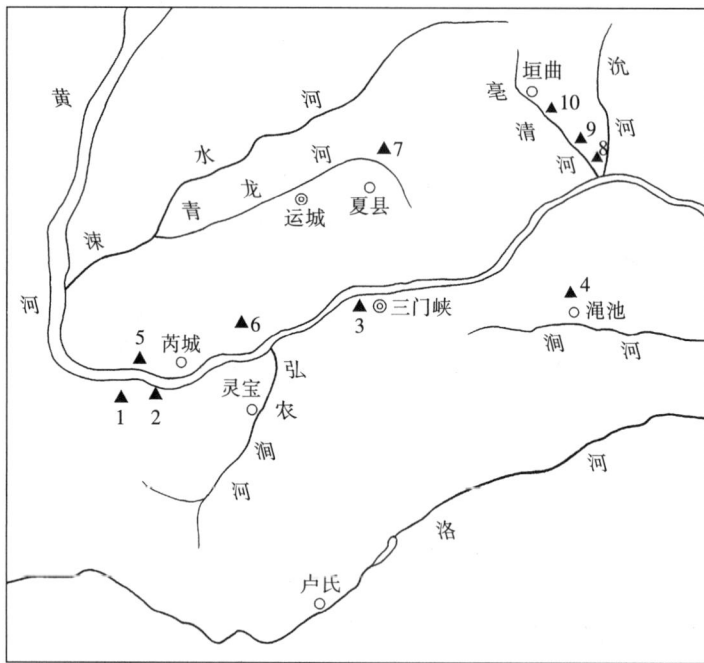

图一　豫西晋西南地区龙山时代文化主要遗址分布示意图

1. 泉鸠　2. 城东寨　3. 三里桥　4. 仰韶村　5. 南礼教　6. 清凉寺　7. 东下冯　8. 东关　9. 丰村　10. 龙王崖

〔3〕 中国科学院考古研究所《庙底沟与三里桥》，第85~102页，科学出版社，1959年。

〔4〕 黄河水库考古工作队河南分队《河南灵宝两处新石器时代遗址复查和试掘》，《考古》1960年第7期。

〔5〕 2006年河南省文物考古研究所发掘资料。

〔6〕 中国历史博物馆考古部等《垣曲古城东关》，第340~428页，科学出版社，2001年。

〔7〕 中国社会科学院考古研究所山西工作队《山西垣曲龙王崖遗址的两次发掘》，《考古》1986年第2期。

〔8〕 中国社会科学院考古研究所山西工作队《山西垣曲丰村新石器时代遗址的发掘》，《考古学集刊》第5辑，中国社会科学出版社，1987年。

〔9〕 中国社会科学院考古研究所等《山西夏县东下冯龙山文化遗址》，《考古学报》1983年第1期。

〔10〕 中国科学院考古研究所山西工作队《山西芮城南礼教遗址发掘简报》，《考古》1964年第6期。

〔11〕 山西省考古研究所等《山西芮城清凉寺新石器时代墓地》，《文物》2006年第3期；山西省考古研究所等《山西芮城清凉寺新石器时代墓地》，《考古学报》2011年第4期。

　　在本地区龙山时代文化遗存的发现与研究过程中，过去学术界曾将庙底沟二期文化作为龙山文化早期，后来有学者提出庙底沟二期文化有自己的分布范围和相当长的发展过程，因此应是一个独立的发展阶段[12]。我们也认为以豫西晋西南地区为中心分布区的庙底沟二期文化确实具有特定的典型器物群，有一定的独特特征，是一支独立的考古学文化，并代表着一定的历史阶段。这样，本文所谓龙山时代文化遗存即为排除掉庙底沟二期文化阶段以三里桥遗址"龙山文化"[13]为代表的遗存。

　　学术界以往对于以三里桥"龙山文化"为代表遗存的文化性质，主要认识有或称作"后岗二期文化"的"三里桥类型"[14]，或是"河南龙山文化"的"三里桥类型"[15]，或曰中原龙山文化"三里桥类型"[16]，近年有研究者称之为"三里桥文化"[17]，还有将垣曲古城东关"龙山文化早期遗存"命名为"东关文化"、将晚于它的龙山遗存称为"三里桥文化"的意见[18]；同时也存在着将其划归"河南龙山文化""王湾类型"[19]，或称之为"三里桥类型"并划入"客省庄二期文化"系统作为该文化的前身[20]，将山西省夏县东下冯"龙山文化晚期"作为"客省庄二期文化"的一个地方类型即"东下冯类型"[21]等不同意见，可谓是众说纷纭，莫衷一是。由于本地区龙山遗存文化性质的归属和确定对于全面、深入地认识龙山时代中原文化的格局及其发展变迁和以中原为中心历史趋势的形成[22]都具有重要意义，因此究竟应当怎么评

〔12〕　宋建忠《山西龙山时代考古遗存的类型与分期》，《文物季刊》1993 年第 2 期；山西省考古研究所《山西考古四十年》，第 80～96 页，山西人民出版社，1994 年；张素琳《试论垣曲古城东关庙底沟二期文化》，《文物季刊》1995 年第 4 期；张素琳《浅谈山西庙底沟二期文化及相关问题》，《中国历史博物馆考古部纪念文集》，科学出版社，2000 年。

〔13〕　中国科学院考古研究所《庙底沟与三里桥》，第 85～102 页，科学出版社，1959 年。

〔14〕　吴汝祚《关于夏文化及其来源的初步探索》，《文物》1978 年第 9 期。

〔15〕　中国社会科学院考古研究所《新中国的考古发现和研究》，第 78 页，文物出版社，1984 年；河南省文物研究所《河南考古四十年（1952～1992）》，第 146～147 页，河南人民出版社，1994 年。

〔16〕　宋建忠《山西龙山时代考古遗存的类型与分期》，《文物季刊》1993 年第 2 期；中国历史博物馆考古部等《垣曲古城东关》，第 516 页，科学出版社，2001 年。

〔17〕　董琦《虞夏时期的中原》，第 57～64 页，科学出版社，2000 年；靳松安《河洛与海岱地区考古学文化的交流与融合》，第 69～71 页，科学出版社，2006 年。

〔18〕　张忠培、杨晶《客省庄与三里桥文化的单把鬲及其相关问题》，《宿白先生八秩华诞纪念文集》，文物出版社，2002 年。

〔19〕　李仰松《从河南龙山文化的几个类型谈夏文化的若干问题》，《中国考古学会第一次年会论文集》，文物出版社，1979 年。

〔20〕　郑杰祥《河南龙山文化分析》，《开封师范学院学报》1979 年第 4 期。

〔21〕　隋裕仁《关于夏县东下冯"龙山文化晚期"遗存的讨论》，《中原文物》1985 年第 4 期。

〔22〕　赵辉《以中原为中心历史趋势的形成》，《文物》2000 年第 1 期。

判各说，如何归属才更为合理，已成为中原地区史前考古工作中的一个重要而依然是基础性的研究课题。本文拟运用传统的考古学文化研究方法在分析主要遗址的基础上，试图对豫西晋西南地区龙山时代文化的分期、性质和谱系进行较系统的探讨。

二、遗存分期与年代

（一）主要遗址分析

豫西晋西南地区龙山遗存已进行过一些分期，但系统性研究较少，尤其是缺乏整个地区的整合研究。本文参考以往的分期成果，从发掘材料较丰富的垣曲古城东关、灵宝泉鸠遗址入手通过陶器对比对诸遗址进行分期，继而综合以实现对本地区这一时期文化的统一分期。

垣曲古城东关遗址

东关遗址位于山西省垣曲县东南 30 公里，处于沇西河西岸的二级阶地上，总面积 30.1 万平方米。1982～1986 年中国历史博物馆（今中国国家博物馆）等单位对该遗址进行了发掘，共揭露面积 2700 平方米，取得了丰硕成果。遗址呈南北向狭长状，发掘报告以三条冲沟为界把遗址分为四区，龙山时代文化遗存多发现于第 I、IV 发掘区，遗迹主要为灰坑。

发掘者在发掘报告和相关论文中[23]，以龙山灰坑间的打破关系为基础，依据器物特征的不同把该遗址龙山遗存分为早晚两期，即使在今天看来这两期的划分也很正确，可依。但本文在肯定两期划分的同时，认为早晚期内因为年代跨度较大，器物间仍有一定差别，均有再分段的可能。为深入认识该遗址龙山遗存的发展演变，现试做分析。

经检索，东关报告的龙山"早期文化遗存"灰坑之间有如下两组可以作为分段基础的层位关系：

（1）IH103→IH187（"→"表示叠压或打破，下同）

（2）IH96→IH109

两组内均没有可以直接对应的器物，但第（1）组 IH103 发表有 1 件 II 式敞口斝 IH103∶1（即釜形斝），与 IH198 出土的 I 式敞口斝 IH198∶11 近似，表明两坑的年代相近。对比 IH187、IH198 所出的双腹盆，III 式 IH187∶5 腹折处较靠上，而 III 式 IH198∶9、I 式 IH198∶10，尤其是后者，腹折稍缓，折处较靠下，口更敞，略有差别，由伊洛地区同类器物的演变规律可知，这些差异实为年代早晚使然，则 IH187 与

[23]　佟伟华《试论山西垣曲盆地龙山文化遗存的年代与分期》，《中国历史博物馆考古部纪念文集》，科学出版社，2000 年。

IH103、IH198 应分别代表前后不同的两个时间段，即第 I、II 段。

第（2）组中 IH109 出土的 AI 式釜灶 IH109：45 略翻沿，显然延续了庙底沟二期文化的翻沿作风，腹较圆鼓；而 AII 式釜灶 IH198：13 微敛口，腹较长，釜、灶结合部更靠下，呈现出较前者略晚的特点，这样，IH109 可归入第 I 段。IH96 发表的 C 型大口罐 IH96：2 与 B 型大口罐 IH187：1 在报告中虽然被分为不同的型别，但据山西汾阳杏花遗址[24]等龙山遗存中类似器物的排序可知，前者微弧腹，后者腹较鼓，反映的正是时间早晚的不同，即前者较后者更晚些，由此则可将 IH96 归到第 II 段。通过各自出土物所划定的段别与 IH109、IH96 之间层位关系的早晚正可相印证。

此外，发表器物较多的 IH83 中 I 式鬲 IH83：1 口虽微敛然略具翻沿之意，附双鋬，宽弧裆，实为斝式鬲，具有较早的特征，应是与 AI 式釜灶 IH109：45 约同时或稍晚出现的。I 式双腹盆 IH83：2、IH83：27 口不甚敞，与 III 式双腹盆 IH187：5 相仿，腹折处较锐，也是较早的特点。因此，IH83 也应归入 IH109、IH187 所在的第 I 段。

IH158 出土器物中釜灶 AIII 式 IH158：39 与 AII 式 IH198：13 接近，但前者腹更长，釜、灶结合部甚靠下，年代也应较晚，遂可将 IH158 归到第 II 段。IH21 中出土的 IH21：52 与 IH158：80 在报告中均为 II 式侈口深腹罐，形制酷似，可知这两座灰坑约为同时的遗迹，IH21 也应归入第 II 段。IH196 发表有釜灶 2 件，均微敞口，其中 BII 式 IH196：8 附大横贯耳，整体器形显得略有粗糙之感，当是本遗址龙山"早期文化遗存"较晚阶段的制品，这里也暂将 IH196 归入第 II 段。

东关报告的龙山"晚期文化遗存"灰坑之间更是有约 20 组打破关系，但也多未发表器物或无可对应的器物，而有此组值得注意：IH220→IH265。

两坑均发表较多陶器，并有多件可以对应。双腹盆 I 式 IH265：55 与 II 式 IH220：28 相比，后者口敞较甚，腹折缓且较小。同为 II 式圆腹小罐的 IH265：69 与 IH220：36 相比，前者腹最大径靠上，在腹上部，后者腹最大径下移，在腹中部。甑 III 式 IH265：8、II 式 IH265：68 与 II 式双耳罐 IH220：25 相比（报告称后者为双耳罐，但其底残缺，实际上也不排除是甑的可能，即使确属双耳罐，由于前二者为罐形甑，与后者整体属同一种器形，因此仍有可比性），前二者腹较瘦长，腹最大径较靠上，后者腹较圆鼓，腹最大径下移。从这几件器物的差异看两单位间确实早晚不同，接续该遗址龙山"早期文化遗存"分段的顺序，可把 IH265 作为第 III 段，IH220 作为第 IV 段。

另外，IIIH43 发表器物中 I 式圆腹罐 IIIH43：13 腹较鼓，与 II 式圆腹罐 IH265：69

---

[24]　国家文物局等《晋中考古》，第 101～185 页，文物出版社，1998 年。

近似，IIIH43 与 IH265 年代应相近。而 IIIH1011 出土的 AII 式鬲 IIIH1011：1 与 AI 式鬲 IIIH43：3 均侈口，带鋬，特征相仿，则 IIIH1011 也应与 IIIH43 属同时段的单位。这样，IIIH43、IIIH1011 均可归入第 III 段。

同样，IV H111、IV H61 出土的双腹盆 II 式 IV H111：36、I 式 IV H61：19 均口较敞，腹折较缓，与 II 式 IH220：28 特征相近，因此 IV H111、IV H61 应与 IH220 年代基本相当，IV H111 中还出土有腹仅微有折痕的 BII 式折腹盆 IV H111：37，代表的年代似乎更晚。IV H111 中出土的 II 式侈口折沿罐 IV H111：70（即折沿深腹罐）、II 式敛口盆 IV H111：57、碗 IV H111：107、II 式单耳杯 IV H111：106、BII 式鬲 IV H111：58 还分别与 IV H61 出土的同类器 III 式侈口折沿罐 IV H61：26、III 式敛口盆 IV H61：18、II 式斜腹盆 IV H61：21、III 式单耳杯 IV H61：20、BI 式鬲 IV H61：22 相似或相近，其中鬲 IV H111：58、IV H61：22 矮领、三足尖瘦，尤其是后者体矮，具有明显较晚特征。而 IV H174 出土的 II 式侈口折沿罐 IV H174：10 和 IV H174：16（二者即折沿深腹罐）、II 式小杯 IV H174：18 分别与 III 式侈口折沿罐 IV H61：26、II 式侈口折沿罐 IV H111：70 和 II 式单耳杯 IV H111：106 相似，故 IV H174 的年代也应与 IV H61、IV H111 相当。可见 IV H111、IV H61、IV H174 均可归入 IH220 所在的第 IV 段。

综上所述，东关龙山"早期文化遗存"和龙山"晚期文化遗存"实可各分为两段，共四段（图二）。

第 I 段：以 IH187、IH109、IH83 为代表；

第 II 段：以 IH103、IH96、IH198、IH158、IH21、IH196 为代表；

第 III 段：以 IH265、IIIH43、IIIH1011 为代表；

第 IV 段：以 IH220、IV H111、IV H61、IV H174 为代表。

由各段的器物特征可知，这四段间大体上连续发展，是一个循序演进的过程。从典型器来说，双腹盆、敛口盆、单耳杯自始至终均较多见；带鋬鬲、斝、釜灶等炊器则主要流行于前两段，第 III 段仍可见到，到第 IV 段已绝迹；折沿深腹罐、罐形甗、单把鬲在第 II 段出现以后，逐渐增多，到第 III、IV 段成为主要炊器。同时，根据陶器组合的差异及器物形制的变化可知，第 I 和第 II 段、第 III 和第 IV 段之间更为接近，因此如报告所分两期一样可将第 I、II 段合并，本文称为东关龙山遗存一期，第 III、IV 段合并，称为东关龙山遗存二期。

需要说明的是，东关龙山"早期文化遗存"是豫西晋西南目前所见最早的龙山时代遗存之一，从鬲 IH83：1 具有双鋬、宽弧裆等较早形态，属于刚形成阶段的制品，而双鋬鬲更盛行于陶寺文化和晋中乃至更北的龙山时代文化中，如学术界就存在认为双鋬鬲的大本营在晋中一带"杏花文化"，东关龙山"早期文化遗存"（原文为"东关

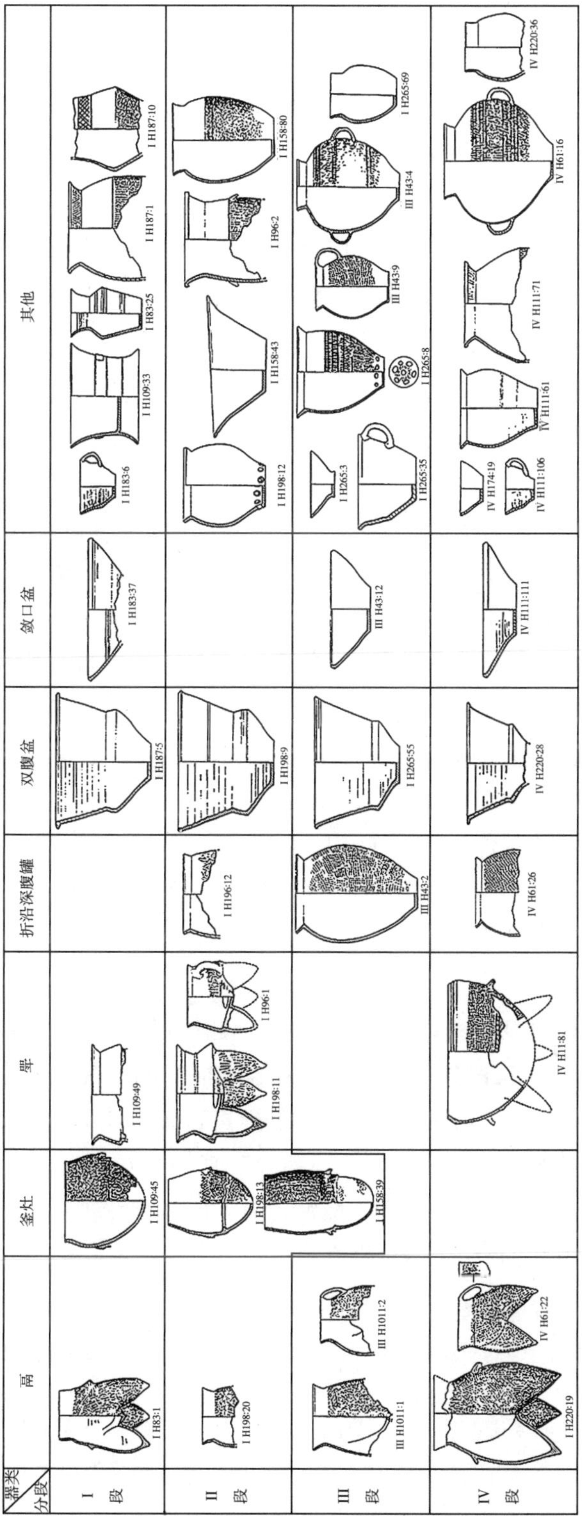

图二 东关龙山时代文化陶器分段图

文化") 中同类器的产生是接受 "杏花文化" 影响的结果的重要意见[25]，考虑到晋南北部紧邻本地区，晋中及其以北龙山时代文化对本地区的影响是通过陶寺文化实现的，因此可以把这些因素都看作是陶寺文化影响。

垣曲龙王崖遗址

龙王崖遗址位于山西省垣曲县龙王崖村东、高崖村北，亳清河及其支流交汇处的三角地带上，面积约 30 万平方米。1982 ~ 1983 年，中国社会科学院考古研究所对这里进行了面积为 133 平方米的小规模发掘，发现有庙底沟二期文化和龙山时代文化等遗存，其中后者是该遗址的主要文化内涵，只惜发掘面积较小，遗存不甚丰富。据发掘报告，发掘区第 3、4 层属龙山遗存，两层内又各分为 A、B、C、D 四小层（据报告发表器物的编号可知），另有房址 1 座、灰坑 5 座。

发掘报告将龙山遗存作为一期，实际上虽然各层内的小层间出土器物差别不大，但整体遗存间早晚有别，可以再行分期。对此，已有研究者做了分析，有两种分期方案。两种方案都认为可分为两期，指出两个文化层之间存在差别，第 4 层为早期，第 3 层为晚期，H201 归晚期。所不同的是对于发表器物较多的 H01 的归属，有归属早期[26]和晚期[27]两种相反的认识。由于将其归属晚期的方案是参考发掘与研究更扎实的东关龙山遗存的分期成果，进行较全面的对比做出的划分，H01 出土物特征确与晚期更为接近，因此应是正确的。本文接受这一分期结果，为了统一，这里称其为两段，第 I、II 段之间在鬲、斝、双腹盆等典型器上均存在明显差别（图三）。

第 I 段：发掘区第 4 层（含 A、B、C、D 小层）；

第 II 段：发掘区第 3 层（含 A、B、C、D 小层）、H201、H01。

但是，本文与以往两种分期认识所不同的是，对于各期（段）与周围遗址分期的对应年代有新的看法。

在对龙王崖龙山遗存分期后，以往的认识是，或者分别对应于晋西南地区龙山遗存的早晚期，或者分别相当于垣曲盆地 "龙山文化" 早晚期，其实质均将 "早期" 遗存的年代对应于东关报告龙山 "早期文化遗存"。通过比较，我们发现该遗址龙山遗存年代的上限较晚，早不到东关龙山 "早期文化遗存" 所处的年代即本文东关龙山一期，其第 I、II 段的年代实际上分别相当于东关报告龙山 "晚期文化遗存" 的偏早和偏晚两个阶段，即上文东关龙山二期第 III、IV 段。

---

[25] 张忠培、杨晶《客省庄与三里桥文化的单把鬲及其相关问题》，《宿白先生八秩华诞纪念文集》，文物出版社，2002 年；张忠培《杏花文化的侧装双鋬手陶鬲》，《故宫博物院院刊》2004 年第 4 期。

[26] 宋建忠《山西龙山时代考古遗存的类型与分期》，《文物季刊》1993 年第 2 期。

[27] 佟伟华《试论山西垣曲盆地龙山文化遗存的年代与分期》，《中国历史博物馆考古部纪念文集》，科学出版社，2000 年。

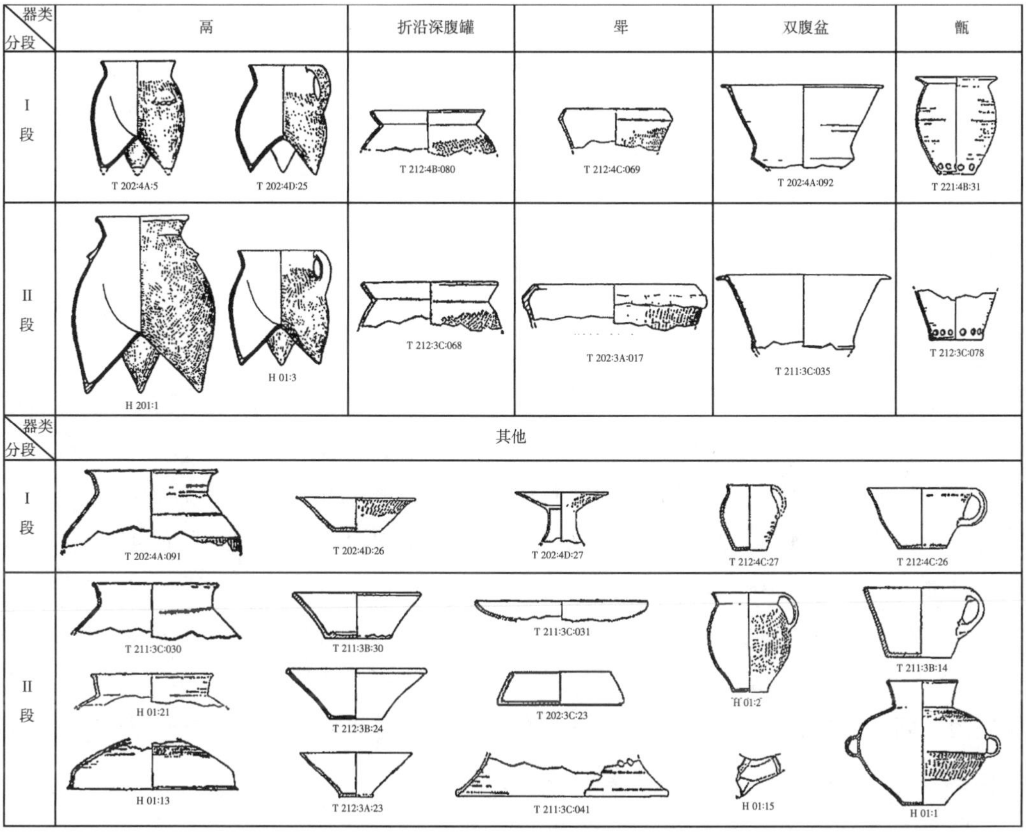

图三　龙王崖龙山时代文化陶器分段图

如属于第 I 段的 II 式鬲 T202：4D：25、T202：4A：5、夹砂折沿罐 T211：4B：033（即折沿深腹罐）、双腹盆 T202：4A：092、II 式单耳罐 T212：4C：27、单把杯 T212：4C：26 分别与东关二期第 III 段 BII 式鬲 IIIH1011：2、AII 式鬲 IIIH1011：1、II 式侈口折沿罐 IIIH43：2、I 式双腹盆 IH265：55、II 式单耳罐 IIIH43：8、II 式单耳杯 IH265：35 相似。本段甑 T221：4B：31 为罐形甑，折沿，微鼓腹，平底，同东关龙山一、二期同类器相比，与"早期文化遗存"的 I 式 IH68：8（约属于上文所分第 II 段）差别较大，而更接近龙山"晚期文化遗存"上文所分第 III 段的 II 式 IH265：68。II 式鬲 T202：4D：25 为单把鬲，高领，束颈明显，袋足较肥，与东关第 III 段同类器特征相同。同时，本段已不见釜形斝，而这种器物在东关龙山"早期文化遗存"中属典型器；从总体上看，单把鬲较多出现在东关遗址就是进入第 III 段的指征，而本段恰有修复完整的这种器物 T202：4D：25；且本段釜灶残器 T211：4B：39 的存在还与东关第 III 段中仍偶可见到釜灶的现象也不相抵牾。因此，第 I 段的年代应与东关龙山遗存二期第

III 段大致相当。

对于第 II 段，II 式鬲 H201：1 和 H01：3、双腹盆 T211：3C：035 分别与东关二期第 IV 段 AII 式鬲 IH220：19、BI 式鬲 IV H61：22、II 式双腹盆 IH220：28 相似。本段高领鼓腹双耳罐 H01：1（实为小口高领瓮）与东关第 IV 段 III 式双耳罐 IVH61：16 相比，除了领较高以外，斜直领，扁腹，附双耳，这些特征均与后者相同。鬲 H01：3 为单把鬲，领较矮，微束颈，袋足较瘦，与东关第 IV 段单把鬲特征相同。所以，该遗址第 II 段的年代当相当于龙山遗存二期第 IV 段。

可见，东关龙山遗存的年代跨度实际上较小，基本上不超出东关报告中龙山"晚期文化遗存"的年代范畴。

关于龙王崖龙山遗存尤其是第 II 段的单位内出土有少量可能是早期单位混入的器物，如除已有研究者所指出的可能属较早第 I 段甚至庙底沟二期文化的小圆杯、盒等之外[28]，还有可能属于第 I 段的碗 T202：3B：21 等。晚期单位中出土有较早单位混入的遗物，是考古发掘中习见的正常现象。但是，在第 II 段单位中还出土有一些器物，如侈口翻沿尖圆唇弧腹腹饰绳纹或另安鸡冠状錾的深腹盆 H01：22、T211：3C：040 及侈口翻沿圆唇弧腹腹部磨光并饰旋纹加刻划大三角纹内填剔刺纹的泥质罐 H01：16（报告称 I 式深腹罐）等，明显具有更晚特征，从据调查发现该遗址还分布着面积同于庙底沟二期文化和龙山时期文化的二里头文化遗存[29]判断，这些器物很可能是二里头文化遗物在发掘时被不适当地混入到了较早的龙山遗存第 II 段单位中。

垣曲丰村遗址

丰村遗址位于山西省垣曲县丰村西南，处于亳清河支流白水河东岸的三级阶地上，面积 30 万平方米。1982 年，中国社会科学院考古研究所山西工作队对遗址进行了发掘，揭露面积 159 平方米，发现了仰韶文化晚期、庙底沟二期文化、龙山时代文化、二里头文化等时期遗存，其中龙山遗存是该遗址的主要文化内涵之一，但因发掘面积较小，遗存发现较少。龙山遗存主要发现于三个发掘区中的第 I 区，I 区第 3 层属这一时期的文化层，该层又分为 A、B、C、D、E 五小层，另有房址 1 座、灰坑 4 座、灰沟 1 条；此外，在第 III 区还发现有瓮棺葬 10 座等。

发掘报告未对龙山遗存进行分期。实际上遗存间尚有早晚的差别，可以再行分期。以往已有研究者做过分期，有两种分期方案，都认为可分为两期，但对具体单位的期别归属分歧较大。

---

〔28〕 佟伟华《试论山西垣曲盆地龙山文化遗存的年代与分期》，《中国历史博物馆考古部纪念文集》，科学出版社，2000 年。

〔29〕 中国国家博物馆考古部《垣曲盆地聚落考古研究》，第 73~75 页，科学出版社，2007 年。

经整理，发表器物较多的单位间有如下一组层位关系。

T101、T102：③A 层→G101→③B 层→③C 层→③D 层

这组层位关系的存在，便否定了将 G101 作为早期、第 3 层作为晚期的划分方案，因为将事实上细分为多个小层、③A 与③B 层位间还有一个 G101 的第 3 层作为一个整体看待[30]，是不妥当的，而把③B、③C、③D 层和③A 层、G101（另有 H106）分别作为不同的两期[31]，符合实际。本文接受后一种分期方案，为了统一，这里称其为两段，即第 I、II 段。可做补充的是，后一种方案是依据与周邻遗址相同器物的对比而进行的分期，其实上列层位关系单位之间的一些器物也存在着差别，如 T102 的 3D 层出土的小口瓮 T102：3D：054（即小口高领瓮）、I 式大口瓮 T102：3D：027 领较高，唇部发达外凸较甚，后者肩部弧鼓，腹最大径靠上；而 G101 出土的小口瓮 G101：2：030、I 式大口瓮 G101：4：018 领较矮，唇部较小微外凸，后者肩部较斜最大腹径下移。结合层位关系，以上差异体现的正是第 I、II 段间器物的发展演变和不同的阶段性特征。

同时应当指出，据报告对 T101 西壁的介绍，T102 第 2 层应是"近代扰土层"，但发表的两件"龙山文化"陶器即双腹盆 T102：2：0155、II 式折沿小罐 T102：2：31 明显具有较晚特征，可归入第 II 段。对于龙山遗存中的 10 座瓮棺葬，以往的分期研究均未涉及，葬具除 2 件置深腹罐形灶的釜灶外，余均为深腹罐，且多是折沿者。据对伊洛地区龙山遗存的分期成果，折沿深腹罐的演变规律是口径与腹径之比由小到大，腹最大径自腹上部下移至腹中部，这样，除了 I 式折沿夹砂罐 M301：1（据报告文字、线图和图版共有 3 件编号为 M301：1 的器物，2 件 I 式折沿夹砂罐，1 件卷沿夹砂罐，此处指简报图二〇，4 所示那件）、M308：2（二者即折沿深腹罐）最大腹径较靠上年代可能略偏早以外，其余的折沿深腹罐腹径接近腹中部年代均当较晚。而从简报图一八所示瓮棺葬分布平面图看这些遗迹排列有序，似一整体，应大体属同一时期的遗存。M306：3 与第 II 段 G101 出土的 G101：4：15 在报告中均属 II 式折沿夹砂罐，形制酷似。因此，以 M306 为代表的瓮棺葬的年代可归入第 II 段。

这样，丰村龙山遗存可分为两段（图四）。

第 I 段：发掘区③B、③C、③D 层；

第 II 段：发掘区③A 层、G101、H106、M306 等。

同样，本文对于各期（段）与周围遗址分期的对应年代有新的认识，与以往研究

[30]　宋建忠《山西龙山时代考古遗存的类型与分期》，《文物季刊》1993 年第 2 期。

[31]　佟伟华《试论山西垣曲盆地龙山文化遗存的年代与分期》，《中国历史博物馆考古部纪念文集》，科学出版社，2000 年。

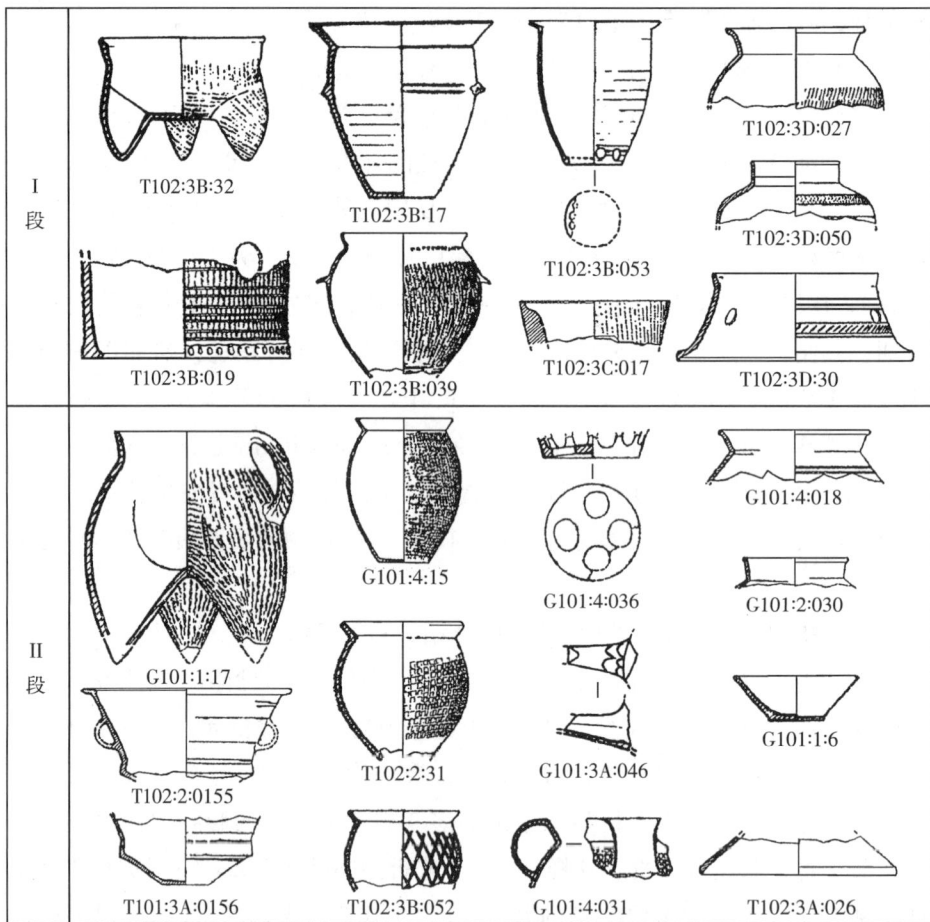

图四 丰村龙山时代文化陶器分段图

者的看法有所不同。

以往对丰村龙山遗存各期年代的认识是，或者分别对应于晋西南地区龙山遗存的早晚期[32]，或者分别相当于垣曲盆地"龙山文化"早晚期[33]，均将"早期"遗存的年代对应于东关报告龙山"早期文化遗存"。我们认为，该遗址龙山第 I、II 段的年代其实分别大约相当于东关报告龙山"晚期文化遗存"的偏早和偏晚两个时段，即上述东关龙山二期第 III、IV 段。

如属于第 I 段的 II 式折沿小罐 T102：3B：052 形制特征明显异于同类器东关龙山

---

[32] 宋建忠《山西龙山时代考古遗存的类型与分期》，《文物季刊》1993 年第 2 期。

[33] 佟伟华《试论山西垣曲盆地龙山文化遗存的年代与分期》，《中国历史博物馆考古部纪念文集》，科学出版社，2000 年。

一期第 II 段侈口折沿罐 IH196：12 而近同于东关龙山二期第 III 段 I 式侈口折沿罐 IIIH43：26，小口瓮 T102：3D：050 也与同类器东关二期第 III 段 I 式高领罐 IH265：56 相似。本段也不见折腹斝等东关龙山一期的典型器。因此第 I 段的年代应与东关龙山遗存第 III 段基本相当。

第 II 段鬲 G101：1：17 为单把鬲，较之于东关二期同类器虽比第 IV 段 BI 式 IV H61：22 腹鼓，但比第 III 段 BII 式 IIIH1011：2 领更矮、颈束更微。本段 II 式折沿夹砂罐 G101：4：15、双腹盆 T102：2：0155 分别与东关二期第 IV 段同类器 II 式侈口折沿罐 IVH111：70、II 式双腹盆 IH220：28 相似，惟 T102：2：0155 上腹另置了双耳。本段管状盉流 T101：3A：046 还与龙王崖龙山第 II 段盉流 H01：15 特征相同。可见第 II 段的年代约相当于东关龙山遗存第 IV 段和龙王崖龙山第 II 段。

灵宝泉鸠遗址

泉鸠遗址（或称泉鸠里遗址）位于河南省灵宝市豫灵镇底董村南，北距底董遗址约 2.5 公里，处于十二里河东岸的三级阶地上，拔河高度约 60～80 米，现存面积约 4 万平方米。2006 年河南省文物考古研究所在配合郑西铁路客运专线工程发掘灵宝底董遗址时，发现同处于一村，在村南还有一处遗址，历年雨水冲刷及农业耕种给遗址造成极大的破坏，其南部、西部、北部均已成为高高的断崖，为了了解遗址的文化内涵，抢救文化遗产，经报请有关主管部门批准，我们对泉鸠遗址进行了试掘，开挖探方 1 个，实掘面积 100 平方米。试掘发现的除有 1 座二里头文化灰坑以外其余全为龙山时代文化遗存，有灰坑 27 座、窑址 4 座、灶址 2 处、灰沟 1 条等 [34]。

龙山堆积整体上并不太丰厚，但遗存间叠压打破关系极其复杂，经简化可得到如下层位关系：

（1）H2～H4、H14→G1②层→G1③层→G1④层→G1⑤层→G1⑨层→H16→H24 →H25

（2）H18→H16⋯⋯

以上列层位关系作基础，依据器物形态特征的差异，可将泉鸠龙山的典型陶器做如下型式分析（图五）。

翻沿罐 夹砂，多灰陶，少量灰褐，侈口，鼓腹。分六式。

I 式 沿翻卷较甚，中部内束。如 H27：1。

II 式 沿微翻卷，中部微内束。如 H24①：2。

---

[34] 魏兴涛《灵宝底董仰韶文化遗存的分期与相关问题探讨》，《中国国家博物馆馆刊》2011 年第 1 期。

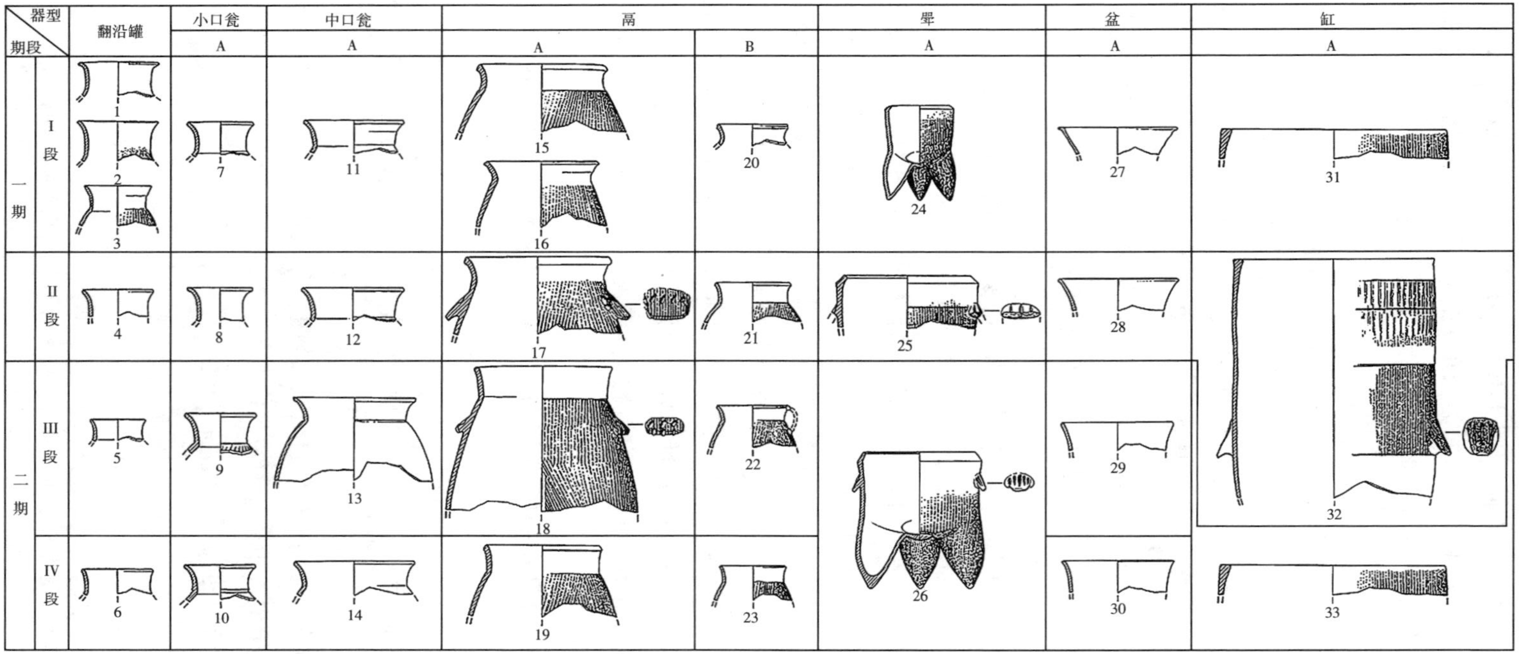

图五 泉鸠龙山时代文化陶器分期分段图

1. I 式翻沿罐（H27：1） 2. II 式翻沿罐（H24①：1） 3. III 式翻沿罐（H16：2） 4. IV 式翻沿罐（G1⑤：2） 5. V 式翻沿罐（G1③：2） 6. VI 式翻沿罐（H18：1）
7. AI 式小口瓮（H24①：3） 8. AII 式小口瓮（G1⑤：4） 9. AIII 式小口瓮（G1③：1） 10. AIV 式小口瓮（H3：2） 11. AI 式中口瓮（H24①：4） 12. AII 式中口瓮（H18：1）
（G1⑤：7） 13. AIII 式中口瓮（G1②：4） 14. AIV 式中口瓮（H4：1） 15. AI 式瓶（H21：1） 16. AII 式瓶（G1③：7） 17. AIII 式瓶（H4：3） 18. AIV 式瓶（H24①：7）
（H17：1） 19. AV 式瓶（H24①：5） 20. BI 式瓶（H4：3） 21. BII 式瓶（G1⑥：1） 22. BIII 式瓶（G1②：7） 23. BIV 式瓶（H4：6） 24. AI 式罩（H24①：7）
25. AII 式罩（G1④：8） 26. AIII 式罩（H4：5） 27. AI 式盆（H24①：10） 28. AII 式盆（G1④：10） 29. AIII 式盆（G1②：15） 30. AIV 式盆（H18：3） 31. AI 式
缸（H24①：18） 32. AII 式缸（G1⑤：11） 33. AIII 式缸（H2：2）

Ⅲ式　沿上部外翻,下部近直。如 H16:2(该器因与芮城南礼教遗址陶鬲 H116:11 上部特征相同,不排除是鬲的可能)。

Ⅳ式　沿上部外翻,下部较直。如 G1⑤:2。

Ⅴ式　沿斜翻。如 G1③:2。

Ⅵ式　沿微斜近直。如 H18:1。

鬲　夹砂,大都为灰陶,高领,袋足。分三型。

A 型　器形较大,属大型鬲,翻领,有的在上腹部附对称的长方形或小梯形鋬。分五式。

Ⅰ式　领翻较甚,上、下部分界明显,上部外敞,中部内束,下部外张,袋足外鼓明显。如 H21:1。

Ⅱ式　领翻卷,上、下部分界较明显,上部外敞,中部内束,下部外张较窄,袋足较鼓。如 G1③:7。

Ⅲ式　领外翻,上、下部分界不明显,中部微束,袋足微鼓。如 G1②:13。

Ⅳ式　领外侈,上、中部微弧,袋足外弧。如 H17:1。

Ⅴ式　领微侈近直,袋足微弧。如 H4:3。

B 型　器形较小,属中型鬲,翻领,有的在口部和上腹之间竖置一桥形耳。分四式。

Ⅰ式　领甚外翻,上、下部分界明显,上部外敞,中部内束,下部外张。如 H24①:5。

Ⅱ式　领较翻,上、下部略有分界,中部微束,袋足较鼓。如 G1⑥:1。

Ⅲ式　领微翻,上、下部无分界,袋足微鼓。如 G1②:7。

Ⅳ式　领微外侈,袋足微弧。如 H4:6。

C 型　器形很小,属小型鬲,卷领。

斝　夹砂,绝大多数为灰褐陶。盆形,斜腹,腹上部多贴附双鋬,袋足。分二型。

A 型　口部内折形成敛口。分三式。

Ⅰ式　口敛较甚,口部折棱较明显。如 H24①:7。

Ⅱ式　口较敛,口部折棱略明显。如 G1④:8。

Ⅲ式　口微敛,口部折痕不明显,也见无折痕者。如 H4:5。

B 型　约直口。

小口瓮　大都为泥质,偶见夹细砂者,多灰陶,少量灰褐陶,偶见黑陶。小口,高领。分二型。

A 型　方唇多外凸,陶胎较薄,器表磨光或素面,制作较精致。分四式。

Ⅰ式　领上部外敞较甚,中部内束,下部近直或外张。如 H24①:3。

Ⅱ式　领上部外敞,下部近直。如 G1⑤:4。

Ⅲ 式　领上部微敞，下部内收。如 G1③：1。

Ⅳ 式　领斜直外侈，上、下无分界。如 H3：2。

B 型　圆唇不外凸，有的领部饰有绳纹。

中口瓮　多泥质，少量夹细砂者。灰陶或灰黑陶，口较大，器形较小口瓮大。分二型。

A 型　方唇外凸，领、肩之间界限分明，有的有一周沟槽。分四式。

Ⅰ 式　领上部外敞，下部较斜直，上、下部有分界。如 H24①：4。

Ⅱ 式　领上、下部略有分界。如 G1⑤：7。

Ⅲ 式　领上、下部无分界，口外侈。如 G1②：4。

Ⅳ 式　领上、下部无分界，口斜直微侈。如 H4：1。

B 型　圆唇，领、肩之间圆弧无分界。

盆　泥质，多灰陶。分三型。

A 型　敞口。分四式。

Ⅰ 式　口敞较甚。如 H24①：10。

Ⅱ 式　口较敞。如 G1④：10。

Ⅲ 式　口略敞。如 G1②：15。

Ⅳ 式　口微敞近直。如 H18：3。

B 型　侈口，折沿。

C 型　口部较厚，腹壁较薄，口沿呈 "T" 形。

缸　绝大多数为夹砂，偶尔可见泥质者，多灰陶，少量灰黑和红褐陶，器形较大，深腹。分四型。

A 型　口部厚而腹壁较薄。分三式。

Ⅰ 式　腹壁向下外张。如 H24①：18。

Ⅱ 式　腹壁近直。如 G1⑤：11。

Ⅲ 式　腹壁向下略收。如 H2：2。

B 型　口部与腹壁厚度一致。

C 型　口部甚薄而腹壁较厚。

D 型　略折沿。

上述层位关系涉及 13 个堆积单位，这些单位出土的主要陶器即翻沿罐、鬲、甗、小口瓮、中口瓮、盆、缸等龙山遗存最典型陶器的主要型式可列如表一。从表中不难看出，各种器物的型式具有明显的分布规律，即层位靠下的单位出土式别较小的器型，而个别单位内多式并存或有的器型为较晚式别而有的器型为较早的式别，应为层位较靠上单位中的少量较小式别的器物。

表一　泉鸠遗址龙山时代重要单位主要陶器组合表

期别	段别	单位	翻沿罐	鬲		斝 A	小口瓮 A	中口瓮 A	盆 A	缸 A
				A	B					
一期	I段	H25	I		I					I
		H24	II	I	I	I	I	I	I	I
		H16	III	II			I			
	II段	G1⑨		III				I　II		
		G1⑤	IV	III			II	II	II	II
		G1④	IV	III	II	II	II	II	II	II
二期	III段	G1③	V	II III IV		II	III	III		III
		G1②	V	II III IV	III	II III	III	III		
	IV段	H14	V I	V		III	IV		III	III
		H18	V I	III					IV	
		H4	V I	V	IV	III		IV		
		H3	V I				IV			
		H2		V			IV			

　　这样我们就可把上列 13 个单位大约分成 4 组。根据每组单位的陶器共存分析其他单位，可将出土遗物较丰富的单位及出土器物较少而能够利用层位关系的单位归入相应的组别。因有层位关系指示早晚，这四组分别代表前后顺序的四个时间段，即第 I、II、III、IV 段。

　　第 I 段：以 H25、H24、H16 为代表；

　　第 II 段：以 G1⑨层、G1⑤层、G1④层为代表；

　　第 III 段：以 G1③层、G1②层为代表；

　　第 IV 段：以 H2、H3、H4、H14、H18 为代表。

　　根据出土器物型式的组合和器物特征差异的程度，参考豫西晋西南及周邻地区龙山遗址的分期，还可将第 I 和第 II 段以及第 III 和第 IV 段分别合并为一、二期。这样，泉鸠龙山遗存当经历了两期四段的发展过程。

　　通过与周邻地区龙山遗存对比可知，泉鸠龙山一、二期鬲、翻沿罐、斝等的形制分别与山西临潼康家遗址[35]客省庄文化二、三期同类器的特征相同，并经历了大约同样的演变过程。如翻沿罐口沿由中部内束而微斜近直；鬲由领翻较甚，腹鼓明显到领

---

[35]　西安半坡博物馆《陕西临潼康家遗址第一、二次试掘简报》，《史前研究》1985 年第 1 期。

微侈近直，微弧腹；盆形斝由口敛较甚，斝身与袋足相接处分界明显到口微敛，斝身与袋足无明显分界。表明泉鸠一、二期的年代应当分别与康家客省庄文化二、三期基本相当。

同时，泉鸠一期第 I 段 AII 式鬲 G1③：7 与东关龙山一期第 II 段 II 式鬲 IH198：20 相似。可见，前者一期与后者一期大致处于相同的阶段。

泉鸠二期第 III 段 AIV 式鬲 H17：1、BIII 式鬲 G1②：7 分别与东关龙山二期第 III 段 AII 式鬲 IIIH1011：1、BII 式鬲 IIIH1011：2 以及东下冯龙山第 I 段（该遗址龙山遗存分段见下文）V 式鬲 H240：15、II 式鬲 H240：13 相仿或相近。泉鸠二期第 IV 段 BIV 式鬲 H4：6 与同类器丰村龙山第 II 段鬲 G101：1：17、龙王崖龙山第 II 段 II 式鬲 H01：3、东下冯第 II 段 I 式鬲 T227③：2、东关龙山二期第 IV 段 BI 式鬲 IV H61：22 相似或特征基本相同。因此，泉鸠二期与东下冯、龙王崖、丰村龙山遗存的年代大致相当，并大约相当于东关龙山的二期。

三门峡三里桥遗址

三里桥遗址位于河南省三门峡市区西南部青龙涧河北岸二级阶地上，面积约 18 万平方米。1957 年，中国科学院考古研究所（今中国社会科学院考古研究所，下同）对该遗址进行了揭露面积为 1526 平方米的首次发掘，其中发现的龙山时代文化遗存是该遗址的主要文化遗存，出版了考古发掘报告专刊《庙底沟与三里桥》。2005 年该遗址再次发掘，也发现有较丰富的龙山遗存，但资料未整理发表，本文暂不引用[36]。现仅对三里桥遗址首次发掘报告公布的龙山遗存进行分析。

据发掘报告介绍，发掘区第 2 层（又含 A、B 两小层）为龙山层，并发现 103 座灰坑和 1 座陶窑，遗迹间打破关系比较复杂，灰坑保存完整者不多。从发表的器物之间也有一些差别看，这些遗存应有早晚之分。但是报告未说明有打破关系的灰坑，也没有发表遗迹总平面图，给分期带来了一定的困难。因此我们只得通过与已做分期周邻遗址的陶器进行对比，以实现分期。

H203 发表陶器 4 件，其中 B3a 深腹盆 H203：13 口较敞，斜弧腹，平底，口部特征与泉鸠龙山一期第 II 段 AII 式盆 G1④：10 相仿。A2a 单耳罐 H203：10（即带耳罐）实为翻沿罐另置竖耳，其口部与后者 IV 式翻沿罐 G1⑤：2 相似。H2112 发表陶器 7 件，其中 A5 斝 H2112：01 微敛口，近口部附双鋬，足向外撇，腹、足分界明显，具有较早特点。B11 瓶 H2112：33（实为翻沿罐）器形较瘦小，口沿微翻，束颈，口部特征同于泉鸠一期翻沿罐者。B12 豆 H2112：24（实为圈足盘）与 H203 出土的 B12 豆 H203：22 形制相近，均为宽折沿，斜腹，平底，束腰，圈足向下外张。这样，H203、

---

[36] 2005 年河南省文物考古研究所发掘资料，发掘领队为李素婷研究员，笔者曾观摩出土器物。

H2112 暂可归入同一时段，年代与泉鸠龙山一期第 II 段大约相当。

H3 发表陶器 4 件，其中 A3b 敛口罐 H3：47（实为翻沿罐）沿斜翻，鼓腹，平底，口部特征同于泉鸠龙山二期第 III 段 AV 式翻沿罐 G1③：2 者。B1 碗 H3：17 敞口，斜腹，小假圈足，与东关龙山二期第 III 段 II 式斜腹盆 IH265：3（实为碗）相似。H244 发表陶器 3 件，其中 A4b 鬲 H244：31 系双錾鬲，口部虽残，然从据残存处进行的复原部分看领外侈，与泉鸠龙山二期第 III 段 AIV 式鬲 H17：1 相似。H113、T126 各发表陶器 1 件，即 A4a 鬲 H113：01、T126：07，均为单把鬲，形制相同，领微翻，袋足微鼓，与泉鸠二期第 III 段 BIII 式鬲 G1②：7 特征相似。T234 发表陶器 2 件，其中 B3d 深腹盆 T234：06（实为双腹盆）上腹较敞，与东关二期第 III 段 I 式双腹盆 IH265：55 相似，惟前者为平折沿。可见，H3、H244、H113 以及 T126：07、T234：06 等可划归同一时段，年代与泉鸠二期第 III 段、东关二期第 III 段大致相当。

H284 发表陶器 4 件，其中 A3a 敛口罐 H284：08（实为翻沿罐）口沿微斜近直，微弧腹，平底，口部特征与泉鸠龙山二期第 IV 段 VI 式翻沿罐 H18：1 者相仿。B6b 敛口罐 H284：3（实为泥质罐）折沿，鼓腹，平底，与东关龙山二期第 IV 段 II 式鼓腹罐 IV H111：61 相似。B13 平底鬶 H284：25 器身较矮，平底，底附三足，应是晚出的形态。H246 发表陶器 1 件，即 B3c 深腹盆 H246：06（实为双腹盆），大敞口，平折沿，腹部折棱较小，平底，折腹特征与东关二期第 IV 段 II 式双腹盆 IH220：28 者一致。T220 发表陶器 1 件，即 B1 碗 T220：01，腹较 H3：17 者稍深，年代也应更晚，与东关二期第 IV 段碗 IV H174：19 相仿。因此，H284、H246 以及 T220：01 等可划分为另一段，年代与泉鸠二期第 IV 段、与东关二期第 IV 段大致相当。

综上，三里桥龙山遗存大致上可分为三段（图六）。

第 I 段：以 H203、H2112 为代表；

第 II 段：以 H3、H244、H113 及 T126：07、T234：06 为代表；

第 III 段：以 H284、H246 及 T220：01 为代表。

参照周邻遗址的分期，第 I 段可单独作为一期，而第 II、III 段可以合并作为第二期。

灵宝城东寨遗址

城东寨遗址位于河南省灵宝市城东寨村北，处于十二里河与黄河交汇处东南的黄河二级阶地上，面积约 50 万平方米。据 1958 年黄河水库考古工作队河南分队的调查和试掘，连同 2007 年我们对该遗址的复查，可确认遗址堆积以龙山时代文化遗存为主，在其西部还小面积地分布有仰韶中期文化堆积，是豫西地区规模最大的龙山遗址之一。1958 年试掘面积共 50 平方米，发现有龙山时代的文化层和房址 1 座，出土一批陶器和石器，但发表的陶器仅有 3 件配有线图和图版，现对这几件器物的年代进行分析。

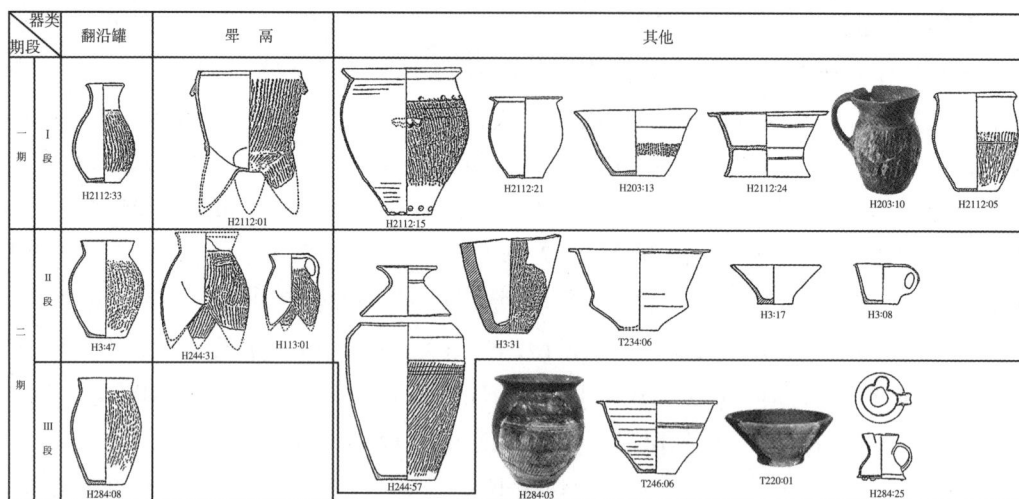

图六　三里桥龙山时代文化陶器分期分段图

3件陶器中有鬲2件，均为单把鬲。首先值得注意的是简报图三，6所示鬲，其器体较高，高翻领，袋足甚鼓，宽弧裆，实为斝式鬲，按学术界对于陶鬲形态演变的认识是从宽弧裆经宽平裆再尖角裆，宽弧裆年代最早[37]，则该器与东关龙山一期第I段鬲IH83∶1同是目前所见最早的龙山时代鬲的形态，其年代与泉鸠龙山一期第I段相当或稍早，可作为该遗址龙山第I段。

简报图三，7鬲器体较矮，然领斜翻，圆唇外凸，袋足较鼓，口部特征与泉鸠龙山一期第II段BII式鬲G1⑥∶1者相同，可作为该遗址龙山第II段。

另1件陶器为简报图三，8所示簋形器（实为折腹盆），宽翻沿，折腹，上腹近直，下腹内收，平底，下腹饰绳纹，器形与东关龙山一期II式宽沿盆IH244∶12相似，可知年代也当较早，但确切的年代不详，暂无法确定属于以上第I或第II段。

这样，城东寨龙山遗存从发表的3件陶器看可分作二段：

第I段：简报图三，6鬲；

第II段：简报图三，7鬲。

这两段的年代约分别相当于泉鸠龙山一期第I、第II段。

夏县东下冯遗址

东下冯遗址位于山西省夏县东下冯村北青龙河南岸的台地上，是一处以夏时期为主，包含仰韶、龙山、商、周等各时期堆积的著名遗址。1975～1980年，中国社会科

---

[37]　张忠培《杏花文化的侧装双鋬手陶鬲》，《故宫博物院院刊》2004年第4期。

学院考古研究所等单位对这里的所谓"龙山文化"遗存进行了发掘，"龙山文化"遗址面积约 12 万平方米，发掘面积达 1000 余平方米，报告"龙山晚期文化"属龙山时代文化遗存，主要有发掘区内一层文化层、房址 10 座、灰坑 20 座和路面一段。

发掘报告未对龙山遗存进行分期，而从发表的器物特征看却有早晚之别。有研究者将这里龙山遗存分为两期[38]或两段[39]，但或分期依据未予说明，或对两段的阐述较为简略，有必要重新分析。

查报告图四、图五、图六，龙山遗迹间有五组层位关系：F251 甲→F251 乙，H225→F222，H221→H231；H252→H251、H253；H265→H264。然而由于有叠压或打破关系的遗迹或均无发表器物，或仅一个单位有器物而无法对比，因此遗迹间的层位关系全无法利用。而报告介绍，遗址第 3 层为"龙山晚期"层，遗迹发现于第 3 层下。查报告，发表有器物的第 3 层均处在第 I、II 区，这两区发表有器物的灰坑有 5 座，列示这些单位的层位关系，即：

I、II 区③层→H207、H214、H221、H229、H240

以这组层位关系为基础，观察出土器物，以 H240 为代表的灰坑与以 T206③、T208③、T227③为代表的地层出土的陶器存在着一定的差别。如 II 式鬲 H240：13、IV 式鬲 H207：1 与 I 式鬲 T227③：2 均单把鬲，前二者领微翻较高，袋足较鼓，足尖外撇；后者领微外侈较矮，袋足微弧，足尖近直。II 式折沿罐 H240：17（即折沿深腹罐）口径与腹径之比较小，上腹弧鼓；同类器 II 式小罐 T208③：6（实亦为折沿深腹罐）口径与腹径之比较大，上腹斜直，腹最大径下移。V 式豆 H240：19 口微敛，盘较深；同类器 III 式 T206③：3、IV 式 T202③：3（后二者也可能为圈足盘，但与豆的盘部特征一致，故在此进行对比）敞口，盘较浅。可见，H240 等灰坑与 I、II 区第③层之间应分别处于不同的时段。由层位关系指示并据器物特征来看，两段前后相继，时间差距不大（图七）。

第 I 段：H207、H214、H221、H229、H240 等；

第 II 段：I、II 区第③层等。

在属第 I 段的器物中鬲 II 式 H240：13、V 式 H240：15 分别与泉鸠龙山二期第 III 段鬲 BIII 式 G1②：7、AIV 式 H17：1 的上部特征相同，并与三里桥龙山二期第 II 段 A4a 鬲 H113：01、A4b 鬲 H244：31 相近。深腹盆 H251：2 与泉鸠二期第 III 段 AIII 式盆 G1②：15 口部特征相同。单耳杯 H240：21 与三里桥二期第 II 段 B4 单耳杯 H3：08

[38]　宋建忠《山西龙山时代考古遗存的类型与分期》，《文物季刊》1993 年第 2 期。
[39]　田建文《东下冯龙山晚期遗存分析及意义》，《三晋考古》第二辑，第 259～264 页，山西人民出版社，1996 年。

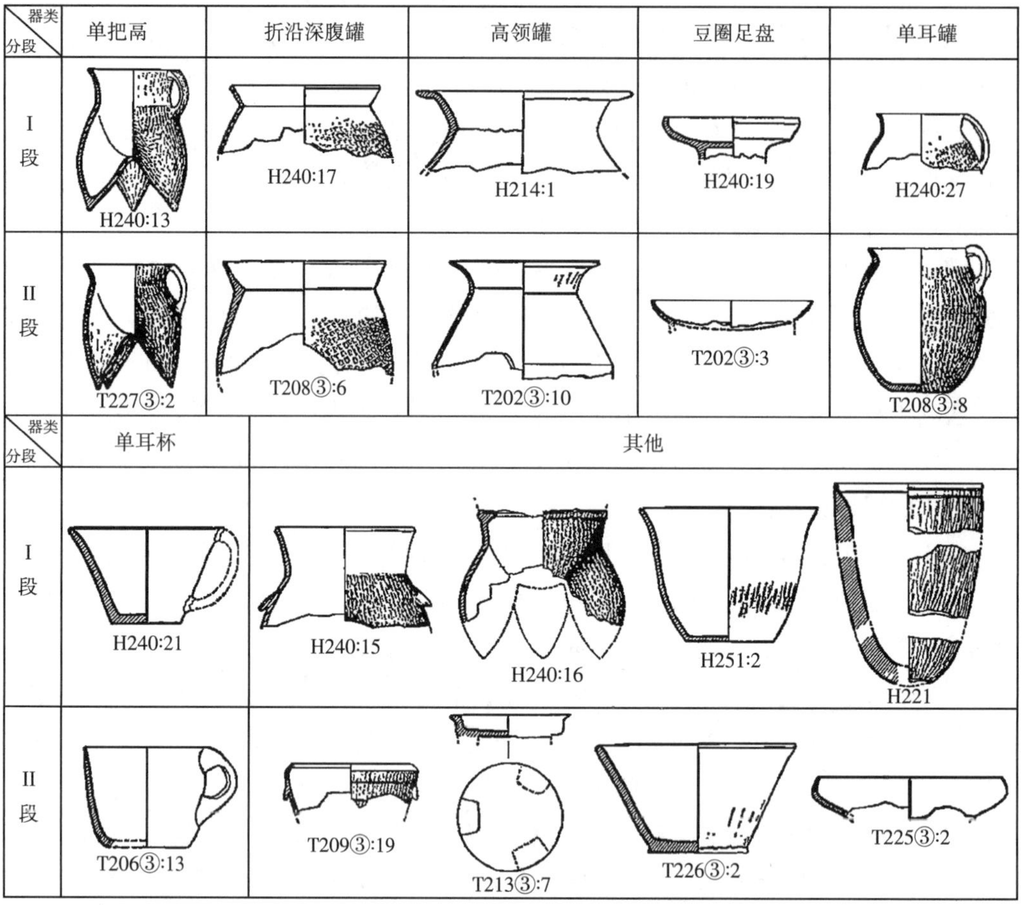

器类 分段	单把鬲	折沿深腹罐	高领罐	豆圈足盘	单耳罐
I 段	H240:13	H240:17	H214:1	H240:19	H240:27
II 段	T227③:2	T208③:6	T202③:10	T202③:3	T208③:8

器类 分段	单耳杯	其他			
I 段	H240:21	H240:15	H240:16	H251:2	H221
II 段	T206③:13	T209③:19	T213③:7	T226③:2	T225③:2

图七　东下冯龙山时代文化陶器分段图

相近，前者口更敞。因此，本段的年代与泉鸠二期第 III 段及三里桥二期第 II 段大致相当。

　　第 II 段中 I 式鬲 T227③：2 口部特征与泉鸠龙山二期第 IV 段 BIV 式鬲 H4：6 者相同，并与东关龙山二期第 IV 段 AII 式鬲 IH220：19 相仿。II 式小罐 T208③：6（即折沿深腹罐）与东关第 IV 段 III 式侈口折沿罐 IV H174：9 相似。可见，本段的年代与泉鸠二期第 IV 段及东关二期第 IV 段大致相当。

　　芮城南礼教遗址

　　南礼教遗址位于山西省芮城县南礼教村西，南紧邻黄河，处于黄河北岸阶地上，总面积约 15 万平方米。1958 年中国科学院考古研究所山西工作队对遗址先后进行了试掘和小规模的发掘，揭露面积共 363 平方米，获得了以龙山时代为主的文化遗存。

　　据发掘简报介绍，该遗址龙山遗存主要有文化层一层、房址 1 座，灰坑 19 座，未予分期。但从发表的主要器物看有早晚之别，有研究者曾提出分为两期的方案[40]，但分期刻度较大，对一些单位的期别归属我们有不同意见，本文试做重新分析。

　　简报除了在介绍地层堆积的 T122、T123 北壁剖面图上显示龙山层（即第 4 层）下叠压有 2 座灰坑外，未发表其他遗存间的层位关系。而即使有叠压关系的文化层与灰坑因发表的器物少且缺乏可以对比者，难以直接进行分期，这里通过主要单位出土器物与周邻遗址的比较实现分期。

　　H116 发表陶器 3 件，其中鬲 H116⑪为单把鬲，沿上部外翻，下部近直，袋足较鼓，口部特征与泉鸠龙山一期第 I 段 III 式翻沿罐 H16：2 相同，后者为残片，未见把手，因此在整理发掘资料时我们把它放在翻沿罐中排序，不排除是鬲的可能，但无论 H116⑪是改造了翻沿罐成为近似于 H16：2 的鬲，还是 H16：2 原本就是似 H116⑪的鬲，均表明二者当大体处于同一时段。缸 H116⑫敛口，腹壁向下外张，与泉鸠一期第 I 段 I 式缸 H24①：18 相仿。鼎足 H116⑬，侧装三角形，在王湾三期文化中高足系偏早阶段流行的形式，偏晚阶段则逐步流行矮柱状足或乳头状足。可见，H116 的年代较早，可作为第 I 段，年代与泉鸠龙山一期第 I 段大致相当。

　　H113 仅发表 1 件罌 H113⑬，残存上部，口较敛，口部折棱较明显，斜直腹，口部特征与泉鸠龙山一期第 II 段 AII 式罌 G1④：8 者相同，惟后者近口部附双鋬，前者附横贯耳，贯耳的出现当是受晋南北部以北文化势力影响所致。二者一样的口部形制，说明在年代上当处于同一时段。因此，以罌 H113⑬为代表的遗存可作为第 II 段，年代与泉鸠龙山一期第 II 段大致相当。

　　H107 发表陶器 2 件，其中 I 式盆 H107⑫（实为折腹盆）与东关龙山二期第 IV 段 BII 式折腹盆 IV H111：37 属同类器，但前者宽斜折沿，深腹外折，下腹壁斜直微内收，而后者宽平沿，深腹微折，下腹呈反弧形内收，二者稍异，表明年代略有差距，从王湾三期文化双腹盆类折棱由大到小、盆类下腹由斜直到内收的演变规律推知，前者年代当较早。鬲 H117⑬系单把鬲，器体较高，高领，三足较鼓，与泉鸠龙山二期第 III 段 BIII 式鬲 G1②：7、东下冯龙山第 I 段 II 式鬲 H240：13 相似。如此，以 H107 为代表的遗存可作为第 III 段，年代与泉鸠二期第 III 段、东下冯龙山第 I 段基本相当。

　　H102 发表陶器 7 件，是该遗址发表器物最多的单位，以 IV 式鬲 H102⑰最具特点。H110 仅发表陶器 1 件，即 V 式鬲 H110⑪。尽管 H102⑰、H110⑪器体一高一低，但有矮领、袋足较瘦等一致的特征，与泉鸠龙山二期第 IV 段 BIV 式鬲 H4：6 者相同，H110⑪还与东下冯龙山第 II 段 I 式鬲 T227③：2、东关龙山二期第 IV 段 BI 式鬲 IV

〔40〕　宋建忠《山西龙山时代考古遗存的类型与分期》，《文物季刊》1993 年第 2 期。

H61：22 相似。H124 仅发表 1 件罐 H124：4① （即高领罐），形制与东下冯第 Ⅱ 段 Ⅲ 式高领罐 T202③：10 近同，惟前者肩饰篮纹加饰旋纹，年代应大体相当。T123：4 仅发表 1 件豆 T123：4①，盘较浅，与东下冯第 Ⅱ 段 Ⅳ 式豆 T202③：3 （器形或为圈足盘）特征一致。南礼教出土陶器年代最复杂的或许要数 H109 了，此单位发表陶器 6 件，其中 Ⅲ 式盆 H109⑩、Ⅱ 式盆 H109⑰具有较早的特征，尤其是后者敞口浅斜腹，颇具庙底沟二期文化的遗风，也可能因此有研究者将该遗址唯独 H109 的年代归为其划分的山西运城地区龙山遗存的"早期"[41]。而 Ⅰ 式罐 H109⑪ （即翻沿罐）、Ⅱ 式杯 H109⑮ （即单耳杯）明显具有较晚特点，H109⑪口沿上部微翻，下部近直，微弧腹，这在泉鸠是翻沿罐中最晚的形态，与二期第 Ⅳ 段 Ⅵ 式 H18：1 的口部相似；H109⑮腹壁微斜近直，与东下冯龙山第 Ⅱ 段单耳杯 T206③：13 相近。另外 2 件，即 Ⅱ 式碗 H109⑬、鼎足 H109⑭ （实为三足罐足），也似具较晚特征，因此，从整体上看，H109 的年代甚晚。这样，以 H102、H110、H124、T123：4、H109 为代表的遗存可作为第 Ⅳ 段，年代与泉鸠二期第 Ⅳ 段、东关二期第 Ⅳ 段、东下冯第 Ⅱ 段大约相当。

综上，南礼教龙山遗存可分为四段 （图八）。

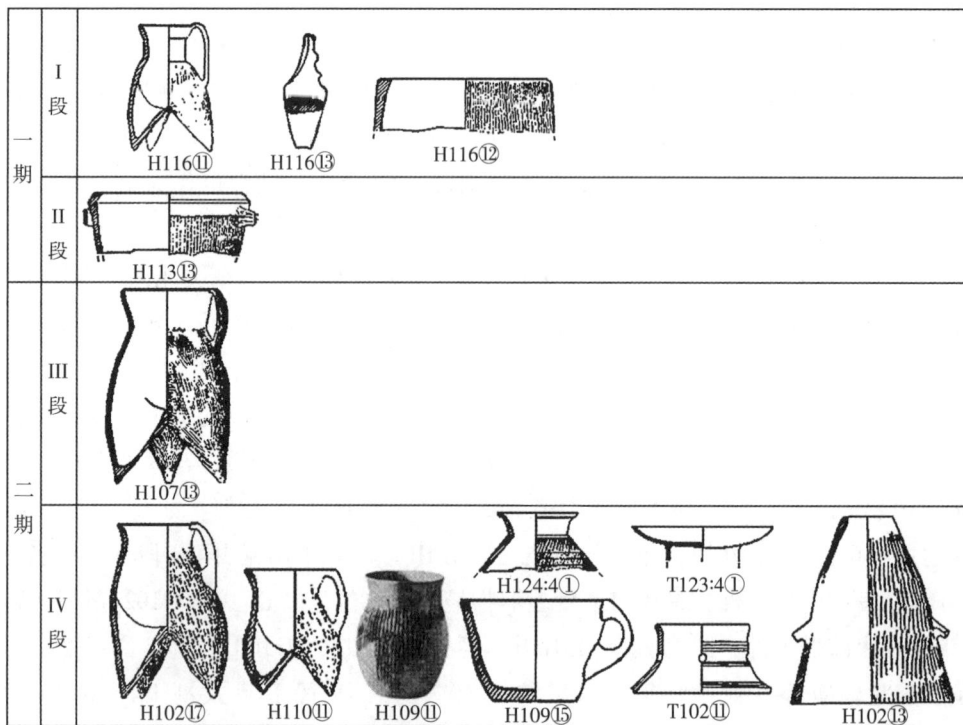

图八   南礼教龙山时代文化陶器分段图

[41]   宋建忠《山西龙山时代考古遗存的类型与分期》，《文物季刊》1993 年第 2 期。

第 I 段：以 H116 为代表；

第 II 段：以 H113 为代表；

第 III 段：以 H107 为代表；

第 IV 段：以 H102、H110、H124、T123：4、H109 为代表。

参考周邻遗址的分期，还可将第 I、II 段合并为一期，第 III、IV 段合并为二期。这样，发现遗存并不太丰富的南礼教遗址的龙山时代文化实际上大约经历了两期四段较长的发展历程。

渑池仰韶村遗址

仰韶村遗址位于河南省渑池县仰韶村南，面积 36 万平方米。遗址先后经过了三次发掘，1921 年由瑞典学者安特生主持做了第一次发掘[42]，1951 年夏鼐先生率团做了第二次小规模的发掘[43]，1980～1981 年河南省文物研究所（今河南省文物考古研究院）又进行了第三次发掘[44]。

其中第二次发掘的资料因报告未发表线图或图版，难以再做分析，而第一、三次发掘资料的报道较详细。严文明先生对首次发掘所获器物分析的第五期[45]、第三次发掘报告中的第四期[46]属龙山遗存，也是该遗址的主要文化遗存之一。现在看来，仰韶村龙山遗存仍有早晚之别，应做进一步分析。

第三次发掘发现两个文化层、1 座房址、13 座灰坑等龙山遗存，虽然报告提供了 T1、T2 第 1 文化层→第 2 文化层→H2（或许还有 H36，报告介绍开口于 T8 第 2 文化层下，而 T8 与 T1、T2 属邻方，地层可能相通）的层位关系，但 H2 无发表陶器，第 2 层发表陶器较少，与第 1 层之间缺乏可对应的器物，因此只能通过主要单位出土器物与周邻遗址的对比进行分期。

T4H30 发表陶器 6 件，其中有 I 式罐 T4H30：2（报告图十八，16，实为折沿深腹罐）等，从东关遗址看，这种器物是较晚在龙山一期第 II 段时出现，二期才流行起来。鬲 T4H30：1 属单把鬲，从残存和复原部分看，领微翻，袋足相对较鼓，与泉鸠龙山二期第 III 段 BIII 式鬲 G1②：7 相仿。因此，T4H30 为代表的遗存可作为第 I 段。

T2②层发表陶器 2 件，其中 III 式罐 T2②：22（实为翻沿罐）沿微斜近直，弧腹，与泉鸠龙山二期第 IV 段 VI 式翻沿罐 H18：1 相似。I 式单耳罐 T2②：12（实为单耳

[42] 安特生《中华远古之文化》，《地质汇报》第五号，1923 年；J. G. Andersson, Prehistoric Sites in Honan, *The Museum of Far Eastern Antiquities Bulletin*, No. 19, 1947.

[43] 考古所河南调查团《河南渑池的史前遗址》，《科学通报》第 2 卷第 9 期，1951 年。

[44] 河南省文物研究所等《渑池仰韶遗址 1980～1981 年发掘报告》，《史前研究》1985 年第 3 期。

[45] 严文明《从王湾看仰韶村》，《仰韶文化研究》，文物出版社，1989 年。

[46] 河南省文物研究所等《渑池仰韶遗址 1980～1981 年发掘报告》，《史前研究》1985 年第 3 期。

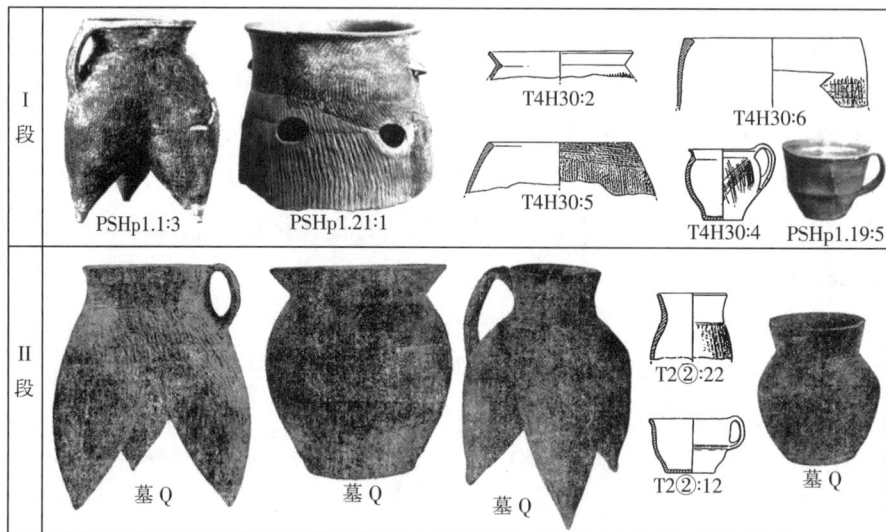

图九　仰韶村龙山时代文化陶器分段图

杯）腹较浅，腹折不明显，也具有较晚的风格。T8①层发表陶器2件，其中鬲T8①：81也为单把鬲，从残存部分看领微外侈，袋足微弧，与泉鸠二期第Ⅳ段BⅣ式鬲H4：6相仿。可见，以T2②、T8①为代表的遗存可作为第Ⅱ段。

关于第一次发掘出土物，其中鬲PSHpl.1：3为单把鬲，领亦微翻，袋足相对较鼓，与东下冯龙山第Ⅰ段Ⅱ式鬲H240：13颇为相像，也与泉鸠鬲G1②：7相似。单耳杯PSHpl.19：5腹较深，腹折较明显，具有较早作风。从东关遗址看釜灶在龙山一期中发现较多，二期第Ⅲ段罕见，到第Ⅳ段已经绝迹，仰韶村暂不见更早的龙山遗存，釜灶PSHpl.21：1可以认为是与鬲PSHpl.1：3同时段的器物。故鬲PSHpl.1：3、单耳杯PSHpl.19：5、釜灶PSHpl.21：1等也可归入上述第Ⅰ段。

第一次发掘的墓Q出土随葬陶器5件，有鬲、鬹、甑、小罐、盘或盖等，其中单把鬲领微外侈较矮，袋足微弧，与泉鸠龙山二期第Ⅳ段BⅣ式鬲H4：6特征相同，并与同类器东下冯龙山第Ⅱ段Ⅰ式鬲T227③：2、东关龙山二期第Ⅳ段BⅠ式鬲ⅣH61：22相似。因此墓Q等也可归入上述第Ⅱ段。

总结以上分析，仰韶村龙山遗存可分为两段（图九）。

第Ⅰ段：T4H30、PSHpl.1：3、PSHpl.19：5、PSHpl.21：1等；

第Ⅱ段：T2②、T8①、墓Q等。

其中第Ⅰ段的年代与泉鸠龙山二期第Ⅲ段、东下冯龙山第Ⅰ段、东关龙山二期第Ⅲ段大约相当。

第Ⅱ段的年代与泉鸠龙山二期第Ⅳ段、东下冯龙山第Ⅱ段、东关龙山二期第Ⅳ

段大体相当。

芮城清凉寺墓地

清凉寺墓地属于寺里——坡头遗址，遗址位于山西省芮城县东北部，总面积约 209 万平方米。2003～2005 年，山西省考古研究所等对清凉寺墓地进行了发掘，清理史前墓葬 355 座，取得了重要收获。

发掘者将墓地分为四期，其中仅有少量墓葬的第一期属于仰韶初期（原文为"枣园文化"），后三期起初均被定为属于庙底沟二期文化[47]，后来又认为第二期属于庙底沟二期文化晚期，第三期年代也接近于此文化晚期，即使已进入龙山时代，也属于较早阶段，第四期约相当于龙山时代中晚期[48]。而有学者通过对该墓地出土玉器的研究，依据与其他文化及遗址材料的对比，判定第二、三、四期分别相当于"庙底沟二期晚段"、"龙山早期"、"龙山晚期"[49]。本文认为后者分析正确，暂依此结果将墓地第三、四期对应于龙山"早期"、"晚期"，也即分别相当于东关龙山一期和二期。

以上对豫西晋西南的龙山时代诸遗址进行了分期，涉及的大多为居址。我们在把层位关系较清晰的泉鸠、东关、东下冯等遗址分期分段的基础上，对三里桥、仰韶村、龙王崖、丰村及南礼教等遗址进行分析，就一些器物进行了遗址间的对比，对每个遗址逐一进行分期或分段。据上文讨论，可整合出本地区仰韶晚期的综合分期（表二）。

表二　豫西晋西南地区龙山遗存综合分期表

期段	遗址	泉鸠	城东寨	三里桥	仰韶村	东关	龙王崖	丰村	东下冯	南礼教	清凉寺
前期	I	I	I			I				I	√
	II	II	II	I		II				II	
后期	III	III	III	II	I	III	I	I	I	III	√
	IV	IV	IV	III	II	IV	II	II	II	IV	

豫西晋西南地区的现有龙山遗存材料大约可分为四段，依据主要陶器的演化特征以及东关等龙山遗存器物组合的差别，还可将这四段进行合并，第 I、II 段为前期，第 III、IV 段为后期。

---

[47]　王晓毅、薛新明《有关清凉寺墓地的几个问题》，《文物》2006 年第 3 期；薛新明《山西芮城清凉寺史前墓地死者身份解析》，《西部考古》第一辑，三秦出版社，2006 年。

[48]　薛新明、杨林中《山西芮城清凉寺史前墓地反映的社会变革》，《中国聚落考古的理论与实践》（第一辑），科学出版社，2010 年。

[49]　杨岐黄《晋西南地区史前玉（石）器初步研究》，北京大学硕士学位论文，2008 年。

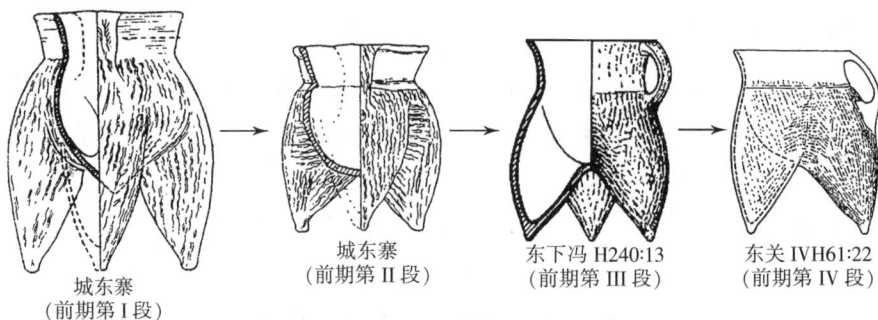

城东寨
（前期第 I 段）

城东寨
（前期第 II 段）

东下冯 H240:13
（前期第 III 段）

东关 IVH61:22
（前期第 IV 段）

图一〇 豫西晋西南地区龙山时代文化陶单把鬲演变图

本地区龙山遗存在不同区域具有分期意义的陶器不太一致。偏西区如灵宝、三门峡、芮城以及偏北区的夏县一带基本的陶器组合是翻沿罐、带鋬鬲、单把鬲、盆形斝、盆、缸等，这里分期分段主要靠器物特征的差异。翻沿罐从口沿翻卷较甚腹甚鼓到口沿微翻近直腹微弧。带鋬鬲、单把鬲从口沿外翻较甚袋足肥鼓到口微侈足较瘦。盆形斝从口较敛身与袋足分界明显到口微敛身与足分界不明显。盆口由甚敞到微敞。缸自微敛口而微敞口等。其中偏西区折沿深腹罐、双腹盆等最早不见，在前期偏后阶段出现，后期加入到典型器之列。

偏东区以垣曲盆地为主，据东关遗址材料，前期以双鋬鬲、折腹斝、釜灶、双腹盆、敛口盆等为基本组合，此时不见单把鬲，折沿深腹罐也甚少；后期单把鬲、折沿深腹罐十分流行，与双鋬鬲、双腹盆、敛口盆等一起构成为基本器物组合，相反，釜灶和折腹斝罕见或基本不见。就现有材料，以折腹斝的存在与否、单把鬲的无或有、折沿深腹罐的是否盛行可以作为判断龙山遗存前、后期的标志。

这些陶器中鬲可谓是最典型的器物，有双鋬鬲和单把鬲两种。双鋬鬲序列的完整器不全，而单把鬲的演变序列基本完整（图一〇，本图中"→"表示"发展为"）。

从总体上看，豫西晋西南龙山陶器可分为夹砂和泥质两大类，无论偏东或偏西区，前期均以夹砂陶为主，后期泥质陶增加，然在偏西区仍略少于夹砂陶，而在偏东区泥质相当或稍多于夹砂陶。陶色始终以灰陶占据主导地位，但自早至晚略有减少，黑陶逐渐增加，另有少量褐陶和红陶。主要纹饰为绳纹、篮纹、方格纹。偏西区和偏北区篮纹由多到少，在前期为占比例最大的纹饰，绳纹渐多，至后期居于主导，方格纹始终少见；偏东区绳纹由多渐少，方格纹前期少见，至后期则成为最常见的纹饰。

（二）遗存年代

豫西晋西南地区龙山时代文化遗存以往测定 ^{14}C 年代数据较少，仅东关、东下冯遗址分别测有几个数据。近年在北京大学考古文博学院的支持下，对泉鸠遗址测定了一批数据,另有东关遗址的一些新的测年数据,至今已有 32 个 ^{14}C 年代数据(表三)。表中除 2 个数据明显偏早外,其余依多数数据的中心值可将这一时期遗存界定为公元前 2300～前 2000 年,大体上可看出数据与遗存分期、分段的早晚约略一致。这样,本地区龙山时代文化经历了约 300 年的发展历程。

表三　豫西晋西南地区龙山时代文化 ^{14}C 年代表

序号	实验室编号	遗址及出土单位	测年标本	^{14}C 年代(距今)	树轮校正年代(置信度)	期段	数据出处
1	BK84037	东关 IH109	木炭	3860 ± 85	2307BC～2038BC(高精度)	前期 I 段	《碳十四集》[50](注 1),T = 5730y
2	ZK—7013		兽骨	3753 ± 42	2280BC～2040BC(68.2%)		《测年报告》[51](注 2)
3				3760 ± 30	2280BC～2130BC(68.2%)		《中原腹地》[52](注 3),T = ?
4	BK84077	东关 IH187	炭化小米	3655 ± 90	2032BC～1760BC(高精度)	同上	同注 1,T = 5730y
5	ZK—7012	东关 IH83	兽骨	3890 ± 44	2460BC～2300BC(68.2%)	同上	同注 2
6	BA081236	泉鸠 H27	黍	3810 ± 35	2300BC～2150BC(68.2%)	前期 I 段	北大科技室测年[53](注 4)
7	BA081237		粟	3850 ± 35	2440BC～2200BC(68.2%)		
8	BA081243		粟	3725 ± 35	2200BC～2040BC(68.2%)		
9	BA081244		碎稻	3760 ± 35	2280BC～2060BC(68.2%)		

[50]　中国社会科学院考古研究所《中国考古学中碳十四年代数据集(1965～1991)》,第 29～53 页,文物出版社,1991 年。

[51]　中国社会科学院考古研究所考古科技实验研究中心碳十四实验室《放射性碳素测定年代报告(三三)》,《考古》2007 年第 7 期。

[52]　测年数据引自张海《公元前 4000 至前 1500 年中原腹地的文化演进与社会复杂化》,北京大学博士学位论文,2007 年。本文对数据进行了校正,考虑到系近年"中华文明探源工程预研究"和"中华文明探源工程(第一阶段)"年代学研究课题加速器测年结果,推断所采用的 ^{14}C 半衰期为 5568 年,我们直接运用 Oxcal 3.10 程序计算日历年代,所采用的树轮校正曲线为 INTCAL104。

[53]　2008 年北京大学考古文博学院科技考古与文物保护试验室测年数据,特此致谢。

序号	实验室编号	遗址及出土单位	测年标本	¹⁴C年代（距今）	树轮校正年代（置信度）	期段	数据出处
10	BA081238	泉鸠 H24	碎稻+粟	3820±35	2340BC~2200BC（68.2%）	同上	同注4
11	BA081240	泉鸠 H25	粟	3805±40	2300BC~2140BC（68.2%）	同上	同上
12	BA081241	泉鸠 H16	碎稻	3750±40	2270BC~2040BC（68.2%）	同上	同上
13	BA081242	泉鸠 H20	粟	3880±40	2460BC~2290BC（68.2%）	同上	同上
#14	BK84042	东关 IH21	木炭	4460±100	3091BC~2788BC（高精度）	前期II段	同注1,T=5730y
15	BK84079	东关 IH158	木炭	4040±80	2569BC~2333BC（高精度）	同上	同上
16	BK84033		木炭	3845±80	2289BC~2037BC（高精度）		同上
17	ZK—7010		人骨	3699±43	2190BC~1980BC（68.2%）		同注2
18				3775±30	2280BC~2140BC（68.2%）		同注3,T=?
#19	ZK—7002	东关 IH244	兽骨	4202±43	2890BC~2690BC（68.2%）	前期	同注2
20	ZK—7014	东关 IIIH43	兽骨	3720±43	2200BC~2030BC（68.2%）	后期III段	同上
21				3765±35	2280BC~2130BC（68.2%）		同注3,T=?
22	BA081245	泉鸠 G1③	粟	3780±40	2290BC~2130BC（68.2%）	同上	同注4
23	ZK—0387	东下冯 T208③	木炭	3595±80	1925BC~1705BC（高精度）	后期IV段	同注1,T=5730y

续表三

序号	实验室编号	遗址及出土单位	测年标本	¹⁴C年代（距今）	树轮校正年代（置信度）	期段	数据出处
24	ZK—7020	东关 IH220	兽骨	3745±43	2270BC~2030BC（68.2%）	同上	同注2
25				3670±30	2140BC~1970BC（68.2%）		同注3，T=?
26	BA081239	泉鸠 H2	粟	3730±35	2200BC~2040BC（68.2%）	同上	同注4
27	ZK—0621	东下冯 F203	白灰面	3700±100	2133BC~1787BC（高精度）	后期	同注1，T=5730y
28	ZK—7018	东关 IIIH33	兽骨	3641±47	2130BC~1920BC（68.2%）	同上	同注2
29				3625±30	2030BC~1945BC（68.2%）		同注3，T=?
30	ZK—7001	东关 IIIH9	兽骨	3644±44	2130BC~1940BC（68.2%）	同上	同注2
31	ZK—0971	东下冯 T240③	木炭	3855±70	2289BC~2042BC（高精度）		同注1，T=5730y
32	ZK—0972	东下冯 T240④	木炭	3830±85	2281BC~1989BC（高精度）		同上

　　注：除说明者（T代表半衰期，T=? 表示半衰期不详）外，计算¹⁴C年代数据所用半衰期均为5568年；带#号者为明显偏早的数据。

三、文化谱系的相关问题

（一）与庙底沟二期文化、龙山时代以后文化的关系

与更早和更晚文化遗存的关系是考察每一时期遗存的基础和一个重要方面，这里我们对更早的庙底沟二期文化以及稍晚文化的关系略作探讨，以对豫西晋西南地区龙山时代文化的来龙去脉都有所认识。

本地区有数处遗址发现龙山时代文化与庙底沟二期文化遗存间的层位关系。如东关遗址，有多组龙山遗存叠压打破庙底沟二期遗存的层位关系，其中龙山一期打破此

遗址庙底沟二期文化第 IV 段也即豫西晋西南此文化晚期最后一段第 V 段[54]的就有：
IH2→IH190；IH68→IH147 与 IH148；IH84→IH61 与 IH115；IH103→IH108；IH121→
IH100；IH125 → IH122；IH137 → IH108；IH143 → IH144；IH152 → IH153；IH168 →
IH163；IH181→IH200 等。

再如丰村遗址，龙山时代文化遗存与庙底沟二期文化遗存的层位关系有两方面：
第一，I 区龙山时代文化层第 3 层叠压庙底沟二期文化层第 4 层；第二，龙山时代文化
G101 打破庙底沟二期文化 H101、H102、H104。

又如龙王崖遗址，龙山时代文化与庙底沟二期文化遗存的层位关系也有两方面：
第一，发掘区龙山时代文化层第 3、4 层叠压庙底沟二期文化层第 5、6 层；第二，龙山
时代文化 H105 打破庙底沟二期文化灰坑 H106，其中该遗址以 H106 为代表的遗存属于
豫西晋西南此文化晚期第 V 段。

上述层位关系的发现，表明本地区庙底沟二期文化和龙山时代文化的确存在着早
晚年代顺序。而其间关系的认识，则主要依赖于对两个时期文化特征的比较。

豫西晋西南地区庙底沟二期文化和龙山时代文化拿最能反映文化特征的陶器来说，
尽管都分夹砂和泥质陶两大类，以夹砂陶为主，流行灰陶，纹饰都有绳纹、篮纹，器
形同有深腹罐、盆、斝、釜灶等，以上有的如陶质陶色实是由一致的陶器制作技术尤
其是烧制技术造成的，一部分纹饰和器形的相同是因为处于同一地域前、后期文化间
的联系。但是两个时期文化之间更存在着明显的差别，如庙底沟二期文化以夹砂陶占
据绝对优势，而龙山时代文化泥质陶也较多，在偏东区与夹砂陶相当甚至反而稍多。
后者时期偏东区方格纹流行在其后期还成为主流性纹饰。两个时期间深腹罐、盆、斝、
釜灶形制有别，如前者时期主要是筒形深腹罐、斜壁盆、凹心盆、较高的釜形斝、瘦
高形釜灶，而后者时期则是翻沿罐、折沿深腹罐、敛口盆、双腹盆、较矮的折腹斝、
肥矮形釜灶，到后者时期斝和釜灶逐渐少见釜灶还趋于消失。而尤为显著的差别是前
者时期曾经十分流行的盆形和罐形鼎到后者时期已几乎绝迹，后者时期的典型器双鋬
鬲、单把鬲和敛口盆形斝等则决不见于前者时期。

可见，本地区的庙底沟二期文化和龙山时代文化之间，一方面一些器物种类相同，
表明两者具有一定的源流和传承关系，但这种关系并不占据主导；另一方面，在主要
器物上两者又存在着根本性的差异，后者显非前者的自然发展，在后者形成中具有决
定性的似乎是外来因素。

豫西晋西南地区龙山时代文化与更晚的文化遗存间的层位关系也有所发现。

如泉鸠遗址：H7→H12→H14→G1→……其中 H7 属二里头文化，后三者属龙山时

---

[54]　魏兴涛《豫西晋西南地区仰韶文化晚期遗存研究》，《考古学研究》（十），科学出版社，2012 年。

代文化，H14 属于该遗址龙山二期第 IV 段，也即本地区龙山后期第 IV 段。

再如丰村遗址：H301→M303、M304、M305，其中前者属二里头文化，后三者为龙山时代瓮棺葬，属该遗址龙山第 II 段也是本地区龙山后期第 IV 段。

又如东下冯遗址 V 区 T261：②B 层→③层，其中前者属二里头文化，后者属龙山时代文化，因 V 区 T261 第 3 层未发表器物，无参加遗址分段，但据上文分析，该遗址龙山遗存均属龙山后期遗存，此文化层也不例外。

据泉鸠 H7 和河南三门峡南交口[55]、南家庄[56]、陕县西崖村[57]等遗址看，豫西地区的二里头文化面貌与伊洛地区同一文化有着根本的一致性，也当属于二里头文化二里头类型。而晋西南地区东下冯[58]、丰村[59]等遗址的二里头文化因存在鬲、甗等器物，与伊洛地区、豫西地区者存在一定的差别，属于该文化的东下冯类型。

这样，龙山时代以后豫西晋西南在黄河南、北两岸即豫西和晋西南地区的文化性质还不尽相同，都为二里头文化但属于不同的类型。虽然豫西晋西南地区偏东部在龙山后期文化性质已属于王湾三期文化（详见下文），但根据近年来考古研究的新成果，二里头文化可能是王湾三期文化通过"新砦期"类遗存发展而来[60]，则本文所谓的豫西地区的二里头文化应由伊洛地区及其以东这一文化形成之后向西扩展出现的，该文化甚至还一直往西发展到关中盆地。当然，豫西作为王湾三期文化的边缘区很可能也或多或少地参与了二里头文化的形成过程。而据研究，东下冯类型是二里头文化二里头类型形成后向晋南发展与当地龙山时代的文化相结合而形成的，尽管形成此类型的龙山遗存有可能主要是陶寺上层类遗存[61]，然而晋西南地域宽广，属于此类型的主要分布区域，则该区域的龙山时代遗存也必定是属于夏文化的东下冯类型[62]的来源之一。这样，豫西晋西南地区龙山时代文化的发展去向无论黄河南岸还是北岸，大约都是融入到了当地的夏文化即二里头文化当中，为中原文化的继续发展和中原文明的形成作出了相应的贡献。

---

[55]　河南省文物考古研究所《三门峡南交口》，第 230～247 页，科学出版社，2009 年。

[56]　河南省文物考古研究所《河南三门峡市南家庄遗址的调查与试掘》，《华夏考古》2007 年第 4 期。

[57]　河南省文物研究所《陕县西崖村遗址的发掘》，《华夏考古》1989 年第 1 期。

[58]　中国社会科学院考古研究所等《夏县东下冯》，文物出版社，1988 年。

[59]　中国社会科学院考古研究所山西工作队《山西垣曲丰村新石器时代遗址的发掘》，《考古学集刊》第 5 辑，中国社会科学出版社，1987 年。

[60]　北京大学震旦古代文明研究中心等《新密新砦——1999～2000 年田野考古发掘报告》，文物出版社，2008 年。

[61]　李伯谦《东下冯类型的初步分析》，《中原文物》1981 年第 1 期。

[62]　刘绪《东下冯类型及其相关问题》，《中原文物》1992 年第 2 期。

（二）文化性质与谱系

首先需说明，正如本文"引言"所述，从研究史方面可以看到，以往学术界对于以三里桥"龙山文化"为代表的遗存的主要意见是称之为"三里桥类型"或"三里桥文化"。之所以这样，主要是因为该遗址龙山遗存发现较早，其与河南境内王湾三期文化等的同期遗存相比包含有较多的单把鬲、单耳罐等陶器，致使文化面貌有所差别。而这些陶器其实正是客省庄文化[63]（或称"客省庄二期文化"）的典型器物，相反，如除去上述以及带鋬鬲、带鋬斝等器物，其余的则多是具有后者文化特征的陶器，如折沿罐、双腹盆、罐形甗、小口高领瓮等，因此又有学者着眼于将这些器物划归到王湾三期文化。我们认为，将任何一类遗存是否给予命名为类型乃至文化，应看它是否拥有一套具有自己独特特征的器物组合，那种处于过渡地带具有多种文化因素而无独有特征的遗存，并且是在周边文化已给予命名的情况下就不宜再予定名。实际上，以豫西晋西南为主的豫、晋、陕交界地带，在龙山时代正处于几支考古学文化的交汇之地，故出现多种文化因素共存的现象，这里的器物大多可以在周围诸考古学文化中找到相应的器形，如果将周围各文化的因素剔除，则这里很少或基本不见独具特点的器物。鉴此，我们主张，豫西晋西南龙山时代文化遗存似以暂不单独命名为宜。因在不同时期、这一地区的不同区域所拥有周围诸考古学文化因素的比重不同，对本地区的文化性质还需在分期的基础上分地域做进一步的分析。

本地区龙山遗存期段较全或资料较丰富的为东关、泉鸠和东下冯遗址，东关和泉鸠分处东、西，可分别作为偏东区和偏西区的代表，在做文化因素分析进行统计时以此二遗址为准，东下冯的遗存较丰富，特征鲜明，是龙山后期偏北区的典型遗址，也需做专门讨论。另应指出，为了了解文化的发展过程，我们把本地区龙山遗存划分为两期四段，实际上第I与第II段、第III与第IV段之间无论偏东还是偏西区、偏北区文化面貌分别基本一致，在偏西区甚至四段之间差别均不太大，因而在此我们按前、后两期进行论述。

豫西晋西南地区龙山陶器从文化因素的角度可大致区分为三群：

甲群 双鋬鬲、双鋬斝、罐形斝、袋足斝、甗、釜灶、灶、圈足罐、圈足瓮、高领罐、折腹罐、折肩罐、大口罐、斜腹盆、簋、折腹盆、双鋬缸、三足瓮、盘、斜腹杯、深腹盂等。

乙群 折沿深腹罐、鼎、折腹斝、罐形甗、敛口盆、圈足盘、瓦足盆、双腹盆、小口高领瓮、钵形豆、鬶、碗、直筒杯、折肩器盖等。

---

[63] 张忠培《客省庄文化及其相关诸问题》，《中国北方考古文集》，文物出版社，1986年。

丙群　单把鬲、翻沿罐、小口瓮、中口瓮、单耳杯、斜腹盆、厚胎缸、双耳罐等。

通过与周围地区龙山时代文化典型陶器的对比可知，甲群、乙群、丙群陶器应分别与以临汾盆地为中心以山西襄汾陶寺遗址[64]为代表的陶寺文化中、晚期，以伊洛地区为中心以河南洛阳王湾[65]、西干沟[66]、临汝煤山[67]、济源留庄[68]遗址为代表的王湾三期文化，以关中地区为中心以陕西临潼姜寨遗址[69]为代表的客省庄文化的同类器有着根本的同一性，应是陶寺文化、王湾三期文化和客省庄文化的文化因素。需要说明的是：

第一，有些器物在庙底沟二期文化时期豫西晋西南及其周围地区均有存在，龙山时期延续发展，在各群中均有发现，但有所分化，器形特点不太相同，我们据其所在的主要文化进行归群。如釜灶、敛口钵、双腹盆和斝在庙底沟二期时大量存在，龙山时期釜灶在陶寺文化中有较多发现，王湾三期文化和客省庄文化则基本不见，因此将其归入甲群；而敛口钵、双腹盆是王湾三期文化中的常见器形，另两个文化中基本不见，故归入乙群；斝有多种形态，大袋足斝、罐形斝、带鋬斝特征与陶寺文化者基本一致，折腹斝与王湾三期文化者根本相同，因而分别将它们划归甲群和乙群。类似情况还有小口瓮和中口瓮类、杯类等。

第二，有些器物如鬶、瓦足盆等原本不是王湾三期文化的固有因素，应是受海岱地区龙山文化影响出现的，但已成为王湾三期文化的有机组成部分，这里归入乙群；双鋬鬲是否产生和流行于陶寺文化尚未定论，如上文已述，学术界有晋中地区龙山时代的"杏花文化"为这种器物大本营的重要意见，但其确为陶寺文化的典型器之一，豫西晋西南紧邻临汾盆地却与晋中隔离较远，双鋬鬲显然更直接地来源于陶寺文化，

[64] 中国社会科学院考古研究所山西工作队等《山西襄汾县陶寺遗址发掘简报》，《考古》1980年第1期；中国社会科学院考古研究所山西工作队等《陶寺遗址1983~1984年Ⅲ区居住址发掘的主要收获》，《考古》1986年第9期；中国社会科学院考古研究所山西队等《山西襄汾县陶寺遗址Ⅱ区居住址1999~2000年发掘简报》，《考古》2003年第3期；中国社会科学院考古研究所山西队等《山西襄汾陶寺城址2002年发掘报告》，《考古学报》2005年第3期；高炜等《陶寺遗址的发掘与夏文化的探索》，《中国考古学会第四次年会论文集》，文物出版社，1985年。

[65] 北京大学考古文博学院《洛阳王湾——田野考古发掘报告》，第69~93页，北京大学出版社，2002年。

[66] 中国社会科学院考古研究所《洛阳发掘报告》，第36~49页，北京燕山出版社，1989年。

[67] 中国社会科学院考古研究所河南二队《河南临汝煤山遗址发掘报告》，《考古学报》1982年第4期。

[68] 河南省文物管理局等《黄河小浪底水库考古报告》（一），第95~160页，中州古籍出版社，1999年。

[69] 半坡博物馆等《姜寨——新石器时代遗址发掘报告》，第317~340页，文物出版社，1988年。

故归入甲群；碗、折肩器盖并非仅在王湾三期文化中而是在后岗二期文化、造律台文化中都有存在，但王湾三期文化距离豫西晋西南最近，我们将这些器物视作乙群的因素。类似情况还有丙群中的双耳罐等。

首先以上述分群来考察东关的龙山前期遗存也即原报告中"龙山文化早期"的陶器。还要说明，为了了解各群器物的数量，我们引用报告中器物类、型、式的名称以及公布的器物件数。

属于甲群的器物有：大口罐（含 B、C、D 型）3 件、侈口深腹罐（含 I、II、III 式）5 件、高领罐（含 A、B 型，B 型含 I、II 式）4 件，折腹罐 1 件，折肩罐（含 I、II 式）2 件，单耳罐（含 A、B 型）3 件，小口罐 1 件，鬲（含 I、II 式）3 件，釜灶（含 A、B 型，A 型含 I、II、III 式，B 型含 I、II 式）11 件，灶 2 件，甑（含 I、II 式）3 件，圈足瓮 2 件，小底瓮 3 件，罐形斝（含 I、II 式）2 件，大袋足斝 2 件，高领斝 1 件，盉 2 件，斜腹盆 1 件，折腹盆 1 件，敞口盆（含 I、II 式）2 件，宽沿盆（含 I、II 式）3 件（这种器物共三式，报告总介绍称 6 件，按各式分述则共 5 件，这里依后者），豆形盆 1 件，簋 2 件，小口瓶 1 件，小杯 1 件，大盘 1 件，豆座 4 件，器盖（含 I、II 式，或为豆）3 件，器座 1 件等。以上主要陶器与已知陶寺文化陶器可进行对比（图一一，图中包含东关龙山一期和二期陶器）。

属于乙群的有：侈口折沿罐 1 件，鼓腹罐 3 件，大口罐 A 型（含 I、II 式）2 件，双耳罐 1 件，敞口斝（含 I、II、III 式，报告总介绍称 5 件，按式分述总数为 6 件，这里依前者）5 件，双腹盆（含 I、II、III 式，报告称数量较多，公布了 I、II 式复原件数和 III 式总件数，这里据此统计）9 件，敛口盆 5 件，宽沿盆 III 式 2 件，单耳杯（含 I、II 式）6 件。其中主要陶器与已知王湾三期文化陶器可进行对比（图一二，图中包含东关龙山一期和二期陶器）。

据统计，报告共公布陶器 105 件，其中甲群陶器 71 件，占 67.62%，乙群 34 件，占 32.38%。可见，东关龙山前期的陶器主要由包含陶寺文化、王湾三期文化因素的器物所组成，其中又以前者为最多。

同时，我们还应对这里的典型器物进行考察，因为人们生活中最经常使用或最喜爱的器物，通常最能反映其文化面貌[70]。而饮食生活等风俗习惯更能表达人们群体心理的认同程度[71]，故炊器在史前文化中多被视为典型器。这里的炊器主要有折沿深腹罐（报告称侈口折沿罐）、釜灶、灶、鬲、斝等，其中属于甲群的有釜灶（尤其还有带横贯耳的）11 件，灶 2 件，鬲 3 件，罐形斝、大袋足斝、高领斝共 5 件，这些器物大

[70] 赵朝洪《谈磁山文化的几个问题》，《磁山文化论集》，河北人民出版社，1989 年。
[71] 赵辉《以中原为中心历史趋势的形成》，《文物》2000 年第 1 期。

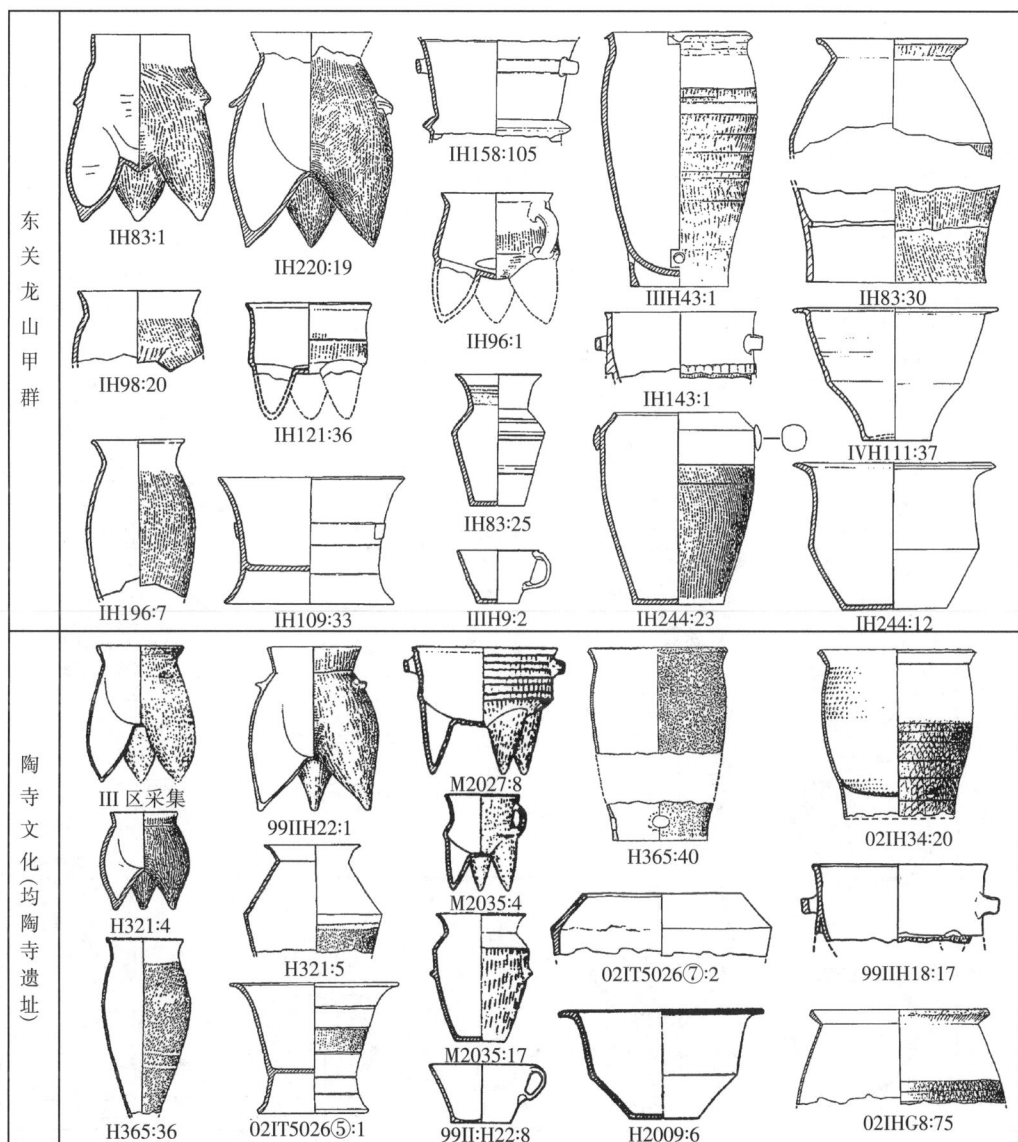

图一一　东关龙山时代文化甲群与陶寺文化陶器对比图

都可以在陶寺文化中找到相似或相近的器形。而属于乙群的侈口折沿罐 1 件，敞口斝 5 件，明显具有王湾三期文化同类器的特征。经统计，炊器共 27 件，其中甲群 21 件，占 77.78%；乙群 6 件，仅 22.22%。

这样，无论从器物群方面还是典型器方面都可以得到东关龙山前期的陶器以包含陶寺文化因素为主、有少量王湾三期文化因素的认识，因此其文化属性当以占主导地

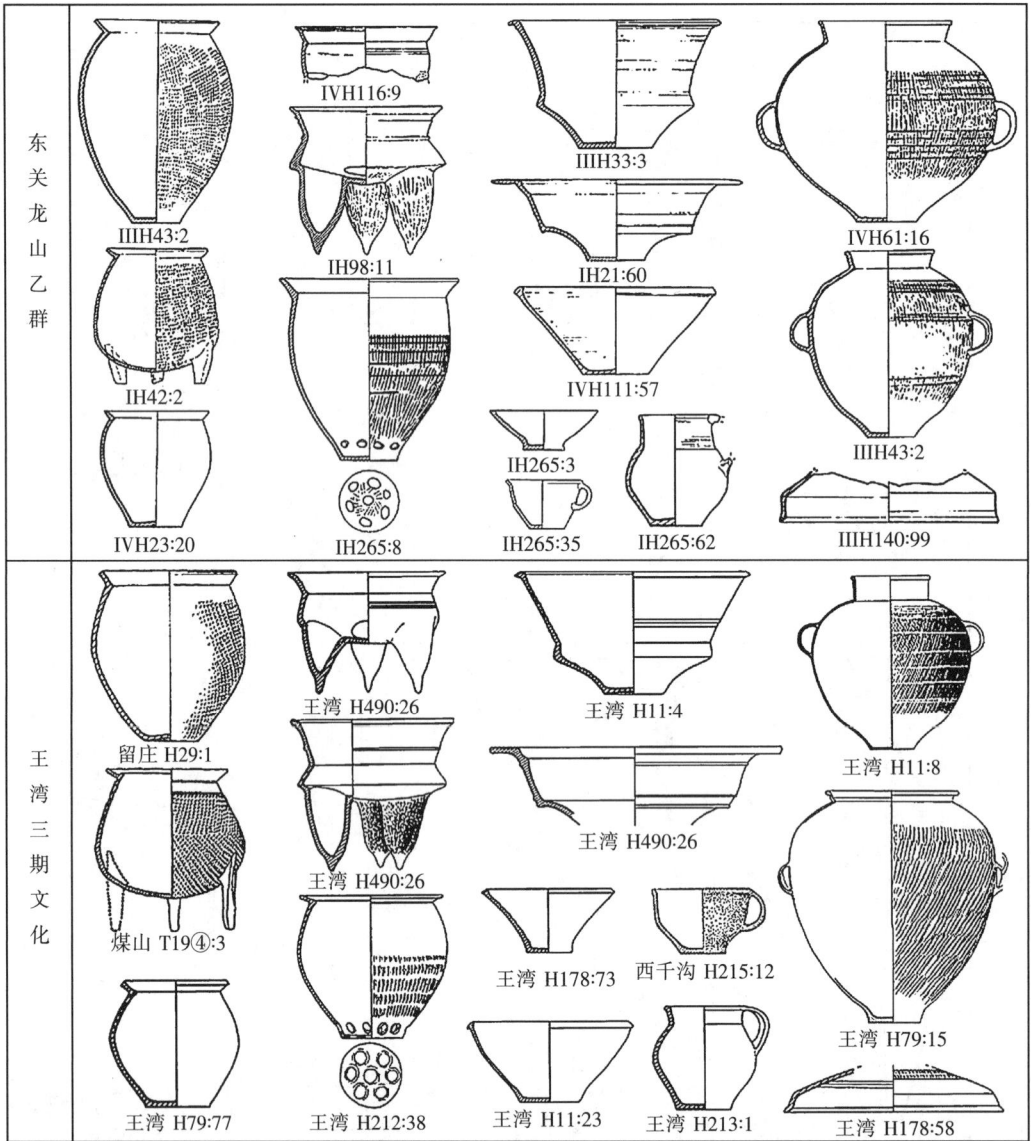

图一二　东关龙山时代文化乙群与王湾三期文化陶器对比图

位的文化因素作依据[72]而归入为陶寺文化。这里的陶寺文化受到了王湾三期文化较强的影响。

　　泉鸠遗址龙山遗存的陶器也大致可分为三群（图一三）。由于发掘资料只经初步整

─────────────

[72]　李伯谦《论文化因素分析方法》，《中国文物报》1988 年 11 月 4 日。

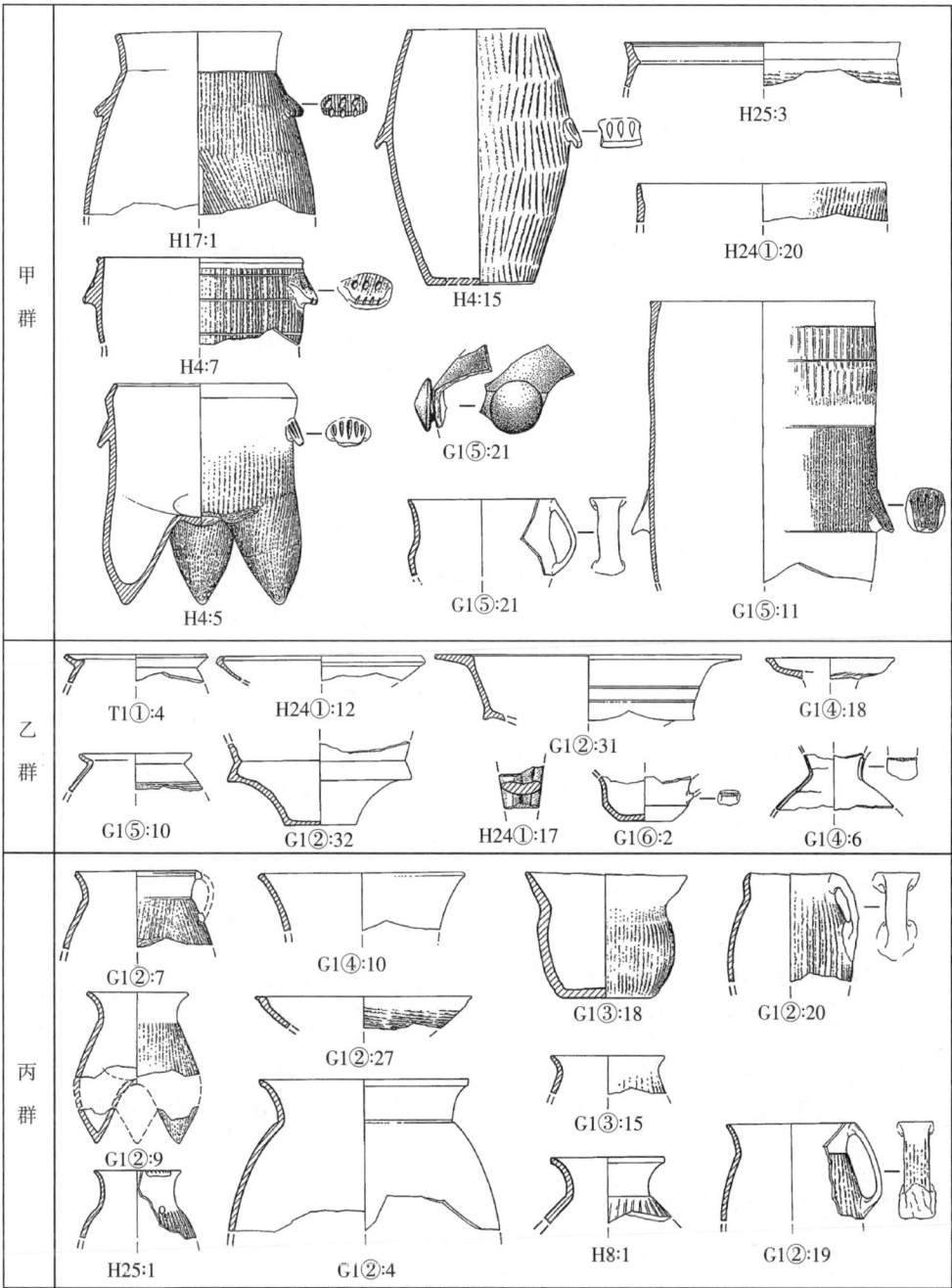

图一三　泉鸠龙山时代文化陶器分群图

理尚未发表，我们仅对典型器也是陶容器种类中数量最多的炊器分期别进行分析。在此先对龙山前期即该遗址一期第Ⅰ、Ⅱ段的型式及在二期中发现的少量属于一期式别的器物做数量统计。

泉鸠龙山前期出土的炊器有翻沿罐、折沿深腹罐、鬲、斝、鼎等。其中属于甲群的有：鬲A型（含I、II、III式，不含鬲足）26件，斝A型（含I、II、III式，不含斝足）8件；属于乙群的有：折沿深腹罐2件，鼎1件（仅见1鼎足）；属于丙群的有：翻沿罐（含I、II、III、IV式）16件，鬲B型（含I、II式）4件。经统计，炊器共57件，属于甲群的34件，占59.65%，乙群3件，占5.26%，丙群20件，占35.09%。

可见，从典型器炊器方面，甲群明显居于主导地位，文化性质可以甲群为准归入到陶寺文化；同时，有较多丙群器物，显现出这里深受客省庄文化势力的影响；而少量乙群器物的存在，表明又受到王湾三期文化因素的渗透。

接下来我们来考察豫西晋西南的龙山后期遗存。首先分析东关的也即原报告中"龙山文化晚期"的陶器。

属于甲群的器物有：圆腹小罐（含I、II式）5件，大口罐C型1件，直口筒形罐2件，高领罐（含I、II式）3件，敛口罐1件，折肩罐1件，鬲A型（含I、II式）7件、C型1件，釜灶（含I、II式）2件，灶（含I、II、III式）4件，圈足瓮3件，敞口瓮1件，敛口瓮1件，三足瓮1件，大缸1件，盉1件，折腹盆B型（含I、II式）4件（报告称B型3件，又称I、II式分别复原3件和1件，实际上仅复原器就有4件，这里依后者），鼓腹盆（含I、II式）2件，敞口盆1件，凹心盆2件，簋2件，单耳杯II式1件（这种杯多为折腹，具有伊洛地区王湾三期文化同类器的特征，但IIIH9：2腹斜直，则是陶寺文化的特征，这里归入甲群），小杯I式1件，三足杯1件，器盖A型1件等。

属于乙群的有：侈口折沿罐（含I、II、III式）29件，鼓腹罐（含I、II式）3件，大口罐A型（含I、II式）8件、B型1件，小口罐3件，单耳罐（含I、II、III式）7件，双耳罐（含I、II、III、IV式）6件，鼎1件，甗III式1件，敞口斝（含I、II式）3件，双腹盆（含I、II式）14件，敛口盆（含I、II、III式）12件，斜腹盆（含I、II式）12件，折腹盆A型2件，平沿盆2件，白陶杯1件，圈足盘1件，碗8件，豆（含I、II、III式，豆座、豆把未计入）6件，单耳杯（含I、II式）10件，小杯II式4件，器盖B型2件等。

属于丙群的仅有：鬲B型（含I、II式）4件[73]等。

---

[73] 单把鬲最流行于客省庄文化，但在以山西汾阳杏花遗址四期为代表的遗存和陶寺文化中也不乏这种器物，学术界有"杏花文化"（即以杏花四期为代表的遗存）单把鬲的产生为独立起源的意见（张忠培、杨晶《客省庄与三里桥文化的单把鬲及其相关问题》，《宿白先生八秩华诞纪念文集》，文物出版社，2002年），东关龙山一期不见，而在二期中发现多件，这一时期从整个豫西晋西南地区来看，深受客省庄文化的影响，因此，这里暂将单把鬲作为受客省庄文化影响而出现的器物。

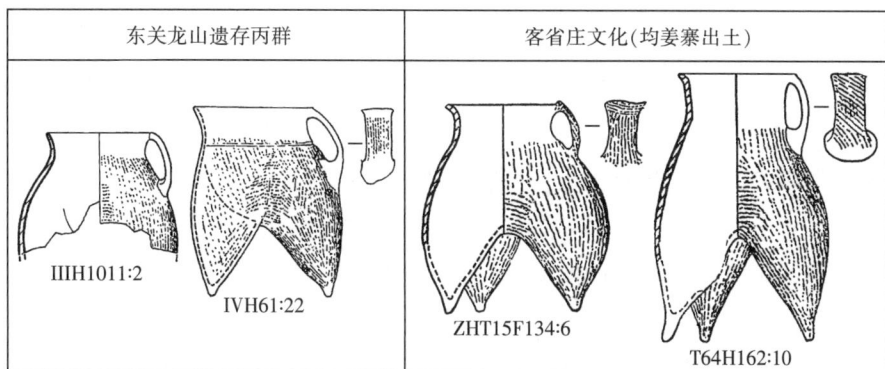

图一四 东关龙山时代文化后期丙群与客省庄文化陶器对比图

另外，有甗（含Ⅰ、Ⅱ式）4件（报告称甗4件，又言Ⅰ、Ⅱ式各2件，Ⅲ式复原1件，实际上仅Ⅰ、Ⅱ式就有4件），坩埚1件，敛口罕2件，小盘1件，白陶豆盘1件，火算2件，因器物残损较甚或分群特征不明显，暂不归群。

上述可分群陶器占发表陶器的绝大部分，可基本反映实际情况。以上参与分群统计陶器共190件，其中甲群50件，占26.32%，乙群136件，占71.58%，丙群4件，占2.11%。可见，东关龙山后期的陶器主要由包含陶寺文化、王湾三期文化、客省庄文化因素的器物组成的（图一四），其中以王湾三期文化为主，陶寺文化因素次之，客省庄文化因素最少。

同样我们可以对这里的炊器进行观察。炊器主要包括侈口折沿罐、釜灶、灶、鬲、罕、鼎等，其中属甲群的有鬲8件，釜灶2件，灶4件，合计14件，占能够归群炊器51件的27.45%；属于乙群的侈口折沿罐29件，鼎1件，敞口罕3件，合计33件，占64.71%；属于丙群的有鬲4件，仅占7.84%。

可见，从器物群和典型器两方面均得到东关龙山后期的陶器以王湾三期文化因素所占比重最大，有较多陶寺文化因素，并有少量客省庄文化因素的认识，因此其文化属性当归入王湾三期文化。

我们现对泉鸠遗址龙山后期即该遗址二期第Ⅲ、Ⅳ段炊器型式的数量进行统计。需要申明，在二期单位中发现的少量属于一期式别的器物已被剔除。

泉鸠龙山后期的炊器有翻沿罐、折沿深腹罐、鬲、罕等。其中属于甲群的有：鬲A型（含Ⅲ、Ⅳ、Ⅴ式，不含鬲足）17件，罕A型（含Ⅰ、Ⅱ、Ⅲ式，不含罕足）6件、B型1件；属于乙群的器物有：折沿深腹罐1件；属于丙群的器物有翻沿罐（含Ⅰ、Ⅱ、Ⅲ、Ⅳ式）20件，鬲B型（含Ⅰ、Ⅱ式）2件、C型3件。经统计，炊器共50件，属于甲群的24件，占48%；乙群的1件，占2%；丙群的25件，占50%。

　　这样，从典型器炊器方面观察，泉鸠龙山后期所包含的主要是客省庄文化和陶寺文化因素，并有少量王湾三期文化因素，前二者中又以客省庄文化略占优势。同时结合其他器物如具有客省庄文化特征的小口瓮、中口瓮、敞口盆较多，而基本不见或罕见具有陶寺文化特点的大袋足鬲、圈足罐、扁壶等，因此客省庄文化的因素应略占上风，如果必须明确这里遗存的文化性质，则以归入客省庄文化为宜。但有必要强调的是，这里的客省庄文化深受陶寺文化的影响，并渗透有少量王湾三期文化的因素。

　　同时，我们简要讨论东下冯的龙山后期遗存。这里既有以带鋬鬲、带鋬斝、贯耳斝、高领罐、三足罐为代表的甲群因素，又有以折沿深腹罐、双腹盆、敞口圈足盘等为代表的乙群因素，并有以单把鬲、单耳罐等为代表的丙群因素（图一五）。因东下冯遗址发掘较早报告较为简略，一些器类没有公布发现的件数，故无法确切了解各群所占的比例。但是，尽管有如发掘报告的认识“从总的方面看，其文化的基本性质应属‘河南龙山文化’范畴”[74]，或者有将其称为客省庄文化（原文为客省庄二期文化）“东下冯类型”的意见[75]，然而从整体上看这里的甲群陶器种类最多，特点最为鲜明。这方面，早有研究者指出东下冯“龙山晚期”遗存如与上述三支考古学文化之间相比较的话，与陶寺文化晚期最为接近，而与王湾三期文化和客省庄文化（原文为客省庄二期文化）要相对疏远些，当然研究者的原文是把东下冯“龙山晚期”遗存归为所谓“三里桥类型”，拿包括东下冯“龙山晚期”遗存在内“三里桥类型”与这三支考古学文化相比较[76]。本文既然不赞同存在所谓的“三里桥类型”，自然不同意将其归入此“类型”当中。因此把东下冯龙山遗存的文化性质确定为陶寺文化似乎更为合适，只是因为报告中发表线图的修复完整或接近完整的4件鬲均为单把鬲，具有客省庄文化的明显特征，并有折沿深腹罐等王湾三期文化的典型器物，可以肯定这里曾分别受到客省庄文化强烈以及王湾三期文化一定的影响。

　　以上我们分别考察了东关、泉鸠和东下冯遗址的龙山前、后期遗存。在龙山前期，东关和泉鸠遗址所呈现出的均为以陶寺文化为主要因素的文化面貌，表明豫西晋西南这时期整体上当归入陶寺文化的范畴。而在偏东和偏西区因与王湾三期文化和客省庄文化交汇则分别受到二文化的明显影响。当然，不排除该区域偏东南渑池一带属于王湾三期文化的可能，因为愈偏东南王湾三期文化的因素所占比例会愈大，但与本地区其他区域一样这里较缺乏年代较早属前期的遗存，这一认识尚待新材料的验证。

　　分析出现这样的文化背景，是与龙山时代豫、晋、陕地区诸文化的发展态势分不

[74]　东下冯考古队《山西夏县东下冯龙山文化遗址》，《考古学报》1983年第1期。

[75]　隋裕仁《关于夏县东下冯“龙山文化晚期”遗存的讨论》，《中原文物》1985年第4期。

[76]　田建文《东下冯龙山晚期遗存分析及意义》，《三晋考古》（第二辑），山西人民出版社，1996年。

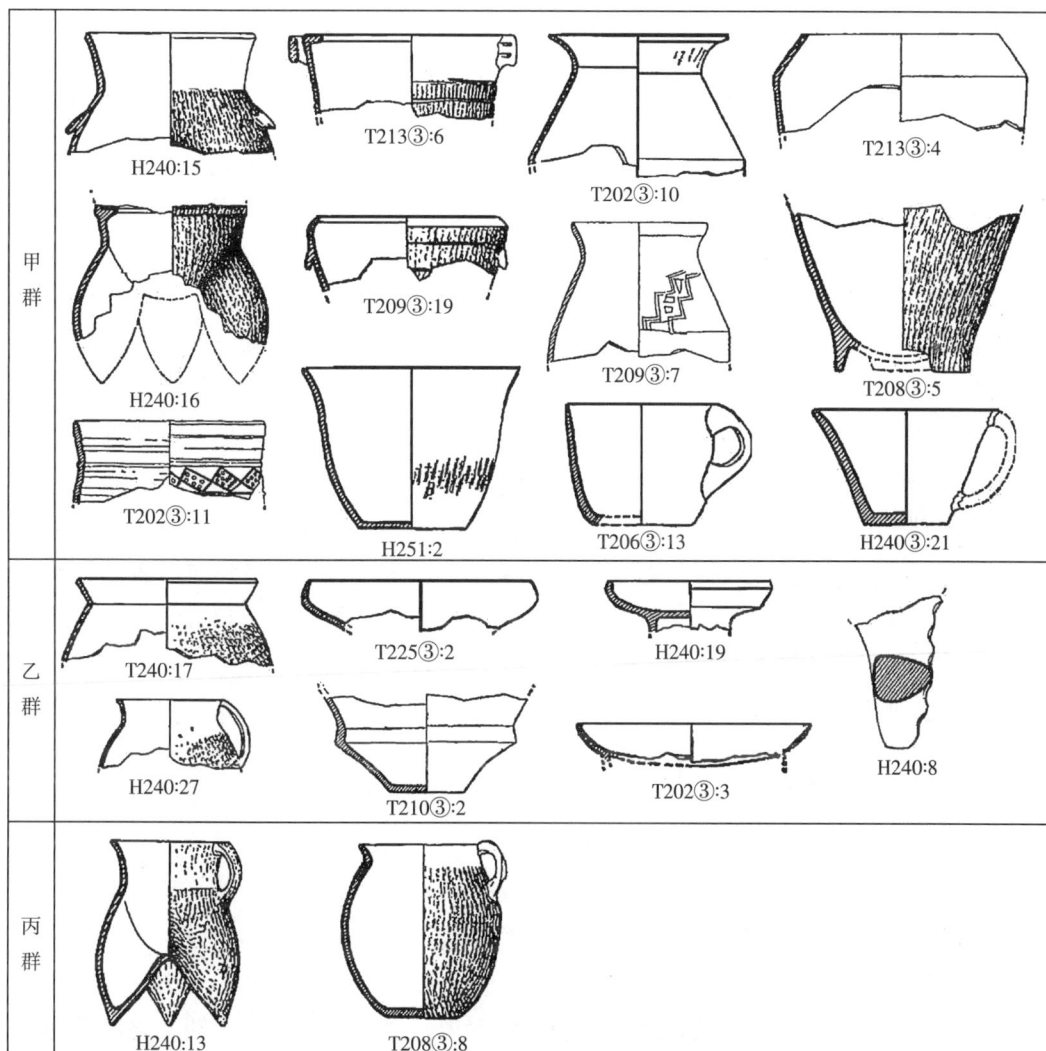

图一五　东下冯龙山时代文化陶器分群图

开的。进入龙山时代，以临汾盆地为中心的陶寺文化在从年代上看属于庙底沟二期文化晚期的该文化早期的基础上继续发展，伊洛地区（包括更东的嵩山以东以南地区，但距豫西晋西南较远，本文只述及伊洛地区）和关中地区也分别兴起了王湾三期文化和客省庄文化，三者均为龙山时代中原地区较强势的考古学文化。相形之下豫西晋西南在庙底沟二期文化晚期以后文化逐渐衰落下去。这里成为周边诸文化影响乃至争夺的重要区域。这时文化最发达的要数陶寺文化了。

以往由于以陶寺文化早期为主的大型墓葬和鼍鼓、特磬、彩绘木漆器、玉（石）器等稀珍随葬品的发现，对于该文化的认识似乎给人的感觉是其早期发达，后来较为衰落。由于近年陶寺遗址考古工作的新进展，陶寺文化中期城址和早期城址相继被发现，尤其前者的面积为后者的五倍，总面积达 280 万平方米左右，是迄今黄河流域所见最大的史前城址，而且发现了该文化中期使用人牲、崇尚玉器等高档次随葬品的王级贵族大墓和可能具有观象授时功能的大型建筑基址等[77]，让人们开始认识到陶寺文化中期较之于早期社会发展达到了一个更高的阶段，文化势力也更加强盛。陶寺文化早期的势力范围大致局限于临汾盆地，庙底沟二期文化晚期之时豫西晋西南的文化面貌与陶寺文化早期差异较大。进入龙山前期也即大约相当于陶寺文化中期阶段，豫西晋西南地区的原有文化即庙底沟二期文化似无继续向前发展，最突出的表现是鼎几乎消踪匿迹，而具有陶寺文化特征的器物却大量涌现，在一定程度上体现的是一种替代的关系。当然，如前文所述，在本地区龙山遗存尤其是前期遗存中还有一些继承了庙底沟二期文化特征的器物，这是任何一支扩张或迁移到新地域的文化中都会含有当地先前文化影子的必然现象，但矛盾的主要方面即最能反映文化性质的是带鋬鬲、带鋬釜灶等典型器物，而这些恰恰是新来的陶寺文化的因素。有研究者通过对包括临汾盆地和运城盆地之内的晋南（原文为晋西南）地区玉（石）器的系统研究，指出庙底沟二期文化晚期晋南地区存在着两个玉（石）器制作和（或）使用中心：临汾盆地以陶寺和下靳遗址为代表，运城盆地以坡头——寺里遗址为中心；进入龙山时代，陶寺玉（石）器南下，两者趋同[78]。这与本文通过对豫西晋西南地区陶器的分析所获认识正相一致。同时，由于王湾三期文化和客省庄文化此时也已发展起来向该地区渗透，这里的陶寺文化中还包含有较多后二文化的因素。

对于豫西晋西南地区龙山前期王湾三期文化的因素可以这样理解：从伊洛地区王湾三期文化偏早阶段中普遍流行釜形斝等器物来看，龙山时代之初，原居于豫西晋西南的庙底沟二期文化已向东南转移，生成为王湾三期文化，本地区的王湾三期文化因素既可能为早先庙底沟二期文化因素的遗留与发展，更可能是王湾三期文化成长起来之后对这里的反馈影响。

同时，学术界一般认为客省庄文化是在案板三期类遗存的基础上形成的[79]，此后迅速向东扩展，那么在龙山前期其当与陶寺文化相遇于豫、晋、陕省界一带，豫西晋西南偏西区大量客省庄文化因素器物的发现应是其东进的结果，城东寨遗址简报图三，6 所示宽弧裆鬲的发现，表明客省庄文化在较早阶段文化势力就已抵达本地区的偏西区域。从三里桥遗址发现有翻沿罐、单耳罐等具有明显客省庄文化特征的器物来看，龙

[77] 何驽《陶寺文化城址——走出尧舜禹"传说时代"的探索》，《襄汾陶寺遗址研究》，科学出版社，2007 年。
[78] 杨岐黄《晋西南地区史前玉（石）器初步研究》，北京大学硕士学位论文，2008 年。
[79] 王世和等《论案板三期文化遗存》，《考古》1987 年第 10 期。

山前期其影响还达本地区的中部一带，但尚未及垣曲盆地等偏东区。

实际上，已有研究者认识到龙山时代临汾盆地与豫西晋西南的文化已逐渐开始整合，并指出是北方老虎山文化南向的强烈影响，促使陶寺晚期（原意包含陶寺文化中期）对早期的文化产生了替代的重大变故[80]。而在更早些，就有论者提出庙底沟二期文化消失的原因是以陶鬲为代表的共同体南下的很有见地的认识[81]，准确地说，应是使用带鋬鬲的人们共同体的南下。那么，龙山前期豫西晋西南的文化与其前相比发生了根本的改变，或许就是源于包括内蒙古中南部在内的广大北方地区文化向南进逼层层推进的结果。东关遗址在从前的庙底沟二期文化中绝无见到，而在"龙山文化早期"中陡然出现的打制石镞、尖状器等细石器也从生产工具方面体现了源自北方文化的影响。当然，由于陶寺文化中心区临汾盆地紧邻本地区，本地区这一阶段出现陶寺文化的器物较多，北方文化系推动着陶寺文化才完成了向南的扩展和影响，这正是我们将豫西晋西南地区具有北方文化特征的器物也都归入陶寺文化因素的缘由。

到龙山后期，东关与泉鸠遗址的文化面貌有较大的差异，分别以王湾三期文化和客省庄文化的因素为主或占优势。加之从其他遗址如龙王崖、丰村的龙山遗存看垣曲盆地以及由仰韶村龙山遗存可知渑池盆地这一时期均以王湾三期文化因素占据主导，则豫西晋西南的偏东区在文化性质上当属于王湾三期文化，但同时受到了陶寺文化的较强烈影响，这尤其在黄河以北区域表现得更为明显。而本地区的偏西区域以泉鸠为代表，连同南礼教遗址以及再东些属本地区中部的三里桥遗址等均以客省庄文化因素约略居多，则整体上可划归客省庄文化，同时有较多陶寺文化和王湾三期文化的因素。东下冯龙山遗存的整体文化面貌更接近陶寺文化，又表明本地区的偏北区仍以划归陶寺文化为宜，当然，这里受到客省庄文化和王湾三期文化的影响也十分显著。这样，龙山后期，豫西晋西南的偏东、偏西、偏北等不同区域实为三种不同的文化因素居于主导，在文化性质上应分属于王湾三期文化、客省庄文化和陶寺文化。

龙山后期豫西晋西南文化格局的改变实际上是王湾三期文化等三支考古学文化势力消长和对本地区争夺与经营的体现。首先要说明的是客省庄文化的向东发展。客省庄文化势力的东扩可谓该文化发展的主要策略之一，龙山前期该文化的势力仅达到豫、晋、陕交界一带，而到后期则有了较大的改观，如前所述，从泉鸠、南礼教、三里桥的龙山遗存看，其强大的文化势力曾一度将本地区的中西部都囊括在该文化的地盘之内，而其影响还远远扩大，由仰韶村和东关、龙王崖、丰村以及东下冯等处龙山遗址

---

[80] 韩建业《晋西南豫西西部庙底沟二期——龙山时代文化的分期与谱系》，《考古学报》2006 年第 2 期。

[81] 卜工《庙底沟二期文化的几个问题》，《文物》1990 年第 2 期。

可知其文化势力已达到了渑池盆地、运城盆地和垣曲盆地，使偏北区及整个偏东区都深受影响。这方面，已有研究者通过对以三里桥、东下冯遗址为主材料的分析得出以具有客省庄文化作风的器物在"三里桥文化"常见的正确认识，但又指出具有自身的特点，并作为"三里桥文化"赖以命名的基础[82]。其实，在我们看来，所谓自身特点应是客省庄文化以关中东部为中心的偏东区与以陕西岐山双庵[83]、临潼康家为代表的偏西和中部区之间的差别，偏东区只是罕见或不见实为另两区受到常山下层类遗存[84]影响出现的双耳或三耳器等而已。

次言陶寺文化势力及其影响在豫西晋西南的存在。陶寺文化中期之末，城被毁，聚落规模显著缩小，文化呈现出衰败迹象。由于陶寺文化的衰落并迫于王湾三期文化和客省庄文化的压力，到龙山后期陶寺文化在本地区的分布有所收缩。从东关龙山二期随着釜灶等的消失，接受陶寺文化的影响越来越小，以及泉鸠龙山二期和以龙山后期为主的三里桥龙山遗存中陶寺文化因素的减少来看，陶寺文化的势力及分布范围均向北退缩。但由于东下冯与陶寺文化的核心区临汾盆地仅一低矮山岭即峨嵋岭之隔，仍有较多此文化的因素，表明到这一阶段陶寺文化对于豫西晋西南来说仅守住了偏北区这么一小块地盘，而其他区域则仅仅是接受了此文化的一些影响。

接下来则着重说明王湾三期文化的西扩及对豫西晋西南部分区域的占据。龙山前期伊洛地区的王湾三期文化中还有较多折腹斝乃至釜灶等来自于北方文化的因素，如果说这一时期此文化势力较弱，对本地区仅是文化影响的话，那么到了龙山后期此文化的势力和作用则是远非昔比了。东关等处龙山遗存均以王湾三期文化因素占据明显主导，是此文化驱走原有的陶寺文化势力占领垣曲盆地的写照，仰韶村因为龙山遗存发现较少因而王湾三期文化的优势表现得不太明显，但既然偏北的垣曲盆地这一时期已归入此文化，那么这里地理位置更偏南，属于此文化的分布区应该毫无疑问。这样，龙山后期王湾三期文化当占据着豫西晋西南的整个偏东区，并将影响施加于三里桥、东下冯、泉鸠遗址等为代表的中西部和偏北区，当然越靠西其影响越小，三遗址所受到的影响依次递减。此文化的势力甚至更向西渗透殊远，客省庄遗址施方格纹的折沿垂腹鼎以及鬶、盉的出土[85]，显然是王湾三期文化影响或通过此文化接受影响的结果。实际上，王湾三期文化是一支文化势力雄厚、扩张力极强的中原文化，到龙山后期，此文化不但向西或西北扩展，还向东、向东南和向南发展，据对河南杞县段岗、

〔82〕　董琦《虞夏时期的中原》，第 57～64 页，科学出版社，2000 年。

〔83〕　西安半坡博物馆《陕西岐山双庵新石器时代遗址》，《考古学集刊》第 3 辑，中国社会科学出版社，1983 年。

〔84〕　中国社会科学院考古研究所泾渭工作队《陇东镇原常山遗址发掘简报》，《考古》1981 年第 3 期。

〔85〕　中国科学院考古研究所《沣西发掘报告》，第 60～61 页，文物出版社，1962 年。

鹿台岗遗址的龙山遗存[86]分析可知王湾三期文化曾东渐使豫东西部地区成为该文化的分布区[87]，向东南挺进形成以河南驻马店杨庄第二期为代表的颇似王湾三期文化的遗存[88]，向南的扩张活动规模更加宏大，以强劲之势向南推进，掠过南阳盆地，直达江汉平原，最终取代了石家河文化，完成了苗蛮与华夏的融合过程[89]。可见，龙山后期王湾三期文化十分活跃，主导着当时的中原乃至更大范围的历史舞台，考察以它为代表的龙山时代诸文化之间的关系及发展变化，对于深入认识中国史前文化的发展演变以及中国文明起源的一体化进程都具有重要意义。

前面我们从典型遗址资料入手，分前、后期分别讨论了豫西晋西南地区不同区域的文化，并得出了以下基本认识：龙山前期本地区在文化性质上基本属于陶寺文化的范畴，偏东区和偏西区分别受到王湾三期文化和客省庄文化的强烈影响；龙山后期文化格局发生变化，偏东区、偏西区和偏北区分别为王湾三期文化、客省庄文化和陶寺文化占据，每区内都有因受到影响而存在的其他两者的文化因素。我们的愿望是通过深入剖析典型遗址的陶器材料试图解决学术界对于豫西晋西南龙山遗存歧见纷呈的问题，并力图提出符合实际的认识。但是受发掘材料尚不够丰富的局限，尤其是作为本地区近年最重要的考古发现之一，遗存年代已进入龙山时代的清凉寺墓地中的出土器物主要是玉（石）器，较缺乏我们通常用以作为考古学文化研究的陶器，而与墓地对应的居址暂无发掘材料可资利用，上述分析还不很全面；由于至今尚未有陶寺文化和客省庄文化典型遗址资料丰富的考古报告出版以资比较，器物的分群也难说十分准确。因此上述认识只能看作是初步的，还有待于考古新材料和进一步研究的检验。

尽管上述分析可能还存在一些缺憾，认识也未必十分确切，然而毕竟比过去往往笼统地只拿几种相似器物简单对比就进行定性，或许要有助于说明问题。通过分析发现，虽然豫西晋西南地区内王湾三期文化、客省庄文化、陶寺文化等三种文化交汇的前沿地带，在长期的交往中产生一些交汇融合的因素，使这里的器物出现有少量不完全相同于三者文化中心区的特征，这是任何考古学文化之间交汇地带都会存在的常见现象。但我们感到更应当注意的是，这里始终缺乏具有独特特征的指征性器物，如果将此三种文化的因素剔除，则不见或很少见能够真正属于自己独有地方特点的器形，拿这样的遗存来命名文化或类型显然不甚合适。换言之，这里的遗存尚不够有别于这三种文化的新的类型尤其是文化命名的条件，以暂不单独命名为宜。如上所述，在龙

〔86〕　郑州大学考古文博学院等《豫东杞县发掘报告》，第 22~88、165~191 页，科学出版社，2000 年。
〔87〕　魏兴涛《试论豫东西部地区龙山时代文化遗存》，《华夏考古》1995 年第 1 期。
〔88〕　北京大学考古系等《驻马店杨庄》，科学出版社，1998 年。
〔89〕　杨新改、韩建业《禹征三苗探索》，《中原文物》1995 年第 2 期；魏兴涛《中原龙山城址的年代与兴废原因探讨》，《华夏考古》2010 年第 1 期。

山时代的不同时期不同区域应分属于以上三种不同的考古学文化。当然，如果在以上不同文化之内再进行分析，则豫西晋西南地区不同时期不同地域可能分别属于或代表着各文化的不同类型。不过，这还要求做大量的研究工作，因远远超出了我们设定的研究范围，本文不再展开讨论。

　　附记：本文由笔者博士学位论文《豫西晋西南地区新石器时代文化与社会》（北京大学考古文博学院博士学位论文，2010 年）第三章第七节略经修改而成，导师赵朝洪先生在论文写作过程中给予了悉心指导，谨致谢忱。

藁城台西遗址聚落结构的初步研究

曹大志 [*]

A problematic drawing indicates the excavators of Taixi have misunderstood the stratigraphy of the site. Most buildings and burials should be dated to the same period. The pounded – earth buildings, each consisting of a dining room, a storage, and several living rooms, are residences of large elite families. An altar in the master's living room represents the ritual space of the family, and a separate building that has been interpreted as a winery is instead a public place for all members. Burials near the buildings are mostly of elite members, female commoners, and children, while male commoners tend to be buried in the cemetery separate from the houses.

藁城台西遗址位于冀中平原滹沱河畔,其年代自二里岗上层延续至洹北时期。河北省博物馆和文物管理处组成的台西考古队在1973年和1974年对该遗址进行了两次发掘,并于1985年出版了正式的发掘报告[1]。

台西遗址共发掘房址14座、水井2眼、灰坑134个、墓葬112座,所获考古资料非常丰富。铁刃铜钺、漆器残片、丝麻制品、房屋建筑、植物种仁、酵母沉淀物、陶文等遗迹遗物或因年代较早,或因保存完好,受到学界的广泛关注。以往研究涉及早期用铁问题、房屋建筑方法、医药水平、纺织技术、漆木工艺、酿酒原料等方方面面,但对遗址本身的堆积过程、聚落形态及其反映的社会组织等问题的研究却相对较少。

目前,商周时期聚落形态的分析总体上仍较缺乏,一方面是由于遗址大多保存不甚完好,往往被晚期遗存叠压破坏,只保留了房屋的地基部分,这样的保存状况造成了聚落形态研究的客观困难。另一方面,发掘多集中于都城遗址,对都城遗址的认识有助于探索学术界普遍关心的历史问题,这个研究旨趣也造成了对其他遗址聚落形态关注不足。

---

* 作者系北京大学考古文博学院助理教授。

[1] 河北省文物研究所编《藁城台西商代遗址》,文物出版社,1985年。以下有关该遗址的发掘材料均引自此报告,不再注明。

台西遗址不是都城，保存的情况也很难得，房屋建筑"大都保存着一段或几段夯土和土坯混筑的墙壁"，F6 北房东西两室间甚至完整地保存了高达 3.38 米的隔墙。除此之外，该遗址揭露面积较大、遗迹类型丰富，对于洹北时期华北平原聚落形态的研究提供了不可多得的宝贵资料。

本文的目的，是在以往研究成果的基础上，通过重新分析遗址堆积过程来检讨遗迹的共时关系和遗址废弃原因；根据房屋的结构、功能和分组布局，结合墓葬的分类、分布，来分析台西的聚落结构，并最终尝试对台西社会组织结构的进一步认识。

一、堆积过程：居址与墓地的共时关系

1. 两种不同观点

研究遗址的聚落形态，首先应该明确遗迹之间的共时关系，在此基础上，才能讨论特定时间内该聚落的布局。

就台西遗址而言，居址和墓葬的关系是聚落结构的重点，在很大程度上影响到对该遗址在特定时间内功能的认识。如果居址和墓葬在时间上先后承继，那么遗址在一段时间内只是单纯地被作为居住地或者墓地而使用，房屋建筑的使用者和墓葬的主人并不存在必然的联系，我们可以独立讨论两类遗存各自的布局；如果居址和墓葬的使用年代相同，那么遗址在此期间同时承担着居住和埋葬的功能，房屋建筑的使用者和墓葬的主人之间应该存在较强的联系，很有可能是同一聚落的成员，在讨论该聚落的形态和社会结构时，就应该结合居址和墓葬两方面所反映的内容进行考察。

以往有关台西居址和墓地关系的意见主要见于《报告》和杨锡璋的《关于藁城台西商代遗址的分期问题》[2]。

发掘者在《报告》中认为，"台西遗址是由同属商代中期的早、晚两期居住遗存和早、晚两期墓葬构成的"；早期居住遗存"其年代应和二里岗上层大体相当，或者稍早"；第一期墓葬"大体相当于二里岗上层时期，或者稍晚，似乎介于二里岗与曹演庄下层之间"；第二期墓葬"年代大体相当于邢台曹演庄下层或者殷墟文化早期"；晚期居住遗存年代"应划在殷墟文化早期第一、二组之间"。居址和墓葬的时代发展顺序为"早期居住遗存—第一期墓葬—第二期墓葬—晚期居住遗存"。总之，发掘者认为，台西遗址的遗存可划分为先后发展的四个时期，四期遗存年代衔接，均没有共时关系。

1993 年，杨锡璋通过台西遗址出土陶器和青铜器的分期排比，对两期墓葬的年代

---

〔2〕　中国社会科学院考古研究所编著《中国考古学论丛——中国社会科学院考古研究所建所 40 周年纪念》，科学出版社，1993 年。

以及墓葬与晚期居址的关系提出了与《报告》不同的意见。通过台西墓葬随葬铜器与殷墟早期铜器的比较，杨文认为小屯 M232 和 M333 "在时代上与台西 M14 接近"，小屯 M388、M331 和三家庄 M3 与台西二期墓葬（包括 M112）"两者应是同时的"[3]。通过陶器的对比，杨文认为："台西晚期遗址中的常见器类的主要器形与二期墓中的常见器类的主要器形是相同的"。基于以上认识，杨锡璋指出，台西商文化遗址只能分为两期：台西早期居住址为第一期，台西一、二期墓葬和晚期居住址为第二期。二期墓葬与居住址是同时的，一期墓葬时间稍早，但在分期上应与二期属同一阶段[4]。台西遗址两期居住址和两期墓葬的关系如下：

早期居住址— 一期墓葬— 二期墓葬

晚期居住址

杨文发表后，关于台西遗址分期和年代的新认识得到了学界的广泛认同，但发掘者提供的地层关系与新认识之间存在的矛盾却没有引起学界的注意。《报告》中说："继第二期墓葬之后，泛滥的滹沱河水一度淹没了墓地，T1 中 M9、M10 的上口为第三层（淤土）掩盖就是见证。这层淤土质地细腻而湿润，呈浅灰色，内含许多田螺和蛤壳。河水退后，人们在第三层淤土上又重新建立起房舍，这就是台西商代文化晚期遗存"。据报告对第③层土质、土色和包含水生物遗骸的描述，它与一般黄色泥沙构成的冲积层明显不同，不是滹沱河短期泛滥搬运来的，而应该是在静水环境下经过一段时间才形成的[5]。厚达 0.8 米、遍及整个遗址的这层"淤土"（湖相沉积？）说明台地被水淹没的时间（按《报告》认识的堆积过程，即晚期墓葬与晚期居址之间间隔的时间）较长，这正是发掘者把晚期墓葬与晚期居址分为两期的原因。

遗物特征和堆积过程告诉我们的居址—墓葬关系如此不同，问题出在哪里呢？

2. 堆积过程的重新检视

对于台西遗址堆积的形成过程，《报告》提供的信息非常有限，T1 北壁剖面图（图一）是其中最为重要的原始材料，也是我们分析的主要依据。

按照剖面图和发掘者的总结（见《报告》第 8 ~ 10 页），遗址最早形成的文化堆积是第④层，分为 4 个小层，是台西早期居住遗存，T1 北壁剖面中的红烧土和黑灰土层（第④B 层）大概与其有关。

早期居址废弃后，遗址被作为墓地使用。在剖面图上以墓葬 M1、M9 和 M10 为代

---

[3] 台西遗址随葬青铜礼器的墓葬共有 10 座，《报告》将 M14 和 M112 分为第一期，其余各墓为第二期。但杨锡璋认为 M112 应列入第二期墓葬中。

[4] 实际上《报告》中作者也提到："两期墓葬之间的关系，我们认为是比较密切的，甚至可能是前后衔接的，即使中间有缺环也不会太长。"（第 14 页）

[5] 第③层下的第④A 层也应是由于长期处于被水封闭的还原环境而呈深褐绿色，并含大量水锈。

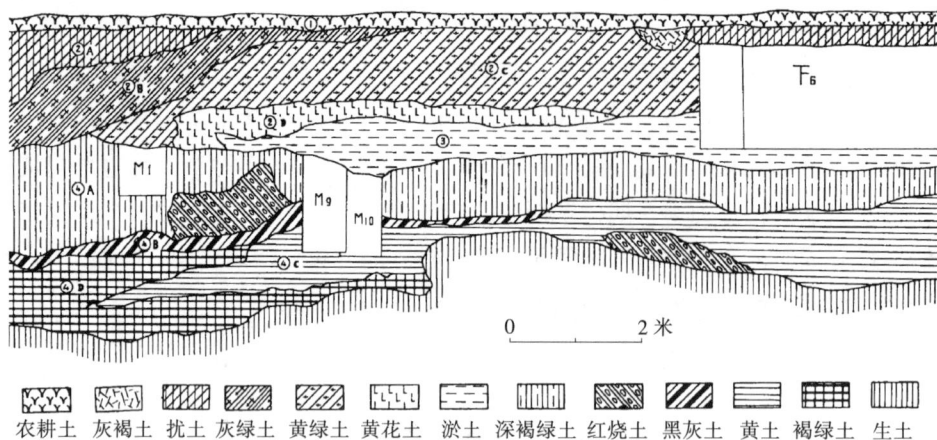

图一　台西 T1 北壁剖面图

表，M9 打破 M10。

墓口之上覆盖的是第③层淤土层，厚 0.15～0.8 米。晚期居址的房屋 F6 打破了第 3 层。但仔细审视，可以发现剖面图中的 F6 存在很大问题。

据《报告》介绍，台西遗址发现的房子除 F11 和 F10 为半地穴式建筑外，其余均为地面建筑。这种长方形的夯土房子在同时期中等规模的建筑中比较常见（详后），一般有一定深度的地下夯土基础，如台西遗址经过解剖的 F2，地坪下即有 0.5～0.6 米厚的夯土地基。F6 是台西已揭露的地面建筑中规模最大的一座，然而据剖面图显示，F6 的地面室内低于室外，为半地穴式建筑[6]。表面上看，对 F6 结构表现的不合理，可能只是绘图人员和报告编者的一时疏忽，可是有一定田野发掘经验的人都知道，记录图纸上出现的"失误"，常常反映着田野工作现场对地层关系不清晰的认识。就 F6 而言，室内地坪和室外第③层表面在田野中是很容易把握的（因为房屋地面有加工、踩踏；而第③层土质为淤土，容易分辨），这两条线的高度都不应存在问题。这样看来，剖面图上对 F6 结构表现的"失误"其实是十分蹊跷的。

要确定剖面图的问题所在，我们可以对照台西遗址遗迹分布平面图（图二），明确此剖面的实际位置，然后根据发掘过程的文字记录、现场照片和发掘工作情

---

[6]　根据剖面图，如果第③层或第②D 层表面为室外地面，则比室内高约 0.5 米；如果第②D 层或第②C 层破坏了室外地面，则相差更多。《报告》曾介绍台西地面建筑的"室内和室外的地面都在一个水平上"（第 31 页），剖面图与这个介绍显然是矛盾的。

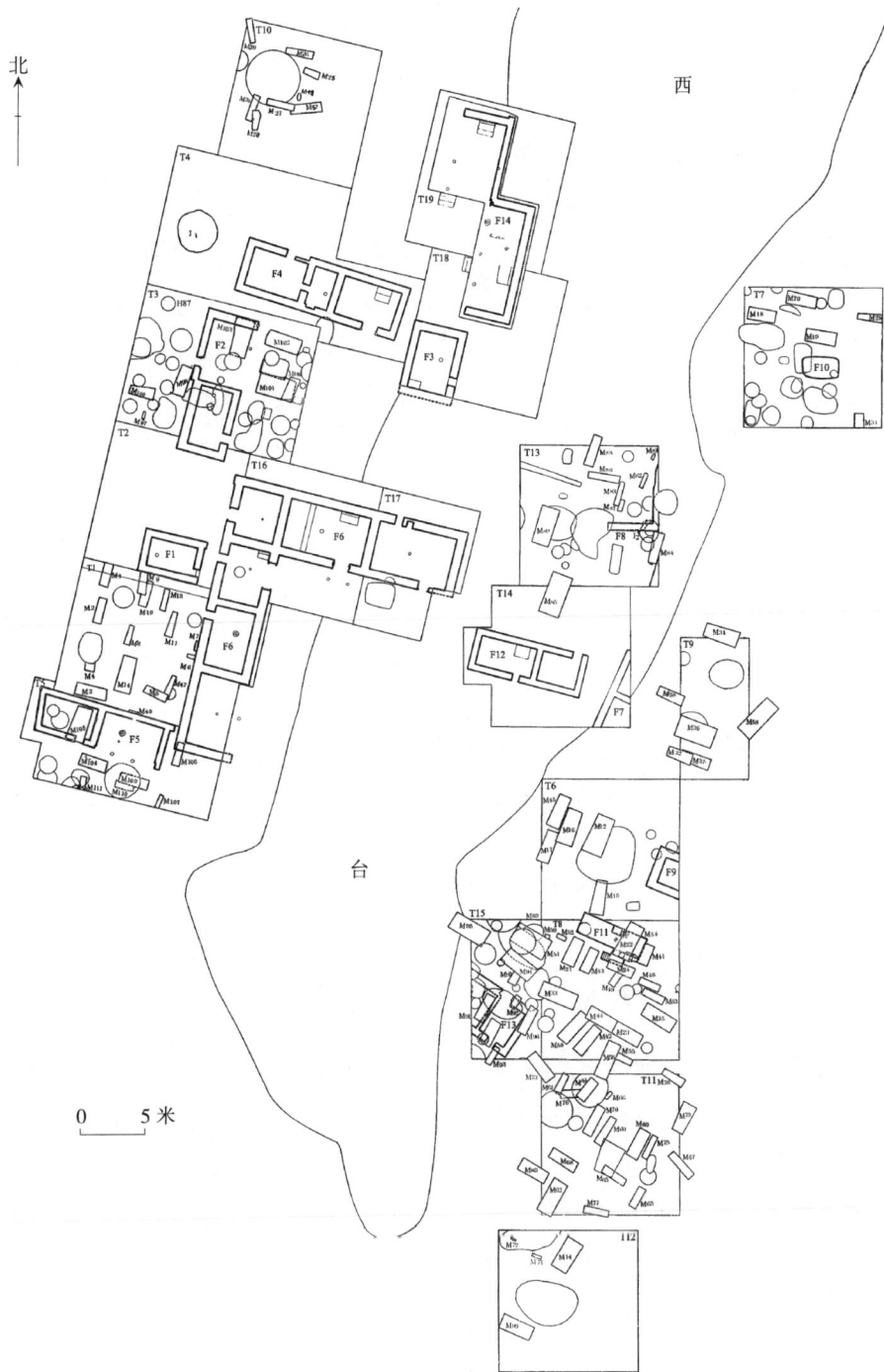

图二　台西遗址平面图

图三　台西遗址工作场景

况示意图所反映的发掘现场（图三）[7]，设身处地的考虑发掘者当时面临的实际情况。

　　顾名思义，T1 北壁剖面图反映的是 T1 及其东部扩方区域的北壁地层，据该图比例尺，此剖面长度约为 12. 75 米。由于剖面图上同时显示了 M1、M9、M10，而没有显示 M13，可知剖面的确切位置是在 M10 北端到 M13 北端这一很小的范围内[8]。

　　这个剖面的西半部可以在发掘情况示意图（图三）中看到。根据该图反映的发掘现场，绘制此图时各座房子已基本清理完毕，工作人员正在 F6 的西房北起第一室测绘 F6 的剖视图（见《报告》图一三中剖面 C–D）。正如《报告》在发掘经过中所述，"因 T2、T4、T14、T16～T19 发现了房子遗迹，需就地保存，所以只清理到房子地面为止（未及生土）"，图中除 T1 下挖较深外，包括 T1 东部扩方部分在内的其余探方都停留在房屋地面的高度，而 T1 之所以发掘较深，显然是因为它的范围内没有房屋建筑的缘故。

　　可以设想，要形成《报告》所提供的完整的 T1 北壁剖面，在工作情况示意图绘制以后的时间里，发掘者需要继续发掘 T1 东隔梁和扩方部分，这几乎会把 F6 西房北起第三、四室全部挖掉（总面积占西房的 1/2）。当然，作为替代措施，也可以开设一条探沟进行解剖，按剖面高度此探沟至少需要 1 米宽，而根据剖面的实际位置，这样也势必完全破坏 F6 西房北起第三室的隔墙、门道和地面。这将是台西遗址发掘中对房屋

---

[7]　工作情况示意图以写生的形式表现，并非科学的考古绘图，但通过与《报告》其他线图和图版的比较，此示意图非常准确，可以在很大程度上体现发掘工作的真实情况。

[8]　按一般发掘流程，此图表现的应是探方 9 米处（即北隔梁）的剖面，但依平面图比例尺度量，9 米处剖面理应显示 M13。推测这个失误是由于发掘或绘图的误差造成的。

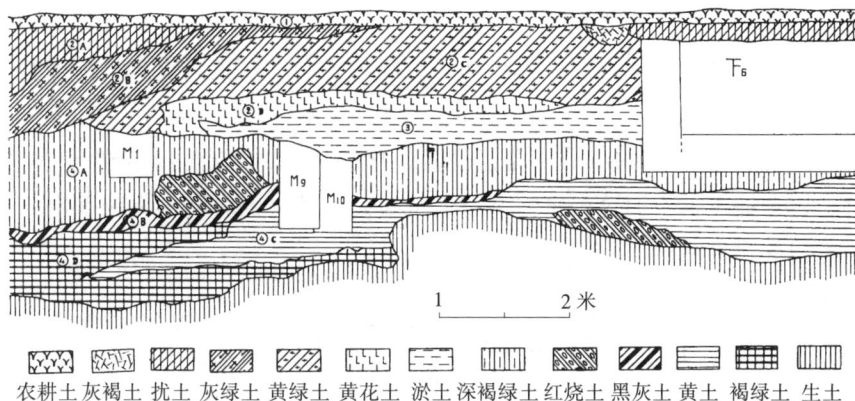

农耕土 灰褐土 扰土 灰绿土 黄绿土 黄花土 淤土 深褐绿土 红烧土 黑灰土 黄土 褐绿土 生土

图四　复原的堆积过程

建筑一次最大规模的解剖。

　　然而，报告中对这项解剖没有丝毫提及，唯一提到的是对 F2 的解剖。从平面图上可以看到，F2 北部 2/3 的范围内有一连串的灰坑、墓葬被 F2 打破，发掘者没有停留在 F2 地坪上，而是继续清理了这些遗迹，因此自然有机会来观察 F2 的地下结构。《报告》发表的 F2（图九）、F4（图一一）、F5（图一二）、F6（图一三）、F12（图一五）、F3（图一六）、F1（图一七）等房子的剖面图中，只有 F2 绘出了地坪以下的夯土地基，而包括 F6 在内的其他房子都只表现到地面为止，这一点显然也是因为各座房子中只有 F2 经过了解剖。

　　综合报告对发掘过程的文字记录、现场照片、发掘工作情况示意图来看，我们怀疑 F6 很可能并没有真正进行解剖。如果是这样，剖面图对 T1 东隔梁及扩方部分 F6 地坪以下地层的描绘就是不反应真实情况的[9]。

　　虽然无法得知 F6 地坪以下全部地层的情况，但根据 F6 本身的形制以及经过解剖的 F2 的构造，我们至少可以推测 F6 地面以下存在夯土地基。T1 北壁剖面图所示 F6 地坪的深度应是准确的，参考 F2 地下夯土基础 0.5～0.6 米的厚度，我们把这部分补绘在剖面图上（图四），可以发现 F6 的地坪下应该并不存在第③层，这样在地层关系上，第③层并不是被 F6 打破，而是堆积在 F6 的墙外（F6 的室内堆积《报告》没有交代）。这个地层关系为我们带来了两个重要认识：其一，F6 代表的晚期居址和 M1、M9、M10 代表的早、晚期墓葬都是被第③层淤土叠压，从地层关系的角度来看，它们可以是大

──────────

[9]　我们推测，绘图者可能是以 T1 东壁北部的地层填补剖面图中 F6 地面以下的部分。但是 T1 东壁与 F6 的西墙间有一定距离，T1 东壁所显示的剖面实际反映的是 F6 室外的地层，不能等同于 F6 墙体及室内地面以下的堆积情况。

体同时的，台西居址生活的和墓葬埋葬的很可能是同一批人；其二，第③层淤土代表的大水淹没聚落不是发生在晚期居址兴建之前，而是发生在房子使用以后，水淹之后西台被放弃，很长时间内不再有人类活动，这提示我们应该重新思考遗址毁弃的原因。《报告》认为台西遗址是在"一场很大的火灾后被废弃的"（第7页），但是细检报告，F6是唯一明确有火焚痕迹的房子。根据遗址保存的状况，西台的确应该是在突发事件后废弃并被迅速掩埋的，但这个事件不一定是火灾（着火的时间也无法确定），而可能是发生了淹没整个西台的水灾。

二、功能与布局：房屋反映的社会组织

1. 分层的社会

作为考古学者，如果我们能回到当年的台西聚落，第一个直观的感受恐怕是这里的社会分化。这里既有高大的夯土建筑，又有简陋的半地穴小房子；夯土建筑的屋檐下悬挂着可能猎自敌人的头颅，明白的显示主人的权势，出土的精美漆器也表明它们的使用者不是普通人。如果我们比较二里头至殷墟时期的各类建筑，可以发现台西的夯土房子属于中等偏小的一类（表一）。就规模而言，这类房子仅次于大型宫殿的主体建筑（不计大型宫殿的回廊、庭院）；在技术方面，他们与大型宫殿相似，使用夯土地基、板筑墙体，唯不用木骨。反观半地穴小房了F10，在各阶段这类房子都是最常见、数量最多的，一般认为它们代表着当时广大下层民众的住屋。比较之下，台西资料最丰富、也是下文讨论重点的夯土房子，无疑属于当时的社会上层所有。

表一　二里头至洹北时期的建筑规模比较　　　　　　　　　　单位:米

大型	二里头二号宫殿主体建筑	三室:$7.4 + 7.7 + 8.1 \times (5.55 - 5.6)$
	偃师商城8号宫殿	八室:$9.3 + 9.3 + 9.2 + 9.5 + 6.8 + 7.3 + 7 + 5.7 \times (4.5 - 4.7)$
	盘龙城F1	四室:$7 + 9.4 + 9.4 + 7 \times (6 - 6.4)$
	洹北商城1号基址主体建筑	九室:$7.6 - 8.4 \times (4.9 - 5.4)$
中型	二里头80ⅢF1	三室:$12.3 + 7.35 + 7 \times (5.2 - 5.3)$
	二里头ⅣF4	9.5×3.5
	二里头ⅢF1	8.5×4
	郑州商城紫荆山C15F1	两室:9.7×4.4
	郑州商城紫荆山C15F5	两室:$5.1 \times 2.95 + 4.35 \times 3.18$
	郑州商城紫荆山C15F6	两室:$8.85 \times (2.4 - 2.6)$

续表一

	台西 F6 北房	两室:6.95×3.4 + 6.6×3.4
	殷墟苗圃北地 PNF4	9×3.1
	殷墟苗圃北地 PNVF6	两室:8.2×4
小型	二里头Ⅷ区 F1	半地穴:3.76×2.65
	偃师商城 1997ⅣT53F16	半地穴:2.15 - 2.35×2.1
	郑州商城铭功路 C11F108	半地穴:2.92×2.14
	郑州商城铭功路 C11F110	半地穴:2.3×1.98

2. 聚居的贵族家庭

首先应该确认的是,台西的夯土房子是贵族的住宅,而不是任何有特殊功能的、不住人的房子。发掘中房内出土了大量日用陶器,未见特异的人工制品,这些器物可能都是在聚落突遭灾害时未及带走的。有的研究者可能会顾虑所有房间内都没有发现烧灶的现象,我想贵族不需在自己的住屋内炊煮,而是有专人在特定的厨房做饭;至于冬季的取暖,我们可以设想火炉一类可以移动的设施。稍晚一些的殷墟时期就发现有红铜铸造、可以悬挂使用的长方形火炉[10]。

台西遗址的房屋建筑可以按形式的不同分为以下几类:

(1) 两开间的北房

(2) 带一间"厦子"的西房[11]

(3) 单间的平顶房子

(4) 台基上的"厦子"

(5) 中型半地穴房子

(6) 小型半地穴房子

除最后一类外,其余都比较考究且规模较大,应和贵族生活有关。这其中第(4)、

---

[10]　例如妇好墓 M5:850、郭家庄 M160:50 和苗圃北地 M2118:1(见《殷墟妇好墓》图版六二之3、《殷墟新出土青铜器》139、150)。这种器物旧称"冰鉴"(《西清古鉴》卷三十一),现在一般称"方卢形器"。它与东周时期有自铭的铜炉器形相近。在殷墟时期,这种器物和甗、"简化兽面纹"鼎、"箕形器"经常用红铜铸造且朴素无纹,甗和鼎外壁厚重的烟炱说明它们经常受热,由此推测当时会出于功能性的考虑使用特殊的合金成分(纯铜)。另外,常和"箕形器"共存的铜罐也可能是取暖的器具(见《殷墟妇好墓》图版六三之1、《殷墟新出土青铜器》22),而"箕形器"大概是火铲。需要说明的是,炭火盆不必用金属制造,陶器完全能胜任,大概只有高级贵族才会使用金属的火炉。

[11]　《报告》将一面无墙而设柱的房子称为"厦子",因没有合适的术语描述,本文沿用此名称。

（5）类似有特殊的功能，第（1）～（3）类都是地面建筑，有较稳定的组合关系，形成了两个南向的单元院落（F6＋F1 和 F4＋F2＋F3）[12]，应对应着某种家庭组织。我们可以通过分析它们的功能来探讨这是一个怎样的家庭。

北房由于背风向阳的优越条件，在北方地区一般是家庭内地位最尊贵的人使用的正房。台西的北房都由东西并列的两间组成。F6 北房西间、F12 西间和 F4 东间室内面积为 8.5（F12：4.05 米×2.1 米）～20（F6：5.9 米×3.4 米）平方米，可以轻松容纳 2~3 人的起居。F6 北房西间内发现的土炕显示室内睡卧的空间位于远离房门的西半部（房门都位于东南角），大约 1.4 米的宽度适合两个人使用。上述几间屋内发现的长方形夯土台可以说明北房的正房性质。这几个土台大小相似（长 1.0~1.3 米，宽 0.7~1 米），都分为上下两级，并且很有规律的位于正对房门的位置。它们的高度（0.15~0.25 米）适合跽坐的人当作桌案使用。但由于它们背面靠墙、一侧距离屋角很近，显然使用的人只能是背对屋门而面向土台。我认为这种土台大概相当于后世在正房内正对屋门、供奉祖先神主的"供桌"。它较窄的第一级可以安放神主，较宽大的第二级可以在举行仪式时放置祭品、祭器。当时这种"供桌"可能主要是用漆木制作的，殷墟晚期也有少量青铜铸造的，就是目前习惯称为"禁"的器物。这种"禁"有和器物一起出土的，从中我们可以看到它上面放置了祭器后的样子[13]。台西遗址的"供桌"因为用夯土建造（很可能当初上面也覆盖了木质材料），为我们保留了关于室内仪式空间的十分难得的信息[14]。

北房的另一间有一个十分有趣的现象：房间的门都向北开，与旁边带夯土台的房间向南开门正好相反（F6 东室南北都开门），两间房之间的隔墙也没有设门连通。这个既连接又隔断的设计似乎是为了保证北房的东西两间之间存在一定的私密性。如果我们假设带夯土台的房间是男性家长和他的正妻使用，那么旁边这间就可能是供妾

---

〔12〕《报告》认为 F3、F4、F2、F6 的北房组成一个西向的四合院，F6 的西房、F1、F5 组成一个西向的三合院，并在"居址布局复原图"（图二一）中作了表现。如果是这样，第一个院落将以面积最小的平顶房子 F3 为主房，且背向院落开门，而第二个院落只有 F6 西房北起第三间向院落开门，且作为一个整体的 F6 将分属于两个院落，可见西向院落的复原非常不合理。笔者认为，院落的朝向取决于主房的位置和朝向。台西的夯土建筑显然是以北房为主房的。王震中先生在其研究中也认为台西的院落是南向的，见《藁城台西邑落居址所反映的家族手工业形态的考察》，《东方考古》第 4 集，科学出版社，2008 年。

〔13〕目前已知的几件青铜"禁"虽然都出土于宝鸡地区，但从装饰风格看，它们都是安阳末期的产品。作者认为它们很可能是周人灭商劫掠所得的战利品。目前还未见确切为西周时期铸造的青铜"禁"。

〔14〕虽然发现很少，但台西的夯土台并不是孤例。在郑州商城紫荆山铸铜遗址发现的 5 座中型夯土房子就都在正对房门而靠墙的位置设置了大小近似的土台，所不同的是那里的东西两室各有一个夯土台，有的还有火烧过的痕迹。

居住的[15]。古代贵族多妻的现象很常见。台西遗址的男性贵族墓葬中有年轻女性殉葬，可能就包括妾一类人物。

西面的厢房在后世民居中一般是供晚辈居住的。F6 和 F2（F4 的西房）的西屋面积从 9.6～12.5 平方米，比北房略小，但也足以容纳 2～3 人的起居。值得注意的是 F6 的西房有 3 个独立房间，说明这个家庭多个子代没有分家、是合居的。一般来说，富裕的贵族家庭比普通民众的家庭更加倾向多代合居。根据台西的墓葬材料，男性贵族往往能活到五六十岁，这个年龄应该已经有了孙辈。在 F6 的几间西房中，北起第二间比较特殊。只有它在东面开了很宽的通向院落的门（如此其他两间西屋的人去正房和院落都要通过这里），而且在室内有类似正房的夯土台。或许这是第二代中的年长者居住的屋子。几间西屋都朝背向正房的西面开门，除了可能有私密性的考虑，也可能是为了使正房中的尊者能独享院落。

F6 的西房和 F2 都有一间向东面院落敞开、没有墙壁的屋子。这样的房子不太常见，过去只在郑州商城和安阳殷墟有少量发现[16]。单从设计来看，它可能是为了让大型物品出入方便，也可能是个有开放性的公共空间。作坊、店铺常采用这种形式，有些地方的农户用这样的房子存放粗笨的农具，都是第一种可能的例子，但这和我们把台西的夯土房子定位为贵族住宅不符。F6 的这间屋子内出土了精美漆器的残片。结合结构近似的 F14 的功能（详后），我推测这间屋子可能是整个家庭一起进餐的地方。

F6 和 F2＋F4 两组建筑都附带着一个单间平顶的房子，即 F1 和 F3。他们的结构与住人的北房和西房明显不同，或许是厨房或储藏的地方。从两间房内没有发现烧灶以及 F3 有很多壁龛来看，用来储藏财物的可能似乎更大。

F6＋F1 和 F2＋F3＋F4 是两个完整的院落，已发掘而没有揭露完整的晚期房子还有 F5（带"厦子"的北房）、F12＋F7（北房和东厢房）、F3（北房）、F8（东厢房）四组[17]。如果他们都曾经同时，那么这个区域至少有 6 组房子，代表着 6 个贵族家庭（不排除一些是另一些的分支）。从房子的规模和松散的布局来看，他们的势力有大有小，且具有一定的独立性，但是他们又由共同的社会活动联系在一起，暗示这一点的是宴饮、祭祀等礼仪活动的公共空间——在台基上的房子 F14。

关于 F14 的功能，报告最早提出它是一座专门酿酒的作坊，后来又有学者对这个

---

[15]　《考工记》描述后世的宫殿"内有九室，九嫔居之"。理论上并列的两室只要不连通即可实现私密性，不必反向开门，与其他地方的发现相比，台西的设计有一定的独特性。

[16]　如郑州商城紫荆山 C15F1，见《郑州商城》第 372 页；殷墟苗圃北地 PNVF6，见《殷墟发掘报告》第 17 页。

[17]　F12 和 F7 也可能分属两组房子，F7 为一组房子的西厢房，北房尚未揭露出来。

意见作了发挥[18]，其实这是一个禁不住推敲的说法。第一，F14 相关的遗迹遗物不足以证明它是酿酒作坊。报告的依据是 F14 出土了一件遗留有酵母的大陶瓮，由此推论这是一个酒坛似乎问题不大，但是仅由一坛酒推论其所在是酿酒作坊则显然证据太过薄弱。F14 出土数量最多的容器是 20 多件深腹盆（报告称为大口罐），敞口而容积小，不适宜酿酒，从 4 件盛有李子、枣、桃仁、大麻和草木樨的情况来看，它们是被作为盛储器使用的。报告认为这些都是酿酒原料，不过是在认定酿酒作坊之后的推测，因为正像植物鉴定报告所说，这些植物既可食用也可药用（第 195～196 页）。第二，F14 的建筑构造与酿酒作坊的要求不符。酿酒离不开酵母。酵母菌在缺氧环境下转化糖类为二氧化碳和酒精来获取能量。最适合酵母菌生长的温度为 20～30℃；低于 0℃ 和高于 47℃ 酵母菌不能生长；高于 55℃ 酵母菌会迅速死亡。因此控制温度是一切酿酒都必须注意的事。F14 不是地窖，也不是地面建筑，而是建筑在 1 米多高的夯土台上；它的西面没有墙壁遮挡，完全向外界敞开，这些特点都不利于保温和隔热。在冬季和夏季，这座房子内的温度会过低或过高。即使是在春秋季，这座房子也无法避免昼夜温差大的问题。台西的先民将这坛酒置于 F14 内的时间最可能是在夏季[19]。由于朝向西方又没有西墙，在这个季节，F14 会在午后开始的一天里最热的时候被阳光长时间照射。这显然不符合酿酒对环境的要求。

其实盛着酒的陶瓮不是只能出现在酿酒作坊，它可能出现在任何使用酒的场合，比如餐饮、祭祀。F14 内与台阶正对的地方发现了两个贴墙的夯土台，上文曾经讨论这可能是供奉神主和祭品的"供桌"；被矮墙围起、曾经用火的空间可能是准备祭品或者宴饮、祭祀过程中需要用火的地方，而不是"蒸煮酿酒的所在"；出土的水果和种仁也可能是食品而不必是酿酒的原料。F14 与 F6 和 F2 所带的"厦子"结构相似，但是规模远大于后者；独立的位置也表明它不属于哪个家庭，而是一个公共空间。它矗立在台基上，面向一个罕有遗迹的空场，对下面的人来说可视性良好。我们可以设想居住在夯土房子中的几个贵族家庭聚集在这里，由家长率领着全体成员举行仪式的场景。

---

[18] 见王震中《藁城台西邑落居址所反映的家族手工业形态的考察》，《东方考古》第 4 集，科学出版社，2008 年。王震中先生根据 F14 为酿酒作坊的意见，推论其他一面敞开的房子也都是家庭酿酒作坊，进而推论西台居住着"专门从事造酒的家族或宗族"。但是正如王先生已经注意到的，西台在发掘中出土了大量的农业、渔猎、纺织工具，因此这个聚落应全面从事着农业和各类副业。专门化的手工业者需要脱离农业生产，王先生认为专业手工业者的"口粮、日用品的需求采取的是自给自足的生产方式"是不合理的。

[19] 华北平原的汛期一般在夏季随东亚季风到来，因此淹没遗址的大水最可能发生在夏季。此外，F14 内发现了带果肉的李子，李子在夏季成熟，且不易保存。

三、墓葬反映的社会组织

墓葬材料至少在两方面能帮助我们深化对台西社会的理解。一方面，台西的居址人去屋空，贵重物品在房屋毁弃前已被转移，观察墓葬可以使我们对贵族的财富、权势有更真切的认识。另一方面，居址材料向我们透露了贵族家庭的规模、构成和一些生活内容，但对揭示不同社会地位、年龄、性别的成员之间的关系作用有限，墓葬材料在这方面可以使我们形成更完整的认识。

（一）墓葬主人与房屋的居住者

我们要解决的第一个问题是墓葬主人与房屋居住者的关系：他们究竟是否同一批人？尽管杨锡璋已经指出台西墓葬和晚期居址出土的遗物属于同一期，本文也通过厘清地层关系提出两者可以是同时的，但认真的读者一定会想到：一期的时间至少有几十年，会不会房屋和墓葬其实没有同时存在过，而是有早有晚，只是我们通过遗物特征已经无法分辨这种早晚了呢？我认为从两类遗迹的地层关系和空间位置关系来看，这种可能是非常小的。

台西遗址共发掘了111座墓葬，和晚期居址发生地层关系的只有3例（分别是F5打破M105、F6打破M106、F2打破M103），没有墓葬打破房屋，却有多例墓圹紧贴房屋墙壁的情况（比如M98与F2、M84与F8、M9与F1、M3和M40与F5、M6和M7与F6，这一现象在F1、F6、F5之间的"侧院"中表现的最明显）。由于墓圹于地表不可见，即使有墓上标志也不可能如此巧合的擦肩而过，所以对这个现象的合理解释只能是：先有房屋、后有墓葬，建造墓葬时房屋仍然矗立着。上文曾经指出，台西聚落是因为水害遭毁弃的，遗址被水淹没了很长时间，因此也没有在废弃房屋周围埋墓的可能。如此一来，这些墓葬只能是在房屋使用期间建造的。而能被允许埋葬在房屋周围的人当然最可能是这个家庭的成员（换句话说，很难想象有一种习俗要求某家庭的成员必须埋葬在另一个家庭的房屋附近）。

其实在住屋附近埋葬是新石器时代以来就存在的现象。二里头遗址的贵族墓葬大都位于中型夯土房子附近[20]；郑州商城遗址也有类似的情况。这种情况多见于台形遗址和商周时期的大城市遗址。前者由于周围地势低平，有水患威胁；后者由于人口密度高，土地权益复杂，存在特殊职业人群。台西遗址的情况大概属于前一种，据唐云明先生介

---

[20] 例如二里头三F2附近有KM1、KM2、KM6、KM10等墓葬，见《考古》1975年第5期；80三F1北20米有80三M2，见《考古》1984年第1期；81五夯土基址北10余米有M3～M5，见《考古》1984年第1期。

绍，类似的台形遗址在石家庄地区不少县的沿河两岸还有很多（《报告》第 2 页）。

　　除了距离房屋很近的墓葬，在遗址东南不远的地方，似乎还形成了一块比较单纯的墓地，集中埋葬着大约半数的墓葬。我们想解答的第二个问题就是哪些人会葬在房屋附近，哪些人会葬在墓地。

　　（二）身份和埋葬原则

　　本文所说的墓主身份是指社会地位、年龄和性别。报告在记录年龄、性别方面做的很不够，为此我们只能充分利用墓葬大小、葬式和随葬品等信息进行判断。

　　1. 社会阶层

　　台西遗址已报道的 114 座墓葬可以按青铜容器和殉人的有无分为两大类[21]。青铜容器是当时的贵重物品，普通民众没有能力获得；殉人说明墓主的权势足以令他人从死。这两项指标的关联性也很高。随葬了青铜容器或有殉人的应该属于贵族阶层。没有青铜容器和殉人的墓葬一般只随葬陶器，少数墓葬有青铜武器和小件玉器、或者没有任何随葬品，说明墓主还有贫富的分化，但大致都可算平民阶层。

　　贵族阶层的墓葬又可分为两级。第一级包括 M14、M22、M35、M36、M38、M74、M79、M85、M102、M103 等 10 座墓[22]。墓主一般有 1~2 个殉人，2~4 件青铜容器，容器的种类（鼎、斝、觚、爵）、数量和品质差别不大，推测他们是各贵族家庭的家长。值得注意的是，在 8 个经过性别鉴定的墓主中，7 人都是男性。未经鉴定的 2 人中，1 人随葬了青铜武器，且葬式为俯身，应该也是男性（详后）。第二级只有 M112 一座墓。它是农民取土发现的，残余青铜器和玉器 26 件，其中铜容器 5 件。据《报告》复原，这座墓的面积有 6 平方米，深 5 米，是所有墓葬中最大的。随葬品中的铁刃铜钺、羊首铜匕和石磬都十分珍稀。石磬在殷墟只见于高级贵族的墓葬；在盘龙城（李家嘴 M2）、大辛庄（M139）、旌介（M3）则只见于当地最大、最富有的墓葬。这说明 M112 的主人是高于各家庭家长的整个台西聚落的首领。不惟如此，对比盘龙城、大辛庄、旌介等遗址的性质，台西应该是华北平原上的一个区域中心，周边的像藁城北龙宫这样的聚落最多只见相当于第一级的贵族墓葬[23]，因此 M112 的墓主同时还是本区域最有权势的人[24]。

---

[21]　《报告》报道了 111 座发掘的墓葬，此前见于报道的有 3 座，见《河北藁城县商代遗址和墓葬的调查》，《考古》1973 年第 1 期；《河北藁城台西村的商代遗址》，《考古》1973 年第 5 期。

[22]　已被盗扰的墓葬 M12 和 M58 因规模较大很可能也应属于这一级。

[23]　《藁城北龙宫商代遗址的调查》，《文物》1985 年第 10 期。

[24]　关于台西遗址区域中心的性质，外来物品是另一方面的证据。台西 M17 发现的"啄戈"（M17：2）和 M112 内出土的羊首匕分别来自冀北、辽西地区和更远的蒙古草原；遗址内出土的原始瓷则来源于长江流域。这些不见于普通遗址的输入品说明它在南北两个方向都和区域外有直接或间接的联系。

2. 年龄

《报告》只提供了 22 个墓主的年龄和性别鉴定；虽然提到五分之一强的墓主是未成年人（第 101 页），但没有提供具体墓号。由于身高是成年人与未成年人的一项明显差别，我们可以通过仰身直肢而墓圹异常短小来辨认未成年人。本文以 1.4 米为标准（很少有身高低于 1.4 米的成年人），18 座直肢葬的墓长小于这一数据被推定为未成年人墓，另有 4 座屈肢葬由发表的图像材料可知属于未成年人（图六五），这 22 座墓葬占总数的五分之一弱（19.6%），其中的 18 座没有任何随葬品。至迟自二里头时期以来，未成年人埋葬在竖穴土坑墓里但没有随葬品已成为传统，这点可作为我们推定的佐证。

3. 性别

虽然只有 15 名男性墓主和 7 名女性墓主经过人骨鉴定，但根据以往的研究成果，这一时期使用俯身葬式的都为男性[25]，因此可以推定 25 个未经鉴定的俯身葬者为男性。此外，随葬品中的武器和陶纺轮有一定的性别指示作用，这样我们可以推定 4 个随葬武器的墓主为男性，1 个随葬陶纺轮的墓主为女性。总计之后，在 89 个成年墓主中，男性 44 人，女性 8 人，尚有 37 人不明。因为可用于推定性别的指标多与男性相关（俯身葬、武器），所以能确定的女性墓主人数很少。不过只要台西墓葬能够反映生人社会的性别比例，那么不明的 37 人中女性必然占了绝大多数[26]。

我们把阶层、年龄、性别等身份信息标示在墓葬分布图上（图五），可以发现位于房屋附近的墓葬主要由贵族家长、成年女性和未成年人三类组成（25/32），普通成年男性成员较少（7/32），而位于墓地内的墓葬，除了贵族和未成年人，大多数是普通男性成员（22/37），女性非常少。虽然尚有一批性别不明的普通成员墓葬，但由于其中绝大多数应是女性，因此不会对这个分布情况有本质的改变[27]。

我们应该怎样理解这个现象呢？一个可能的解释是，女性埋葬在住屋附近是因为社会认为她们更多的从属于家庭；相应的，普通男性成员葬入墓地是因为他们更多的从属于高于家庭的一级社会组织；男性贵族家长不同于普通成员，凭借地位他们可以选择靠近住屋埋葬或者埋入墓地。从数量来看，选择靠近住屋者较多，但遗憾的是我们无从得知哪些因素会影响决定。

---

[25]　孟宪武《谈殷墟俯身葬》，《中原文物》1992 年第 3 期。

[26]　以男女性别比 120：100 为例，不明的 37 人中应有 5 名男性、32 名女性；若男女性别比为 110：100，则应有 3 名男性、34 名女性。

[27]　能够最大程度改变上述分布情况的是男性墓全部位于房屋附近、女性墓全部位于墓地。仍以台西男女性别比为 120：100 为例，如果 5 名男性全部埋葬于房屋附近，则房屋附近的墓葬男女性别比为 0.6（12/20）。而墓地中男女性别比例为 1.4（22/16）。这样仍然是房屋附近普通男性成员明显少于女性，墓地中则明显多于女性。

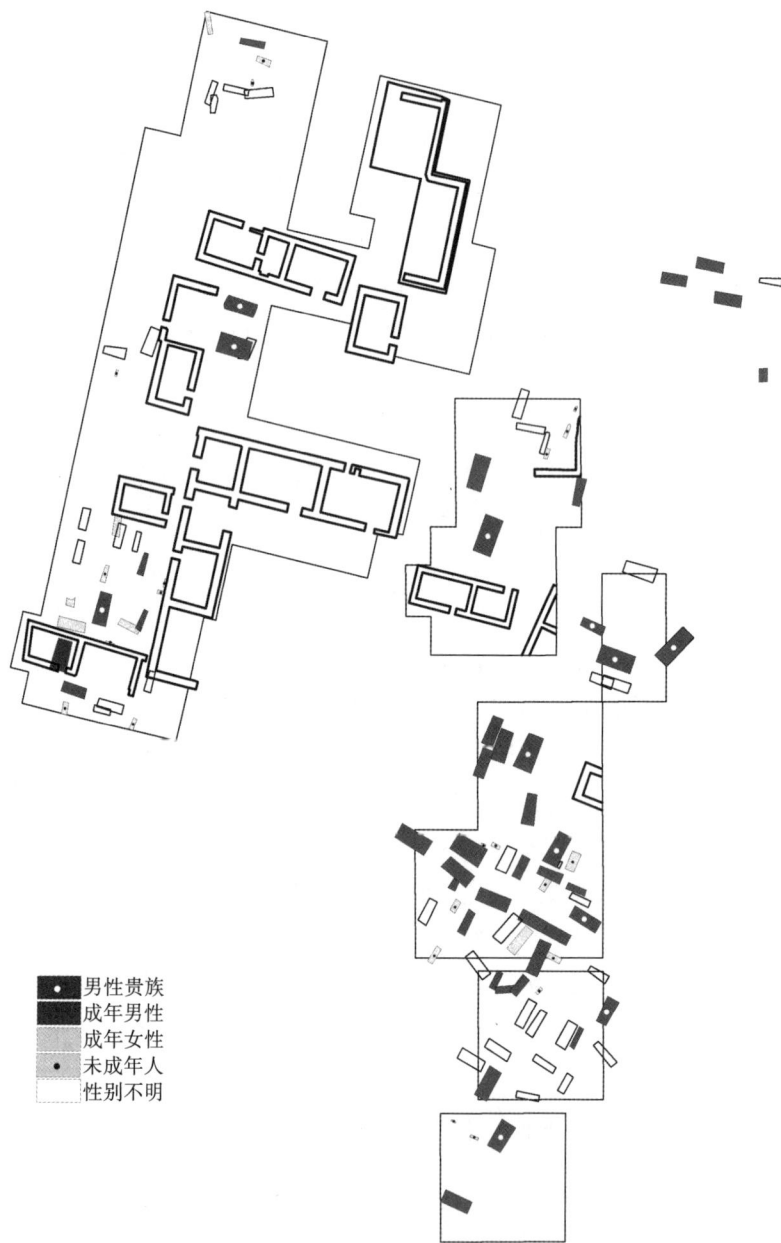

图五　墓主身份与埋葬原则

　　揭示出不同身份的人埋葬位置的规律有如下几个意义。

　　第一，前文我们曾提出台西的夯土房屋是贵族住宅，又认为房屋的居住者就是墓葬的主人。贵族的墓葬和这些房子近在咫尺，可以作为上述两个认识的佐证。

第二，在讨论房屋建筑时，公共礼仪建筑 F14 透露出高于家庭的一级社会组织。它可能是血缘性的，也可能是政治性的，更可能两者兼具。普通男性成员一起葬入墓地，更充分地反映了这级社会组织对成员的约束。

第三，以往曾有研究认为夫妇异穴合葬是这一时期埋葬方式的主流[28]，后又有研究者在检讨证据后提出了反对意见[29]。台西的墓葬是不支持夫妇异穴合葬的看法的。在房屋附近和墓地中都看不到明显的男女并列的情况。

四、结　　语

本文是从台西聚落的角度探讨其社会的一个尝试，主要结论有以下几点。

第一，原报告提供的地层关系有误，根据本文重建的遗址堆积过程，台西遗址的晚期居址和晚期墓葬是同时的，房屋的居住者和墓葬的主人是同一批人。

第二，台西的夯土建筑组成南向的院落，代表着聚居的贵族家庭，每个家庭都有家长的起居空间、子代的起居空间、共同餐饮的空间和存储空间。家长的房屋内有日常宗教礼仪活动的设施；聚落内又有多个家庭共同举行活动的公共空间。

第三，埋葬在住屋附近和集中葬入墓地两种方式共存于台西聚落。从现有材料来看，埋葬于住屋附近的主要是贵族家长、女性和未成年人，而普通男性成员则在墓地中占优势。

台西遗址发掘的年代比较早，当时还缺乏研究聚落的思想，因此很多房子没有完整揭露；房子内出土遗物的记录很简略，具体位置和出土环境（如地面上还是倒塌堆积内）都没有交待；报告没有全面发表遗物，而选择发表的遗物大多只说明了探方号、没有具体的遗迹单位编号。这些不足使得笔者在研究中常感信息的缺乏，对于房屋的功能布局、墓葬的埋葬原则等问题只能做出推测。像台西这样遭遇突发事件而被迅速掩埋的遗址是十分罕见的。如果将来有考古学家有幸再次发掘台西遗址，希望他们能从聚落研究的角度出发，取得对台西社会更全面的认识。

2007 年初稿

2014 年二稿

---

[28] 孟宪武《试析殷墟墓地"异穴并葬"墓的性质——附论殷商社会的婚姻形态》，《华夏考古》1993 年第 1 期。

[29] 张明东《商周时期合葬墓的考察》，《古代文明研究通讯》第 34 期，2007 年。

宾组卜辞的"分级划类"研究

王建军[*]

The characteristics of the characters of the Bin 宾 – group oracle bone inscriptions are crucial for the typological research. Actually, the classification should be based on the typological analysis of the most frequently – used characters. Most of the characters discussed in this paper consist of several parts which can be put together in different ways. The ways these characters were shaped are important evidence for our classification. Through carefully observation and description of these characters, we can recognize the Bin – group inscriptions even Bin' s name was not on them.

一、关于"分级划类"概念的界定

宾组卜辞的分类与断代是一项基础性很强的工作,分类与断代的可靠与否,将直接关系到甲骨资料的有效利用乃至影响学术研究的质量,所以该工作的意义不容低估[1]。

(一)"依据字体进行分类"理论的回顾

李学勤先生在《殷墟甲骨两系说与历组卜辞》一文中,曾明确指出:依据字体特征对殷墟卜辞逐片进行类型划分,然后再根据断代的要求推定每一类甲骨的期别和时代,这是两个不同的步骤[2]。故被称作"先分类、后断代"的研究方法。这是在普遍地整理与研究字体及其分类的规律之后,李先生所作出的极其精辟而又富于科学性的总结。

林沄先生在谈到"划定自组卜辞的另一基本标准是字体特征"时,特别在"字体

---

* 作者系郑州大学历史学院副教授。

[1] 王蕴智《对当前甲骨学基础研究工作的几点思考》,《古文字研究》第二十二辑,中华书局,2000 年。

[2] 李学勤《殷墟甲骨两系说与历组卜辞》,《李学勤集》,黑龙江教育出版社,1989 年。

特征"之后加注说明：应包括"书体、字形结构和用字习惯三个方面"[3]。后来，林先生对甲骨的分类标准又提出了新的看法，他认为"无论是有卜人名的卜辞还是无卜人名的卜辞，科学分类的唯一标准是字体"[4]。

对此，黄天树先生评价说，林沄先生的意见是正确的，并强调了林先生所说的字体应包括"书体风格、字形结构和用字习惯"三个方面的内容，同时又提出"以字体为标准来分类，从理论上讲是不受任何局限的，也是完全可行的"[5]。

通过对殷墟王卜辞的分类实践，黄天树先生还总结出"以字体划分出来的'类'和以贞人划分出来的'组'是两个系统。依据字体的分类由于不受局限，因此所划分出来的'类'是一个完整的'类'系统；依据贞人的分组由于受到很大的局限（如：不记贞人名或贞人名残缺等），因此所划分出的'组'是一个残缺的'组'系统"。对于陈梦家先生在《殷虚卜辞综述》[6]中无法依据贞人系联成组的卜辞，黄先生提出"可以采用依字体等来附属于'某组'的办法"解决，实际上这是由"类"系统去处理。

由此可以看出，黄先生是在整合两个"系统"的优势，从事甲骨分类研究工作的。正如他说："对于宾组晚期和出组早期的部分卜辞，字体相同或非常接近，完全可以从字体上划作一类，那么这个字体类别可以分属于组系统中的宾组和出组。另一方面，在组系统中同一个组又可能包含着类系统中的几个类"。为了把字体和贞人这两个不同的分类标准区别开来，他还把依据字体系联出的一类卜辞叫作"类"，而把依据贞人系联出的贞人组仍叫做"组"，所以，在他的研究成果中，把过去称之为"组"的历组、无名组、黄组一律改称为历类、无名类、黄类。这种将"组"与"类"两个系统同时兼用的操作方法，不仅恰当，而且也是可行的。

彭裕商先生在《殷墟甲骨断代》一书中也曾提出：在整理卜辞时"应充分使用考古学的方法，先分类、再断代。分类的主要标准有字体和卜人，其中字体分类的尺度较窄，卜人分类的尺度较宽"[7]。

由此可见，彭先生所说的"尺度"，是指字体分类的范围而言。据此标准，他将殷墟卜辞划分为自组（武丁早期至中期）、宾组（武丁中期至晚期，可延至祖庚时代）、出组（祖庚、祖甲，上限可到武丁末）、历组（武丁中期至祖甲早期）、自宾间组（武

〔3〕　林沄《小屯南地发掘与殷墟甲骨断代》，《古文字研究》第九辑，中华书局，1984年。

〔4〕　林沄《无名组卜辞中父丁称谓的研究》（1984年中国古文字研究会第五届年会论文），《古文字研究》第十三辑，中华书局，1984年。后收入《林沄学术论文集》，中国大百科全书出版社。

〔5〕　黄天树《殷墟王卜辞的分类与断代》，第3页，科学出版社，2007年。

〔6〕　陈梦家《殷虚卜辞综述》，科学出版社，1956年。

〔7〕　彭裕商《殷墟甲骨断代》，第21页，中国社会科学出版社，1994年。

丁中期偏早）、自历间类（武丁中期）、非王卜辞（武丁中期）。

此后，李学勤、彭裕商先生在合著的《殷墟甲骨分期研究》一书中，又对李先生提出的"两系说"[8]进行了全面总结和理论的深化。该书将全部殷墟甲骨分作两个系统，并提出"自组卜辞村南、村北均有出土，是两系共同的起源，自宾间组只出村北，自历间组只出村南，才开始分两系发展，往后宾组、出组、何组、黄组为村北系列，历组、无名组、无名黄间类为村南系列，无名黄间类以后，村南系列又融合于村北系列之中，黄组成为两系共同的归宿"，"在村北的占卜机构并未在一个时期内关闭或合并于村南，而是村北、村南两个系列自始至终并行发展"[9]。该书不仅从理论而且从方法上都对"两系说"的体系进行了全面地阐述，此被誉为构筑断代新体系的经典之作。

事实上，两系演进的新方案，在殷墟甲骨文的分类研究方面比过去的理论更加合理了。据统计，根据新方案，黄天树先生提供的宾组各类标准片约为 826 片，李学勤、彭裕商先生提供的宾组各类标准片约为 222 片。在参照两家分类标准的前提下，杨郁彦博士对《合集》中全部甲骨进行了分类，其中分出自宾间类 1227 片、宾一类 4972 片、宾二类 10781 片、宾三类 3848 片；崎川隆博士对《合集》中的宾组甲骨则做了更为细密的分类[10]。这是近年来在分类研究方面所取得的一些新成果。

通过以上简单的回顾，我们了解到，从明确分类应该分两步走[11]，到提出字体是适合分类的最理想标准，再到"两系说"的全面实践，这个过程不仅反映了对分类工作的艰辛探索，同时也推动了分类研究逐步向纵深发展。不过，目前对占据殷墟甲骨（约 13 万片）[12]大宗位置的宾组卜辞的分类研究工作，还有诸多不到位的地方。鉴于这种现状，我们认为应继续探索切合宾组卜辞更为有效的分类方法。这就是本文选择宾组卜辞"分级划类"问题研究的基本出发点。

（二）关于"分级划类"概念的界定

所谓"分级划类"，是指依据不同的字体特征对甲骨文进行科学、系统地分层级划

---

〔8〕 李学勤、彭裕商《殷墟甲骨分期新论》，《中原文物》1990 年第 3 期。

〔9〕 李学勤、彭裕商《殷墟甲骨分期研究》，第 305～307 页，上海古籍出版社，1996 年。

〔10〕 参见李学勤、彭裕商《殷墟甲骨分期研究》（简称《分期》），上海古籍出版社，1996 年；黄天树《殷墟王卜辞的分类与断代》（简称《分类与断代》），科学出版社，2007 年；杨郁彦《甲骨文合集分组分类总表》，台北艺文印书馆，2005 年；［日］崎川隆《宾组甲骨文字体分类研究》，吉林大学博士学位论文，2009 年。

〔11〕 在明确"分类应该分两步走"之前，学界对卜辞的分期分组也曾经历过艰辛的探索。详见王建军《殷墟甲骨卜辞分期分类研究综述》，《中州学刊》2010 年第 1 期。

〔12〕 孙亚冰《百年来甲骨文材料统计》，《故宫博物院院刊》2006 年第 1 期。

出类别。其中，对字体标准的设定是"分级划类"的关键步骤。

张光直先生在谈到出土器物的分类标准时，曾明确指出："所选择的标准概括程度越高，分类程度的水平也就越高。我们根据不同层次分出不同类别，将这些类别加以有机的组织，就构成了分类系统。"[13]出土器物的分类如此，宾组卜辞的类型划分亦应重视类似的问题。

二、特征字形的设定是"分级划类"的基础

"字体是分类的唯一标准"，自林沄先生提出这一分类观点时，就有学者提出质疑。"唯一"的提法尽管强调过严，但在强化"字体"作为分类的有效性方面，目的是为了制约其他的分类因素，但对其他因素也并非完全排斥。因此，我们认为，字体应该是分类因素中最客观、最合理的标准之一。

有关字体的内涵，林沄、黄天树两位先生上述的概括是非常精当的。字形结构中"构形因素的动态变化"则反映了甲骨文在嬗变过程中的形体特征，唯有细致地考察这些特征，才能真正实现"分级划类"的目标。

"分级划类"的具体对象是每一片出土甲骨，当字体被确认为最理想的分类标准时，面对的是众多刻辞甲骨字体复杂多变的构形。怎样才能依据不同标准的字体特征，对宾组卜辞进行"分级划类"呢？首先，我们构拟了一个以宾组字体（构形特征）、标准设定（三个层级）、分级划类（四个亚类）以及结果验证等"四个因素"的分类架构[14]，以促使分类能够在客观、有序的实践中逐步向前推进。

三、"层级式"分类标准的设定

为了实现宾组卜辞的科学分类，我们将所选择的特征字形，设定为不同的层级标准，以此来达到系统的归类。兹将"层级式"分类标准的具体设定情况，叙之如下。

（一）第一级分类标准

在审视与考察宾组单字构形的基础上，先确认特征字形，然后设定第一级分类标

---

〔13〕　张光直《考古分类》，《考古学专题六讲》，文物出版社，1986 年。见钱益汇《磨制石器类型学的分类原则与术语界定》，《中原文物》2010 年第 1 期。

〔14〕　王建军《宾组卜辞的字形特征及类型划分》，郑州大学博士学位论文，2010 年。

准。此类字形、字体的属性应具备"通用性"最高的特点（以下简称"属性"）[15]，该组中的"殻""方""争""贞""不""雀""申""未""子（巳）"等，都属于"变构能力"较强的特征字例。其中贞人名字形"殻""方""争"作为第一级分类标准，其字体的"变构能力"（主要指"变构部件"）对分类起到了关键作用。

（二）第二级分类标准

在署有贞人名的卜辞中，通过特征字形的组合关系而推定，并注意选择与之保持较为密切关联的一批字形，作为分类的第二级标准。在所推定的卜辞中选择特征字形，这样既可以通过单字的整体构形，也可以通过局部构形，甚至可以通过某些重要构件，来设定与之相关的特征字形。如"隻"字，作为所选择的特征字形，既可以通过该字的整体构形（包含上、下部构件），亦可以通过上、下两个部首的主要构件，来承担推定其他特征字形的任务，并作为第二级的分类标准。

此类字形如《分期》所列举的自宾间组中有"氏（以）""冥（娩）""取""朕""兄"；宾一（A）类中的"隻"；宾二类中的"羌"等。《分类与断代》所列举的宾C类中的"韋"，典宾类中的"人""方"等亦属于第二级的特征字例。这些字例，因其多在组合关系的推定中所选择，因而仍具有分类标准的客观性。

（三）第三级分类标准

在未署贞人名的卜辞中，通过"特征字形传递联系法"而设定，亦可选择一些与之具有关联性的特征字形，并作为分类的第三级标准。

事实上，由于传递式的推定可能无限进行下去，因此会使各类之间的界限不太明朗，除必须保持书体一致性作为限制之外，也可以在推定的卜辞中选择一些与之关联性较大的特征字，作为分类的第三级标准。如"出""者""酚"等，都可以作为该类的特征字形。

四、宾组各类的特征字例及构形解析

在上述讨论中，我们注意到有两种情况，即对宾组各类特征字形的设定，一是存

---

[15]　李学勤先生曾在《评陈梦家〈殷虚卜辞综述〉》（《考古学报》1957 年第 3 期）中指出，为了实现更加科学的断代，应该区别以性质为基础的史料分类（亦即"分类"）和以年代为基础的史料分类（亦即"编年"），强调首先要进行以性质为基础的分类，后作年代关系的考释，同时指出史料的分类应该以"通用性（泛用性）"最高的字形、字体属性为基础进行。李先生提出的这种分类理论，是考古学上的型式分类和编年方法论对古文字资料研究应用的产物，对于甲骨文这样富有考古遗物性质的考古资料，可以说是一种极其有效合理的方法论。参见崎川隆《宾组甲骨文字体分类研究》，吉林大学博士学位论文，2009 年。

在早与晚的现象，二是存在宽与窄的问题。这样，如果对特征字形设定不同的层级标准，就能够使类型划分工作做得更加细致。

下面，我们在参照黄天树、彭裕商等甲骨学者提供的分类标准（包括标准片、特征字表以及对特征字形的描述与解析等）基础上，对《合集》《合补》《英国》以及《北大》等已著录的宾组资料进行全面梳理[16]，并从中扩大特征字形的选择范围。现表述如下（附"字例解析"）。

（一）自宾间类的特征字例

自宾间类的书体风格，多数显得朴拙。该类字形窄长，笔道开合较为适度；另有少数字形已表现出方整、工饬的书刻风格。其特征字例如下[17]。

丙（合 5810）　丁（合 2510）　戊（合 7055）　庚（合 2031）　辛（合 7026）　子（合 6960）　丑（合 7026）　卯（合 1022）　辰（合）33071　子（即巳，合 309）　午（合 10951）　未（合 13727）　申（合 117）　酉（合 7015）　亥（合 6846）　令、命（合 6960）　贞（合 53）　其（合 6999）　宰（合 2943）　出（合 7049）　羌（合 187）　不（合 2510）　雨（合 12980）

上揭例字中，丙字两外侧竖笔垂直，框内两斜笔于上部多数互不抵触，下部两斜笔分别与两侧竖笔相衔接；丁写作四边封闭性线条；戊字所从的戈旁柲部作直笔，底端作与之垂直的短横笔，上端别出短促的横笔；庚字平肩，字形中竖不出头，内部写作一横笔；辛字头无短横装饰；子字头的竖笔较长，垂直于内部上端的横笔之上；丑字上、中两指爪向下勾曲，而下爪未作勾曲状；卯字外侧突出其折笔；辰字上部无饰横；子（巳）字写作方首、曲臂、躯干微屈；午字表丝圈的构件，很少出现折角，字头竖笔较长；未字头皆写作折而向上的笔画；申字中间曲线两侧分别写作上下两直笔；酉字颈部写作两斜笔，下部皆作尖底形，字形于颈腹部之间用一笔横贯两侧；亥字竖笔微弯，并附有一短斜笔，中部短横与竖笔相抵；命、令字下部表跽跪的构件写作弧形状；贞字的上部多扁耳，两侧竖笔垂直，框内两斜笔互不衔接；其字两侧笔画的上

---

[16]　本文使用古文字著录简称如下：《合集》，中国社会科学院历史研究所《甲骨文合集》，中华书局，1978～1983 年。《合补》，彭邦炯等《甲骨文合集补编》，语文出版社，1999 年。《英国》，李学勤等《英国所藏甲骨集》，中华书局，1985 年。《北大》，［韩］李钟淑、［中］葛英会《北京大学珍藏甲骨文字》，上海古籍出版社，2008 年。

[17]　关于甲骨文字库的建立以及文字的隶定，主要参见沈建华、曹锦炎《新编甲骨文字形总表》，香港中文大学出版社，2001 年；刘钊等《新甲骨文编》，福建人民出版社，2009 年。

部饰短横；宰字外框两侧的笔画至下部而内折；出字中竖不出头；羌字侧立人形的颈部无装饰笔画；不字写作三条不规则的曲线，字头不饰横笔；雨字字头亦不饰横笔。

自宾间类的代表片还可见：合 2301、12964、10020、17081、1029、12819、3202、6715、1093、7049、8311、7063、1829、117、10514、1026、8424 等。

（二）宾一类的特征字例

宾一类有两种不同风格的字体，一种是刻在骨版上的，字形稍大，笔画方整，直笔较多；另一种是刻在龟版上的，字形略小，笔画纤细，折角勾曲普遍。其特征字例如下。

丙（合 4519） 丁（合 3186） 庚（合 536） 壬（合 7137） 癸（合 16562） 子（合 13140） 丑（合 13109） 寅（16562） 卯（合 16562） 辰（合 4121） 子（即巳，合 2940） 午（合 1027） 未（合 13140） 申（合 13140） 酉（合 6570） 戌（合 7137） 亥（合 7137） 彭（合 4121） 殻（合 4121） 争（合 776） 内（合 13109） 贞（合 2940） 王（合 6641） 出（合 776） 固（合 16562） 且（合 1623） 告（合 9620） 吉（合 734） 雀（合 4121） 羌（合 1027） 乍（合 6570） 以（合 5658） 方（合 6570） 我（合 6570） 自（合 6571） 更（合 10950） 不（合 6460） 酚（合 536） 伐（合 6937） 来（合 7137） 翌（合 13109） 翌（合 536） 亡（合 16562） 河（合 536） 帝（合 14198 正）

上揭例字中，丙字两外侧竖笔垂直，框内两斜笔上部与中竖互相抵触，下部分别与两侧竖笔衔接；丁习作四边封闭性线条，外形平直方正；庚字写作平肩状，字形中竖较两侧竖笔偏长，内部笔画作一横笔；壬字中竖垂直，上下两端分别写作一短横；癸字交叉的笔画四边不出头；表地支名的子字两侧竖笔挺直，内部两横笔平行与竖立的侧笔相接，字头的竖笔垂直于内部上端的横笔之上；丑字上部二爪向下勾曲，而下爪又反向朝上部勾曲；寅字突出表矢器尖锐的部分，尾部较为短促；卯字二中竖外侧呈对称尖角状；辰字上部无短横饰笔，中部写作平行的两短横、首尾下拉的笔画作较长的竖笔；子（巳）表幼子躯干的笔画下部略倾，表左右臂部的斜横，贯穿躯干；午字表丝圈的构件，呈现出折角状；未字上部中竖两侧用弧笔，下部用直笔且短；申字曲折的主笔两侧上、下各附有一短斜笔，而不作勾曲状；酉字颈部写作两斜笔，下部皆作尖底形，并于颈腹部之间用一横笔贯穿两侧；戌字刃部作直笔状，所从的戈旁秘部作直笔，底端作与之垂直的短横笔；亥字形中部无短横；宀（宾）字上部所从的宀旁顶端上突，下部所从的豕旁颈部写作横、斜各一笔；殳字所从的南字平肩且有突棱，其上部中竖上下部位分别写作两斜笔，并于中竖衔接；争字上下二手之间习作向上开口的凵形笔画，并作尖底状；内字习作两侧竖笔垂直，框内两斜笔与向下的短竖笔相触，并分别与两侧垂直线条互相衔接；贞字的上部尖耳，两侧竖笔垂直，字形方正，框内两斜笔互不衔接；王字上部无横笔饰画；屮字中竖出头且短促；固字封闭型的四边上窄下宽，中部上下构件不连；且（祖）字中间写作两短竖；告字上方中竖两侧两斜笔折而向上，中竖与下方的口型相连；吉字上部构件如圭形器，与下部"口"形的横笔不连；雀字字形上方所从的小旁写作分散的三短竖，分布于佳旁顶部及左右两侧，下部所从的佳，字头表嘴喙的部分写作平直的横笔；羌字侧立人形的颈部无装饰笔画；乍（作）字字形的尾部向上钩曲，中部无饰笔；以字侧立人形手臂表物体的部分用封闭型圆圈处理；方字的上部横笔两端用短竖装饰，中间的线条近于直笔；我字表戈秘的竖笔上下两端皆有短横与之垂直；自字形中部短横两端向上斜出两斜笔；更字所从的纺砖底部未刻写表示纺砖底座的圈状笔画；不字由三条不规则曲线组成；酓字表酒器的下部皆作尖底形，外侧写作三小点；伐字所从的人旁臂部首部相连；来字字头无饰笔；翌字字形外部用不规则的线条封闭，有一短横与斜线相互交叉于中部；弓字表弓弦的隙间写作两竖点；亡字下拉的尾部呈弧状笔画；河字表水流的构件写作折状笔画；帝字字头无横笔，中间横笔的两端写作两短竖。

宾一类的代表片如：合 267、536、2269、2270、2271、2272、2282、2283、2284、2284、2286、2287、2288、3186、3516、3550、4121、4209、4519、5159、5165、5221、5516、5758、5761、5776、5784、6570、6572、6578、6641、6862、6892、6896、6905、6931、6937、6959、7137、9620、9621、10172、10185、10186、10187、10188、10349、10948、10964、12343、12974、13109、13140、14195、16884；合补 39、43、453、454、455、457、460、467、468、476、2031、2221、2538、2561、4130、4733、5107、5662；英国 26、27、71、72、114、119、143、145、146、147 正反、253；北大 21、47、145、332、824、825、855 等。

（三）宾二类特征字例

宾二类与宾组其他亚类所见的字形相比，大多数版面上书风雄健整饬，字形较大，笔画劲挺，用笔宽阔疏朗，中空放松，布局开合有度；但也有少量卜辞的字体体现出遒劲俊美，布局整齐，字形大小适中的书风。其特征字例如下。

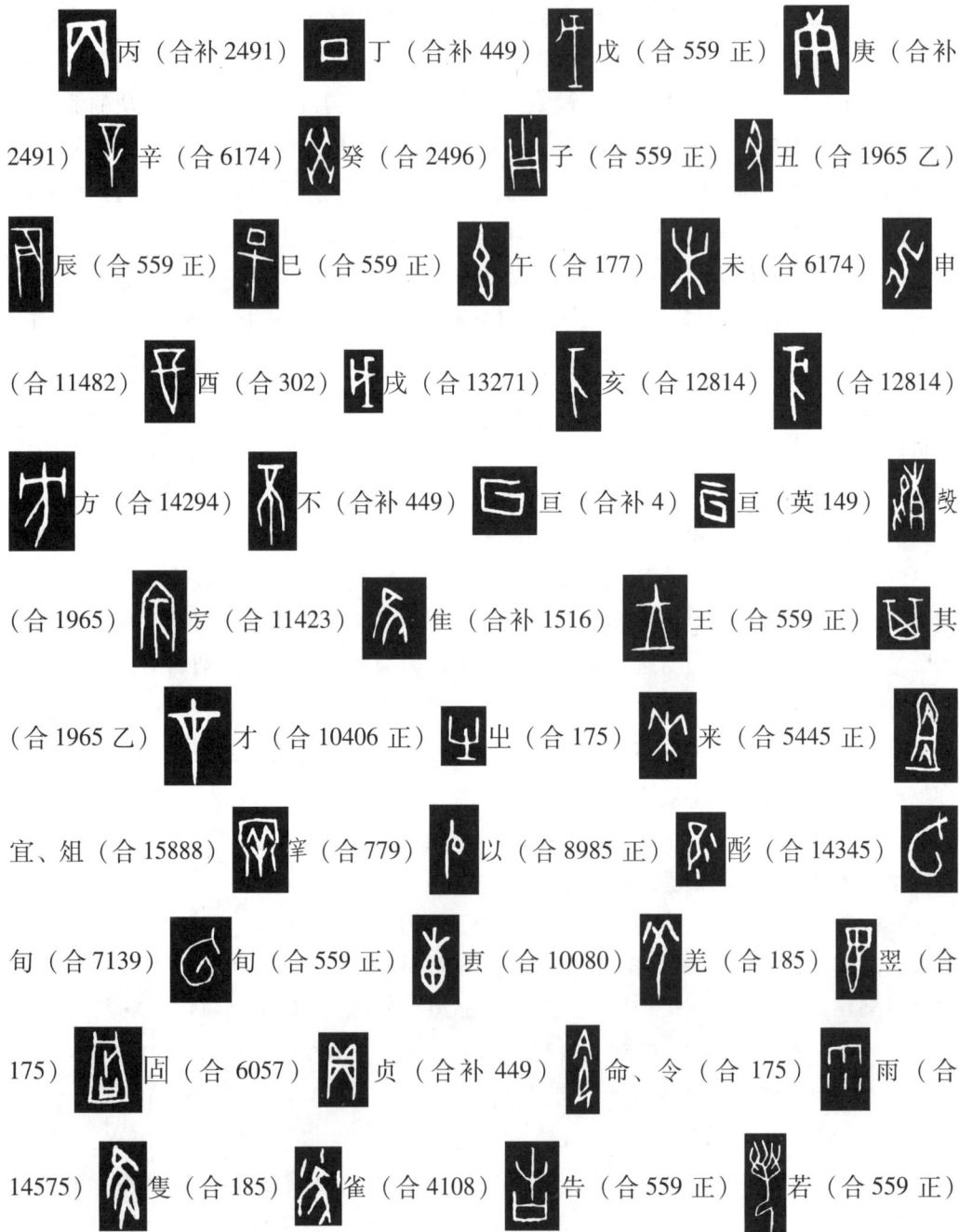

丙（合补2491） 丁（合补449） 戊（合559正） 庚（合补2491） 辛（合6174） 癸（合2496） 子（合559正） 丑（合1965乙） 辰（合559正） 巳（合559正） 午（合177） 未（合6174） 申（合11482） 酉（合302） 戌（合13271） 亥（合12814） （合12814） 方（合14294） 不（合补449） 亘（合补4） 亘（英149） 殳（合1965） 旁（合11423） 隹（合补1516） 王（合559正） 其（合1965乙） 才（合10406正） 出（合175） 来（合5445正） 宜、俎（合15888） 宰（合779） 以（合8985正） 彭（合14345） 旬（合7139） 旬（合559正） 叀（合10080） 羌（合185） 翌（合175） 固（合6057） 贞（合补449） 命、令（合175） 雨（合14575） 隻（合185） 雀（合4108） 告（合559正） 若（合559正）

 月（合559）　 夕（合2164）　 我（合6057）　 自（合6057）　 伐（合

6174）　 争（合7139）　 乍（合补1516）　 旲（合补1516）

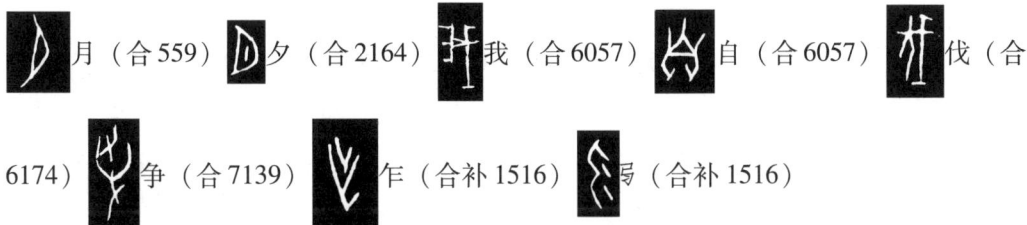

　　上揭例字中，丙字习作两外侧竖笔垂直，框内两斜笔于上部互相抵触，下部分别与两侧竖笔衔接；丁写作四边封闭性线条，外形方正；戊字的所从的戈旁柲部作直笔，底端作与之垂直的短横笔；庚字写作平肩状，字形中竖较长，内部笔画作一横笔；辛字头无短横饰笔；癸字四边不出头；子字头的竖笔较长，垂直于内部上端的横笔之上；丑字上、中爪向下勾曲，而下爪未向上部勾曲；辰字字头无横笔；子（巳）字写作方首、斜横臂、躯干垂直；午字表丝圈的构件，呈现出折角状，字头竖笔较长；未字头皆写作折而向上的笔画；申字中间曲线两侧分别写作上下两折笔；酉字颈部写作两斜笔，下部皆作尖底形，字形于颈腹部之间用一横笔贯穿两侧；戌字刃部作直笔状，所从的戈旁柲部作直笔，底端作与之垂直的短横笔；亥字竖行的主笔略弯，前一字形右侧附有一短斜笔，后一字形中部短横与一短竖笔相抵；方字形上部短横的两端，增加了两短竖笔作为装饰笔画；不字有上横，写法与宾三类大体一致，异于宾一类，两侧的弧笔自然流畅，中竖未贯穿中部；亘字字头有无短横互见；殳字表声旁的部分，其上部中竖上下部位分别写作两斜笔，并于中竖衔接，肩部习作弧形状，笔意流畅自然。宁字形所从的宀旁顶部不出头，两侧写作弧形线条，下方所从的豕旁颈部写作一横笔；隹写作首部后倾、直尾；王字写作直刃；其字两侧笔画的上部无短横；才（在）字中竖较长，两侧的斜笔分别与上横和中竖相抵；屮字中竖出头；来字头无饰笔；宜（俎）字形中间写作一短横；羍前一字形外框两侧的笔画至下部而内折，后一字形两侧的笔画呈弧状；以字表物体的部分写作圆形状；酉酒器的左侧写作三点或四点；旬字尾部皆呈勾曲状，字头部分或出头或不出头二形互见；叀字所从的纺锤形无底座；羌字侧立人形的颈部无装饰笔画；翌字形外部用不规则的线条封闭，有两短横与竖线相互交叉于中部；囮字封闭型的四边上窄下宽，中部上下构件不连；贞字的上部尖耳，两侧竖笔垂直，框内两斜笔互不衔接；命、令字下部表跽跪的构件写作弧形状。雨字字头不带横笔；隻字字头的隹字表嘴喙的部分写作一斜笔；雀字字形上方所从的小旁写作分散的三短竖，分布于隹旁顶部及左右两侧，下部隹字表嘴喙的部分写作一斜笔；告字上方中竖两侧两斜笔折而向上，中竖与下方的口型相连；若字表跽肢的部分写作折形笔画；月字中部无点；夕字中部写作一短竖；我字表戈柲的竖笔上下两端皆有短横与之垂直；自字形中部短横两端向上斜出两斜笔；伐字所从的人旁臂部首部相连；争字上下二手之间习作向上开口的凵形笔画，并作尖底状；乍（作）字字形的尾部向上钩曲，中部

无饰笔；弓字点状笔画略长，表弓经部分的上端向下钩曲。

宾二类卜辞的典型片另可见：合 390、511、547、897、914、1312、1313、1592、4494、5458、5749、6042、6163、6167、6169、6331、6399、7294、7295、7757、7761、7884、8070、9766、9767、9770、9862、10075、10076、10080、10229、10236、10406、10911、10935、10965、11157、11485、12966、13117、13307、13750、14006、14198、14369、14522、16655、16712、16783、16850、17080、17411；合补 1、4、38、46、60、62、85、134、225、286、332、363、434、495、518、521、523、1241、1244、1320、1538、1569、1573、1705、1726、1760、1763、1767、1768、1789、1804、1805、1828、1829、1831、1847、1852、1864、1874、1884、1964、1965、1966、1971、1981、2095、2096、2139、2299、2346、2489、2490、2491、2510、2511、2591、2596、2688、2794、2813、3770、3799、3800、3801、3928、4031、4833、4841、4845、4887、4923、4925、4928、4930、4945、4954、4964、4980、5119、5121、5126、5276、5279、5512、5554；英国 149、200、201、202、203、212、214、219、264；北大 20、53、153、168、169、252、253、777、778 等。

（四）宾三类特征字例

宾三类相对宾二类来说字形略小、刻写稍嫌拘谨。其书体风格大致可归为两种情形：一种是龟骨并用，字形稍大，笔画锐利，凸显棱角，个别字迹略显草率。另一种主要用龟，极少用骨，字形略小，笔画工整。以上两种字形时常见于同版，甚至有同卜一事之例，因此两者的关系比较密切。宾三类的特征字例如下揭所示。

丙（合 12643）　丁（合 12643）　戊（合 9572）　癸（合 16685）　山

子（合 9572）　丑（合 557）　巳（合 2543）　午（合 12643）　未（合 12643）

酉（合 1626）　戌（合 1520）　（合 1520）　亥（合 557）　以（合 14851）

弓（合 1251）　叀（合 14375）　不（合 557）　牛（合 1520）　自（合 557）

出（合 9572）　隹（合 557）　吉（合 5251）　命、令（合 6049）　方（合 1487）

且（合 1520）　翌（合 9570）　贞（合 16685）　王（合 1251）　旬（合

16685） 允（合 9572） 用（合 12643）

上揭例字中，丙字写作两外侧竖笔垂直，框内两斜笔于短竖相接。丁写作四边封闭性线条；戊字的所从的戈旁柲部作直笔，底端作与之垂直的短横笔；癸字交叉型笔画的四边不出头；表地支名的子（巳）字中部两短横平行，字头的竖笔较长；丑字中部及上部二爪向下钩曲较甚，下爪未朝上部勾曲；假借为巳的子写作方首斜臂；午字表丝圈的构件，下部呈现折角状；未字头写作折而向上的笔画；酉字表酒器轮廓的颈部写作斜笔，下部皆作尖底状，并于颈腹部之间用一横笔贯穿两侧，并突出到字形之外；戌像鏒部，前一字形柲形部分的上下两端分别写作短横，后一字形柲形的低部无短横，二字形的刃部皆作直刃状；亥字形中部皆有短横，短横外侧多附着一短竖作为装饰笔画；以字于本类皆作繁体，未见省化侧立人状的字形，与𠂤组大字类所见之不同在于本类字头写作一直立的竖笔，而𠂤组大字类字头的竖笔则显得短促；弓字点状笔画略长而离弓形较远，表弓经部分的上端向下钩曲；叀字表纺砖部分的下部无纺砖底座；不字有上横，写法与宾二类大体一致，异于宾一类，两侧的弧笔自然流畅，中竖未贯穿中部；牛字上部的弧形线条向中间收拢，左右结构不对称；自字中部写作两短横；屮字中竖宾组全都出头，宾一、二类较为短促，而本类比较突出；隹字的鸟首后仰而膺部写作圆弧形；吉字下部的口型上下横画粘连；命、令字上下部分隙间较大，表跽肢的部分写作折笔；疒字在本类异体较多，宀旁顶部不出头，两侧写作弧形线条，所从的亥旁中部有无短横互见；且（祖）字头较尖，中部写作一短横；翌字下部较尖，字形外围转折处，突出折棱；贞足略矮、耳形较尖，表鼎腹的两横笔平行并与外框相互抵触；王字头无横笔；旬字尾部勾曲，字头斜出；允字所从的人旁直立，字头出现折笔；用字中间习作一斜笔。

宾三类卜辞的代表片还可见：合 557、1251、1255、1258、1268、1291、1292、1293、1294、1299、1424、1306、1487、1520、1626、2543、2799、3123、3124、3125、3126、3127、3128、3129、3823、3824、3833、4078、4079、4080、5250、5251、5371、5581、5607、6050、8093、9570、9572、12643、14380、14829、14851、16665、16685、16718；合补 95、186、187、188、189、190、2420、4939；英国 19、22、46 正反、57、94 正反、992、1003；北大 30、172、229、230、231、281、313、314、315、322、326 等。

五、宾组设定"分级划类"标准的理据

上举宾组各类特征字例，由于它们的性质与作用不同，所以在分类中存在着层级

的区别。过去该组的特征字表，虽将它们都视作分类的特征字体，实际上，这种笼统的认识给具体操作带来诸多不便。对此前文已就有关问题进行了探讨。下面再就本组"分级划类"的标准做进一步的说明。

（一）第一级分类标准

宾组第一级分类标准，其设定着重强调特征字的"属性"，且具有"变形能力"强、能够直接通过该标准对卜辞进行归类等特点。如该组中的"殸""方""贞""不""申""未""子（巳）"等，都属于"变形能力"强，对卜辞可以直接归类的特征字形。如：

从前述的"殸"宾一类 （合 4121）、宾一类 （合补 577）、典型宾二类

（合 628 正）；"方"宾一类 （合 6884）、典型宾二类 （合 5509）、宾三类

（合 12643）等不同字例的构形特征来看，这些作为第一级分类标准的字形，对分类都产生了较大影响。下面再以"雀"字为例，进一步说明这种字体作为第一级分类标准的重要性。

"雀"字的构形特征

A 形——，该形主要见于自宾间类（合 585 反）（合 4158）（合

5793）（合 8984）。

B 形：

B 形（i）——，该形主要见于宾一类 （合 10567）（合 4121）

（合 4165）（合 6981）。

B 形（ii）——，该形主要见于宾一类 （合 6959）（合 4139）。

C 形：

C 形（i）——，该形主要见于宾一类 （合 8008），宾二类 （合

6952 正）。

C 形（ⅱ）——，该形主要见于宾二类（合 4108）（合 6949 正）。

前文已述，"雀"在自宾间类、宾一类、宾二类中，是一位比较重要的部族族长名（地名或国族名），但到宾三类则比较少见。黄、彭两位先生的特征字表，也都只将该字形列入宾一或宾二类。

从构形上看，A 形主要见于自宾间类，该字形上方所从的小旁，两边写作分散的两斜笔，分布于佳旁顶部及左右两侧，中间写作一短竖，并于下部的构件垂直相接，下部所从的佳，表嘴喙的部分写作平直的横笔，爪部用曲线表示。B 形（ⅰ）式见于宾一类，该字形上方所从的小旁多写作分散的三短竖，分布于佳旁顶部及左右两侧，下部所从的佳，表嘴喙的部分写作一横笔，爪部曲线、直线并用。B 形（ⅱ）式属宾一类的常见字形，该字形上方所从的小旁多写作分散的三短竖，分布于佳旁顶部及左右两侧，下部所从的佳，表嘴喙的部分写作一斜笔，爪部多用直线表示。C 形主要见于宾二类，该字形上方所从的小旁写作分散的三短竖，分布于佳旁顶部及左右两侧，下部所从的佳，表嘴喙的部分写作一斜笔，爪部用直线表示。

综上所述，"殷"字的构形由宾一向宾二存在一种过渡现象，过渡字形主要是在所从的南字构形部件上，与其他两类具有明显的变化。从中不难看出，表声旁的南字构件，即为这个特征字的"变构部件"。"方"字的"变构部件"则表现为上、下两部分。上部个形是否出头，下部亥字构形的变化特征，是判断宾一与宾二类的关键，而宾三类除书体表现为遒劲之外，下部的主笔别出的斜画较为强劲，而且竖笔之上不饰短横，这是区别前两类的主要标志。"雀"字的"变构部件"亦表现为上、下两部分。上部所从的小旁，下部表嘴喙的部分以及爪形则是类型划分的主要字体因素。

由此可以看出，正是"殷""方""雀"等字形"变构部件"的强力作用，对宾组卜辞的"分级划分"产生了重大影响。其他特征字亦可作此解构与分析。

（二）第二级分类标准

作为第二级分类标准的特征字形，是通过特征字形之间的组合关系而推定的。在署有贞人名的卜辞中，可利用具有同版关系的贞人名，作为归纳这种特有组合关系的依据，由于传递式的推定无限进行下去，必然会使各类之间漫无界限，因此保持书体的一致性，在分类上具有重要意义。同时，这种传递式的推定应有一个选择起点的问题。所以此类与第一级标准相比有三点区别：第一，体现特征的"变构部件"，其变化能力不如第一级强烈；第二，能够系联的卜辞数量有限；第三，因为必须通过同版关系作为归纳的依据，所以只能表现为字体分类的第二步骤。下面我们以"窜"字为例，说明此类字体作为第二级分类标准的意义。

"羍"字的构形特征

A 形：

A 形（ⅰ）——，该形主要见于自宾间类（合 2558）（合 15057），宾一类（合 728）（合 1509）（合 1513）（合 14559）。

A 形（ⅱ）——，该形主要见于宾一类（合 712），宾二类（合 924 正）。

B 形：

B 形（ⅰ）——，该形主要见于宾二类（合 896）（合 897）

B 形（ⅱ）——，该形主要见于典型宾二类（合 378）（合 779）（合 1661 反）（合 14984 反）（合 15602）。

C 形——，该形主要见于宾三类（合 14834）。

"羍"是在各组类较为常见的祭祀毛牲，《分期》与《分类与断代》皆未将此字形列入特征字表，我们将该字形作为第二级的分类标准。

从构形上看，"羍"字的主体主要由两部分构成。A 形（ⅰ）式主要见于自宾间类以及宾一类早段，字形外框两侧的笔画内折不甚明显，甚至有些直接用一笔表示；A 形（ⅱ）式是典型的宾一类形体，多数外框两侧的笔画至下部而内折。B 形（ⅰ）式主要见于宾二类，字形外框两侧的笔画内折不明，但线条自然流畅；B 形（ⅱ）式是典型的宾二类形体，多数外框两侧的笔画至下部内折较为显明。C 形主要见于宾三类，字形外框两侧的笔画与前两类有所不同，其构形多呈不规则状。

综上，"羍"字的构形外框内部所从的"羊"字变化不大，由宾一向宾二亦存在一种过渡现象，过渡字的构形主要是在所从的外框构件上，宾三类的外框构形不规则，与其他两类具有明显的变化。从中不难看出，该字的外框构件，即为这个特征字的"变构部件"。如果在推定的卜辞中，注意该字形的外框"变构部件"的主要变化形式，将有助于宾组卜辞的"分级划类"。其他所推定出来的特征字形，也应具有类似的作用。

（三）第三级分类标准

通过"特征字形传递联系法"，亦可选择一些与之具有关联性的特征字形，作为分类的第三级标准。对于习惯上不署贞人名的卜辞来说，这种特有组合关系是通过该组同版关系传递联系法而推定的，所以此类与前两类标准相比：首先，其字体是在次续传递联系中推定的，不是直接设定的；其次，使用范围亦有一定的局限性；第三，不论是构形还是书风都不如前两者的特征明显，而字体的变化多表现在笔画的多寡、构件的位移以及字形的方向等方面。下面以"歸"字为例加以分析：

"歸"字的构形特征及类型划分

A 形——　，该形主要见于自宾间类　（合 7049）　（合 519）。

B 形——　，该形主要见于宾一类　（合 722 正）。

C 形——　，该形主要见于宾二类　（合 5193 正）　（合 5231）　（合 10043）　（合 13644）　（合 2281）　（合 10719）。

D 形——　，该形主要见于宾三类　（合 4079 正）。

"歸"字的初文是由两个构件结体而成，一个是所从的"自"形，呈纵向环抱状的两峰对峙状，用以表高丘之地，乃堆字的本字；另一个是所从的"帚"形，象笤帚之形。

从"歸"字的构形特征来看，A 形字主要见于自宾间类，该字形所从的"自"形，多用弧状笔画表示；而"帚"形中间的装饰一短横。B 形字主要见于宾一类，该字形所从的"自"形，已出现折状线条；而"帚"形中间短横的两端又饰加两竖笔。C 形字主要见于宾二类，该字形所从的"帚"形中间不饰加短横，而"自"形构件笔画圆润流畅。D 形多流行于宾三类，"帚"字构件有时出现缺笔的现象。

由上可以看出，"歸"字所从的"帚"形即为这个特征字的主要"变构部件"，该构件中间是否用短横装饰以及短横两端是否又羡加饰竖，是类型划分的关键因素。因此，重视所次续推定出来的特征字形，在分类中可增加更多的字体依据。

以上所分析的该组三级标准字体中，亦应包含如下内容：各级特征字在单字形体中的确认；具有特征性的变形部件在字体构件或部首中的确认；对同一发掘单位所出单字形体的比较；对具有同一卜事，且文例、文法相似辞例之间的字形、字体相互比较等。

六、宾组"分级划类"的作用与价值

以上所讨论的"分级划类"，其对象即为宾组卜辞，现已确认最客观的判断标准就是字体。在字体因素中，起关键作用的是字形结构，还有书刻风格以及用字习惯等特征。《分期》《分类与断代》曾将这些因素纳入分类研究的范畴，但对具体的操作途径未做进一步说明。甲骨文字体是一种书刻符号，利用字体对宾组卜辞进行分类，并在此基础上考察其刻写时代具有极其重要的意义。因此，依据字体所分出的宾组甲骨"类群"应该是科学合理的。

事实上，"分级划类"的概念虽然明确较晚，但在过去的分类研究中已广泛应用，只不过对分级性质的认识还不够明确而已。通观各家所列出的特征字表，其中的特征字例具有不同的分类作用，实际上存在着"层级"的问题。以上所列举的"敦""方""雀""窜"以及大多数干支字形，作为宾组的第一级分类标准，是非常合适的。因此从分级角度来看，依据所设定的标准进行分类，然后再对其刻写时代进行推定。可以说，这是一种对宾组卜辞最好的诠释与研究方法。

以上我们总结了"分级划类"的标准与方法，并通过对每片甲骨的辨析与释读，从中梳理出了为进一步分类提供的特征字例。此外，我们也注意到对同一发掘单位所出甲骨文的字体进行梳理，从中能够获得一些重要的分类资料。如对 YH127 坑或花东H3 坑所出字体进行系统研究，可能还会发现更多的字体分类信息。研究表明，在较晚的地层中也出土了一些被认为是早期的字形，这说明字体在文字嬗变过程中具有很大的保守性（指不可改变的文字基因构形）与传承性。但是，这些早、晚期具有依赖与继承关系的字体，不会影响对特征字形的确认，相反会使分类者更加注意到确认特征字形的重要价值。

据上分析，依据字体对宾组甲骨进行分类的作用与价值，集中表现在特征字形的选择与细致考察方面。早期研究的局限性，主要表现在字体虽被不断地提及，但实际上都没有被充分运用，究其因，一方面是缺乏对原篆字形的系统整理，因此就不可能确认一批具有分类信息的特征字形；另一方面是对字体进行"解构式"分析不够。分类的目的旨在强调把每片甲骨科学地归入到每个"字体类群"，并带动对其刻写时代的相关考察，在此基础上力求还原一段当时的历史。一旦"分级划类"的标准设定比较客观而明确，那么，相关内容的系联必然会得到进一步的加强，因此分类的成果也将会更加突出。

七、解构式分析与描述的特殊用途

所谓解构式分析与描述，就是对甲骨文单字形体的构件拆分后进行解析和描述。对于宾组的字体来说，具有"分级划类"意义的字形，需要对其特征性的构件进行深入观察与解析。因此，一个字形重在关注一个或两个部件，这些构件具有一定的变形能力，我们将这样的局部变形称之为"变构部件"。"变构部件"集中反映了文字嬗变过程中的一些特点。

从本组自宾间类到宾三类的字体发展来看，不仅体现在"变构部件"的嬗变方面，同时也为分类提供了一个可供参考的依据，如果捕捉到其中的关键，依据字体的分类就会更加富有成效。

研究表明，通过对特征字体"变构部件"的解构式分析与描述，可以把相互具有关联性的卜辞归并在一起，形成不同的"字体类群"或更加细化的"字体分类亚群"。另外，对其他单字形体以及通过组合关系推定出来的特征字，也需要解构式分析与描述，并进而归纳总结这些字形作为分类依据的可靠性与有效性。

解构式分析与描述的对象，主要包括特征字的整体结构、局部结构以及结体中的不同构件。

宾组卜辞中的各亚类字体，从自宾间类到宾三类，其构形的变化异常复杂，尤其是作为"分级划类"特征字形的"变构部件"，又往往决定着卜辞的类型划分，因而给分类者进行分级标准字体的辨识、科学归类的探索以及对信息复杂甲骨类型的判断，都会留下诸多问题。

具有较强变形能力的"变构部件"，主要包括以下三个方面：其一是指结体中的笔画多寡问题。如："辰""辛""不""王"的字头是否羡加横笔；"庚""申""亥""用""翌""雨""月"的笔画繁简等。其二是指部首或偏旁的位移现象。如："殳"所从表声旁的南字，"归"所从的"自"，"争"字所从的上下二手等。其三是指字形的书刻方向不定。如："人""方""羌""隹""以""丑"等字体的书刻方向可以向左或向右。同时还值得注意的是，这些特征字的书刻风格，在该组从自宾间类一直变化到宾三类，常常先从一个主要构件变起，到宾一，宾二类时，多数字形从朴拙、矜持发展到雄浑阶段，而宾三类的刻写则比较硬劲，有时显得较为草率，这足见特征字形也是由不成熟到成熟发展变化的。

八、宾组"分级划类"中应注意的一些现象

随着宾组分类工作的次续展开与不断深入，当认识到不同特征字形各层级标准的作用之后，各类字形之间存在的继承关系也引起了我们的进一步思考，并在实际操作中加强了对每片甲骨的科学判断。

我们知道，各类甲骨之间都存在着类型划分的纠葛，比如自宾间与宾一、宾一与宾三、宾二与宾三以及宾一与宾二之间在字形发展上都有交叉或并存现象。这就要求我们务必找到更科学、更严密的分类标准，才能到达能够说明它们之间先后关系的证据，

尤其在我们注意到同类中多数特征字形虽已变化，但仍有个别字形尚处在未同步变化的现象，如"不""屮""其""亥"等，这些字形往往会对分类造成麻烦。另外，类与类之间存在较多的过渡字形，这些字形却不是我们通常所说的特征字形之间的同步嬗变，因此我们在理解与界定时，使其与特征字形有别，其目的是为了强化特征字形作为判断标准的权威性。

以上所述宾组各层级之间特征字例的差异，其具体表现又可以通过构形与书刻风格两个方面来进行认识。

（一）特征字构形的变化现象

（1）特征字的组成构件不同，即单字形体与偏旁的不同。如"用""更""佳""殳""旁"等。

（2）特征字的构件布局不同，往往出现上下或左右的移动。如"韋""伐""受""酉""歸"等。

（3）特征字的笔画繁简不同。如"庚""辛""翌""不""酉"等。

（二）特征字书刻风格的变化[18]

（1）特征字的笔画移动轨迹不同，即使用方折或圆转线条的差别。如"牢"或"宰"的外框、"爭"字双手中间的部分以及"殳"字所从的南字构件等。

（2）特征字的点画姿态与数量不同，如"雀"上部的三短竖，有时写作三小点分布于佳旁顶部及左右两侧；"酉"表酒器部分外侧的三斜点，有时写作四点或五点，且点状笔画较酒器部分有时偏低，有时偏高；"雨"表天幕落雨之状的三点，有时写作三短竖。

（3）特征字的书刻材料不同，刻在龟甲与刻在胛骨上的字迹不同，同时在腹甲与在背甲、在骨扇与在骨臼契刻的文字也会因材质不同，而出现风格不同的字体。

（4）特征字的书刻习惯不同，如时段（或时代）、刻手不同，会出现书风的较大差别。

宾组各类特征字例的变化也可以分为：单字整体的变化、单字局部的变化、构件整体的变化、构件局部的变化等。这不仅证实了字形特征是由嬗变引起的，并可作为分类的依据，同时也证实了在字形嬗变未完成之前，类型划分必然会出现困难的局面。

不过，也不可否认，在宾组甲骨的类型划分中，由于一些特征字形是推定的，因此，有时分类就会出现逻辑上不够谨严的问题。具体表现在：利用特征字无法对卜辞

---

[18]　参见启功《古代字体论稿》，第 4 页，文物出版社，1964 年；启功《启功全集·古代字体论稿》（第二卷），北京师范大学出版社，2009 年。

进行归类时，于是就利用似乎关联的特征字作为标准，这种分类结果就比较危险。如果我们采用"特征字形传递联系法"找到字形与字形，也就是特征字形与常见字形之间的相互关联（比如同文卜辞、同版现象、残辞互补等）时，这样的分类就比较科学与合理。

对不见特征字信息的一部分甲骨，因缺乏各层级分类标准的依据，因此归类的信心看似不大，之所以还能找到分类的依据，主要是基于对单字形态以及单字构形的深入观察与仔细比对。另外，我们还注意到，在类型与类型之间，甚至各层级之间确实存在一些不确定因素。这种现象曾给过去的分类制造不少麻烦，致使一些已归类的甲骨得不到合理的解释，此种现象在宾组各类之间几乎都有。请注意"翌" （合9570）字，这是典型宾三类的特征字形，据此可以系联一批宾三类的卜辞，但过去曾对其与自组的 （合19945）、（合33309）以及宾二类的 （合540）之间的构形辨识不清；又如，过去曾把低矮的 贞（合2940）字，视为宾二类的特征字形，其实这个字形并不具备耳、裆都用弧笔表现的特征，此字具有宾一类的书刻风格。之所以存在一些误分现象，还是对不同特征字形之间的根本差异未加深究，即便是结构的形态、书体风格近似，也需要对基本构件进行仔细的观察与辨识，尤其是要关注局部的核心构件，正是这些核心构件，给分类提供了必要的、且可比对的"参照标准"。

表一 宾组甲骨文各类数量统计

类型划分	《合集》	《合补》	《英国》	《北大》	各类总数	各类所占总片数之比例
宾一类	5094	1448	363	352	7257	25%
宾二类	9234	3736	1458	842	15270	52%
宾三类	3950	1145	48	555	5698	19%
自宾间类	1135	86	0	73	1294	4%
各部总计	19413	6415	1869	1822	29519	100%
各部所占总片数之比例	66%	22%	6%	6%	100%	

九、宾组"分级划类"的实践

宾组卜辞的分类实践，是在坚持李学勤先生提出的分类应以"通用性"最高的字形、字体属性为前提下而进行的，构拟"分级划类"的框架，旨在将分类所依据的字体分为三个不同的层级标准。通过该标准，我们对四部著录中的宾组卜辞进行了分类整理，并对各类的数量进行了统计（表一）。依据第一级标准所设定的特征字，对具有特征字形的卜辞进行了归类；依据"特征字与习惯用字之间的同版关系"而设定的第二级标准，对署有贞人名的卜辞进行了归类；依据"特征性字形传递联系法"而设定的第三级标准，对不署贞人名的卜辞进行了归类。

由此可以看出，"分级划类"标准的设定，已促使我们充分认识到，依据字体分类的操作过程是可行的。三个层级的标准相互参照，并提供必要的分类信息，使得类型划分的依据更加系统、更加科学。

附记：本文为2016年度国家社会科学基金项目"宾组卜辞中人物、方国与重大历史事件关系问题之研究"（批准号：16BKG005）、郑州中华之源与嵩山文明研究会一般课题"殷周祭祀制度比较研究"（项目编号：Y2014－2）和河南省教育厅人文社科研究项目"殷周祭祀问题研究"（批准号：2014－GH－438）的阶段性成果。

铜器窖藏所见周原遗址贵族家族变迁

马　赛 [*]

This essay focuses on the bronze hoard inscription in Zhouyuan site. 11 groups of hoards were selected for date and ownership analysis and the result indicates that according to the date, they could be divided into two groups at the time point of the early part of late Zhou period. Similar phenomenon also exists in craft work-shops, which might be related to the political incident of King Li in late Zhou period.

周原遗址发现的大量铜器窖藏早已引起学者们的高度关注，其中所出铜器上大量的铭文资料，更是学术界常年持续关注的热点问题。研究涉及的内容除单个窖藏铜器铭文考证、窖藏性质等外，亦包括很多通过贵族家族姓氏来探讨周原遗址性质问题的研究[1]。本文试图通过对周原遗址铜器窖藏的埋藏年代以及所反映的贵族家族变迁情况，对周原遗址西周晚期之时的社会变迁进行讨论。

一、利用铜器窖藏探讨贵族家族状况的可行性

相对于墓葬材料而言，窖藏是个较为宽泛的概念，对于其性质的理解，直接关系到我们能否根据窖藏材料讨论周原遗址的贵族家族情况。目前有关周原铜器窖藏的性质，主要有社会变动、祭祀遗存和青铜原料储藏三种不同的

---

　*　作者系中央民族大学民族学与社会学学院讲师。

〔1〕　李学勤《青铜器与周原遗址》，《西北大学学报》（哲学社会科学版）1981年第2期；尹盛平主编《西周微氏家族青铜器群研究》，文物出版社，1992年；曹玮《周原的非姬姓家族与虢氏家族》，《陕西历史博物馆馆刊》（第七辑），三秦出版社，2000年；辛怡华、刘宏岐《周原——西周时期异姓贵族的聚居地》，《文博》2002年第5期；尹盛平《周原文化与西周文明》，江苏教育出版社，2005年；尹盛平《周原遗址为什么大量发现青铜器窖藏——兼论周原遗址的性质》，《周秦文明论丛》，陕西人民出版社，2006年。

看法[2]。其中青铜原料储藏说主要针对破损和有铸造缺陷的铜器埋藏坑，这些铜器上大多没有可供研究贵族家族情况的铭文资料，因此暂不讨论。对于其他的窖藏，若为社会变动导致的暂时埋藏，那么其主人在生前曾在此居住过的可能性则很大；但若为祭祀之用，尤其是祭祀天地山川等自然神祇的话，那么祭祀的地点就不一定和贵族居住的地点一致，则我们就无法运用其信息讨论曾经在周原生活过的贵族家族情况。关于这一问题，笔者曾有小文进行过讨论。通过对其埋藏环境和年代的分析，笔者认为本文中所涉及的铜器窖藏性质应为社会变动导致的暂时埋藏而非祭祀坑[3]。若此，则有可能用来讨论曾在周原生活过的贵族家族情况。

　　然而即便如此，我们仍需考虑一个问题，即是否周原遗址出土的铜器的主人都曾在周原生活过？哪些窖藏可以用来讨论周原遗址贵族家族情况，哪些窖藏不行。

　　从以往的研究可以看出，同样是讨论周原遗址贵族家族情况，不同的学者使用的材料却不尽相同。朱凤瀚先生在《从周原出土青铜器看西周贵族家族》一文和《商周家族形态研究》一书中，使用了 11 组窖藏和 3 座墓葬的材料[4]；刘士莪先生《周原青铜器中所见的世官世族》只用了 8 组窖藏的材料[5]；曹玮先生《周原的非姬姓家族与虢氏家族》一文中，使用了 9 组窖藏和 2 座墓葬的材料[6]；而辛怡华等先生在讨论周原的姬姓和非姬姓贵族时，则使用了所见的 49 座窖藏和 32 座墓葬[7]。

　　然而铜器本身的流动性较强，有多种因素可能导致铜器的流动，比如媵嫁、赠赙、赠送、抢夺[8]等。若我们用抢夺来的铜器推断周原的贵族家族情况，则会有失偏颇。因此，有必要在讨论之前首先分析哪些材料可以用来讨论曾经在周原生活的贵族家族情况。

[2]　郭沫若《扶风齐家村器群铭文汇释》，《扶风齐家村青铜器群》，文物出版社，1963 年；罗西章《周原青铜器窖藏及有关问题的探讨》，《考古与文物》1988 年第 2 期；张懋镕《殷周青铜器埋藏意义考述》，《文博》1985 年第 5 期；王睿《关于青铜器窖藏性质的反思》，《中国历史博物馆考古部纪念文集》，科学出版社，2000 年；马赛《周原遗址青铜器窖藏性质的再认识》，《周原》（第 1 辑），三秦出版社，2013 年。

[3]　马赛《周原遗址青铜器窖藏性质的再认识》，《周原》（第 1 辑），三秦出版社，2013 年。

[4]　朱凤瀚《从周原出土青铜器看西周贵族家族》，《南开学报》（哲学社会科学版）1988 年第 4 期；朱凤瀚《商周家族形态研究》（增订本），天津古籍出版社，2004 年。

[5]　刘士莪《周原青铜器中所见的世官世族》，《周秦文化研究》，陕西人民出版社，1998 年。

[6]　曹玮《周原的非姬姓家族与虢氏家族》，《陕西历史博物馆馆刊》（第七辑），三秦出版社，2000 年，亦见于曹玮《周原遗址与西周铜器研究》，科学出版社，2004 年。

[7]　辛怡华、刘宏岐《周原——西周时期异姓贵族的聚居地》，《文博》2002 年第 5 期。

[8]　袁艳玲《周代青铜礼器的生产与流动》，《考古》2009 年第 10 期；曹玮《东周时期的赠赙制度》，《考古与文物》2002 年第 6 期；曹玮《试论西周时期的赠赙制度》，《商承祚先生百年纪念文集》，文物出版社，2003 年；罗西章等《论西周时期的赠赗制度》，《周秦文明论丛》，陕西人民出版社，2006 年。

表一　窖藏铜器家族情况

窖藏名称[9]	所属家族或个人	该家族或个人器物数量	其他家族或个人器物数量	无法确定家族情况及无铭文铜器数量
58、63 齐家窖藏[10]	它	5		天 3
60 齐家窖藏[11]	中氏	14	丰井氏 1	幾父 2,柞 8,伯邦父 1,仲伐父 1,叔□父 1,𫜲 1,无铭文 10
60、82 召陈窖藏[12]	散氏	10	𧊒 3	无铭文 6
61、84 齐家窖藏[13]	琱氏	6		无铭文 4
74 强家窖藏[14]	虢季氏	5		无铭文 2
75 董家窖藏[15]	旅氏	14	成 1	卫 4,□ 1,公臣 4,仲南父 2,倗 1,仲淲父 1,旅仲 1,庙孱 1,荣有司 1,无铭文 7
76、77 云塘窖藏[16]	伯多父、伯公父	9		无铭文 1
76 庄白 1 号窖藏[17]	微氏	55		商 2,横五 1,陵 1,父乙 1,孟 1,□□ 2,伯先父 10,无铭文 30
78 凤雏窖藏[18]	伯尚	3		无铭文 2
1890、1940 任家窖藏[19]	华氏	63		□ 1,禹 1,孈 1
1933 康家窖藏[20]	函氏	12		伯鲜 11,无铭文 11

---

[9]　本文使用窖藏发掘(或发现)的年代及所在的村名来命名窖藏。

[10]　梁星彭、冯孝堂《陕西长安、扶风出土西周铜器》,《考古》1963 年第 8 期;雒忠如《扶风县又出土了周代铜器》,《文物》1963 年第 9 期。

[11]　陕西省博物馆等《扶风齐家村青铜器群》,文物出版社,1963 年。

[12]　史言《扶风庄白大队出土的一批西周铜器》,《文物》1972 年第 6 期;曹玮《周原出土青铜器》(十),巴蜀书社,2005 年。

[13]　赵学谦《陕西宝鸡、扶风出土的几件青铜器》,《考古》1963 年第 10 期;周原扶风文管所《扶风齐家村七、八号西周铜器窖藏清理简报》,《考古与文物》1985 年第 1 期。

[14]　吴镇烽、雒忠如《陕西省扶风县强家村出土的西周铜器》,《文物》1975 年第 8 期。

[15]　庞怀靖等《陕西省岐山县董家村西周铜器窖穴发掘简报》,《文物》1976 年第 5 期。

[16]　陕西周原考古队《陕西扶风县云塘、庄白二号西周铜器窖藏》,《文物》1978 年第 11 期;曹玮《周原出土青铜器》(十),巴蜀书社,2005 年。

[17]　陕西周原考古队《陕西扶风庄白一号西周青铜器窖藏发掘简报》,《文物》1978 年第 3 期;宝鸡市周原博物馆《周原:庄白西周青铜器窖藏考古发掘报告》,科学出版社,2016 年。

[18]　陕西周原考古队《陕西岐山凤雏村西周青铜器窖藏简报》,《文物》1979 年第 11 期。

[19]　陕西省文物志编纂委员会《扶风县文物志》,第 57～63 页,陕西人民出版社,1993 年。

[20]　陕西省文物志编纂委员会《扶风县文物志》,第 63～65 页,陕西人民出版社,1993 年。

为了更好的对周原遗址生活的贵族家族情况进行探讨，本文重新对周原遗址出土的窖藏材料进行了筛选，选择其中 11 组窖藏作为讨论的对象（表一）。这些窖藏的共同点如下。

（1）单个窖藏中所出的属于某一人或某一家族的铜器在本窖藏出土的可以判断器主的铜器中占绝对多数。由于不同家族的器物在同一窖藏中出现的情况并不少见，这一标准可以帮助我们确定窖藏内大多数铜器的家族归属，从而更好的判断窖藏的家族归属。

（2）该个人或家族的铜器个体达到了一定数量，单人或单家族的铜器最少都在三器以上，多则十几器甚至几十器。这一标准帮助我们避免因有铭铜器数量过少等原因导致的误判。

通过以上条件进行筛选，大体可以排除误将抢夺等原因混入窖藏之铜器作为窖藏主人的情况发生，从而更好的帮助我们探讨曾在周原生活的贵族家族情况。

二、主要铜器窖藏家族情况及年代分析

以下主要对周原遗址能够较好的反映家族情况的 11 处窖藏进行分析，具体内容主要包括窖藏铜器的年代及其所体现的家族世系、姓氏等几个方面。

（一）58 齐家窖藏（齐家二号窖藏[21]）和 63 齐家窖藏（齐家五号窖藏）

58 齐家窖藏位于齐家村东南，共出土铜器 4 件，包括鬲 2 件和盂 2 件。两件鬲口沿上各有一个"它"字。有同样铭文的铜器，还见于 1963 年齐家村窖藏。此窖藏共出土铜器 6 件，包括方彝 1 件、方尊 1 件、觥 1 件、匜 1 件、盘 1 件[22]。6 件铜器可明显分为两组，其中 3 件水器应为一套，其中 2 件都有铭文"它"，另 3 件酒器为一套，铭文末尾都缀有族徽"天"（表二）。

表二 58 齐家窖藏和 63 齐家窖藏出土铜器

窖藏	个人或家族	器类	数量
58 齐家	它	鬲	2
58 齐家	无铭文：盂 2		
63 齐家	它	盂	1

---

[21] 括号中为罗西章《周原青铜器窖藏及有关问题的探讨》（《考古与文物》1988 年第 2 期）中的编号。下同。

[22] 此部分窖藏资料出处见表一，不再另注。

窖藏	个人或家族	器类	数量
63 齐家	它	匜	1
63 齐家	它	盘	1
63 齐家	天	方彝	1
63 齐家	天	方尊	1
63 齐家	天	方觥	1

它族铜器所见数量很少，除此二窖藏之外，《殷周金文集成》还收录有"它"鼎一件（集成1249），此器年代与此二窖藏相当，有可能为同族人所作之器。此族铜器未见年代更早的器物，有可能是西周晚期时从他族中分离出来的。它族与天族铜器同出一窖藏，是否是从天族中分划出来的，有待更多的资料予以确认。

天族的3件酒器铭文相同，此三器铭文末尾都缀有族徽"天"。天族是殷商时期的大族。年代最早的天器大约能早到殷墟一期[23]，本窖藏出土的铜器是其中年代最晚的一批，已接近西周末年，说明天族延续的时间很长，至少从晚商时期到西周晚期。有明确出土地点的天族铜器分布比较分散，晚商时期有出土于殷墟西区墓地的天爵（集成7323）、出土于灵石旌介商墓的天爵（集成7324）、出土于河南罗山蟒张墓地的天卣（集成4769）以及出土于陕西长武刘主河的天簋（集成2914）等。西周时期，1967年张家坡M16中曾出土一件天爵[24]，此外还有杨家村窖藏中的天盂[25]等。目前所见的天族铜器都是零散的分布在其它族的墓地之中，如灵石旌介为丙族墓地，而罗山蟒张为息族墓地，晚商时期尚未发现集中出土天族铜器的地点，本窖藏是西周时期出土天族铜器数量最多的一个地点。从这种情况来看，此族至少在西周晚期当有一部分人生活在周原遗址，其居地可能就在齐家村附近。天族铜器既使用族徽又使用日名，说明天族为殷商旧族。

这组铜器的年代，张懋镕先生认为环带纹盂年代在西周中期，不晚于中晚期之交。三件日己酒器年代亦约当中期偏晚，而鬲和盘、匜、盂三件水器的年代则可能晚到西周晚期，年代当在厉宣时期[26]。曹玮先生将三件酒器定在西周中期，其他器物均定在

〔23〕　天鼎（集成0992），见雒有仓《商周青铜器族徽文字综合研究》，黄山书社，2017年。
〔24〕　中国社会科学院考古研究所沣西发掘队《1967年长安张家坡西周墓葬的发掘》，《考古学报》1980年第4期。
〔25〕　陕西省考古研究院等《吉金铸华章——宝鸡眉县杨家村单氏青铜器窖藏》，文物出版社，2008年。
〔26〕　张懋镕《周原出土西周青铜器分期断代研究》，《西北大学考古专业成立50周年纪念文集》，又见于《古文字与青铜器论集》，科学出版社，2006年。

西周晚期[27]。

从两个窖藏出土的器物来看，三件酒器的年代当在西周中期晚段，张懋镕先生对此有详细的论证[28]。两件盉从形制上来看，器体已经较矮扁，按照朱凤瀚先生对西周铜盉的分析[29]，应属西周中期偏晚及以后的形制。虽然西周晚期较晚阶段出现如仲柟父盉甲般有明显粗大足底的盉，但是与它盉形制相似的盉一直贯穿西周晚期。而3件水器亦都是西周晚期常见的器类，且西周晚期偏早与偏晚之间没有明显的区别，因此可大体判断几件它器的年代均在西周晚期，难以作更为具体的判断。

（二）60 齐家窖藏（齐家三号窖藏）

窖藏位于齐家村东南约100米。窖藏上小下大，深2.54米，口径0.8米，底径1.25米。内部未作细致修理，器物系杂乱放置。共出土铜器39件，其中食器包括鼎2件、簋8件、甗2件、鬲1件、瑚1件；酒器包括罍2件、壶4件；水器包括盘1件、匜1件、盂1件，此外还有编钟16件（表三）。

表三　60 齐家窖藏出土铜器

氏	器类	数量	作器者
中氏	簋	2	中友父
	簋	2	友父
	盘	1	中友父
	匜	1	中友父
	钟	8	中义
	壶	2	幾
	钟	8	柞
丰井氏	甗	1	犀
	鬲	1	伯邦父
	甗	1	仲伐父
	鼎	1	叔□父
	瑚	1	𠣾𤔲

无铭文：罍2、壶2、鼎1、簋4、盂1

[27] 曹玮《周原出土青铜器》（一），巴蜀书社，2005年。

[28] 张懋镕《周原出土西周青铜器分期断代研究》，《西北大学考古专业成立50周年纪念文集》，又见于《古文字与青铜器论集》，科学出版社，2006年。

[29] 朱凤瀚《中国青铜器综论》，第112~116页，上海古籍出版社，2009年。

　　窖藏出土的器物可以分为几组，其一为中氏的中友父即中义所作之器，包括簋4件、盘1件、匜1件和编钟8件。郭沫若先生认为友父与义含义相近，当为一字一名[30]，可从；第二组为幾父即柞所作之器，包括壶2件、编钟8件，郭沫若认为同仲与仲大师为一人，幾父与柞意义上也可相通，故亦为一人，是很有可能的。但幾父是否属于中氏家族，并无确证。

　　中氏家族为姬姓，有中伯壶（集成9667－9668）"中伯作辛姬𤔲人媵壶"为证，韩巍先生已经指出[31]。他根据陈梦家先生"夫妻同字"的原则认为仲伐父与姬尚母不应为夫妻而应为父女，是很有道理的[32]。

　　除夫妻同字的规律之外，笔者对西周金文中女性名字使用"姓＋字"的情况进行了总结，发现女性称字的情况大体上来说只有2种，或女性自作器，或为父家为其所作的媵器。夫家为妻子作器时极少称字，我们在所见的女性名字中只发现一例，且在姓前加有父国的国名，单独称"姓＋字"的情况均为父家所作之媵器。这说明女性之字，或自称，或由父家的父亲、兄弟称，丈夫称呼妻子时绝大多数不称字。这也为仲伐父甗为媵器增加了一条新的证据。由此则仲伐父当为姬姓，但是否是中氏，并无确证。

　　非中氏家族成员所作之器可确定的是犀甗，铭文最后有"丰井"，此类铜器颇多，为丰井氏铜器。

　　由此可见此窖藏中出土器物至少属于两个家族，其中绝大部分为中氏家族铜器，极少数属于丰井氏。

　　郭沫若先生认为12件有铭文的器物年代均在西周中叶之后，而其他器物有的或可早到西周初年[33]。关于此窖藏铜器的年代，讨论比较多的是柞钟和幾父壶两件。段绍嘉先生认为幾父壶可能为夷厉间物，其余各器时代接近共和时期[34]。陈公柔先生认为幾父壶、柞钟年代约当厉王时期，个别器物年代可能稍晚[35]。彭裕商先生认为幾父壶

[30]　郭沫若《扶风齐家村器群铭文汇释》，《扶风齐家村青铜器群》，文物出版社，1963年。

[31]　韩巍《西周金文世族研究》，北京大学博士学位论文，2007年。

[32]　曹玮先生据仲伐父甗"仲伐父作姬尚母旅甗"认为此器为仲伐父为姬姓妻子所作，故推断中氏非姬姓（曹玮《周原的非姬姓家族与虢氏家族》，《陕西历史博物馆馆刊》（第七辑），三秦出版社，2000年，亦见于曹玮《周原遗址与西周铜器研究》，科学出版社，2004年）。但仲伐父之"仲"与中义父之"中"字形和含义不同，前者表示排行，后者表示氏名，郭沫若先生已经指出。

[33]　郭沫若《扶风齐家村器群铭文汇释》，《扶风齐家村青铜器群》，文物出版社，1963年。

[34]　段绍嘉《扶风齐家村出土西周青铜器简介》，《扶风齐家村青铜器群》，文物出版社，1963年。

[35]　陈公柔《记几父壶、柞钟及其同出的铜器》，《考古》1962年第2期。

的年代当为厉王后期器，柞钟年代为厉宣时期，很可能为宣王时器[36]。陈梦家先生将柞钟定为夷王时器[37]，而王辉[38]、夏含夷[39]、周法高[40]、朱凤瀚[41]先生均将其定为幽王。此外，还有一些学者对整个窖藏的铜器进行了比较笼统的判断。张懋镕先生将此窖藏定在西周中晚期[42]。朱凤瀚先生认为两件罍可能早到西周早期偏晚，但是多数当属西周晚期厉王至宣王时[43]。曹玮先生认为铜器年代跨越了整个西周后期[44]。

此窖藏中，姓氏明确的最主要的家族是中氏家族。中氏家族器物中，瓦纹敛口簋、盘、匜和甬钟的形制和纹饰都为西周晚期常见。更为细致的年代划分较有难度，但从总体趋势而言，四件铜簋腹部较浅且最大径已位于中部偏下，很可能属于西周晚期偏晚的形制[45]。中友父匜器体较高，鋬部兽首双耳螺旋状，这些也都是比较偏晚的特征[46]。而柞钟是一件四要素俱全的铜器，大多数学者将其归入幽王时期。柞钟和幾父壶共有 10 件，与中氏家族铜器共出，多数学者认为其当为同一家族器物。倘若果然如此，则已知的明确属于中氏家族的铜器年代均定为宣幽时期比较合适，至少应属于西周晚期。其他器物中，两件窃曲纹簋双角螺旋状、鼻部翘起，也是较晚的特征。但窖藏中确有年代较早的器物，如仲伐父甗、两件夔纹罍和两件鸟纹贯耳方壶等。但明确属于中氏家族的器物似乎年代均较晚。

（三）60 召陈窖藏（召陈一号窖藏）和 82 召陈窖藏

窖藏位于召陈村西南，共出土铜器 19 件，包括鼎 5 件（其中 1 件缺盖）、簋 8 件、壶 2 件、盘 1 件、匜 1 件和勺 2 件。1982 年在召陈村又发现散车父簋盖 1 件，𦂅叔山父簋 2 件，盖为 60 年窖藏所缺之簋盖（表四）。1982 年在平整土地时发现大量的西周带有瓦钉和瓦环的绳纹板瓦和筒瓦。尤其是重环纹半瓦当，形体大，数量多。附近应该有一处较大的建筑基址。

[36]　彭裕商《西周青铜器年代综合研究》，第 430 页，巴蜀书社，2003 年。

[37]　陈梦家《西周铜器断代》，第 303 页，中华书局，2004 年。

[38]　王辉《西周金文》，第 270 页，文物出版社，2006 年。

[39]　夏含夷《西周诸王年代》，《西周诸王年代研究》，贵州人民出版社，1998 年。

[40]　周法高《西周年代新考——论金文月相与西周王年》，《西周诸王年代研究》，贵州人民出版社，1998 年。

[41]　朱凤瀚《中国青铜器综论》，第 1223 页，上海古籍出版社，2009 年。

[42]　张懋镕《周原出土西周青铜器分期断代研究》，《西北大学考古专业成立 50 周年纪念文集》，又见于《古文字与青铜器论集》，科学出版社，2006 年。

[43]　朱凤瀚《从周原出土青铜器看西周贵族家族》，《南开学报》（哲学社会科学版）1988 年 4 期；《商周家族形态研究》（增订本），天津古籍出版社，2004 年。

[44]　曹玮《周原西周铜器的分期》，《考古学研究》（二），北京大学出版社，1994 年。

[45]　任雪莉《中国古代青铜器整理与研究·青铜簋卷》，科学出版社，2016 年。

[46]　阴玲玲《两周青铜匜研究》，陕西师范大学硕士学位论文，2008 年。

表四　60 召陈窖藏和 82 召陈窖藏出土铜器

氏	器类	数量	作器者
散	鼎	4	散伯车父
	簋	4[47]	散车父
	壶	2	散车父
𢓜	簋	3	𢓜叔山父

无铭文:鼎 1、簋 1、勺 2、匜 1、盘 1

有关散氏之姓,长期以来有争论,张政烺[48]、黄盛璋[49]等先生认为其为姬姓,而李仲操[50]、曹定云[51]、曹玮[52]等先生认为其为非姬姓,韩巍先生认为其姓尚难确定,但以姬姓的可能性为大[53]。

散氏铜器,以本窖藏出土数量最多,除此之外,还有散车父簋(集成 3886)、散伯卣 2 件(集成 5300 - 5301)、散伯簋 4 件(集成 3777 - 3780)、散伯匜 1 件(集成 10193)、散季簋 1 件(集成 4126)、散姬方鼎 1 件(集成 2029)等。

从散氏铜器来看,并无明确可以确定其姓的确证,韩巍先生认为由其与姞姓和姜姓通婚这一点来看,为姬姓的可能性为大,可从,散氏铜器无一使用日名和族徽的现象也可以作为其旁证。

𢓜氏铜器,除本窖藏之外,还见于 1981 年长安花园村 M15 和 M17 两座墓葬[54],两墓中共出土有𢓜氏铭文的铜器 8 件,从这些铜器使用族徽和日名的习惯可知其当为非姬姓贵族,这一点黄盛璋先生已经指出[55],𢓜叔山父簋当为𢓜叔山父为其妻𤠔姬所作的器物,由此,则𤠔氏当为姬姓。𢓜叔山父为来自𤠔氏的姬姓女子所作之器,其出土地

[47] 有关散车父簋的数量,报道不一,《扶风庄白大队出土的一批西周铜器》中记载共 5 件,一件缺盖,铭文相同,但曹玮《周原出土青铜器》报道缺盖的一件并无铭文,命名其为重环纹簋。在征集的青铜器部分,著录有散车父簋盖 1 件,铭文与 1960 年出土的散车父簋相同,1982 年出土于召陈。今以图录报道为准,作为两个窖藏处理。
[48] 张政烺《矢王簋盖跋》,《古文字研究》(第十三辑),中华书局,1986 年。
[49] 黄盛璋《铜器铭文宜、虞、矢的地望及其人与吴国的关系》,《考古学报》1983 年第 3 期。
[50] 李仲操《两周金文中的妇女称谓》,《古文字研究》第十八辑,中华书局,1992 年。
[51] 曹定云《周代金文中女子称谓类型研究》,《考古》1999 年第 6 期;曹定云《西周矢国考》,《出土文献研究》第五集,科学出版社,1999 年。
[52] 曹玮《周原的非姬姓家族与虢氏家族》,《陕西历史博物馆馆刊》(第七辑),三秦出版社,2000 年。
[53] 韩巍《西周金文世族研究》,北京大学博士学位论文,2007 年。
[54] 陕西省文物管理委员会《西周镐京附近部分墓葬发掘简报》,《文物》1986 年第 1 期。
[55] 黄盛璋《长安镐京地区西周墓新出铜器群初探》,《文物》1986 年第 1 期。

点最可能的是其夫家歸氏的窖藏或其父家鼏氏的窖藏，但无论如何都与散氏并非一个家族，因此此窖藏中至少出土了两个家族的器物。

散伯车父器和歸叔山父器的年代，彭裕商先生认为当宣王时期[56]。张懋镕先生认为散伯车父鼎年代当在厉王时期，而弦纹鼎的年代约在昭穆之际，匜的年代在夷厉之时[57]。曹玮先生认为其中弦纹鼎年代可早到穆恭时期，其他器物年代均在西周后期[58]。可见大多数学者对此窖藏铜器年代意见分歧不大，除无铭文的弦纹鼎之外，其他有铭文的铜器基本均可归入西周晚期。其中两件散车父簋和两件歸叔山父簋耳部兽首鼻部上卷，耳部立起或呈螺旋状，当属年代较晚的类型[59]。两件散车父壶饰回首鸟纹，年代可能稍早，但也应在西周晚期范围之内。

（四）61 齐家窖藏（齐家四号窖藏）和 84 齐家窖藏（齐家八号窖藏）

61 齐家窖藏位于齐家村东南约 120 米处，窖藏共出土铜器 3 件，为 3 件失盖的琱我父簋[60]。84 齐家窖藏位于 61 齐家窖藏以南 30 余米的地方，共出土铜器 7 件，其中 3 件琱我父簋盖刚好可与 61 年窖藏的琱我父簋相配，此外还有方座簋 4 件，其中 2 件失盖（表五）。

表五　61 齐家窖藏和 84 齐家窖藏出土铜器

氏	器类	数量	作器者
琱氏	簋	3	琱我父
	簋盖	3	琱我父

无铭文：方座簋 4

琱氏铜器除了本窖藏外，还有 1870 年前后和 1933 年出土于上康村的著名的函皇父为琱妘所作之器，此组器物目前可知的有鼎 2 件、簋 2 件、盘 1 件、匜 1 件，均为函皇父为琱妘所作。

---

[56] 彭裕商《西周青铜器年代综合研究》，第 472 页，巴蜀书社，2003 年。

[57] 张懋镕《周原出土西周青铜器分期断代研究》，《西北大学考古专业成立 50 周年纪念文集》，又见于《古文字与青铜器论集》，科学出版社，2006 年。

[58] 曹玮《周原西周铜器的分期》，《考古学研究》（二），北京大学出版社，1994 年。

[59] 彭裕商《西周铜簋年代研究》，《考古学报》2001 年第 1 期。

[60] 琱我父器器名最初发表时第二字未释，后《陕西出土商周青铜器》一书释为"伐"，1984 年窖藏出土后的简报中认为当释为"我"字，采李学勤先生《青铜器与周原遗址》一文的意见，但曹玮先生主编的《周原出土青铜器》中仍释为"伐"。"伐"，乃以戈击人头部之意，而"我"则为三齿兵之象形。从铭文拓片之字形来看，难辨人形，因此笔者认为当释为"我"字更为合适。

有关琱氏的姓氏，历来有争论。或认为琱即周，为姬姓，如郭沫若[61]、李学勤[62]等先生，或认为其为妘姓，如唐兰等。

西周中晚期之时同时存在两个周氏，其一为妘姓之周氏，有周棘生簋（集成 3915）和盘（集成 10120）为证，其二则为周公之周氏，姬姓。无论认为琱氏为姬姓或是妘姓的学者，都同意"琱氏"和"周氏"是可通的。上康村窖藏中一件函皇父匜中的琱妘就写为周妘，可以为证。但究竟此琱氏当与哪个周氏相通，则有不同的意见。韩巍先生根据琱氏铜器中多有日名和族徽"〔图〕"认为琱氏当为妘姓[63]。

2006 年扶风五郡西村发现青铜器窖藏一处[64]，其中的两件大口尊铭文可以与五年琱生簋和六年琱生簋连读，此大口尊上明确表明琱生称召伯虎为宗君，故其应为同姓，召氏为姬姓，则琱生应为姬姓。张亚初先生"某生"当为某氏外甥的看法[65]已被学术界广为认同，因此作为琱氏外甥的琱生为姬姓的话，其舅家琱氏就不应为姬姓。因此，笔者认为琱氏为妘姓的可能性比较大。琱氏并非姬姓周氏的看法，李学勤先生后来也表示同意[66]。若此，则函皇父器当为函皇父为其来自妘姓琱氏的妻子所作之器。

简报认为方座簋的年代当在懿孝时期，下限最晚也当厉王时期。琱我父器当在宣王前后，上限最早不超过厉王时期。而窖藏的埋藏年代，简报作者认为当在犬戎入侵之时。张懋镕先生认为三件琱我父簋的年代在西周晚期，而环带纹方座簋的年代则在西周中期偏晚[67]。曹玮先生认为几件器物均可归为西周后期，其中方座簋年代稍早，琱我父器年代较晚[68]。

三件琱我父簋形制与上述两件〔图〕叔山父簋形制形似，年代当在西周晚期后段。四件方座簋从器形到纹饰均与牧簋类似，腹部与方座均饰波曲纹，双耳兽首耳部已立起，根据彭裕商先生的分析[69]，年代当亦在宣王前后。由此可见，四件方座簋虽无铭文，但是年代与三件琱我父器一致，均定在宣幽时期为宜。

---

[61] 郭沫若《两周金文辞大系考释》，县妃簋，科学出版社，2002 年。

[62] 李学勤《青铜器与周原遗址》，《西北大学学报》（哲学社会科学版）1981 年第 2 期。

[63] 韩巍《西周金文世族研究》，北京大学博士学位论文，2007 年。但查有族徽和日名的琱氏铜器均写作"周氏"，而明确为琱氏的铜器中无一件使用族徽和日名，这是用族徽证明琱氏非姬姓的一个问题。

[64] 宝鸡市考古研究所等《陕西扶风五郡西村西周青铜器窖藏发掘简报》，《文物》2007 年第 8 期。

[65] 张亚初《两周铭文所见某生考》，《考古与文物》1983 年第 5 期。

[66] 李学勤《琱生诸器铭文联读研究》，《文物》2007 年第 8 期。

[67] 张懋镕《周原出土西周青铜器分期断代研究》，《西北大学考古专业成立 50 周年纪念文集》，又见于《古文字与青铜器论集》，科学出版社，2006 年。

[68] 曹玮《周原西周铜器的分期》，《考古学研究》（二），北京大学出版社，1994 年。

[69] 彭裕商《西周铜簋年代研究》，《考古学报》2001 年第 1 期。

（五）74 强家窖藏（强家一号窖藏）

1974 年发现于强家村西北 300 多米处，窖口距地表约 1.2 米。据罗西章先生介绍，窖藏发现之前，首先发现的是一条宽 60～100 厘米的卵石散水，散水旁是排列整齐的石柱础，绳纹瓦片堆积很厚，遍地皆是。窖藏共出土铜器 7 件，包括鼎 1 件、簋 2 件、簋盖 2 件、瑚 1 件、钟 1 件。其中除 1 件簋、1 件瑚无铭文外，其余皆有铭文（表六）。

表六　74 强家窖藏出土铜器

氏	器类	数量	作器者
虢	鼎	1	师𩵥
	簋	1	即
	钟	1	师㝬
	簋盖	2	恒

无铭文：簋 1、瑚 1

有关强家青铜器群的世系，很多学者进行过讨论，主要有以下几种不同的看法。

五代说：为李学勤先生最先提出，他认为传世的师望簋与此窖藏的四件有铭铜器中的四位可以构成一个家族连续五代的人员：虢季易父→师𩵥冤公→师望（幽叔）→即（德叔）→师㝬[70]。

四代说：韩巍先生认为师望鼎不应排入此家族世系，并认为虢季冤公当是同一人的族氏和谥号，而非二人[71]，他将此家族世系排列如下：虢季易父冤公→师𩵥（幽叔）→即（德叔）→师㝬[72]。

三代说：周言先生认为铭文记载的人物当为三代人[73]：

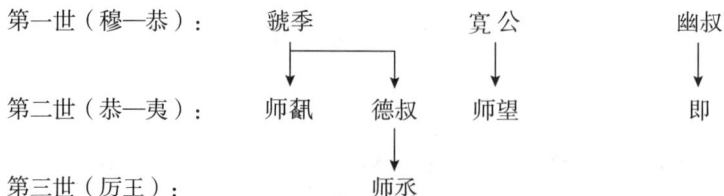

第一世（穆—恭）：　　虢季　　　　　冤公　　　　　幽叔

第二世（恭—夷）：　师𩵥　德叔　　师望　　　　　即

第三世（厉王）：　　　　师丞

---

[70] 李学勤《西周中期青铜器的重要标尺—周原庄白、强家两处青铜器窖藏的综合研究》，《中国历史博物馆馆刊》1979 年第 1 期。多数学者同意这一世系，如王慎行《师𩵥鼎铭文通释译论》，《求是学刊》1982 年第 4 期。

[71] 韩巍《周原强家西周铜器群世系问题辨析》，《中国历史文物》2007 年第 3 期。

[72] 此外，曹玮先生虽未专门分析此家族的世系关系，但从其对师㝬钟的断句来看，似乎也有不同意见，他将冤公幽叔连读，似乎认为这是一人而非二人（曹玮《周原出土青铜器》（二），巴蜀书社，2005 年）。

[73] 周言《也谈强家西周青铜器群世系问题》，《考古与文物》2005 年第 4 期。

从目前的材料来看，师望簋无论从器形特征还是铭文内容来看，均不宜排入师𬀩家族世系，彭裕商[74]和韩巍[75]先生都有比较详细的论述。亮公为谥号，相同者颇多，如瑂生鬲（集成744）和追夷簋[76]便称自己的父亲为亮仲，瑂生为召氏支族，而追夷当为虢氏支族，自非一人，不能轻易排入此家族。以谥号作为称呼的现象比较常见，吴镇烽先生对其进行过总结，常见的形式是具有尊崇意义的词与"王""公"等尊号或伯仲叔季等行第组合在一起，比如武王、文公、幽伯、亮仲、德叔、釐季、惠孟等，极少情况下也有两个尊隆字构成谥号的，如成惠叔等[77]。笔者也发现，由谥号组成的人名，最为常见的形式就是单独使用，如上述所举各例，很少与本人的姓、氏、名、字等连用，目前所见的连用现象只有很少的几例，如2003年眉县杨家村窖藏出土的逨盘中有"惠仲遽父"之称，乃谥名与字连称，春秋时期的禾簋（集成3939）铭文中有"懿恭孟姬"之称，为双谥号与排行、姓连称，这种例子非常之少，也不见氏与谥名连称的现象，更不见将氏、姓等置于谥名之前的现象。因此，笔者认为虢季亮公为一人的可能性比较小，亮公幽叔这种组合更不见于金文人名，此句的断读仍断为三人比较合适。因此，笔者认为强家窖藏铜器所表现的世系有可能是：

虢季易父→师𬀩亮公→幽叔→即（德叔）→师㝸。

然而，以往讨论中常常涉及的一个问题是相对于铜器跨越的时间段来说，究竟几代人的推测更为合理，是否有世系过多或者过少的问题。但需要注意的是，虽然我们可以排定的师𬀩家族世系包括五代人，但从铭文资料可知的开始在王朝就职的却是师𬀩而非其父虢季易父，周言先生将虢季易父排定在穆恭时期从而认为有世代过多的问题，可能是可以重新考虑的。实际上在其指出的几十年间就职的师𬀩家族成员只有4代而非5代。同时，师𬀩鼎为再命铭文，师𬀩在穆王时已经供职多年，恭王八年再次册命时，师𬀩的年岁可能已经较大，不能排除其被再次册命后不久就将其职位交予其子的可能。与师𬀩家族四代人相对应的周王亦为四代（穆、恭孝、懿、夷），因此基本不存在世代过多的问题。若按周先生所排定的只有三代人的话，则从师𬀩到师㝸的两代人，供职区间则包括了从穆王（至少晚期）到夷王甚至厉王的长达4～5代人的时间，未免有世代过少之嫌。

这样排定存在的一个问题就是，幽叔的铜器便不见于此窖藏。此窖藏年代大致相符的还有无铭的瓦纹簋1件、恒簋盖2件。恒是否为师𬀩家族成员目前尚不可知，由于

[74] 彭裕商《西周青铜器年代综合研究》，第423～425页，巴蜀书社，2003年。

[75] 韩巍《周原强家西周铜器群世系问题辨析》，《中国历史文物》2007年第3期。

[76] 三门峡市文物工作队《三门峡市李家窑四十四号墓的发掘》，《华夏考古》2000年第3期。

[77] 吴镇烽《金文人名研究》，《考古文选》，科学出版社，2002年。

上文已经提到同一窖藏出土铜器并非一定均为同一家族成员，出土其他家族成员铜器的现象也非常常见。

张懋镕先生认为师𩛥鼎当恭王之时，师望主要活动在懿孝之时，即主要活动在西周中晚期之交[78]。诸家对窖藏铜器年代分歧不大，基本认为其上限在穆恭时期，下限不晚于厉王。

（六）75董家窖藏（董家一号窖藏）

此窖藏于1975年发现于董家村西150米处西周居住址的北边。窖藏略呈椭方形，挖筑比较草率，四壁没有经过修整。窖穴口小底大，口部南北长115、东西宽85～120厘米，底部南北长130、东西宽95～130厘米，深114厘米。窖穴内填花土。窖藏共出土铜器37件，其中食器包括鼎13件、簋14件、鬲2件、瑚2件，酒器包括壶2件，水器包括盘1件、盉1件、匜1件、蓥1件（表七）。

表七　75董家窖藏出土铜器

氏	器类	数量	作器者
	簋	1	卫
	盉	1	卫
	鼎（五祀）	1	卫
	鼎（九年）	1	卫
	鼎	1	□
	簋	4	公臣
	壶	2	仲南父
	匜	1	𠑇
旅	鼎	3	此
	簋	8	此
	鼎	1	善夫旅伯
	鼎	1	善夫伯辛父
	鼎	1	仲涿父
	簋	1	旅仲
	鼎	1	庙孱

[78] 张懋镕《周原出土西周青铜器分期断代研究》，《西北大学考古专业成立50周年纪念文集》，又见于《古文字与青铜器论集》，科学出版社，2006年。

续表七

氏	器类	数量	作器者
成?	鬲	1	荣有司再
成	鬲	1	成伯孙父

无铭文：鼎3、瑚2、盘1、盏1

李学勤先生最早对董家铜器窖藏铜器世系进行排定，他认为这是属于一个家族不同世代的铜器[79]。旅伯、此、伯辛父的职官都是善夫，当是同一人；旅仲、庙孱、仲淲父也是同一人。这个家族中，裘卫可能是最早的一代，公臣大约是第二代，旅伯、旅仲和训是第三代，最晚的是荣有司再。李学勤对其世系的排定，大多数学者表示赞同[80]，也有学者有不同意见[81]。

此窖藏的器物可以分为以下几组。

（1）卫组。包括鼎2件、簋1件、盉1件。

（2）此组。包括此鼎3件、此簋8件、善夫旅伯鼎1件和善夫伯辛父鼎1件。

（3）旅仲组。包括仲淲父鼎1件、庙孱鼎1件和旅仲簋1件。

（4）公臣组。包括公臣簋4件。

（5）其他。有□鼎1件、仲南父壶2件、倗匜1件、荣有司再鬲1件和成伯孙父鬲1件。

各组器物中，此组和旅仲组当为同一家族。此组器物器主为善夫旅伯，字辛父，名此。旅仲组器物器主为旅仲，字淲父，名庙孱。二人均为旅氏家族成员，其中善夫旅伯鼎为善夫旅伯为毛仲姬所作，毛氏为姬姓，为"文之昭"，故毛仲姬只能是旅伯之妻，可知旅氏非姬姓。但卫组、公臣组与旅氏家族的关系不明。此窖藏铜器与强家、庄白窖藏的不同之处在于并没有确定的祖考称呼可以将各组器物串联起来，李学勤先生认为其为同一家族的器物并排列了早晚关系，这种可能是有的，但我们并无确证。吴镇烽先生认为荣有司再鬲中的嬴矓母和成伯孙父鬲中的浸嬴当为一人，出嫁前称为嬴矓母，嫁人后称为浸嬴[82]。这也是有可能的，但也无确证。但可以明确的是，成氏为姬姓，亦为"文之昭"，则浸嬴应为其妻子。姬姓的成伯与非姬姓的旅氏定非同一

[79] 李学勤《试论董家村青铜器群》，《新出青铜器研究》，文物出版社，1990年。

[80] 王培真《金文中所见西周世族的产生和世袭》，《西周史研究》，《人文杂志》丛刊第二辑，1984年。朱凤瀚认为裘卫组铜器和此族铜器不排斥多属同一家族器之可能，公臣簋、荣有司再鬲与卫、此关系不明，见朱凤瀚《商周家族形态研究》（增订本），第365页，天津古籍出版社，2004年。

[81] 韩巍《西周金文世族研究》，北京大学博士学位论文，2007年。

[82] 吴镇烽《金文人名汇编》，第400页，中华书局，2006年。

家族，成伯为其妻子所作之器为何出现在此窖藏中还需考虑。李学勤先生认为裘卫家族是嬴姓的，浸嬴是裘卫家族嫁到成氏的女子。这也是一种推测，并无确证，且出嫁之女子的丈夫为其所作的器物为何会出现在其父家的窖藏中也是需要给予合理解释的。

旅氏家族的铜器，除此窖藏外尚未发现其他铜器。与卫器年代相当的作器者名卫的铜器还见于沣西马王村窖藏。1973 年西安市文物管理处在此发掘一个铜器窖藏，出土铜器 25 件[83]，其中 1 件铜鼎和 4 件铜簋的作器者均为卫，铜鼎铭文作"卫作文考小仲姜氏盂鼎，卫其万年子子孙孙永宝用"，从铭文可知，卫的母亲为姜姓，父亲可能为小氏。此组卫器与董家村窖藏卫器的年代相当，但两组铜器之间的关系尚不明确。

从以上分析来看，这个窖藏中出土的铜器比较复杂，并不像庄白一号窖藏和强家窖藏一样可以比较清楚的排定世系，甚至不能确定其中的大多数器物是否属于同一家族。可以确定的是，其中至少有旅氏和成氏两个家族的铜器，其中旅氏可以确定为非姬姓家族，而成氏则为姬姓家族。至于卫器、公臣器是否属于旅氏家族我们并不能做出准确的判断。

五祀卫鼎中提到恭王，简报作者根据王号生称说认为两件卫鼎和卫盉均为恭王时器，而卫簋的王年为二十七年，可能为穆王时器。李学勤先生认为裘卫簋可能作于恭王末年，盉和鼎可能作于懿王初年，公臣簋提到虢仲，可能为厉王时器，傒匜亦为西周晚期器[84]。同意王号谥号说的学者如彭裕商先生认为卫器的年代当不早于恭王，可能均在夷王时。卫簋所饰的窃曲纹年代亦不能早到穆王，他的理由还有册命铭文的格式已经比较成熟，这一点得到了韩巍先生的赞同[85]。彭先生还认为此鼎和此簋的年代当在宣王时，傒匜为厉王早年或夷王晚末[86]。张懋镕先生认为裘卫年代在穆恭时期（二十七年卫簋应置于穆世，三年卫盉、五年和九年卫鼎应置于恭世）[87]，公臣在懿孝时期，而旅伯年代当厉宣时期[88]。

笔者认同王号谥号说，因此卫器的年代当不能早到恭王之时，定在西周中期后段到西周晚期前段比较合适。目前明确的旅氏家族的铜器，学者们意见分歧不大，均认

---

[83] 西安市文物管理处《陕西长安新旺村、马王村出土的西周铜器》，《考古》1974 年第 1 期。

[84] 李学勤《试论董家村青铜器群》，《文物》1976 年第 6 期。

[85] 韩巍《觌簋年代及相关问题》，《古代文明》（第 6 卷），文物出版社，2007 年。但韩巍认为卫簋当为恭王时器，恭王的在位年代当为三十年左右，而穆王当为四十年左右。

[86] 彭裕商《西周青铜器年代综合研究》，第 347～353 页，巴蜀书社，2003 年。

[87] 张懋镕《周原出土西周青铜器分期断代研究》，《西北大学考古专业成立 50 周年纪念文集》，又见于《古文字与青铜器论集》，科学出版社，2006 年。

[88] 张懋镕《周原出土西周有铭青铜器散论》，《古文字与青铜器论集》，科学出版社，2002 年。

为约当西周晚期，但卫器的年代在西周中期晚段，这一点大多数学者也是同意的。旅氏家族窖藏情况比较特殊，虽然目前能够确定非旅氏家族的只有成伯孙父鬲一件，但仍有大量有铭铜器，如卫器、公臣器等，家族情况不明。

（七）76 云塘窖藏（云塘一号窖藏）和 77 云塘窖藏（云塘二号窖藏）

76 云塘窖藏于 1976 年发现于云塘村南。据罗西章先生介绍，其周围还有灰坑并出土绳纹瓦片。窖藏共出土铜器 9 件，其中食器包括盨 5 件、盨盖 1 件，酒器包括壶盖 1 件，另有勺 2 件。77 云塘窖藏发现于 76 云塘窖藏以南，相距仅 20 多米（表八）。

表八　76 云塘窖藏和 77 云塘窖藏出土铜器

氏	器类	数量	作器者
	盨盖	1	伯公父
	壶盖	1	伯公父
	勺	2	伯公父
	盨	4	伯多父
	瑚	1	伯多父

无铭文：重环纹盨 1

传世铜器有伯公父盉（集成 10314）1 件，此外还有伯多父盨 1 件（集成 4419），铭文作"伯多父作姬多母宝盨，其永宝用享"。成氏为姬姓，前文已经指出，因此伯多父当非姬姓，伯多父盨当为伯多父为来自成氏的姬姓妻子所作之器。若此，则伯公父壶盖也当是这一家族与姬姓通婚的例证。曹玮先生认为伯公父器在年代上稍早于伯多父器，此窖藏应为父子两代之铜器[89]。

伯多父瑚称伯多父为伯大师之小子，根据师餤鼎、师望鼎等铜器铭文可知，大师是师的上司，二者具有明确的上下级关系[90]，因此伯多父的职官应当也是"师"一类的官职。

伯公父器的年代，彭裕商先生认为当为宣王时器[91]。张懋镕、曹玮等先生均认为伯多父器、伯公父器年代当在西周晚期[92]。从器形和铭文风格来看，这组器物年代在西周晚期当无争议。

[89]　曹玮《周原的非姬姓家族与虢氏家族》，《陕西历史博物馆馆刊》（第七辑），三秦出版社，2000 年。

[90]　张亚初、刘雨《西周金文官制研究》，第 3 页，中华书局，2004 年。

[91]　彭裕商《西周青铜器年代综合研究》，第 468 页，巴蜀书社，2003 年。

[92]　张懋镕《周原出土西周青铜器分期断代研究》，《西北大学考古专业成立 50 周年纪念文集》，又见于《古文字与青铜器论集》，科学出版社，2006 年；曹玮《周原出土青铜器》（三），巴蜀书社，2005 年。

（八）76庄白窖藏（庄白一号窖藏）

此窖藏于1976年发现于庄白村南100多米的坡地上。窖藏为长方形，口部南北长1.95米，东西宽1.1米，深1.12米。窖藏挖掘得比较草率，四壁略经修整。窖藏内器物放置有序，底部、四周和器物之间的空隙，都用草木灰填实，似为有意填充。在窖藏周围的钻探发现，在其南边60多米处，有一排南北向的石柱础6个，柱础间距约3米，未见墙基和地面。在紧靠窖穴西边和北边的土地发掘了350平方米，西周文化层内含大量红烧土块、白灰面墙皮、绳纹板瓦和陶片。陶片年代为西周晚期。

窖藏出土铜器共103件，玉器7件，毛蚌2件。铜器中食器包括圆鼎1件、方鼎1件、鬲17件、簋8件、盨2件、瑚1件，酒器包括尊3件、卣2件、爵12件、觯3件、觥1件、觚7件、方彝1件、斝1件、罍1件、壶4件、贯耳壶1件，水器包括盆2件、盘1件，乐器包括钟21件、铃7件。另有斗4件、匕2件（表九）。

表九　76庄白窖藏出土铜器

氏	器类	数量	作器者	氏	器类	数量	作器者
微氏	尊	1	商	微氏	壶	2	㽙
	卣	1	商		盨	2	㽙
	尊	1	折		瑚	1	微伯㽙
	觚	1	折		壶	2	㽙
	方彝	1	折		鬲	5	微伯
	斝	1	折		簋	8	㽙
	爵	1			盆	2	微㽙
	罍	1	陵		匕	2	微伯㽙
	觚	1			爵	3	㽙
微氏	尊	1	丰		钟	1	㽙
	卣	1	丰		钟	4	㽙
	爵	4	丰		钟	6	㽙
	觯	1			钟	3	㽙
	盘	1	墙		钟	2	
	爵	2	墙		鬲	10	伯先父
	爵	1	孟	无铭文：蕉叶纹觚2、觚4、斗4、贯耳壶1、爵1、蕉叶纹觯2、窃曲纹鼎1、五式钟3、六式钟2、编铃7、刖足人守门方鼎1、鬲2			

庄白一号窖藏中能够较为清晰的说明微氏家族世系的铜器共有 3 件：墙盘中提到微氏家族自高祖以来的世系为"青幽高祖、微史列祖、满惠乙祖、亚祖祖辛、文考乙公、孝友史墙"，一式癀钟提到的祖先世系为"高祖辛公、文祖乙公、皇考丁公"，二式癀钟提到的祖先世系为"丕显高祖、亚祖、文考"。

对微氏家族世系排列有多种不同的看法：

李学勤先生[93]：

　　1. 高祖－－－－2. 烈祖－－－－3. 乙祖－－－－4. 亚祖祖辛（折）－－－－5. 乙公（丰）－－－－6. 丁公（墙）－－－－7. 癀

伍仕谦先生[94]：

　　1. 高祖甲微－－－－2. 烈祖－－－－3. 乙祖（附庚嬴）－－－－4. 亚祖辛（作册折）－－－－5. 文考乙公（丰）－－－－6. 丁公（墙，附陵）－－－－7. 微伯癀

刘士莪、尹盛平先生[95]：

　　4. 高祖丁公－－－－5. 烈祖商（甲公）－－－－6. 乙祖（顜）－－－－7. 高祖折（辛公）－－－－8. 文祖丰（乙公）－－－－9. 墙（丁公）－－－－10. 癀－－－－11. 惠

黄盛璋先生[96]：

　　高祖……1. 烈祖（作日丁器）－－－－2. 乙祖（陵？）－－－－3. 亚祖祖辛（旂）－－－－4. 乙公（丰）－－－－5. 丁公（墙）－－－－6. 癀－－－－7. 伯先父

---

〔93〕　李学勤《西周中期青铜器的重要标尺——周原庄白、强家两处青铜器窖藏的综合研究》，《中国历史博物馆馆刊》1979 年第 1 期。
〔94〕　伍仕谦《微氏家族铜器群年代初探》，《西周微氏家族青铜器群研究》，文物出版社，1992 年。
〔95〕　刘士莪、尹盛平《微氏家族青铜器群研究》，《西周微氏家族青铜器群研究》，文物出版社，1992 年。
〔96〕　伍仕谦《微氏家族铜器群年代初探》，《西周微氏家族青铜器群研究》，文物出版社，1992 年。

刘士莪先生[97]：

　　高祖……1. 烈祖－－－－2. 乙祖－－－－3. 亚祖祖辛（折）－－－－4. 文考乙公（丰）－－－－5. 丁公（墙）－－－－6. 癲－－－－7 伯先父

李零先生[98]：

　　高祖……烈祖……1. 乙祖－－－－2. 亚祖祖辛（折）－－－－3. 文考乙公（丰）－－－－4. 墙－－－－5. 癲－－－6. 惠？（伯先父？）

此外，罗泰先生[99]等也对微氏家族世袭的多种可能性进行了推测。

有关微氏家族的世系，目前看法比较一致的是从亚祖祖辛到癲的四代人，其对应情况为：

　　墙的称呼：亚祖祖辛－－－－文考乙公－－－－孝友史墙

　　癲的称呼：　　　　　　　　　　　　－－－－皇考丁公　－－－－癲

　　名：　　　　折　－－－－丰　－－－－墙　　　　－－－－癲

对于这四代的世系学者们多无异议，并且认为是连续的四代人，本文不再赘述。

但对于从高祖到列祖，再到乙组以至于亚祖祖辛的世系关系和对应的人物，则有不同的看法。大多数国内的学者均认为高祖、烈祖均是指的具体某一代的先祖，当指一个具体的人物，但夏含夷（Edward L. Shaughnessy）和罗泰（Lothar von Falkenhausen）先生[100]则认为烈祖并非具体的某代先祖，而很可能是早期数代微氏祖先的统称。

至于高祖、烈祖和乙祖之间是否是连续的几代人也有不同的看法，李学勤、伍仕谦、尹盛平等先生均认为这是连续的三代人，高祖与烈祖、烈祖与乙组之间均是父子关系，而黄盛璋和刘士莪先生则认为高祖不必为烈祖的上一代，李零先生认为高祖与烈祖、烈祖与乙祖之间均非连续的世系，高祖是微氏在殷的始祖，烈祖是微氏在周的始祖。

---

[97]　伍仕谦《微氏家族铜器群年代初探》，《西周微氏家族青铜器群研究》，文物出版社，1992 年；刘士莪《墙盘、遂盘之对比研究——兼谈西周微氏、单公家族窖藏铜器群的历史意义》，《文博》2004 年第 5 期。

[98]　李零《重读史墙盘》，《吉金铸国史》，文物出版社，2002 年。

[99]　罗泰（Lothar von Falkenhausen）《有关西周晚期礼制改革及庄白微氏青铜器年代的新假设：从世系铭文说起》，《中国考古学与历史学之整合研究》，学生书局，1997 年。

[100]　均见罗泰（Lothar von Falkenhausen）《有关西周晚期礼制改革及庄白微氏青铜器年代的新假设：从世系铭文说起》，《中国考古学与历史学之整合研究》，学生书局，1997 年。

有关亚祖的理解也各有不同，唐兰先生最先指出亚祖祖辛从祖庙里分出来，自立新宗，开始使用"木羊册"的族徽[101]，罗泰先生发展了这一说法，认为亚祖一词是指小宗的立族者，或对大宗而言，是指他经常祭祀的地位最高的近祖。曹玮先生对这一观点表示赞同，并以此进一步讨论周地的地望[102]。朱凤瀚先生根据遽盘的情况认为可能并非指非嫡长子的祖先，而很可能是指作器者的上二代先祖，即祖父[103]。

以上各种不同的看法，涉及对"高祖""烈祖"和"亚祖"这三个词的理解。2003年杨家村青铜器窖藏出土后，遽盘铭文中有多个高祖的现象引起了学者们的注意，曹玮先生专门撰文讨论有关"高祖"的问题[104]，吴镇烽先生对此也有详细的论述[105]。金文中所见有关高祖的铭文可举如下几条：

集成246 瘐钟：追孝于高祖辛公、文祖乙公、皇考丁公

集成247－250 瘐钟：丕显高祖、亚祖、文考

集成272、285 叔夷钟：及其高祖

集成4125 大簋盖：用享于高祖、皇考

集成4649 陈侯因资敦：高祖黄帝

集成5977 冈劫卣：用作朕高祖宝尊彝

集成10175 墙盘：青幽高祖

遽盉：朕皇高祖单公

遽盘：朕皇高祖单公……朕皇高祖公叔克……朕皇高祖新室仲……朕皇高祖惠仲遽父……朕皇高祖零伯……朕皇亚祖懿仲……朕皇考龚叔……

曹玮和吴镇烽先生都指出，高祖的含义是非常复杂的，既可以指始祖，如陈侯因资敦，也可以指直系的若干代先祖，如遽盘；既可以是具体的某一个人，如瘐钟"高祖辛公"，也可以是多人的泛称，如遽盘中便有多位高祖。

有关烈祖的铭文数量略少，可举如下几条：

集成141 师史钟：烈祖虢季、冕公、幽叔，朕皇考德叔大林钟

集成251 瘐钟：微史烈祖乃来见武王

[101] 唐兰《略论西周微史家族窖藏铜器群的重要意义——陕西扶风新出墙盘铭文解释》，《文物》1978年第3期。
[102] 曹玮《也论金文中的"周"》，《考古学研究》（五），科学出版社，2002年。
[103] 朱凤瀚《商周家族形态研究》，第659~672页，天津古籍出版社，2004年。
[104] 曹玮《"高祖"考》，《文物》2003年第9期。
[105] 吴镇烽《高祖、亚祖、王父考》，《考古》2006年第12期。

集成 2830 师𫗦鼎：用厥烈祖介德

集成 4293 六年琱生簋：烈祖召公

集成 4342 师𦨢簋：烈祖乙伯、同益姬

集成 10175 墙盘：微史烈祖乃来见武王……烈祖文考

从上述几件铜器中烈祖的用法来看，师奂钟中烈祖的用法应如罗泰先生所言，是指多位先祖，但从六年琱生簋和师𦨢簋的情况来看，又可以指某一代先祖。由此来看烈祖一词的用法可能也比较复杂，可能同高祖的情况非常相似。

有关亚祖的铭文可举如下几条：

集成 181：先祖南公、亚祖公仲必父之家……用作朕皇祖南公、亚祖公仲

集成 247 - 250：癞曰：丕显高祖、亚祖、文考

集成 10175：亚祖祖辛

𩰲鼎：朕皇高祖师娄、亚祖师夆、亚祖师窥、亚祖师仆、王父师彪、皇考师孝

逨盘：朕皇高祖单公……朕皇高祖公叔克……朕皇高祖新室仲……朕皇高祖惠仲遽父……朕皇高祖零伯……朕皇亚祖懿仲……朕皇考龚叔……

咸阳近年发现的𩰲鼎[106]使我们对亚祖的含义有了更为全面的了解，以往或认为亚祖指小宗始祖或认为其指祖父的看法似乎都不够准确，从𩰲鼎的情况来看，从高祖以下连续有三代祖先称为亚祖且均担任师职，可见亚祖也是可以指代多位先祖的称呼。吴镇烽先生认为其是记述多代祖先时使用的词语，是相对于前一代祖先的称谓[107]。这一看法是很有道理的，从目前所见的例子来看，凡出现亚祖的铭文，其前一定还有高祖或先祖等。

在明确了高祖、烈祖、亚祖的含义之后，我们再结合墙盘和癞钟的语境来做具体的分析。从墙盘的情况来看，"青幽高祖，在微灵处"一句明显是在介绍微氏家族搬到周地以前的情况，而与后面历数各位祖先功绩的目的不同，高祖很可能是指微氏的始祖。也正是由于此句的目的在于记述事实而非歌功颂德，因此高祖虽为始祖，但对其的介绍却并不隆重。此后，"雩武王既𢦏殷，微史剌祖乃来见武王，武王则令周公舍㝢，于周卑（俾）处"一句，也属叙述的语气，而与后文歌颂祖先功绩不同，后面多四字短语的句式也与此处有较大差异。因此笔者同意夏含夷先生的看法，此处烈祖既无谥

---

[106]　吴镇烽《咸阳市发现西周𩰲鼎》，《考古与文物》2005 年增刊《古文字》。转引自吴镇烽《高祖、亚祖、王父考》，《考古》2006 年第 12 期。

[107]　吴镇烽《𩰲鼎铭文考释》，《文博》2007 年第 2 期；吴镇烽《高祖、亚祖、王父考》，《考古》2006 年第 12 期。

号，亦无四字赞赏短语，很可能并非指某代先祖，而是对先祖的泛称，而后从乙祖开始才开始具体歌颂其功德。从乙祖开始直到文考乙公为止，每个祖先前面都有二字谥号，且后文多四字短语，句式相同，很可能是连续的世系，再加上墙和癫二代，也就是说，从乙祖开始直到癫，应该是微氏家族连续的五代人。

至于伯先父是否为微氏家族成员，我们并无确证，因此只能存疑。

商器[108]是否属于微氏家族也有不同的看法。黄盛璋、尹盛平先生认为商器为微氏烈祖所作之器，伍仕谦先生认为为乙祖所做之器。商器所使用的族徽与微氏家族所用的木羊册族徽不同，而是使用族氏铭文"举"，不同的族氏铭文说明作器者来自于不同的氏族，李伯谦先生已经指出，"商尊、商卣与此二器（笔者按：指陵罍和旅父乙觚）一样，其铭文内容既看不出与微氏家族有何内在联系，其族徽又与微氏家族所持有的木羊册形族徽有别，也很难说其必为微器[109]。陵罍和旅父乙觚、五爵的情况与此相似。

因此，笔者认为微氏家族的世系可以归纳如下：

高祖……1.乙祖　2.亚祖祖辛（折）　3.文考乙公（丰）　4.墙　5.癫

至于癫的高祖、亚祖和文祖与墙的祖先对应的情况，笔者认为罗泰先生指出的两种可能性都是存在的，但以第一种可能性比较大。

对于窖藏铜器的年代，学者们的看法大体比较接近，但也有一些不同的观点（表一〇）。李学勤先生认为折当昭王时期，丰当穆王时期，墙当恭王时期，癫当孝夷厉时期的看法得到了大多数学者的赞同，即使有所调整但差异不大。但罗泰先生的观点与此有较大不同，他认为铭文中的高祖与乙组之间相差约两三代或三四代人，中间不能相连，整个铜器群的年代都有推后，墙盘不排除是在穆王的另一个儿子孝王即位时所做，而癫器的年代有可能晚到宣王之时。罗泰先生认为"我们并非不可想象这件盘是在孝王篡位时所做。当时若提到他前面的二王，那恐怕是不智之举。迫于政治上的非常状况，故铭文在孝干之父穆王后直接提到当时的天子"。这种情况是有可能存在的，即使2003年杨家村出土的逨盘很顺畅地提到了从穆王—恭王—懿王—孝王的世系，但我们可以说这是因为此时已至西周晚期，已不存在上述顾虑所致。若从铜器的形制来看，笔者认为癫器有可能进入西周晚期，但很可能仍属晚期中较早的阶段。

---

[108]　黄盛璋先生认为"商"字并非作器者，而应与上一句连读，大多数学者认为此字是作器者的名字，本文从之。

[109]　李伯谦《举族族系考》，《考古与文物》1987年第1期。

表一〇　76 庄白窖藏铜器年代的不同看法

	尹盛平	唐兰	黄盛璋	李学勤	伍仕谦	刘启益	罗泰	彭裕商[110]	张懋镕[111]
商	成		晚殷		康				
折	康王前期—昭王	昭	康	昭	昭	康—穆	穆	昭	昭
丰	穆	穆	昭穆	穆	昭穆	穆	懿	穆	穆
墙	恭	恭	恭	恭	穆	穆恭	孝	恭	恭懿
癏	懿孝夷厉	懿	懿孝夷	孝夷厉	恭	懿孝	宣	夷—厉	孝夷
伯先父			厉						厉

　　癏器中有很多西周偏晚的因素出现，比如罗泰先生所指出的竖线纹饰、横鳞纹、波纹等。但癏组铜器无论是纹饰上，还是器形上，也还都保持着西周中期的一些特点。从器形上说，西周晚期尤其是到了宣王之时，酒器中可见的几乎只有壶一类，而癏器中有 3 件癏爵，这当是癏组铜器年代较早的表现；从纹饰上来看，两件癏盨腹部饰有分尾鸟纹，十三年癏壶的颈部亦饰凤鸟纹，这类鸟纹在宣王以后已经罕见[112]。杨家村窖藏是比较典型的宣王时期的铜器群，在此窖藏中几乎不见鸟纹装饰和爵一类酒器。

　　重环纹出现的年代大致在西周晚期，但早晚也有形制上的区别。彭裕商先生将其划分为 2 式[113]，癏簋所饰的重环纹正属第一式，年代较早，据其判断大约在夷王晚末或夷厉之际。

　　由此，笔者推断癏组铜器的年代，可能不能晚到宣王之时，最晚当不晚于厉王时期。

　　（九）78 凤雏窖藏（凤雏一号窖藏）

　　此窖藏于 1976 年发现于凤雏村西 200 米，位于凤雏建筑基址西北，距其约 200 米。窖藏呈长方形，南北长 65、东西宽 53、深 50 厘米。窖藏内四周经修整，四角略呈椭圆形。这里平整土地时已经削去 1.1 米，推测窖藏原深 1.5 米。窖藏共出土铜器 5 件，均为食器，包括鼎 1 件、甗 1 件、簋 1 件、盨 2 件（表一一）。

[110]　彭裕商《西周青铜器年代综合研究》，第 328～403 页，巴蜀书社，2003 年。
[111]　张懋镕《周原出土西周有铭青铜器散论》，《古文字与青铜器论集》，科学出版社，2002 年。
[112]　朱凤瀚《中国青铜器综论》，第 1284 页，上海古籍出版社，2009 年。
[113]　彭裕商《西周青铜器年代综合研究》，第 544～546 页，巴蜀书社，2003 年。

表一一 78 凤雏窖藏出土铜器

氏	器类	数量	作器者
	鼎	1	伯尚
	盨	2	伯宽父

无铭文：簋1、甑1

集成3491有伯尚簋，集成6466有尚作父乙彝，并有族徽"鸟"，年代为西周中期，与此盖非一人。集成9618有尚壶，出土于河南泌阳前梁河，年代为西周晚期或春秋早期，但其作器者为"𤔲"，写法与伯尚鼎之尚字写法有所不同，可能亦非一人。

张懋镕先生认为该窖藏年代在西周中晚期[114]，曹玮先生将伯尚、伯宽父器均定在西周晚期[115]。由伯尚鼎的年代来看，此窖藏年代当在西周晚期，但其中窃曲纹簋的年代可能稍早。

（一〇）1890年任家一号窖藏和1940年任家二号窖藏

中华人民共和国成立之前任家出土的大宗青铜器主要有两批，第一次是光绪十六年（1890年），据传这次窖藏出土铜器120余件，《贞松堂集古遗文》载："赵君尝及潘文勤公亲至任村购诸器，言当时出土百二十余器，克钟、克鼎及中义父鼎均出一窖中，于时则光绪十六年也。器出宝鸡，殆传闻之伪。"《陕西金石志》载："光绪十六年秋扶风任村任致远掘土得之，由苏子贞运归潘文勤公。此鼎发现之处若土室然，共得钟鼎尊彝等器七十余，唯克鼎暨四喜钟为最大，钟文亦二百余字，惜未详转移所在耳。"[116]此窖藏铜器目前见于著录的不到40件；第二次是民国二十九年（1940年），这次发现的窖藏位于村西南土壕，据说亦出土铜器百余件。这批铜器目前见于著录的不到30件。铜器出土后大部分被军阀和古董商贩卖到国外（表一二、一三）。

表一二 1890年和1940年任家窖藏出土铜器（一）

器名	出土年代	备注
中义父鼎	光绪十六年（1890年）	共5件，集成2207～2211。3件藏上海博物馆，2件藏故宫博物院
中义父作新客鼎	光绪十六年（1890年）	共6件，集成2541～2545。2件藏上海博物馆，1件藏故宫博物院，1件曾藏纽约古董商威格处，另2件不明
中义父盨	光绪十六年（1890年）	共2件，集成4386～4387

---

[114] 张懋镕《周原出土西周青铜器分期断代研究》，《西北大学考古专业成立50周年纪念文集》，又见于《古文字与青铜器论集》，科学出版社，2006年。

[115] 曹玮《周原出土青铜器》（五），巴蜀书社，2005年。

[116] 陕西省文物志编纂委员会《扶风县文物志》，第57页，陕西人民出版社，1993年。以下对任家、康家窖藏铜器的辑录也主要依据此书。

续表一二

器名	出土年代	备注
中义父甗	光绪十六年 （1890 年）	共 2 件，集成 9964～9965。均藏上海博物馆
大克鼎	光绪十六年 （1890 年）	或说出于岐山。集成 2836。藏上海博物馆
善夫克盨	光绪十六年 （1890 年）	集成 4465。藏美国芝加哥美术馆
小克鼎	光绪十六年 （1890 年）	共 7 件，集成 2796～2802。1 件藏上海博物馆，1 件藏日本京都黑川古文化研究所，1 件藏故宫博物院，1 件藏日本京都藤井友邻馆，1 件藏天津市艺术博物馆，1 件藏日本东京书道博物馆，1 件藏南京大学历史系考古教研室
克钟	光绪十六年 （1890 年）	共 5 件，集成 204～208。1 件藏日本奈良宁乐美术馆，1 件藏日本京都藤井友邻馆，2 件藏上海博物馆
克镈	光绪十六年 （1890 年）	1 件，集成 209。藏天津市艺术博物馆
梁其壶	1940 年	共 2 件，集成 9716～9717。1 件藏陕西历史博物馆，1 件由布伦戴奇收藏
梁其鼎	1940 年	或说出于岐山东北乡。共 3 件，集成 2768～2770。2 件藏陕西历史博物馆
善夫梁其簋	1940 年	共 6 件，集成 4147～4151。1 件藏澳大利亚观宝氏，1 件藏中国国家博物馆，1 件藏美国华盛顿弗里尔美术馆，2 件藏上海博物馆，1 件见《商周金文录遗》164
伯梁其盨	1940 年	共 2 件，集成 4446～4447。藏上海博物馆
梁其钟	1940 年	共 6 件，集成 187～192。3 件藏上海博物馆，1 件藏南京市博物馆，1 件藏法国巴黎吉美博物馆
吉父鼎	1940 年	集成 2512。藏上海博物馆
善夫吉父鼎	1940 年	西安市文物商店收购
善夫吉父鬲	1940 年	或说出于岐山东北乡。共 5 件，集成 700～704。1 件藏陕西历史博物馆，1 件藏济南市博物馆
善夫吉父簋	1940 年	集成未见
善夫吉父瑚		集成 4530
善夫吉父盂	1940 年	集成 10315
善夫吉父甗	1940 年	集成 9962
伯吉父匜		集成 10226
甬钟	1940 年	
弦纹鼎	1940 年	
柬鼎（新邑鼎）	1940 年	集成 2682。藏陕西历史博物馆
嬗鼎	1940 年	集成 2578。藏陕西历史博物馆
禹鼎	1940 年	或说 1942 年出于岐山东北乡。集成 2833。藏中国国家博物馆

表一三　1890年和1940年任家窖藏出土铜器（二）

氏	器类	数量	作器者
华	鼎	8	中义父
	鼎	5	中义父
	盨	2	中义父
	鑪	2	中义父
	鼎	1	善夫克
	鼎	7	善夫克
	钟	6	克
	镈	1	克
	盨	1	善夫克
华	鼎	3	梁其
	壶	2	梁其
	钟	6	梁其
	盨	2	伯梁其
	簋	5	善夫梁其
	鼎	1	善夫吉父
	鬲	6	善夫吉父
	瑚	1	善夫吉父
	盂	1	善夫吉父
	鑪	1	善夫吉父
	鼎	1	吉父
	匜	1	伯吉父
	鼎	1	柬
	鼎	1	孋
	鼎	1	禹

　　李学勤先生认为善夫梁其与善夫吉父为一人，梁其为名，吉父为字；克与义父亦为一名一字[117]。这一看法得到了学术界的广泛认同。李先生引《春秋世族源流图考》

[117]　李学勤《青铜器与周原遗址》，《西北大学学报》（哲学社会科学版）1981年第2期。

引孙怡让云"梁其踁，鲁伯禽子梁其之后，盖复姓梁其也"，并指出梁其是周人常用的名字。盖认为梁其家族为姬姓世族。

朱凤瀚先生指出克之祖为师华父，而中义父器铭文末有族名华，当类似"以王父字为氏"[118]，这为李学勤先生克即中义父的论断又增加一有利证据。但有关此家族的姓氏，他认为媵器一般不会出土在父家的窖藏中，因此京姬当为伯吉父的妻子，故此伯吉父的家族当为非姬姓贵族。曹玮先生的看法与此类似，他还根据善夫梁其簋铭认为其母亲为"皇母惠姬"，亦可证梁其家族为非姬姓的贵族[119]。但善夫梁其簋铭当为"皇母惠妁"，集成 4151 拓片较为清晰。

京姬除了可能是伯吉父的妻子以外，还可能是其女儿。媵器出土在父家的情况虽然比较少见，但并非没有。寿县蔡侯墓中出土蔡侯申为其姐姐大孟姬所作的媵器[120]就是例证。韩巍先生已经指出，京氏为嬴姓，有京叔盘（集成 10095）为证[121]，故根据"伯吉父作京姬匜"的铭文，华氏只能为姬姓。

李学勤先生曾指出梁其即克之子，多数学者对此表示赞同。如此，则任家村附近出土的两处窖藏当为父子两代人的铜器。1940 年的窖藏还出土有禹鼎、斁鼎和柬鼎各一件，此三器中斁鼎和柬鼎年代较早，但三器中均没有与华氏家族有世系关系的铭文，因此其与华氏家族的关系尚不能确定。

对于梁其器、克器的年代有很多学者进行过讨论[122]，从孝王到厉宣时期，说法不尽相同。但随着近年来杨家村铜器的出土，从器形、铭文体例等多个方面考虑，大多数学者倾向于将其年代定在宣幽时期[123]。大克鼎记载其文祖师华父生活的年代当恭王之时，因此我们可以将华氏家族的世系追溯到恭王时，经师华父—考伯—克—梁其共四代人。但窖藏中并未见到师华父和考伯的铜器，窖藏中只有相当于宣幽时期的克和梁其两代人的铜器。

[118] 朱凤瀚《商周家族形态研究》（增订本），第 339～346 页，天津古籍出版社，2004 年。
[119] 曹玮《周原的非姬姓家族与虢氏家族》，《陕西历史博物馆馆刊》（第七辑），三秦出版社，2000 年。
[120] 安徽省文物管理委员会等《寿县蔡侯墓出土遗物》，科学出版社，1956 年。
[121] 韩巍《西周金文世族研究》，北京大学博士学位论文，2007 年。
[122] 可参考韩巍先生对克器年代看法的总结。韩巍《册命铭文的变化与西周厉、宣铜器分界》，《文物》2009 年第 1 期。
[123] 张懋镕《周原出土西周青铜器分期断代研究》，《西北大学考古专业成立 50 周年纪念文集》，又见于《古文字与青铜器论集》，科学出版社，2006 年；韩巍《册命铭文的变化与西周厉、宣铜器分界》，《文物》2009 年第 1 期；夏含夷《由眉县单氏家族铜器再论膳夫克铜器的年代——附带再论晋侯苏编钟的年代》，《兴与象：中国古代文化史论集》，上海古籍出版社，2012 年。

（一一）1933 年康家窖藏（康家一号窖藏）

康家铜器窖藏目前所知出土铜器共有两批。第一次出土于 1870 年前后，共出土函皇父簋 2 件、函皇父匜 1 件；第二次大量出土于 1933 年夏季，康克勤父子在村东一百米处掘土时发现，此次发现铜器叠压放在一窖之内，有百余件（表一四）。

表一四 1933 年康家窖藏出土铜器

名称	出土时间	备注
伯鲜鼎	1933 年	共 4 件,集成 2663 ~ 2666。2 件藏陕西历史博物馆,1 件藏故宫博物院,1 件藏上海博物馆
伯鲜甗	1933 年	集成 940。藏陕西历史博物馆
伯鲜盨	1933 年	柯昌济《金文分域编》记载岐山青化镇出土。共 4 件,集成 4361 ~ 4364。2 件藏日本神户白鹤美术馆,2 件藏美国米里阿波里斯美术馆
伯鲜匜	1933 年	集成未见
鲜钟	1933 年	集成 143
函皇父鼎	1933 年夏季	郭沫若记出于岐山东北乡周家桥,有误。可能共 4 件,集成 2548、2745。均藏陕西历史博物馆
函皇父簋	1870 年前后	此次出土 2 簋 1 匜。郭沫若记出于岐山东北乡周家桥,有误。集成见 3 件,4141 ~ 4143。1 件藏陕西历史博物馆,1 件藏日本奈良天理参考馆
函皇父甗		1 件,吴镇烽记载,集成未见
函皇父盘	1933 年夏季	郭沫若记出于岐山东北乡周家桥,有误。集成 10164。藏陕西历史博物馆
函皇父匜	1870 年前后	此次出土 2 簋 1 匜。集成 10225
函皇父壶		共 2 件,吴镇烽记载,集成未见
函交仲瑚	1933 年	郭沫若记出于岐山东北乡周家桥,有误。集成 4497。藏陕西历史博物馆
簋	1933 年	共 4 件
瑚	1933 年	
云纹方甗	1933 年	郭沫若记出于岐山东北乡周家桥,有误
壶	1933 年	共 2 件
罍	1933 年	共 2 件
重环纹簋	1933 年	

经上文分析，笔者认为琱氏当为妘姓。琱妘当为函皇父的妻子，此窖藏为函皇父家族窖藏，除了函皇父为其妻子所作的铜器外，还有函氏家族成员函交仲的铜器。函氏的铜器仅出土于此窖藏，未见其他铜器，函氏之姓不明，但当非妘姓。

郭沫若先生认为函皇父即《诗经·大雅·常武》和《诗经·小雅·十月之交》中的皇甫，因此当为厉、宣时人[124]。鲜钟中"用侃喜上下，用乐好宾"的嘏词也是宣王时最为常见，因此此窖藏铜器的年代当在宣王时期。张懋镕先生将此窖藏定在西周晚期[125]。

函皇父为琱妘所作的铜器数量，在铭文中有明确的记载，包括鼎簋 1 套、列鼎 11件、簋 8 件、壶 2 件和甒 2 件。此窖藏铜器的数量传说有百余件，即便没有如此之多，从目前发现的数量来看也相当可观，可见函皇父在王朝地位之高。

三、铜器窖藏反映的不同时段周原的家族状况

西周晚期铜器的断代问题一直是学术界关注的问题之一。张懋镕先生和朱凤瀚先生都曾指出西周晚期铜器断代之困难，尤其是厉王时期铜器。张懋镕先生曾指出，由于厉世的标准器只有㝬钟和㝬簋，西周晚期钟的变化尤其微小，不易分清差异，厉世又无次标准器，仅靠这几件厉王铜器，还难以对厉世铜器的面貌与特征作出比较清楚的勾画[126]。朱凤瀚先生也说到，本期之年代约在厉（共和）、宣、幽这一阶段内。这一时期跨的王世较多，时间相对亦拉的较长，但欲从形制上再做更细致的分期，限于现有的资料似有一定的困难。特别是在多数器物的形制与常见器物组合尚难以找到可供进一步分期的因素。唯有可以有助于区分厉王与宣、幽时期的，是厉王时期铜器纹饰有的还存有四期铜器的部分纹饰，如顾龙纹、长尾鸟纹等。到宣王以后的铜器即很罕见了[127]。虽然杨家村窖藏出土之后，很多学者开始重新关注这个问题，也有很多新的见解，但可供参考的依据仍然较少，仍有争论。但倘若不拘泥于区分厉世铜器，则大体上的西周中期偏晚（恭懿孝夷厉）和西周晚期（厉共和宣幽）时期的铜器还是比较容易区分的。

如果按照这样的尺度，上文所述 11 座窖藏中，除 75 董家窖藏[128]外，剩下的 10座窖藏，根据埋藏铜器的主要年代，基本上可以分为以下两组。

[124]　郭沫若著作编辑出版委员会编《郭沫若全集·考古编》（第八卷），第 279 页，科学出版社，2002 年。

[125]　张懋镕《周原出土西周青铜器分期断代研究》，《西北大学考古专业成立 50 周年纪念文集》，又见于《古文字与青铜器论集》，科学出版社，2006 年。

[126]　张懋镕《周原出土西周青铜器分期断代研究》，《西北大学考古专业成立 50 周年纪念文集》，又见于《古文字与青铜器论集》，科学出版社，2006 年。

[127]　朱凤瀚《中国青铜器综论》，第 1284 页，上海古籍出版社，2009 年。

[128]　这个窖藏虽然能够确定姓氏的铜器器主中以旅氏为绝大多数，但是仍有众多重要的有铭文的铜器家族状况不能确定，本文暂且存疑，不对其进行划分。

　　第一组窖藏以 74 强家窖藏和 76 庄白窖藏为代表。这两个窖藏中都有连续的几代人的器物，跨越了较长的时间段。窖藏中所见的明确可以确定属于本家族的铜器年代上限大致在昭王或者穆王时期，与此同时，这两座窖藏出土铜器年代的下限最晚亦只能晚到厉王时期，没有见到明确的可以晚到宣幽时期的铜器。而与此恰恰相反的是，其余的 8 个窖藏中，能够确定的属于该家族的铜器，年代大体均在宣幽时期，没有见到明确的属于该家族且年代可以早到西周早中期的铜器。

　　铜器窖藏年代的分组情况，似乎预示着在厉王前后，其所代表的贵族家族情况有过一次重要的变化。但若欲得出这样的结论，还需考虑一个问题，即窖藏所出铜器的年代是否一定和其主人在周原生活的年代一一对应？以下试做简单分析。

　　以 76 庄白微氏家族窖藏为例，窖藏中埋藏了至少 4 代人的铜器，可以确定为同一家族的铜器的年代跨越了大约从昭王到厉王这样一个很长的时间段，而铭文中提到的祖先则早到武王之时。这类窖藏铜器铭文中所提及的祖先是否一直都在生活在周原？学者们有不同的意见，或认为铭文中的"周"即使指周原遗址，微氏家族从武王时期就一直生活于此；或认为折是小宗的立族者，其生活的地点在周原，而早于他的祖先则不居住于此，因此窖藏中没有他们的铜器。但是无论如何，学者们的观点都是，窖藏中出有哪位祖先的铜器，那么这里很可能就是这位祖先的居地。

　　但是这一论断从理论上讲并不严密。无论从文献还是铜器铭文的记载情况来看，贵族家族改变封地或居邑的情况都是比较多见的，贵族们在迁居之时应该带上宗庙重器一同迁徙，因此即使其铜器在周原出土，也未必表示这位先祖就曾在周原居住。如果按照这样的逻辑，我们则只能依据窖藏铜器及其铭文，讨论窖藏埋藏年代前后的家族情况。如果想以此说明西周早期或者中期时候的家族情况，还需要进行进一步的论证。

　　针对这一问题，我们试图通过窖藏周围发现的遗迹、遗物的年代，对窖藏中提到的家族在周原生活的年代予以佐证。目前所见出土铜器年代跨度较大的铜器窖藏共有 3 座，74 强家窖藏、75 董家窖藏和 76 庄白一号窖藏[129]。

　　76 庄白一号窖藏位于庄白村南，庄白村附近在先周时期罕有遗迹、遗物发现[130]，在西周早期之时，整个聚落开始向东部扩展，庄白村附近大规模的遗迹、遗物出现的

[129]　在这个问题上，之所以不分析其他的 8 个窖藏，主要基于以下考虑：76 庄白窖藏等 3 个窖藏中所涉及的祖先大多生活在西周早期和西周中期早段，此时正是周原遗址逐步扩张之时，新出现的等级稍高的遗存与该家族有关的可能性较大；但另外 8 个窖藏涉及的器主的年代均在西周晚期，周原遗址的规模在西周中期基本定型，绝大多数地点已经有人生活，因此难以判断哪些遗存与这些贵族家族有关。

[130]　张天恩先生曾提及庄白附近采集的先周陶罐（张天恩《周原遗址商周聚落性质观察》，《周原》（第 1 辑），三秦出版社，2013 年），但总体而言，先周时期遗存数量极少。

年代就在西周早期之时[131]。这似乎与微氏家族的出现有一定关系。但是由于陶器年代无法确定到王世，因此其具体与铭文中所记的周公舍圊于周相关，还是与最早的可以确定的微氏家族铜器折器年代相当，尚无法做出具体的判断。

董家村附近从先周时期就开始有遗址出现，历经西周早期和西周中期一直有比较丰富的堆积。笔者在调查的过程中，在董家村西土壕的西壁北部，发现了大量建筑废弃的堆积，所见的筒瓦多有"之"字纹饰，年代在西周中晚期。这说明这里在西周中晚期的时候出现了比较大规模的建筑。这一时段也与 74 董家窖藏的年代大体吻合。

75 强家一号窖藏位于强家村西，强家村附近在西周早期甚至到西周中期偏早之时都少见各种遗迹遗物，强家村附近出现遗迹现象年代最早的在西周中期偏晚之时，这一年代与强家窖藏虢季家族铜器年代虽略有差异，但大体吻合。

以上的分析存在的问题在于，铜器窖藏附近的各种遗迹现象和窖藏铜器之间并没有直接的必然关系，我们没有证据证明周围出现的这些遗迹确实为这三个家族所使用，但窖藏铜器年代和周围遗迹年代的这种吻合又似非巧合，三个地点的窖藏铜器年代和附近遗址年代都吻合的现象仍然值得引起我们的重视，说明这三个家族一直生活在周原遗址的可能性还是比较大的。因此，大体上我们可以认为，在上述窖藏中，若出土了某人[132]的铜器，则可以证明某人曾在此生活。

至于若某位先祖的铜器若未在周原发现，是否说明其不曾在周原生活这一问题，笔者认为存在如下可能性：一种可能是由于某种我们并不知晓的原因，某位先祖在周原生活却未将其器埋入窖藏，或此人未铸有铭铜器，甚或未铸铜器。当然还有其他可能，但无论哪种猜测，均无法很好的解释为什么到西周晚期之时有 8 座窖藏所代表的 8个贵族家族在大致相同的时间开始出现有铭铜器，且均出现在窖藏中。因此，笔者认为这些可能性都相对较小，更为可能的是这些贵族家族确实是在西周晚期才开始在周原生活。因此，才会出现多个窖藏中都是只有西周晚期铜器的现象。

当然这其中可能还有两种不同的情况，第一种情况是一些刚从大宗中分出的小宗，在大约宣王时期开始在周原居住，如 60 齐家窖藏出土的中氏铜器，中氏是从同氏中分出的小宗，其分出的时间大概就在厉宣之时，没有见到更早的中氏铜器。同氏的铜器，尚未在周原遗址内发现，因此，中氏很可能是从同氏分出后开始在周原定居的。函氏之姓不清，但是我们也没有见到比函皇父窖藏年代更早的函氏铜器，因此函氏出现的年代当也在宣王时期。

---

[131]　笔者在周原调查期间，在庄白村西北土壕、东北土壕以及村南，都发现有西周早期的遗迹和遗物。

[132]　指我们所认定的某窖藏的主人及其家族，不包括其他铜器及其主人。

　　第二种情况是一些世族在年代较早的时候就出现，但是并不居住在周原遗址，直到大概宣王的时候迁居于此。例如珊氏出现的年代大约在恭王之时，珊氏应当是在厉宣时期迁居到周原的。散氏铜器在西周早期和西周中期均有发现，但出土地点不详，一般认为散氏的封邑当在今天的宝鸡以东、凤翔一带，因此发现在召陈附近的这支散氏成员当也是在西周晚期之时迁居到此的。华氏是在是师华父以后分出的，因此此氏出现的年代大约在夷厉时期，但华氏开始到周原居住的时间似乎要比这更晚，窖藏中只有克和梁其两代人的铜器，华氏开始在周原居住的时间大约应在宣王时期。

　　通过以上分析，笔者认为从一般情形推断，尤其是从周原遗址的具体情况分析，我们基本可以认为，出土窖藏铜器的年代和其主人在周原生活的年代是大体可以对应的。也就是说，我们上文所做出的推断"厉王前后，窖藏铜器所代表的贵族家族情况有过一次重要的变化"是有一定道理的。

　　周原遗址出土的铜器窖藏大致反映了这样一种情况：在西周早中期，周原遗址居住着很多世家大族，其中一部分家族在西周晚期偏早阶段由于某种原因，不再在此生活，并将铜器埋入地下[133]。在宣王即位以后，在周原生活的世家大族发生了一次重要的变化，很多西周早中期居住在周原的贵族家庭都没能继续在此生活，很多新的世族开始在此定居，这些世族中包括一些新近从大宗中分出的小宗，也有一些从其他地方迁徙而来的世族。

　　若与史料相联系，这很容易让人联想到厉王奔彘、国人暴动之事件。有关周原的铜器窖藏埋藏的原因，多有学者论及。郭沫若先生最早提出"社会变动说"，他提到了西周晚期两次比较重要的变动，但大约由于当时所能掌握的材料甚少，他否定了这些窖藏与厉王事件有关的可能性，他认为宣王复辟之后，随厉王出奔的贵族应该已经回来，因此窖藏之器应该已经重见天日，不至于埋藏至今天[134]。但也有学者与此观点不同，如刘士莪、尹盛平、黄盛璋先生都明确指出76庄白窖藏的埋藏年代应和厉王奔彘有关[135]，韩巍先生还指出76庄白窖藏和74强家窖藏可能均属于这种情况[136]。

　　通过本文的分析，我们可以发现，不仅76庄白和74强家两处窖藏所代表的两个家族的消失很可能和厉王事件有关，此外的多达8个窖藏所代表的8个家族在周原的近乎同时的出现，应该也与此有着密切的关系。整个周原遗址的贵族家族在西周晚期偏早前后有过一次重要的动荡。

---

[133]　笔者推测，以76庄白窖藏和74强家窖藏为代表，很可能有一批家族发生了此种变故。

[134]　郭沫若《扶风齐家村器群铭文汇释》，《扶风齐家村青铜器群》，文物出版社，1963年。

[135]　尹盛平主编《西周微氏家族青铜器群研究》，第79、152页，文物出版社，1992年；刘士莪《周原青铜器中所见的世官世族》，《周秦文化研究》，陕西人民出版社，1998年。

[136]　韩巍《西周金文世族研究》，北京大学博士学位论文，2007年。

有关厉王奔彘、国人暴动事件的实质,近来多有学者论及[137]。很多学者认为其实质实际上是厉王与贵族(尤其是已形成强大势力的世族阶层)之间的矛盾,国人不过是大族操控的工具。周原遗址窖藏铜器年代"两段式"的划分,贵族家族变迁与厉王奔彘事件在时间上的吻合,似乎很好的诠释了这一看法。

更为重要的是,周原遗址西周晚期偏早阶段的这一重要变化,在周原遗址的其他方面也有所反映,其中比较明显的是手工业作坊遗址的变化。目前大多数学者都认为,周原遗址的手工业生产应与贵族之间有着密切的关系[138]。周原遗址目前经过大规模发掘的三个手工业作坊遗址都在西周晚期偏早阶段发生过重要变化,笔者已有专文进行过讨论[139]。从目前的情况来看,齐家制玦作坊的产品原料发生了重要变化、李家铸铜遗址的产品种类发生了重要变化,而云塘制骨作坊则逐渐停止了生产,其发生变化的年代均在西周晚期偏早阶段。

综上所述,本文认为周原遗址可以用来讨论西周贵族情况的铜器窖藏,在年代上表现出明显的两段式分化,这一变化与手工业作坊生产之间的变化大体同步,与厉王事件在时间上大体吻合,说明西周晚期偏早阶段,周原社会有过一次重要的动荡,对周原社会的政治、经济都产生了重要的影响。

附记:本文根据笔者博士学位论文相关部分改写而成,感谢导师徐天进先生以及刘绪先生、雷兴山先生在论文写作过程中给予的指导和帮助。本文系国家社会科学基金一般项目"关中地区西周社会的考古学观察"(项目批准号 16BKG009)成果。

---

[137] 韩巍《西周金文世族研究》,北京大学博士学位论文,2007 年;李峰《西周的灭亡》,第 141 ~ 156 页,上海古籍出版社,2007 年。在这两位学者的著作中,亦对近年来此问题的相关研究情况进行了很好的总结。

[138] 孙周勇《西周时期周原遗址性质的思考》,《周原》(第一辑),三秦出版社,2012 年;Zhouyong Sun, *Craft production in the western Zhou Dynasty(1046 – 771 BC): a case study of a jue – earrings workshop at the predynastic capital site, Zhouyuan, China*, BAR international series 1777, Archaeopress, Oxford.

[139] 马赛《从手工业作坊看周原遗址西周晚期的变化》,《中国国家博物馆馆刊》2016 年第 3 期。

马与马车在周人南土的出现与使用

——从湖北随州叶家山西周遗址的发现谈起

吴晓筠 *

A considerable number of chariot – related items are discovered at a large Western Zhou elite cemetery at Yejiashan, Suizhou, Hubei. These finds not only show the earliest chariot remains known today at the Sui – Zao corridor but also indicate that chariots were introduced by the Zhou people for their military management in the south land. This study examines finds from Yejiashan cemetery dating to the first half of the Western Zhou period, Guojiamiao cemetery dating to the transition period from Western to Eastern Zhou, and chariot remains from Eastern Zhou Chu cemeteries to show the development of chariots in the southern area, and their later influence on the use of chariots in the Qin and Han dynasties.

湖北随州叶家山西周曾国墓地的发现，翻新了我们对马与马车在南方出现与使用的认识。2011 年及 2013 年两次发掘共发现七座马坑，其中埋有二至十匹数量不等的马匹，M28 南部二层台上更发现了两个车轮[1]。这些马匹与木车实迹将南方地区使用马车的时间点上推至西周早期。马坑所属的几座大墓已被确认为西周早期姬姓曾侯墓葬[2]，墓中均出土大量可与马匹搭配使用的马器与车器。与之同时出现的是大量且多样的兵器，显示墓主人及曾国在西周早期所具有的重要战略位置。

叶家山遗址出土的大量马、车、车马器、兵器，在质量及数量上均不亚于其他西周早期封国，显见位于控制西周南土要地随枣走廊上的曾国贵族对这些战略资源及车战技术的重视与掌握。但综观马车遗存在目前所知西周时期南方遗址的发现情况，却

---

* 作者系台北故宫博物院副研究员。

[1] 湖北省文物考古研究所等《湖北随州叶家山 M65 发掘简报》，《江汉考古》2011 年第 3 期；《湖北随州叶家山西周墓地发掘简报》，《文物》2011 年第 11 期；《湖北随州叶家山西周墓地》，《考古》2012 年第 7 期；《随州叶家山西周墓地第二次考古发掘的主要收获》，《江汉考古》2013 年第 3 期；《湖北随州叶家山 M28 发掘报告》，《江汉考古》2013 年第 4 期。

[2] 关于叶家山曾国墓地的族属问题，见江汉考古编辑部《"随州文峰塔曾侯與墓"专家座谈会纪要》，《江汉考古》2014 年第 4 期。

仅局限于零星地点。西周早期除叶家山外，仅湖北随州安居羊子山及黄陂鲁台山两处出土少量马器[3]。两周之际至春秋早中期所见车马遗存主要集中于曾国所在区域，包括湖北枣阳郭家庙曾国墓地发现车马坑及车马器[4]，随州安居桃花坡[5]以及京山苏家垄墓地[6]出土车马器。时代更晚的曾国车马葬则可见于春秋晚期到战国中期的随州文峰塔墓地[7]及战国早期随州擂鼓墩曾侯乙墓[8]。常怀颖已对曾国的车马葬进行通盘、详尽的整理及研究[9]。马车集中于曾国地区的现象，一直到战国时期楚国势力大兴之后才有所改变，将马车的使用南扩到长江中下游地区。在这些基础上，本文欲通过考察江汉地区出土的车马遗存，讨论马车在南方地区的出现背景、南方封国对马车使用的态度、使用上的可能限制，以及楚兴起后所带来的转变。

一、马车与周人经略南土

马与马车于殷墟二期（约前 1200 年）开始出现于中原地区后，车战成为商贵族的一种重要作战技术，开启了中原地区的"车战时代"。与殷墟所见型制、器物组合相当的车马埋藏见于晋、陕、冀、鲁等地，显示马车已广泛使用于商人的主要据点[10]。陕西宝鸡戴家湾、渭南南堡、岐山礼村等地发现的车马器更显示，位于渭河流域的周人在先周时期便已有了独具特色的车马文化[11]。

石璋如及夏含夷（Edward L. Shaughnessy）均认为周人因其优于商人的战车及车战技术，而得以完成克商之役，建立周朝[12]。相较于商人使用的二马车搭配箭镞、长戈

[3]　随州市博物馆《湖北随县安居出土青铜器》，《文物》1982 年第 2 期；黄陂县文化馆等《湖北黄陂鲁台山两周遗址与墓葬》，《江汉考古》1982 年第 2 期。

[4]　襄樊市考古队等《枣阳郭家庙曾国墓地》，文物出版社，2005 年；方勤、胡刚《枣阳郭家庙曾国墓地曹门湾墓区考古主要收获》，《江汉考古》2015 年第 3 期。

[5]　随州市博物馆《湖北随县安居出土青铜器》，《文物》1982 年第 2 期。

[6]　湖北省博物馆《湖北京山发现曾国铜器》，《文物》1972 年第 2 期。

[7]　湖北省文物考古研究所等《随州文峰塔 M1（曾侯與墓）、M2 发掘简报》，《江汉考古》2014 年第 4 期。

[8]　湖北省博物馆《曾侯乙墓》，文物出版社，1989 年。

[9]　常怀颖《曾侯墓的葬车及相关问题》，《江汉考古》2015 年第 5 期。

[10]　晚商车马遗存发现地点，见吴晓筠《商周时期车马埋葬研究》，第 1~2 页，科学出版社，2009 年。

[11]　吴晓筠《君子蛮音：銮铃在周文化中的意义与转化》，《金玉交辉——商周考古、艺术与文化研讨会论文集》，"中央研究院"历史语言研究所，2013 年。

[12]　石璋如《从殷周战车论牧野之战》，《丁文江百岁纪念论文集》，（台北）中国地质学会专刊 8，1987 年；夏含夷《中国马车的起源及其历史意义》，《温故知新录——商周文化史管见》，（台北）稻禾出版社，1997 年。

的作战方式，周人车战技术的优越之处主要体现在四马车与二马车的互相搭配[13]，以及如戟、卷首刀、长弧戈、斧等大刃兵器的使用[14]。这些差异反映了商周之间车战方式的显著区别。商人的二马车车战方式是分散突击、射击的战术，而周人四马车与二马车的互相搭配，则是以冲击阻拦及刺、砍的作战方式为主，不论在攻守方面都较商人的车战方式更为复杂有效。

当位于关中地区的先周、西周早期贵族大规模采用并改造商人的文字、礼器时，也同时致力于开发一套与商人有明确区别的车马器。其中最具代表性的是銮铃、犄角形当卢，以及角形和圆形马镳[15]。銮铃、犄角形当卢等新型制的车马器均以富有草原特征的元素，如镂孔铃球、几何纹饰、突出尖角等为设计基础，反映了周人为彰显其车驾技术而制作这些富有礼仪性的装饰器物[16]。新形态的马镳则代表了周人与商有别的御马术。高滨秀已指出骨角镳是中原地区在西周时期新出现的马镳类型，与欧亚草原文化关系密切[17]。因此，随周人出现于中原地区的骨角镳及铜角形镳，可能表现了周人使用的御马术是习自邻近草原地区的游牧民族。另一方面，多带有典型中原凤鸟或动物纹饰的圆形铜马镳则突显周人在御马器设计上的创造。

西周早期关中及中原地区主要流行的车马器类别，大量出土于叶家山西周墓地M1、M65、M28、M111 这四座被定为曾国首领的大墓中。M1 为目前所知该墓地时代最早的墓葬[18]，报告将之定于成康时期，为西周致力扩张版图的阶段[19]。

M1 的车马器均发现于棺椁之间，主要器类包括銮铃、辖、节约、圆泡、方泡等，为典型西周早期样式及组合，且均为首次发现于汉东地区（图一）。墓中所见的一件马

[13]　吴晓筠《君子蛮音：銮铃在周文化中的意义与转化》，《金玉交辉——商周考古、艺术与文化研讨会论文集》，"中央研究院"历史语言研究所，2013 年。
[14]　洛阳林校一座西周车马坑车箱中出土了戟、卷首刀、长弧戈等周人所使用的新兴兵器，与晚商车马坑中经常见到的弓形器、箭镞、戈的组合有明显的区别。洛阳林校报告见洛阳市文物工作队《洛阳林校西周车马坑》，《文物》1999 年第 3 期。晚商马车兵器组的相关讨论见吴晓筠《马车在早期东西交流中的地位与交流模式：西元前 2000～1200 年》，《故宫学术季刊》第 28 卷第 4 期，2011 年。
[15]　吴晓筠《商至春秋时期中原地区青铜车马器形式研究》，《古代文明》（第 1 卷），文物出版社，2002 年。
[16]　吴晓筠《君子蛮音：銮铃在周文化中的意义与转化》，《金玉交辉——商周考古、艺术与文化研讨会论文集》，"中央研究院"历史语言研究所，2013 年。
[17]　高滨秀《西周时代の骨角製の鑣の一種について》，《金沢大学考古学紀要》32，2011 年。
[18]　墓葬年代排序见张昌平《论随州叶家山墓地 M1 等几座墓葬的年代以及墓地布局》，《中国国家博物馆馆刊》2012 年第 8 期。
[19]　关于西周早期周人对南方的经营与扩张，见李峰《西周的灭亡——中国早期国家的地理和政治危机》，第 362～371 页，上海古籍出版社，2007 年。

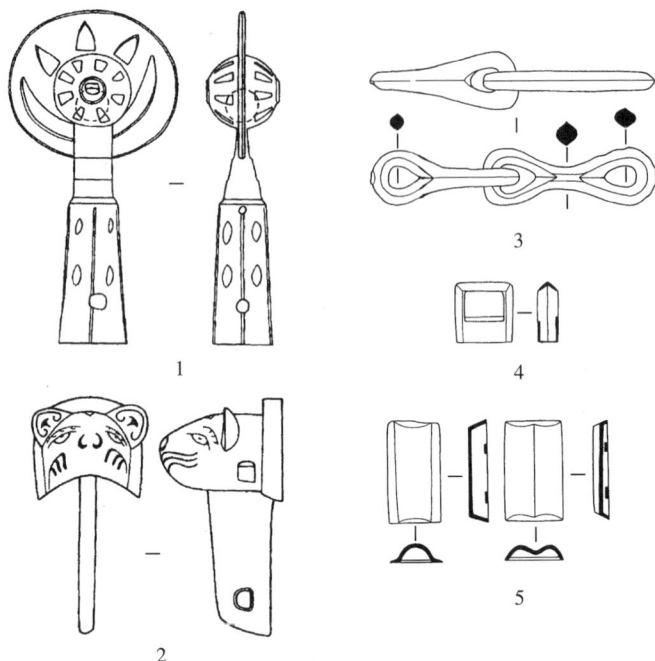

图一　叶家山 M1 出土车马器

1. 銮铃　2. 车辖　3. 马衔　4. 节约　5. 铜泡　（引自《文物》2011 年第 11 期，第 53、54 页）

衔（M1：34）（图一，3），短节上的两系孔方向呈 90°差，剖面略呈菱形，与西周早期琉璃河燕国墓地 IM22：14[20]、陕西长安张家坡 M187：53[21]、洛阳北窑西周墓地 M122：4[22] 相近。

　　康昭之际的曾侯谏墓（M65），为目前资料发表最完整的曾侯墓葬，墓主可能为叶家山墓地中最早受封的曾侯。该墓车马遗存的内容较 M1 更为丰富、完整，为了解曾侯使用马车的方法及态度提供了重要证据[23]。

　　由 M65 随葬品的分布看，马车与兵器关系密切。二层台上主要为礼容器，南部有许多排列整齐、带有木柲的戈，其间夹有一件銮铃。东面二层台上主要放置铜礼器，并出有两件遥遥相对的车書（M65：1、2）。这两件车書的位置互相呼应，距离约 3 米，与西周时期马车车轴的长度相当，原来应是套在车轴上埋

〔20〕　北京市文物研究所《琉璃河西周燕国墓地——1973～1997》，第 220 页，文物出版社，1995 年。

〔21〕　中国社会科学院考古研究所《张家坡西周墓地》，第 218 页，文物出版社，1999 年。

〔22〕　洛阳市文物工作队《洛阳北窑西周墓》，图版四二之 4，文物出版社，1999 年。

〔23〕　湖北省文物考古研究所等《湖北随州叶家山 M65 发掘简报》，《江汉考古》2011 年第 3 期。

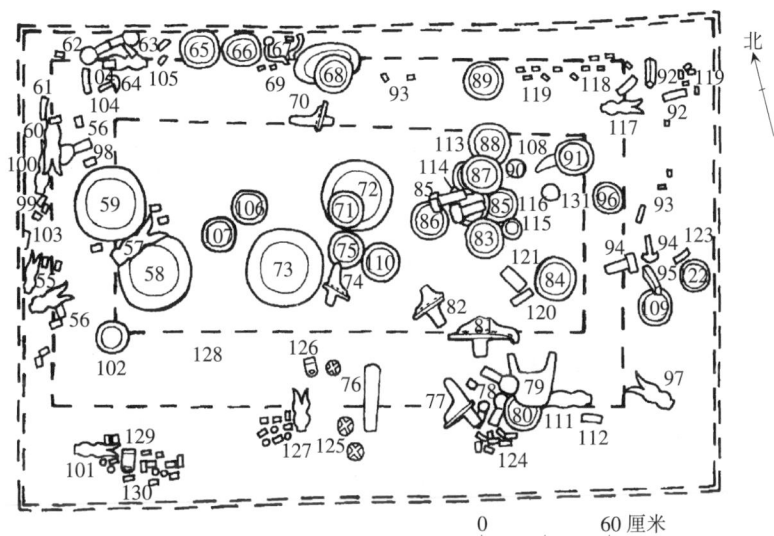

图二　叶家山 M65 椁内器物分布图（引自《江汉考古》2011 年第 3 期，第 7 页）

入[24]。大量车马器放置于棺椁之间，其中又以犄角形当卢、骨镳、络头铜泡等成套马络头饰为主（图二）。这些络饰均与各别当卢丛聚在一起，说明当时是将完整的成套络饰置入椁室内。若仅由犄角形当卢的数量计，便至少有 12 套。车器数量较少，除少量车軎及辖外，6 件銮铃分别以 3 件一组与两套马络饰放置在一起。棺椁之间另出有少量戈、戟、可能装饰于盾上的大型铜泡，以及弓形器（M65：67）、龙形钺（M65：9）和兽首形饰（M65：79）等极富意义的兵器。发掘简报已指出，龙形钺与甘肃灵台白草坡出土的西周早期虎纹钺类似，是"国王方伯，或是高级贵族，或军事首领"所持有[25]。兽首形饰则可能为头盔饰件，罕见于墓葬中[26]。棺内仅放置墓主人贴身的玉佩饰件。随葬品的分布状况表示，墓室内的空间利用显然经过有意义的规划，棺椁之间俨然为一车马库。

以马器为主并搭配特殊兵器的安排，一方面强调了马车的军事性，另一方面突显了对马匹的重视。相对于一般西周贵族墓葬中常见的铜马镳，M65 以骨镳为主十分特

[24]　目前所知西周早期马车车轴长 317～260 厘米。具体数据见吴晓筠《商周时期车马埋葬研究》，第 214～216 页，科学出版社，2009 年。

[25]　发掘简报援引杨宝成意见。见湖北省文物考古研究所等《湖北随州叶家山 M65 发掘简报》，《江汉考古》2011 年第 3 期。

[26]　胡秉华、白荣金认为此类片状兽面饰件为头盔饰件，见胡秉华、白荣金《商周青铜胄之研究》，《古今论衡》第 12 期，2005 年。

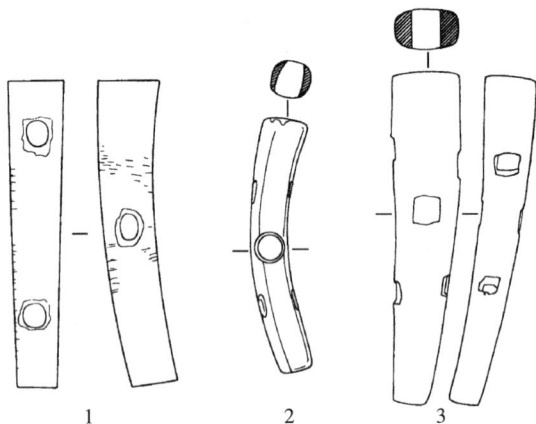

图三　骨角镳

殊。M65 出土的 9 件骨镳均呈微弯的方角形，中问有·系衔的穿孔，另面有两个穿系马络带的孔（图三，1）。型态相近的骨角镳见于部分西周早期墓葬，如北京琉璃河燕国墓地发现 7 件[27]、北京昌平白浮墓地发现 4 件[28]、陕西张家坡西周墓地发现 56 件[29] 等[30]。张家坡墓地所见角形镳中的 26 件出土于属于一代井叔的 M152 中（图三，2、3）[31]。这些马镳的相似性反映了 M65 墓主人所采用的御马术与宗周及北方地区的相关性。

　　洛阳林校一座西周早期车马坑（C3M230），为 M65 棺椁之间的车马、兵器组合提供了重要参照[32]。该坑内埋一车四马，车上装配的銮铃、軎辖、铜镳、犄角形当卢等车马器均与 M65 所见类似（图四，3）。车箱内出有大量兵器，包括钺 1 件、虎纹直内戈 1 件、虎纹长胡戈 1 件、戟 2 件、矛 5 件、卷首刀 2 件、剑 1 件、镞 140 件及甲片，说明兵器与马车的配套关系（图四，2）。这些兵器类型，如戈、戟及钺等大刃兵器，

[27]　北京市文物研究所《琉璃河西周燕国墓地——1973～1997》，第 239～240 页，文物出版社，1995 年。

[28]　北京市文物管理处《北京地区的又一重要考古收获——昌平白浮西周木椁墓的新启示》，《考古》1976 年第 4 期。

[29]　中国社会科学院考古研究所《张家坡西周墓地》，第 326～327 页，文物出版社，1999 年。

[30]　更多西周骨角镳的例子见高濱秀《西周時代の骨角製の镳の一種について》，《金沢大学考古学紀要》32，2011 年。

[31]　中国社会科学院考古研究所《张家坡西周墓地》，第 326 页，文物出版社，1999 年。

[32]　洛阳市文物工作队《洛阳林校西周车马坑》，《文物》1999 年第 3 期。

多可在叶家山 M65 棺椁之间发现的兵器中找到对应。洛阳林校虎纹戈的纹饰与 M65 虎纹戈相近，虎均作张口状，立体斜出的耳翼可供固定木柲之用。林校马车车箱内的三件兽首形饰尤为特别（图五，3）。其中一件（C3M230：96）作兽面形，高 17、宽 26、厚 0.2 厘米，另两件（C3M230：95、122）作牛首形，高 19、宽 13.7～16.5、厚 0.2

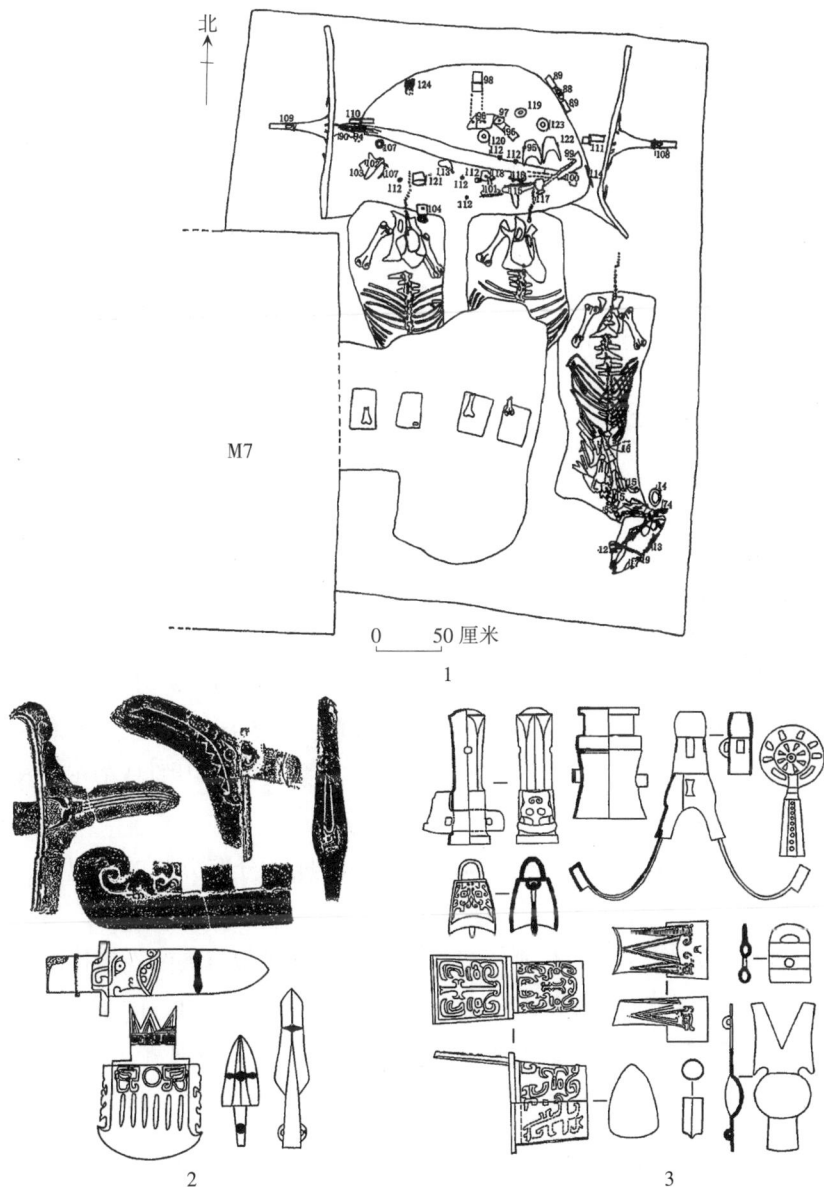

图四　洛阳林校西周早期车马坑 C3M230

1. 车马坑平面图　2. 车马坑出土兵器　3. 车马坑出土车马器　（引自《文物》1999 年第 3 期，第 7、14、15、17 页）

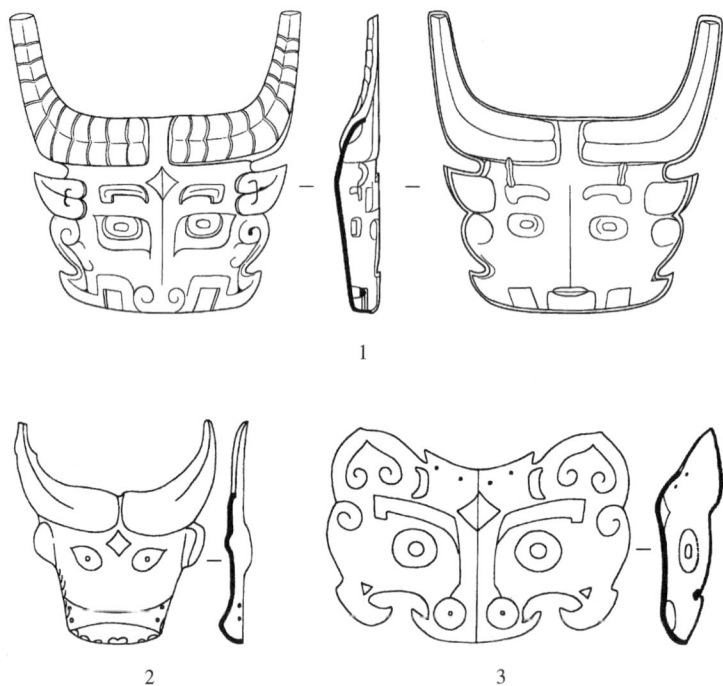

图五　兽首形饰

1. 叶家山 M65：79　2. 洛阳林校 C3M230：95　3. 洛阳林校 C3M230：96　（1 引自《江汉考古》2011 年第 3 期，第 28 页；　2、3 引自《文物》1999 年第 3 期，第 14 页）

厘米（图五，2），尺寸上均与 M65 所见高 21.7、宽 21.4～12.2、厚 0.1～0.15 厘米的兽面形饰相近（图五，1），显见洛阳林校车马坑与 M65 出土的兽首形饰为同一类器物。如此相似的车马器、兵器组合，显示了 M65 墓主人所使用的马车车战技术及用车观念与周中心区贵族一致。

甘肃灵台白草坡 M2[33] 与叶家山 M65 随葬品构成及分布方式的相似性，可供了解曾侯在西周王朝政治系统内的性质。与 M65 一致，白草坡 M2 的铜礼器均置于二层台上，带木柲铜戈和戟共 22 件，似置于椁顶板上。铜戈多带有虎纹。棺椁之间为大量的车马器及少量兵器。与叶家山 M65 一致，车马器以带有犄角形当卢的马络头饰为主，约有八套，并有銮铃、镳等。兵器包括戈、短剑、箭镞及盾泡等，另有一件弓形器。棺内为墓主的随身玉器（图六）。此外，与叶家山 M65 所见相似的龙形钺也见于白草坡墓地另一座崩塌的大墓 M1 中。

----

[33]　甘肃省博物馆文物队《甘肃灵台白草坡西周墓》，《考古学报》1999 年第 3 期。

　　黄铭崇分析叶家山及白草坡几座主要墓葬的铜礼器，提出叶家山 M1 为"典型周初分器墓"，是参与克商战役后有功得以"分器"者；白草坡 M1、M2、叶家山 M65 及更晚的 M2、M27 为"局部分器墓第一种类型"，是西周早期局势稳定、势力扩张时期周贵族墓葬的共同特征[34]。叶家山与白草坡墓地的相似性表现了两处墓地大墓的墓主在西周具有相似的社会身份，棺椁之间集中放置的大量兵器及车马器则突显了他们所具有的征战背景。再加上墓地所在的西周边陲位置，更加反映了戍边的意图。

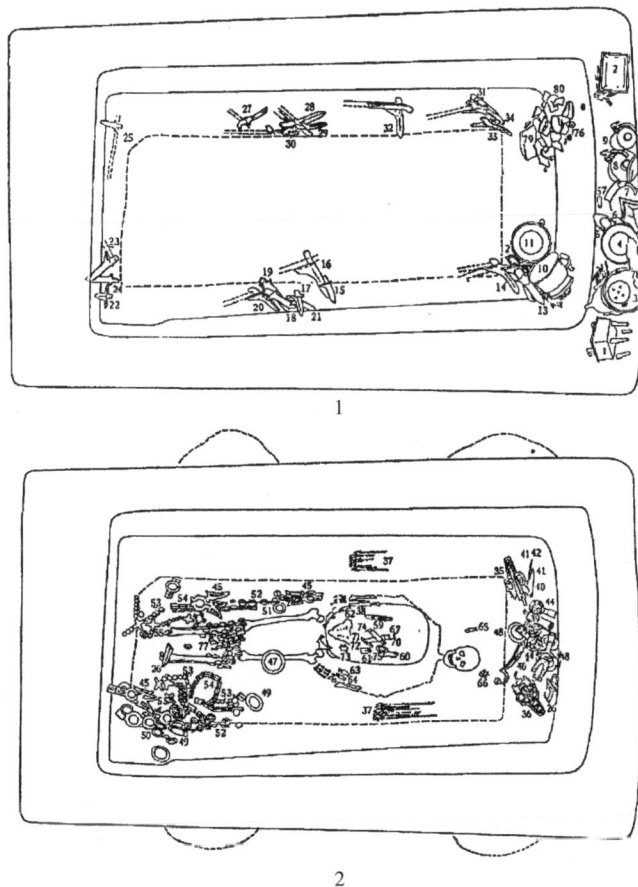

图六　甘肃灵台白草坡 M2 平面示意图

1. 第一、二层　2. 第三、四层　　（引自《考古学报》1977 年第 2 期，第 103 页）

[34]　黄铭崇《从考古发现看西周墓葬的"分器"现象与西周时代礼器制度的类型与阶段》，《"中央研究院"历史语言研究所集刊》83 本 4 分，2012 年，第 630、636 ~ 637、656、662 页；84 本 1 分，2013 年，第 1 ~ 82 页。

马车在叶家山 M1 与 M65 所具有的军事特征及其与周中心区及其他封国间的比较，均指向马与马车是因军事需要而存在于曾国。许多学者已指出叶家山曾国墓地的发现证实了昭王时期"安州六器"所记昭王南征路线中曾国的确切位置[35]。大量马车配备及兵器的发现，则反映曾国与西周早期周人经略南土的密切关系，显示马车在西周早期周人经略南土的过程中，也与其他发生在中原地区的战役一样，具有重要的地位。

M1、M65 车马遗存的发现，说明了早在成康之时，马车便已随着 M1 墓主人的到来而使用于汉东地区。M1 车马器均为西周早期的标准形制，显示墓主人的车驾技术及观念主要来自周中心区。因战争劫掠或"分器"而来的晚商铜礼器，则暗示着 M1 墓主人或其祖先可能曾参与克商战役。如此，则熟悉周人车驾技术的 M1 墓主人很有可能是在周初时因周王室经略南土的需要，而来到此。张昌平提出 M1 出土的青铜器上只见墓主人的私名而无爵称，可能说明墓主尚未受周王所封。时代略晚的 M65 才是周王所封的第一代曾侯[36]。这一认识可呼应 M1 一代人以周人的车战技术经略南土有功，而使族人受封于此。这也符合随州市文峰塔墓地 M1 所出春秋晚期曾侯與钟铭文"唯王正月吉日甲午，曾侯與曰：伯适上通，左右文、武，達殷之命，抚定天下，王遣命南公，营宅汭土，君北(㞷)淮夷，临有江夏"对曾国历史的追述[37]。

马在周人持续南下战略中所具有的角色，更可从更南边，位于长江北岸的黄陂鲁台山遗址看出[38]。李峰指出"鲁台山很可能充当了周扩张前线上的一个政治和军事基地"[39]。其中规模最大的一座昭王时期木椁墓（M30）出土了一件西周早期晚段的圆形铜马镳及少数铜泡[40]。这些马器的出现可能表示北方战马在西周早期便已随周人的军事扩张到达长江北岸。

周人的车战方式虽将马与马车带到了汉东，甚至是长江北岸，但南方多水泽的自然环境应不利于马车行进。这或许也是造成西周势力无法继续南下，以及昭王南征所

[35] 黄凤春《湖北境内出土的有铭曾器及相关问题》，《金玉交辉——商周考古、艺术与文化研讨会论文集》，"中央研究院"历史语言研究所，2013 年。
[36] 张昌平《论随州叶家山墓地 M1 等几座墓葬的年代以及墓地布局》，《中国国家博物馆馆刊》2012 年第 8 期。
[37] 湖北省文物考古研究所等《随州文峰塔 M1（曾侯與墓）、M2 发掘简报》，《江汉考古》2014 年第 4 期；铭文及相关讨论见黄凤春、胡刚《再说西周金文中的"南公"——二论叶家山西周曾国墓地的族属》，《江汉考古》2014 年第 5 期。
[38] 发掘报告见黄陂县文化馆等《湖北黄陂鲁台山两周遗址与墓葬》，《江汉考古》1982 年第 2 期。
[39] 李峰《西周的灭亡——中国早期国家的地理和政治危机》，第 367～369 页，上海古籍出版社，2007 年。
[40] 鲁台山 M30 的年代推断，见张亚初《论鲁台山西周墓的年代与族属》，《江汉考古》1984 年第 2 期。

率的西六师最终覆没于汉水的原因之一[41]。

二、马车在叶家山曾国墓地中的礼仪性

较叶家山 M1、M65 时代更晚的 M28、M111 两座大墓，也随葬数量众多的车马器，仅 M28 便出土 300 余件[42]。M28 所见器类虽仍以马器为主，并出土一组马面胄，但车器的类别及数量均较 M1、M65 有所增加，车马随葬的内容与布局均与宗周、成周地区的发现有许多互相呼应之处。其中最为突出的是 M111 出土的双面兽首軎饰、M28 二层台上的车轮，以及埋入两墓填土中的大量车马器。

双面兽首軎饰高 14.3、底径 6.8 厘米，器身为两个相背的高浮雕兽首，出土于 M111 棺椁之间（图七，2）[43]。这一空间在叶家山西周墓地所见曾侯墓葬中，均为车马器、兵器的主要埋藏位置。双面兽首軎饰主要发现于西周早、中期墓葬，多呈两面相背的立体兽面，下有圆銎管，管上有孔可供固定在车辀前端。河南洛阳北窑西周早期双面兽首軎饰 M308：2 通高 12.2、底径 6.5 厘米，与 M111 所见十分相近（图七，3）[44]。

西周早中期时，双面兽首軎饰与高级贵族墓葬有很强的关连性。除一例出于北窑一座严重被盗大型竖井墓 M662[45]，陕西长安张家坡西周墓地中规模最大的 M170 井叔墓，更出有高 23、宽 16.3 厘米的双面兽首軎饰（M170：36：1）（图七，4）[46]。值得注意的是，双面兽首軎饰均与异常华美的车器伴出。在北窑 M662 中，还出土带有华美垂冠凤鸟纹的车辀踏饰[47]。井叔墓中放置了大量车马器套件，仅棺椁之间的銮铃就高达 45 件。此外，更出土了许多不见或少见于其他墓葬或车马坑的精美车器，如铜辀颈饰、軏饰、曲衡饰和衡末饰等[48]。

双面兽首軎饰装置在车辀顶端时，一面朝向前面，一面朝向乘车者，似是同时供车外的观看者与车上的驾乘者欣赏而设计。兽首軎饰在晚商时期马车开始出现于中原

[41]　《竹书纪年》卷下，北京出版社，2000 年。

[42]　M111 及 M28 正式报道见湖北省文物考古研究所等《随州叶家山西周墓地第二次考古发掘的主要收获》，《江汉考古》2013 年第 3 期；《湖北随州叶家山 M28 发掘报告》，《江汉考古》2013年第 4 期。

[43]　湖北省博物馆等《随州叶家山西周早期曾国墓地》，第 145～146 页，文物出版社，2013 年。

[44]　洛阳市文物工作队《洛阳北窑西周墓》，第 130、132 页，文物出版社，1999 年。

[45]　洛阳市文物工作队《洛阳北窑西周墓》，第 286～287 页，文物出版社，1999 年。

[46]　中国社会科学院考古研究所《张家坡西周墓地》，第 197 页，中国大百科全书出版社，1999 年。

[47]　洛阳北窑车辀踏饰见洛阳市文物工作队《洛阳北窑西周墓》，第 286～287 页，文物出版社，1999 年。

[48]　中国社会科学院考古研究所《张家坡西周墓地》，第 34、197～212 页，中国大百科全书出版社，1999 年。

地区时便已存在，殷墟二期的小屯 M20、M40 等车马坑中均有发现（图七，1）[49]。晚商的兽首軏饰均呈水平状、面朝前方，具有车首的意象。西周早、中期仍偶尔可见到类似的设计，如陕西宝鸡竹园沟 BZM13：229[50]、张家坡 M170：52：54[51]。但西周时期更为流行的軏饰是如叶家山 M111 所见的直立双面形式。不同的兽首朝向反映了马车车辀弯曲方式的差异，晚商为向前延伸，西周时期的车辀则以前端向上翘起为主。在张家坡 M163 中更有回首面向乘车者的兽首形铜軏饰[52]。这些双面兽首軏饰为高级贵族装饰豪华马车的重要配件，其特殊的观赏性更烘托了车主人的独特身份地位。

叶家山 M28 二层台上斜倚墓壁的车轮，也反映了与周中心区及其他西周封国间的共同性。这种作法广见于西周早期晚段及中期墓葬。山西北赵晋侯墓地西周早期晚段的晋侯墓 M114，有六个卸下的车轮斜倚在墓的西壁及北壁[53]。西周中期时，将木车拆散随葬的风气很盛，张家坡 M170 的墓道及二层台边壁上便有 30 个排列有序的斜倚车轮[54]。中小型贵族墓葬，如陕西扶风黄堆西周中晚期墓 M1 及 M3，卸下的车轮分别斜倚在墓室东、西壁上[55]。

马车在叶家山墓地所具有的重要性，除可反映在棺椁之间的大量车马器及二层台上的车轮外，埋入 M28、M111 墓坑填土中的车马器，具有更显著的仪式性地位[56]。叶家山墓坑填土内的详细情况尚未见报导，但类似的葬制可见于洛阳北窑西周墓地早、中期墓葬。在北窑墓地，填土中的车马器均为层层横向排列，少者一层，多者七八层，显示器物是在填土过程中经多次分层放入。以西周早期晚段大型墓 M215 为例，填土中的器物至少可分为七层（图八）[57]。依填土的顺序由下往上，椁盖、二层台上两层约 0.7 米高的填土中主要是陶器、原始瓷、漆器及玉器。再往上约 2.1 米的填土中，埋有五层车马器。最上层为两件车毂饰，分别埋入东西壁内，可能原来安装在倚靠于墓壁两侧的车轮上。这些分层器物说明了填土仪式在西周贵族葬仪中的重要性。以北窑

---

[49] 石璋如《小屯第一本 遗址的发现与发掘：丙编 北组墓葬》，"中央研究院"历史语言研究所，1970 年。

[50] 卢连成、胡智生《宝鸡强国墓地》，第 81～82 页，文物出版社，1988 年。

[51] 中国社会科学院考古研究所《张家坡西周墓地》，第 195～196 页，中国大百科全书出版社，1999 年。

[52] 关于兽首軏饰的讨论，见吴晓筠《商至春秋时期中原地区青铜车马器形式研究》，《古代文明》（第 1 卷），文物出版社，2002 年。

[53] 北京大学考古系等《天马—曲村遗址北赵晋侯墓地第六次发掘》，《文物》2001 年第 8 期。

[54] 中国社会科学院考古研究所《张家坡西周墓地》，图 21，中国大百科全书出版社，1999 年。

[55] 陕西周原考古队《扶风黄堆西周墓地钻探清理简报》，《文物》1986 年第 8 期。

[56] 简报仅提及墓坑填土中有较多车马器，但未报道具体出土状况。见湖北省文物考古研究所等《湖北随州叶家山 M28 发掘报告》，《江汉考古》2013 年第 4 期。

[57] M215 的资料见洛阳市文物工作队《洛阳北窑西周墓》，第 26～30 页，文物出版社，1999 年。

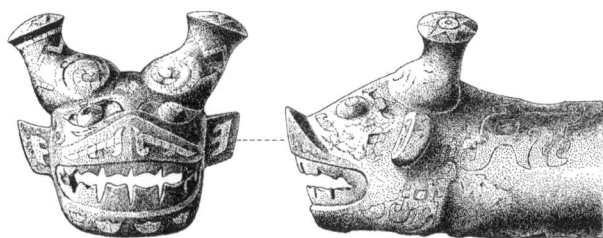

1

2

3

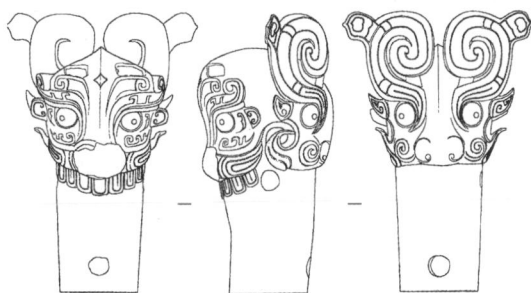

4

图七　兽首軎饰

1. 小屯 M20 出土（R1781）　2. 叶家山 M111：68　3. 洛阳北窑 M308：2　4. 陕西长安张家坡 M170：36：1　（1 引自
《小屯第一本 遗址的发现与发掘：丙编 北组墓葬》图版 52；2 引自《随州叶家山西周早期曾国墓地》第 146 页；3 引自
《洛阳北窑西周墓》图版 37；4 引自《张家坡西周墓地》图 149）

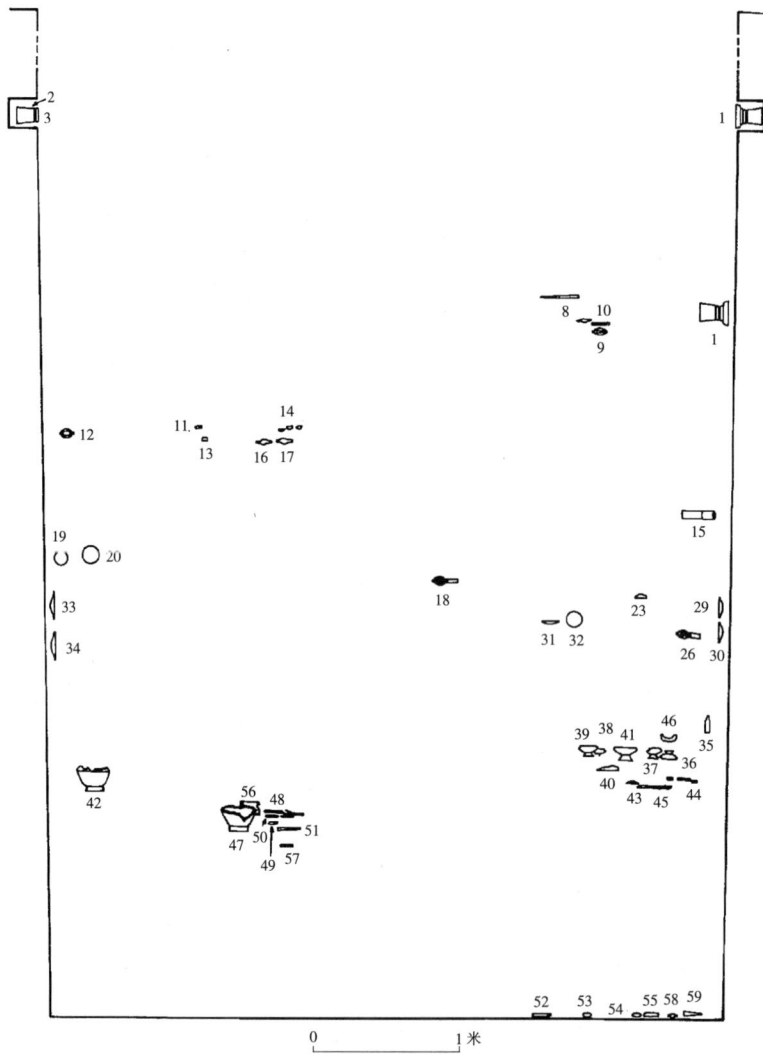

图八　洛阳北窑 M215 南壁立面图（引自《洛阳北窑西周墓》图 12（B））

1-1、1-4. 大型铜轭　1-2、1-5. 大型铜軎　1-3、1-6. 大型铜軏　2. 大型铜轭　3. 大型铜軎　8. 矛形衡末饰（2 件）　9、12、13、18、26. I 式铜銮铃（9、13 合为 1 件）　10、11. 铜铰饰　14. 蛤蜊（52 件）　15. II 式鼓顶铜軎 16、23. 镂孔兽面铜泡　17. 半浮雕兽面泡　19、20. 铜环　21、22、24、25、27~30、33、34. I 式圆形铜泡（10 件）31、32. II 式圆形铜泡　35. I 式玉柄形器　36~39. 有柄原始瓷豆　40. IV 式圆形铜泡　41. 无柄原始瓷豆　43. VI 式圆形铜泡（2 件）　44. 铜辐间齿（5 件）　45. 圆形蚌泡（20 件）　46. 铜马饰　47. II 式残原始瓷罍　48、50. III 式玉柄形器　49. 玉鱼　51. 玉戈（2 件）　52. 玉刀　53、54. 丰伯铜剑　55. 饕餮纹铜剑　56. III 式折沿分裆陶鬲　57. 铜器腿 58. 有鼻铜铲　59. 无鼻铜斧　60. 蚌贝饰（有蚌鱼 1 件、圆形蚌泡 20 件、海贝 24 件）（4~7 为空号）

M215 的发现看，填土仪式是先进行与饮食相关的部分，接着是马车。象征周人行车仪节的銮铃放在中段，最后再放入车轮。北窑墓葬填土内的兵器、马器数量不多，反映了自西周早期晚段开始，西周墓葬内马车的军事意象逐渐减少，而更关乎墓主人的身份及仪式表现。

叶家山 M28、M111 所见车马器虽仍以马器为主，军事意味较周中心区墓葬更为浓重。但车马器的形制、埋葬方式与周中心区及封国间的共同性，也表示了曾国贵族用车及车马随葬的观念及态度，不但承袭自中心地区，更与中心区同步，逐渐发展。

三、新风格与技术的建立：从郭家庙曾国墓地到楚国贵族墓葬

就目前的发现看来，叶家山西周墓地的使用时间是从西周初期延续到西周早中期之际。正式发表的资料均认为该墓地的使用时间到昭王为止。周人位于黄陂鲁台山的军事据点似乎随着昭王南征的失败而撤守，但曾国贵族持续为周王镇守着通往南方的随枣走廊要道。

两周之际的曾国墓地已被发现于随县叶家山墓地北边的枣阳郭家庙[58]。该墓地分为南北两区，北区墓地内共发现车马坑一座（GCHMK1）、车坑两座（GCHK1、GCHK2）。GCHMK1 内仅埋有一车二马，GCHK1 内有三乘木车，GCHK2 内有二乘木车。两车坑内的马车均带有华丽的铜饰件，GCHK1 内更发现纹饰繁复的彩绘木车。墓地内的墓葬多随葬车马器。规模最大的曾伯墓 GM21 随葬车马器多达 284 件（不含辔带穿管串饰、圆形扣饰及环等一千余件）。这些发现不论在车体结构、车马器上，均与北方封国流行的样式相同，更可与同时期的河南三门峡虢国墓地相对比[59]。

规模更大的曾国车马葬近年发现于郭家庙墓地的南区，即曹门湾墓区[60]。该墓地大、中型墓葬多埋有车马器，多座墓葬设有车坑及马坑。其中 M1 的车坑内有形式各异的木车 28 乘，车子前后排列，队形近似河南三门峡虢国墓地 M2001 车马坑中马车的排列方式[61]。马坑内葬马 49 匹。

---

[58]　湖北枣阳郭家庙遗址发掘资料见襄樊市考古队等《枣阳郭家庙曾国墓地》，科学出版社，2005 年。

[59]　河南三门峡虢国墓地相关资料见三门峡市文物工作队《三门峡虢国墓（第一卷）》，第 94~114、264~267、343~350 页，文物出版社，1999 年。

[60]　方勤、胡刚《枣阳郭家庙曾国墓地曹门湾墓区考古主要收获》，《江汉考古》2015 年第 3 期。

[61]　河南三门峡虢国墓地相关资料见三门峡市文物工作队《三门峡虢国墓（第一卷）》，第 94~114、264~267、343~350 页，文物出版社，1999 年。

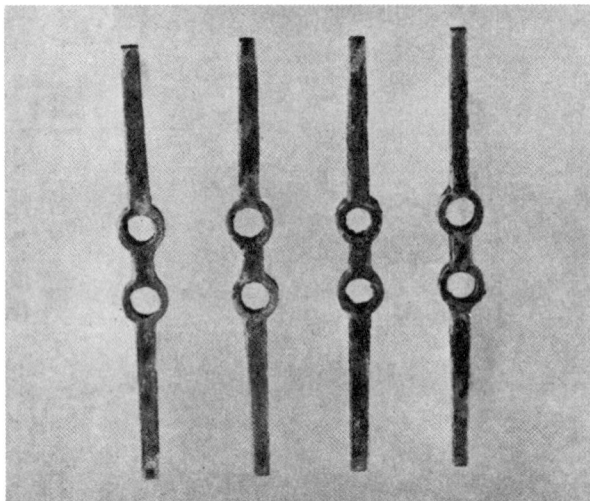

图九　淅川下寺楚墓出土马镳（引自《淅川下寺春秋楚墓》图版六之 5）

以周文化主导的情况，一直到楚国大盛后才有改变[62]。在位于郭家庙曾国墓地北边的河南淅川下寺春秋晚期楚国墓地中，车马器类及型制虽与中原地区所见相去不远，但也开始出现了具有地方特色的车马器与车马埋葬。最显著的器物是不见于中原地区的双圆孔铜镳（图九）[63]。车马埋葬上，则均采取以中间的马车为中心，横向左右排列的作法[64]。这些均反映了楚国对用马及车战战术上的经营。

战国早期曾侯乙墓出土了千余件马车构件及车马器，类别有车舆、伞盖、车軎、马衔、马镳及马饰等[65]。车马器中，带矛车軎及马胄显示马与马车在曾国所具有的军事性。墓中大量的竹简记载类别繁复的车名、车饰及配套用具。至少有 39 种车名、33 种马名记载于竹简中，许多车马来自楚国重要贵族的馈赠。萧圣中对之已有深入的研究，指出竹简所见之马车以战车为主，此处不再赘述[66]。与楚关系密切的曾国虽未见车马坑的报道，但从曾侯乙墓战车相关的遗存及文字资料看，已足以显示马车在南方战争中遽增的重要地位。

[62]　楚文化车制与中原地区车制的比较，可参见郭德维《楚车考索》，《东南文化》1993 年第 5 期；冯好《先秦时期楚文化车制探略》，《江汉考古》2007 年第 4 期。

[63]　河南省文物研究所等《淅川下寺春秋楚墓》，第 181～182 页，文物出版社，1991 年。

[64]　河南省文物研究所等《淅川下寺春秋楚墓》，第 24～26、47～49、208～210、292、307 页，文物出版社，1991 年。

[65]　湖北省博物馆《曾侯乙墓》，文物出版社，1989 年。

[66]　萧圣中《曾侯乙墓竹简释文补正暨车马制度研究》，科学出版社，2011 年。

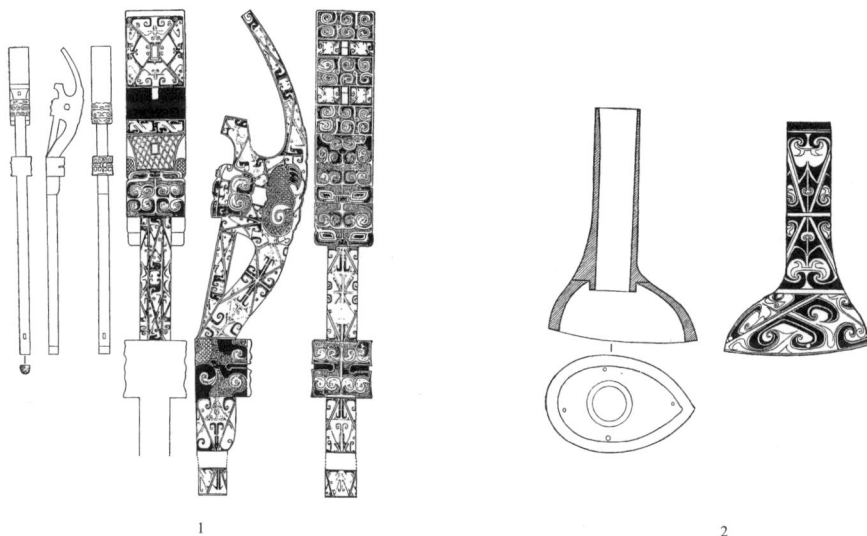

图一〇　湖北荆门天星观楚国封君墓 M1 出土楚式漆木车马饰件

1. 辀首饰　2. 蠶　（引自《考古学报》1982 年第 1 期，第 90、107 页）

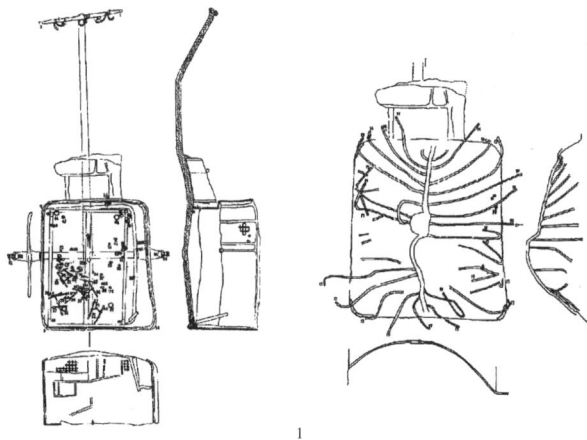

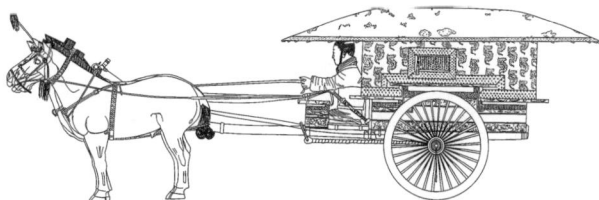

图一一　双室马车

1. 河南怀阳马鞍冢二号车马坑 13 号车　2. 湖北枣阳九连墩楚墓二号车马坑　3. 秦始皇陵二号铜车马　（1 引自《文物》1984 年第 10 期，第 11、12 页；　2 引自《考古》2003 年第 7 期，图版 4；　3 引自《秦始皇陵铜车马发掘报告》图 85）

至战国中晚期，随着楚文化的发展，南方地区的车马文化有了更进一步的发展。新型式的漆木车马饰件，如湖北荆门天星观楚国封君墓 M1 中所见的辀首饰、纛等楚文化圈所独有的器物，已成为当地高级贵族必备的随葬品（图一〇）[67]。更为突出的发展反映在新形态马车的出现。如河南怀阳马鞍冢二号车马坑 13 号车[68]及湖北枣阳九连墩楚墓二号车马坑[69]所示，一种带有大棚顶、分为前后两室、后车厢可完全封闭的高级出行双室马车开始出现（图一一，1、2）。这种车的结构较一般马车更为复杂，棚顶低矮的设计，应映乘车者以跽坐乘驾及卧息的需求。自名为"安车"的秦始皇陵二号铜车马即是由此发展而来（图一一，3）[70]。

从叶家山曾国贵族及鲁台山贵族于西周早期将周人的车马引进至汉东、长江中游地区开始，经过了六七百年，在楚文化的积极发展下，终于完全确立了南方独特的车马文化。双室安车的出现，更对秦汉时期以跽乘为主的乘车方式产生深远的影响。

---

〔67〕 湖北省荆州地区博物馆《江陵天星观 1 号楚墓》，《考古学报》1982 年第 1 期。

〔68〕 周口地区文化局文物科《河南怀阳马鞍冢楚墓发掘报告》，《文物》1984 年第 10 期。

〔69〕 湖北省文物考古研究所《湖北枣阳市九连墩楚墓》，《考古》2003 年第 7 期。

〔70〕 二号车御官俑右手下的一根辔索末端有铭文"安车第一"。见秦始皇兵马俑博物馆等《秦始皇陵铜车马发掘报告》，第 235～237 页，文物出版社，1998 年。

北方地区东周乐钟编列与埋藏规律研究

常怀颖 [*]

This article focuses on the relationship between the bells and Bo bells in the north of China during Eastern Zhou period, as well as their owners. It discussed the difference and development of the ritual musical system in the core area and princedoms. The rank of the bell owners decreased constantly, which might indicate the emergence and collapse of Eastern Zhou ritual system. Evidence indicates that different assemblage system of chime bellsin different vassal states now suggest that these can be associated with the clan. The rank system of chime bells recorded in ancient texts is not the same as what is found in archaeological fields. It may simply describe an ideal system of the Eastern Zhou people in historical documents. In addition, there is higher proportion of aristocratic women who used the bells in Eastern Zhou more than in Late Western Zhou dynasty.

一

通过墓葬规模、棺椁制度和器用制度来探讨丧葬礼仪，进而总结早期社会礼制规律，是较为成熟的考古研究方法。在商周器用制度研究中，乐器使用制度、规律、地域性差异的历时性与共时性总结，相较于以鼎制为代表的其他器用制度研究，明显较薄弱。文献中，对乐器的等级社会使用有严格规定，其规范化程度并不逊于棺椁与用鼎制度。对乐器随葬的等级性及编组规律探索，将丰富我们对商周时期器用等级制度的复原。

两周时期钟镈编列制度，前贤从不同角度不同程度地曾有涉及，这些研究中，以罗泰[1]的研究最具代表性，他的研究开启了系统考察乐悬制度的方向。而方建军对商

---

[*] 作者系中国社会科学院考古研究所副研究员。
[1] Falkenhausen Lothar von Alexander, *Suspended Music: Chime – Bells in the Culture of Bronze Age China*, Berkeley and Los Angeles: University of California Press, 1993.

周时期乐器器主所做的初步整理[2]，陈双新则从乐钟铭文入手分析词例[3]，在一定程度上涉及了器主身份问题，但或因角度受限，或因考古分析背景原因，皆未能深入讨论。近年来，部分青年学者对大型编列乐钟的音列组合规律进行过一些讨论[4]，也有研究者尝试对不同地区的乐钟组合进行地域性的分析[5]。但前贤研究，或重乐理音列，或重乐悬制度，但均非侧重乐悬制度与器主身份、等级间的关系，更无对乐钟埋藏规律及区域差异的探讨。

而以墓中随葬的编列乐钟，区分墓主等级与身份，在北方地区两周时期墓葬研究中，有一定的规律可循[6]，甚至可对商周编列乐钟的制度渊源进行探索[7]。概而言之，周人钟、镈随葬习俗的产生，可上溯至商周之际，周核心文化区[8]铜器墓中，随葬乐器的墓葬有一定的等级规律。商至西周时期，商周核心地区礼制规范为周边地区尊奉仿效，其乐器礼仪也在周边地区被改造性地加以利用[9]。

周初分封亲戚功臣，原为拱卫王室。在西周，这些诸侯国或多或少的确起到了巩固周王朝，推动周文化传播的作用。然时移事易，东周以后，"以屏藩周"的作用大大下降，各诸侯国对周王室的向心力减弱，但列国地域文化差异也逐渐显现。这些差异，或是诸侯国为显示其文化独立性而主动追求，或是由于所在地区原生土著所习有，或是受其宗主国蒙荫自觉或不自觉所接受、改变得来的。原因虽各有不同，难以一一究明，但物质文化和器用制度显现出的地域性差异却可为后世考古材料所见。东周时期列国乐钟的随葬或埋藏，情况差别较大。一方面，钮钟和编列镈钟在东周时期进入大型乐钟编组，乐钟组合情况越发复杂；另一方面，列国文化逐渐彰显地域性差异，乐钟编列及器主等级差别也越发显现地区差异。对这一问题的分析讨论，若不从不同的地域文化圈入手分析进而予以比较，则难窥全豹。有鉴于此，笔者不揣浅陋，拟就东周时期北方地区乐钟的组合规律及其器主身份、等级、地区性差异问题分区域略作申述，以求教于方家。

---

〔2〕　方建军《商周礼乐制度中的器主与演奏者》，《音乐研究》2006 年第 2 期。

〔3〕　陈双新《两周青铜器乐器辞铭研究》，河北大学出版社，2002 年。

〔4〕　这一方面的研究成果不胜枚举，仅近年来较为综合的研究即有：邵晓洁《楚钟研究》，人民音乐出版社，2010 年；王友华《先秦编钟研究》，广西师范大学出版社，2013 年。

〔5〕　这其中有：朱晓芳《齐鲁金声——山东地区两周乐钟研究》，上海古籍出版社，2016 年；禤瑾《河南所见东周钮钟的音乐考古学研究》，中国艺术研究院硕士学位论文，2014 年。

〔6〕　常怀颖《西周钟镈组合与器主身份、等级研究》，《考古与文物》2010 年第 2 期。

〔7〕　常怀颖《论商周之际的铙、钟随葬》，《江汉考古》2014 年第 1 期。

〔8〕　这里所论是指商周文化的核心分布区及直接影响区域，即以江汉平原以北的豫、鲁、陕、晋、冀数省。

〔9〕　常怀颖《楚地钟镈编列制度形成初论》，《三代考古（六）》，科学出版社，2015 年。

需要说明的两点：其一，本文所述之东周的"春秋时期"，取公元前770年至公元前453年说。其二，本文所论之"北方地区"主要指周之主要诸侯国的分布区域而言，大略包括今甘、陕、晋、冀、豫、鲁及辽、蒙南部地区。

二

中原地区[10]是东周时期的核心地域。这一地区东周时期的考古学文化，以晋文化最具代表性，西周晚期至春秋早中期的墓葬等级差异规律性也最为明显，材料也相对完整。

晋国被封于河汾之地时却并非大国显贵。自两周之际开始，晋国机缘巧合，逐渐成为中原地区的霸主，其文化也辐射周边。春秋中期开始，晋国诸卿当权，公室衰微，虽然最终不免分裂为三国，但仍然是中原地区文化的代表。编列乐钟在该地区的发现较多（表一、二）。

春秋早期，北赵晋侯墓地M93随葬两组甬钟，每编8枚。这种组合与西周晚期的主流甬钟组合完全一致，可见晋公室仍用西周旧制。上郭村墓地材料未系统公布[11]，但已知M210、M211两墓皆随葬一套编钮钟，每列都以9枚成编。从两墓乐钟可见，三晋地区的乐钟编组方式与西周旧制有根本创新——钮钟出现在三晋地区，且突破了8枚限制，以9枚成编。从某种意义上讲，这种创新奠定了东周乐制变革的基础。

春秋中期，三晋地区编列乐钟的墓葬中，组合完整的墓例仅两例。上马村M13随葬一编钮钟，以9枚成编。临猗程村墓地M0002虽被扰动，但乐钟组合相对完整，亦以9枚钮钟编列成组，另配一组编列镈钟，以4枚成列。后者的镈钟编列，突破了西周晚期三枚一列的编组方式，将最大编列组合钟数扩展为4枚一列。这一时期，甬钟不再成为编组乐钟的主流，已是不争的事实。

春秋晚期，三晋地区乐钟编组方式愈发复杂。这一时期，大体出现了四种编组方式：第一种，单独以钮钟编组，以9枚编组最为常见，如临猗程村M1001、M1002、万荣庙前58M1可作为代表。程村M0001也是这一时期的墓葬，但因为盗扰，钮钟仅有8枚，完整组合可能仍应是9枚。第二种，单独以镈钟编组，有4枚成组与9枚成组两种编列方式。上马M1004以9枚镈钟编列成组，是这一时期镈钟以钮钟编列方式单独编

---

[10] 大体包括今河南（不包括南阳、信阳）、山西与河北的中南部，今陕西的韩城地区也可归入该区域。大略而言，接近传统所称的"三晋两周"地区。

[11] 对上郭村墓葬的年代，曾有不少学者认为属于西周晚期，但冯峰已经详辩其非，指出大部分被认为属于西周时期的墓葬实际都是春秋早期的。详见冯峰《东周丧葬礼俗的考古学研究》，北京大学博士学位论文，2010年。

列成组的代表。上马 M5218 更以两组镈钟配合编列，一组 9 枚，一组 4 枚，以镈钟起钮钟的编组作用。金胜村 M251 以 19 枚镈钟编组，从器形纹饰观察，编列中至少包含了两组乐钟，一组 5 枚，一组 14 枚，组合十分特殊。第三种方式，以甬钟和钮钟分别成组然后配列使用，长治分水岭 M269、M270 两墓可作为这种编组方式的代表。M270以 8 枚甬钟成组，与 9 枚成组的钮钟配合编列，是之前未曾见到的乐钟编组方式。其中需要注意的是，甬钟仍以 8 枚编组，似仍在秉持两周之际旧制。M269 甬钟原报告称"甬钟 5 枚被盗，现存 4 枚"，从报告无法确定被盗 5 枚的依据，本文持存疑态度。假若真如报告所言，则说明至少到春秋晚期时，三晋地区的甬钟编组也已仿效钮钟，扩展为 9 枚。第四种方式，是甬钟、钮钟、镈钟共同组合编列。辉县琉璃阁墓地甲墓与M60 可作为此类编组方式的代表。琉璃阁甲墓以一列甬钟，一列钮钟和两列镈钟相配合编组。甬钟以 8 枚成列，钮钟或 8 枚或 9 枚成列，镈钟则以 4 枚配 9 枚的两列成组，皆可以从各自乐钟编组方式中找到渊源。可以说，琉璃阁两墓，基本上可视为春秋晚期最为复杂、等级最高的乐钟编组方式。

表一 东周时期三晋地区出土钟、镈表

国属	出土单位	乐钟组合（枚，下同）			时代	墓主	资料来源
		甬钟	钮钟	镈钟			
晋、魏	北赵晋侯墓地 M93	16			春秋早期	晋侯	[12]
	上郭村 M210		9		春秋早期	不详	[13]
	上郭村 M211		9		春秋早期		
	上马村 M13		9		春秋中期	卿大夫	[14]
	临猗程村 M0002（扰）		9	4	春秋中期	卿大夫	[15]
	临猗程村 M0001（扰）		8		春秋晚期	卿大夫	
	临猗程村 M1001		9		春秋晚期	卿大夫	[16]
	临猗程村 M1002		9		春秋晚期	女性贵族	
	万荣庙前 58M1		9		春秋晚期	卿大夫	[17]

〔12〕 北京大学考古学系等《天马—曲村遗址北赵晋侯墓地第五次发掘》，《文物》1995 年第 7 期。
〔13〕 项阳、陶正刚《中国音乐文物大系·山西卷》，大象出版社，2000 年。
〔14〕 山西省文物管理委员会侯马工作站《山西侯马上马村东周墓葬》，《考古》1963 年第 5 期。
〔15〕 赵慧民等《山西临猗县程村两座东周墓》，《考古》1991 年第 11 期。
〔16〕 中国社会科学院考古研究所等《临猗程村墓地》，第 109 页，中国大百科全书出版社，2003 年。
〔17〕 杨富斗《山西万荣县庙前村的战国墓》，《文物参考资料》1958 年第 12 期；山西省考古研究所《万荣庙前东周墓葬发掘收获》，《三晋考古（一）》，山西人民出版社，1994 年。

续表一

国属	出土单位	乐钟组合（枚，下同）			时代	墓主	资料来源
		甬钟	钮钟	镈钟			
晋、魏	上马村 M1004			9	春秋晚期	女性贵族	〔18〕
	上马村 M5218			9＋4	春秋晚期	卿大夫	
	长治分水岭 M269（扰）	9（?）	9		春秋晚期	卿大夫	〔19〕
	长治分水岭 M270	8	9		春秋晚期	女性贵族	
	柳泉 M301（扰）		? 钟枚2		战国早期	晋公?	〔20〕
	柳泉 M302（扰）	6	6		战国早期	晋公夫人	
范氏	辉县琉璃阁甲墓	8	9	4＋9	春秋晚期	范献子?	〔21〕
	辉县琉璃阁 M60	8	8	4＋9	春秋晚期	卿大夫	〔22〕
赵	太原金胜村 M251			5＋14	春秋晚期	赵简子	〔23〕
	太原金胜村 M88		9		战国早期	卿大夫	〔24〕
	太原金胜村 M673		8	1	战国早期	卿大夫	
	长治分水岭 M126（残碎）		1?		战国早期	卿大夫	〔25〕
	长治分水岭 M14（残碎）	2?	8		战国中期	卿大夫	
	长治分水岭 M25	5	9	4	战国中期	女性贵族	
	屯留西河北村车王沟			9	战国中期	?	〔26〕
	邢台葛家庄 M10（扰）	1	2	1	战国中期	卿大夫	〔27〕
	辉县琉璃阁 M75	8	9	4	战国中期	卿大夫	〔28〕

［18］山西省考古研究所《上马墓地》，第72页，文物出版社，1994年。

［19］山西省考古研究所等《长治分水岭东周墓地》，文物出版社，2010年。

［20］山西省考古研究所侯马工作站《新绛柳泉墓地调查、发掘报告》，《晋都新田》，山西人民出版社，1996年。

［21］郭宝钧《山彪镇与琉璃阁》，科学出版社，1959年；河南博物院等《辉县琉璃阁甲乙二墓》，大象出版社，2003年。

［22］郭宝钧《山彪镇与琉璃阁》，科学出版社，1959年。

［23］山西省考古研究所等《太原晋国赵卿墓》，第78页，文物出版社，1996年。

［24］项阳、陶正刚《中国音乐文物大系·山西卷》，大象出版社，2000年。

［25］山西省考古研究所等《长治分水岭东周墓地》，文物出版社，2010年。

［26］项阳、陶正刚《中国音乐文物大系·山西卷》，大象出版社，2000年。

［27］河北省文物研究所等《河北邢台市葛家庄10号墓的发掘》，《考古》2001年第2期。

［28］郭宝钧《山彪镇与琉璃阁》，科学出版社，1959年。

国属	出土单位	乐钟组合（枚，下同）			时代	墓主	资料来源
		甬钟	钮钟	镈钟			
韩？	潞城潞河 M7	8＋8	8	4	战国早期	卿大夫	〔29〕
魏？韩？	陕县后川 M2041		9		战国早期	卿大夫	〔30〕
	陕县后川 M2040	10＋10		9	战国中期	卿大夫	
魏	山彪镇大墓（扰）			14	战国中期	卿大夫	〔31〕
	平陆尧店南村乡滑里村		9＋9		战国中期	？	〔32〕

三晋地区较为完整的战国墓例不多，从组合方式看，与春秋晚期相同，但具体编组数量变化繁多。具体而言，主要有五种编组方式。一种单独以钮钟编列，以后川M2041、分水岭 M126 为代表。前者是较为常见的 9 枚一列，后者因为椁室塌陷，乐钟残损，编组数量不详[33]。平陆滑里村的两套编钮钟，一套素面，一套篆间饰变形窃曲纹。金胜村 M88 号墓编组钮钟腔内芯土未掏去，应是明器。第二种单独以镈钟编组。这种组合在战国时期也不多见，目前仅有山彪镇大墓和屯留车王沟墓葬是此种编组方式。但由于山彪镇大墓被盗扰，所以组合是否完整存疑。屯留墓葬具体情况不详，亦无法深入讨论。第三种组合是以钮钟和甬钟编组成列。这种墓例数量极少，可以确定的仅有分水岭墓地 M14，该墓椁室塌陷，铜器破损，无法得知乐钟组合的确切数量。第四种以钮钟与镈钟配组，仅有金胜村 M637 一座墓葬。由于该墓详细材料未公布，因此无法深入讨论。第五种组合延续春秋晚期以来三种乐钟配合编组的方式，但编组似乎更加规范。潞城潞河 M7 以两组甬钟，一组钮钟，一组镈钟组合成编，甬钟、钮钟皆以 8 枚为组，镈钟以 4 枚成组，显示出对传统编组方式的继承和坚持。琉璃阁 M75 一组 8 枚甬钟、9 枚钮钟、4 枚镈钟的编组方式，可以视作是琉璃阁甲墓的简省编组方式。后川 M2040 甬钟原报告认为可能存在三组，配以一组镈钟成编，甬钟两列以 8 枚成列，一列 4 枚成列，镈钟以 9 枚成列。但观察甬钟形态，则 20 枚甬钟实际属于两列，每列 10 枚。分水岭 M25 的编列乐钟组合中，4 枚镈钟成组、9 枚钮钟成组都是春秋中期以来常见的组合方式，但是 5 枚甬钟的编组方式却在春秋时期的三晋地区较为罕见。

〔29〕 山西省考古研究所等《山西省潞城县潞河战国墓》，《文物》1986 年第 6 期。

〔30〕 中国社会科学院考古研究所《陕县东周秦汉墓》，科学出版社，1994 年。

〔31〕 郭宝钧《山彪镇与琉璃阁》，科学出版社，1959 年。

〔32〕 项阳、陶正刚《中国音乐文物大系·山西卷》，大象出版社，2000 年。

〔33〕 对于该墓的甬钟数量，原报告认为仅有一件，但从墓葬平面图观察，似乎有两件，情况究竟如何不得而知。

　　三晋地区战国时期墓葬随葬乐钟中，柳泉 M302 需单独予以说明。发掘者认为该墓可能是晋公夫人墓葬[34]，由于盗扰严重，目前仅可从钟钮和枚区分出至少 6 枚甬钟，6 枚可能是钮钟的个体。但由于钮钟与镈钟的钮部往往形态接近，所以目前无法确定柳泉 M302 有没有镈钟随葬。

　　与三晋地区文化渊源最为接近的两周地区，在东周时期除了周王室外，还有虢、郑等国家，地处韩城的芮国也可纳入这一区域一并讨论（表二）。

表二　东周时期两周地区出土钟、镈表

国属	出土单位	乐钟组合			时代	器主	资料来源
		甬钟	钮钟	镈钟			
芮	韩城梁带村 M27	8			春秋早期	芮公	[35]
	韩城梁带村 M28	8			春秋早期	芮公	[36]
虢	三门峡虢国墓 M2001	8			春秋早期	虢公	[37]
	三门峡上村岭 M1052		9		春秋早期	虢太子	[38]
郑	新郑中行窖藏坑(K1 等 10 坑)		10 + 10	4	春秋中期	郑公	[39]
	新郑中行窖藏坑(K17)		10	4	春秋中期		[40]
	新郑李家楼大墓(扰)	9 + 10		4	春秋中期		
两周	洛阳体育场西路 M8836		9		春秋早中期之际	周室贵族公卿	[41]
	洛阳西工 M131	7 + 9			战国早期		[42]
	洛阳 C1M395		7 + 11	4	战国中期		[43]

　　春秋早期，两周地区乐钟编组只有两种形式，一种是延续西周晚期以来的乐钟编组惯例，以 8 枚甬钟编组成列。韩城梁带村 M27、M28 芮国墓葬以及三门峡上村岭

[34]　发掘者如此认为，但 M301 和 M302 都无墓道，因此未必是晋公与夫人。
[35]　陕西省考古研究院等《陕西韩城梁带村遗址 M27 发掘简报》，《考古与文物》2007 年第 6 期。
[36]　陕西省考古研究院《陕西韩城梁带村芮国墓地 M28 的发掘》，《考古》2009 年第 4 期。
[37]　河南省文物考古研究所等《三门峡虢国墓》(第一卷)，文物出版社，1999 年。
[38]　中国科学院考古研究所《上村岭虢国墓地》，科学出版社，1959 年。
[39]　河南省文物考古研究所《新郑郑国祭祀遗址》，大象出版社，2006 年。
[40]　河南省博物院等《郑公大墓青铜器》，大象出版社，2001 年。
[41]　洛阳市文物工作队《洛阳体育场路西东周墓发掘报告》，文物出版社，2011 年。
[42]　蔡运章等《洛阳西工 131 号战国墓》，《文物》1994 年第 7 期。
[43]　洛阳市文物工作队《洛阳解放路战国陪葬坑发掘报告》，《考古学报》2002 年第 3 期。

M2001 虢国墓葬都采用这种编列方式。另一种则以 9 枚钮钟编组成列，上村岭 M1052
及洛阳体育场西路 M8836 采用这种编列方式。从出现时间看，后一种编列方式较前一
种略晚。

春秋中期，两周地区缺乏高等级墓葬，所见皆属郑国。中行窖藏坑埋藏的乐钟以
钮钟和镈钟编列配组，镈钟以 4 枚成编，钮钟以 10 枚成编。所不同者，在于有的窖藏
内仅一组钮钟，而大多数窖藏坑中都有两组编钮钟。李家楼大墓遭盗掘严重，从后来
学者的搜索考证大体还原的乐钟编组看，似乎是由镈钟和甬钟编列成组的，镈钟以 4
枚成列，两列甬钟则似乎是一组 10 枚，一组 9 枚。无论是 10 枚还是 9 枚编组，都与三
晋地区同时期编列方式差异较大。

由于盗扰严重，春秋晚期至战国时期，两周地区完整的高等级贵族墓葬材料较为
缺乏。战国早期洛阳西工 M131 中以两列甬钟编组随葬，编组方式从埋藏方式可知为 7
枚一列，9 枚一列相配而成，与三晋地区同时期并不一样。

战国中期大型墓葬陪葬坑 C1M395 中以 4 枚镈钟编列配以 18 枚钮钟编组的组合较
为特殊，按原简报的记载，18 枚钮钟分为两组，一组 7 枚，一组 11 枚，这种 7 枚成编
和 11 枚成编的编列钮钟在此前的中原地区未见。从 M395 简报公布的图像观察，这 14
枚编钮钟，依器形及纹饰差异可分为四类，但每类的组合数量、情况不清。

总体来看，这一时期的两周地区虽与三晋毗邻，但似乎乐钟编组却自成体系。

周室东迁后，中原地区以西为秦人所控制，陕甘两省虽也发现了一批这一时期的编
列乐钟（表三）。遗憾的是，秦地乐钟中的大部分并非科学发掘所获，这为判断秦系乐钟
的编列组合带来了很大困难。总体而言，秦系编列乐钟的编组方式在东周列国中最简单。

春秋早期秦系编列乐钟材料较丰富。大堡子山"窖藏坑"中发现甬钟 8 枚，镈钟 3
枚，组合与西周晚期眉县杨家村的乐钟编列方式相同。1977 年宝鸡太公庙器物坑与之
相近，该坑内发现镈钟一组 3 枚，甬钟 7 枚。礼县春秋时期大墓被盗严重，很多器物
流散于国外。李朝远介绍流入日本美秀博物馆两列甬钟，皆以 4 枚编列成组，同时有
镈钟一枚；上海博物馆、美国与台北收藏家亦各收藏镈钟一枚[44]。据马承源先生介
绍，曾在德国见到过形制十分接近上博藏秦公镈的巨型镈钟一组 5 枚，但无相关材料
证实发表[45]。同样属于春秋早期的宝鸡高泉 M1，残存甬钟 1 枚，究竟是编列甬钟中
的劫余之物还是随葬时仅有一枚，无法确定。冯家嘴出土的 8 枚甬钟，纹饰并不相同，
是以不同甬钟凑成的 8 枚之数。

从编组方式看，春秋时期秦地乐钟编组方式仍以恪守西周旧制为主，与关东三晋

[44] 李朝远《上海博物馆新藏秦器研究》，《上海博物馆集刊·第九期》，上海书画出版社，2002 年。
[45] 李朝远《上海博物馆新藏秦器研究》，《上海博物馆集刊·第九期》，上海书画出版社，2002 年。

表三　东周时期秦地出土钟、镈表

国属	出土单位	乐钟组合			时代	器主	资料来源
		甬钟	钮钟	镈钟			
秦	礼县大堡子山窖藏	8		3	春秋早期	秦公	〔46〕
	太公庙窖藏	5		3	春秋早期		〔47〕
	礼县盗掘流散	4＋4＋3		1＋1＋1＋1＋5	春秋早期		〔48〕
	礼县赵坪村		9		战国早期	秦贵族	
	宝鸡高泉村 M1（扰）	1			春秋早期	秦贵族	〔49〕
	宝鸡冯家嘴 1989 年墓葬	8			春秋中期	？	〔50〕
	80 凤翔大辛窖藏		1		春秋中期	？	
	眉县金渠乡河底村墓葬		5		战国早期	不详	〔51〕
	凤翔石家营公社		1		战国中期	不详	〔52〕

两周地区差异较大。

战国时期，高等级秦人墓葬资料缺乏，目前可以确定者，仅有礼县赵坪村秦墓出土的 9 枚编列钮钟组合相对完整。发现于眉县河底村战国早期[53]"墓葬"中的 5 枚编钮钟，组合不知是否完整，墓葬信息也完全不详。凤翔石家营钮钟据云为中华人民共和国成立之前所获，出土背景与组合是否完整已不得而知，本文无法讨论。

与地处关陇的秦国截然不同，海岱地区在东周时期出土了较多编列乐钟，其组合方式具有鲜明的地域性与阶段性（表四）。

春秋早期，海岱地区内共发现三批乐钟，但并非主动发掘所获。临淄河崖头镈钟在文革期间发现，埋藏环境情况不详。海阳尚上都窖藏发现甬钟 1 枚，钮钟 4 枚，埋藏环境是墓葬还是窖藏不清楚，组合是否完整亦无从考证。

〔46〕　早期秦文化联合考古队《2006 年甘肃礼县大堡山祭祀遗迹发掘简报》，《文物》2008 年第 11 期；赵化成等《礼县大堡子山秦子"乐器坑"相关问题探讨》，《文物》2008 年第 11 期。

〔47〕　卢连成、杨满仓《陕西宝鸡县太公庙村发现秦公钟、秦公镈》，《文物》1978 年第 11 期。

〔48〕　礼县博物馆等《秦西垂陵区》，文物出版社，2004 年。

〔49〕　宝鸡市博物馆等《宝鸡县西高泉村春秋秦墓发掘记》，《文物》1980 年第 9 期。

〔50〕　方建军《中国音乐文物大系·陕西 天津卷》，大象出版社，1996 年。

〔51〕　刘怀君等《陕西眉县图博馆收藏的春秋青铜乐器——钮钟》，《交响》1990 年第 3 期。

〔52〕　赵丛苍《介绍一组青铜钟、铃》，《文博》1988 年第 3 期。

〔53〕　原报告认为是春秋时期墓葬，但从器物形态观察为战国时期遗存。

春秋早中期之际的仙人台 M6 以编列甬钟与编列钮钟组配，甬钟以 11 枚成列，钮钟则以 9 枚成列，编组方式不同于中原。

表四　东周时期海岱地区出土钟、镈表

国属	出土单位	乐钟组合			时代	器主	资料来源
		甬钟	钮钟	镈钟			
齐	临淄河崖头墓葬（扰）			1	春秋早期	不详	〔54〕
	海阳上尚都窖藏（扰）	1	4		春秋早期	齐贵族？	〔55〕
	临朐杨善公社（扰）	5？		1	春秋中期	齐贵族	〔56〕
	章丘小峨眉山	4			春秋中期	齐贵族？	〔57〕
	海阳嘴子前 M1（扰）	5		2	春秋中晚期之际	齐田氏贵族	〔58〕
	海阳嘴子前 M4（扰）	7	2		春秋晚期		〔59〕
	临淄淄河店 M2（扰）	8＋8	10	4＋4	战国早期	齐卿大夫"国楚"	〔60〕
	78 临淄大夫观年墓	8			战国早期	齐贵族	〔61〕
	阳信西北村战国墓陪葬坑		9	5	战国中期	齐贵族	〔62〕
	章丘女郎山 M1（扰）		7	5	战国中期	齐贵族	〔63〕
	临淄商王村 M2		7＋7		战国晚期	齐卿大夫	〔64〕
鲁或邾	邹城城关郭庄	1			春秋时期(？)	邾或鲁贵族	〔65〕
	滕州庄里西墓葬		9	4	春秋晚期	邾或鲁贵族	〔66〕

〔54〕 齐天涛《概述近年来山东出土的商周青铜器》,《文物》1972 年第 5 期;山东省文物考古研究所《临淄齐故城》,文物出版社,2013 年。

〔55〕 张真、王志文《山东海阳上尚都出土西周青铜器》,《考古》2001 年第 9 期。

〔56〕 齐天涛《概述近年来山东出土的商周青铜器》,《文物》1972 年第 5 期。

〔57〕 常兴照、宁荫堂《山东章丘出土青铜器述要兼谈相关问题》,《文物》1989 年第 6 期。

〔58〕 海阳县博物馆等《山东海阳嘴子前春秋墓出土铜器》,《文物》1985 年第 3 期。

〔59〕 烟台市博物馆等《海阳嘴子前》,齐鲁书社,2002 年。

〔60〕 山东省文物考古研究所《山东临淄市临淄区淄河店二号战国墓》,《考古》2000 年第 10 期;山东省文物考古研究所《临淄齐墓》(第一卷),文物出版社,2007 年。

〔61〕 临淄区志编纂委员会《临淄区志》,国际文化出版公司,1989 年。

〔62〕 惠民地区文物普查队等《山东阳信城关镇西北村战国墓器物陪葬坑清理简报》,《考古》1990 年第 3 期。

〔63〕 济青公路文物考古队绣惠分队《章丘绣惠女郎山一号战国大墓发掘报告》,《济青高速公路章丘工段考古发掘报告集》,齐鲁书社,1993 年。

〔64〕 临淄博物馆《临淄商王墓地》,齐鲁书社,1997 年。

〔65〕 程明《山东邹城市出土铜甬钟》,《考古》1996 年第 11 期。

〔66〕 周昌富、温增源《中国音乐文物大系·山东卷》,大象出版社,2001 年。

续表四

国属	出土单位	乐钟组合			时代	器主	资料来源
		甬钟	钮钟	镈钟			
莱夷	蓬莱柳各庄 M6(扰)		9		春秋中期	土著夷人贵族	[67]
	蓬莱站马张家村 M1		1		战国早期		[68]
己	烟台上夼村墓葬(扰)	1			春秋中期	㠱国贵族	[69]
邿	长清仙人台 M6	11	9		春秋早中期之际	邿国国君	[70]
	长清仙人台 M5		9		春秋中期	邿国国君夫人,姜姓	[71]
郯	郯城大埠二村 M2(扰)		4?		春秋中期	郯国贵族	[72]
	郯城二中 M1(扰)		8(?)		战国中期	郯国贵族	[73]
纪	沂水纪王崮 M1	10	9	4	春秋中晚期	莒君或纪君?	[74]
浅	枣庄徐楼 M1		3	1	春秋晚期	浅国国君夫人	[75]
莒	临沂花园村墓葬	9			春秋中期	莒或郯贵族?	[76]
	沂水刘家店子 M1	19	9	6	春秋中期	莒君	[77]
	沂水刘家店子 M2		9		春秋中期	莒君夫人	
	莒县天井汪(扰)	6		3	春秋中期	莒贵族	[78]
	诸城都吉台墓葬		9		春秋晚期	莒贵族	[79]
	莒南大店 M1(扰)		9	1	春秋晚期	莒贵族	[80]
	莒南大店 M2(扰)		9		春秋晚期	莒贵族?	
	临沂凤凰岭 M1(扰)		9	4+5	春秋晚期	莒或鄅君	[81]
	诸城臧家庄墓葬		9	7	战国中期	莒贵族或田氏贵族	[82]

[67] 烟台市文物管理委员会《山东蓬莱县柳各庄墓群发掘简报》,《考古》1990 年第 9 期。

[68] 林仙庭、闫勇《山东蓬莱市站马张家战国墓》,《考古》2004 年第 12 期。

[69] 山东省烟台地区文物管理委员会《烟台市上夼村出土㠱国铜器》,《考古》1983 年第 4 期。

[70] 山东大学考古系《山东长清仙人台周代墓地》,《考古》1998 年第 9 期。

[71] 山东大学历史文化学院考古系《长清仙人台五号墓发掘简报》,《文物》1998 年第 9 期。

[72] 山东省文物考古研究所等《海岱考古·第四辑》,科学出版社,2011 年。

[73] 刘一俊、冯沂《山东郯城县二中战国墓的清理》,《考古》1996 年第 3 期。

[74] 山东省文物考古研究所等《山东沂水县纪王崮春秋墓》,《考古》2013 年第 7 期;山东省文物考古研究所等《沂水县纪王崮一号春秋墓及车马坑》,《海岱考古·第六辑》,科学出版社,2013 年。

[75] 枣庄市博物馆等《山东枣庄徐楼东周墓发掘简报》,《文物》2014 年第 1 期。

[76] 齐天涛《概述近年来山东出土的商周青铜器》,《文物》1972 年第 5 期。

[77] 山东省文物考古研究所《山东沂水刘家店子春秋墓发掘简报》,《文物》1984 年第 9 期。

[78] 齐天涛《概述近年来山东出土的商周青铜器》,《文物》1972 年第 5 期。

[79] 周昌富、温增源《中国音乐文物大系·山东卷》,大象出版社,2001 年。

[80] 山东省博物馆等《莒南大店春秋时期殉人墓》,《考古学报》1978 年第 3 期。

[81] 山东省兖石铁路文物考古工作队《临沂凤凰岭东周墓》,齐鲁书社,1987 年。

[82] 山东诸城县博物馆《山东诸城臧家庄与葛布口村战国墓》,《文物》1987 年第 12 期。

　　春秋中期海岱地区乐钟发现较多，组合形式也较多样。约略而言，大致有四种组合方式。大体来看有如下几种编组方式。第一种，是单独以甬钟成编。这种组合春秋中期已经比较少见，目前仅临沂花园村、烟台上夼村与邹城城关残墓采用这种方式。临沂花园村墓葬保存相对完好，甬钟以 9 枚成编。烟台上夼村墓葬因为扰动原因，仅存一枚甬钟，推测可能原有钟数应较多。第二种方式，单独以钮钟编组，完整的组合以 9 枚最为常见，蓬莱柳各庄 M6、长清仙人台 M5、沂水刘家店子 M2 等墓都采用这种编组方式。郯城大埠二村 M2 因盗扰仅余 4 枚钮钟，原有钟数可能更多。第三种方式，是以甬钟配组镈钟成编。海阳嘴子前 M1、临朐杨善公社、莒县天井汪等墓葬采用此种方式。但这种组合方式内，甬钟与镈钟的组合方式却有很多变化。嘴子前 M1 被扰动，以 5 甬 2 镈配组成编，原始编组可能不止于此。需要强调的是，嘴子前 M1 的 5 枚甬钟并非一组，而是由来自三套甬钟配合而成的。地处鲁中地区的临朐杨善公社墓葬甬钟以 5 枚编组成列，镈钟则只有一枚，在中原地区并未见到同样的编组方式。莒县天井汪因盗扰，甬钟仅余 6 枚，镈钟仅余 3 枚，这一组合可能不完整。第四种编组方式，是以甬钟、钮钟、镈钟各自成列，再组合成编，这种组合是本时期海岱地区最高等级的乐钟编组形式，目前仅有沂水纪王崮 M1 和沂水刘家店子 M1 两例。两墓墓主身份等级颇高，后者可以确定为某代莒君。而前者则有莒君或纪君两说，无论国别如何，身份属于诸侯国国君一级学术界并无异议。两墓虽然采用的编钟种类相同，但编组方式却有较大差异，纪王崮 M1 以 10 枚成列甬钟、9 枚成列钮钟、4 枚成列镈钟组成编组；刘家店子 M1 钮钟编列方式与前者相同，但甬钟两列，一列 9 枚，一列 10 枚，这一时期最为特殊的乐钟发现于章丘小峨眉山，该地点前后数年间陆续发现 4 枚甬钟，22 枚勾鑃，但埋藏环境与性质不详。

　　春秋晚期海岱地区甬钟明显减少，编列组合方式也相应简化。这时期常见的编组方式有三种。第一种单纯以 9 枚成列钮钟成编，诸城都吉台墓葬、莒南大店 M2 可作为代表。第二种是以编列钮钟和镈钟配组成编，滕州庄里西墓葬、莒南大店 M1、临沂凤凰岭 M1 都采用此种方式。这种编组形式中，钮钟皆为 9 枚成列，较为固定。镈钟多少也无定数。滕州庄里西墓葬用镈钟 4 枚成列，组合与同时期中原地区相同。莒南大店 M1 镈钟仅有一枚。临沂凤凰岭 M1 虽经盗扰，但似乎未扰动随葬的乐钟，该墓钮钟 9 枚成列，镈钟却有两列，一列 5 枚，一列 4 枚。枣庄徐楼 M1 器物箱被盗扰，仅存 3 钮钟 1 镈钟，当不是完整组合。第三种组合是以钮钟和甬钟相配编组，这种组合较罕见，目前仅发现嘴子前 M4 一个墓例，该墓虽有扰动，但似乎乐钟完整，甬钟 7 枚编列，钮钟则仅有 2 枚，组合较为奇特。另外，70 年代在河崖头清理过几座春秋晚期到战国早期的大型墓葬，虽然墓葬遭严重盗掘，但从残存的钟勾可知，这些墓葬曾随葬有乐钟[83]。

战国时期海岱地区乐钟编组方式基本延续了春秋中期以来的编组方式，主要有四种方式。第一种方式，是单独以甬钟编组，这种方式在战国时期十分罕见，仅临淄大夫观墓葬有 8 枚编列的甬钟。第二种编组方式是单独以钮钟编列，代表墓例如郯城二中 M1、临淄商王 M2[84]。郯城二中 M1 虽经盗扰，但仍存留 8 枚钮钟，这是否是原始编组方式值得怀疑，原报告认为缺失一枚，若这一结果可信，则该墓钮钟亦以 9 枚成列。商王 M2 随葬两列编钮钟，每列皆以 7 枚成编。蓬莱站马张家村 M1 仅随葬 1 枚明器钮钟，可能并非是以编列乐钟目的随葬的。第三种编组方式是以钮钟和镈钟编组，阳信西北村战国墓陪葬坑和诸城臧家庄墓葬乐钟皆采用此种编组方式。年代属战国中期的阳新城关西北村战国墓陪葬坑，乐钟以一列 9 枚钮钟和一列 5 枚的镈钟编列组合。章丘女郎山 M1 则以 7 枚钮钟与 5 枚镈钟相配组。同属战国中期的诸城臧家庄配组方式虽与前者近，但镈钟却以 7 枚成编。第四种方式是，以甬钟、钮钟、镈钟三种乐钟分别成列后配组，战国时期仅有临淄淄河店 M2 一座墓葬采用了这样的编组方式。该墓编列甬钟、镈钟各两列，钮钟一列，甬钟 8 枚成列，镈钟 4 枚成列；钮钟 10 枚成列，特色鲜明。

表五　东周时期戎、狄人钟、镈表

国属	出土单位	乐钟组合			时代	墓主	资料来源
		甬钟	钮钟	镈钟			
中山	平山 M1		14 + 3		战国中期	中山国君	[85]
山戎	滦平炮台山 M6		1		战国中期	山戎贵族?	[86]
	凌源三官甸墓葬		6		战国中期		[87]
	凌源五道河子 M1		2?		战国晚期		[88]
	凌源五道河子 M2		1?		战国晚期		
	凌源五道河子 M3		1?		战国晚期		

[83] 山东省文物考古研究所《临淄齐故城》，文物出版社，2013 年。
[84] 对于商王 M2，部分学者怀疑其年代可能较晚，甚至有可能进入西汉早期。但该说亦无坚实的证据，故本文仍从战国晚期说。
[85] 河北省文物研究所《䂞墓——战国中山国国王之墓》，文物出版社，1996 年。
[86] 河北省文物研究所《滦平县虎什哈炮台山山戎墓地的发现》，《文物资料丛刊》第 7 辑，文物出版社，1983 年。
[87] 辽宁省博物馆《辽宁凌源县三官甸青铜短剑墓》，《考古》1985 年第 2 期。
[88] 辽宁省文物考古研究所《辽宁凌源五道河子战国墓发掘简报》，《文物》1989 年第 2 期。

在中原腹地以北，部分戎狄部族，在春秋中期以后逐步自长城沿线南下，有的甚至在中原地区北部建立了一些小国家或者定居点。邻里相处日久，这些国家的物质礼仪文化或多或少受到中原文化浸润影响。因此，战国时期部分戎狄人群也开始使用乐钟（表五）。平山中山王墓及陪葬船坑中发现钮钟三列，墓室中两列皆以 7 枚成编，陪葬船坑中则以三枚成列。而在长城以外的滦平、凌源一带的山戎贵族墓葬中随葬乐钟多不成列，有的仅随葬一枚，仅凌源三官甸墓葬随葬有一列 6 枚钮钟。需要指出的是，这些戎狄人群仅使用钮钟，未见其他形态的乐钟，所用乐钟也并不讲究成编成列。

三

东周时期北方地区编列乐钟编组形式多样，但随葬钟镈的墓主身份却有一定规律可循。

春秋早期，三晋地区北赵 M93 随葬有编列乐钟，该墓伴出列鼎 5 件，墓旁另有车马坑一座（表六）。该墓墓主无论是晋文侯还是殇叔，都是晋国的最高等级贵族。

表六　三晋地区编列乐钟埋藏情况表

出土地点	墓葬规模(米,下同)	随葬钟位置	墓中鼎数
北赵 M93	长 6.3,宽 5.1,双墓道总长 26.3,一椁两棺,一车马坑未发掘	身左侧,棺外椁内	5 鼎
上郭 M210、M211	墓葬形制等情况不详		
上马 M13	长 5.2,宽 3.8,无墓道,一椁一棺,	足端一角,棺外椁内	3 鼎
临猗程村 M0001	长 4,宽 3,无墓道,棺椁情况不详	不详	不详
临猗程村 M0002	长 4.9,宽 3.6,无墓道,一椁一棺	疑在足端,棺外椁内	
临猗程村 M1001	长 5.6,宽 4.2,无墓道,一椁一棺	头端一角,棺外椁内	5 鼎
临猗程村 M1002	长 4.6,宽 3.9,无墓道,一椁一棺	身右侧,棺外椁内	5 鼎
万荣庙前 58M1	残长 4.4,宽 3.6,无墓道,一棺一椁	身右侧,棺外椁内	5 鼎
上马 M1004	长 5.9,宽 5.8,无墓道,一椁一棺,有车马坑一,5 车,12 马	足端一角,棺外椁内	5 鼎
上马 M5218	长 5.2,宽 4.1,无墓道,一椁一棺	身左侧,棺外椁内	5 鼎

续表六

出土地点	墓葬规模(米,下同)	随葬钟位置	墓中鼎数
分水岭 M269	长 5.6,宽 4.6,无墓道,一椁二棺,马坑一,马数不详	身左侧,棺外椁内	5 鼎
分水岭 M270	长 5.7,宽 4.4,无墓道,一椁二棺	身左侧近足一侧,棺外椁内	5 鼎
柳泉 M301	长 15,宽 12.6,无墓道,一椁一棺	不详	不详
柳泉 M302	长 12.7,宽 10.5,无墓道,一棺一椁	疑棺外椁内,墓主身侧	不详
辉县琉璃阁甲墓	长 11,宽 10,无墓道,可确定一椁,有无内棺或椁不详	墓主头向不明,编钟堆放在墓室西北角,应在头足一端,椁内棺外	9 有盖鼎 5 无盖鼎
琉璃阁 M60	长 7,宽 5.1,无墓道	随葬位置不详	3 列列鼎有 5 件成列和 9 件成列的
太原金胜村 M251	长 11,宽 9.2,无墓道,一椁三棺,有车马坑一,15 车,44 马	足端一角,棺外椁内的陪葬墓棺上	7 鼎
太原金胜村 M88	墓葬情况不详,一椁二棺,有车马坑一,有马 12,车 6	随葬位置不详	不详
分水岭 M126	长 8.4,宽 6.7,无墓道,一椁一棺	足端,棺外椁内	不详
分水岭 M14	长 8.1,宽 5.8,无墓道,一椁一棺,车马坑一,17 车,34 马	身左侧,棺外椁内	不详
分水岭 M25	长 6.7,宽 5.6,无墓道,一椁一棺	足端一角,棺外椁内	5 鼎
琉璃阁 M75	长 7,宽 6.3,无墓道	身左侧,可能在棺外	5 鼎
潞城潞河 M7	长 6,宽 5.5,无墓道,一椁两棺	头足两端,棺外椁内	5 鼎
陕县后川 M2040	长 7,宽 5.7,无墓道,椁两棺	头端,棺外椁内	5 鼎
陕县后川 M2041	长 4.8,宽 3.7,无墓道,一椁两棺	足端,棺外椁内	5 鼎
山彪镇大墓	长 7.8,宽 7.2,无墓道,一棺两椁,	足端,棺外椁内	7 鼎

上郭村 M210、M211 虽未正式发表,但编列钮钟的出现,让先秦时期乐钟编组从此进入了复杂编组的历史阶段。第一,编列乐钟开始使用钮钟,与编列镈钟组成的复合或者说复杂的乐列方式开始出现。第二,取代甬钟的编列钮钟不再受以 8 枚成列的限制,以 9 枚编组。宋玲平曾指出,编列乐钟在西周晚期到春秋早期是晋侯

的特权，也是必备之物，甚至不为其夫人所能享用[89]。从上郭 M210、M211 的材料看，可能因之需要修订，可使用钟镈的贵族人群可能已经下降至次于国君一等的各诸侯国上卿。

春秋中期，有编列乐钟随葬的墓葬主人已经不再仅仅是诸侯，而可以是上卿一级的人物，甚至已开始下降至随葬 3 件列鼎的贵族人群。

春秋晚期，有编列乐钟随葬的墓葬进一步增多，但情况基本上与春秋中期相近，墓主身份较为固定，仍以 3 鼎以上的卿大夫、贵族为最多，未见卿以下的元士级人群使用。编列乐钟以 9 枚编列钮钟最为常见。这一时期也出现了一些较突出的新现象。其一，女性贵族使用编列乐钟增多。其二，开始出现仿效钮钟编列方式的编列镈钟，或者说出现了以镈钟代替钮钟编列的现象。其三，个别墓葬突然又出现了编列甬钟，与编列钮钟共同组合成编，而且可能多以 8 枚成编，这究竟是春秋晚期的复古现象还是西周时期的甬钟一直绵延不绝，目前不得而知。其四，各地诸侯或执政卿的乐制差异增大，琉璃阁墓地开始出现甬钟、钮钟、镈钟共同编组的大型复杂编列乐钟，而赵卿墓却出现了复杂的纯以镈钟编组的编列乐钟。

终战国时期，三晋地区的编列乐钟未超出春秋晚期的常例，但从分水岭 M126 来看，乐钟使用人群有可能扩展至下层元士，但这些元士在制度上可能还没有权利或能力使用编列乐钟，所以钟的组合不完整。唯需特别注意的是分水岭 M25，该墓随葬一组 5 枚编列的甬钟，这种编列方式并非三晋地区常见的编组方式，在晋地出现当有其特殊意义。

两周地区随葬乐钟的墓葬数量没有三晋地区多，虽然编组规律与后者较为接近，但埋葬情况略有差异（表七）。

表七　两周地区编列乐钟埋藏情况表

出土地点	墓葬规模	随葬钟位置	墓中鼎数
梁带村 M27	墓室长 9.3，宽 7.1，双墓道，总长 51.6，一椁两棺	头端一角,棺外椁内	7 鼎
梁带村 M28	墓室长 5.4，宽 4，单墓道，长 17.6，一椁两棺	头端,棺外椁内	5 鼎
上村岭 M2001	长 5.3，宽 3.5，无墓道，二棺一椁，有车马坑一,13 车,64 马	头端一角,棺外椁内	7 鼎

[89]　宋玲平《晋系墓葬制度研究》，科学出版社，2007 年。

续表七

出土地点	墓葬规模	随葬钟位置	墓中鼎数
上村岭 M1052	长 5.8,宽 4.25,无墓道,一棺两椁,有车马坑一,10 车,20 马	棺外内外椁间,头端正中	7 鼎（6 件成列,1 件纹饰有差异）
洛阳体育场西路 M8836	长 3.5,宽 2.3,无墓道,一棺一椁	足端,棺外椁内	5 鼎
洛阳西工 M131	长 4.2,宽 3.4,无墓道,单棺,似无椁	身左侧近足一侧	5 鼎
洛阳 C1M395	长 5.8,宽 1.1,大墓陪葬坑	坑中部一侧	不详
新郑李家楼大墓	墓葬结构和规模不详	出土位置不详	6 鼎或 9 鼎

　　该地区春秋早期随葬编列乐钟的四座墓葬等级甚高,三座墓主是诸侯,一座墓主可能为诸侯国太子。同墓伴出的列鼎,三座为 7 鼎,一座为 5 鼎,较同时期三晋地区为高。从编列乐钟的种类而言,除上村岭 M1052 外,其余三座都以 8 枚甬钟组列成编,可见仍偏好使用西周旧制。但以 9 枚钮钟成列的新编列方式,自 M1052 开始出现在中原腹地。

　　春秋早中期之际两周地区高等级贵族墓葬材料不多,目前仅洛阳体育场西路 M8836 一座墓葬有编列乐钟。

　　春秋中期两周地区的编列乐钟材料皆出自郑国,无论墓葬随葬还是器物坑瘗埋,郑国的编列乐钟都显示出了其独特性。首先,编列镈钟与钮钟配组的复合编列乐钟率先在该地出现,这与传统周制纯以甬钟编列的乐钟体系截然不同。其次,编列镈钟以 4 枚为基数配组,与西周晚期以三枚镈钟配组或用一枚起定音作用的特镈配组编列方式相比,有本质差别。其三,郑国钮钟编列甚至突破了 9 枚配组的春秋新制,以 10 枚编列。

　　两周地区春秋晚期缺少编列乐钟,无法进行分析。

　　战国时期,该地编列乐钟同样不多。仅有的两个例证中,洛阳西工 M131 随葬两列编组甬钟,每列 8 枚,仍是传统的周制;C1M395 则以编钮钟与编镈钟共同编组,但编钮钟采用了 7 枚加 11 枚的编组方式,应是受到了战国中期前后其他地区的影响所致（详后）。

　　与中原腹地的文化勃兴状况不同,周王室东迁造成了关中地区的文化衰退,继而在政治空间上统治关陇的秦国,在乐制编组创新不多,更多地是在继承周制或仿效三晋（表八）。

表八　秦系编列乐钟埋藏情况表

出土地点	墓葬规模	随葬钟位置	墓中鼎数
礼县大堡子山窖藏	墓室外藏器物坑，长 8.8，宽 2.1	坑内仅有乐器及钟磬架等乐器相关器物	不确定
太公庙窖藏	窖藏坑形制、大小不明		不确定
礼县盗出钟镈	出土墓葬不能确定		不详
宝鸡西高泉村 M1	墓葬情况不明	甬钟放置在墓主头前	不确定
礼县赵坪村	出土情况不明		不详

春秋早期，所知编列乐钟皆为秦公所有，器主身份、地位明确，编组皆以甬钟配组镈钟，镈钟以 3 枚一组的方式十分固定，与关中地区西周晚期一脉相承。甬钟有 5 枚和 8 枚两种编组方式。礼县盗掘流散的编列乐钟，由于出土背景全部丧失，情况比较复杂，目前很难给以分析。宝鸡西高泉 M1 仅随葬一枚甬钟，或属特殊原因随葬。

春秋中期，1989 宝鸡冯家嘴发现的编列甬钟亦是 8 枚成列，仍是春秋早期以来的旧制延续，但该墓信息不全，墓主身份并不清楚。春秋中期秦国次于秦公的贵族是否可以随葬乐钟，尚无法确定。凤翔大辛窖藏一枚钮钟，虽无法确定器主身份，亦无法推断编组，但至少可以确定，钮钟至迟在春秋中期已经进入了关中平原。

战国时期，秦墓等级差别悬殊，而高等级贵族墓葬材料缺乏，无法对其深入分析。目眉县金渠乡河底村和凤翔石家营所获的乐钟，因基本考古材料缺乏，都无法予以身份等级分析和讨论，但其开始采用编列钮钟，却是可以确定的了。

总体而言，秦使用乐钟的器主皆为男性，整体身份也较三晋两周地区而言更高，尚未发现有女性使用的例证。

海岱地区东周时期编列乐钟资料相对丰富（表九），由于其地国族众多且族系复杂，所以乐钟的使用也因之十分复杂。

春秋早期，临淄河崖头和海阳尚上都两处皆为窖藏，由于无文字或其他材料，无法推测其器主身份。从编组方式看，与同时期的三晋两周地区似乎差别较大。河崖头窖藏仅一镈钟，是否属特镈存疑。春秋早期，中原地区已不使用特镈，若使用则必然以编列镈钟形式出现。海阳尚上都窖藏埋藏环境不明，但钮钟和甬钟相配组编列的方式，与同时期的中原地区要么单以甬钟，要么单用钮钟的编列方式完全不同。

春秋早中期之际，目前已知材料中仅有长清仙人台 M6 一座墓葬随葬乐钟，该墓墓主推测为邿国国君。邿国虽系小国，但终究也是一方诸侯，等级颇高。该墓以 11 枚甬钟成编配以 9 枚成编钮钟的编组方式，同时期中原地区不见。但甬钟配组钮钟的方式在海岱地区却有先例。

表九　海岱地区编列乐钟埋藏情况表

出土地点	墓葬规模	随葬钟位置	墓中鼎数
临淄河崖头墓葬	带单墓道的"甲"字形墓葬,但具体情况不明		1 鼎
海阳上尚都窖藏	埋藏情况不详		伴出 1 盘 1 壶
临朐杨善公社	埋藏情况不详		5 鼎
章丘小峨眉山	埋藏情况不详		无
海阳嘴子前 M1	长 6.5,宽 5.1,无墓道,一棺二椁	身右侧,椁外熟土二层台上	残余 1 鼎
海阳嘴子前 M4	长 7.3,宽 6.2,无墓道,一棺二椁	身右侧,椁外熟土二层台上	列鼎 6 件
临沂花园村	埋藏情况不详		3 鼎
临淄淄河店 M2	墓口长长 15.9,宽 15.6,一墓道,一椁两棺,一马坑,69 马	编镈在身左侧的椁外生土二层台上,编钮钟在头端一角棺外椁内	盗扰,无
78 临淄大夫观墓	埋藏情况不详		?
阳信城关西北村战国墓陪葬坑	陪葬坑 2 米见方	坑中部	2 鼎
章丘女郎山 M1	长 13.2,宽 12.6,一墓道,长 5.5,一椁两棺,殉 5 人	墓主足端,棺椁之间	4 鼎
临淄商王村 M2	长 4.4,宽 3.2,无墓道,一棺一椁	身左侧近头端,椁外	2 鼎
邹城城关郭庄	埋藏情况不详		
滕州庄里西墓葬	埋藏情况不详		
蓬莱柳各庄 M6	长 6,宽 4.4,一棺二椁	身右侧,椁外二层台上	盗扰,无
蓬莱站马张家村 M1	长 5.1,宽 3.9,一棺一椁	头端,棺外椁内	盗扰,无
烟台上夼村墓葬	长 4.1,宽 2.8,无墓道,棺椁不详	头端,疑在棺外椁内	1 鼎
长清仙人台 M5	长 4.6,宽 3.3,无墓道,一棺一椁	身右侧,棺外椁内	3 鼎
长清仙人台 M6	长 4.6,宽 4.5,无墓道,两棺两椁	身右侧,椁外二层台上边箱内	8 鼎
郯城大埠二村 M2	长 6.3,宽不详,一棺一椁	棺椁外,身侧器物坑中	2 鼎
郯城二中 M1	长 2.8,宽 2,无墓道棺椁情况不明	身左侧,棺外?	1 鼎
枣庄徐楼 M1	长 6.3,宽 5.8,一棺一椁	棺室一侧的器物箱中	盗扰,余 3 鼎

续表九

出土地点	墓葬规模	随葬钟位置	墓中鼎数
沂水纪王崮 M1	长不详,宽 13,,一墓道,墓道残长 4,两棺两椁	身左侧,内椁南器物箱中	5 鼎
临沂花园村墓葬	埋藏情况不详		3 鼎
沂水刘家店子 M1	长 12.8,宽 8,无墓道,一棺两椁,车马坑一,至少 4 马 6 车	身右侧,椁外器物箱中	11 鼎
沂水刘家店子 M2	长 6.5,宽 5.1,无墓道,棺椁不详	身某侧,椁外器物箱中	9 鼎
莒县天井汪	埋藏情况不详		5 鼎
诸城都吉台墓葬	埋藏情况不详		?
莒南大店 M1	长 11.3,宽 10.4,一墓道,长度不明,一棺一椁	墓主头向不明,身某侧,椁外器物坑内	2 鼎
莒南大店 M2	长 10,宽 9,一墓道,长度不明,一棺一椁	身左侧,椁外器物坑内	盗扰,无
临沂凤凰岭 M1	器物坑长 4,宽 3	主墓器物坑南部及西南部	9 鼎
诸城臧家庄墓葬	主墓东南陪葬坑内,陪葬坑大小不详	不详	4 鼎

　　春秋中期海岱地区乐钟材料相对丰富，使用情况也相对复杂。从随葬乐钟的器主身份看，春秋中期除诸侯国国君外，似乎 3 鼎以上的卿大夫即可使用乐钟。从性别角度看，春秋中期的邿国国君夫人和莒君夫人已经开始使用编列乐钟。

　　春秋晚期海岱地区的乐钟编组情况似乎有简化的趋势，常见的乐钟编组形式有三种。从随葬乐钟的器主身份看，春秋晚期与春秋中期相同，可以使用乐钟的墓主身份似乎并未向更低的元士一级扩展。比较有趣的是枣庄徐楼 M1，该墓墓主为浅君夫人，出嫁前为宋国国君的女儿。该墓与 M2 浅君墓异穴合葬，但较为特殊的是，浅君墓的礼器组合仅有鼎、舟、勺、盘、匜，没有严格鼎、簋、瑚组合，相比较 M1 的鼎、簋、瑚、铺、罍、舟、盘、匜的组合而言，等级明显要低一些。这种情况与西周时期绛县横水 M1、M2[90] 有些类似，横水 M1 墓主为姬姓的毕氏女子，墓葬规格也略高于其夫倗伯，可能和其来自于毕公家族有关，夫家倗伯可能通过与毕公家族通婚抬高自身的地位。因此，徐楼 M1 器用组合等级高于 M2，除了族姓习俗有别之外，可能也与浅国需要借助宋国提高自身地位有关。

---

[90]　山西省考古研究所《山西绛县横水西周墓发掘简报》，《文物》2006 年第 8 期。

表一〇　戎、狄墓葬编列乐钟埋藏情况表

出土地点	墓葬规模	随葬钟位置	墓中鼎数
平山 M1	14 枚钮钟出土于墓室"西库",3 枚出土于葬船坑。"西库"位于墓室西侧南半部,长方形,长 6.4,宽 4.7	西库钮钟在库内西北部。葬船坑 3 钟放置在船坑南室西船北部	9＋5
滦平炮台山 M6	长 2.9,宽 1.4,单棺	棺内墓主左下肢	
凌源三官甸墓葬	出土情况不详,是否出于同一墓葬不详	墓葬埋藏情况完全不详	不详
凌源五道河子墓葬	出土情况不详,多座墓葬共出土 14 枚		

战国时期,海岱地区随葬编列乐钟的墓葬材料较少,乐钟编组情况似乎也较春秋时期有所简化。从随葬墓主的身份等级看,战国时期使用乐钟的器主仍与春秋中期以来相同,卿大夫以上皆可使用乐钟,似未发现元士一类的较低等级贵族可以使用编列乐钟的例证。

战国时期戎、狄族群国家或人群虽也开始使用乐钟作为随葬品。但其制度和使用方式与中原地区差别较大(表一〇)。至于凌源、滦平一带的山戎人群墓葬中随葬的乐钟摆放位置不固定,亦多为单钟埋藏,难有"葬制"可言。而这些山戎贵族的等级性亦无法论证。

四

西周时期北方地区高级贵族墓葬编列甬钟随葬制度是不断完善的。大略而言,从 3 枚一列逐渐发展到 8 枚一列,期间出现过其他数量的编列形式,到西周晚期以后 8 枚一列已基本成常制[91]。

但是,在进入东周以后,规范的或者说有相对统一的西周制度,伴随着周王室的东迁而衰微,列国器用制度开始逐渐走上独自发展的道路。在如此时代背景下,乐钟的编列方式在北方地区各地域文化圈中,也出现了截然不同的表现形式,不同种类的乐钟在各地出现、流行、编组时采用的方式、数量有所差异;不同地区对复合编列乐钟的选择也有偏好。

首先说甬钟。西周晚期,8 枚一列的甬钟在宗周至郑洛地区最为常见,其他编组方式十分罕见。进入东周时期后,这种状况得到了延续,但也出现了一些新变化(表一一)。

---

[91]　常怀颖《西周钟镈组合与器主身份、等级研究》,《考古与文物》2010 年第 2 期。

表一一　东周时期北方地区甬钟编组方式地域、时序差异表

	1 枚	5 枚	6 枚	7 枚	8 枚	9 枚	10 枚	11 枚
春秋早期	秦 1 海岱 1	秦 1			三晋 1 两周 3 秦 1			
春秋中期	海岱 2	海岱 2	海岱 1		秦 1	两周 1 海岱 2	两周 1 海岱 2	海岱 1
春秋晚期				海岱 1	三晋 3	三晋 1		
战国时期		三晋 1	三晋 1	两周 1	三晋 1 海岱 2	两周 1	三晋 2	

　　说明：若同一埋藏单位中出土多列相同数字编列的甬钟，以一个单位频次计。比如，北赵晋侯墓 M93 出土两列 8 枚成列的编甬钟，统计表中按一个单位频次计。新郑中行祭祀遗址相同组合在不同单位出土的，按一个频次计。同一墓葬中有多列不同编组方式的编列甬钟，按多个频次计。比如后川 M2040 中有 8 枚编列甬钟两列，4 枚编列甬钟 1 列，则统计时按 8 枚编列一个频次，4 枚编列一个频次计算。以下诸表同。

　　春秋早期，北方地区最为常见的甬钟编组方式仍是 8 枚一组，但在秦地，出现了 5 枚一列的编组。对太公庙窖藏 5 枚一列的编组，陈双新认为从铭文角度推测，编组不全，至少完整编列应该有 6 枚[92]；但王友华则根据西周晚期乐钟编制常例、侧鼓音标识和音列分析，该窖藏的甬钟编组，至少应该是一列 8 枚，但不知是何原因，缺失了其中的 3 枚[93]。秦地和海岱地区 1 枚甬钟埋藏的例证，皆经扰动，组合情况无法确断。

　　春秋中期，甬钟组合出现大变化。一方面，编列甬钟在编组数量上开始扩充，新郑李家楼、沂水纪王崮等墓葬开始出现 9 枚、10 枚一列的编组方式，长清仙人台更是出现了 11 枚一列的编组。与此同时，西周晚期以来 8 枚一列组合依然存在，应该是西周旧有传统的延续。编组方式的改变，说明春秋中期乐制的变化；郑国与部分非姬姓国家以 10 枚以上编列方式，更是说明他们选择了与中原三晋两周地区截然不同乐制规则。这其中，海岱地区因国族繁杂表现尤为突出，天井汪墓葬、临朐杨善公社墓葬、海阳嘴子前 M1 因为扰动等原因，所发现的 5 枚一列编组和 6 枚一列的编组，是否是完整编组，尚无法予以定论。假若上述编组完整，则从另一个方面说明，海岱地区存在着与中原地区不同的甬钟乐制。在这一时期，9 枚一组甬钟新组合的出现，可能与钮钟的编组方式影响有关，应不是周人传统规制自然演变的结果。

---

[92]　陈双新《两周青铜器乐器辞铭研究》，河北大学出版社，2002 年。

[93]　王友华《先秦编钟研究》，广西师范大学出版社，2013 年。

春秋晚期，北方地区可以确定的材料不多，8 枚一列仍是主流。同时，9 枚一列的编组方式也依然存在。海阳嘴子前 M4 中 7 枚一列的编组在春秋早中期未曾出现。从墓葬平面图观察，似乎甬钟组合完整，进一步说明海岱地区甬钟使用方式中多有自身特色。

战国时期，北方地区从编组方式来看，8 枚成列仍然较多。分水岭 M25 以 5 枚甬钟成列，在战国时期仅此一例。9 枚成列和 7 枚成列仅见于洛阳西工 M131，根据其墓内甬钟的摆放方式即可知其编组为"9＋7"的复合编组方式。陕县后川 M2040 的甬钟编组方式存在争议，按照墓葬发掘者的意见，该组乐钟是由三列组成，两列以 8 枚编组，一列以 4 枚编组；但有音乐史研究者则认为，该组乐钟仅有两列，编组方式应为"10＋10"[94]。仔细分析原报告，当以后说为是。

综上述所，春秋早期，北方地区的甬钟编组方式基本承袭西周旧制。春秋中期开始，中原地区编列甬钟的组合与使用方式出现了多元走向。这种情况，我们不能简单地以一句"僭越"大而化之地给予其解释，其背后的原因必定十分复杂，可能既有音乐旋律配合角度的选择，也有制度与观念的考量。结合编组的分布地域、随葬人群、埋藏方式，似乎仍有规律可循（详后）。

钮钟是两周之际出现的新乐器。就所见材料，北方地区最早出现编列钮钟且组合完整，埋藏环境确定的地区是在三晋两周地区（表一二）。

春秋早期，完整的编列钮钟皆以 9 枚成编，较为固定。海阳尚上都窖藏因为扰乱原因，组合是否完整存疑。

春秋中期，编列钮钟仍以 9 枚一列最为常见，十分固定。两周地区的郑国，出现多组以 10 枚成列的埋藏单位，当是该地的新创新。海岱地区郯城大埠二村因为盗扰原因，所发现的 4 枚编列是否完整存疑。

春秋晚期，编列钮钟仍以 9 枚成列占绝对优势。三晋地区的琉璃阁 M60 与金胜村 M251 分别出现了 8 枚编组的编列钮钟。

战国时期，编列钮钟的编组方式基本上承袭春秋时期以来的编制规律，仍以 9 枚成编最为常见，同时 8 枚成列和 10 枚成列也偶有所现。这一时期，北方地区编列钮钟编列方式出现的新变化是开始出现 7 枚与 11 枚的新编列方式，洛阳 CAM395 出土 18 枚编列钮钟便是以 7 枚加 11 枚的编列方式成组的。同样以 7 枚成编的方式，亦见于章丘女郎山 M1 与临淄商王 M2。眉县金渠乡秦墓 5 枚编组和新绛柳泉 M2 的 6 枚编组，因为盗扰严重或信息不全，目前无法判断是否属于完整编列。

---

[94]　袁荃猷《中国音乐文物大系・北京卷》，大象出版社，1996 年。

表一二　东周时期北方地区钮钟编组方式地域、时序差异表

	1 枚	4 枚	5 枚	6 枚	7 枚	8 枚	9 枚	10 枚	11 枚
春秋早期		海岱 1					三晋 2 两周 1		
春秋中期		海岱 1					三晋 2 两周 1 海岱 6	两周 1	
春秋晚期						三晋 2	三晋 6 海岱 6		
战国时期	秦 1 海岱 1		秦 1	三晋 1	两周 1 海岱 2	三晋 3 海岱 1	三晋 5 秦 1 海岱 2	海岱 1	两周 1

表一三　东周时期北方地区镈钟编组方式地域、时序差异表

	1 枚	2 枚	3 枚	4 枚	5 枚	6 枚	7 枚	9 枚	14 枚
春秋早期	海岱 1		秦 2						
春秋中期	海岱 1	海岱 1	海岱 1	三晋 1 两周 2 海岱 1		海岱 1			
春秋晚期	海岱 2			三晋 3 海岱 2	三晋 1 海岱 1			三晋 4	三晋 1
战国时期	三晋 2			三晋 3 两周 1 海岱 1	海岱 2		海岱 1	三晋 2	三晋 1

编列镈钟自西周晚期开始逐渐走上脱离特镈，自行组为编列乐器的道路。就所见材料，北方地区东周镈钟发展轨迹较为清晰（表一三）。

春秋早期，所发现的三个墓例中，两例出在秦地，皆以三枚成编，这当是西周编列旧制孑遗。海岱地区发现的单个镈钟若非盗扰组合不全，则仍当属于特镈。

春秋中期，编列镈钟编组方式开始发生变化，呈现出多样化。3 枚成编的编组减少，仅有的一例墓葬还经盗扰，是否是完整成编尚无法确定。这一时期，镈钟最常见的编列方式是以 4 枚成编，成列的镈钟大多会采用此种编列方式。在海岱地区，镈钟

编列方式出现了地域性突破，沂水刘家店子 M1 以 6 枚镈钟配列成编的方式，在中原地区同时期就并未有发现。

春秋晚期，镈钟的编列方式发生了更大的变革。而变革的核心地区是出现在三晋地区。在传统 4 枚成编的基础上，春秋晚期出现了 5 枚、9 枚的新编列方式，金胜村 M251 还突破性的出现了 14 枚一列的编组。

战国时期北方地区镈钟编列基本上承袭春秋晚期以来的编制规律，但在海岱地区新出现了 7 枚一列的编列方式。

在单种乐钟的分析之后，我们需要对东周时期复合编组乐钟的形成过程加以梳理。整体而言，北方地区东周时期乐钟编组在不断复杂的同时，也存在一些持续的固有传统（表一四）。

表一四　东周时期北方地区编列乐钟配组方式地域、时序差异表

	单用甬钟	单用钮钟	单用镈钟	甬钟配钮钟	甬钟配镈钟	钮钟配镈钟	甬、钮、镈钟共同配组
春秋早期	三晋 1 两周 3 秦 1	三晋 2 两周 2	海岱 1	海岱 1	秦 2		
春秋中期	秦 1 海岱 3	三晋 1 秦 1 海岱 4		海岱 1	两周 1 海岱 3	三晋 1 两周 1	海岱 2
春秋晚期		三晋 4 海岱 2	三晋 3	三晋 2 海岱 1		海岱 4	三晋 2
战国时期	两周 1 海岱 1	三晋 4 秦 3 海岱 3	三晋 2	三晋 2	三晋 1	三晋 1 两周 1 海岱 3	三晋 4 海岱 1

春秋早期，北方地区乐钟编组简单，三晋两周地区或单用甬钟编列，或单用钮钟编列。纯以编列甬钟形成乐列，是西周旧制的传承；纯以钮钟编列，则是春秋以来的新风。这一时期的偏晚阶段，秦地以甬钟配合镈钟组成复合编组乐列，但编组方式仍是西周旧制，似乎未有创新。但在这一时期，海岱地区无疑是十分出挑的，海阳尚上都窖藏以甬钟配钮钟，颇有新旧制度调和的意味；临淄河崖头窖藏仅见镈钟的埋藏方式，也非中原地区习见。个中原因如何，不得而知。

春秋中期，各地乐钟编组方式基本上承袭春秋早期规制，但也有所创新，其中最大的创新处有二：其一，以钮钟配列镈钟，尤其是以 9 枚钮钟配列 4 枚镈钟，出现频次远超甬钟与镈钟的编组数量，成为北方地区的常见之制，并深切影响到了后世；其二，海岱地区这一时期的诸侯国君，采用的甬钟、钮钟配以镈钟的复杂编组方式，基本上代表了北方地区高等级贵族的乐钟编列方式。

春秋晚期，北方地区高级贵族乐钟编列方式中有两个突出的现象，其一是甬钟使用明显减少，无论是纯以甬钟编列还是甬钟配列镈钟、钮钟，都较春秋中期有所减少。其二，是三晋地区率先开启了以镈钟为主的复杂编列组合方式，其编组的数量与方式可能受编列钮钟影响。

战国时期的乐钟编列方式没有更大突破，所不同者，在于具体编组方式中乐钟数量的差异变化。大略而言，如下现象，可以视作北方地区编列乐钟使用的规律（图一）。

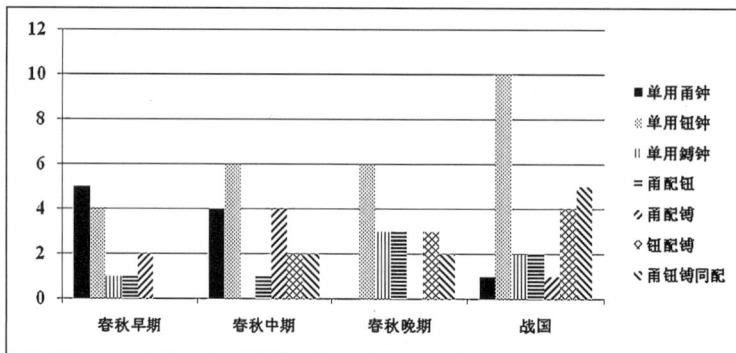

图一　乐钟编组方式时代变化图

第一，北方地区编钟的使用时间有先后，甬钟的使用最早，镈钟其次，钮钟出现最晚。但随着时代发展，钮钟逐渐成为编列乐器中的主流器物，至春秋中晚期，甬钟的使用逐渐被钮钟替代。

第二，甬钟在东周时期的编组方式虽有地域时代的变化差异，但仍以 8 枚一列最为常见。这种起源于西周晚期的编列方式，在东周时期，虽屡经变异，但仍然有较强生命力，一直到战国晚期，仍然得以留存。钮钟编组方式承袭自甬钟，但自春秋早期开始以 9 枚一组成为编列常制，终东周一世，这种编组方式最为常见。作为西周旧制传统，3 枚一列镈钟编组方式在春秋中期前后得以革新，增益为 4 枚一列。此后，这种新制遂成为东周镈钟编列的主流。

第三，异种乐钟共同编列出现在西周晚期，是以甬钟配以镈钟编组。但进入春秋时期后，钮钟与镈钟在一起编列组合逐渐占据主导，较甬钟和镈钟的组合更为常见。

甬钟与钮钟配组成列的组合并不多见，且所出地域较为固定。甬钟、钮钟、镈钟三者结合的墓葬数量较少，一旦出现，则必然等级较高规模较大。

第四，异种乐钟编列中，参与编组的乐钟一般都是一列。春秋中期以后，开始出现某种乐钟以两列配用其他乐钟的现象，且存在较明显的地域差异。简言之，三晋地区多见双列镈钟，两周与海岱地区多见双列钮钟。

五

东周时期北方地区编列乐钟的一大重要特征是编组方式的地域差异明显。

首先看三晋地区。总体而言，三晋地区乐钟使用有如下几个特点。

第一，乐钟使用的偏好种类存在时代差异（图二）。春秋早期，甬钟和钮钟在三晋地区比较流行，镈钟较为少见。但到了春秋晚期开始，编列镈钟的激增与甬钟的相对数量锐减几近正比关系。这种状况一直持续到战国时期。钮钟在春秋中期以后，就一直较甬钟更为常见。三晋地区乐器编组演变过程中，甬钟从最为常见的编组乐器，逐渐为钮钟所替代；镈钟独自编列，说明三晋地区突破了镈钟仅仅作为低音和弦的作用。这从镈钟的编组数量中也可以得到体现。

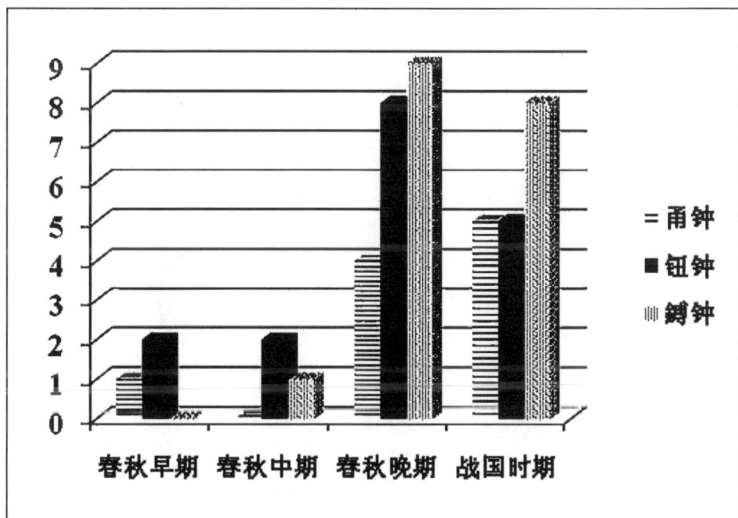

图二　三晋地区乐钟使用时代差异图

第二，乐钟编组时的组合方式，存在相对稳定的规律性特征（图三、四）。三晋地区甬钟的编列中，8 枚成列最为常见。春秋晚期出现的 9 枚成列方式，当是受到了钮钟的编列方式影响出现的。战国时期甬钟有 5 枚、6 枚和 10 枚成列的，当是在前两种编列方式上的增减。这种增减，究竟是身份等级上的考量，还是乐律选择的刻意，目前无法确定。王友华提出 10 枚编列的甬钟在音列上以"角"音作为首钟正鼓音，改变了"羽"音为初音的规律，反映出"钟尚羽"观念被破坏，可备一说[95]。

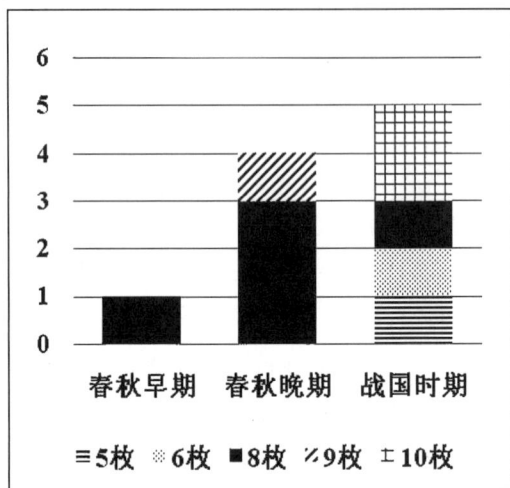

图三　三晋地区甬钟编组方式

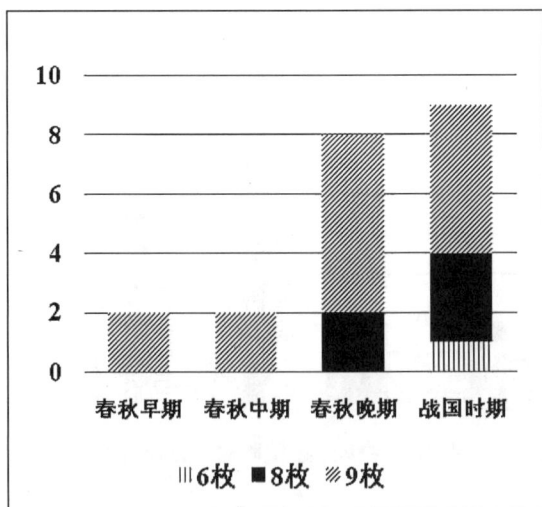

图四　三晋地区钮钟编组方式

---

[95]　王友华《先秦编钟研究》，广西师范大学出版社，2013 年。

三晋地区的钮钟，编组规律较甬钟更为固定，从春秋早期到战国时期始终以 9 枚成编为主流。春秋晚期到战国时期出现的 8 枚编列方式，是否是与甬钟相互影响所致，且音列上能否得到证明，亦需新的材料证明或证伪。

第三，镈钟在三晋地区的情况较其他地区复杂。一方面，4 枚成列的编组方式始终是三晋地区最常见的编组方式。但另一方面，该地区也率先在镈钟编列方式中谋求突破。9 枚编列的镈钟正鼓音音列已经突破了正五声，正侧鼓音可构成六声、七声甚至九声音列，从音列的组合方式角度而言，甚至可以替代同样编组数量的钮钟或甬钟。但也需要注意到，编列镈钟的初音往往以"宫"音起首，而不同于编列钮钟或甬钟以"徵"音或"羽"音起首常见方式。或许恰恰因为镈钟能够完成音列，所以三晋地区才会出现多组仅以镈钟成编成组的复合乐钟。从形态上推测，镈钟钮部较甬钟而言，有更多装饰余地，审美效果胜于后者。这或许也是三晋地区镈钟编列格外特别的原因之一。

第四，三晋地区复合乐钟编组方式中，最为常见的是 9 钮 4 镈，绝不见同时期楚地常见的 9 钮 8 镈的复合编组方式[96]；另外，该地区甬钟与钮钟相配的比例也略高于其他地区。王友华认为甬、钮配列的最大意义在于增加"商"与"羽曾"，音列更加丰满，可以旋宫转调，其说可备[97]。

第五，从时代变化角度而言，三晋地区的乐制，从西周旧制向带有地域色彩的转变，是从春秋中期开始的。可以说，三晋乐制的变化，分界线必在春秋中期。

其次看两周地区。作为东周时期周天子所居，两周地区的音乐取向在某种意义上代表着"都"或"中央"，本应有正统意味。然而，由于东周时期周室衰微，而三晋在中原腹心地区文化影响力巨大，作为与三晋地区最临近的区域，两周地区乐制受到三晋地区的影响最大。同时，由于郑国在春秋中期的一系列变革，使两周地区的乐制呈现出两极化态势（图五）。

第一，两周地区的甬钟、钮钟、镈钟出现时间与增减规律完全与三晋地区相同（图六、七），但镈钟却未独自成列，似乎较三晋地区更多地保留了西周旧制传统。这种现象或许与周王室地处两周地区，周边属国多为东迁的周室近亲有关。

第二，两周地区乐钟在编组时的数量组合方式较为稳定。该地区除郑国外，春秋时期甬钟编组皆以 8 枚成列，钮钟皆以 9 枚成列。独郑国甬钟皆以 9 枚成列，钮钟皆以 10 枚成列，较别国各多一枚。甬钟多一枚，首钟正鼓初音由"羽"变"徵"，音域拓宽；钮钟多一枚，首钟正鼓初音由"宫"或"徵"变"角"，音域向下扩展一个小

[96] 常怀颖《楚地钟镈编列制度形成初论》，《三代考古（六）》，科学出版社，2015 年。
[97] 王友华《先秦编钟研究》，广西师范大学出版社，2013 年。

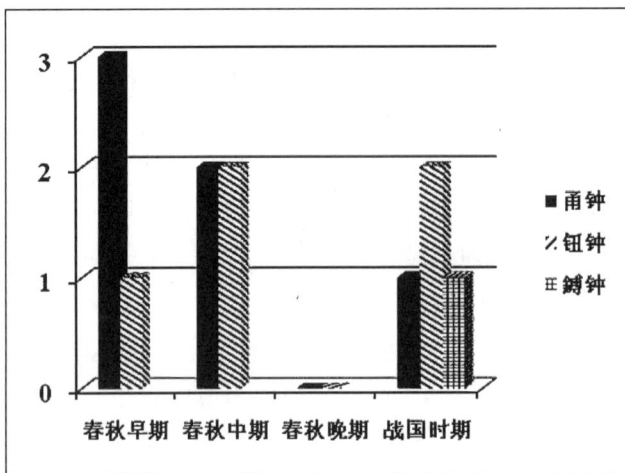

图五　两周地区乐钟使用时代差异图

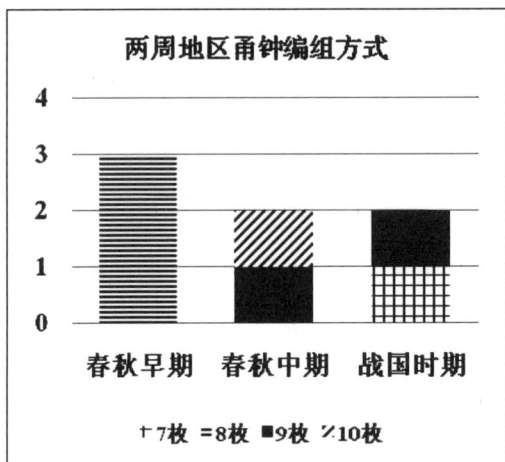

图六　两周地区甬钟编组方式

三度。

　　第三，除郑国外，两周地区编列乐钟多为单种乐钟成编，少见异种乐钟成编者[98]，更未见三种乐钟共同编组的现象。郑国虽有异种乐钟编组，但镈钟皆为 4 枚，并未如三晋地区一般有所变革。两周地区略显简单的编组方式，一方面，固然与两周地区春秋中期后缺少更高等级墓葬例证相关。但另一方面也说明，同等条件下，两周地区编

---

[98]　据《中国音乐文物大系·河南卷》提供线索，三门峡虢国墓地 M2009 有 8 枚甬钟与 8 枚钮钟编列的组合方式，但正式考古报告尚未发表，故暂作已知线索。

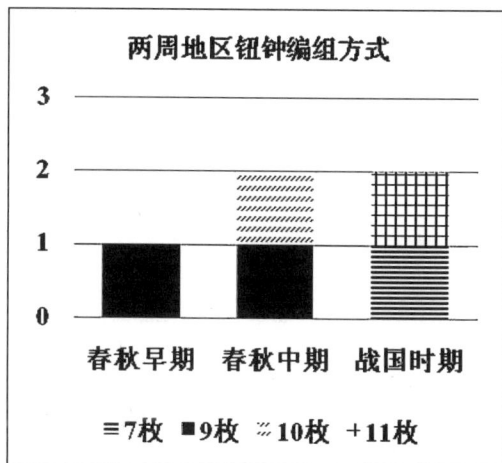

图七　两周地区钮钟编组方式

列乐器变革更小。

郑国乐钟编组与周邻不同，与其所处地缘有密切关系。郑国春秋中期后内有诸公子争位，外有兵患，"常首鼠两大国之间，视其强弱以为向背"（《史记·郑世家》）。晋、楚争霸，往往殃及于郑。且郑国地处要冲，四面往来，人员、文化的流动都会汇合于此，因此郑国的乐制传统变化很可能受到了来源于南方或东方的影响。《论语·卫灵》所谓"郑声淫"，《阳货》篇谓"恶郑声之乱雅乐也"，其实说明了郑国乐钟编组与周王室传统的差异。

再次看秦地，该地区乐钟材料时代早晚多寡不均，对秦地春秋中期以后的乐钟编组方式情况，目前了解不多，尚无法粗线条勾勒其发展脉络及其与关东地区的差异。但仍有两点特点需要注意。

其一，秦地已知甬钟与钮钟编列方式十分固定，完整编组甬钟必为 8 枚，钮钟必然 9 枚。说其传统也好，保守也罢，秦人的确在此方面无领异标新之举。

其二，春秋时期秦人编镈与关东诸国差异较大，其三枚成列的编镈方式沿承西周晚期杨家村编镈三枚一组的成编方式，西周旧制遵守十分严恪。春秋之后，关东诸国编镈逐渐流行以四枚或四的倍数编组，但秦人仍坚持三枚一肆。礼县大堡山出土编镈铭文明确指出"秦子作宝龢钟，以其三镈，乃音鏽鏽灘灘。秦子畯素命在位，眉寿万年无疆"[99]，明白说明秦人编镈就是以"三"为单位的。

---

[99]　早期秦文化联合考古队《2006 年甘肃礼县大堡子山祭祀遗迹发掘简报》，《文物》2008 年第 11 期；赵化成等《礼县大堡子山秦子"乐器坑"相关问题探讨》，《文物》2008 年第 11 期。

东周时期乐钟编列组合情况最为复杂的是海岱地区（图八）。

第一，海岱地区甬钟、钮钟、镈钟的增减规律与三晋两周地区保持着相同的节奏。但甬钟在海岱地区始终数量不多（图九）。相较之下，海岱地区甬钟却无较为固定的编组方式。三晋两周地区 8 枚成编的方式，在海岱地区始终未能贯彻执行。6 枚、5 枚、7 枚、11 枚等编组方式层出不穷，亦难在其他地区找到源头。这种现象似乎只能解释

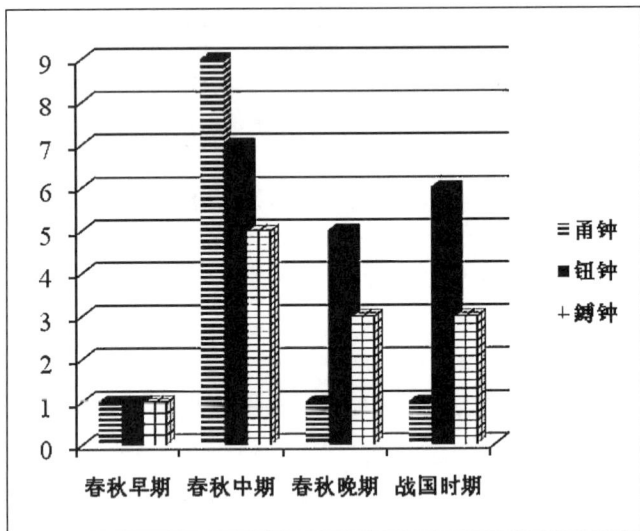

图八　海岱地区乐钟使用时代差异图

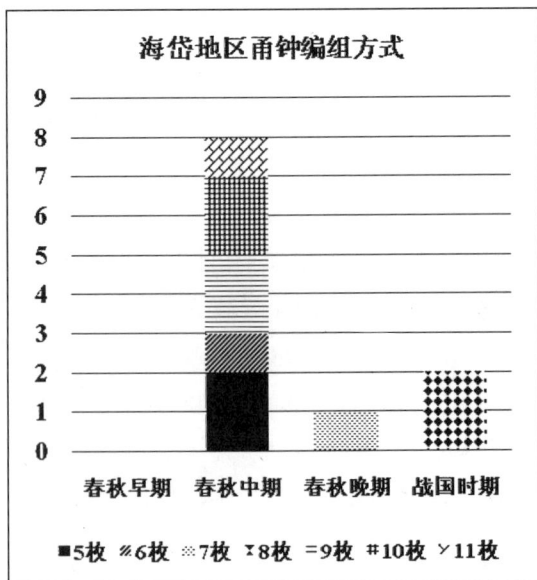

图九　海岱地区甬钟编组方式

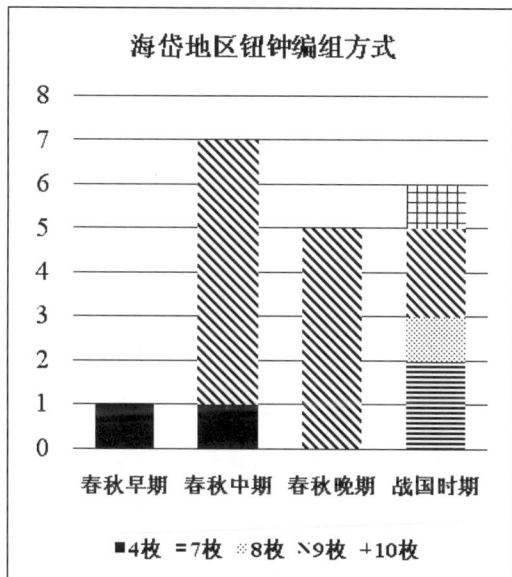

图一〇　海岱地区钮钟编组方式

为，进入东周阶段后，西周较为统一的乐制已彻底为海岱诸国所抛弃，而三晋两周地区的甬钟编组方式，又不为海岱诸国尊仿，于是齐鲁大地上列国自行其是。甬钟编组数量的混乱，也造成了甬钟乐律不统一，甚至不完整。若考虑到海岱地区少见甬钟与镈钟编组，似乎说明，在甬、钮复合编组中，甬钟更像是为了凑足钮钟音列而存在的。

第二，海岱地区钮钟编组方式比较固定（图一〇），以 9 枚成编的方式自春秋中期以来即成主流。虽然在战国时期出现了 10 枚或 7 枚成编的例证，但皆非主流方式。

第三，海岱地区的复合编组乐钟中，钮钟配镈钟占据绝对优势，镈钟多以 4 枚成编（图一一），钮钟几乎皆以 9 枚成编，与中原的三晋两周地区保持着一致的步调。

第四，海岱地区内部的地区差异性值得深究。鲁南莒、鲁等诸侯国区域内乐钟编列较鲁北和半岛区一致性更强，编列方式也更稳定，后者的编组方式则似乎更加随意。这种差异，当与乐钟使用者的族属及文化认同性有关。

第五，海岱地区春秋晚期以后，乐钟的明器化倾向较三晋两周地区更为突出，原因如何，尚无法确定。

东周时期北方地区钟镈编列方式经历了较为复杂的演变历程，在音列变化方面亦是如此。

自春秋中期开始，新出现 9 枚一组的编甬、10 枚一组的编钮钟，整套编钟的音列由西周晚期的羽、宫、角、徵四声演变到春秋早中期的徵、羽、变宫、宫、商、角、变徵七声，增加了变徵、变宫和商音，并在徵和商音作为正鼓音时，将侧鼓音调成大

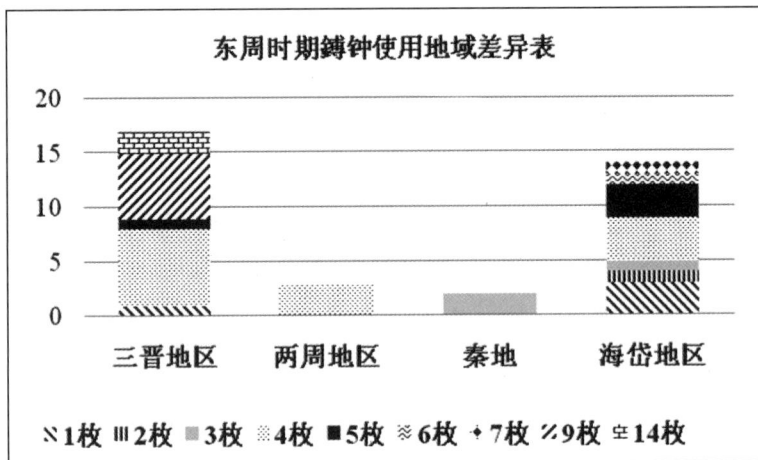

图一一　东周时期镈钟使用地域差异图

三度音[100]，部分单位中甚至出现了钟镈互代的现象[101]。从现有材料的分布地域上看，率先变制的恰是郑国及与其临近的许国。

春秋中期以后，音阶组合结构的地方性逐渐凸显。依照李纯一的研究，齐地出现五声宫调，吴地出现带变宫的五声羽调，晋地出现四声徵调（或宫调），曾国甚至出现了七声合成多调（羽、宫、商、徵四调）[102]。郑国则新出现了十枚一肆编钮钟带"清角"六声音列。从实物钟镈编列来看，各地采用数目相近的编列选择，但在调音中却有不同的选择。辛爱罡从钟镈的外装饰将东周的钟镈分作晋、齐鲁、楚三个大的区域[103]，虽然结论或有可商之处，但大致已经描述出东周时期北方钟镈编列过程中出现的地域性差异。

从现有材料看，各地钟镈出现的编列差异远小于音乐史家所见之音列声调差异，应当是与当时各地审美与精神需求差异相关的。至于附属于钟镈外表的装饰差异，则与各地青铜器纹饰的差异关系更为密切，而与钟镈编列方式的地区差异关系较小。这一点，曾侯乙编钟所记各地乐律律名差异也可作其参证[104]。

---

[100]　黄翔鹏《用乐音系列记录下来的历史阶段》，《溯流探源——中国传统音乐研究》，人民音乐出版社，1992 年。

[101]　王世民、蒋定穗《最近十多年来编钟的发现与研究》，《黄钟》（武汉音乐学院学报）1999 年第3 期。

[102]　李纯一《中国上古出土乐器综论》，第 174 页，文物出版社，1996 年。

[103]　辛爱罡《东周中原地区青铜乐钟的研究》，《新世纪的中国考古学——王仲殊先生八十华诞纪念文集》，科学出版社，2005 年。

[104]　相关研究可参见邹衡、谭维四主编《曾侯乙编钟》，西苑出版社、金城出版社，2015 年。

周系钟镈乐制在西周早期尚看不出明确的制度性"范式"，可能仍以仿效商系乐制为主[105]。文献记载的"周公制礼"或许在西周早期出现，但落实与普及尚不见于实证，是否存在有待新材料的证明或证伪；周系乐制中钟镈的编列制度化与普及形成大致应在西周早中期之际，定型或在西周中期，至西周晚期基本上在北方各地都能得以认同[106]。

从两周之际开始，周系乐钟编组方式出现了地域化的差异，反映出乐制的松动。春秋中期以后，"乐制"大范围变革，地域差异更为明显。所谓"礼崩乐坏"大抵当是从这一时期开始的。但是，必须要反思的是，乐钟使用的地域差异、编列复杂、音列扩展，是否一定就是"乐坏"的表现？文献所谓"乐坏"，恐怕还是要从乐钟使用人群的角度予以考虑。

应该注意到，在文献记载中，东周时期对于乐制的解释或制定权力，名义上还是属于周王。《左传·昭公·二十一年》云："夫乐，天子之职也。夫音，乐之舆也；而钟，音之器也。"但在当时，乐制的"破坏"已经无法阻挡，甚至周王自己都在带头破坏。《国语·周语下》云："（周景王）二十三年，王将铸无射，而为之大林。单穆公曰：'不可……今王作锺也，听之弗及，比之不度，锺声不可以知和，制度不可以出节，无益于乐，而鲜民财，将焉用之！'……王弗听。"

在文献记载中，春秋中期以后，周人对于钟的编列态度也有变化，郑人的认同取向可视之为缩影。《国语·晋语七》云："郑伯嘉来纳女工妾三十人，女乐二八，歌钟二肆及宝镈……公赐魏绛，女乐一八，歌钟一肆。"《左传·襄公·十一年》云："郑人赂晋侯以师悝、师触、师蠲，广车、轵车淳十五乘，甲兵备，凡兵车百乘，歌钟二肆，及其镈磬，女乐二八。公以乐之半赐魏绛……魏绛于是乎始有金石之乐，礼也。"杜注云："肆，列也。县钟十六为一肆，二肆，三十二枚。"

从上举两例文献看，在春秋中期以后，同时使用两组编钟的情况已是常见，至少从文本角度看不出郑人赠二肆钟惊诧到晋人。这与西周时期多使用一组（"肆"）形成鲜明对比。但是考古实践却至今也未见可以完全证实杜注之说的材料，虽有超过10枚以上的同种乐钟编为一列，但至今也无法为文献中的"肆"给出相对准确的释义。从甬钟常见8枚一列，钮钟9枚一列的现象看，杜注说法的臆想可能性似乎更大。

六

东周时期北方地区乐钟，不但编组方式存在地域差异，埋藏情况也有不小的地域

［105］　常怀颖《论商周之际的铙、钟随葬》，《江汉考古》2014 年第 1 期。

［106］　常怀颖《西周钟镈组合与器主身份、等级研究》，《考古与文物》2010 年第 2 期。

图一二　长治分水岭 M270 乐钟摆放情况

差别。

三晋地区，凡随葬编列乐钟的墓葬等级较高，乐钟在墓葬中摆放位置相对固定（表六）。

春秋早期，北赵 M93 编列乐钟摆放在墓葬棺外椁内东侧，根据墓主头向可知，乐钟摆放在墓主身左。这种埋藏方式与西周时期历代晋侯墓葬相比有继承，也有发展。一方面，以 8 枚甬钟编列，是北赵晋侯墓地西周晚期晋侯墓葬 M8、M64 以来的惯例。但另一方面，编列甬钟在墓葬中的摆放位置却与上述两墓有一定差异。M8 甬钟摆放在棺外椁内东南角，即墓主的左脚一端；M64 编列甬钟摆放在棺外椁内东北角及东侧，即墓主头至身左侧。可以看出，编列乐钟自 M8 至 M64，再到 M93 阶段，逐渐从头脚两端摆放发展到向身侧放置。这对于西周中晚期时三晋地区列国编列乐钟多随葬于墓主棺外椁内头脚两端的常见习俗而言，无疑是一种变化。

春秋中期，程村 M0002 和上马 M13 两座墓葬编列乐钟皆放在墓主脚端，而分水岭两墓则将乐钟摆放在棺椁间身侧（图一二）。

春秋晚期，随葬编列乐钟的墓葬进一步增多。乐钟的摆放，虽然都在棺外椁内，但仍有身侧和头足端两种取向，且以前者更为常见。终战国时期，三晋地区的乐钟摆放位置亦承前规，没有超出春秋时期的惯例（图一三）。

两周地区随葬乐钟的墓葬数量没有三晋地区多，埋葬情况略有差异（表七）。

该地区春秋早期随葬编列乐钟的四座墓葬等级甚高，三座墓主是诸侯，一座墓主可能为诸侯国太子。从摆放位置来看，四座墓葬的编列乐钟都埋藏在墓葬棺外椁内头

图一三　陕县后川 M2040 乐钟摆放情况

端（图一四）。这一规律较同时期的三晋地区而言更为固定。

春秋早中期之际两周地区高等级贵族墓葬材料不多，目前仅洛阳体育场西路 M8836 一座墓葬有编列乐钟，乐钟埋藏在墓主棺椁之间的足端外，与上村岭 M1052 对墓葬空间的利用认同方式十分接近，但墓主等级可能略低于后者。

春秋中期两周地区的编列乐钟材料皆出自郑国，无论墓葬随葬还是器物坑瘗埋，郑国的编列乐钟都显示出了其独特性。由于李家楼郑公大墓埋藏信息缺失，所以无法讨论这一时期编列乐钟的摆放位置等问题。但新郑大量出现的器物坑瘗埋编列乐钟的现象，却是中原其他国家所罕见。

两周地区春秋晚期至战国时期编列乐钟信息不全，但似乎仍与春秋中期相近。

图一四　上村岭 M2001 乐钟摆放情况

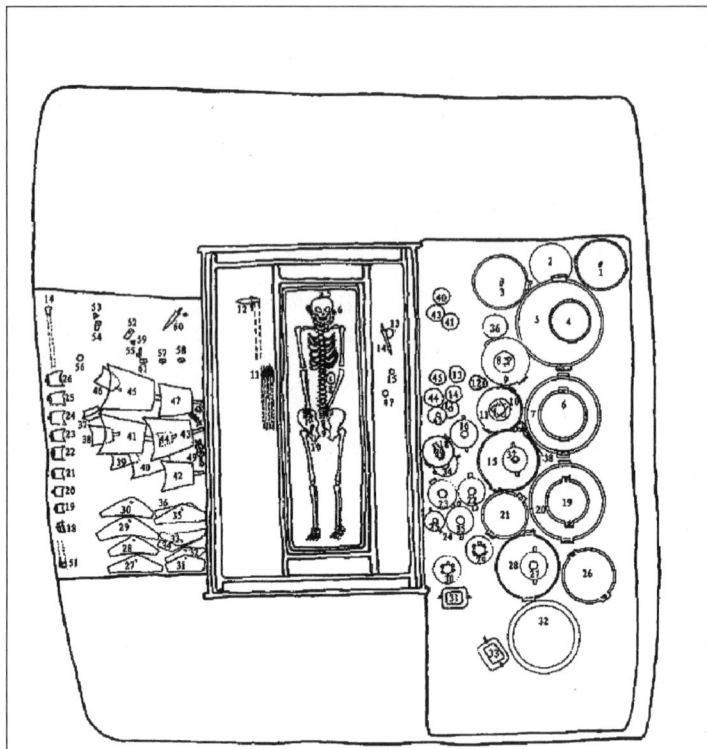

图一五　长清仙人台 M6 乐钟摆放情况

与中原腹地的文化勃兴状况不同，周王室东迁造成了关中地区的文化衰退，继而在政治空间上统治关陇的秦国，在乐制编组创新不多，更多地是在继承周制或仿效三晋（表八）。由于缺乏较好的墓葬材料，目前尚难对秦文化地区编列甬钟的摆放位置。

海岱地区东周时期编列乐钟资料相对丰富（表九），由于其地国族众多且族系复杂，所以乐钟的使用与埋藏情况也因之十分复杂。

春秋早期，临淄河崖头和海阳尚上都两处皆为窖藏，由于无文字或其他材料，无法推测其器主身份。河崖头窖藏仅一镈钟，是否属特镈存疑。海阳尚上都窖藏埋藏环境不明。

春秋早中期之际，目前已知材料中仅有长清仙人台 M6 一座墓葬随葬乐钟（图一五），该墓墓主推测为邿国国君。与中原地区绝然不同，该墓编列乐钟放置在墓葬二层台的器物箱中。

春秋中期海岱地区乐钟材料相对丰富，使用情况也相对复杂。从能够确定的摆放位置看，海岱地区的乐钟摆放位置也较为多样。在墓葬器物箱或器物坑中埋藏乐钟，在莒文化分布区最为常见，郯城大埠二村 M2、纪王崮 M1、刘家店子 M1 都采用这种方

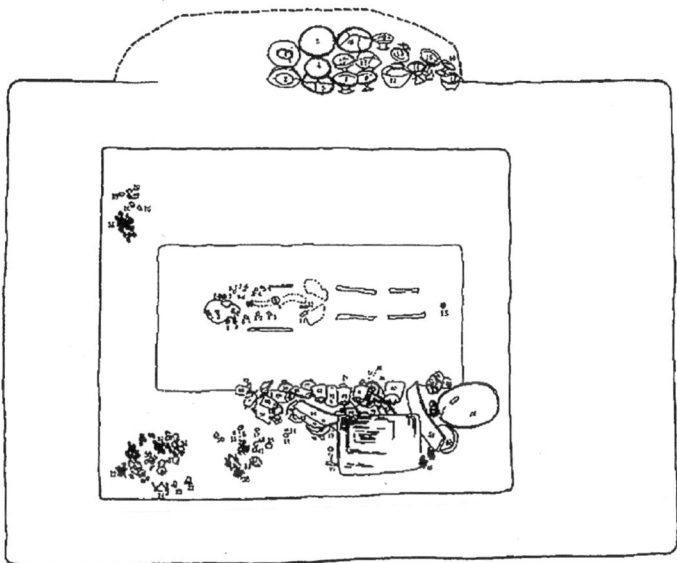

图一六 长清仙人台 M5 乐钟摆放情况

式。但器物箱或器物坑的位置，在这些墓葬中并不固定，有的在棺外椁内，有的在椁外二层台上或椁外墓圹范围内。另一种常见的形式是将乐钟放置在墓葬二层台上，但不一定有器物坑，柳各庄 M6 是此种形式的代表。在棺椁之间埋藏乐钟是中原地区最常见的，在海岱地区主要见于鲁北齐文化区中，仅仙人台 M5（图一六）、烟台上夼村 M1 可能采用这种形式。

春秋晚期海岱地区的乐钟埋藏位置看，临沂凤凰岭 M1、莒南大店两座墓葬都是在椁外的器物坑内埋藏，而枣庄徐楼 M1 则是将乐钟埋葬在椁内的器物坑中；仅嘴子前 M4 将编列乐钟放置在二层台上。

从埋葬位置看，战国时期海岱地区出现了一些新变化。阳信城关西北村编钟与诸城臧家庄墓葬编钟都埋藏于墓葬之外的器物坑（陪葬坑）中，这种埋藏习俗是战国时期丧葬理念的变革所带来的[107]。郯城二中 M1 乐钟埋藏在墓主身侧的墓内棺外位置。最为复杂的是淄河店 M2，6 列编钟的位置分散，编列钮钟放置在墓主头端的棺外椁内左上角；编列镈钟放置在墓主棺椁外的生土二层台上，相对位置在墓主身侧；编列甬钟则在墓主头端二层台左上角。

战国时期戎、狄族群国家或人群虽也开始使用乐钟作为随葬品。但其制度和使用

---

[107] 冯峰《东周丧葬礼俗的考古学研究》，北京大学博士学位论文，2010 年。

方式与中原地区差别较大（表一〇）。中山国国君墓葬中发现 17 枚钮钟，其中两列 7 枚成编的钮钟被埋藏于墓室内西侧的器物坑中，另外有三枚钮钟则被放置在墓葬陪葬坑内。至于凌源、滦平一带的山戎人群墓葬中随葬的乐钟摆放位置不固定，亦多为单钟埋藏，难有"葬制"可言。而这些山戎贵族的等级性亦无法论证。

综上所述，随葬乐钟在墓葬中的摆放位置存在地区和时代差异（表一五）。简言之，东周时期北方地区乐钟主要摆放在墓葬的有五个位置：其一，墓主头脚端的棺椁间；其二，墓主身侧的棺椁间；其三，墓葬的器物箱内；其四，椁外二层台上；其五，墓葬外的器物坑中。

表一五　东周时期北方地区乐钟埋葬位置表

时空	摆放位置	椁外头脚端	棺椁间头脚端	棺椁间身侧	椁外二层台	墓内器物箱	墓外器物坑或陪葬坑
春秋早期	三晋			北赵 M93			
	两周		梁带村 M27、M28，上村岭 M2001、M1052				
	秦地		宝鸡西高泉村 M1				大堡子山窖藏、太公庙窖藏
	海岱			仙人台 M5			海阳上尚都
春秋中期	三晋		上马 M13、程村 M0002				
	两周		体育场西路 M8836				中行窖藏坑
	海岱			上夼村墓	嘴子前 M1、柳各庄 M6	仙人台 M6，大埠二村 M2，刘家店子 M1、M2	
春秋晚期	三晋		程村 M1001、上马 M1004、琉璃阁甲墓、金胜村 M251	程村 M1002，庙前 58M1，上马 M5218，分水岭 M269、M270			
	海岱				嘴子前 M4	纪王崮 M1，大店 M1、M2，徐楼 M1	

续表一五

时空 \ 摆放位置		椁外头脚端	棺椁间头脚端	棺椁间身侧	椁外二层台	墓内器物箱	墓外器物坑或陪葬坑
战国时期	三晋		分水岭 M126、M25，潞河 M7、后川 M2040、M2041，山彪镇大墓	分水岭 M14、琉璃阁 M75			
	两周		洛阳西工 M131				
	海岱	商王村 M2	淄河店 M2、女郎山 M1	站马张家村 M1	淄河店 M2	凤凰岭 M1	西北村战国墓
	冀辽					平山 M1	

　　三晋地区墓葬埋藏位置清楚的 21 座墓葬中，乐钟皆在棺椁间，未见摆放于器物箱、二层台和器物坑（表六）。在棺椁间随葬的乐钟，12 座墓葬选择摆放在墓主头脚某端的棺椁间，有 9 座墓葬放在身侧的棺椁间。从时间上看，从春秋早期至战国晚期只有这两种摆放方式。但在身侧随葬的 9 例墓葬中，有 7 例集中在春秋时期，战国时期早中期各有一例，从出现频次看，似乎流行于年代较早阶段。从墓主性别角度而言，乐钟放置在身侧的墓葬中，有 3 例墓主为女性贵族，比例略高于放置在头脚两端的女性贵族。

　　两周地区与三晋地区最为接近，随葬乐钟全部摆放在墓葬棺椁间的头脚两端，且未见摆放于身侧者。

　　秦地墓葬保存情况不佳，可以确定随葬品位置者仅有西高泉 M1 一座残墓，乐钟放置在墓主头端。

　　海岱地区埋藏情况稍显复杂，春秋、战国两世，始终没有较为统一的时代规律可循（表九）。在可以确定随葬品位置的 19 座墓葬中，将乐钟摆放在墓主头脚两端棺椁间的仅有 3 墓；将乐钟摆放在墓主身侧棺椁间的 2 墓；将乐钟存放在墓葬器物箱中的有 8 墓；将乐钟放在二层台上的有 7 墓[108]。从地域分布看，将乐钟摆放在棺椁间的墓葬有齐国贵族，有莱夷贵族，亦有邾国国君的姜姓妻子，也有郯国贵族。而将乐钟摆放在二层台者，以鲁中的齐国贵族为最多见，其余几座墓葬多在半岛地区，墓主可能是己国或莱夷贵族。而将乐钟放置在器物箱中的，则基本上是鲁南的莒国、郯国贵族。

　　第二个需要考虑的问题是，东周时期在墓葬以外，乐钟的埋藏还有所谓器物坑或"窖藏"甚或是"祭祀坑"的环境。

---

[108]　临淄商王 M2 镈钟与钮钟分开放置，故一墓中乐钟摆放出现了两种状况。

从表一可见，东周时期三晋地区所有乐钟皆出土于墓葬。赵昊曾经对三晋地区的祭祀遗存进行过系统梳理，他指出可以确定的三晋地区祭祀遗存，皆不用青铜乐钟瘗埋[109]。

两周地区除新郑中行窖藏坑外，所有乐钟亦皆出土于墓葬。对这些窖藏坑的性质，发掘者认为是祭祀遗址，甚至认为中行地点的窖藏坑是郑国社祭遗存[110]，孙锦[111]、杨文胜[112]、马世之[113]等先生从此说，马先生甚至进一步推论所出礼乐器是社祭的祭品。但是，无论文献梳理，还是铜器铭文材料都提示我们，中原地区东周时期的祭祀活动，所献祭品皆为布帛、血牲，至多用玉器瘗埋，从未见将青铜器作为祭品并瘗埋的。谢肃更指出，即便是作为祭器的青铜器在祭祀活动后，也需要好好收藏，以待下一次祭祀活动。他提出一个相当新颖的观点，认为新郑这批窖藏坑中的铜器是郑人预先铸造好以待纾国难之时，贿赂他国的礼物[114]。

无论谢肃之说是否成立，但他所指出的，将新郑窖藏坑中青铜器定性为祭祀活动相关物品，于出土文献及传世文献不合的现象，无疑是十分正确的。就此意义而言，笔者赞同谢说，新郑窖藏坑的器物，应不属于祭祀品，埋藏环境亦不是一般的窖藏坑。但至于是否是预先铸造好的贿赂品，有待更多材料证实。

秦地已知的东周乐钟埋藏单位，除大堡子山与太公庙外，皆为墓葬出土，凤翔大辛"窖藏"出土环境情况不详，暂且存疑。对大堡子山和太公庙的乐钟，笔者倾向于陪葬坑瘗埋。个别学者认为两处"坑"是其旁大墓的祭坑[115]，李峰先生甚至认为大堡子山乐器是秦人进入关中后返回礼县祭祀后所瘗埋[116]。但此说法，同样没法调和文献与出土文献中关于祭祀用品记载的矛盾。赵化成等先生已辩其非[117]，本文从赵说。

海岱地区除因为偶然发现、清理记录不全的临淄河崖头"窖藏"、海阳尚上都"窖

[109] 赵昊《东周祭祀遗存研究》，北京大学硕士学位论文，2011 年。
[110] 蔡全法、马俊才《郑韩故城 4 号、15 号坑青铜礼乐器浅析》，《华夏考古》1998 年第 4 期；蔡全法《新郑金城路铜器窖藏性质及其若干问题》，《河南文物考古论集》，中州古籍出版社，2000 年；蔡全法《郑国祭祀遗址及青铜器研究》，《文物》2005 年第 10 期。
[111] 孙锦《郑国祭祀遗址青铜编钟初考》，《中国音乐》2007 年第 4 期。
[112] 杨文胜等《郑国青铜器礼乐器祭祀坑相关问题讨论》，《华夏考古》2008 年第 2 期。
[113] 马世之《华夏考古的新篇章——读〈新郑郑国祭祀遗址〉》，《华夏考古》2008 年第 2 期。
[114] 谢肃《关于新郑中行遗址青铜器坑和马坑性质的讨论》，《中国国家博物馆馆刊》2013 年第 11 期。
[115] 比如陈平曾认为太公庙窖藏为祭祀坑，见陈平《秦子戈、矛考》，《考古与文物》1986 年第 2 期。
[116] 梁云《甘肃礼县大堡子山青铜乐器坑探讨》，《中国历史文物》2008 年第 4 期；李峰《礼县出土秦国早期铜器及祭祀遗址论纲》，《文物》2011 年第 5 期。
[117] 赵化成等《礼县大堡子山秦子"乐器坑"相关问题探讨》，《文物》2008 年第 11 期。

藏"外，其余乐钟不是埋藏于墓葬，就是埋藏于墓葬的陪葬坑中，亦未见埋藏于祭祀坑的例证。

需要特别讨论的是章丘小峨眉山发现的几批乐钟，发掘者认为有可能与祭祀天地有关。由于这些铜器并非集中出土于同一埋藏环境内，清理过程亦不详，故而存疑。但也必须承认，这种单独出现乐钟，且临近地区未发现其他遗存的现象，与楚地山川祭祀瘗埋乐钟的情况[118]确有近似之处。

由此可知，东周时期北方地区乐钟的埋藏环境以墓葬占绝大多数，仅个别遗存性质为"窖藏"坑，但没有或罕有"祭祀坑"瘗埋乐钟的例证。

对中原地区东周时期的编列乐钟而言，第三个需要思考的问题是，乐钟埋葬时是否有钟架随葬。在东周时期有部分墓葬或器物坑会将钟架与乐钟一起埋藏，甚至将乐钟挂在钟架上埋藏。从目前可以确认的墓葬来说，有海岱地区的海阳嘴子前 M1、M4；蓬莱柳各庄 M6、蓬莱站马张家村 M1；长清仙人台 M6 五座墓葬；礼县大堡子山器物坑和新郑郑国铜器窖藏坑将乐钟与钟架一起埋藏（图一七）。

从国别与族姓说，上述五座墓葬集中在海岱地区，或为莱夷或东夷人群，或为姬姓邿国，或为己姓郯国，总体而言，不似中原地区姬姓为核心的周人或"西土集团"

图一七　新郑中行 K8 乐钟及钟架

[118]　常怀颖《楚地钟镈编列制度形成初论》，《三代考古（六）》，科学出版社，2015 年。

成员为主。大堡子山器物坑器主某代秦公，嬴姓。空间上看似一东一西并不相连，但从族姓看，无论是秦国的嬴姓，还是东夷，都是来源于东方旧族，似乎仍有内在渊源关系在其中。

从时代看，这些埋藏乐钟钟架的墓葬或器物坑，年代集中在春秋早中期，仅蓬莱站马张家屯 M1 为战国早期。从集中程度看，这似乎是一种较早的习俗。郑国铜器的窖藏坑，并非墓葬，性质不同于随葬品，更似府库。

所以，东周时期北方地区来源于东方的东夷或嬴姓人群，会将钟架与乐钟一起埋藏，而中原地区绝大多数国族墓葬，都是将乐钟卸下，在墓葬中摆放后再行埋藏。

七

在对东周时期北方地区的乐钟使用情况初步梳理的基础上，我们可以尝试对其使用人群的等级身份、性别差异、族姓规律略作小结。

首先看等级身份差异问题。

东周时期，三晋与两周地区的乐钟使用人群等级身份接近，规范性也较为清晰。

春秋早期，三晋、两周地区使用编列乐钟中最高等的人物是各诸侯国国君，诸如晋侯、芮公、虢公。其次是次于诸侯一等的各诸侯国上卿，代表性墓葬如上郭村 M210、M211，各诸侯国太子或公室应该也属于这一级别，上村岭 M1052 墓主可作为此类人群的代表。宋玲平认为编列乐钟在西周晚期到春秋早期是晋侯的特权，也是必备之物，且不为其夫人所能享用[119]。从上郭 M210、M211 的材料看，似乎可修订该认识。但更下一等的阶层，似乎没有使用乐钟的例证。从墓葬伴出列鼎看，在三晋两周地区可以随葬编列乐钟的人群，皆是可以享用 7 鼎或 5 鼎的阶层。

春秋中期，三晋两周地区已发现的编列乐钟，器主身份与春秋早期相比没有太大差别。在三晋地区，可能晋公室以及韩、魏等重卿的贵族都有使用乐钟的可能。在两周地区，郑公、周王室宗亲或王室高级官吏，也可以使用编列乐钟。前者例证自不必说，后者可以洛阳体育场西路 M8836 为代表。这一时期，可能还没有女性贵族可以使用乐钟。但是，这一时期也出现了新情况，在第一、二个等级之外，有部分使用 3 鼎墓的人群，已开始使用编列乐钟。这一等级的贵族，可以上马村 M13 为代表。这说明，春秋中期开始，三晋两周地区的乐钟使用人群最低等级，当是可以使用 3 鼎的卿大夫一级。《左传·襄公·十一年》云："郑人赂晋侯以师悝、师触、师蠲，广车、𫐐车淳十五乘，甲兵备，凡兵车百乘，歌钟二肆，及其镈磬，女乐二八。公以乐之半赐

---

[119]　宋玲平《晋系墓葬制度研究》，科学出版社，2007 年。

魏绛……魏绛于是乎始有金石之乐，礼也。"当时魏绛尚非晋国上卿，用乐为晋公特许。这段记载中，关于魏绛用乐的记载与目前考古所见比较相合。

春秋晚期到战国时期，从伴出铜鼎的角度而言，三晋两周地区的乐钟使用人群虽然扩展至一部分三鼎等级的人群，但似乎并未如文献所言，有大范围的"崩坏"。乐器使用人群的向下扩大，似乎也仅限于下卿一级，尚未见到元士一级的低级贵族可以大范围使用编列乐钟。此时乐钟使用人群中最大的亮点，就是诸侯国君夫人、卿大夫夫人开始使用乐钟，从编列方式看，与其夫基本上看不出差别。

秦地乐钟使用的人群目前无法深入分析。可以确定者，从春秋早期开始，秦公或者次于秦公一级的高等级贵族是可以使用乐钟的。但从宝鸡西高泉 M1 的材料观察，不排除秦国有部分低等级贵族，可能因为军功或其他原因，使用非编列乐钟作为特钟随葬。另外需要注意的是，迄今为止，尚未发现秦国女性贵族使用乐钟的例证。以上两点，从侧面旁证了秦国墓葬等级差别巨大，秦国女性贵族地位较低的现象。

海岱地区的情况比较复杂。由于目前没有明确的齐国或鲁国国君墓葬被发掘，所以对于海岱地区最具代表性诸侯国，最高等级的乐钟使用情况尚无法确证。现有现象仅可大略对海岱地区进行粗线条梳理。春秋早期，齐国贵族可以使用编列乐钟的人群，大体是使用 5 鼎随葬的贵族，若与中原地区相比，则为上卿一类人群。春秋中期，邿、莒、郳、己（纪）国君都可以随葬编列乐钟。这一时期有多位诸侯国国君夫人使用了编列乐钟。春秋晚期开始，不少使用 4 鼎甚至 2 鼎的海岱地区贵族已开始使用数量不等的乐钟，说明随葬乐钟的墓主身份很可能已经下移至"元士"一级，这是与中原地区迥异的现象。可以看出，海岱地区对乐钟使用的规范性远不如三晋两周地区严格。

从出现早晚而言，海岱地区女性贵族早于三晋两周地区使用编列乐钟。

进入中原与未进入中原地区的戎狄人群虽然在战国时期也使用乐钟，但是否有随葬的"制度性"考量，完全不同。平山中山国国君可以使用编列乐钟，但同为一国的其他高等级贵族似乎就无此殊荣。而身处滦平的山戎中低等贵族却几乎都可以随葬一枚到两枚钮钟，至于是否成编，要不要编组，完全不是戎狄人群丧葬习俗制度所要考虑的问题。

结合部分可确定器主的传世钟镈材料（表一六），我们可以初步总结东周时期北方地区乐钟使用人群的身份等级和地位。

第一等：周天子及其后妃。目前虽未发现直接证据，但若联系西周时期宗周钟的存在，以及诸侯国国君、王孙可以使用乐钟，则东周时期的周天子皆可用钟。洛阳金村大墓发现的编钮钟[120]暗示，东周天子必然可以使用编列乐钟，且编组数量当绝不止一列。

---

[120] ［日］梅原末治《洛阳金村古墓聚英》，小林写真制版所出版部，1937 年。

表一六　东周时期部分传世北方钟镈表

名称	类别	现存或已知数量	时代	国别
戎生钟	甬钟	8 枚	春秋早期	晋？
子范钟	甬钟	8＋8 枚	春秋中期	晋
郜公矛人钟	甬钟	1 枚	春秋早期	郜
邾太宰钟	钮钟	1 枚	春秋早期	邾
邾叔之伯钟	钮钟	1 枚	春秋中晚期	邾
邾君钟	？	1 枚	春秋晚期	邾
邾公钟	甬钟	4 枚	春秋晚期	邾
邾公牛至钟	甬钟	1 枚	春秋晚期	邾
邾公华钟	甬钟	1 枚	春秋晚期	邾
了璋钟	钮钟	7 枚	春秋晚期	？
王子婴次钟	甬钟	1 枚	春秋晚期	周
文公之母弟钟	钮钟	1 枚	春秋晚期	？
秦王钟	甬钟	1 枚	春秋晚期	秦
素命镈	镈钟	1 枚	春秋中期	齐
叔夷钟	甬钟	13 枚	春秋晚期	齐
叔夷镈	镈钟	1 枚	春秋晚期	齐
鲍氏钟	钮钟	1 枚	战国早期	齐
吕𢀜原钟	甬钟	13 枚	春秋晚期	吕
宋公戌镈	镈钟	6 枚	春秋晚期	宋
滕侯睞镈	镈钟	1 枚	春秋晚期	滕
郳䣄皮父公镈	镈钟	4 枚	春秋晚期	郳
骉钟	钮钟	10 枚	战国早期	韩
骉羌钟	钮钟	5 枚	战国早期	韩
者氵刀钟	钮钟	12 枚	战国早期	周？

第二等：诸侯国国君及其夫人，周王室太子、王子及周王室宰辅。目前可以确认者，诸侯如晋侯、郑公、芮公、虢公、宋公、郜公、齐侯、邾君、秦公、郐君、莒君、己侯、纪侯、滕侯、中山国君等。周王子、周王宰辅如周公、虢叔等所属乐钟目前虽未直接发现，但从畿外诸侯国国君都可拥有的情况看，同等级的畿内重臣也当可以拥有。这一级别往往可以使用7鼎甚或9鼎随葬，但也有部分诸侯随葬5鼎。从目前材料可以肯定，春秋战国数百年，这一等级的人群一直可以使用乐钟，但其夫人较为普遍的使用乐钟，开始于春秋中晚期之际。

第三等：诸侯国上卿重臣、宰辅，如晋六卿，各国宰辅、各诸侯国公室太子、公子。目前可确认者如赵卿、范子、邾太宰、虢太子、王孙婴次等。这一阶层使用乐钟，以三晋地区最早，大体从春秋早期就已经可以使用，直至战国末期。这一等级中，部分贵族的夫人也可以使用乐钟，如程村 M1002。这一级别的人群，往往以 5 鼎随葬。在东周时期，北方各地区以上这三个等级的人群使用乐钟是比较肯定的。

第四等：诸侯国卿大夫（下大夫）及其夫人。这一级别的贵族较多，但大都是使用5鼎乃至3鼎的人群。北方地区东周时期这一阶层使用乐钟年代较晚，大体在春秋中期阶段，方开始使用。

第五等：元士一级。这一级别贵族使用乐钟的人群，在海岱地区为多，其他地区则极为罕见。他们大部分是使用 3 鼎随葬的下层贵族，比如上马 M13，郯城大埠二村 M2 的墓主。也不排除有个别下层贵族，因为特殊原因可以使用一枚或两枚并不成列的乐钟作为特钟随葬，比如宝鸡西高泉 M1，烟台上夼村墓葬的墓主。这一层级尚未见到有同等女性使用乐钟。这一阶层使用乐钟年代较晚，大体开始自春秋中期阶段。

总体来看，东周时期北方地区贵族人群身份等级层级差别虽然明显，但在乐钟编列差别却难有直接体现。文献所记乐悬制度，尤其是所谓“肆”“堵”的等级差异记载大多无法与考古材料相合。究其原因，是由于编钟的音乐音列限制，“编钟不可能因所有人等级的差别而随意增减编钟数目”[121]。从目前的考古材料看，复杂的复合编组采用几列乐钟参加编组，才是区分第三等级以上贵族与第四、第五等的区别。即便如此，文献所记“宫悬”“轩悬”“判悬”“特悬”的“肆”“堵”差异，从考古材料角度而言，基本无法得到印证。

其次，是说东周时期北方地区乐钟使用所反应出的性别差异。

前文的分析已经说明，女性在东周用钟比较普遍，不但诸侯国国君夫人可以使用乐钟，不少重臣、公室成员的配偶亦可使用乐钟，相较于西周时期，这已是最大的变化。

但在此仍需有两点认识需要强调。

---

[121]　方建军《商周乐器文化结构与社会功能研究》，上海音乐学院出版社，2006 年。

其一，东周时期虽然国君夫妇都使用乐钟，但从编组方式和埋藏方式上能看出一些差异。比如，长清仙人台邿国国君夫妇墓葬，虽然都使用编列乐钟，但国君墓 M5 以编列甬钟与编列钮钟共同编组形成复合编钟；而另一代国君夫人墓 M6 却仅使用编列钮钟。从摆放位置看，邿国国君将乐钟摆放在椁外二层台上的器物箱内，而姜姓国君夫人却将之放置在棺外椁内的身侧。而且，国君墓在埋藏乐钟时，将钟架一并埋藏，但夫人却将所有乐钟卸下。上述三点足见虽同属一国，但乐钟的埋藏方式与编组却不尽相同。国君似乎在编组上高过夫人，但在埋藏方式上，夫人却似乎更恪守中原的丧葬习俗（M6 墓主虽为邿国媳妇，但自身却为姜姓，很可能是从齐国嫁入邿国的）。但同样地处山东的莒国夫妻，无论是莒南大店 M1 与 M2 夫妇，还是沂水刘家店子 M1 与 M2 夫妇，除了夫君的乐钟编组要比夫人复杂华贵之外，在埋藏方式方面，夫人墓则完全是"出嫁从夫"了的，与邿国情况迥异。

但总体来看，东周时期的北方地区，确定的女性墓葬随葬编钟例证亦多，与男性墓葬相比，随葬乐钟编列数目明显不如其夫君。

其二，相较于西周时期，东周女性贵族有更大的空间和机会，得以使用编列乐钟。从金文材料看，东周时期北方地区女性与编列乐钟还是有密切关系的。这些材料可以分为两类，一类是作为媵嫁器物，如

迟父钟："迟父作?? 齐姜龢林钟"（《集成》103）（西周晚）

铸侯求钟："铸侯求作季姜媵钟"（《集成》47－9）（春秋）

楚王钟："楚王媵江仲女爾南龢钟"（《集成》72）（春秋）

癈又钟："……作朕文考釐镈龢林钟癈又厥蔡姬永宝"（《集成》92－5）

一类则作为祭祀用器提及女性，但女性往往作为与男性配祭的身份出现，如：

叔夷镈："用享于其皇祖皇妣、皇母皇考"（《集成》285）（春秋）

素命镈："……作子仲姜宝镈。用祈侯氏永命万年……用享用孝于皇祖叔、皇妣圣姜、于皇祖有成惠叔、皇妣有成惠姜、皇考齐仲、皇母。"《集成271》（春秋中晚）

就五例金文证据和较为明确的墓葬材料来看，东周性别差异之于乐制恐更加松散。

第三个方面，是乐钟所见的族姓与人群差异。不同的族姓，对以三晋两周地区为代表的乐钟编组制度的认同度不同，使用方式就会有极大的差异。

东周时期北方地区乐钟的确是存在地域差异。这些差异或隐或显，似乎都有族姓人群的背景染濡其间。这些问题，目下虽不能得到确解明示，但作为一种现象似乎还有列出的必要。

首先，是以姬姓为主的人群在使用乐钟时，比较坚持西周以来的传统。虢，是"王季之穆"；晋，为"武之穆"；芮，姬姓之胤；韩为晋韩氏哲嗣，亦为姬姓；魏乃毕公之后，也属姬姓。加上在洛邑的周王室及如虢叔、周公这样的宰辅，核心族姓成

员都为姬姓。我们看到，这些三晋两周地区的上层贵族，对甬钟的使用，始终有较大的偏好。同时，在使用甬钟时，他们对 8 枚一列的编组方式改变较小，甚至战国晚期仍然坚持使用 8 枚一组的编列方式。在埋藏方式中，这些人群坚持将乐钟埋藏在棺椁间的头脚端或身侧，习俗较为稳定。

其次，钮钟的创制和使用，可能和北方地区的新兴贵族有关，这些人，可能未必一定是姬姓，但他们对北方地区东周乐钟使用规范的构建，起到了关键作用。

我们现在似乎无法确认最早的钮钟，是在西周的哪个诸侯国最先创制的。但最早一批使用钮钟，且以 9 枚为基本编组方式的人群，却以春秋早中期之际，埋藏于晋西南闻喜、临猗、万荣一带的，次于诸侯一级的上卿阶层最为集中。春秋早中期之际，恰好是历史上曲沃代晋前后，钮钟的流行是否与之有关，暂且不论。但从地域看，钮钟的盛行地似乎和文献所记的"九原"有草蛇灰线的联系。谢尧亭[122]、田建文[123]、冯峰[124]曾先后对埋葬于"九原"的地望以及其地埋葬的故绛旧臣进行过讨论。按他们的研究，九原地望在襄汾西南的九原山一带，以闻喜上郭一带最有可能，但也可能不是某一个单一地点，是一个较大的地理概念。其地所埋葬的贵族大多是晋主要卿大夫族氏宗子在内的重要人物，比如范、狐、赵、阳等氏。无论如何，这一地区所埋藏的上卿及其以上人群，的确与考古发现中最早且最集中使用钮钟的人群吻合。

同时，对镈钟编列的使用，以及编列数目的突破，甚至以镈钟替代甬钟、钮钟，也是由这一人群开始实践的。

在两周地区，集中使用钮钟，并打破率先钮钟编组 9 枚定制的是郑国。郑，是姬姓旧族，但却突破姬姓常用的 8 枚甬钟之制，开辟春秋乐制编列的新道路，可能既与东周早期中原地区混乱的国际政治局势有关，也与新兴贵族与西周旧贵族的斗争有关。郑国在文献中被称为"郑声淫"，或许并非因为其音列靡靡，而是因为打破了西周旧制。

第三，秦地贵族最初的音列编制严守西周旧制，且坚守三枚编组的镈钟，守旧面貌突出。与同为赢姓的赵国相比，似乎创新性有较大的不同。

第四，海岱地区国族众多，乐钟使用面貌也最纷杂。姬姓人群如周、滕；姜姓人群如齐、己、莱、纪；曹姓人群如邾、郳（小邾）；己姓人如莒、郯；以及妘姓的邳纷杂其间，各国源出不同，对乐钟的使用也有差异。有的可能尊效中原地区新兴贵族，如莒国，乐钟使用十分规范，几乎可以与三晋地区相同。有的则无甚章法仪俗可言，

---

〔122〕　谢尧亭《"九原"的地望及其相关问题》，《鹿鸣集——李济先生发掘西阴遗址八十周年、山西省考古研究所侯马工作站建站 50 周年纪年论文集》，科学出版社，2009 年。

〔123〕　田建文《读〈国语·晋语〉二得》，《鹿鸣集——李济先生发掘西阴遗址八十周年、山西省考古研究所侯马工作站建站 50 周年纪年论文集》，科学出版社，2009 年。

〔124〕　冯峰《东周丧葬礼俗的考古学研究》，北京大学博士学位论文，2010 年。

编组方式与编列数目十分混乱，如郳、莱。

八

综述上文，可以对北方地区编列乐钟的使用有如下几点总结。

第一，北方地区东周时期的乐钟使用，以三晋两周地区规范性最严格，可以作为东周时期的乐制正朔。不同国族，在东周时期的乐钟使用，差异较大，已非西周时期的一致性样态。

第二，以春秋中期为界，北方地区东周时期乐钟的使用制度前后变化较大。

第三，文献所记的乐悬制度与考古发现难以密合，相较于用鼎制度，乐钟的使用"崩坏"程度并不如想象中严重。与其说乐制崩坏，不如说乐钟的使用在两个方面有所扩大——其一是使用人群扩大至下大夫一级；其二是音列编制有所扩大，已不限于西周音列制度。

第四，东周时期，女性贵族使用乐钟的概率远高于西周时期。

第五，北方地区的乐钟埋藏，主要形式是作为随葬品随葬，间有窖藏，但几乎不见祭祀瘗埋的现象，这与楚地迥异。

第六，北方地区东周时期的甬钟、钮钟、镈钟编组配列虽然排列组合方式众多，但仍能梳理出最为常用的编组方式。甬钟以 8 枚成编最为常见，钮钟以 9 枚配组成为正统，镈钟则以 4 枚组合成为主流。复合编组以 8 甬 4 镈或 9 钮 4 镈在北方地区最为流行，这与楚地最为流行的 9 钮 8 镈编组方式差别明显。

第七，北方地区以三晋两周地区的乐钟使用方式，深切影响到了中原地区以外的地区与人群，除楚地之外，北方戎狄人群、徐舒吴越地区、甚至于西南夷与百越的人群纷纷开始仿效中原地区，开始了地区化的乐钟使用[125]。

第八，部分不能使用青铜乐钟的人群，在东周时期开始以各种其他材质的材料以仿铜乐钟的形式进行乐钟礼制的模仿[126]。

附记：小稿草成后，得到了刘绪、孙庆伟师，商周田野工作坊诸友与冯峰先生的指点，匡谬解疑，于此谨致谢忱。又及，本文成稿于 2014 年，稿成至今又有数篇与本文相关论著发表，但核心论点和论据并不相同。

---

[125] 常怀颖《两周时期徐舒吴越地区乐钟编列与埋葬规律研究》、《东周两汉时期西南地区乐钟编列与埋藏规律研究》、《两广百越地区两周乐钟编列与埋藏规律研究》（均待刊）。

[126] 常怀颖《两周时期仿铜乐钟的编列与埋藏规律》（待刊）。

三门峡秦人墓研究

梁 云 [*]

From 1980 to 1995, The archaeological team of Sanmenxia had gradually unearthed nearly a thousand tombs of Qin people and their descendantsdistributed in the western suburbs of Sanmenxia and the powerplant located at the junction of Shanxian and Lingbao County. This article engaged extensively in a typological study on these tombs which could be divided into five periods and eight stages from the middle of the Warring States period lasted until the mid western Han Dynasty. The author analysed the cultural constitutions of the buried artifacts, compared the similarities and differences between the Qin tombs in Sanmenxia and other areas, analyzed the development and evolution of the relationship among the Jin or Zhou tombs, the Qin tombs and the Han tombs in the central plains, and made a brief introduction to the inscriptions on pottery.

东周时期秦与中原各国有战有和，战为主、和为辅。商鞅变法前，秦对东方只进行了一些试探性的进攻，目的在于争夺河西地。变法后秦对三晋连年用兵，节节胜利，秦文化向东板块式地推进。攻城拔地后又大规模移民，自然会在那些地点形成长期沿用的墓地。

目前，在河南陕县、郑州岗杜和山西侯马乔村等发现有秦人墓。1956～1958 年黄河水库考古队在陕县后川村、铁路区发掘了秦至汉初的墓葬共计 92 座[1]。1980 年以来，三门峡市文物工作队在市西郊和陕县、灵宝县交界处的火电厂工地，陆续发掘了近千座秦人及其后裔的墓葬[2]。这批材料是本文研究的基础。

对这些墓葬的探讨于 20 世纪 80 年代初就开始了。叶小燕先生在《秦墓初探》一文中把它们作为关中本土以外的秦墓来看待，文化面貌顺从"离关中愈近，时间愈早，秦文化因素越多；离关中越远，时间越晚，秦文化因素越少"的原则，年代上分成秦

---

* 作者系西北大学文化遗产学院教授。

[1] 中国社会科学院考古研究所《陕县东周秦汉墓》，科学出版社，1994 年。

[2] 资料现存三门峡市文物工作队，已发表简报。三门峡市文物工作队《三门峡市三里桥秦人墓发掘简报》，《华夏考古》1993 年第 4 期；《三门峡市火电厂秦人墓发掘简报》，《华夏考古》1993 年第 4 期；《三门峡市司法局、刚玉砂厂秦人墓发掘简报》，《华夏考古》1993 年第 4 期。

攻拔六国至秦灭亡和汉初前后两期[3]。1994 年出版的《陕县东周秦汉墓》客观、系统地公布了 20 世纪 50 年代发掘的材料，并重申了上述观点。后来又有研究者就 20 世纪 80 年代发掘的材料探讨了三门峡地区秦墓在墓形、葬俗及随葬品组合方面的特点[4]。然而迄今为止，对这些墓葬还缺乏系统的分期编年和比较研究。

随着秦军事势力的扩张，战国以后秦文化开始向周边辐射。秦文化在影响东方六国文化的同时，自身也发生了一些变异，由此引起的文化大融合为后来统一的多民族国家的形成打下了基础。各地秦墓的自身特点不同，秦文化影响各地的广度和深度也不全然一样。秦文化流向如何？它和其他区域文化的关系怎样？三门峡秦人墓为解决这些问题提供了一个很好的范例。

一、墓地分布和墓葬概况

三门峡秦人墓集中在三门峡市西郊和陕县火电厂两地。三门峡市西郊，以甘棠路两翼为中心，西起黄河路西段，东达面粉厂；北抵湖滨路，南到三里桥村。在这样一个大致 1.4 平方公里的范围，已发掘约 1000 座秦人墓。因属配合基建，未能大面积成片发掘，但从已获得的资料看，这里应是一处按由西向东、由北向南的规律连续分布的长期使用的墓地（图一）。火电厂位于陕县大营乡黄村和南曲村之间，东距陕城约 20 公里。厂西的高岗上是一处秦汉墓地，发掘了五六百座（图二）。这两处墓地虽然相距 20 公里，但文化面貌一致，文化族属相同，故合并在一起介绍和研究。

在本文挑选的 157 座器物组合完整，参加分期排队的墓中，竖穴墓有 12 座。有的竖穴墓呈口大底小的斗状；有的口底同大，墓壁垂直于墓底。墓坑大小按口计，最大的如火电厂 CM9102，长 6.16、宽 4 米；小的如司法局 M178，长 3、宽 2.41 米。9 座竖穴墓带四边生土二层台，根据墓坑长宽比可将竖穴墓分成二式：I 式，长宽比（以长为 1）为 1：0.8～1：0.7，如房 M34（图三，1）。II 式，长宽比为 1：0.4～1：0.3，如新兴 M8（图三，2）。

土洞墓 145 座。所有土洞墓均带一个竖穴墓道；有的墓墓道浅，墓道壁自上而下缓收成斗形，有的墓墓道较深，墓道壁竖直，墓道所带二层台均为三面，另一面与墓室相通。早期墓有木板封门，晚期墓出现土坯封门，并在墓室和墓道之间留有通道（图四，3）。墓室平面呈长方形，顶部前高后低。早期的墓墓室四壁向上缓收成弧顶，

---

[3]　叶小燕《秦墓初探》，《考古》1982 年第 1 期。

[4]　刘曙光《三门峡上村岭秦人墓的初步研究》，《中原文物》1985 年第 4 期；赵成玉《三门峡秦人墓的发现与研究》，《三门峡职业技术学院学报》2008 年第 7 卷第 1 期。

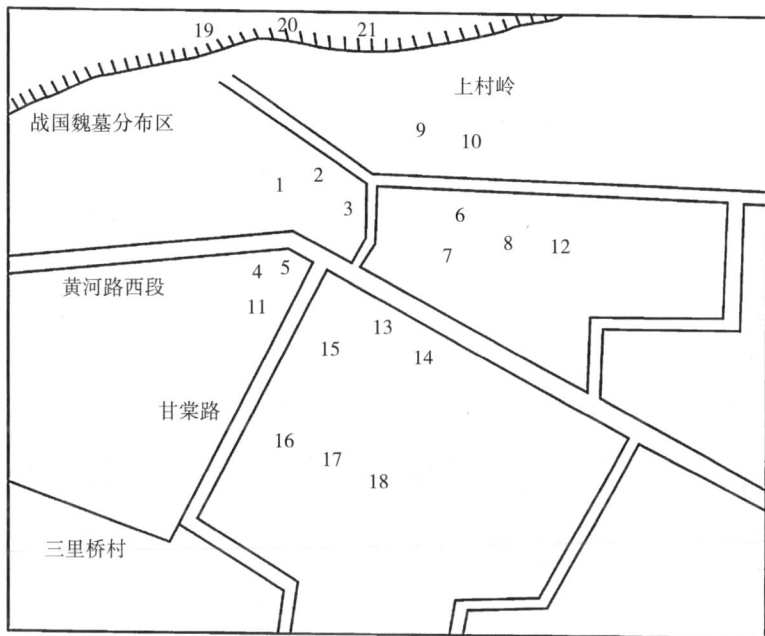

图一　三门峡市西郊秦墓发掘点位置示意图

1. 铁路局　2.573 千体所　3. 器材家属楼　4. 司法局　5. 工商行　6. 供电局　7. 统建办东区　8. 刚玉砂厂　9.80805 部队
10. 粮食局　11. 统建办西区　12. 物资局木材仓库　13. 自来水公司　14. 区房管局　15. 三里桥商品楼　16.89 器仓库
17. 模具中心　18. 新兴材料厂　19. 三水厂　20. 物资局汽修中心　21. 三宁公司

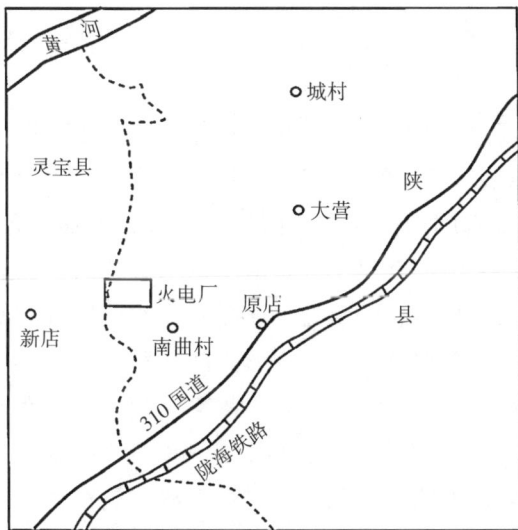

图二　陕县火电厂位置及发掘区示意图

图三

1. 房 M34　2. 新兴 M8

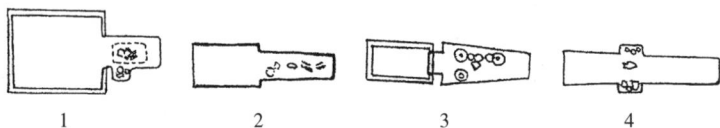

图四

1. 805M2－57　2. 89 器 M46　3. 89 器 M04　4. 华余 M109

晚期的墓则为平顶。壁龛开在墓室的后角或边壁上，耳室开在墓门口附近的墓道两侧（图四，4）。土洞墓可分成四型：A 型，洞室开在墓道的长边上，其中轴线和墓道的中轴线平行，可称之为"侧室墓"。B 型，洞室开在墓道的短边上，其中轴线与墓道的中轴线重合，可称之为"顺室墓"。C 型，单墓道双室墓。D 型，带围沟的土洞墓。根据墓道宽度和洞室宽度比（按底部计），可将顺室墓分为三式。

　　BI 式　墓道与墓室宽度比（以墓室宽度为 1）在 1.7：1 以上的，墓室较短（图四，1）。

　　BII 式　墓道和墓室宽度比在 1.4 到 1 之间，墓室长度往往超过墓道（图四，2）。

　　BIII 式　墓道和墓室宽度比小于或者等于 1 的，墓室更加狭长（图四，3～4）。

　　形制较大，随葬品较丰富的墓多带有围沟，围沟平面呈方形或长方形，无兆门；剖面呈梯形，口大底小，底宽 0.8 米，深约 1 米。5 座墓的围沟内发现人骨。沟和墓在构造关系上有一墓一沟者和两墓一沟者，后者在两墓之间多挖一条壕沟隔开，使围墓沟呈"曰"字形；也有的无壕沟相隔，围墓沟呈"口"字形。

　　葬具保存不好，仅存板灰，结构不可辨认。一椁一棺的墓有 11 座，有的在木棺的前端放置头箱，如房 M34（图三，1）。无椁单棺和棺迹亦未发现的墓 146 座。棺椁齐备的墓，陶器和大件铜器放置在棺椁间；小件的铜镜、带钩、玉料器放置在棺内墓主人体侧。带壁龛或耳室的墓，随葬品放置在壁龛或耳室里。既无壁龛，又无耳室的墓，随葬品多在人骨头顶或身体一侧。

　　葬式有屈肢和直肢两种。屈肢葬按股骨和胫骨夹角可以分成小于 45° 的蹲屈特甚式和大于 90°的自然弯曲式，前者占屈肢葬的绝大多数，它按面向又有侧身、仰身和俯身之别，按手足姿势又可以细分成跪坐式、蹲式和抱膝式。

西首葬 102 座，北首葬 13 座，南首葬 4 座。

二、分期与年代

在三门峡市西郊墓地，共发现七组打破关系：统东 M9061→统东 M9062、89 器 M06→器 M4、89 器 M8→89 器 M9、89 器 M42→89 器 M41、89 器 M05→89 器 M54、89 器 M54→89 器 M53[5]（箭头指向被打破的墓）。统东 M9062 是一座侧室墓，只出一件陶釜，形态与统东 M9061 所出较为接近，不无同期打破的可能性。其余五组，被打破的墓都空无一物，所以说这些打破关系对墓葬分期的借鉴意义不大，目前只能运用考古类型学的方法，对随葬器物进行型式排比，并与其他地区出土物相印证，从而达到分期的目的。

（一）器形和形态演化

三门峡秦人墓所出铜容器主要有釜、鍪、盆、鼎、瓿、圆壶、蒜头壶、钫等；所出陶器主要有釜、盆、甑、罐、壶等器类。现分述之。

1. 铜器

釜　敛口、斜沿、鼓腹，肩部有双环耳。如标本火 805M106：2（图五，21）。

鍪　依颈部、肩部和耳部的变化，可分为 3 式。

I 式　侈口，颈长，溜肩，瓣索纹单环耳。如标本火面 M1070：1（图五，18）。

II 式　侈口，颈较长而直，折肩，双环耳一大一小。如标本 89 器 M75：8（图五，19），口径 12.4、颈长 6.6、腹径 18、通高 15.8 厘米。

III 式　敞口，束颈较短，鼓肩，双环耳等大，环耳略呈方形。如标本火 AM2014：6（图五，20），口径 11.6、颈长 3.2、腹径 18、通高 16.2 厘米。

铜鍪的演变过程是由侈口变为敞口、颈部由长变短，由溜肩变为折肩再变为鼓肩，由单耳变成双耳，环耳由圆趋方，整个器形出瘦变胖。

鼎　依盖、纽变化可分 2 式。

I 式　环纽上有乳丁状突起，环钮剖面呈圆形。钮、盖一次性铸成。如标本统东 M2：4（图五，1）。

II 式　环钮扁而薄，钮背上突起似鸟首，钮、盖分两次铸成，钮底部有榫凸穿过鼎盖，在盖内面经捶打与盖结合。如标本火 AM2014：1（图五，2）。鼎的发展序列是

〔5〕　三门峡市文物工作队《三门峡市三里桥秦人墓发掘简报》，《华夏考古》1993 年第 4 期。

器形 分组	鼎	甗		锺	钫
		A 型	B 型		
一		3.火 CM8177：4		7.火 AM2047：3	
二	1.统东 M2：4	4.火 CM15025：18	6.火 CM9102：8	8.火 CM8179：7	I 式 9.火 CM15025：5
三	2.火 AM2014：1	5.三宁 M38：1			II 式 10.三宁 M38：2

图五（1）　三门峡秦人墓铜器序列图

钮突由乳丁状变成鸟首状。

　　甗　按构造的不同，可分 2 型。

　　A 型　镤甑合体。按腹底变化可分为 2 式。

　　I 式　圆肩、斜腹、平底。如标本火 CM8177：4（图五，3）。又如火 CM15025：18（图五，4）。

　　II 式　隆肩，深腹，平底。如标本火三宁 M38：1（图五，5）。

　　A 型甗的发展序列是由圆肩变为隆肩，体态由矮扁变得瘦高。

　　B 型　鍪甑合体，如标本火 CM 9102：8（图五，6），甑为平折沿，口微敛，鼓腹，上腹部有一对对称的绳索状环形耳，底部有镂孔，圈足套在鍪口内。鍪小口，肩部有对称的绳索状环形耳，扁鼓腹，平底，下附四个小而短的扁足。

器形 分组	蒜头壶	扁壶		长颈壶	鍪	釜
		A 型	B 型			
一	11.火 CM8177：3	I 式 14.805M6：1	16.房 M34：2	18.面 M1070：1	21.805M106：2	
二	12.火 CM15021：5	II 式 15.统东 M1：4		17.火 CM9180：1	19.89 器 M75：8	
三	13.火 AM2014：3				20.火 AM2014：6	

图五（2）　三门峡秦人墓铜器序列图

　　锺　依肩部、腹部变化可分2式。

　　I式　圆腹。如标本火 AM2047：3，盘口、圆肩折棱状圈足。颈肩腹共饰四周带状弦纹间蟠虺纹（图五，7）。

　　II式　"亚"字形腹。如标本火 CM8179：7，颈肩之间一周凸弦纹，肩部有一对铺首衔环（图五，8）。

　　锺的变化规律是由圆腹发展成"亚"字形腹。

　　蒜头壶　依头部、颈部、肩腹以及圈足的变化可分3式。

　　I式　小口无唇、蒜瓣内聚、颈部粗短，溜肩垂腹，圈足较矮。如标本火 CM8177：3（图五，11）。

　　II式　小直口，颈较长，圆肩斜腹，圈足较高。如标本火 CM15021：5（图五，12）。

III式　小直口，蒜瓣外展，颈较长。广肩、扁腹微翘，喇叭口状高圈足。如标本火 AM2014∶3（图五，13）。

蒜头壶的变化规律是小直口从无到有，蒜瓣由内聚到外展，颈部由粗短变得细长，肩腹部由高长趋于扁鼓，圈足由矮变高。

扁壶　可分2型。

A 型　直口扁壶。可分2式（图五，14～15）。变化规律是器表由素面发展成方格内填羽状地蟠虺纹。

B 型　蒜头扁壶。如88房M34∶2（图五，16），细颈，扁平腹，肩部无铺首。

钫　依体态变化可分为2式，如标本火 8M15025∶5（图五，9）和标本三宁 M38∶2（图五，10）。变化规律是颈部由宽变细，圈足由矮变高。

长颈壶　如标本火 CM9108∶1（图五，17），直口，细长颈，颈部箍一周凸棱，溜肩，圆腹，颈肩交界处有一对铺首衔环，折棱状圈足。通体饰四道宽带纹。

2. 陶器

鬲　依裆部、足部特征分3型。

A 型　联裆、空足。又可分成2式（图六，1～2）。变化规律是由侈口变为敛口；卷沿变为平沿，圆唇变为方唇；由圆肩联裆发展成鼓肩平裆。

B 型　平裆、实足。如标本司M68∶1（图六，3），卷沿，方唇，深腹，圜底，三个小实足是在底部制成后，粘接附加上去的。

C 型　分裆、袋足，铲形足根。如标本火 CM0709∶3（图六，4），直口，单耳。又如标本84面M15∶5（图六，5），敞口，双耳，领部有细密的竖行刷磨痕迹。

釜　依据肩、腹、底可分为4型。

A 型　球形腹、圜底。按口沿、颈部及纹饰变化可分为4式（图六，6～9）。演变规律是由斜沿变为平沿再变为卷沿；由圆唇变为方唇；颈部由短变长；器表绳纹由粗变细、由深变浅。

B 型　鼓肩尖底，依口沿、颈部变化可分3式（图六，10～13）。演变规律是由斜沿圆唇发展成卷沿唇；颈部由不明显趋于明显。

C 型　深腹尖底，依口沿、颈部变化可分3式（图六，14～16）。演变规律同 B 型。

D 型　筒形腹，腹壁竖直，可分4式（图六，17～20）。演变规律是由斜沿圆唇发展成卷沿方唇，腹部由深变浅，绳纹由深变浅。

鋬　依据肩部、耳部变化可分3式（图六，21～23）。演化规律是从溜肩变成圆肩再变成鼓肩；由无耳发展成单耳再发展成双耳，体态由瘦长变得矮胖。

盂　依器表纹饰变化可分2式（图六，24～25），其发展序列是由素面变为瓦棱纹。

器形 分组	鬲			釜				鍪
	A 型	B 型	C 型	A 型	B 型	C 型	D 型	
一	I 式 1.器 M1943：出	3.司 M68：1	4.火 CM0709：3	I 式 6.刚 M2-2：1	I 式 10.供 M70：1		I 式 17.东 M9-62：1	
二	II 式 2.工行 M7：2			II 式 7.面 M3-16：3	II 式 11.统东 M11-7：1	I 式 14.东 M9-61：1	II 式 18.器 M18：2	
三			5.84 面 M15：5	III式 8.面 M3-3：3	III式 12.84 面 M93：1	II 式 15.统西 M210：1	III式 19.87 房 M26：1	I 式 21.面 M1-108：1
四				IV式 9.新兴 M8：1	III式 13.92 液 M10：2	III式 16.火 CM8-166：1	III式 20.84 面 M101：1	II 式 22.87 房 M106：5
五								
六								III式 23.火 CM9-144：3
七								
八								

图六（1）　三门峡秦人墓陶器序列图

器形 分组	盂	盆(盆形甑)		甑	茧形壶	小口罐	
		A 型	B 型			A 型	B 型
一	I 式 24.统西 M93：2	I 式 26.司 M11：2			I 式 38.器 M1943：2	I 式 45.573M127：3	I 式 56.司 M178：2
二	II 式 25.面 M4-34：3	I 式 27.东 M8-23：2	I 式 32.面 M1-9：1		I 式 39.东 M9-61：3 II 式 40.东 M11-4：1	II 式 46.刚 M11-11：2	II 式 57.面 4-101：1
三	II 式 28.94 水 M15：2 II 式 29.面 M1-31：1	II 式 33.84 面 M18：3	I 式 34.面 M3-60：2		II 式 41.94 水 M15：1	III 式 47.84 面 M15：2 IV式 48.87 节水 M16：3	III 式 58.84 面 M15：2 IV式 59.88 房 M32：4
四					III 式 42.①仓 M22：1	V 式 49.89 器 M10：5 VI式 50.87 房 M06：9	V 式 60.火 CM15023：1

		III式 30.89①M94：3 IV式 31.火CM16049：2		II式 35.89①M69：2	III式 43.89 器 M47：5	VII式 51.89 器 M94：5	VI式 61.89①M47：4
五							
六				III式 36.火CM15037：2	IV式 44.物汽 M71：8	VIII式 52.火CM15057：1	VII式 62.火CM15057：5
七				III式 37.火CM15035：4		IX式 53.火CM15035：2 IX式 54.火CM14024：7	VII式 63.火CM15035：7
八						X式 55.模 M21：7	VIII式 64.华余 M109：7

图六（2） 三门峡秦人墓陶器序列图

器形＼分组	大口罐		圈底罐		双耳罐	釜形灶、灶	豆、钫、鸱鸮壶、仓
	A 型	B 型	A 型	B 型			
一							A 型　　　B 型
二							81.铁 M11：3　82.刚 M2-2：2　C 型　83.供 M2-10：1
三	I 式 65.统东 M12-12 出　II 式 66.面 M4-29：3		I 式 73.火 CM9139：3		78.85 水 M225：1	釜形灶 79.面 M2-30：1	
四	III 式 67.火 CM9107：8		II 式 74.刚 M5-40：2	I 式 76.89 器 M22：1			
五	III 式 68.89 器 M94：6						钫　　　鸱鸮壶
六	IV 式 69.火 CM15033：1		III 式 75.火 CM9144：4	II 式 77.桥头 M5：8			84.三水 M107：8　85.三水 M107：4
七	IV 式 70.94 供 M26：6	71.三水 M107：2					仓 A 型 I 式　仓 B 型 I 式　86.宁 M94：2　88.94 供 M139：11
八		72.三宁 M138：8				灶 80.华余 M109：10	仓 A 型 II 式　仓 B 型 II 式　87.华余 M109：6　89.开 M1：6

图六（3）　三门峡秦人墓陶器序列图

器形 分组	蒜头壶 A型	蒜头壶 B型	圆壶 A型	圆壶 B型	圆壶 C型	圆壶 D型	圆壶 E型	圆壶 F型
一			I式 101.供 M32：1	I式 108.573M127：2	I式 111.铁 M11：2			
二	I式 90.统东 M11-7：2		II式 102.573M148：2	II式 109.供 M78：2	II式 112. 面M4-34：2	I式 113.刚 M146：3	I式 116.液 M8：1	I式 120.805M1-48 出
三	II式 91.84 面 M93：2		III式 103.房 M34：15	III式 110.供仓 M204：1		II式 114.面 M2-140：2	II式 117.84 面 M86：1 III式 118.84 面 M18：1	
四	III式 92.刚 M5-48：4 IV式 93.84 面 M101 出	I式 96.92 水 M8：3 II式 97.火 AM2-44：1	IV式 104.刚 M5-25：2 V式 105.火 CM9117：14			III式 115.88 房 M41：2	IV式 119.火 CM9107：1	II式 121.火 CM15026：5

	V式	III式	VI式					
五	94.火 CM15033：2	98.火 CM15032：6	106.物汽 M97：3					
六	VI式 95.火 CM9-145：3	IV式 99.火 AM2-14：1						
七		V式 100.火 AM3024：3						G型I式 122.三水 M86：2
八			VII式 107.三水 M107：3					G型II式 123.94 供 M138：1

图六（4） 三门峡秦人墓陶器序列图

器形\分组	盒	鉴	鼎		甑	
			A 型	B 型、C 型	A 型、B 型	C 型
一						
二	AI式 124.统东 M9061 出	I式 128.面 M2-61 出	I式 131.84 面 M232：3			
三	AII式 125.面 M1031：3		II式 132.面 M1-31：1	B 型 137.房 M34：7	A 型 139.88 房 M54：1	
四	AIII式 126.84 面 M101 出 III式 130.火 CM15026：11	II式 129.刚 M6-10 出	III式 133.水 M6：3 III式 134.火 AM2-9：3	C 型 138.水 M4-9：3	B 型 I 式 140.87 房 M06：1 B 型 II 式 141.刚 M5-48：2	
五						
六						
七	B 型 127.三水 M107：1		IV式 135.水 CM14025：7		B 型 III 式 142.模 M15：1	I 式 143.火 CM14024：3
八			V式 136.开发 M1：10			II 式 144.94 供 M31：11

图六（5）　三门峡秦人墓陶器序列图

盆（盆形甑） 可分2型。

A型 折肩。依口、沿、唇可分为4式（图六，26～31）。变化规律是由圆唇变为方唇再变为尖唇，沿面由窄变宽。

B型 折腹。依口、沿、唇可分2式（图六，32～33）。变化规律是由方唇变为尖唇，唇部由厚变薄。

甑 按口沿唇及腹部、底部的变化可分3式（图六，34～37）。变化规律是由圆唇变为方唇，沿面由窄变宽，腹壁由外张到内收，底部由烧制后打眼到烧制后钻眼再到烧制前钻眼。

茧形壶 按底部以及体态变化可分为4式（图六，38～44）。演化规律是由圜底变成微圈足再变成高圈足；体态由小变大，由椭圆形发展成尖圆形。

小口罐 依据颈部和形体可分2型。

A型 短颈，形体较大。按肩、腹以及体态变化可分10式（图六，45～55）。演化规律是由鼓肩发展成广平肩、再发展成鼓肩；由深腹变成斜腹、再变成曲腹。

B型 颈较长，形体较小。按肩、腹部及体型变化可分8式（图六，56～64）。演化规律是由溜肩发展成平肩、又回到溜肩；腹部由浅变深，体形由矮胖变得瘦高。

大口罐 可分2型。

A型 体形较大，属于实用器。按腹部变化可分4式（图六，65～70）。演化规律是器身的"亚"字形腹由不明显变得明显，然后又趋于消失，器表的绳纹从有到无。

B型 体形小，属于模型明器。如三宁M138：⑧（图六，71～72），直口，平沿，斜肩，"亚"字形腹。

圜底罐 依肩部不同可分2型。

A型 圆肩。按肩部变化可分3式（图六，73～75）。演化规律是由溜肩发展成圆肩再发展成鼓肩。

B型 折肩。按腹部变化可分2式（图六，76～77）。演化规律是筒形腹由浅变深。

双耳罐 敞口，束颈，深腹，平底，通体饰粗绳纹。如标本85水M225：1（图六，78），黑红色胎，夹粗沙，绳纹较深。

釜灶 如标本面M2-30：1（图六，79），陶釜的肩部粘结一周灶壁，结合处附堆纹；其上用绕绳圆棍按压成波浪状；灶壁前端下方开有半圆形进火口，另一侧开有长方形出烟孔；釜底满是烟炱，属于实用炊具。

灶 如标本93华余M109：10（图六，80），灶面前方后圆，前后有二等大火眼，后端有一圆孔，孔内插一烟囱。灶身模制粘接而成，火眼上有轮制的小釜、小甑。整个器物属于模型冥器。

豆　可分3型。

A 型　深腹的盖豆。如标本铁 M11：3（图六，81），子口垂腹，盖失柄残。

B 型　浅盘的高柄豆。如标本刚 M2-2：2（图六，82）。

C 型　带瓦棱纹的簋形豆。如标本供 M2-10：1（图六，83），出土时口部倒扣一盘。

钫　如标本三水 M107：8（图六，84），盝状盖，方直口，长颈，方圆足，肩部一堆铺首衔环。

鸱鸮壶　如标本三水 M107：4（图六，85），鸮竖耳环目，宽喙，拢翅，巨爪，壶口开在头顶。

仓　可分2型。

A 型　无檐。依底足可分2式（图六，86~87）。变化规律是由平底发展成三蹄足。

B 型　有檐。依底足可分2式（图六，88~89）。变化规律是由平底发展成三蹄足。

蒜头壶　可分二型。

A 型　多带圈足，常仿制同时期的铜蒜头壶。按颈、肩、腹、底的变化可分6式（图六，90~95）。演化规律是颈部由粗短变得细长，由鼓肩圆腹变为平肩扁腹，由平底发展成高圈足。

B 型　平底。按肩腹变化可分5式（图六，96~100）。演化规律是由长颈变为短颈，由圆肩斜腹发展成溜肩鼓腹。

壶　可分7型。

A 型　侈口，粗短颈。依据腹部、足部变化可分7式（图六，101~107）。演变规律是唇部从无到有；"亚"字形腹从不明显到明显，进而消失，并有下垂趋势；圈足从无到有，进而消失。

B 型　带凸弦纹的敞口陶壶。依据底、足变化可分3式（图六，108~110）。演变规律是由平底发展成假圈足，进而发展成圈足。

C 型　重领陶壶。依底、足变化可分2式（图六，111~112）。演化规律是由平底发展成假圈足。

D 型　盘口细颈的陶壶。依底、足变化可分3式（图六，113~115）。演化规律是由平底发展成假圈足，再发展成圈足。

E 型　折肩的陶壶。依肩腹底变化可分4式（图六，116~119）。演化规律是折肩由不明显到明显，由斜腹变为折腹，由平底到低圈足再到高圈足。

F 型　"亚"字形腹的陶壶，依腹部变化可分2式（图六，120~121）。演化规律是"亚"字形腹由不明显趋于明显。

G 型　盘口大陶壶。依足部变化可分 2 式（图六，122～123）。演化规律是由圈足变为假圈足。

盒　依据盖顶的不同可分 2 型。

A 型　盖顶有旋挖出的圈形捉手，整个器型犹如两个扣合的碗。依腹部变化可分 3 式（图六，124～126）。演化规律是由隆肩垂腹发展成扁腹。

B 型　圜盖，顶部无捉手。如标本三水 M107：1（图六，127）。

鉴　依腹部变化可分 3 式（图六，128～130）。变化规律是由直口变成侈口，由折腹变为圆腹再变为斜腹，下腹部由缓收到急收，器壁由厚趋薄。

鼎　按足部不同可分 3 型。

A 型　矮蹄足。依腹部不同可分 5 式。

I 式　隆盖，深腹，圜底。如标本 84 面 M232：3（图六，131）。

II 式　腹部较 I 式浅，三足微外撇。如标本面 M1－31：1（图六，132）。

III 式　浅腹，圜底近平，蹄足外撇。如标本 88 水 M6：3（图六，133）。

IV 式　覆盆状盖，鸡首状盖纽，浅腹。如标本火 CM14025：7（图六，135）。

V 式　浅腹，中腰有一周凸棱。标本 94 开下水 M1：10（图六，136），双耳外撇，正反面模印双龙纹。

A 型鼎的变化规律是腹部由深变浅。

B 型　方柱足。如标本 88 房 M34：7（图六，137），通体饰黄地红彩三角纹。

C 型　细棱状高足。如标本 88 水 M9：3（图六，138），平盖，浅腹，平底，双耳残。

甗　依据构造及足部的不同可分 3 型。

A 型　鼎甑合体（鼎无耳）、方柱足。如标本 88 房 M54：1（图六，139），通体饰黄地红彩三角纹。

B 型　鼎甑合体（鼎无耳）、蹄足。依鼎腹变化可分 3 式（图六，140～142），其变化规律为：由浅腹平底变成球形腹，蹄足由细小变得肥大。

C 型　镬甑合体。按镬型的变化可分为 2 式（图六，143～144），其变化规律是，镬由宽扁变得隆高。

（二）分组与分期

刚才的形态比较和型式划分，排出了每个器别的演化轨道。但是，只有通过共存关系才能确定各个器别的相互型式关系。现将 22 座随葬铜容器的墓和 135 座随葬陶器的墓进行型式排比，通过它们的共存关系进行分组和分期。

1. 铜器组合关系及其序列

22 座铜器墓所出铜器的组合情况如表一。

表一　铜容器组合表

组号	器名与型式																墓号	备注
	鼎	甗		锤	钫	蒜头壶	扁壶		鍪	釜	甑	盆	洗	匜	勺	铛		
		A	B				A	B										
1							I		√						√	√	805M1-6	
2	I							√	√			√		√			88 房 M34	
3	I	I				I											火 CM8-177	
4	I			√	I												火 AM2-47	
5				I					√								面 M1-66	
6									I								面 M1-70	
7	I_2			I_2					√								统东 M2	
8	I_2							II_2							√		统东 M1	
9	√$_2$		√					II_2					√		√		火 CM9102	
10	I				II	II											火 CM8139	
11	I																火 CM9108	长颈壶 1
12	I_2		√		II_2												火 CM8179	
13						II			II				√				火 CM9042	
14		I				II											新兴 M24	
15									II							√	军干 M9	
16	I_2	I			I_2	II_2			I_1			√$_1$					火 CM15025	
17		I				II			II						√		89 器 M75	
18	II_2				I_1	II_2							√				火 CM15021	
19	II					II											模具 M73	
20		II				II										√	三宁新 M1	
21		II				II									√	√	三宁 M38	
22	II				III_2			III	√								火 AM2-14	

注：表中"√"代表：1. 有型不分式者，2. 不分型式者，3. 型式不明者。以下各表同此。

上述22座墓中1~6组出鼎Ⅰ，甗AⅠ、B，锺Ⅰ，蒜头壶Ⅰ，扁壶AⅠ、B，鍪Ⅰ，以及釜、盆、匜、勺。7~17组不见1~6组所出蒜头壶Ⅰ，扁壶AⅠ、B，匜；却新出现锺Ⅱ，钫Ⅰ，蒜头壶Ⅱ，扁壶AⅡ，鍪Ⅱ，洗、铞。18~22组不见7~17组所出鼎Ⅰ，甗AⅠ、B，锺Ⅱ，鍪Ⅰ、Ⅱ，却新出现鼎Ⅱ，甗AⅡ，钫Ⅱ，蒜头壶Ⅲ，鍪Ⅲ。根据这些变化，可将22组合并成三大组，制成表二。

表二

大组	器形 小组	鼎	甗		锺	钫	蒜头壶	扁壶		鍪	釜	甑	盆	洗	匜	勺	铞
			A	B				A	B								
一	1–6	Ⅰ	Ⅰ	√	Ⅰ		Ⅰ	Ⅰ	√	Ⅰ	√		√		√	√	
二	7–17	Ⅰ	Ⅰ	√	ⅠⅡ	Ⅰ	Ⅱ	Ⅱ		ⅠⅡ	√	√	√	√		√	√
三	18–22	Ⅱ	Ⅱ			ⅠⅡ	ⅡⅢ			Ⅲ	√	√				√	√

这三大组基本代表了铜器的发展序列。

2. 陶器组合关系及其序列

137座墓所出陶器组合情况如表三。

表三　三门峡秦人墓陶器序列表

组号	器名与型式																		墓号	备注
	鬲	釜	鍪	盆	盂	甑	茧形壶	小口罐	大口罐	圜底罐	蒜头壶	圆壶	盒	豆	鉴	鼎	甗	仓	灶		
1	AⅠ						Ⅰ													器M1943	
2	AⅠ																			器M75	
3	AⅡ						Ⅰ													工行M7	
4	AⅡ			√																司M16	异形罐1
5		BⅠ									AⅠ									供M32	
6		BⅠ									BⅠ									537M28	
7		BⅠ									CⅠ									器M31	
8		BⅠ									CⅠ		√							铁M11	A型豆
9		BⅠ												√						刚M2–2	B型豆
10														√						供M2–10	C型豆，盘1

续表三

组号	鬲	釜	鍪	盆	盂	甑	茧形壶	小口罐	大口罐	圜底罐	蒜头壶	圆壶	盒	豆	鉴	鼎	瓿	仓	灶	墓号	备注
11	AI				I															573M123	
12		BI			I															供 M70	
13		CI			I															东 MA11－11	
14		DI		√								√								573M119	
15		DI																		统东 M9－62	
16	AI	AI																		器 M152	
17	√	AI			I															93 司 M11	
18	AI				I			AI												统西 M93	
19	B				I			AI												司 M68	
20	B				I			BI				BⅡ								司 178	
21		A、BI		BI																火 CM0709	
22		DⅡ			I			AI				BⅡ								供 M78	
23		DⅡ			I															器 M18	
24		BI		Ⅱ	I							DI								805M2－7	盂为甑
25		AI		Ⅱ																统东 M11－3	
26		AI										AⅡ								573M148	
27		CI			I							AⅠ								统东 M9－61	
28		CI		BI				BⅡ												供仓 M311	
29		BⅡ		BI$_2$				BⅡ												805M3－42	一盆为甑
30		AⅡ			I															刚 M8－4	
31		BⅡ		I				BⅡ				CI								面 M4－34	盆为甑
32		BⅡ						BⅡ				EI								92 液 M8	
33		BⅡ			Ⅱ			BⅡ				CⅡ								面 M4－34	
34		DⅢ		Ⅱ$_2$								CⅡ								895M2－57	一盂为甑
35		AⅡ						AⅡ												面 M1－176	
36		BⅡ		BI	Ⅱ							DI								面 M1－146	铜釜1，盆为甑

续表三

组号	器名与型式																				
	鬲	釜	鍪	盆	盂	甑	茧形壶	小口罐	大口罐	圜底罐	蒜头壶	圆壶	盒	豆	鉴	鼎	瓿	仓	灶	墓号	备注
37		CⅠ										FⅠ									统东 M9 – 39	
38		√		√	Ⅱ							FⅠ									805M1 – 48	
39		BⅡ		Ⅱ								AⅠ									805M6 – 31	
40		√		BⅠ								AⅠ		Ⅰ							面 M2 – 61	
41		CⅡ				Ⅱ						AⅠ		Ⅰ							面 M2 – 97	
42		CⅡ		AⅠ		Ⅱ															统东 M8 – 23	
43		BⅡ		BⅡ							AⅠ										统东 M11 – 7	
44		CⅡ		BⅠ$_2$							AⅠ										工行 M240	一盆为甑
45				AⅡ$_2$												AⅠ					84 面 M232	一盆为甑
46				AⅡ												AⅠ					84 面 M7	
47		√		AⅡ					AⅡ			AⅡ				AⅡ					面 M1 – 31	盆为甑
48		DⅢ		AⅡ				AⅢ								AⅡ					统西 M26	铜锤 I$_1$
49		DⅡ		BⅠ					AⅠ			AⅡ									面 M1 – 151	
50		BⅢ		√					AⅠ												统东 M2 – 12	
51				BⅡ$_2$						AⅠ		AⅡ									火 CM9139	
52				BⅡ				AⅢ5	AⅡ2			AⅢ1	B	A							房 M34	
53		AⅢ		BⅡ	√							AⅢ									物木 M4	
54	C	AⅢ		BⅠ				AⅢ													84 面 M15	
55	C					Ⅰ															面 M3 – 60	
56		BⅢ		AⅡ				BⅢ													84 面 M151	
57		BⅢ						BⅢ			AⅡ										84 面 M93	
58		BⅡ		A								BⅢ									供仓 M204	
59	A	BⅡ						BⅢ				BⅢ									二水 M3 – 9	盆为甑
60		CⅡ										DⅡ	AⅡ								统西 M210	
61		BⅢ		BⅡ	√							DⅡ									面 M2 – 140	
62		CⅢ		BⅠ	√				AⅠ			A									面 3 – 46	
63		BⅢ		AⅡ BⅡ								EⅡ									84 面 M86	一盆为甑

组号	器名与型式																			墓号	备注
	鬲	釜	鍪	盆	盂	甑	茧形壶	小口罐	大口罐	圜底罐	蒜头壶	圆壶	盒	豆	鉴	鼎	瓿	仓	灶		
64	A			A2				BⅢ				EⅡ								二水 M1-9	
65	AⅡ			BⅡ2				BⅢ				EⅢ								84 面 M18	一盆为甑
66	DⅡ			BⅡ2								EⅢ								火 CM10-21	一盆为甑
67				BⅠ				BIV												面 M2-30	盆为甑，釜灶1
68				BⅡ				AIV2 BIV	AⅡ											面 M4-29	共出铜鼎1
69		BⅢ		AⅡ		Ⅱ		AIV												94 水 M15	
70							AⅡ2								B	A				房 M54	其出铜鍪、泥俑
71															B	A				火 CM9-81	
72			Ⅰ																	面 M1-108	
73								AV	AⅢ						Ⅱ		BⅠ			火 CM9-58	
74		CⅢ				✓		AV							Ⅱ					火 CM8-166	
75				BⅡ				AV	AⅢ						Ⅲ	AⅢ	BⅠ			88 水 M6	
76	AⅢ			BⅡ				AV	AⅢ								BⅠ			88 水 M5	
77		A		BⅡ				BV							Ⅲ					火 CM15-23	
78				BⅡ					AⅢ			FⅡ			Ⅲ					火 CM15-26	
79								BV				FⅡ			Ⅲ		BⅠ			房 M47	
80	BⅢ			BⅡ					AⅡ			FⅡ					BⅡ			92 液 M10	
81	AⅢ2			BⅡ2								DⅢ2								统西 M74	一盆为甑
82				BⅡ				BV	AⅢ			DⅢ								房 M41	铜鍪Ⅰ
83								AV5 BV2	AⅢ			EIV								火 CM9-107	
84		BⅢ				✓						AIV								刚 M5-25	
85								AV1 BIV2 BV	AⅢ			AIV								物汽 M101	

续表三

组号	鬲	釜	鍪	盆	盂	甑	茧形壶	小口罐	大口罐	圜底罐	蒜头壶	圆壶	盒	豆	鉴	鼎	瓿	仓	灶	墓号	备注
86	AⅢ		BⅡ2					AV	AⅢ			FⅡ								火 CM8157	铜釜1
87								AV		AⅢ							BⅠ			刚 M5-48	
88	AⅢ							BV	AⅢ	AⅢ										火 AM2-51	
89	BⅢ		BⅡ					AV BV			BI						BⅡ			94 水 M8	
90	AⅢ		BⅡ2					BV			BI									84 面 M19	
91	√		BⅡ					√	AⅢ		AIV									刚 M6-15	
92	DⅢ		BⅡ								AIV		AⅢ							84 面 M101	
93	AⅢ		BⅡ								BⅡ	FⅡ								火 AM2-44	
94				√		√		AV2	AⅢ			AV								火 CM9-117	铜鍪Ⅱ，锤Ⅱ1
95		√								AⅢ		AV					BⅠ			器仓 M81	
96		√	√					AV	AⅡBⅡ								BⅠ			刚 M5-40	
97							Ⅲ	AV	√	BI										器仓 M22	
98							Ⅲ2	AV2	√											器仓 M10	铜盆1
99		√	BⅡ	√				AV			BI									火 CM9-113	
100								AV5 BIV	AⅢ							AⅢ	BⅠ			火 AM2-9	
101								BV							C					自来水 M4-9	
102			Ⅱ					AVI2									BⅠ			房 M06	
103	CⅢ		BⅡ					AVI BV												火 CM9-130	
104	AIV		BⅡ2						AⅢ			√								新兴 M8	
105			AⅢ					AVII3 BVI1	AⅢ			AV	√							器仓 M94	盆为甑，铁釜1
106								AVII				AV					BⅡ			火 CM8-161	铜鍪Ⅱ1
107			√	√				AVI BVI	AIV											火 CM15-33	铁釜
108		√	BⅡ					A VII BVI	A	BⅢ							BⅡ			火 CM15-32	

续表三

组号	鬲	釜	鍪	盆	盂	甑	茧形壶	小口罐	大口罐	圜底罐	蒜头壶	圆壶	盒	豆	鉴	鼎	瓿	仓	灶	墓号	备注
109			AⅢ					AVII4	AⅢ			AVI								物汽 M97	盆为甑，铁釜1
110								A VII BVI	A3			AVI								物汽 M126	铁釜1，铜甑1
111			AIV			√	Ⅲ	AVII BVI	A											器仓 M57	铁釜1
112							Ⅱ	A VII BVI	AⅢ2											器仓 M20	
113							Ⅱ	√2 BVI	AⅢ											器仓 M69	铁釜1
114							IV	A VII2	AⅢ											器仓 M75	共出铜器
115							Ⅲ2	AVIII BVII	A											火 CM15037	铁釜1
116							IV	AVIII5 BVII												物汽 M71	
117								√	AIV	BⅡ										桥头 M5	铁釜1，铜盆1
118							Ⅲ	AVIII2	A			AVI								器仓 M50	
119								AVIII	AIV		BIV									火 AM2-14	
120			Ⅲ	√			Ⅲ		AIV	AⅢ										火 CM9-144	
121								AIV			AVII GI				AIV	CI				模具 M53	
122								AIX	B2		AVII	B				CⅡ				三水 M107	陶钫1、鸱枭壶1
123		√	BⅡ	√				√				B			AIV	CⅡ				火 CM14-25	
124							Ⅲ2	AIX BVII												火 CM15035	铁釜1，铜盆1

组号	鬲	釜	鏊	盆	盉	甑	茧形壶	小口罐	大口罐	圜底罐	蒜头壶	圆壶	盒	豆	鉴	鼎	瓿	仓	灶	墓号	备注
125								AIX	B			AVII						CII		三水 M136	
126									B₄			GI						CII		三水 M86	仓1
127						III		BVII	A	BV										火 AM3－3	铁釜1
128									B	BV								CII		火 AM3024	
129				√				AIX	AIV									BIII		模具 M15	
130									AIV			AVII						AI4	√	三宁 M94	小壶4
131									B5			GII4						BI4	√	三宁 139	小壶1
132								AX	B3									AI3	√	模具 M21	
133								BVIII	B3									AII5	√	华余 M109	
134									B4			GII2						BII5		三宁 M138	
135								AX	AV B3			AVII GII						AII5	√	三水 M57	
136								√	B1			GII2							√	火 CM10013	小壶2
137									AIV B2								AV2		√2	下水 M1	

这137座陶器组合较齐全的墓可归并成八大组。

第一组：鬲 AI、AII、B、C，釜 AI、BI、CI、DI、DII，盆 AI、BI，茧形壶 I，小口罐 AI、BI，壶 AI、BI、BII、CI，豆 A、B、C，盂 I（1～23组）。

第二组：釜 AI、II、BII、CI、CII、DII，盆 BI，茧形壶 I、II，小口罐 AII、BII，壶 AII、CI、CII、DI、EI、FI，盒 AI，鉴 I，盂 II，蒜头壶 AI（24～44组）。

第三组：鬲 C，釜 AII、III、BII、BIII、CII、CIII，盆 AII、BII，茧形壶 II，小口罐 AIII、AIV、BIII、BIV，壶 AIII、BIII、DII、EII、EIII，大口罐 AI、AII，圜底罐 AI，瓿 A，鼎 AI、II、B，盒 II，蒜头壶 AII，甑 I（45～71组）。

第四组：釜 AIII、AIV、BIII、CIII、DIII，盆 BII，茧形壶 III，小口罐 AV、AVI、BV，大口罐 AIII，壶 AIV、AV、DIII、EIV、FII，圜底罐 AII、BI，蒜头壶 AIII、AIV、BI、BII，盒 AIII，鏊 II，鉴 II、III，瓿 BI、BII，鼎 AIII、C（72～104组）。

第五组：盆 AIII、AIV、BII，甑 II，茧形壶 III，小口罐 AVII、BVI，大口罐 AIII、AIV，蒜头壶 AV、BIII，瓿 BII，壶 AVI（105～114组）。

第六组：甑 III，小口罐 AVIII、BVII，大口罐 AIV，圜底罐 AIII、BII，茧形壶 IV，

蒜头壶 AVI、BIV（115~120 组）。

第七组：瓿 III，小口罐 AVIII、BVII，大口罐 AIV、V、B，圆壶 AVII、GI，蒜头壶 BV，瓺 BIII、CI、II，鼎 AIV、钫（121~129 组）。

第八组：小口罐 AX、BVIII，大口罐 AIV、B，圆壶 AVII、GII，仓 AI、AII、BI、BII，灶（130~137 组）。

铜器序列和陶器序列可以横向对比，主要通过一墓共出两个序列的器物这种联系，将各组横向对应起来。

面 M1-66 所出陶器其纵向属于第二组，88 房 M34 所出陶器纵向属于第三组，但两墓共出的铜器均属第一组。火电厂 CM8-139 出小口陶罐 AV、BV，纵向上属第四组，89 器 M75 出 IV 式茧形壶、AVII 式小口陶罐，纵向属陶器的第五组；但这两座墓共出的铜器却均属于第二组。火电厂 AM2014 出 AVIII 式小口罐、BIV 式蒜头壶，其纵向属于第六组；三宁（新）M1 出 AIX 式小口罐，B 型大口罐，其纵向属陶器的第七组；但这两座墓共出的铜器却均属第三组。通过以上分析，铜器序列和陶器序列的横向对应关系如表四。

表四

铜器组	陶器组	段	期	历史时期
	第一组	1	一	战国中期
第一组	第二组	2	二	战国晚期
	第三组	3		
第二组	第四组	4	三	秦代前后
	第五组	5	四	西汉早期
第三组	第六组	6		
	第七组	7	五	西汉中期
	第八组	8		

铜器的一组相当于陶器的两组，这说明铜器的沿用时间较长，而陶器的变化较快。

墓葬分期应以陶器的分组为基础，力求准确。八组就是八段，代表了墓葬发展的早晚逻辑过程。其中一、四组与其他各组的器物组合、器物型式之间的差异程度较大，故这二组分别可作为独立的期别。第二、三组之间，第五、六组之间以及第七、八组之间器物型式差异程度小，各自可合并成一期并作为该期的前后两段来看待。这样，八组的组合关系经过合并之后，就成为五期八段（表四）。

（三）各期文化特征及年代推定

公元前 325 年张仪拔陕是陕县秦人墓地的上限。

第一期（第 1 段）：共 23 座墓。A 型土洞墓 17 座，BI 式土洞墓 4 座，竖穴墓 2 座；蹙屈特甚葬式 22 座，仰身直肢葬 1 座；西首葬 19 座，北首葬 4 座。带二层台的 5 座，带壁龛的 4 座。

陶器组合以鬲、茧形壶和釜、茧形壶为主。陶器种类少、器形小而且不规整。器表纹饰以绳纹为大宗，绳纹粗而且深，还有凸弦纹、瓦棱纹等。炊具夹粗砂，底部有烟炱等使用痕迹。

A 型鬲与凤翔西村 III 式鬲[6]、81 凤翔八旗屯 II 式鬲[7]和铜川枣庙 AV 式鬲的形制相同[8]，B 型鬲与凤翔西村 IV 式鬲相似。AI 式釜与大荔朝邑 M107 所出陶釜相似[9]。CI 釜与蓝田泄湖 M9 所出陶釜相同[10]，DI 式釜与西安半坡 M66 出陶釜相同[11]。I 式茧形壶与凤翔西村和铜川枣庙 I 式茧形壶相同。AI 式小口罐与铜川枣庙 I 式陶罐相同；AI 式壶与 81 凤翔八旗屯 M14 出的"IV 式罐"相似，BI 式壶与 76 凤翔八旗屯 BM29 所出陶壶相同[12]，BII 式壶与大荔朝邑 M107 所出陶壶酷似；CI 式壶与 81 凤八 M14：4 器形相似。通过以上的对比可以看出，第一段所包含的典型器物均属战国中期，它在年代上大致相当于战国中期的偏晚阶段。

第二期（2、3 段）：前段共 23 座墓。A 型土洞墓 1 座，B 型土洞墓 20 座，竖穴墓 1 座。蹙屈特甚葬式 20 座，自然蹙屈式 1 座、迁葬 1 座。西首葬 19 座，北首葬 2 座。带二层台的 7 座，带壁龛的 9 座。陶器以釜、盆、甑、盂、茧形壶最为常见，新出现陶盒、陶蒜头壶。陶盂通体施瓦棱纹，茧形壶开始带微圈足。流行绳纹、瓦棱纹、暗纹等。

后段共 30 座墓。BI 式土洞墓 26 座、竖穴墓 6 座；蹙屈特甚葬式 23 座，直肢葬 7 座；西首葬 24 座、北首葬 3 座，南首葬 3 座；带二层台的 7 座，带壁龛的 8 座。陶器组合以釜、盆（盆形甑）、罐、壶为主，陶盂消失，茧形壶少见，新出现大口罐。器物形体较以前明显增大，陶釜上的绳纹变得浅而细，瓦棱纹衰落、暗纹发达，出现了一种白底或黄底红彩色的三角纹饰，专施于成套出土的鼎、甗、蒜头壶身上，显得粗犷有力。

---

[6]　雍城考古队《陕西凤翔西村战国秦墓发掘简报》，《考古与文物》1986 年第 1 期。

[7]　陕西省雍城考古队《一九八一年凤翔八旗屯墓地发掘简报》，《考古与文物》1986 年第 5 期。

[8]　陕西省考古研究所《陕西铜川枣庙墓地发掘简报》，《考古与文物》1986 年第 2 期。

[9]　陕西省文管会等《朝邑战国墓葬发掘简报》，《文物资料丛刊》第 2 辑，文物出版社，1978 年。

[10]　中国社会科学院考古研究所陕西六队《陕西蓝田泄湖战国墓发掘简报》，《考古》1988 年第 12 期。

[11]　金学山《西安半坡的战国墓葬》，《考古学报》1957 年第 3 期。

[12]　陕西省雍城考古工作队《陕西凤翔八旗屯秦国墓葬发掘简报》，《文物资料丛刊》第 3 辑，文物出版社。

BII 式釜与大荔朝邑 M211 所出 III 式釜、蓝田泄湖 I 式釜酷似，AII 式釜与凤翔西村 M19 所出相同，CII 式釜与朝邑 M209 的 II 式釜相同。BIII 式小口罐与蓝田泄湖 I 式罐相同，AII 式大口罐与泄湖 III 式罐相同，BII 式盆与泄湖 I 式盆相同。I 式陶鍪与泄湖 II 式釜相同。AIII 式小口罐与睡虎地 M3 所出一件 I 式小口瓮相同[13]。AII 式壶与洛阳中州路 V 式罐相同[14]。I 式陶鼎与 79 凤高 M2 所出相同[15]。所以，第二期相当于战国晚期。

第三期（第 4 段）：共 41 座墓。BI 式土洞墓 29 座，BII 式土洞墓 4 座，竖穴墓 6 座。蹲屈特甚葬式 27 座，直肢葬 12 座。西首葬 36 座，北首葬 2 座，南首葬 1 座。带二层台的墓 9 座，无一座带壁龛。

陶器种类多、数量大，常在墓主人头顶摆成一排。组合以甗、壶（蒜头壶或圆壶）、罐、釜、盆、甑为主。甗下鼎上甑，下鼎无耳、蹄足矮小，不同于前期的方柱足，陶器形态均匀规整，陶釜口部有刮修平整的方唇，底部无烟炱，甚至发现彩绘陶釜，显系为随葬专门购置的。陶器器身多打有“陕市”或“陕亭”戳记。器物群“亚”字形腹特征鲜明，彩绘多见于鼎、甗、蒜头壶身上，以斜角卷云纹、线纹、同心圆纹为主，间或有柿蒂纹、心形图案；颜色以红、黄为主，黑、白次之。

AV 式小口罐与上焦村秦墓 I 式陶瓮相同[16]，BV 式小口罐与上焦村 II 式罐相同，AIII 式大口罐与上焦村 I 式罐相同，III 式茧形壶与睡虎地 M9 所出一件相同。BIII 式釜与睡虎地 M36 所出 II 式釜[17]、上焦村 II 式釜相同，II 式鍪与睡虎地 M14 所出一件 II 式陶鍪相同，BI 式蒜头壶与睡虎地 M33 所出一件形制相同。所以本期年代大致在秦代前后。

第四期（5、6 段）：前段墓葬 12 座，BI 式土洞墓 2 座，BII 式 10 座；仰身直肢葬 8 座、自然蜷屈式 1 座，蹲屈特甚式 1 座；西首葬 10 座，北首葬 2 座。二层台、壁龛不见。后段墓葬 8 座，BII 式土洞墓 7 座，BIII 式 1 座，直肢葬 6 座、西首葬 6 座，其余二座葬式、头向不清。

器物组合一般是铁釜、甑、大口罐、小口罐。大口罐、小口罐一墓多达数件，体态呈现出肩部鼓起、腹身加长的趋势。鲜见陶釜，根本不见鼎、盒、壶之类的陶礼器。器表绳纹减少，没有发现彩绘。

---

[13] 湖北孝感地区第二期亦工农文物考古训练班《湖北云梦睡虎地十一座秦墓发掘简报》，《文物》1976 年第 9 期。

[14] 中国科学院考古研究所《洛阳中州路》，科学出版社，1959 年。

[15] 雍城考古工作队《凤翔高庄战国秦墓发掘简报》，《文物》1980 年第 9 期。

[16] 秦俑考古队《临潼上焦村秦墓清理简报》，《考古与文物》1980 年第 2 期。

[17] 云梦县文物工作组《湖北云梦睡虎地秦汉墓发掘简报》，《考古》1981 年第 1 期。

AVII 式小口罐与云梦睡虎地 III 式小口瓮、大坟头一号汉墓所出陶瓮形制相同[18]，AVI 式圆壶与大坟头 M1 所出一件漆衣陶壶、山西朔县 I 型 2 式罐相同[19]。BVI 式小口罐与山西朔县 II 型 1 式罐酷似。所以本期前段为西汉早期前段。AVIII 式小口罐与山西朔县 III 型 1 式罐相同，BVII 式小口罐与朔县 II 型 2 式壶酷似，所以本期后段为西汉早期的后段。

第五期（7、8 段）：前段 10 座墓，全为 BIII 式土洞墓，仰身直肢葬 6 座，西首葬 3，北首葬 1、南首葬 2 座；其余葬式不清。后段 9 座墓，全为 BIII 式土洞墓，葬式清楚的二座头向南、直肢葬，墓道带耳室。

前段陶器组合为鼎、盒、壶、瓿、小口罐、大口罐。壶为盘口大壶，瓿为镟甑合体。青灰色陶为主，陶器制作普遍采用轮制法，高达数十厘米的小口罐用快轮拉坯一次成型。绳纹少见，出现一种白底褐色的流云纹彩绘图案，装饰在瓿、壶的身上，线条细腻流畅。开始出现五铢钱。后段陶器组合为仓、灶、小口罐、大口罐、铺首壶、小壶。陶仓一墓数件，小口罐体态修长，陶灶灶面往往有阴线刻划纹。

AIX 式小口罐与朔县 III 型 2 式罐相同，BV 式蒜头壶与新乡五陵村 M54 所出一件陶壶相同[20]，C 型瓿与朔县 I 式瓿相同，BIII 式瓿与朔县 II 式瓿相似，所以本期前段可定为西汉中期前段。

AX 式小口罐与洛阳烧沟 I 型 1 式罐相同，BVIII 式小口罐与烧沟 I 型 2 式罐相同；GII 式壶与烧沟 II 型 1 式壶酷似[21]，所以本期后段可定为西汉中期后段。

三、随葬器物的文化因素分析

三门峡秦汉墓的随葬器物由七类因素构成。

（一）秦文化因素

秦文化因素包括矮足鼎、瓿、锺、钫、壶、釜等铜容器，A 型鬲、釜、盆（甑）、茧形壶、蒜头壶、小口罐、A 型大口罐、釜形灶等日用陶器，以及 A 型鼎、盒、A 型至 F 型圆壶等仿铜陶礼器。这类因素数量多，存在时间长，为器物群的主体，即主要文化因素。战国中期，秦文化发生转型，器物群面貌巨变。新的器物群大量吸收了来自三晋两周地区和巴蜀地区的因素，这个吸收融合过程估计在秦人东出殽函之前业已完成；此后随着秦的扩张，又散布到全国。三门峡的此类因素来自关中。

[18]　湖北省博物馆《云梦大坟头一号汉墓》，《文物资料丛刊》第 4 辑，文物出版社。

[19]　平朔考古队《山西朔县秦汉墓发掘简报》，《文物》1987 年第 6 期。

[20]　新乡市博物馆《河南新乡战国两汉墓》，《考古学报》1990 年第 1 期。

[21]　洛阳区考古队《洛阳烧沟汉墓》，科学出版社，1959 年。

铜鼎矮足附耳鼓腹带盖，与春秋乃至战国早期立沿耳的传统秦鼎大不相同，直接承袭了同时期或稍早的三晋式鼎的造型[22]。A 型陶鼎是对铜鼎的模拟。

A 型铜瓿的源头亦在三晋，类似者在辉县赵固堆 M1 有发现[23]，后者为战国中期的魏墓。镂形铜瓿自东而西的传播路线比较清楚。在中原地区的东周墓葬里，铜瓿下部由春秋中期高蹄足的鬲发展成战国早期的小尖足鬲、再蜕变成圜底的镂[24]。B 型铜瓿，下部的铜鍪束颈卷沿翻唇，广肩上有双耳，底部四个小实足，与四川键为巴蜀墓、四川新都战国墓、四川宝轮寺船棺葬所出相同。李学勤先生曾指出釜、鍪、瓿等铜器来自巴蜀地区，秦并巴蜀后成为秦墓中富有特征的器物，后来流布各地[25]。

铜钫和锺也是受三晋青铜文化影响而产生的[26]，但锺又被稍加改进，形成了秦人自己的一些特点。战国末期至秦代圆壶腹壁坚直，腹部呈现"亚"字形，符合秦代器物群的总体造型风格。

铜蒜头扁壶和铜蒜头长颈壶其实是两种器物，它们有各自的专名。云梦大坟头一号汉墓的木牍上记有"二斗钍"和"一斗钭一"，分别指 30 号头箱的一件铜蒜头扁壶和 28 号头箱的一件铜蒜头长颈壶[27]。蒜头扁壶无疑由直口扁壶改制而成，三门峡秦墓的直口扁壶，饰方格填羽状蟠虺纹，和传世的原式扁壶、重金铧扁壶，形态相同[28]。直口式扁壶起于何种文化，现在还不太明了。铜蒜头长颈壶应是对陶蒜头壶的仿制。

A 型陶鬲为传统秦鬲的最晚形态，可上溯到西周晚期；周代秦鬲的形态经历了由高长变得宽扁，肩部逐渐鼓突，由瘪裆较高发展成低平裆的演变。以前有学者认为陶釜是由陶鬲演变而来的，其实不然。釜、鬲根本就是两种器物，制法上截然不同[29]。早在春秋时期，秦岭南北两侧的文化交流就把陶釜这种巴蜀地区的传统炊具带到了宝鸡，此后它在关中西部的秦墓中陆续零星出现，一直没有代替陶鬲的主体地位。战国中晚期之交，由于某种特殊的历史契机，关中地区从西到东陶釜大量涌现，很快取代了陶鬲，并随着秦人的东进风靡全国。巴蜀文化以及春秋秦墓的陶釜均为圜底，最大横径靠下，类似于无耳的陶鍪；陕县秦釜无论尖底圜底，最大横径都偏上，暗示前者

〔22〕　陈平《试论关中秦墓青铜容器的分期问题》，《考古与文物》1984 年第 3、4 期。

〔23〕　中国科学院考古研究所《辉县发掘报告》，科学出版社，1956 年。

〔24〕　高明《中原地区东周时代青铜礼器研究》，《考古与文物》1981 年第 2~4 期。

〔25〕　李学勤《东周与秦代文明》，文物出版社，1984 年。

〔26〕　陈平《试论关中秦墓青铜容器的分期问题》，《考古与文物》1984 年第 3、4 期。

〔27〕　湖北省博物馆《云梦大坟头一号汉墓》，《文物资料丛刊》第 4 辑，文物出版社。

〔28〕　高崇文《两周时期铜壶的形态学研究》，《考古类型学的理论和实践》，文物出版社，1989 年。

〔29〕　据中国历史博物馆李文杰先生告之：陕县秦墓的陶釜，均采用"倒筑法"，具体讲是先用泥条盘筑口部，再盘筑腹部，合拢后用石块垫住内壁，用绕绳陶拍拍打外壁。鬲的制法是先做成一个泥圆筒，在一端分割成三等分然后分别捏合，按捺使内底凹陷。

使用时只在底部垫几块石子之类的支撑物，后者已和锅台式灶配套合用。关中地区在流行陶釜之前，灶已先行了一个阶段，从而引发了陶鬲外形的变化，造成了它向陶釜演化的假象。

三门峡的釜形灶为当时釜、灶合用的情况提供了一个实物例证。陶釜肩部附结一周灶壁，下端开有进火口和出烟孔，还没有形成锅台。它可能模仿了当时的行军土灶。类似者在西安半坡秦墓有出土。

茧形壶从早到晚形体由小变大，由圜底发展成高圈足。I、II 式茧形壶常见于一、二段墓葬，三段以后茧形壶罕见。外形的不同显示了用途的差异。早期茧形壶较小，储备酒水仅够一人饮用；腹部有纵向凸弦纹或绳纹带，绳纹带之间有明显的绳索磨拉痕迹；估计当时用绳索兜结后可以背挂，类似于现在的行军壶。后来，这种器物进入到日常生活中，始皇陵园丽山食官一号建筑遗址出一件巨型茧形壶，长径 71 厘米，通高 57 厘米。食官掌寝园膳食之事，它可能被用作庖厨中的储水器[30]。茧形壶源自晋文化，在山西侯马铸铜遗址出土过，形体硕大、不带圈足，年代属战国早期[31]；可能是晋国手工业作坊中的储水器。战国中期它在关中秦墓中突然出现、并广为流行，应是秦吸收三晋文化的结果。

细颈蒜头陶壶乃秦工匠的创举。新石器时代以来，小口细颈类的陶壶在北方地区延绵不绝，它的外形可能取意于人们日常生活中瓠瓜、葫芦等植物。东周秦墓里也有此类陶壶，如宝鸡西高泉村 M2 的，小口直颈，鼓腹平底，时代属于春秋早期[32]。甚至在蒜头壶出现之后它依然存在，如凤翔高庄的 IV 式陶壶[33]。汉代以后，岭南地区广泛流行的匏壶，也属于此类器物。小口细颈壶和蒜头细颈壶在谱系上可能有母子关系，而"匏壶"实可作为二者的泛称。《盐铁论·散不足篇》载"庶人器用即竹柳陶匏而已"，说明它是大众的生活用具。可是《汉书·郊祀志》又记载西汉皇室祭祀时"其牲用犊，其席槁秸，其器陶匏，皆因天地之牲，贵诚上质，不敢修其文也"，以及"牲用茧粟，玄酒陶匏"。颜师古注曰："陶，瓦器；匏，瓠也。"它同时又作为一种重要的祭器而使用着。《汉书》记载的是汉代郊祭用礼的情况，秦代以前不一定全这样。秦人在祭祀天地时也可能用铜质的蒜头壶或长颈壶。

小口圆肩罐和 A 型大口瓮在秦墓中的流行带有突发性，在形态上与秦传统的大喇叭口罐差别很大，前后之间没有继承关系。相反，这两种绳纹陶罐在位于晋都新田的

---

〔30〕 王学理《秦始皇陵研究》，上海人民出版社，1994 年。

〔31〕 山西省考古研究所《侯马铸铜遗址》，文物出版社，1993 年。

〔32〕 宝鸡市博物馆等《凤翔县西高泉村春秋秦墓发掘记》，《文物》1980 年第 9 期。

〔33〕 雍城考古队《陕西凤翔高庄秦墓地发掘简报》，《考古与文物》1981 年第 1 期。

侯马铸铜、制陶遗址中却经常可以见到，而且演化序列完整[34]；此外，在河南渑池班村发掘的战国早中期三晋墓中也有出土[35]。因此，可以说秦墓中的这两类器物是大量吸收三晋文化的结果。A型小口罐在秦代前后发展成广平肩的样式，据凤翔高庄秦墓陶文，此类器就是脍炙人口的"缶"；既是盛储器，也是秦人酒酣耳热后挥手拍击的乐器。所谓"夫击瓮叩缶，弹筝搏髀，而歌呼呜呜，快耳目者，真秦之声也"（《谏逐客书》）。

（二）西戎文化因素

西戎文化因素，有C型鬲、双耳罐。以铲形袋足鬲和双耳罐为代表的文化遗存被称为"毛家坪B组遗存"，与东周时的西戎有关；春秋时期主要分布在甘肃东部，在某些地点它和秦文化紧密共存，例如甘谷毛家坪同一地层、同一灰坑内就包含了这两种文化的遗物[36]，在某些地点，它又单独存在，例如庄浪河的贺子沟和盘安王宫[37]，说明春秋时期它和秦文化的关系若即若离。到了战国中晚期，该文化丧失了其独立性，铲脚袋足鬲集中出现在关中秦墓里，与茧形壶、缶等典型秦器共生，墓型、葬式和其他秦墓也没有区别，这一外来的文化因素已融入秦文化之中。陕县是铲脚袋足鬲分布最靠东的地点，使用这种器物的人可能为秦士卒的一员，也可能是被迫迁徙到关东的，生活中保留了些许旧习。凡此种种，都说明战国中晚期秦文化兼容、吸收异族文化的能力大大增强了。

（三）三晋文化因素

三晋文化因素，有B型鬲、盖豆、B型圜底罐。B型鬲的鬲足蜕化成三个实足根，可直接命名为"三足釜"；其形态和安阳大司空村[38]，侯马上马村[39]所出的战国陶鬲相同，陕西清涧李家崖战国早、中期的魏墓也出了很多这种深腹平裆小实足鬲[40]，可见它属于三晋的传统器物。在三门峡秦墓中它与其他两型鬲及陶釜不共出，应属当地魏人遗风。

盖豆在三晋战国墓中与鼎、壶构成陶礼器组合，在关中秦墓中罕见。三门峡秦墓中的此类器应承自当地魏人。

---

〔34〕　山西省考古研究所侯马工作站《晋都新田》，第5页，山西人民出版社，1996年。

〔35〕　中国历史博物馆考古部《班村发掘报告》（待刊）。

〔36〕　赵化成《甘肃东部秦和羌戎文化的考古学探索》，《考古类型学的理论与实践》，文物出版社，1980年。

〔37〕　丁广学《甘肃庄浪县出土的寺洼陶器》，《考古与文物》1981年第2期。

〔38〕　马得志等《一九五三年安阳大司空村发掘报告》，《考古学报》第九册。

〔39〕　王克林《陕西侯马上马村东周墓葬》，《考古》1963年第5期。

〔40〕　陕西省考古研究所陕北考古工作队《陕西清涧李家崖东周、秦墓发掘简报》，《考古与文物》1987年第3期。

战国晚期，在郑州二里岗[41]、岗杜[42]以及河南上蔡[43]，有一种空心砖圹墓，随葬尊、盛。尊即折肩圜底罐。该类罐在郑州地区自有其渊源。时代较早的禹县白沙[44]以及郑韩故城附近的韩墓里常有一种肩腹带折棱的绳纹罐可能就是它的前身[45]。三门峡秦墓的折肩圜底罐是吸收了东面郑韩居民葬俗的结果。

（四）楚文化因素

楚文化因素有 C 型鼎。高足陶鼎为浅腹、平底，外形与当阳赵家湖楚墓的 IV 式陶鼎[46]、陕西旬阳战国中期楚墓的陶鼎相同[47]。三门峡秦墓出有多件足尖外撇的高足铁鼎。20 世纪 50 年代黄河水库考古队在陕县后川发掘的 M2011 和 M3411 各出一件高足铜鼎，前者兽蹄足、腹饰蟠虺纹和垂叶纹[48]，与当阳赵家湖 C 型铜鼎酷似；后者蹄足较直、具有晚期的特点，同类器在睡虎地 3 号秦墓里也曾发现过[49]。所有这些高足鼎，都可归入楚式鼎的范畴。

（五）巴蜀文化因素

巴蜀文化因素，有陶鍪、A 型圜底罐。陶鍪和陶釜一样源自巴蜀，在关中秦墓中已出现。圆肩圜底罐本来是巴蜀文化的传统炊具，使用时间比较长[50]。除了四川本地外，在汉中杨家山[51]、湖北云梦[52]和湖南衡阳[53]、常德[54]等地的秦墓中有发现。相反，关中地区却没有发现一个。豫西秦墓里的圆肩圜底罐，可能是从南方辗转传入的。

（六）本地特有因素

本地特有因素有 B 型鼎、A 型和 B 型甗。方柱足 B 型鼎造型奇异，装饰风格独特，目前仅见于三门峡秦墓。A、B 型陶甗均为鼎、甑合体者，A 型陶甗固定地与 B 型陶鼎

[41]　河南省文物局文物工作队《郑州二里岗》，科学出版社，1959 年。

[42]　河南文物工作第一队《郑州岗杜附近古墓葬发掘简报》，《文物参考资料》1955 年第 10 期。

[43]　刘东生《河南上蔡战国墓的清理》，《考古通讯》1985 年第 3 期。

[44]　陈公柔《河南禹县白沙的战国墓葬》，《考古学报》1954 年第 7 期。

[45]　张颖岚《郑韩故城东周陶器墓分期研究》，西北大学硕士学位论文，1996 年。

[46]　湖北省宜昌地区博物馆等《当阳赵家湖楚墓》，文物出版社，1992 年。

[47]　张沛《旬阳又发现两座战国中期楚墓》，《文博》1991 年第 5 期。

[48]　中国社会科学院考古研究所《陕县东周秦汉墓》，科学出版社，1994 年。

[49]　陕西省雍城考古工作队《陕西凤翔八旗屯秦国墓葬发掘简报》，《文物资料丛刊》第 3 辑，文物出版社。

[50]　宋治民《蜀文化巴蜀文化》，四川大学出版社，1998 年。

[51]　何新成《汉中杨家山秦墓发掘简报》，《文博》1977 年第 5 期。

[52]　《云梦睡虎地秦墓》编写组《湖北云梦睡虎地秦墓》，文物出版社，1981 年。

[53]　宋少华《湖南秦墓初论》，《文物资料丛刊》第 6 辑，文物出版社。

[54]　宋少华《湖南秦墓初论》，《文物资料丛刊》第 6 辑，文物出版社。

搭配；B 型甗固定地与 A 型陶鼎搭配共出；A 型陶甗流行在前，B 型陶甗出现在后。鼎甗合体的铜甗以前在江陵杨家山 M135[55]、成都羊子山 M172 和长治分水岭 M269[56] 曾有出土。杨家山那件，下部的鼎带凸棱状子母口圆盖、高蹄足外撇，足内侧有三角形凹槽，有强烈的楚器特征。《楚器图录》有一件战国末期的铜甗，形制与杨家山的相似[57]。羊子山和分水岭的甗，下部的鼎圆鼓腹矮蹄足。现在不好确定陕县地区的陶甗是受到谁的启发而创制的，就形态而言 B 型陶甗与长治和羊子山的较为接近。

（七）汉文化因素

汉文化因素包括 C 型甗、仓、灶、陶钫、鸱枭壶、G 型陶壶等。陶质镂形甗是仿铜质的，年代应比铜甗略晚。目前关中秦墓里仅发现 2 件铜质镂形甗：临潼上焦村 18 号陪葬墓出一件，无疑属于秦代，凤翔高庄 M46 出一件，也被定在秦代[58]。陶制镂形甗在关中秦墓里发现 7 件：凤翔高庄 M39、M1 各出 1 件，咸阳杨陵区 M3 出 1 件[59]，西北林学院 M9、M15、M24 共出 4 件[60]，它们都被发掘者推定在战国晚期，这 6 座墓有一些共同点：陶器组合为鼎、甗、盒、壶、钫，仰身直肢葬式，洞室墓相当于陕县的 BII、BIII 式。除了凤高 M1 出有直径 3.2 厘米的大半两外，其余各墓所出半两直径均在 2.4 厘米以下，"两"字双人书写成"连山式"。所以，将这 6 座墓定在汉初比较合适。这种器物最先在关中出现，然后影响到豫西。

C 型甗的镂中腰凸棱和底部的三足可能模仿了铁三足釜架。这种铁三足架在成都羊子山 M172 中曾有发现[61]。镂形甗又有"行灶"或"三隅灶"的别称，它和陶灶一样，都将炊具浓缩于一体[62]，在墓葬的陶器组合里和灶也有一个前后交替过程。关中地区在西汉早期，灶就代替了镂；在陕县和郑州，西汉中期前段的墓葬出镂不出灶、西汉中期后段的墓葬出灶不出镂，灶在此时取代了镂形甗。远处汉帝国边境的朔县一带，灶取代镂则到了西汉晚期[63]。一般说来，离京畿越远，这一过程就发生得越迟。

三门峡战国晚期的釜形灶是实用品，西汉中期的圆头灶却是模型冥器。二者逻辑上有发展关系，在陕县地区又有缺环。战国秦墓的釜形灶向汉代圆头灶演化的序

[55] 湖北省荆州地区博物馆《江陵杨家山 135 号秦墓发掘简报》，《文物》1995 年第 8 期。
[56] 山西省文物工作委员会晋东南工作组《山西长治分水岭 269、270 墓报告》，《考古学报》1974 年第 2 期。
[57] 郭宝钧《商周铜器群综合研究》，文物出版社，1981 年。
[58] 雍城考古队《陕西凤翔高庄秦墓地发掘简报》，《考古与文物》1981 年第 1 期。
[59] 咸阳文物考古研究所《咸阳市杨陵区秦汉墓葬清理简报》，《考古与文物》1996 年第 2 期。
[60] 咸阳市文管会《西北林学院古墓清理简报》，《考古与文物》1992 年第 3 期。
[61] 四川省文物管理委员会《成都羊子山第 172 号墓发掘报告》，《考古学报》1954 年第 4 期。
[62] 孙机《汉代物质文化资料图说》，上海古籍出版社，2011 年。
[63] 平朔考古队《山西朔县秦汉墓发掘简报》，《文物》1987 年第 6 期。

列在关中看得比较清楚，可说是"汉承秦制"在物质文化方面的又一体现。汉代陶灶可分成圆头和方头两大系统，这两大系统的分野在（新）函谷关和秦岭一线。（新）函谷关以西、秦岭以北多圆头灶；（新）函谷关以东、秦岭以南多方头灶。例如西汉中期的中原地区，陕县流行圆头灶、洛阳和郑州流行方头灶，而在新安，两种陶灶兼而有之[64]。

陶仓这种模型明器在关中的东周秦墓中一直存在，反映了秦人对农耕的重视及相应的财富观念。西汉早期关中汉墓里仓与灶构成了陶器组合的核心，为汉文化的标志性器物；在西汉中期传播到豫西。

陶钫是对铜钫壶的模拟。G 型陶壶盘口，肩部往往带铺首衔环。二者在关中西汉早期的墓里均属陶礼器组合。陕县的同类器亦来自关中。

西汉中期以后墓葬里常出枭壶。它以前曾被误认为三代器，其实是汉代特有的随葬陶器[65]。在秦汉时代人们的心目中，鸱枭是一种恶鸟。《吕氏春秋·内篇杂下》齐景公"有枭昔者鸣，声无不为也，吾恶之甚"。《吕氏春秋·分职篇》载"譬白公之嗇，若枭之爱其子也"。西汉贾谊作赋弔屈原："鸾凤伏穴兮，鸱枭翱翔。"《风俗通义·佚文》俗说："歹鸟白日无见，常隐丘藜之间，亦深窜墙穴之内。因无得见兔鼠之无遗失于人屋下庭中，歹鸟贪鼠残奸邪，众所憎疾，由此异者，令人死亡也。"汉画像石中有白虎逐鸱枭的图案。枭贪婪、护短、食母，败德败行，听见它的叫声大不吉利，汉代人们为何要把此不祥之物烧造出来，埋入墓葬中呢？

《史记·孝武本纪》载："后人复有上书，言：'古者天子常以春秋解祠，祠黄帝用一枭破镜。'"（集解）孟康曰："枭，鸟名，食母。破镜，兽名，食父。皇帝欲绝其类，使百物祠皆用之。"如淳曰："汉使东郡送枭，五月五日为枭羹以赐百官。以恶鸟，故食之。"汉代黄老学说盛行，黄帝既是求仙者行为之楷模，崇拜的偶像，又是一位辟邪镇恶的重要神祇。墓里埋入鸱枭形象，多少包含着祭祀黄帝，希冀亡灵升天的愿望。类似的求仙内容在汉墓中比比皆是。陕县汉墓曾出有陶质立熊。我们知道黄帝号有熊氏，传说中常乘熊上下于天地之间；鬼魅是升天障碍，欲升天必先驱鬼，而驱鬼头目就是以熊为化身的方相氏[66]。此外，汉墓中普遍随葬陶灶，其实也有祠灶求仙的意义。

总之，鸱枭壶、陶仓、陶灶等明器反映了汉代人的丧葬意识，折射出汉代人的精神世界。它们的出现标志着一种新风气的形成和一个新时代的到来。

---

[64] 河南省文化局文物工作队《河南新安铁门镇西汉墓葬发掘报告》，《考古学报》1959 年第 2 期。

[65] 王仲殊《汉代考古学概说》，中华书局，1984 年。

[66] 《后汉书·礼仪志》云："方相氏掌蒙熊皮，黄金四目，玄衣朱裳，执戈扬盾率百隶而时傩，以索室殴疫。"

四、三门峡秦墓与其他地区秦墓的比较

战国中期至秦代的秦人墓葬在关中、湖北和巴蜀地区的分布较为集中；其中关中地区是秦人的本土，代表着最标准的秦风。现将三门峡秦墓与这三个地区的秦墓分别比较。

（一）与关中秦墓比较

20 世纪在宝鸡斗鸡台、凤翔高庄、凤翔八旗屯、凤翔西村、凤翔李家崖，西安半坡、西安山门口、蓝田泄湖，铜川枣庙，大荔朝邑等地都发掘到战国中期以后的秦墓墓[67]。总结这些墓葬的特点：第一，战国中期在西安首先出现了洞室墓，战国晚期洞室墓数量超过竖穴墓。从种类上说，侧室墓出现在前，顺室墓流行在后。第二，西首葬、蹗屈特甚的屈肢葬始终是通行葬式。第三，战国中期宝鸡和铜川还有少量仿铜陶礼器的组合，到了战国晚期便消失了。铜容器和日用陶器是战国中晚期秦墓的基本组合。第四，宝鸡和西安有握石、含石葬俗，铜川有随葬彩绘泥俑的现象。

咸阳的情况比较复杂，作为秦国都城，京畿之地，文化交流远比其他地区便捷频繁；除了秦人之外，那里还有大量外来人口，汇集着众多来自关东地区的客卿人才，因此在某些墓地中包含较多的中原地区文化色彩。比如 20 世纪 70 年代在黄家沟发掘的48 座墓[68]，直肢葬、自然蜷屈葬式占三分之二，西首葬只占二分之一，典型的秦式屈肢葬才占四分之一。有 4 墓随葬鼎、豆（盒）、长颈壶这种类似于三晋墓的陶礼器组合。当然，在咸阳还有秦文化风格比较纯粹的墓地，如任家咀，特点与上述关中其他地区基本一致。

三门峡和关中两地秦墓可以说大同小异。无论葬式、葬俗还是墓型、器物组合都基本相同。三门峡上千座秦墓出土陶鼎不足 10 件，无一墓随葬鼎、盒、壶之类的成套礼器，几乎全为铜容器和日用陶器的组合，与关中一致；反映出该地秦墓的人群主要是来自关中的移民。但二者又存在一些细部差异：关中土洞墓有木板、石板、土坯三种封门材料，而三门峡土洞墓仅木板一种，土坯封门晚到了西汉中晚期。关中有个别洞室墓的壁龛开在天井墓道上，这在三门峡不见。三门峡那种鼎甑合体的陶甗不见于关中地区。

---

[67] 雍城考古队《陕西凤翔高庄秦墓地发掘简报》，《考古与文物》1981 年第 1 期；陕西省雍城考古队《陕西凤翔八旗屯西道沟秦墓发掘简报》，《文博》1986 年第 3 期；何欣云《宝鸡李家崖秦国墓葬清理简报》，《文博》1986 年第 4 期；王久刚《西安南郊山门口战国秦墓清理简报》，《考古与文物》1994 年第 1 期。

[68] 秦都咸阳考古队《咸阳市黄家沟战国墓发掘简报》，《考古与文物》1994 年第 1 期。

（二）与湖北秦墓比较

湖北秦墓的上限应当是秦昭王二十九年（前 278 年），秦将白起拔郢。在云梦睡虎地、江陵凤凰山和杨家山、宜都楚皇城、襄阳山湾等地均有发现。陈振裕先生曾总结过这些墓葬的特点[69]。

湖北秦墓与三门峡相比有明显的不同：首先，湖北无一例土洞墓，而三门峡大多数都是土洞墓。其次，湖北秦墓以仰身直肢葬为主，屈肢葬较少，而且都是自然弯曲式的；墓向上西首葬不突出。三门峡绝大多数为西首向的蹲屈特甚葬式。再其次，湖北秦墓墓内填青膏泥或白膏泥，用隔梁、立柱、隔板将椁室分割成二室或三室；头箱、边箱和棺室之间有门道相通；棺多为长方形盒状、少数为悬底棺，显然承袭了当地楚墓的传统。这种做法不见于三门峡。最后，湖北秦墓经常随葬木、漆器；中原秦墓漆器少见，个别墓随葬泥俑。当然，两地秦墓也有共性，即随葬品组合都以实用铜容器和日用陶器为主，缺乏陶礼器。

（三）与四川秦墓比较

四川青川和荥经古城坪两处墓地原来被认为属秦人[70]，但它们均为竖穴土坑木椁墓，流行鼎、豆（或盒）、壶的陶礼器组合，与同时期秦墓的典型组合不同，反而与战国中、晚期三晋墓一致。其族属不一定是秦人墓，倒有可能是被秦迁徙而来的三晋旧民的遗存。1977 年在四川荥经发掘了一座秦代墓葬，长方形竖穴土坑，无封堆、无墓道；坑的上部填五花土，下层以及椁四周填白膏泥，随葬耳杯、奁、圆盒、双耳长杯、蒜头扁壶等漆器，双耳铜釜、铜鍪等铜器。特点和湖北秦墓基本相同，而与三门峡、关中的秦墓有所区别。

巴蜀地区北有秦岭、大巴山与关中隔绝，道路险阻；东边却可以顺长江而下，直达江陵。交通条件决定了它和楚地的联系较为紧密。战国中期以前这里主要是接受楚文化的影响，例如新都战国墓、涪陵小田溪战国墓就带有浓重的楚文化色彩。秦并巴蜀后，秦文化才到达这里。四川和湖北秦墓的相似性，如果从地区文化传统的角度来理解，是不足为奇的。

总的说来，三门峡秦墓与关中很接近，与湖北、四川区别明显。比较的结果，揭示出战国中期以后全国范围内的秦墓，可以按秦岭至伏牛山一线为界分成南、北两大区域类型。两大类型的差别，主要在墓型、葬式和葬俗方面。这些方面，其实受到了当地历史传统和自然地理环境的影响；而秦岭至伏牛山一线恰好又是人文地理上的一

[69]　陈振裕《略论湖北秦墓》，《文博》1986 年第 4 期。

[70]　四川省博物馆等《青川县出土秦更修田律木牍——四川青川县战国墓发掘简报》，《文物》1982 年第 1 期；荥经古墓发掘小组《四川荥经古城坪秦汉墓》，《文物资料丛刊》第 4 辑，文物出版社。

条重要分界线。

五、中原地区三晋两周墓、秦墓和汉墓的发展演变关系

中原地区，地理上覆盖了山西、河北的南部以及河南的大部分，长期以来是商周政治和经济中心，文化上自成一体。战国时期这里的三晋两周墓葬以长方形竖穴土坑墓为主，流行仰身直肢葬和屈肢葬（股、胫夹角一般大于90°）；随葬品以礼器为核心，大墓有车马器。陶器组合有鼎、豆、壶；鼎、豆、壶、盘、匜；鼎、盒、壶三种形式。分别代表了前后发展的三个阶段[71]。文化内涵非常相似，仅根据随葬特征，难以区分哪些是魏墓，哪些是韩墓或者周墓。战国中晚期秦人的介入打破了这里文化上的一统局面。

山西侯马在春秋晚期至战国早期为晋都新田，三家分晋后属魏。秦昭王二十一年（前285年）"河东为九县"，侯马入秦。20世纪50年代在侯马乔村墓地发掘了千余座墓葬[72]，其中第一、二期的墓共659座，属战国早、中期，绝对年代在秦占领前，为当地的晋墓，流行竖穴斗形墓，不见生土二层台及壁龛，葬式为北首的仰身直肢葬，随葬成套的陶礼器，出三晋布币或圜钱。第三期属战国晚期至秦代，绝对年代在秦占领后，为新出现的秦人墓葬，流行东西向的洞室墓，多带生土二层台和壁龛，多踡屈特甚的屈肢葬式，头向以东为主；随葬秦式铜器和日用陶器，出半两钱，陶器上或有"绛亭"印文。在那里没有见到与秦人墓同时期的魏国遗民墓葬。

20世纪50年代在河南陕县发掘了105座东周魏墓，均为竖穴土坑墓，多数为头向北的仰身直肢葬，还有少数自然踡屈式，流行铜、陶礼器的组合，陶器上多施暗纹、彩绘，年代主要在战国早中期。当年还发掘了92座战国中晚期秦拔陕后至汉初的墓葬[73]，加上本文介绍的这批秦人墓，都与东周魏墓毗邻分布，但文化面貌迥异。在陕县也没有发现与秦人墓同时期的魏国遗民墓葬。

洛阳为东周王室所在地。20世纪50年代在中州路西工段发掘的260座东周墓，绝大多数为竖穴墓，以头向北的舒缓屈肢葬式为主，还有部分的直肢葬。墓地可分7期，1~3期属春秋时期，4~7期属战国时期；战国墓流行陶礼器的组合。仅有的4座洞室墓被归入第7期。发掘者认为墓葬的年代从春秋初至秦统一。这批墓无疑属当地周人，其年代下限可能已进入秦占领时期。

---

[71]　叶小燕《中原地区战国墓初探》，《考古》1985年第2期。
[72]　山西省考古研究所《侯马乔村墓地（1959~1996）》，科学出版社，2004年。
[73]　中国社会科学院考古研究所《陕县东周秦汉墓》，科学出版社，1994年。

公元前 256 年秦灭西周，前 249 年又灭东周，设三川郡；此后秦统治了洛阳约 50 年的时间。这个时期的墓葬在烧沟、孙旗屯、洛阳钢厂等地有发现[74]。烧沟的竖穴墓 43 座，多在生土二层台上棚板形成椁室，带壁龛；洞室墓 16 座，墓室多在墓道北。墓主头向北，除 6 座仰身直肢葬外均为屈肢葬，其中股、胫夹角在 45° 以下的 9 座，45°～90° 的 14 座，90° 以上的 17 座；可见蹲屈特甚葬式与微屈、直肢葬式的比例相当。随葬鼎、豆（或盒）、壶、盘、匜成套陶礼器和石圭，陶器上施各类暗纹和彩绘。孙旗屯、钢厂墓与烧沟类似，只是洞室墓比例略高。这些墓杂糅了周、秦两种文化的特点，二层台棚板、洞室墓、蹲屈特甚葬式属于秦的风格，北首葬、直肢和微屈葬式、随葬陶礼器和石圭为当地周（或晋）的传统。整体面貌与三门峡秦墓区别明显，其族属应主要是当地的周遗民，也可能包含少量秦人。洛阳为东周王畿之地，当地人以文化正统自居，虽然在秦的统治下，在墓型等方面不可避免地受到秦的影响，但同时又顽固地坚持传统礼俗。当然不排除由于当地传统根深蒂固、影响太大，以至于部分秦人在丧葬活动的某些方面都改从了周制。

洛阳也有比较典型的秦人墓，只是发现较少，如洛宁故城秦墓[75]，为东西向竖穴墓，生土二层台上棚盖圆木，带壁龛，死者为蹲屈特甚葬式，随葬铜釜、铜匜、铁釜、小口罐、大口瓮、甑等日用陶器，以及鼎、盒、壶等陶礼器。又如于家营秦墓[76]，6 座全为顺室墓，带壁龛，随葬弦纹灰陶壶和陶盂，皆实用器；陶壶有“亚”字形腹特征，相当于三门峡 AⅣ、AⅤ 式，年代为秦代至汉初；壶肩部有“河市”“河亭”戳记，“河”为“河南”省称，三川郡属县之一。

郑州在战国时属韩。当地韩墓以南阳路的 68 座墓为代表[77]，除 2 座侧室墓，其他均为竖穴墓，多数在头端带壁龛。墓主皆头向北，葬式有直肢和屈肢两种，二者比例相当；后者大多为自然舒缓式，个别为蹲屈特甚式。陶器组合有三种：第一种，鼎、豆、壶、盘、匜（或为不完整组合），共 32 座。第二种，鼎、盒、壶、盘、匜，共 2 座。第三种，盒、折肩圜底罐（或壶），共 12 座。还有一些墓仅随葬带钩、铜镞之类小件或无随葬品。第三种组合有 1 座用空心砖垒砌椁室。三种组合在年代上有交错，并非泾渭分明，第一种有个别墓（M21）共出盒、折肩圜底罐；第一种和

[74]　王仲殊《洛阳烧沟附近的战国墓葬》，《考古学报》第 8 册，1954 年；洛阳市第二文物工作队《洛阳孙旗屯秦国墓葬》，《中原文物》1987 年第 3 期；洛阳市文物工作队《洛阳钢厂秦墓发掘简报》，《华夏考古》1997 年第 3 期。

[75]　洛阳地区文管会《洛宁故县秦墓发掘简报》，《中原文物》1985 年第 4 期。

[76]　洛阳市第二文物工作队《洛阳于家营秦墓发掘简报》，《文物》1987 年第 12 期。

[77]　郑州市文物考古研究所《郑州市南阳路家世界购物广场战国墓葬发掘简报》，《华夏考古》2006 年第 2 期。

第二种（如 M64 与 M65）、第二种和第三种（如 M2 与 M18）都有并穴合葬现象。这批墓的年代主要为战国中晚期，年代下限应已进入秦占领时期；尤其是第三种组合，随葬日用陶器，有别于当地传统，可能受到了秦的影响。墓地规划有序，墓葬自北向南可分七排，其中有多例两两并穴合葬，多为男、女夫妻并穴合葬，显然属于族墓地。

公元前 230 年，"内史腾攻韩，得韩王安，尽纳其地，以其地为郡"（《秦始皇本纪》），郑州入秦。年代明确属于秦占领后的墓葬在金水区、西山、人民公园、岗杜都有发现[78]。大多为顺室墓，墓道宽于墓室，有的在墓室内用空心砖垒砌棺室。墓葬多数为南北向，少数为东西向。死者葬式既有直肢葬，也有屈肢葬，二者比例相当；后者有的蹉屈特甚。流行釜、盆（甑）、钵、罐、壶的日用陶器组合；罐有秦式广肩缶和折肩圜底罐，壶有蒜头壶和亚形腹的小陶壶。个别墓仅随葬圜底罐、钵。这些墓有鲜明的秦文化色彩，也有一些当地因素，其族属应主要是秦人，可能也包含部分韩遗民。需要注意的是，此类墓往往位于战国韩墓附近，金水、人民公园、岗杜、南阳路墓葬可能都属于一片连续分布的大型墓区。

如果把标准的三晋两周墓和秦人墓分别定作 I 类和 II 类，洛阳那种出陶礼器的洞室墓定为 III 类，郑州那种出折肩圜底罐、盒的空心砖圹墓定为 IV 类的话，考察这四类墓在同一时段内空间上的分布关系，则饶有趣味。I、III、IV 类都是晋（或周）人的遗存，只不过 III、IV 类不同程度受到了秦文化的影响。三门峡 I 类和 II 类墓空间上紧邻而无交错，时段上继起而不共存，秦人拔陕后，这里便为清一色的 II 类墓。侯马的情况和三门峡类似，战国晚期秦人占领此地，魏国用陶鼎、豆、壶随葬的墓，一下子被秦人出釜、盆等陶器的墓所代替。洛阳地区 I、II、III 类共存，郑州地区 I、II、IV 类共存。不同地点有不同分布状态，反映出秦人在占领区实施了不同的移民政策。

商鞅变法后秦历代国君，包括秦始皇在内，都对占领区实行了"徙民"的传统政策[79]。"徙"采取两种办法，一种是赦免罪犯迁入新占领的地区。如"（昭王）二十六年赦罪人迁之穰"，二十七年攻楚，"赦罪人迁之南阳"；二十八年"取鄢，邓，赦罪人迁之"（《秦本纪》）；三十四年秦设立南阳郡，"免臣迁居之"（《秦纪》）。这些

---

[78]　郑州市文物考古研究院《郑州市金水区廊桥水岸战国晚期秦墓发掘简报》，《中原文物》2013年第 4 期；郑州市文物考古研究所《郑州人民公园秦、汉墓发掘简报》，《郑州文物考古与研究（一）》，科学出版社，2003 年；河南省文物考古研究所《郑州西山河南艺术职业学院秦汉墓葬发掘简报》，《华夏考古》2011 年第 3 期；河南文物工作队第一队《郑州岗杜附近古墓葬发掘简报》，《文物参考资料》1955 年第 10 期。

[79]　王学理《秦始皇陵研究》，上海人民出版社，1994 年。

罪犯大多原本就是秦人[80]。另一种是"出其人"，即把占领区原先的居民迁出本土，或者把人全部赶走。例如秦孝公八年，伐魏曲沃，"尽出其人，取其城地入秦"；（惠文君）十三年，"使张仪伐取陕，出其人与魏"；（昭王）二十一年，司马错攻魏河内，"魏献安邑，秦出其人，募徒河东，赐爵，赦罪人迁之"（《秦本纪》）。陕县和侯马就属于这种情况，正因为施行了强硬的民族清洗政策，致使占领区难以见到当地遗民的墓葬。兼并战争中，有时只进行单向迁入，有时迁出和迁入同时互补进行。在洛阳和郑州地区，可能只实施了单向的迁入政策，或只把当地豪族迁出，从而在一定程度上形成了秦人和周晋旧民杂居的局面。

为什么在不同的地点会实施不同的"徙民"政策呢？这恐怕和当时军事斗争形势的发展有关。孝公至庄襄王"六世"，秦和六国处于战略相持阶段，在局部地区常常反复争夺。《史记·魏世家》载："（魏襄王）五年，秦败我龙贾军四万五千于雕阴，围我焦、曲沃……六年，秦取我汾阴、皮氏、焦。八年，秦归我焦，曲沃……十二年，秦取我曲沃、平周。""（魏哀王）五年，秦使樗里子伐取我曲沃，走犀首岸门。"在这样的形势之下，每占领一地，"尽出其人"，剪除旧势力；"赦罪人迁之"，巩固已获得的据点，并作为以后扩张的基地，就非常必要。始皇亲政后，力量对比呈一边倒的态势，秦已进入战略进攻阶段。从公元前 236 年大兴兵攻赵到公元前 221 年灭齐，可谓节节胜利，势如破竹。军事进展神速，"尽出其人"既费时费事，也不切合实际，这一段时间内虽然屡屡攻城拔地，但鲜见"出人"或"赦罪人迁入"的记载。三门峡和侯马地处豫西和晋西南，秦人墓上限偏早；郑州地处豫东，秦人墓上限偏晚，生动地说明了这一点。

文化交融的痕迹在民族杂居地区非常明显。比如用空心砖构筑竖穴土坑墓圹壁的做法，原来只见于郑州和新郑地区。那里曾发现出鬲、盂、豆、罐的春秋晚期墓打破空心砖圹墓的例子，说明空心砖圹墓能早到春秋时期[81]。战国末年，初来乍到的秦人接受了当地这一传统。进入汉代之后，空心砖材料开始与土洞墓墓型相结合，即用空心砖在洞室内铺底，砌壁、棚顶、封门。如果说战国时期空心砖墓还局限在豫东的话，到了西汉早期它已遍及整个中原和关中地区。战国中晚期秦"徙民"政策带动的文化交流堪称空前；正是在这个背景下，西周以来同源而异流的区域文化在更广阔的范围内再次得以综合。

中原地区西汉早期的墓葬仍然可以分成两大类，一类以三门峡为代表，随葬铁釜、

---

[80] "臣"即"隶臣"，是受过耐刑从事生产劳动的奴隶。"免臣"和"赦罪人"同义，云梦秦简《军爵律》规定："欲归爵二级以免父母为臣妾者一人，及隶臣斩首为公士，谒归公士而免故妻隶臣妾一人者，许之。"

[81] 王志友《东周时期郑韩墓葬类别与葬制的初步研究》，西北大学硕士学位论文，1996 年。

甄、盆、罐等日用器；另一类以河南新乡五陵村[82]和洛阳涧西周山[83]为代表，随葬鼎、盒、壶、钫等仿铜陶礼器。这二者的差别并不意味着等级之高下，而可能表明不同的文化传统在汉代的延伸。三门峡西汉早期的秦人后裔墓虽已变成仰身直肢葬，但仍以西首向为主，顺室墓型以及日用陶器入葬的风格，都继承了秦文化的传统。新乡战国墓陶器组合为鼎、豆、壶、盘、匜，均为竖穴土坑，相当于战国中晚期，此后便为随葬鼎、盒、壶、钫的洞室墓，方向为7°～27°，头皆向北。它显然更多地继承了本地战国墓的传统。到了西汉中期，三门峡墓葬的面貌发生了一大转变，出现了盘口大陶壶、镙形甄、鸥枭壶等新器种，它们往往和陶鼎、陶敦伴出；稍后，仓、灶随之兴起。类似的情况在新乡地区也发生了，而且步调一致。至此，两大类墓葬的差别趋于消失。

关中地区本来是秦人根据地，汉初的许多墓葬却随葬鼎、盒、壶、钫等陶礼器。我们知道典型的秦人墓，如在西安半坡、大荔朝邑，都随葬日用陶器。这种情况有别于中原那种自然的继承，不禁令人想起汉初的文化复辟。汉初的统治者鉴于秦失藩蔽而速亡，对周礼大到分封诸侯，小到用鼎制度、殓服制度都有所恢复。然而，复辟的浪潮毕竟没能淹没新生事物，陶仓这种象征新的财富观念的模型明器，战国伊始就出在秦人墓葬[84]；至迟文、景时，它和陶灶在关中已大量流行。从这个角度讲，秦文化的中心在关中地区，汉文化亦滥觞于此。受其影响，关东地区在西汉中期普遍出仓、灶等汉式器物，标志着统一的汉文化的最终形成。

六、出土陶文简析

三门峡西屏关中、东扼河洛，形势险要，兵家所必争。惠文君十三年（前325年）张仪拔陕，这里就处于秦人的控制之下，到庄襄王元年置三川郡，更成为秦的腹心地区，经济也有了长足进步。秦亡后，经济地位并未因此而下降。出土的陶文资料，充分说明秦占领后制陶业的发展状况。

（1）陕亭（图七，1）。"陕"字写法有带"阜"字旁和不带"阜"字旁两种。"亭"即旗亭，是管理市场的机构。陶坯打上这种戳印，表明它是陕地市府制陶作坊的产品。

〔82〕　新乡市博物馆《河南新乡战国两汉墓》，《考古学报》1990年第1期。

〔83〕　翟维才《洛阳市文管会配合防洪工程清理出二千七百余件文物》，《文物参考资料》1955年第8期。

〔84〕　中国社会科学院考古研究所《沣西发掘报告》，文物出版社，1962年。

图七　三门峡秦汉墓出土的陶文和金文

1. 火 CM9089：2　2. 火 CM9089：2　3. 火 CM9098：3　4. 火 CM9099：1　5. 火 CM9124：3　6. 火 CM9124：2　7. 面 M4－14：1
8. CM9144：4　9. 东 M4－21：1　10. 94 岗 M7：1　11. 火 CM15025：1 鼎盖　12. 火 CM15025：1 鼎盖

在秦始皇陵园曾发现"陕亭"陶文，"陕"字的写法和三门峡不带阜旁的完全一样[85]。

（2）陕市（图七，2）。意义同前。

（3）呈市（图七，3）。圆形戳印。《汉书·地理志》：（上党郡）"涅氏，涅水

---

[85]　见袁仲一《秦代的市、亭陶文》，《考古与文物》1981 年第 1 期。袁文误把"陕亭"解释为"豕亭"，俞伟超先生已指出。

也。"师古曰:"涅水出焉,故以名县也。"《汉书·地理志》:(南阳郡)"涅阳,莽曰前亭。"应劭曰:"在涅水之阳。"据《水经注》,前指沁水,后指湍水,前说为是。涅县在山西襄垣、武乡一带。"涅"通"呈"。

(4) 郝亭(图七,4)。当地县乡名。

(5) 安亭(图七,5)。"安"为"安邑"之省。安邑原是魏都。夏县禹王城安邑古城遗址曾出土过印有"安亭"戳印的陶片[86]。

(6) 襄(图七,6)。襄字打头的地名很多。《汉书·地理志》:"襄垣,莽曰上党亭。""(陈留郡)襄邑,有服官。莽曰襄平。""(颍川郡)襄城,有西不羹,莽曰相城。"山西襄垣可能性较大,当然也有可能是人名。

(7) 焦邑司工(图七,7)。西周武王封神农之后于焦,是为焦国,在今河南陕县南,晋灭焦后,仍保留了焦这一地名。《史记·秦本纪》:"(惠文君)九年,围焦,降之……十一年,归魏焦、曲沃。"始皇陵东侧焦村一带出有带"焦亭"戳印的陶器[87],它和陵园内带"陕亭"印记的陶器一样,都应当是从东边运输过来的。

《左转·庄公二十八年》:"凡邑,有宗庙先君之主曰都,无曰邑。"看来"邑"指一般性聚落,它的规模比里大、比郡县小。《汉书·高帝纪》:"高祖,沛丰邑中阳里人也,姓刘氏。"应劭曰:"沛,县也。丰,其乡也。"乡、邑大概差不多。咸阳遗址出土过"咸邑如顷"的陶文,"咸邑"当是"咸阳邑"的省文。

《周礼·司空》条注曰:"掌管城郭,建都邑,主社稷宗庙,造宫室车服器械,监百官者。"郭沫若认为"司空"一官,商代已有,名为"司工"[88]。周代的金文,常把"司空"写作"司工","空""工"似可通用。秦司空为少府属官,主管工程,多用刑徒,是烧造砖瓦的重要官置机构。奇怪的是,在咸阳、临潼发现大量的左、右司空类陶文,却无一例"司工"者。秦简中也皆称"司空"(见《徭律》《司空》),看来"司工"一词已被弃而不用。韩国陶文中有"格氏左司工""格氏右司工"等圆形戳印。格氏即葛乡,地在新郑西北。左、右司工是韩国监造陶器的职官[89]。"焦邑司工"这枚秦印,可能是"焦邑司空"的转称,还是秦人到达中原后,偶尔袭用了三晋官职名称,一时难以判断。

(8) 东邑市平(图七,8)。方形戳印,打在火 CM9144 的一件陶量上。"东邑",地理位置不详;"市平"即"市官所平"的意思,表明经市官校定,符合标准。汉代有一种方形小器,正面有"官律所平",背面有"鼓铸为职",为汉代官府加在标准度

[86] 俞伟超《秦汉的"亭"、"市"陶文》,《先秦两汉考古学论文集》,文物出版社,1985年。
[87] 袁仲一《秦代的市、亭陶文》,《考古与文物》1981年第1期。
[88] 郭沫若主编《中国史稿》,人民出版社,1977年。
[89] 陈世辉、汤余惠《古文字学概要》,吉林大学出版社,1988年。

量衡上的信记[90]。此类铜器还有铭识："雒阳市平""汶江市平""成都市平"的，不过它们晚到了东汉[91]。这枚戳印属于西汉早期，相当罕见。

《汉书·食货志下》记载王莽设立平抑市场物价的均官，职能和上述市官不同。

（9）陕私里石（图七，9）。"私"为里名，"石"为制陶工匠的名字。咸阳1、2号宫殿遗址出土过"咸阳成石"的陶文[92]。这枚戳记格式和关中出土的"咸郦里角""咸郦里就""咸郦里奢"等完全一样，省略了"亭"字，是陕地私营制陶作坊的产品。

（10）宜从故敬（图七，10）反文。田字格印，打在三门峡 94 刚 M7 一件双耳陶釜的肩部。内容属于吉语。传世战国秦印中有不少吉语印。如"中精外诚""思言敬事""正行治士""忠仁思士"等。它们或者表示印主的某种祈求，或者近似于某种格言警句，大概是官吏随身携带以作为座右铭的。这种打在陶器上的吉语印，还很少见。

（7）、（9）、（10）属于战国晚期，（1）～（3）大致属于秦代，（4）～（6）、（8）已到西汉早期。

三门峡陶文可以分三大类：其一，地方官署控制的制陶作坊的产品，如"焦邑司工"。《秦律杂抄》记载中有县司空，传世秦印中"闻阳司空""南海司空"等，大概也属于这一级[93]。在司空、司工前冠以地名，便于和中央官署制陶作坊的产品相区别。其二，地方市、府的制陶作坊产品，如"陕市""陕亭"。其三，民营制陶作坊的产品，如"陕私里石""宜从故敬"。业主在产品上印一些吉语，是为了迎合顾客的心理，推销自己的产品。这种做法在汉代广为流行烧沟汉墓所出刻有"日利"的陶翁[94]，郑州所出刻有"大吉利"的陶甋[95]，可资佐证。三类陶文中，前两类属于官营，第三类属于私营。

在所有的陶文中，"陕市"和"陕亭"的数量最多，有这种戳印的陶器，质地细腻、造型规整、形体较大，烧制火候较高，说明秦统一前后，陕地市府经营制陶作坊已居主体地位，制陶管理趋于规范化，产品的标准化程度大大提高了。

一般来说，市、亭类陶文的陶器都在当地生产和销售，因为陶器的质地较粗，价格低廉，不像漆器般受人珍视，不适合也不值得长途贩运，但小范围的陶器流通依然

［90］　裘锡圭《战国文字中的"市"》，《古文字论集》，中华书局，1992 年。
［91］　国家计量总局等《中国古代度量衡图集》，文物出版社，1984 年。
［92］　王学理《秦始皇陵研究》，上海人民出版社，1994 年。
［93］　王辉《秦印探述》，《文博》1990 年第 5 期。
［94］　洛阳区考古队《洛阳烧沟汉墓》，科学出版社，1959 年。
［95］　河南省博物馆《介绍一件东汉"大吉利"陶瓶》，《文物》1990 年第 3 期。

存在，始皇陵园内"陕亭""焦亭"的陶文以及三门峡"安亭""呈市"的陶文，都证明了这一点。

附记：本文为郑州中华之源与嵩山文明研究会课题"河南秦墓研究"成果之一。本文是在作者硕士学位论文（西北大学，1997 年）的基础上修改而成。感谢王建新先生于 1995~1996 年在三门峡资料整理期间的指导。

周家台秦代病方竹简研究

李 蜜[*]

This paper presents that the 3th group of *Zhoujiatai*（周家台）*Qin* bamboo slips in which transcribed several medical formulas is not a specialized medical book but a collection of *fang*（方）, and the text has a distinctive personality. The bamboo slips shows that the ancient Chinese medical formula spread with a variety of ways. The two kind of therapies in the formulas are by – substance（以物）and by – operating（以术）, and the therapeutic effect of the substance for treatments is determined by its intrinsic attribute, it is not always drug. The paper further analysis the structure of thought and concept background of the medical formulas, discusses the relationship between the formulas and later exorcism（咒禁）therapies.

湖北省荆州市周家台 30 号秦墓于 1993 年 6 月的考古发掘中出土竹简 387 枚，木牍 1 枚，这批简牍据层位关系、形制及内容被分为甲乙丙三组，整理者分别拟名《历谱》《日书》《病方及其他》[1]。其中丙组竹简共计 73 枚，据出土情况可知原为一编，整理者归纳其内容为"医药病方、祝由术、择吉避凶占卜及农事等"，因原编连次序难以恢复，故整理时依上述分类排列[2]。

考古人员根据墓葬形制和出土简牍文书内容判断墓主是县的低级官吏，他的下葬年代约为秦二世在位之时[3]，因此周家台简中病方的抄写年代不晚于这个时期，略早于马王堆汉墓帛书《五十二病方》。作为目前发现的年代最早的病方抄本之一，周家台简既与同期其他简帛医学材料有所相似，又颇具特色，然尚未得到学界专门讨论。本文拟就这批病方的性质、结构及其治疗手段与内涵观念作以探讨，以俟教于方家。

---

　* 作者系国家图书馆副研究馆员。
〔1〕　见湖北省荆州市周梁玉桥遗址博物馆编《关沮秦汉墓简牍》，第 1 页，中华书局，2001 年。
〔2〕　同 [1]，第 126 页。
〔3〕　同 [1]，第 145～160 页。

一、丙组竹简文本性质分析

周家台简中病方与其他内容共同抄录，形式异于其他简帛医方[4]。如以晋唐时期医学方书的收录范围为参考[5]，丙组竹简内含有完残病方十八首，另有病方零残简数片。从形制上看，该组简分宽（0.7~1.0 厘米）窄（0.4~0.6 厘米）两种[6]，抄写病方者宽窄皆有，字体及书写形式不尽一致，显示并非一次性抄成。如果以竹简形制考虑原编连次序，至少可以确定"病方"与"其他"是混杂成编的，而非两个或多个独立部分。原整理者将丙组竹简划分多类并依次排列，但并未明确指出各类别起讫简号，观其旨意，似将"肠辟"至"瘘病"作为病方（简 301~325），"已齲"至"禾无稂"归入祝由（简 326~354），"孤虚法"等纳入择吉避凶占卜（简 355~367），以及将"浴蚕"至"肥牛"作为农事（简 368~373），这种划分恐怕并不符合原状况，易造成误解。

在抄录形式之外，病方的内容也显示出很强的随意性。这十八首病方分别针对十四种病症或问题，然而这些病症既非常见病[7]，也不像《五十二病方》般有明确的类目可循。其中去黑子、已齲各有二方和四方，似乎抄录者异常关注于此。在病方之中，去黑子、长发诸方针对之事处在疾病与问题之间；在病方以外，又有兽病方"马心"一首不可医人，此外还有"已鼠"之类显然不可治病而亦称为"方"者。以上情况皆提示，丙组简中的病方内容不宜孤立视为单纯的病方之书，应与全卷内容整体考察。

检视该墓葬同出的竹简，甲组为历谱，是记录朔闰干支的年历表[8]；乙组为日

---

[4] 就出土情况较完整者而言，如马王堆汉墓帛书《五十二病方》内三百余方依病种分类自成体系，武威汉代医简有"右治百病方"之尾题，显示原为一篇，北京大学藏汉代医简据报道称有目有文，体例更为完善，见李家浩、杨泽生《北京大学藏汉代医简简介》，《文物》2011 年第 6 期。至于西北边地汉简中散见医方的原抄录形式则难以判断。

[5] 肠辟病名见于《素问》及武威汉代医方木牍（82 甲），后多称下痢；恒吹即喘，后常用喘逆上气等词描述；温病、下气、瘕、瘘、痛为中国传统医学始终沿用的病名概念；齲齿、长发、去黑子诸方名见于《肘后》《千金》《外台秘要》等方书；不悍病原方于《肘后方》中作"断温病不相染方"。

[6] 同 [1]，第 154~155 页。

[7] 考《五十二病方》中数量最多者为外伤方，包括一般创伤、犬兽伤、虫蛇伤、火烧伤、身体不同部位伤、创面结痂感染等，计一百余方，占总方数的三分之一强，但周家台简病方无一涉及外伤。此外，在《五十二病方》内方数较多且常见于战国秦汉文献中的瘕痔等病亦不见于本组竹简。

[8] 学者指出此类文本应从其本名作"视日"或"质日"，见李零《视日、日书和叶书——三种简帛文献的区别和定名》，《文物》2008 年第 12 期。为叙述方便，本文仍依原整理拟名。

书，主体内容为根据星相（由月份决定）、日干、时刻等时间因素进行择吉避凶的选择术文本，二者皆是出土的战国秦汉简牍中常见的内容。笔者以为，丙组竹简的用途与前两者类似而互补：历谱与日书结合查阅，可以进行事前的判断选择，防止不利情况发生；丙组文本则用在事后，以指导解决确定发生的各类问题，它是围绕既定问题主动寻求针对性解决办法的"方"。方即方法，在周家台秦简中，这类方包括但不止于人用病方，如何消灭鼠患、育肥牛牲、祛除稗草、治疗兽病都是"方"。

古人常视疾病为日常困扰问题的一种，从同出乙组竹简日书的星占内容来看，疾病和出行、狱讼、市贾等事件并列占卜；在丙组竹简中，病方也同解决其他问题的"方"混杂在一起。这很可能都是墓主根据生活经验或实际需求陆续搜集的"验方"，带有随意性与很强的个人选择因素，因此抄写的内容形式均不必严格，故此丙组竹简中还不属于"方"的占术内容（简 355~362）及单纯的记事（简 364）。至此笔者判断，周家台丙组竹简主体内容是"方"的杂抄，这样的文本原是秦代楚旧地的小官吏日用参考之物，可以理解为一种自我选辑的"生活妙招手册"。相较而言，时代和地域均与之接近的《五十二病方》则是有相当系统性的医方之书，其文本背后隐藏有医者选辑编订的工作，可视为汉志中经方一类的鼻祖。因此，虽然周家台简病方中的具体施治手段与《五十二病方》或时有相似，但两类文本的根本性质有异，这种情况也提示中国早期医药方剂可能在不同身份[9]的人手中来回传抄，有多样的流传途径。

二、周家台秦简病方的两种治疗模式

周家台丙组简虽然不具有"医书"的性质，但其内容仍是中国最早的病方抄本之一，同时也带有相当鲜明的超自然色彩。学者在讨论出土文献中的病方时，多希望据超自然因素之有无作以根本性区分，如分为"药物病方和祝由病方"[10]，或是"医术病方和咒术病方"[11]。笔者认为，古人的认知世界是普遍与一贯的，今人所谓"超自

---

[9] 指职业的医者和其他人群。从后文讨论可以看到，周家台简病方中有数首内出现了治疗者与患者两个角色，但此治疗者不必是专职的医生，而是人皆可为的。

[10] 严建民讨论《五十二病方》时的意见：以使用巫祝办法的病方为祝由病方，但使用药物并有巫祝内容的病方则不计入，共统计出祝由病方 34 则。见《〈五十二病方〉祝由索引》及《〈五十二病方〉祝由概说》，收入严建民《五十二病方注补译》，第 216~217、233~235 页，中医古籍出版社，2005 年。

[11] 山田庆儿认为：医术病方使用物理性或化学性的手段，咒术病方亦可使用该手段，但具有"因素限定"和"物质性手段和非物质性手段互换性"两大特征，但也指出二类病方时有混用难以明辨。山田研究统计得出《五十二病方》内有咒术病方 49 则。见《夜鸣之鸟——咒术的结构与思考方法》，《古代东亚哲学与科技文化：山田庆儿论文集》，第 181 页，辽宁教育出版社，1996 年。

然"，于古人则是"自然而然"，现代观念下的"医学"或"巫术"，于古人都是"治疗法"而已。当这种认知体现于病方之中，也不可能产生界线明确的截然二分。因此，若改从病方的治疗模式入手进行分类和讨论或能更加清晰明确。

本文将周家台秦简中的病方依治疗模式概分为"以物"和"以术"（表一）。据这批病方来说，物是品类确定并有物质实体者，可以是动物、植物、食物、器物等，在治疗中可内服亦可外用。物的治疗之力来自于物性，而物性是物所具有的本质特性、属性。从利用的角度总结各类物性，是战国至汉初人们认知描述物质世界流行的模式，从而也积累了一批某物"有何用""能使如何"的知识。其最典型者如阜阳汉简《万物》，篇首称"万物之本不可不察也"，之后记录有以动植物为主的数十类物品可致某用[12]。这些"用"不一定均作治病之用，但也大体从对人本身的价值出发，如姜叶使人忍寒、蜘蛛令人疾行等，此外还有肥豗、杀鼠等与人们日常生活息息相关的物用[13]。另一例是富于神话色彩的《山海经》，其中描述海外各类珍异草木禽兽，炫幻神奇，每每又附以食之如何的说明。在这种以物用为物之本性的观念背景下，可以推想，周家台病方简中的"以某物疗某病"暗含了"某物可使如何"的知识。

表一　周家台秦墓竹简病方一览表

病方名[14]	简号	形制	治疗方式
肠辟方*	309～310	窄	以物内服（肥牛胆渍黑菽佐以粥）
温病不汗方*	311	窄	以物内服（醇酒渍布）
下气方*	312	窄	以物内服（车前草实佐以醇酒或粥）
不惮病方*	313	窄	以物内服（桃蠹矢佐以醇酒）
长发方*	314	窄	以物外用（尽煮新乳狗子以沐）
去黑子方一	315～318	窄	以物外用（藁本柬灰以磨，桑炭炙牛肉以敷）
去黑子方二（残）*	319～320	宽	以物外用（阙）并以术（依晦朔定睡卧朝向）
恒吹方*	321～322	窄	以物内服（橐莫）并以术（男女服食各依其数）
瘕方*	323	宽	以物内服（燔剑淬酒）并以术（男女服食各依其数）
痿病方*	324～325	宽	以物外用（煮羊矢、乌头、牛脂以洗）
已齲方一	326～328	窄	以术（祷于垣）
已齲方二	329～330	窄	以术（祷于垣）

---

[12]　原简释文见阜阳汉简整理组《阜阳汉简〈万物〉》，《文物》1988年第4期。

[13]　周家台秦简丙组中亦恰有肥牛方与已鼠方，相映成趣。

[14]　注＊者原无方题。

续表一

病方名	简号	形制	治疗方式
已齲方三	331	窄	以术（祷于垣）
已齲方四	332~334	窄	以术（祷于车蓋）
病心方 *	335~337	宽	以术（祷于泰山）
痈方 *	338~339	宽	以术（祷于曲池）
疾生方（残） *	340~344	宽	以术（祷于繻）
已疟方（残） *	376	宽	以术（咒令疟者）
附：马心方	345~346	窄	以术（祷于高山高郭）

另一方面，术则是一套特定的操作程式，由多样的具体行为组合而来：有语言如祝咒祈祷，动作如投掷践踏，仪式如禹步献祭等。在周家台秦简病方中，某些术本身即可以产生祛除疾病的"力量"以进行治疗，另外一些术则通过借助外来之神力治病，这些外力或源于自然神，或来自拟人（拟神）化的日常物，其具体例子将在下一节中讨论。于当时的人而言，"物"与"术"都是常规的治疗手段，二者兼用的例子也有不少。

若以今人"科学"的眼光验之，上述依靠术的病方显然都是超自然的、是巫术的[15]，然而以物治疗的病方亦并非可以简单视作"科学"的药物治疗法，因为古人对物性的判断认识往往并不真实，会受到来自观念文化乃至超自然思维的影响，也就是说，物性亦可来自虚构。下文将关注周家台简病方中的治疗之术和被曲解的物，讨论它们隐含的思维模式与观念背景。

三、周家台秦简病方思维例析

（一）物性的虚构与扭曲

在周家台秦简中，可以明显观察到虚构或扭曲"治疗物"特性的病方有如下几例。不惮病方云：

> 以正月取桃蠹矢少半升，置醇酒中，温，饮之，令人不惮病。[16]

---

[15] 在周家台秦简病方中完全没有出现针灸、按摩、汤熨等物理治疗术，故如是说。

[16] 释文引自《关沮秦汉墓简牍》，并参考王贵元《周家台秦墓简牍释读补正》，《考古》2009年第2期，皆依宽释。

不惮即不畏惧，此方旨在预防疫病，具体方法是在正月间用三分之一升[17]桃树蠹虫的排泄物放入醇酒内加热饮用。为何虫矢可御疾病，皆因桃木在中国古代民间信仰中的重要位置。至少在春秋时代，桃木就被视为可以驱鬼怪及辟邪的特殊物质。《左传》记载古时藏冰用冰的制度说，因为恐怕积存的寒冰中藏有凶邪不祥之物，所以在使用之前要用桃弓发射棘矢进行攘除（《昭公四年传》），还称楚人先王熊绎以桃弧棘矢进贡周王室（《昭公十二年传》）。若这些史料可信，那么在西周早期就有用桃弧棘矢辟邪的习惯，可知这一信仰渊源古老。文献中类似的记述还有不少，如《庄子》逸文有"插桃枝于户……而鬼畏之"[18]，可见鬼畏桃木是通行的认识。

另一方面鬼祟致病观念在战国秦汉时期流行，在出土日书类文献中常有某鬼使人病的占问内容[19]，"疫鬼""鬼疫"的名称也见于传世史料[20]。在两种观念交织下，桃木的作用逐渐向祛病防疫的方向转化。《淮南万毕术》云："岁暮腊埋圆石于宅隅，杂以桃弧七枚，则无鬼疫。"[21]后汉宫廷每年岁末有大傩驱疫，仪式中也使用桃弧棘矢，且百官官府内均摆设桃梗，皇帝还要赐给公卿将军桃杖[22]。

桃木虽能驱鬼辟邪、除疾免殃，然而不便于服用[23]。而作为"食桃树虫"[24]的桃蠹，则将桃木转化，制造出可以服食的"药物"，从桃木到桃蠹矢，其"驱鬼"的特质得以继承。虽然不惮病方未有鬼神之语，然而隐含的意味是"病"为鬼所害。秦汉时代使用桃木的禳邪祛疫仪式在年末进行，此病方中规定蠹矢要在年初正月服用，

---

[17] 秦制的一升约合公制200毫升。

[18] 《艺文类聚》卷86《果部上》引，第1468页，上海古籍出版社，1982年。

[19] 如睡虎地秦墓日书《病》《有疾》二篇，见睡虎地秦墓竹简整理小组《睡虎地秦墓竹简》，第193、246~247页，文物出版社，1990年。

[20] 《汉旧仪》有："昔颛顼氏有三子，生而亡去，为疫鬼。"见孙星衍等辑《汉官六种》，第104页，中华书局，2008年。《释名》曰："疫，役也，言有鬼行役也。"见《释名疏证补》第1卷《释天第一》，第50页，上海古籍出版社，1984年影印本。

[21] 《太平御览》卷33《时序部十八》引，中华书局，1960年影印本，第1册，第158页上栏。

[22] 《后汉书》志第五《礼仪中》："先腊一日，大傩，谓之逐疫。"李贤注引《汉旧仪》云："方相帅百隶及童子，以桃弧、棘矢、土鼓，鼓且射之，以赤丸、五谷播洒之。"中华书局，1965年，第3127~3128页。《东京赋》亦有"桃弧棘矢，所发无臬。飞砾雨散，刚瘅必毙。煌火驰而星流，逐赤疫于四裔"，见《文选》卷3，第123页，上海古籍出版社，1986年。

[23] 利用桃木祛疫除了陈设和制作桃弧棘矢，尚有沐浴的形式。《千金要方》中有"凡时行疫疠，常以月望日细剉东引桃枝煮汤浴之"，见《备急千金要方》卷9《伤寒上》，人民卫生出版社，1982年影印本，第177页上栏。

[24] 语出《千金翼方》卷4《本草下》，人民卫生出版社，1982年影印本，第50页下栏，又《肘后》作"桃木中虫"，可知桃蠹所食为桃木而非桃果。按桃树枝干常见虫害有桃白介壳虫及桃红颈天牛，桃红颈天牛幼虫蛀于树内，形成不规则的迂回蛀道，蛀屑及排泄物呈红褐色，常大量排出树体外。又《毛诗疏》等以天牛幼虫蝤蛴为桑蠹，则桃蠹亦当是天牛类。

都表示期望未来一年中不染鬼疫。

使用桃蠹矢的防疫病方流传久远，《肘后方》有"断温病令不相染……又方，桃木中虫矢末，服方寸匕"[25]。此方又被后代各种医书不断传抄，它在脱离鬼祟致病的观念背景后，形式上已与其他药物疗法无异。

长发方云：

> 取新乳狗子，尽煮之。即沐，取一匕以毂沐，长发。

此方用于使头发增长[26]，其疗法以今人眼光看来颇为怪异和难以接受。具体办法是将新生幼犬煮烂，每到洗发时取用一勺混入洗发的水中。此病方的思维模式十分简单：初生幼犬即将长齐被毛，故富于"生长毛发"的特质。病方意图通过直接的物理接触，以幼犬煮汁汤沐，使这一特质转移到需要生长头发的人身上。

瘕方云：

> ・瘕者，燔剑若有方之端，淬之醇酒中。女子二七，男子七以饮之，已。

瘕为体内积结的肿块[27]，病人显然欲切之而后快，而刀剑锋利，正具有"切割"的特性。在病方的潜在思维中，剑经过燔烧淬火，其"切割"的特质便融入醇酒中，所以饮用这种"药酒"就可以消除瘕肿[28]。

以上所举病方中的思维模式可归纳为两类：一类是从物性到物用之间的联系发生了扭曲，"狗子生毛""剑可切割"的特性原本不错，但虚构了此物性可通过接触转移后，就产生了"狗子长发""燔剑除瘕"的不真实物用，这种思维非常直白简单。另一类物性的虚构则出于深厚的文化观念背景，即桃木、桃蠹矢的驱邪防疫之用，其中

---

[25] 《肘后备急方》卷2《治瘴气疫疠温毒诸方第十五》，人民卫生出版社，1982 年影印本，第 43 页。

[26] 长［cháng］。《千金翼方》中分别有生发、长发方，生发方主治发鬓秃落不生，长发方称使头发"十日长一尺"。见《千金翼方》卷 5《妇人一》，第 70~71 页。

[27] 《诸病源候论》："瘕病者，由寒温不适、饮食不消，与藏气相搏，积在腹内，结块瘕痛，随气移动是也。言其虚假不牢，故谓之为瘕也。"见《诸病源候论校释》卷 19《症瘕病诸候》，第 589 页，人民卫生出版社，1980 年。

[28] 病方中特别规定了不同性别病人饮用酒的次数方式，即"女子二七，男子七"。这两个以性别区分的特定数字在周家台秦简病方中反复出现，另外也见于《五十二病方》及后世医籍。如《千金要方》有"断温病……以七月七日男吞大豆七枚，女吞小豆二七枚"，《外台秘要》有"胞衣不出……生男吞小豆七枚，生女吞二七枚"。学者提出数字"七"在战国时期即已成为富含神秘性"模式数位"，详见吕亚虎《秦汉简帛文献中的"七"及其巫术性蠡测》，《西安财经学院学报》2012 年第 1 期。而以一个或两个"七"区分男女，这或是以数为节标示性别阴阳的一种版本，异于《黄帝内经》及《大戴礼记·本命》中"女子七男子八"的理论。

的逻辑并不外显。前一类病方或因易遭"不合常理"的批判而为后世医学淘汰，而后者则具有与其他药物治疗法完全一致的形式，可以在脱离原始观念背景后继续流传。

（二）祝祷治疗之术

周家台简中以"术"治疗的病方，大致可归入后世医书中的咒禁之术[29]，在本文中则根据其形式分为两种。数量较多者是通过祝祷等形式恳求某"神"，希望借外来神力消除疾病。这些祈祷之术可以由病人自己完成，最典型者如四首已龋方：

> ·已龋方：见东陈垣，禹步三步，曰："皋！敢告东陈垣君子，某病龋齿，苟令某龋已，请献骊牛子母。"前见地瓦，操；见垣有瓦，乃禹步，已。即取垣瓦埋东陈垣址下。置垣瓦下，置牛上，乃以所操瓦盖之，坚埋之。所谓牛者，头虫也。

> ·已龋方：以菽七，脱去黑者。操两瓦，之东西垣日出所烛，先埋一瓦垣址下，复环禹步三步，祝曰："嘑！垣址，苟令某龋已，予若菽子而徼之。"龋已，即以所操瓦而盖□。

> ·其一曰：以米亦可。男子以米七，女子以米二七。

> ·已龋方：见车，禹步三步，曰："辅车车辅，某病齿龋，苟能令某龋已，令若毋见风雨。"即取车辖，毋令人见之，及毋与人言。操归，匿屋中，令毋见，见复发。

这四首病方中的祝祷对象都是日常之物，同时也是与龋齿有关的象征物：前三首以残墙象征牙齿，末一首以车辖象征牙床。

在第一方中，所称东陈垣即东边残破的墙，象征病人蛀坏的牙齿，同时又被拟人（拟神）化为"东陈垣君子"。禹步作为一种具有神秘意义的巫术步法，其名称在时代稍早的睡虎地秦墓竹简《日书》中已出现，之后作为中国巫觋道士的秘技一直流传至近现代。在周家台秦简中，"禹步三步"一般作为祠祷祝咒的开启环节，标示着施术之人与祈祷或诅咒对象建立起神秘联系[30]。本病方中，龋齿病人在对东陈垣君子的祷告也在"禹步三步"后开始。

病人许愿道，若东陈垣君子使龋齿痊愈，就献上一对黑色的母牛为祭。之后病人从地上捡起一片瓦——这应是从残破的墙头脱落的，再禹步行至墙下，从墙头又取下

---

[29]　《唐六典》载唐承隋制，太医署设咒禁博士，下属有咒禁师、咒禁工，"以咒禁被除邪魅之为厉者"。见卷14，第411页，中华书局，1992年。《千金翼方》有《禁经》二卷，收录各类咒禁方，其大体模式是先通过仪式受"禁"以获得外来神力，再使用语言"咒"带来疾病的精怪。

[30]　《唐六典》称受禁有五法，之一便是禹步。

一片。最后以墙瓦置下，地瓦覆上，中间夹持许愿的祭品牛牲——实际以某种虫子代替[31]，深埋于墙基之下。埋瓦的仪式是一种"归还""修复"的象征，表示对蛀坏牙齿的修复。将瓦片深埋而非还置于墙头，或是标示其安全与隐秘性。

之后的两首已龋方同样以残墙为祈祷对象，思维结构也出于一辙，都是还瓦于墙代表"修复"龋齿。方中不称"东陈垣君子"，而是直接呼为"垣止"，可见象征物的具象拟人化并非必须，另外"止"又恰与"齿"谐音[32]。两方中许愿献祭的内容各不相同。其一以黄豆粒，但要"脱去黑者"，即除去黑色的种脐部分，这大约象征消除了黑色蛀斑的健康牙齿。另一使用米粒则不要求先行处理，因为米粒本身即是"无瑕"的。

在最后一方中，祈愿的对象是与牙床同名的车辇。祝祷词中所称的"辅车"本是马车上的配件，即车辇、车辖，同时辅车又是牙齿所着生的牙床骨之名[33]。因此在本方中，前者就象征了后者。病人向车许愿，说要将它的车辖藏匿回家，不受风吹雨淋，并依言施行，从而象征了藏匿保护牙齿附生的牙床，使龋齿痊愈。这一系列操作同样要求隐秘性，即不能令旁人闻见。

类似的祝祷治疗之术也可由旁人代行，如疾生方：

> ·禹步三，汲井，以左手牵繘，令可下绕瓮，即下绕繘瓮，左操杯，鲭瓮水；以一杯盛米，毋下一升，前置杯水女子前，即操杯米，禹步三步，祝曰："皋！敢告鬻。"禹步，投米地。祝投米曰："某有子三旬[34]疾生。"即以左手挢杯水饮女子，而投杯地，杯□□

由于此方简文缺失，不能显示治疗何种疾病[35]，笔者以为祷词中祝愿"疾生"，当是催产、使顺产之方。施术者祷告的对象是"鬻"，"鬻"即"育"，为生育、养育之意。同时，"鬻""繘"谐音[36]，所以它在治疗术中又被具象化，以汲水用的井绳

---

[31] 病人在祝祷词中向断墙许愿说将奉献牛牲，但实际上只是埋下了虫子，这种行为可参考山田庆儿讨论《五十二病方》中巫术治疗法时的意见，即物质性手段与非物质性手段等价，可以互换。在方中献祭的行为已经被许愿献祭的语言取代了，病人埋下的无论是虫子或其他，都不影响这一套治疗术的结构。

[32] 齿，之部昌组；止，之部章组。据唐作藩《上古音手册》，江苏人民出版社，1982 年。

[33] 《释名》："颐或曰辅车……或曰牙车，牙所载也。"《释名疏证补》卷 2《释形体第八》，第 109～110 页。

[34] "有子三旬"四字为一残片，原整理者指出是否缀合于此尚存疑。

[35] 王贵元根据丙组残简有"女杯复产□□之期日益若子乳（简 379）"而推想此方为女子下乳方，见《周家台秦墓简牍释读补正》。

[36] 鬻属觉部喻组，繘属质部喻组。据唐作藩《上古音手册》。

"纆"为象征。施法者向井绳奉献许愿，暗喻希望从中获取生育后代的能力。治疗中用瓮自深井汲水并泼洒于地的动作，抑或象征羊水破出胎儿分娩的过程[37]。

当祝祷病方乞灵于较象征之物更具神灵色彩的角色，其结构与仪式会变得直白简单，如病心方：

> ·病心者：禹步三，曰："皋！敢告泰山，泰山高也，人居之，□□之盂也。人席之，不知几实。赤隗獨指，撞某瘕心疾。"即两手抬病者腹："而心疾不知而咸□。"即令病心者南首卧，而左足践之二七。

方中祈求神力的对象是泰山之神灵。泰山既是传说中的上古圣王封禅之地，在战国以来又具有相当的神秘色彩，并在之后的中国民间信仰中占据重要地位。治疗者以禹步三开启仪式，之后诵出一段称颂泰山之辞，并祈求借助神力以去除病人的心疾。方中称为"瘕心疾"的这种病患本身则被拟人化，祷词中称它无知无识，预示它将被轻易除去。在言语祈祷之后，泰山的神力已转移至施术者手中，此时施术者作势从病人腹中取出某物，并告知病人"心病已被取走，它全无知道"，最后令病人头朝南躺卧，以左脚践踏十四下，表示将取出的"心瘕"彻底消灭。

结构类似的祝祷方亦可用于兽病，如马心方：

> ·马心：禹步三，向马祝曰："高山高郭，某马心天，某为我已之，并□侍之。"即午画地，而撮其土以摩其鼻中。

施法者首先向高山和城郭求助，祈求以他们的神力以消除马的"心天"之疾[38]。之后他午画于地，即在地上画出十字交叉的图形，这种画地法也是秦汉间巫术仪式常见的操作[39]，表示将借来的神力转移到所画之处的土地上。最后施术者撮起画地之处松起的土，揉进病马的鼻腔内，使得向高山高郭之神借来的力转移至病马的身体中，以表示治疗完成。笔者推测，山体是土石构成，而城郭也由夯土所筑，故而此方选择

---

[37] 一点猜测是：井、瓮、纆、水，构成了产道、胎胞、脐带、羊水的整体象征。

[38] "天""颠"可通，"心天"或为马惊之状。

[39] 《五十二病方》中有"五画地"（诸伤方），旧释为在地上画五下。见马王堆汉墓帛书整理小组《五十二病方》，第30页，文物出版社，1979年。结合周家台秦墓竹简的内容来看，应为"午画地"的异写。交错画得"十"字形，比五条直线更具符号性。郑注《仪礼》云："一从一横曰午，谓画物也。"所谓"物"就是射箭的标靶，"午画"即标示出一个明确目的地，表明外来之力转移至此处。另外，十字画地取土的病方也见于后世医籍，《外台秘要》有："疗蝎毒……画地作十字，取上土水服，五分匕。"见《外台秘要》卷40，人民卫生出版社，1982年影印本，第1125页下栏。

画地撮土，以土为介质传递超治疗之力。史载古有"巫马"之法，或许正是此术一类。

（三）诅咒治疗之术

另外一类施术病方则不祈愿于神灵，而直接以言语加以诅咒，该种病方仅有一例，即已疟方：

> 已疟方云：北向，禹步三步，曰："嘑！我知令某瘤，令某瘤者某也。若苟令某瘤已，□□□□□言若……"

疟病发作时冷热交替，患者十分痛苦。《释名》谓"疟，酷虐也。……此疾先寒后热，两疾似酷虐者也"[40]，故而有疟鬼为祟之说[41]。尽管此病方后半部简文缺失，但大体结构完整，施术者以言辞表示知晓造成虐鬼之名，进行恫吓。学者已指出，这种祛邪魅术不需附加威胁语言，但呼其名即可实现，即《抱朴子》中称"但知其物名，则不能为害也"的观念[42]。这一类型的病方在马王堆汉墓帛书中出现较多[43]。

以上也即中国古代咒禁疗法通过"名"实现控制作用的重要特征[44]，在周家台简中，这种控制作用的体现是两方面的。除了诅咒病方以"知名"威慑，在祝祷病方中，施术者亦必须呼唤神灵之名以告。祷告词常以"皋""嘑"这样强烈的语气词开始，为的就是"引起注意"，因为必须知晓其名（对方也认识到已被知晓）才能获得其力。

另外，无论祝祷或诅咒都是通过语言实现的，而语言则需要有聆听者，因此在病方中，原本平常的物件如车辖、井绳等被拟人化，其隐含的意味是它们能够"理解"人类的语言，这种思想带有泛灵的意味，但不可简单解释为多神的宗教。

四、余　论

周家台秦简病方的发现，一方面展现了特定历史时期与地域内疾病治疗术的真实情状，同时亦能勾连中国古代医方的历史演变。从后世医书对以"以物"病方的取舍，一方面可以感受到古代医学向理性化道路的探索，同时亦能使人认识：这种理性化不等同于现代观念中的科学进步。

---

[40]　《释名疏证补》卷 8《释疾病第二十六》，第 399 页。

[41]　《汉旧仪》载颛顼氏三子居江水者为疟鬼。见《汉官六种》，第 104 页。《千金翼方》《外台秘要》内有大量咒禁疟鬼方。

[42]　详见廖育群《重构秦汉医学图像》，第 361 页，上海交通大学出版社，2012 年。

[43]　出现在《五十二病方》和《杂疗方》中，其病方的诅咒语言除了表示"知其名"，还往往体现一并知其父、母、兄之名及所居。

[44]　同［42］，第 361 页。

此外，在周家台秦简病方中也能够清晰看到晋唐时期咒禁病方的雏形。祝祷类病方中的禹步、祈愿、抛洒豆米等环节，可以理解为早期的"受禁"仪式[45]，即施术者获得外力转移的途径。"咒"在这批病方中的使用很少，仅有已疟方一例，然亦颇为典型。尽管咒禁紧密结合的模式尚未构建，但基本要素已经齐备。

相较后世咒禁治疗术专以被除邪魅为目的，周家台简中不设祛魅对象的模拟，象征治疗之术可以视为一种不典型的咒禁。这种形式的病方不见于后世医籍，推其去向，或是在"典型咒禁"确立之后的分化与归纳：禹步祝祷等仪式化明显的部分被归为入咒禁之术，而模拟疗法于一般病方中并不稀见。

附记：本研究为第 55 批中国博士后科学基金面上资助项目"周家台秦墓病方竹简研究"（资助编号：2014M550679）成果之一。

---

[45]　参考《千金翼方·禁经》，其中的受禁法主要内容不外斋戒焚香、禹步跪拜、冥想祈愿、诵读禁文一类。

两汉诸侯王墓杵臼初探

余雯晶[*]

Twelve pestles and eleven mortars have previously been discovered in mausoleums of the princes of the Han Dynasty. In this paper we investigate the function of these pestles and mortars when used as funerary objects. By analyzing other funerary objects buried alongside these pestles and mortars as well as reviewing pestles and mortars in historical documents and images, we conclude that pestles and mortars in Han Dynasty mausoleums function as tools for "heavenly elixir" production, reflecting strong desires for longevity and immortality of the princes in the Han Dynasty.

随着我国考古工作的深入开展，截至目前，共发现西汉诸侯王墓 70 余座，东汉诸侯王墓近 10 座，出土了大批珍贵文物，相关研究成果丰硕。在这些诸侯王墓的随葬品中，杵臼受到的关注较少。它们多为铜质，亦有陶质、铁质者，制作精美，摆放位置讲究，其真正的性质和功能是值得关注的问题。

一、两汉诸侯王墓中杵臼的发现情况

出土杵臼的诸侯王墓共有 6 座，其中西汉时期 5 座，包括江苏盱眙大云山西汉江都王陵一号墓、广东广州南越王墓、河北鹿泉高庄汉墓 M1、河北满城汉墓 M1 和山东巨野红土山西汉墓，东汉时期 1 座，为江苏邗江甘泉二号东汉墓。共发现杵 12 件、臼 11 件，具体情况见表一。

江苏盱眙县大云山西汉江都王陵 M1 出土铜杵、铜臼各 5 件。该墓为平面呈"中"字形的竖穴岩坑墓，南北两侧有斜坡墓道，墓室包括外回廊、题凑、前室、中回廊、内回廊、内椁、外棺、内棺等部分。铜杵臼出土于前室盗洞内。杵的形制相同，中部束腰，两端圆鼓，M1K1⑥：672（图一：1）径 1.4～1.9、长 16 厘米。臼的形制相同，直口，

---

* 作者系北京大学考古文博学院博士研究生。

表一 两汉诸侯王墓中杵臼的发现情况

墓葬	墓主	年代	杵件数	杵长度（厘米）	臼件数	臼高度（厘米）	出土位置
大云山西汉江都王陵 M1	江都易王刘非	128 BC 或稍后	铜5	16	铜5	6.1	前室盗洞
西汉南越王墓	南越文帝赵眜（胡）	约 122 BC	铜1、铁1	35.5 35	铜2	13.5 12	西耳室
高庄汉墓 M1	常山宪王刘舜	114 BC 或稍后	铜1	40	铜1	17.6	东北回廊Ⅷ号木箱
满城汉墓 M1	中山靖王刘胜	113 BC 或稍后	铜1	21.8			中室
巨野红土山西汉墓	昌邑哀王刘髆或山阳王刘定	西汉武帝时期	铜1	36	铜1	13.6	后室后壁二层台
邗江甘泉二号东汉墓	广陵思王刘荆夫妇	67 AD 或稍后	陶2	31.8	陶2	17.2	近墓室后壁

弧腹，喇叭形底座，M1K1⑥：618（图一：2）口沿下有一道凸弦纹，腹中部饰一周凹面圈带纹，通体鎏金，口径4.9、底径4、通高6.1厘米[1]。

广东广州西汉南越王墓出土铜杵1件、铁杵1件，铜臼2件（图一：3）。该墓是凿山为藏的竖穴岩坑石室墓，由墓道、前室、东西耳室、主棺室、东西侧室、后藏室组成。杵臼均出土于西耳室，两铜臼出土时套叠在一起，两杵并排放置，旁边有五色药石。同室内还出土药材，耳室门道处有盛放药丸的陶瓿。铜杵（C168－1）两端为八棱柱形，中间呈圆柱形，外裹丝绢，大端直径3.2、小端直径2.6、长35.5厘米。铁杵（C168－2）整体呈圆柱形，一端为攒尖形，另一端（捣研端）有木痕，大端径3.7、小端径2.2、长35厘米。铜臼（C169－1）略大，圆筒形，卷沿下及臼中部各有两圈凸弦纹，腹下部渐收，平底附假圈足，臼中部有两个鼻形纽各衔一环，口径12.4、底径10、高13.5厘米。铜臼（C169－2）略小，呈喇叭筒形，腹下部收束为小平底，下附座足，口径11.5、底径10、高12厘米[2]。

河北鹿泉高庄汉墓 M1 出土铜杵、铜臼各1件（图一：4）。该墓是"中"字形土

---

〔1〕 南京博物院等《江苏盱眙县大云山西汉江都王陵一号墓》，《考古》2013年第10期。

〔2〕 广州市文物管理委员会等《西汉南越王墓》，第8、72、73、82、110、141、319～325页，文物出版社，1991年。

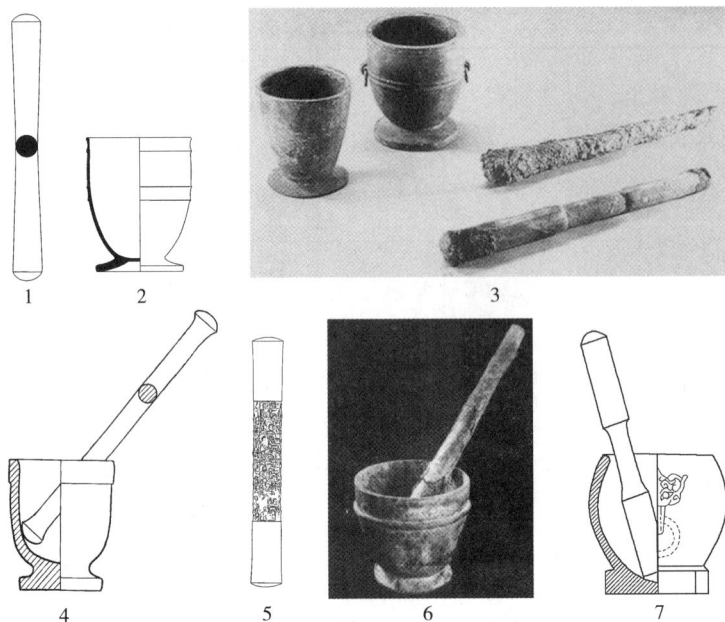

图一　汉代诸侯王墓出土杵臼

1. 盱眙大云山西汉江都王陵 M1 铜杵（M1K1⑥：672）　2. 盱眙大云山西汉江都王陵 M1 铜臼（M1K1⑥：618）　3. 西汉南越王墓铜臼（C169－2）、铜臼（C169－1）、铜杵（C168－1）、铁杵（C168－2）　4. 高庄汉墓 M1 铜杵（M1：443）、铜臼（M1：442）　5. 满城汉墓 M1 铜杵（1：4385）　6. 巨野红土山西汉墓铜杵（43）、铜臼（38）　7. 邗江甘泉二号东汉墓陶杵臼

坑石椁墓，由墓室、墓道、曲尺状回廊三部分组成。杵臼出土于东北回廊Ⅷ号木箱。铜杵（M1：443）两端呈球冠形，径 2.4、长 40 厘米。铜臼（M1：442）直口，直腹，口沿外饰凸棱一周，台状圈足，口径 12、底径 11.2、高 17.6 厘米，重 8000 克[3]。

河北满城汉墓 M1 出土 1 件铜杵（图一：5）。该墓是一座大型崖洞墓，由墓道、南北耳室、甬道、中室、后室、环后室的回廊等组成。铜杵出土于中室，同室还出土铜匕、银灌药器、金银医针、水晶砭石等物。杵（1：4385）两端鎏金，中段饰浪花和云雷纹组成的图案花纹，径 2.8、长 21.8 厘米[4]。

山东巨野红土山西汉墓出土铜杵、铜臼各 1 件（图一：6）。该墓为崖墓，由墓道、前室和后室组成。简报认为墓主人为昌邑哀王刘髆的可能性大，刘瑞认为墓主人是山阳王刘定[5]。杵臼放于后室后壁的二层台上，旁边还放置铜匕、擂石、擂

〔3〕　河北省文物研究所等《高庄汉墓》，第 3、22、39、87 ~ 90 页，科学出版社，2006 年。

〔4〕　中国社会科学院考古研究所等《满城汉墓发掘报告》，第 10 ~ 22、90、336、337、420 ~ 423 页，文物出版社，1980 年。

〔5〕　山东省菏泽地区汉墓发掘小组《巨野红土山西汉墓》，《考古学报》1983 年第 4 期，第 471 ~ 476、497 ~ 498 页；刘瑞《巨野红土山西汉墓墓主新考》，《中国文物报》2008 年 2 月 29 日。

盘、药粉、药石、药丸、装药丸的铜鼎、装药物的漆衣铜盆等。铜杵（43）棒状，一端直径3.6、另一端直径2.4、长36厘米，身刻铭"重八斤一两"，实重2250克。铜臼（38）位于铜杵旁，圆筒形，腹下部渐收为平底，底缘外折呈假圈足状，腹上部有一周凸棱，口沿一侧刻铭"重廿一斤"，实重5200克，口径15、底径11、高13.6厘米[6]。

江苏邗江甘泉二号东汉墓出土陶杵臼2套（图一：7）。该墓为带回廊的多券顶砖室墓，有两个棺室。杵臼位于墓室近后壁处，具有明显的仿铜特征。臼为深腹钵形，腹部有一对兽首衔环，底部呈方形或截角方形。臼腹内各置一杵，中段细，两端粗。M2：54臼口径14、高17.2厘米，杵长31.8厘米[7]。

二、从文献看杵臼的功能

古文献有不少提及杵臼，相关记载中所见杵臼的功能主要有以下四种。

第一，杵臼可以做加工谷物、食物的工具。如许慎《说文解字》云"杵，舂杵也"，"臼，舂臼也。古者掘地为臼。其后穿木石"，段玉裁注云"舂、捣粟也。其器曰杵。《系辞》曰'断木为杵。掘地为臼。臼杵之利。万民以济'"[8]；王充《论衡·量知篇》云"谷之始熟曰粟。舂之於臼，簸其秕糠"[9]。

第二，《淮南子·氾论训》认为，"今世之祭井竈（灶）门户箕帚臼杵者，非以其神为能飨之也，恃赖其德，烦苦之无已也。是故以时见其德，所以不忘其功也……故炎帝于火而死为竈（灶），禹劳天下而死为社，后稷作稼穑而死为稷，羿除天下之害死而为宗布，此鬼神之所以立"[10]，杵臼成为一种祭祀对象，内赋功德。

第三，杵臼是实用的医药工具。如马王堆帛书《五十二病方》中毒乌豢（喙）方要用"木臼"舂药材[11]；张仲景《伤寒论》[12]和《金匮要略》[13]中近30方加工步骤有"杵为散""杵为末""杵筛"或"杵之"，五苓散、小柴胡汤需将药材放于"臼中

〔6〕 山东省菏泽地区汉墓发掘小组《巨野红土山西汉墓》，《考古学报》1983年第4期。
〔7〕 南京博物院《江苏邗江甘泉二号汉墓》，《文物》1981年第11期。
〔8〕 （汉）许慎撰、（清）段玉裁注《说文解字注》，第260、334页，中州古籍出版社，2006年。
〔9〕 （东汉）王充著《论衡》，第194页，上海人民出版社，1974年。
〔10〕 何宁撰《淮南子集释》，第984～987页，中华书局，1998年。
〔11〕 马王堆汉墓帛书整理小组《马王堆汉墓帛书（肆）》，第35页，文物出版社，1985年。
〔12〕 （汉）张机（仲景）述，上海中医学院、中医基础理论教研组校注《伤寒论》，上海人民出版社，1976年。
〔13〕 （汉）张仲景撰《金匮要略》，中医古籍出版社，1997年。

杵之"[14]，乌梅丸需"内臼中，与蜜杵二千下"[15]。

第四，杵臼可用于实施神仙方术。如《五十二病方》肠癪方，用祝由术来去病，"柏杵""筑（杵）"是必不可少的器具[16]；魏伯阳《周易参同契》中卷云"黄帝临炉，太乙执火，八公捣鍊，淮南调合"[17]，捣鍊应该用到了杵臼；南北朝行世之《太极真人九转还丹经要诀》记载，在制丹过程中，"取铅丹和苦酒为泥，合捣三万杵"[18]，甚至规定了炼丹捣杵的次数。

在以往对杵臼的研究中，学者多将目光投向食物加工和制药工具方面，认为新石器时代杵臼的主要作用是加工谷物，商代妇好墓中的玉杵臼则用来研磨作为药物或是颜料的朱砂，到了汉代杵臼不单是粮食加工的工具，还承担了中药加工的作用[19]。而江苏仪征石牌村东汉木椁墓 M1 出土的一套铁杵臼较特殊，发掘者认为它们与同出的铜尺、铜量、铜过滤器等属于一批炼丹的器具[20]。两汉诸侯王墓出土的杵臼，尺寸都不大，除两套为仿铜陶器外，其余均为铜铁质地，应该不是用来加工食物或者作为祭祀对象的，而是既符合实用医药杵臼的特征，也有可能是神仙方术的器具。随葬于诸侯王墓中的杵臼，其性质和功能究竟是什么，还须结合同墓出土的其他随葬品来寻找线索。

三、与杵臼同出的随葬品的初步分析

表二梳理了出土杵臼的汉代诸侯王墓中部分随葬品的情况，其中药与杵臼的关系最为密切，它们多紧邻杵臼，与杵臼的功能直接相关。铜匕、铜量、擂石、擂盘、装药的铜鼎、漆衣铜盆、铜压胜钱、医针、砭石、铜冷却器以及镜、剑、刀等其他随葬品，也从侧面反映了杵臼的性质和功能。

---

[14]　（汉）张机（仲景）述，上海中医学院、中医基础理论教研组校注《伤寒论》，第 37～38 页。

[15]　（汉）张仲景撰《金匮要略》，第 54 页。

[16]　马王堆汉墓帛书整理小组《马王堆汉墓帛书（肆）》，第 49～50 页。

[17]　《道藏》第 20 册，第 90 页，文物出版社、天津古籍出版社、上海书店联合出版，1988 年。

[18]　《道藏》第 19 册，第 10～11 页。

[19]　参看张量、王守仁《杵臼刍议》，《农业考古》1986 年第 2 期；孙机《汉代物质文化资料图说》，第 15、300 页，文物出版社，1991 年；宋兆麟《史前食物的加工技术——论磨盘与杵臼的起源》，《农业考古》1997 年第 3 期；和中浚《药用杵臼考——兼谈药用杵臼与乳钵的关系》，《四川文物》1998 年第 6 期。

[20]　南京博物院《江苏仪征石牌村汉代木椁墓》，《考古》1966 年第 1 期；李强《仪征汉墓出土铜圭表属于道家用器》，《文物》1991 年第 1 期。

表二　出土杵臼的汉代诸侯王墓部分随葬品情况

墓葬	随葬品						
	药	铜匕	铜量	镜	剑	刀	其他
大云山西汉江都王陵 M1		√		√	√		
西汉南越王墓	√			√	√		银盒、印纹陶瓿
高庄汉墓 M1			√				
满城汉墓 M1		√	√	√	√	√	铜盆、铜冷却器、铜过滤器、银灌药器、金银医针、水晶砭石
巨野红土山西汉墓	√	√			√	√	擂石、擂盘、铜鼎、漆衣铜盆、铜压胜钱
邗江甘泉二号东汉墓					√	√	

（一）巨野红土山西汉墓出土药物

巨野红土山西汉墓中的药丸、药粉和药石，都位于铜杵臼旁边，出土于后室后壁二层台南端的 1 件铜鼎、2 件漆衣铜盆和 1 件擂盘上。铜鼎内有药丸 150 余粒（图二：1），还有朱砂和蚌壳，药丸呈朱红色，直径 0.7～0.8 厘米，每丸重量为 0.7－1克，简报认为很可能是丹药或即五石散，经中国社会科学院考古研究所化验室化验得知药丸主要含有硅、铁、铝等元素，是以铁、铝为主的硅酸盐物质，当为代赭石、赤石脂或禹余粮等多种矿物的混合[21]。39 号漆衣铜盆内盛粉状药物，擂盘上有药粉，41号漆衣铜盆内盛朱砂和药石，经山东省地质局工程师目测鉴定，药石有石英、垩土、滑石、方解石、文石、寒水石和蚌壳，这些矿石形状很不规整，重量 70～150 克[22]。

巨野红土山西汉墓出土药丸的铜鼎内有朱砂、蚌壳，药丸成分为代赭石、赤石脂或禹余粮等；出土药石的漆衣铜盆内亦有朱砂，药石均为矿物药。翻看汉代已有的医书可以发现，治病的药方多以人参、当归、茯苓、甘草等植物药和菌类药为主要原料，有的添加水蛭、虻虫、阿胶、鳖甲等动物药，少数药方在多种植物、动物药中加入一两种矿物药，或为芒消，或为滑石、雄黄、赤石脂、硝石等。只有极个别药方会添加多种矿物药，如风引汤方，是在植物和动物药中加入寒水石、滑石、赤石脂、白石脂、

〔21〕　山东省菏泽地区汉墓发掘小组《巨野红土山西汉墓》，《考古学报》1983 年第 4 期，第 496 页；中国社会科学院考古研究所化验室《红土山西汉墓出土丸状物和粉状物的成分》，《考古学报》1983 年第 4 期，第 498～499 页；李敏生《山东巨野县西汉墓出土丸状物的属性问题》，《考古》1983 年第 12 期，1137～1138 页。

〔22〕　山东省菏泽地区汉墓发掘小组《巨野红土山西汉墓》，《考古学报》1983 年第 4 期。

图二　出土杵臼的诸侯王墓出土药物

1. 巨野红土山西汉墓铜鼎（35）内药丸　2. 西汉南越王墓五色药石（C212）　3. 西汉南越王墓印纹
陶瓿（C264）内黑色药物　4. 西汉南越王墓银盒（D2）内药物

紫石英、石膏等[23]。而纯矿物药多为汤剂或散剂，需要以特定的汤汁服用，如硝石矾
石散方[24]。在出土的武威医简中，第55、56 简上用赤石脂、代赭治疗"溃"，要与多
种植物药合服；第82、83 木牍治疗"久泄肠辟卧血"也要将禹余粮或是石脂、樊石与
多种植物药和为药丸服用[25]。在房中方面，李零先生总结了古代房中书的用药，也不
见纯矿物药类[26]。从以上情况看，巨野红土山西汉墓出土的纯矿物药丸和药石，应不
是用于治病或房中的。

《抱朴子内篇》云"草木之药，埋之即腐，煮之即烂，烧之即焦，不能自生，何能
生人乎"，认为植物药不能让人长生，而"上药"能使人"升为天神，遨游上下，使
役万灵，体生毛羽"[27]。红土山西汉墓出土的矿物药中，《神农本草经》将丹砂、禹
余粮、赤石脂、滑石列为上品，言丹砂"久服通神明不老"，禹余粮、赤石脂可"轻身
延年"，滑石"久服轻身，耐饥长年"，寒水石亦可"久服不饥"[28]。《抱朴子内篇》
言"五芝及饵丹砂、玉札、曾青、雄黄、雌黄、云母、太乙禹余粮，各可单服之，皆

---

[23]　（汉）张仲景撰《金匮要略》，第 13 页。

[24]　（汉）张仲景撰《金匮要略》，第 43 页。

[25]　甘肃省博物馆等《武威汉代医简》，文物出版社，1975 年。

[26]　李零《中国方术考（修订本）》，第 457～468 页，东方出版社，2001 年。

[27]　王明著《抱朴子内篇校释》，第 74、196 页，中华书局，1985 年。

[28]　（清）顾观光辑、杨鹏举校注《神农本草经》，第 11、20、23、27、133～134、228～229 页，学
苑出版社，2007 年。

令人飞行长生"[29]，可见朱砂、禹余粮被看作单一服用就能让人长生并羽化登仙的仙药；服食由多种矿物药合成的神丹能令人"寿无穷已，与天地相毕，乘云驾龙，上下太清"[30]，可见矿物丹药更被当作长生不死、升仙成神的圣物。红土山西汉墓中的药石、药丸，应是用来追求通神长生的。

（二）西汉南越王墓出土药物

南越王墓出土了五色药石、药丸和植物类药材。五色药石（图二：2）出于西耳室西侧南墙根，位于杵臼旁边，包括紫水晶173.5克、硫磺193.4克、雄黄1130克、赭石219.5克、绿松石287.5克，药石拣选之后有261克呈粉末状混在一起。黑色小药丸盛装在2件印纹陶瓿中，与杵臼同出于西耳室，但距离较远，一件陶瓿中装有229粒（图二：3），重26.8克，另一瓿装184粒。在主棺室的凸瓣纹银盒内装有圆形颗粒状药物（图二：4），直径0.3厘米，粘结成小团块，已完全炭化，共重52.4克。另外在西耳室地面还有一堆药材，深灰色，松软，径向纤维粗疏，呈多层叠压状，表面有草席残片，应是中草药[31]。

南越王墓中的五色药石，从出土位置上看，与杵臼关系密切，并且紫水晶、硫磺、雄黄、赭石和绿松石分堆明显。《神农本草经》将紫石英列为"久服可轻身延年"的上品，中品卷言雄黄"炼食之，轻身神仙"，硫磺"能化金、银、铜、铁奇物"，下品录有赭石，看起来它们的功效已经十分神奇[32]。但五色药石的色彩组合不得不引起我们注意。

《抱朴子内篇》云"五石者，丹砂、雄黄、白礜、曾青、慈石也"[33]。这五石亦见于《淮南子》，《淮南子·地形训》云"正土（中央）之气也御乎埃天，埃天五百岁生缺（雄黄）"，"偏土（东方）之气御乎清天，清天八百岁生青曾（曾青）"，"壮土（南方）之气御于赤天，赤天七百岁生赤丹（丹砂）"，"弱土（西方）之气御于白天，白天九百岁生白礜"，"牝土（北方）之气御于玄天，玄天六百岁生玄砥（磁石）"[34]。五石与五行、色彩、方位有对应关系。

这种对应关系，在汉墓出土的朱书瓶上得到了印证。三门峡南交口M17后室门中间甬道立柱下小土坑内的朱书瓶上写有"中央戊己神如陈雄黄"，后室东北角墓壁下小坑内的朱书瓶写有"东方甲乙神青龙曾青"，前室东南角墓壁下小土坑内的朱书瓶写有

---

[29] 王明著《抱朴子内篇校释》，第196页。

[30] 王明著《抱朴子内篇校释》，第74页。

[31] 广州市文物管理委员会等《西汉南越王墓》，第72、115～116、141、218页。

[32] （清）顾观光辑、杨鹏举校注《神农本草经》，第26、127、129、228～229页。

[33] 王明著《抱朴子内篇校释》，第78页。

[34] 何宁撰《淮南子集释》，第374～377页。

"南方丙丁神朱爵丹沙"，墓门甬道东南角墓壁下小土坑内的朱书瓶写有"西方庚辛神白虎礜石"，前室东北角墓壁下小坑内的朱书瓶写"北方壬癸慈石"。这些朱书瓶中都装有矿物，但除了写"丹沙""慈石"的瓶内矿物与朱书文相符外，写有"礜石""曾青"的瓶内均装入颜色相似的代替品，写有"雄黄"的瓶内甚至装了红、蓝两色的矿物[35]。南越王墓出土的绿松石绿中泛青，赭石发红，硫磺色最浅，紫水晶色深者近黑，从颜色看，它们很可能分别是五石中曾青、丹砂、白礜、慈石的替代品，随葬的用意应是取五石之意。

早在西汉初，就有"齐王侍医遂病，自练五石服之"[36]，李零考证当时医家治病以"五石"入药，是用于治疗寒症的[37]。《五十二病方》《武威汉代医简》《金匮要略》中也有不少药方用到五石中的一种或几种。虽然五石有医药的作用，但在古人眼里，其功能远远不止治病这么简单，而是有着单纯用来治病的药材不能企及的神秘力量。《神农本草经》将丹砂、曾青列为上品，将磁石、雄黄列为中品，认为它们有"杀精魁邪恶鬼。久服通神明不老"，"轻身神仙"的功效[38]。《淮南子·地形训》言五石乃是中央与四方之气所生，能生金汞，化育为龙，产生雷电[39]。王莽天凤四年八月曾"亲之南郊，铸作威斗。威斗者，以五石铜为之，若北斗，长二尺五寸，欲以厌胜众兵"，李奇注"五石铜"曰"以五色药石及铜为之"[40]。五石在这里有厌胜辟兵的神力。到了魏晋，《抱朴子内篇》称丹砂、曾青、雄黄单服就能令人飞行长生，如果"用汞及五石液于铜器中，火熬之，以铁匕挠之，十日，还为丹，服之一刀圭，万病去身，长服不死"[41]，五石融为丹乃是不死仙药。

《抱朴子内篇》说："先将服草木以救亏缺，后服金丹以定无穷，长生之理，尽于此矣。"[42]从这点看，南越王墓中与五色药石同出的植物药，很可能是为服用五色药石服务的。南越王墓中的五色药石，应代表的是具有强大神威的五石，能够通达五行，厌胜镇邪，更饱含长生不死、飞升登仙之意。

（三）铜匕和铜量

盱眙大云山西汉江都王陵 M1 出土铜匕 6 件，形制相同，均有八棱形柄，柳叶形匕

[35] 河南省文物考古研究所《三门峡南交口》，第 289、291、454～455 页，科学出版社，2009 年。

[36] （汉）司马迁撰《史记》卷一〇五《扁鹊仓公列传》第四十五，第 2810 页，中华书局，1959 年。

[37] 李零《中国方术续考》，第 264～265 页，中华书局，2006 年。

[38] （清）顾观光辑、杨鹏举校注《神农本草经》，第 11、22、127、133 页。

[39] 何宁撰《淮南子集释》，第 374～377 页。

[40] （汉）班固撰《汉书》卷九十九下《王莽传》第六十九下，第 4151 页，中华书局，1962 年。

[41] 王明著《抱朴子内篇校释》，第 81、196 页。

[42] 王明著《抱朴子内篇校释》，第 246 页。

叶，长 20.6 厘米（图三：1）[43]。满城汉墓 M1 中室出土铜匕 1 件（图三：2），头略呈圆形稍内凹，扁平长柄微向上曲，通长 19.2 厘米[44]。巨野红土山西汉墓出土铜匕 4 件，均出于后室后壁二层台铜杵臼旁边。其中 1 件（图三：3）头作鸭嘴形，柄末端有一环，通长 26.8 厘米，另 3 件头呈半球状[45]。关于匕的用法，考古出土的材料和文献中均有记载。武威医简 6、7 简称"治伤寒遂风方付子三分蜀椒三分……合方寸匕酒饮日三饮"[46]，《伤寒论》和《金匮要略》中多处提到准确服食一定量的药剂需用到"方寸匕""一钱匕""半钱匕""四钱匕"等，匕是量取药物的工具。从巨野红土山汉墓铜匕出土的位置看，它们紧临矿物丹药和药粉，其作用应是量取方术中所用药粉的。

　　同样具有量取作用的还有铜量。高庄汉墓 M1 出土的铜量（图三：4），圆口杯形，平底，柄尾端穿圆环，柄身有刻度，通长 12.4、杯口径 4.2 厘米[47]。满城汉墓 M1 后室出土的铜量（图三：5）也是圆口杯形，平底，柄尾端有一椭圆形环，通长 8.8、口径 3.3 厘米，实测容积约为 7.9 毫升[48]。高庄汉墓 M1 和满城汉墓 M1 的铜量，与江苏仪征石牌村汉代木椁墓 M1 中炼丹用的铜量[49]的形制完全相同，只是尺寸略小。不论是用于医药还是神仙方术，量都是保证药物配比的重要工具。

　　（四）"辟兵莫当"铜压胜钱

　　巨野红土山西汉墓棺内出土铜压胜钱 1 枚（图三：7），方穿四角各有一假穿，一面铸"辟兵莫当"，由四乳丁相间隔，另一面素面，直径 7.4 厘米[50]。压胜是以祝咒文字或象征物来除凶得吉的巫术。压胜钱文与汉代通行钱币上钱文的文字方向和读取方式不同，需要把钱币顺时针旋转才能让钱文按顺序变成正立。

　　（五）医疗用具

　　满城汉墓 M1 出土了多件医疗用具，包括铜冷却器、"医工"铜盆、铜过滤器、金银医针、银灌药器和水晶砭石。

　　铜冷却器（图三：6）由"平底皿"、三足器、带流勺和承盘组成[51]。"医工"铜

---

〔43〕　南京博物院等《江苏盱眙县大云山西汉江都王陵一号墓》，《考古》2013 年第 10 期，第 28~30 页。

〔44〕　中国社会科学院考古研究所等《满城汉墓发掘报告》，第 62~63 页。

〔45〕　山东省菏泽地区汉墓发掘小组《巨野红土山西汉墓》，《考古学报》1983 年第 4 期，第 482 页。

〔46〕　甘肃省博物馆等《武威汉代医简》。

〔47〕　河北省文物研究所等《高庄汉墓》，第 39 页。

〔48〕　中国社会科学院考古研究所等《满城汉墓发掘报告》，第 76~77 页。

〔49〕　南京博物院《江苏仪征石牌村汉代木椁墓》，《考古》1966 年第 1 期，第 16、20 页。

〔50〕　山东省菏泽地区汉墓发掘小组《巨野红土山西汉墓》，《考古学报》1983 年第 4 期，第 483 页。

〔51〕　中国社会科学院考古研究所等《满城汉墓发掘报告》，第 69 页；孙机《汉代物质文化资料图说》，第 300 页。

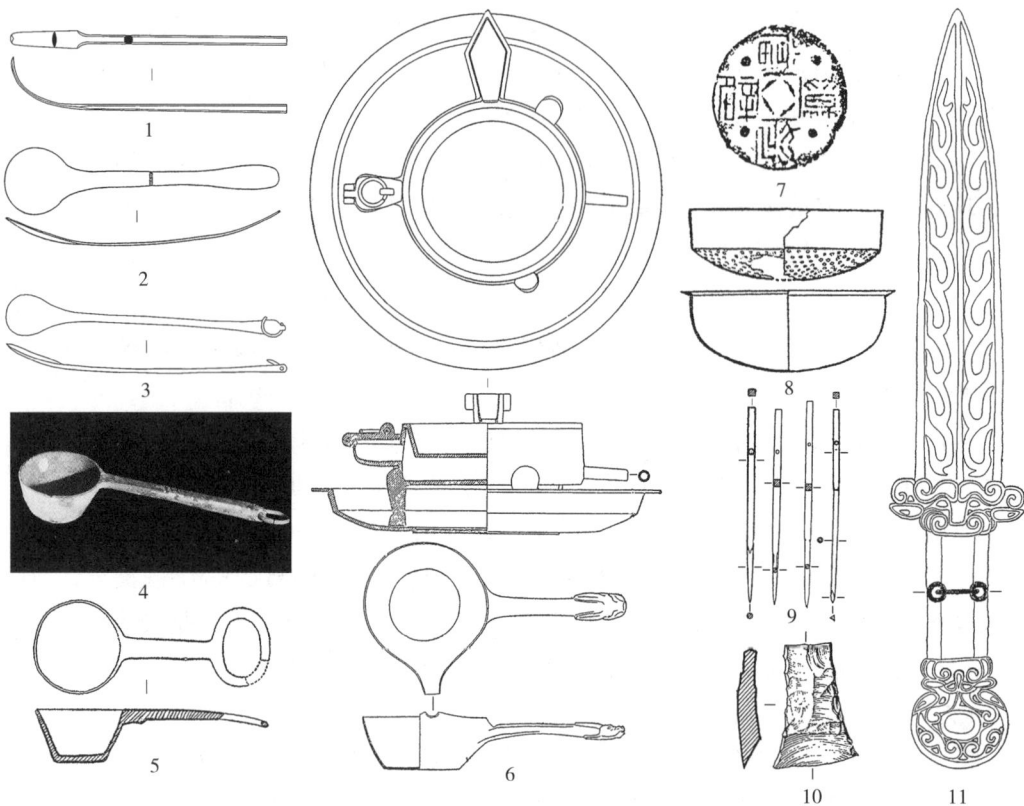

图三　其他随葬品

1. 盱眙大云山西汉江都王陵 M1 铜匕（M1:3794）　　2. 满城汉墓 M1 铜匕（1:4349）　　3. 巨野红土山西汉墓铜匕

（33）　4. 高庄汉墓 M1 铜量（M1:444）　5. 满城汉墓 M1 铜量（1:5128）　6. 满城汉墓 M1 铜冷却器（1:5084）

7. 巨野红土山西汉墓铜压胜钱（84）　8. 满城汉墓 M1 铜过滤器　9. 满城汉墓 M1 金医针（1:4354、1:4390、1:

4446、1:4447）　10. 满城汉墓 M1 水晶砭石（1:4361）　11. 满城汉墓 M1 铁短剑（1:5196）

盆口沿两处、器壁一处刻"医工"[52]，盆外壁口缘下有一道水平线，下部铜色发黑，但没有火灼痕迹，且有修补痕迹，钟依研认为它可能是用于隔水煮药或是用来和药的[53]。铜过滤器一套 2 件（图三:8），小的口径 16 厘米，圜底有众多圆形小孔，大的口径 17.8 厘米，圜底[54]。中室出土了医针 9 枚，其中金医针 4 枚（图三:9），银医针 5 枚。发掘者根据《黄帝内经》中关于九针的记载，判断金医针中针尖作三棱形、针身较柄为长的是锋针，针尖尖锐、针柄长度约三倍于针身的是毫针，针尖略钝、柄

[52]　中国社会科学院考古研究所等《满城汉墓发掘报告》，第 58 页。

[53]　钟依研《西汉刘胜墓出土的医疗器具》，《考古》1972 年第 3 期，第 49～50 页。

[54]　钟依研《西汉刘胜墓出土的医疗器具》，《考古》1972 年第 3 期，第 52 页。

倍于针身的是锟针，银医针中一枚末端圆钝者可能是员针[55]。中室还出土带长流的壶形银灌药器 1 件，漏斗形银灌药器 2 件，斧形水晶砭石（图三：10）2 件[56]。

医在汉代社会观念中，往往带有巫或方士的色彩。汉代史书对医的记录常带有神话性，如《史记·扁鹊列传》记载扁鹊因为得到仙人长桑君的禁方，按长桑君的要求饮药三十日，就能隔墙视物，之后"以此视病，尽见五藏症结，特以诊脉为名耳"[57]。史书记载还常将巫医并置，如武帝时"文成死明年，天子病鼎湖甚，巫医无所不致，不愈"[58]，《后汉书·方术列传》云"（许杨）少好术数……及莽篡位，杨乃变姓名为巫医，逃匿它界"[59]。而出土的马王堆帛书也印证了这一点，《五十二病方》中不仅有医用病方，还有若干方是用"祝曰""呼曰""禹步"等祝由方术祛病。

这一点在满城汉墓 M1 出土的医疗用具中也有体现。墓中所出铜冷却器，或可称调温器，通高只有 7.5 厘米[60]，结构却比较复杂。"平底皿"虽有錾，但放置好后其錾是嵌在三足器长錾的凹槽内的，不方便移动或取下，所以它可能并非"平底皿"，而是一个密封防尘性很好的盖子。调温器的使用方法可能是将药物密封后装入三足器，再灌入冷或热的液体对药物进行持续性的温度调节。如此精巧的器具，应该是针对量少而珍贵的药物设计的，很可能与丹药有关。

铜过滤器虽与江苏仪征汉代木椁墓出土的炼丹用过滤器[61]的形状不同，但它们的作用类似，都是去渣的，其用途不排除与方术有关的可能性。

定名金银医针所参考的《黄帝内经·灵枢·九针十二原》，岐伯在具体介绍九针之前，先言"始于一，终于九焉"，介绍针刺机理时说"夫气之在脉，邪气在上，浊气在中，清气在下"，"夺阴者死，夺阳者狂"，"刺之而气不至，无问其数；刺之而气至，乃去之，勿复针"[62]。书中所用术语含有明显的数术、阴阳、行气思想，九针的数量与形态本身就是医与方术的结合。

《黄帝内经·素问·异法方宜论》关于砭石的记载说："故东方之域，天地之所始生也，鱼盐之地……鱼者使人热中，盐者胜血。故其民皆黑色疏理，其病皆为痈疡。

---

[55]　中国社会科学院考古研究所等《满城汉墓发掘报告》，第 116～118 页。

[56]　中国社会科学院考古研究所等《满城汉墓发掘报告》，第 118、143 页；钟依研《西汉刘胜墓出土的医疗器具》，《考古》1972 年第 3 期，第 52 页。

[57]　（汉）司马迁撰《史记》卷一〇五《扁鹊仓公列传》第四十五，第 2785 页。

[58]　（汉）司马迁撰《史记》卷十二《孝武本纪》第十二，第 459 页。

[59]　（宋）范晔撰、（唐）李贤等注《后汉书》卷八十二上《方术列传》第七十二上，第 2710 页，中华书局，1965 年。

[60]　中国社会科学院考古研究所等《满城汉墓发掘报告》，第 69 页。

[61]　南京博物院《江苏仪征石牌村汉代木椁墓》，《考古》1966 年第 1 期。

[62]　姚春鹏译注《黄帝内经》，第 178～183 页，中华书局，2010 年。

其治宜砭石，故砭石者，亦从东方来。"[63]砭石则与东方主生发之地产生了关联。

以此看来，墓中出土的医疗用具，也包含一定的神仙方术思想。

（六）镜

出土杵臼的诸侯王墓中，除了高庄汉墓 M1，其他墓葬均出土镜。盱眙大云山西汉江都王陵 M1 前室盗洞出土 4 面铜镜，包括草叶纹规矩镜和草叶纹镜各 2 面[64]。南越王墓的墓道与外藏椁、前室、东耳室、西耳室、东侧室、西侧室出土铜镜共 39 面，镜背纹饰有龙纹、山字纹、云雷纹、连弧纹、龙凤纹等，西耳室、东侧室还出土彩绘人物镜[65]。满城汉墓 M1 后室棺床前的漆奁内有草叶纹铜镜 1 面[66]。巨野红土山西汉墓棺内 2 个漆奁中各有 1 面铜镜[67]。邗江甘泉二号东汉墓漆奁内有铁镜 1 面[68]。

关于镜的神灵思想，日本学者研究认为可追溯至秦汉神仙谶纬思想及先秦的道家哲学，镜在神仙思想中用以寄托长生不老的愿望和现世幸福、顺利升仙的祈祷[69]。孙机先生认为规矩镜的布局与汉代占栻上的图案一脉相通，带有"法象天地"的意义[70]。洛阳出土的西汉尚方四神博局镜对此是一个很好的诠释，镜铭为"尚方作竟真大巧，上有仙人不知老，渴饮玉泉饥食枣，浮浮天下敖四海，寿而金石"[71]，以镜背象征天地，不老仙人存其间。李零先生认为铜镜可用于厌胜，博局镜具有辟除不祥的功能，战国秦汉许多具有外圆内方、四方八位的草叶纹、花瓣纹、乳丁纹和连弧纹铜镜可能与博局镜有渊源和递嬗的关系[72]。韩吉绍、张鲁君探讨了中国古代镜的思想，认为从西汉末开始反映道家思想的题材就广泛流行，东汉镜的作用扩大到瑞物、辟邪物，魏晋时铜镜已被用于道教修炼，具有存神、分形及照妖的作用[73]。

以上诸侯王墓中出土的镜，带有彩绘者不可能为日常用具，与"法象天地"有关的草叶纹规矩镜和草叶纹镜较多，其他镜多采用星云、龙凤纹等装饰镜背，铸铭有"延年益寿""长乐未央，所言必当""见日之光，天下大阳，服者君王，千秋万岁"

［63］　姚春鹏译注《黄帝内经》，第 65 页。

［64］　南京博物院等《江苏盱眙县大云山西汉江都王陵一号墓》，《考古》2013 年第 10 期，第 37~38 页。

［65］　广州市文物管理委员会等《西汉南越王墓》，第 84、228 页。

［66］　中国社会科学院考古研究所等《满城汉墓发掘报告》，第 81 页。

［67］　山东省菏泽地区汉墓发掘小组《巨野红土山西汉墓》，《考古学报》1983 年第 4 期，第 482 页。

［68］　南京博物院《江苏邗江甘泉二号汉墓》，《文物》1981 年第 11 期，第 6 页。

［69］　福永光司《道教的镜与剑》，《日本学者研究中国史论著选译（第七卷思想宗教）》，第 386~445 页，中华书局，1993 年。

［70］　孙机《汉代物质文化资料图说》，第 270~272 页。

［71］　霍宏伟、史家珍《洛镜铜华：洛阳铜镜发现与研究》，第 145 页，科学出版社，2013 年。

［72］　李零《中国方术考（修订版）》，第 73~74 页。

［73］　韩吉绍、张鲁君《早期道教与中国古代之镜思想》，《山东教育学院学报》2005 年第 6 期。

等，可能不少镜是有厌胜作用的。

（七）刀、剑

盱眙大云山西汉江都王陵 M1 前室盗洞内，与玉衣片同出的有 2 件玉剑具，还有明器铁剑近百把[74]。西汉南越王墓棺内玉衣腰际间出土 10 把铁剑，椁外右侧以及棺椁前还分置 5 把铁剑。棺内铁剑有一半是玉具剑，椁外个别剑茎和鞘用金丝嵌出图案，贴象牙片[75]。满城汉墓 M1 玉衣腰部置 1 把铁刀和 2 把铁剑，玉衣南侧的棺床上出土铜剑和铁剑各 2 把，棺床前还并置铜剑、铁剑和铁杖式剑各 1 把。铁刀环首包缠金片。部分剑有玉剑具，个别鞘饰金片。棺床上的铜短剑和棺床前的铜长剑刃部鎏金。棺床上的铁短剑（图三：11）一面钿嵌金片火焰纹，一面钿嵌金片云纹，环首和格由银基合金制作并钿嵌金片[76]。巨野红土山西汉墓棺内尸体两侧置 3 把铜剑和 5 把铁剑，皆有漆木剑鞘，饰玉剑具或六尖鎏金铜饰，有的剑柄缠金丝[77]。邗江甘泉二号东汉墓出土铁剑 1 把[78]。

不难发现，出土杵臼的诸侯王墓中，位于墓主人身侧的刀、剑数量较多，包以丝绢，饰以金玉，制作精美，工艺惊人，有的墓中更是多把刀、剑并列放置，这些刀、剑可能不是单纯的武器。

从相关文献看，剑可作为尸解成仙的工具。《史记·封禅书》记载"宋毋忌、正伯侨、充尚、羡门高。最后皆燕人，为方仙道，形解销化"，《集解》引服虔曰"尸解也"[79]。《史记·孝武本纪》记载"李少君病死。天子以为化去不死也"[80]，《抱朴子内篇》认为"上士举形昇虚，谓之天仙。中士游於名山，谓之地仙。下士先死后蜕，谓之尸解仙。今少君必尸解者也"[81]。虽然王充力斥"尸解"之事，说"愚夫无知之人，尚谓之（李少君）尸解而去"[82]，但这更反映了汉代不少人相信尸解成仙。《列仙传》言黄帝"能劾百神朝而使之……自择亡日，与群臣辞，至于卒，还葬桥山，山

[74]　南京博物院等《江苏盱眙县大云山西汉江都王陵一号墓》，《考古》2013 年第 10 期，第 39、50～51 页。
[75]　广州市文物管理委员会等《西汉南越王墓》，第 156、167、170 页。
[76]　中国社会科学院考古研究所等《满城汉墓发掘报告》，第 30、81～83、101～105 页。
[77]　山东省菏泽地区汉墓发掘小组《巨野红土山西汉墓》，《考古学报》1983 年第 4 期，第 483、486～487 页。
[78]　南京博物院《江苏邗江甘泉二号汉墓》，《文物》1981 年第 11 期，第 6 页。
[79]　（汉）司马迁撰《史记》卷二十八《封禅书》第六，第 1368～1369 页。
[80]　（汉）司马迁撰《史记》卷十二《孝武本纪》第十二，第 455 页。
[81]　王明著《抱朴子内篇校释》，第 20 页。
[82]　（东汉）王充著《论衡》，第 112 页。

崩，柩空无尸，唯剑舄在焉"[83]，剑可能在汉代就与尸解成仙产生了关联。

刀、剑也是祛鬼镇邪之宝。睡虎地秦简《日书》甲种"诘咎"篇言"以良剑刺其（鬼）颈，则不来矣"[84]。南朝梁陶弘景《刀剑录》云剑能"除百邪魑魅"[85]。汉代诸侯王墓中墓主人周围放置的大量刀、剑，可能与祛鬼镇墓有关。

至于满城汉墓 M1 后室出土的铜剑刃部鎏金的情况，相似做法见于葛洪的《抱朴子内篇》，"以金液为威喜巨胜之法，取金液及水银一味合煮之……皆化为丹……取此丹一斤置火上扇之，化为赤金而流，名曰丹金。以涂刀剑，辟兵万里"[86]。虽不知满城汉墓 M1 铜剑刃部鎏金是否为了"辟兵万里"，但这种鎏金刃部的做法可能确与方术有关。墓中还有 1 件带钿嵌金火焰纹的铁短剑，其纹饰所涉及的火，很早就是人类崇拜的对象，楚人更是对火、太阳、赤帝非常敬畏，认为火色红，红色属阳，具有令鬼魅、神灵惧怕的力量[87]。这把带有火焰纹的短剑应是辟邪之物，带有浓厚的方术色彩。

《高庄汉墓》考古报告认为，该墓出土的臼、杵、量为一套汉代医药器具，铜药臼、药杵为民间急用之物[88]。巨野红土山西汉墓发掘简报认为墓葬后室后壁二层台南端的铜杵臼、擂石、擂盘都是制药工具[89]。但是经过以上随葬品分析，尤其是明确了与杵臼密切相关的药是神仙方术中的长生成仙之药，以及墓中部分其他随葬品所含方术思想的共同指向，汉代诸侯王墓中的杵臼，应该并非医用制药器具，而是被看成制造长生仙药的工具，寄托着墓主人对长生不老、飞升成仙的追求。

四、图像资料中的杵臼

杵臼用于制造不死仙药的作用，被很多汉代的图像资料以更直观、形象的方式表达出来。杵臼的形象多与西王母、玉兔、蟾蜍、东王公、有翼神人、月轮等图像一同出现。

国家博物馆收藏的"始建国二年新家"博局铜镜上，有西王母与捣药玉兔像。西王母侧身向着玉兔，一手前伸作接药状；玉兔有翼，一爪持杵，臼似隐于卷云纹中（图四：1）[90]。河南偃师新莽壁画墓后室与中室之间的横额正中绘有西王母，其右侧

[83] 《道藏》第 5 册，第 64 页。

[84] 睡虎地秦墓竹简整理小组《睡虎地秦墓竹简》，第 213 页，文物出版社，1990 年。

[85] （宋）李昉等撰《太平御览》，第 1579 页，中华书局，1960 年。

[86] 王明著《抱朴子内篇校释》，第 83 页。

[87] 高至喜《楚文化的南渐》，第 275 页，湖北教育出版社，1996 年。

[88] 河北省文物研究所等《高庄汉墓》，第 90 页。

[89] 山东省菏泽地区汉墓发掘小组《巨野红土山西汉墓》，《考古学报》1983 年第 4 期，第 477 页。

[90] 杨玉彬《汉博局禽兽镜中的西王母物像》，《收藏》2010 年第 2 期，第 118～119 页。

为双翼玉兔在捣药[91]。四川彭山江口镇汉代崖墓出土的 1 件摇钱树上，西王母两侧是正在捣药的玉兔和蟾蜍[92]。

　　杵臼图像在汉画像砖、画像石中更为多见。河南长葛一块西汉晚期至东汉初年的门楣砖正面印有西王母、玉兔捣药图，玉兔右爪扶臼，左爪持杵（图四：2）[93]。山东嘉祥县城南出土的一块东汉早期画像石上，画面最上层西王母端坐，座下有两只玉兔用杵臼捣药（图四：3）[94]。嘉祥县宋山出土的一块东汉晚期画像石上，画面最上层东王公左侧的马首有翼神人身后有两只玉兔正用杵臼捣药，臼下有一只蟾蜍作用力托举状（图四：4）[95]。山东泰安大汶口出土的一件东汉画像石上，月轮内有一只蟾蜍在捣药（图四：5）[96]。江苏徐州沛县栖山出土的一块画像石上，西王母在楼内凭几而坐，楼外有二神人捣药（图四：6）[97]。

图四　图像资料中的杵臼

1. "始建国二年新家" 博局铜镜西王母与捣药玉兔像　2. 河南长葛门楣画像砖局部　3. 嘉祥东汉早期西王母、玉兔、云车、狩猎画像石局部　4. 嘉祥东汉晚期东王公、庖厨、车骑画像石局部　5. 泰安东汉日、月、龙画像石局部　6. 沛县东汉早期西王母、弋射、建鼓画像石局部

[91]　洛阳市第二文物工作队《洛阳偃师县新莽壁画墓清理简报》，《文物》1992 年第 12 期，第 6 页。

[92]　魏巍《四川汉代西王母崇拜现象透视》，《四川文物》2001 年第 3 期，第 19 页。

[93]　河南省文物研究所《河南长葛出土的汉代画像砖》，《华夏考古》1992 年第 1 期，第 64、76 页。

[94]　中国画像石全集编辑委员会《中国画像石全集 2·山东汉画像石》，第 44 页，山东美术出版社、河南美术出版社，2000 年。

[95]　中国画像石全集编辑委员会《中国画像石全集 2·山东汉画像石》，第 34 页。

[96]　中国画像石全集编辑委员会《中国画像石全集 2·山东汉画像石》，第 72 页。

[97]　中国画像石全集编辑委员会《中国画像石全集 4·江苏、安徽、浙江汉画像石墓》，第 2 页，山东美术出版社、河南美术出版社，2000 年。

司马相如在《大人赋》中云"吾乃今目睹西王母曤然白首。载胜而穴处兮，亦幸有三足乌为之使。必长生若此而不死兮，虽济万世不足以喜"[98]，言羡慕西王母长生不死。《淮南子·览冥训》云"譬若羿请不死之药于西王母，姮娥窃以奔月，（羿）怅然有丧，无以续之。何则? 不知不死之药所由生也"[99]，张衡《灵宪》曰"姮娥奔月，是为蟾蜍"[100]，可知汉代人们认为西王母有不死之药，而蟾蜍则是食不死之药飞升成仙的嫦娥的化身。东汉乐府诗《相和歌辞·董桃行》有"采取神药若木端。白兔长跪捣药虾蟆丸。奉上陛下一玉柈，服此药可得神仙"[101]的描述，西晋傅咸《拟天问》诗云"月中何有? 白兔捣药，兴福降祉"[102]，玉兔用杵臼捣的乃是成仙降福之药。作为与西王母形象阴阳相对的东王公，以及众神仙羽人，都是与西王母关系密切的神仙。这些图案相组合，其意象都指向了求长生不死药与成仙。图像资料中杵臼的功能就是神仙方术的器具，捣的乃是不死之药、成仙之药，这对诸侯王墓中杵臼的功能也是一种佐证。

五、两汉诸侯王墓中杵臼的性质和作用

出土杵臼的两汉诸侯王墓中，关于墓主好神仙方术的记载，仅见刘荆。刘荆是东汉光武帝之子，对相星、相面、巫术、祝咒极感兴趣。光武帝死后，刘荆自觉不得志，希望天下能因西羌造反而有所变化，于是"私迎能为星者与谋议"，明帝发现后徙封他为广陵王; 之后刘荆"复呼相工谓曰:'我貌类先帝。先帝三十得天下，我今亦三十，可起兵未?'相者诣吏告之，荆惶恐，自系狱。帝复加恩，不考极其事"; 但刘荆仍不悔改，"使巫祭祀祝诅，有司举奏，请诛之，荆自杀"[103]。关于西汉江都易王刘非，记载中虽未见其本人好神仙方术之处，但他的儿子刘建"信巫祝，使人祷祠妄言"[104]，"专为淫虐，自知罪多，国中多欲告言者，建恐诛，心内不安，与其后成光共使越婢下神，祝诅上"[105]。其他墓主虽无更多文字资料可循，但作为诸侯王，他们势必受到所处的大时代背景的影响，尤其是帝王的影响。

---

[98]　（汉）司马迁撰《史记》卷一一七《司马相如列传》第五十七，第 3060 页。

[99]　何宁撰《淮南子集释》，第 501～502 页。

[100]　（唐）欧阳询撰《艺文类聚》卷一天部上，第 7 页，上海古籍出版社，1985 年。

[101]　（宋）郭茂倩《乐府诗集》，第 505 页，中华书局，1979 年。

[102]　（唐）欧阳询撰《艺文类聚》卷一天部上，第 8 页。

[103]　（宋）范晔撰、（唐）李贤等注《后汉书》卷四十二《光武十王列传》第三十二，第 1448～1449 页。

[104]　（汉）司马迁撰《史记》卷五十九《五宗世家》第二十九，第 2096 页。

[105]　（汉）班固撰《汉书》卷五十三《景十三王传》第二十三，第 2416 页。

仙人，"以药物养身，以术数延命"[106]，能"同死生之域，而无怵惕于胸中"[107]。《史记·封禅书》记载："自（齐）威、宣、燕昭使人入海求蓬莱、方丈、瀛洲。此三神山者，其傅在勃海中，去人不远；患且至，则船风引而去。盖尝有至者，诸仙人及不死之药皆在焉。其物禽兽尽白，而黄金银为宫阙。未至，望之如云；及到，三神山反居水下。临之，风辄引去，终莫能至云。世主莫不甘心焉。"[108]《战国策》言："有献不死之药于（楚）荆王者，谒者操以入。"[109]可见早在战国时期，诸侯就竞相寻找仙人与不死药，认为不死药在神仙居住之处，欲服食得长生。

燕齐方士对秦影响极大，"自齐威、宣之时，驺子之徒论著终始五德之运，及秦帝而齐人奏之，故始皇采用之"，"及至秦始皇并天下，至海上，则方士言之不可胜数"[110]。秦始皇听齐人徐市说海中有蓬莱、方丈、瀛洲三神山，"于是遣徐市发童男女数千人，入海求仙人"，又使燕人卢生求古仙人，"使韩终、侯公、石生求仙人不死之药"，并数度巡行于海上[111]。秦还有方士"欲练以求奇药"[112]，可能秦始皇一方面使人求仙药，另一方面已经尝试让方士炼制长生药。

到了汉代，高祖刘邦即在"长安置祠祝官、女巫"[113]。汉武帝更是将神仙方术推向一个高峰，对方士极为信重。他赏识的第一个方士李少君，《史记·孝武本纪》言其能"匿其年及所生长，常自谓七十，能使物，却老……人闻其能使物及不死"，《集解》引如淳曰"物，鬼物也"，引瓒曰"物，药物也"[114]。继李少君之后，齐人少翁、齐人公孙卿、胶东宫人栾大等，皆以仙人、黄冶、祭祠、事鬼使物，得到大量赏赐。栾大曾对武帝说："臣尝往来海中，见安期、羡门之属。顾以为臣贱，不信臣。又以为康王诸侯耳，不足予方。臣数言康王，康王又不用臣。臣之师曰：'黄金可成，而河决可塞，不死之药可得，仙人可致也。'"言及见仙人及求不死药之事。后来武帝封栾大为将军，赐"天士将军""地士将军""大通将军""天道将军"金印，又将公主嫁给他，栾大一时风光无限，震动海内[115]。

淮南王刘安是武帝时期另一位不得不提的人物，他以好仙炼丹著称，留有大量著

[106] 王明著《抱朴子内篇校释》，第14页。

[107] （汉）班固撰《汉书》卷三十《艺文志》第十，第1780页。

[108] （汉）司马迁撰《史记》卷二十八《封禅书》第六，第1369～1370页。

[109] 何建章注释《战国策注释》，第582页，中华书局，1991年。

[110] （汉）司马迁撰《史记》卷二十八《封禅书》第六，第1368～1370页。

[111] （汉）司马迁撰《史记》卷六《秦始皇本纪》第六，第247～252页。

[112] （汉）司马迁撰《史记》卷六《秦始皇本纪》第六，第258页。

[113] （汉）司马迁撰《史记》卷二十八《封禅书》第六，第1379页。

[114] （汉）司马迁撰《史记》卷十二《孝武本纪》第十二，第453～454页。

[115] （汉）司马迁撰《史记》卷十二《孝武本纪》第十二，第458～464页。

作和传说。《汉书》记载淮南王刘安"招致宾客方术之士数千人，作为《内书》二十一篇，《外书》甚众，又有《中篇》八卷，言神仙黄白之术，亦二十余万言"[116]，《内书》即流传至今的《淮南子》。淮南还有《枕中鸿宝苑秘书》，"言神仙使鬼物为金之术，及邹衍重道延命方"[117]。成书于西汉时期的《三十六水法》[118]可能与淮南八公有关。后世之人更是认为刘安有能令人长生不死的丹方，隋唐《太清石壁记》卷上《五石丹方》记载"五石丹者，淮南王刘安好道，感仙人八公来授之，安以此方锡（赐）左吴，故得传之人世……其药能令人长生不死"[119]。

汉武帝之后，宣帝曾"复兴神仙方术之事"[120]。成帝颇好鬼神，"多上书言祭祀方术者，皆得待诏，祠祭上林苑中长安城旁，费用甚多"[121]。王莽亦好鬼神方术之事。西汉末到东汉又有《黄帝九鼎神丹经》《太清金液神丹经》《太上八景四蕊紫浆五珠降生神丹方》[122]《周易参同契》[123]等一系列丹学著作诞生，后期出现了太平道、天师道、五斗米道。神仙方术作为道教的来源之一，在两汉不曾断绝。

出土杵臼的两汉诸侯王墓，年代集中于汉武帝时期，当时神仙方术正大行其道，对后世影响深远。墓葬中的杵臼，以及与杵臼同出的五色药石、药丸、药粉、铜匕、铜量、制药工具、盛药容器、压胜钱、部分医疗用具以及镜、刀、剑等，都是这一时代人们求长生不死，欲见神成仙，行厌胜辟邪的神仙方术思想的产物。杵臼见证着墓主人对于长生不死和飞升成仙的渴求，应是作为捣制不死仙药的工具而随葬的。

[116]　（汉）班固撰《汉书》卷四十四《淮南衡山济北王传》第十四，第 2145 页。
[117]　（汉）班固撰《汉书》卷三十六《楚元王传》第六，第 1928 页。
[118]　《道藏》第 19 册，第 323～326 页；韩吉绍《〈三十六水法〉新证》，《自然科学史研究》第 26 卷第 4 期，2007 年。
[119]　《道藏》第 18 册，第 767 页。
[120]　（汉）班固撰《汉书》卷三十六《楚元王传》第六，第 1928～1929 页。
[121]　（汉）班固撰《汉书》卷二十五下《郊祀志》第五下，第 1260 页。
[122]　丁贻庄《秦汉时期的炼丹术》，《宗教学研究》1988 年第 4 期。
[123]　《道藏》第 20 册，第 63～95 页。

苏鲁豫皖邻近地区汉代石椁墓的
分区与分期研究

潘 攀[*]

Stone Chamber Tomb is a special tomb form system, which appeared at the era of Han Dynasty and developed at the border area of Jiangsu, Shandong, Henan and Anhui Province. Some of them had the Stone Reliefs on their slates. Stone Chamber Tombs, especially those with stone reliefs, have a close relationship with the origin problem of Han Stone Relief. But, due to the lack of materials in the past, there still exists some problems and disputes. The most important one is the problem of the division of the periods. Recently, the large number of new excavations and archaeological reports about stone chamber tombs at middle and south of Shandong Province made a comprehensive and systematical research become possible. According to characteristic of the burial objects (Pottery – major), this thesis separated this area into three small regions, which according to their different features. Then, this thesis uses the Archaeological Typology Analysis to divide these stone chamber tombs into five periods: Early West Han, Middle West Han, Late West Han, Wang Mang and Early East Han, and Middle and Late East Han.

本文所论之苏鲁豫皖邻近地区，指现在的江苏北部（徐州、连云港）、山东中南部（曲阜、济宁以南，临沂以西，包括兖州、邹城、微山、滕州、枣庄等地）、河南东南部（商丘以东及永城地区）和安徽北部（萧县）。此地区周时为鲁、薛、宋、徐等国之域，汉时为齐、楚、梁诸侯国地，自然地理环境、历史文化内涵较为相似。

此地区在两汉时期流行一种独特的墓葬形制：一般由若干石板扣合成椁室（包括左右侧板、前后挡板、底板及盖板），形似木椁；分单椁、双椁和多椁；墓圹多为竖穴土坑或石坑，一般不带墓道[1]。之前对这种形制的墓葬命名较杂乱，有"石棺墓""石匣墓""石室墓"等，有些具有特殊形式的还被称为"类石椁""简易石椁"或

---

* 作者系北京大学考古文博学院博士研究生。

[1] 带墓道的石椁墓较少见，如安徽萧县西虎山 M3 带竖穴墓道、临沂临沭曹庄西汉墓带斜坡墓道等。但墓道和墓室还没有明确分隔，更像一种过渡形式。这涉及竖穴墓向横穴墓过渡的问题，本文暂不详述。

"积石椁"[2]。徐州市睢宁县古邳乡苗庄村曾出土一石椁板，上刻"石椁"字样[3]。结合此证和上述对此类墓葬的基本特征认识，认为称"石椁墓"较为合适。从而，在石椁上雕刻画像的可称"画像石椁墓"，广义上隶属"画像石墓"范畴，又与"画像石室墓"有本质区别。

一、发现与研究简述

（1）20 世纪 50 年代至 80 年代初，只发现零星石椁墓和散存画像石椁板。

苏北地区：《文物》1957 年第 3 期报道了睢宁县土山的十几座石椁墓，破坏较严重；《考古》1964 年第 10 期的《江苏徐州、铜山五座汉墓清理简报》中报道了 1963 年清理的小山子石椁墓（原报道称"石棺墓"），并在注释中提到南京博物院曾在邳县刘林发现石椁墓；王恺的《徐州地区的汉代石椁墓》、燕生东的《苏鲁豫皖交界地区石椁墓及其画像石的分期》中提及 20 世纪 70 年代发掘的奎山墓及一些未发报告的零散材料，如金鼎山二墓、铁二中二墓、彩印厂墓、琵琶山墓、万寨墓、铜山范山墓、丰县华山墓、丰县娥墓堌墓、苗庄墓等；《考古》1983 年第 10 期的《连云港市锦屏山汉画像石墓》报道了连云港桃花涧、白鸽涧墓和散出画像石的刘顶墓和酒店墓。

山东地区：这一时期石椁墓发现的较少，仅见散存石椁板。如曲阜的"东安汉里"画像石椁板[4]，微山岛的零星画像石椁板[5]。

---

[2] 王恺在《徐州地区的汉代石椁墓》一文中首先区分出"类石椁"概念，并认为"这种类石椁墓可看作石椁的早期形态且全部属于西汉早期"。但参考后来考古发现可知，这些简化的石椁墓和完全意义上的石椁墓从时间上来看是并存的，也不仅见于西汉早期，所以不能说是石椁墓的"早期类型"。燕生东、刘智敏在《苏鲁豫皖交界地区石椁墓及其画像石的分期》一文中，将此区石椁墓分成积石椁、仿黄肠题凑式石椁和本文所述石椁三类，并认为前两种形式的等级较高且数量少。《鲁中南汉墓》报告中除滕州东小宫墓地、兖州徐家营墓地，其余各墓地都发现了这种简化形式的石椁，但各墓地报告描述不一，有的归为"石椁墓"的"单椁墓"（滕州封山墓地），有的分至"石椁墓"的"单石椁"之下又单独分成"石盖板墓"（滕州东郑庄墓地、滕州顾庙墓地、曲阜花山墓地、曲阜柴峪墓地），有的将其分至"土坑墓"下（嘉祥长直集墓地）。

[3] 王恺《徐州地区的汉代石椁墓》，第 226 页，《汉文化研究论丛》，中国社会科学出版社，1993年；刘尊志《徐州汉墓与汉代社会研究》，第 73 页，科学出版社，2011 年；李银德《徐州汉墓的形制与分期》，第 108～125 页，《徐州博物馆三十年纪念文集》，北京燕山出版社，1992 年。

[4] 《中国美术分类全集·山东画像石》，第 110 页，山东美术出版社，2000 年；蒋英炬《略论曲阜"东安汉里画象"石》，《考古》1985 年第 12 期；李发林《"山鲁市东安汉里禺石也"简释》，《考古》1987 年第 10 期；蒋英炬《"河平三年八月丁亥汉里禺墓"拓片辨伪及有关问题》，《考古》1989 年第 8 期。

[5] 《山东微山县汉代画像石调查报告》，《考古》1989 年第 8 期。

豫东和皖北地区此时尚未发现石椁墓。

（2）20 世纪 80 年代后至 90 年代中，在鲁中南地区多发现石椁墓群，数量超过苏北地区，豫东、皖北也发现有典型石椁墓。

此时期石椁墓的发现范围扩大、地点集中、墓葬特点鲜明，有些还出土了完整的画像石椁，遂有研究者意识到石椁墓是苏鲁豫皖邻近地区的一种独特墓葬形制。但由于当时发表的材料不完整，墓葬总数较少（不到百座），进行系统研究的条件尚不具备。发掘报告中亦往往混乱地称其为“石椁墓”“石棺墓”“石室墓”等，带画像的被简单归类为“汉画像石墓”，没有单独区分。

苏北地区：墓山墓、檀山墓、九里山奶头山墓、凤凰山墓。

山东地区：数量多且分布范围遍及鲁南。如兖州农机校墓、临沭曹庄墓、平阴新屯墓、邹城卧虎山墓、济宁师专墓、济宁潘庙墓群、济宁玉皇顶墓、济宁陆桥墓、微山岛多座石椁墓、临沂庆云山两座石椁墓、苍山小北山墓、枣庄渴口墓、枣庄兰城墓、枣庄小山墓、成武黑崮堆散出的画像石椁等。

豫东地区：夏邑吴庄、夏邑毛河和虞城王集均有发现，芒砀山梁国诸侯王陵区附近也发现石椁墓群。

皖北地区：萧县西虎山、淮南朱岗发现石椁墓。

（3）20 世纪 90 年代后期至今，在苏鲁豫皖邻近地区发现与发掘的石椁墓数量大增。

1998～2000 年，山东省文物考古研究所先后在济宁市辖区的曲阜、兖州、嘉祥和枣庄市辖区的滕州发掘了八处汉代墓地，共有 1066 座石椁墓，并出土大量以陶器为主的随葬品。山东省文物考古研究所的学者认识到这批石椁墓的重要价值，于 2000～2005 年完成资料整理与初步研究工作，2009 年底出版了《鲁中南汉墓》考古报告[6]。苏鲁豫皖邻近地区的石椁墓资料累积达到可观数量。

关于石椁墓的研究论著主要有以下几种：一是发掘简报和考古报告，二是画像石图录，三是从墓葬形制或画像石角度或两者兼谈的综合类研究。现大致从墓葬形制和画像石两个角度分别介绍。

从墓葬形制入手的专题研究相对较少。

王恺的《徐州地区的石椁墓》首次整理了徐州地区的石椁墓并予以定义：有竖井式的墓圹、用石板做椁室、椁室内放置木棺等，同时提出椁室分为类石椁、单椁、多椁及简易石椁，并将此区石椁墓分为西汉早期、西汉中晚期、西汉末至东汉初三期。

[6]　山东省文物考古研究所编著《鲁中南汉墓》（上、下），文物出版社，2009 年。

最后分析了石椁墓在这一地区出现、发展的原因和条件并简要分析了石椁画像[7]。这是首篇单独提出"石椁墓"概念并进行系统研究的文章。随后作者又增加了一些新材料，于 1993 年再次发表《徐州地区的汉代石椁墓》[8]。由于当时出土材料有限，现在看来这两篇文章对石椁墓的定义、分期均有问题，但在石椁墓研究领域具有开创意义。

郑同修、杨爱国的《山东汉代墓葬形制初论》对山东地区发掘的汉代墓葬形制进行了梳理，将山东地区汉墓分成土坑墓、砖椁墓、石椁墓、崖墓、砖室墓、石室墓六大类，其中石椁墓按有无壁龛和器物箱之别分三型。最后讨论了不同墓葬形制和墓主身份之间的关系，认为石椁墓和砖椁墓一样，是平民、地方小官吏或中小地主阶级的墓葬[9]。

方成军在《淮河流域汉代墓葬形制研究》中将淮河流域的汉代墓葬形制划分为土坑墓、崖洞墓、画像石墓、石棺墓、瓮棺葬、石室墓、砖石墓七大类，"画像石墓"之下再分"石结构墓""砖石结构墓"和"石椁墓"。但这种分法略显混乱。同时，作者提到的"石椁墓"墓例仅有邹城卧虎山和夏邑吴庄两处，均带画像，那些无画像的石椁墓却被忽略[10]。

刘尊志的《徐州汉墓与汉代社会研究》一书对徐州地区中小型汉墓的形制进行了综合研究，并将石椁墓分成单椁、双椁和多椁三种[11]。

从画像石角度探讨石椁墓情况的研究则较多。

王恺的几篇文章首先引入"画像石椁墓"概念。他在"江苏省考古学年会"上发表相关演讲，随后以《苏鲁豫皖交界地区汉画像石墓葬形制》为题发表其观点[12]；后又发表《苏鲁豫皖交界地区汉画像石墓的分期》，提出石椁墓和石椁画像问题并进行了初步研究[13]。

燕生东和刘智敏的《苏鲁豫皖交界地区西汉石椁墓及其画像石的分期》[14]是一篇系统论述石椁墓及石椁画像的文章，较全面地收集了当时可见的石椁墓资料。此文对石椁墓做了明确定义，即"结构简单，由底、盖、侧、挡板构成，形似木椁"，并将石

[7] 王恺《徐州地区的石椁墓》，《江苏联社通讯》第 13 期，1980 年。

[8] 王恺《徐州地区的汉代石椁墓》，《汉文化研究论丛》，中国社会科学出版社，1993 年。

[9] 郑同修、杨爱国《山东汉代墓葬形制初论》，《华夏考古》1996 年第 4 期。

[10] 方成军《淮河流域汉代墓葬形制研究》，《安徽大学学报》第 26 卷第 5 期，2002 年。

[11] 刘尊志著《徐州汉墓与汉代社会研究》，第 72～73 页，科学出版社，2011 年。

[12] 王恺《苏鲁豫皖交界地区汉画像石墓葬形制》，《汉代画像石研究》，文物出版社，1989 年。

[13] 王恺《苏鲁豫皖交界地区汉画像石墓的分期》，《中原文物》1990 年第 1 期。

[14] 燕生东、刘智敏《苏鲁豫皖交界地区西汉石椁墓及其画像石的分期》，《中原文物》1995 年第 1 期。

椁墓形制划分为单室、双室、三室；随后对出土陶器进行了类型学梳理，以此为基础将石椁墓分为西汉早期、西汉中期偏早、西汉中期、西汉晚期、王莽到东汉初五期；根据石椁画像的题材内容和排列组合再对石椁画像进行分期，将其分为武帝以前的西汉早期、武帝至西汉晚期、西汉末到王莽三期。此文在石椁墓研究史上意义重大，尤其是利用类型学分期的做法较前人有较大突破。但由于当时的资料有限（仅 200 多座西汉时期石椁墓），使其论据略显不足。对随葬器物和石椁画像分别运用类型学分期的方法也致使得出了两个不相切合的分期结果。

　　杨爱国、郑同修的《山东、苏北、皖北、豫东区汉画像石墓葬形制》收集了本区内 1996 年前的 100 多座画像石墓材料，将其分为石椁墓、砖石合建墓和石室墓三类[15]。其对石椁墓的论述较简单，只是以有无壁龛和器物箱为依据分为三型，未进行分期。

　　信立祥的《汉画像石的分区与分期研究》[16]和《汉代画像石综合研究》[17]中亦提及石椁墓，但较简略，仅介绍了几座典型的画像石椁墓。

　　王建中在《汉代画像石通论》中梳理了此区石椁墓从西汉中期到东汉早期的发展脉络，认为最早的石椁墓出现在西汉中期[18]。

　　张从军的《黄河下游的汉画像石艺术》再次整理了此区石椁墓，尤其是画像石椁墓材料[19]。

　　田立振、田超的《济宁市汉画像石分期及相关问题的探讨》主要对济宁地区所出的画像石椁墓进行了分期，但其分期是以画像为依据，没有涉及随葬品。文章最后认为"济宁地区的汉画像石产生于西汉早期、兴盛于西汉中期以后、衰落于东汉末年"，且否认了"南阳起源说"，提出"济宁起源说"[20]。

　　黄雅峰在《汉画像石与画像砖艺术研究》中多次重点讨论石椁墓和石椁画像问题，涉及石椁墓出现的区域、原因、条件、时间，画像石椁墓的画面特征、雕刻技法、画面内容、文化特色等[21]。但此书主要从艺术史角度出发，缺乏考古学的分期断代基础。

[15]　杨爱国、郑同修《山东、苏北、皖北、豫东区汉画像石墓葬形制》，《刘敦愿先生纪念文集》，第 438～449 页，山东大学出版社，1998 年。
[16]　信立祥《汉画像石的分区与分期研究》，《考古类型学的理论与实践》，第 234～306 页，文物出版社，1989 年。
[17]　信立祥《汉代画像石综合研究》，文物出版社，2000 年。
[18]　王建中《汉代画像石通论》，紫禁城出版社，2001 年。
[19]　张从军《黄河下游的汉画像石艺术》，齐鲁书社，2004 年。
[20]　田立振、田超《济宁市汉画像石分期及相关问题的探讨》，《中国汉画学会第十届年会论文集》，湖北长江出版集团、湖北人民出版社，2006 年。
[21]　黄雅峰《汉画像石画像砖艺术研究》，中国社会科学出版社，2011 年。

其他还有蒋英炬、吴文祺的《试论山东汉画像石的分布、刻法与分期》[22]，米如田的《汉画像石墓的分区初探》[23]，尤振尧的《略述苏北地区汉画像石墓与汉画像石刻》[24]，阎根齐的《商丘汉画像石探源》[25]，罗伟先的《汉代画像石墓葬形制的初步研究》[26]，武利华的《徐州汉画像石研究综述》[27]，蒋英炬、杨爱国的《汉代画像石与画像砖》[28]，张丛军等的《山东文物丛书——汉画像石》[29]，杨建东等的《山东微山出土西汉新莽时期石椁画像墓》[30]，李锦山的《鲁南汉画像石研究》[31]，刘尊志的《徐州地区早期汉画像石的产生及相关问题》[32]等。

综上可见，目前关于石椁墓的研究存在以下问题。

一是研究所用的资料有限，少则几座或十几座墓，多的也就近两百座墓。

二是研究者多关注石椁画像，关于石椁墓的墓葬形制及随葬品的研究相对不够。

三是有学者运用类型学方法对个体石椁画像进行分期断代研究，却忽略了其墓葬载体和随葬品，这种分期的结果不甚可靠。

四是苏鲁豫皖邻近地区地域范围大，各地石椁墓（包括随葬品）存在地域特点，以前的研究均未考虑分区问题。

五是研究者对较早时期的石椁画像关注不够，而这正是涉及汉画像石起源的关键问题，虽有部分学者注意到早期石椁画像的存在，并认为汉画像石起源的时间可提前至西汉早期，但往往缺乏细致论证和全面观察。

2009 年山东省文物考古研究所编著出版了《鲁中南汉墓》考古报告，该报告中记录的石椁墓多达 1066 座（其中画像石椁墓约 100 座），且均为科学发掘所得。得益于此，本文收集石椁墓 1400 多座，较之前增加近十倍。同时，考虑到苏鲁豫皖邻近地区是一个相当大的区域，各地石椁墓的出现时间、数量及随葬品内涵存在地域差异，故本文根据不同地域特点将其分为鲁中区、鲁南区、苏北皖北豫东区三区，

[22] 蒋英炬、吴文祺《试论山东汉画像石的分布、刻法与分期》，《考古与文物》1980 年第 4 期。

[23] 米如田《汉画像石墓的分区初探》，《中原文物》1988 年第 2 期。

[24] 尤振尧《略述苏北地区汉画像石墓与汉画像石刻》，《汉代画像石研究》，第 62 ~ 74 页，文物出版社，1989 年。

[25] 阎根齐《商丘汉画像石探源》，《中原文物》1990 年第 1 期。

[26] 罗伟先《汉代画像石墓葬形制的初步研究》，《华西考古研究（一）》，第 64 ~ 136 页，成都出版社，1991 年。

[27] 武利华《徐州汉画像石研究综述》，《汉化研究》第二期，1992 年。

[28] 蒋英炬、杨爱国《汉代画像石与画像砖》，文物出版社，2001 年。

[29] 张丛军等编著《山东文物丛书——汉画像石》，山东友谊出版社，2002 年。

[30] 杨建东等《山东微山出土西汉新莽时期石椁画像墓》，《中国文物报》2004 年 4 月 7 日。

[31] 李锦山《鲁南汉画像石研究》，知识产权出版社，2008 年。

[32] 刘尊志《徐州地区早期汉画像石的产生及相关问题》，《中原文物》2008 年第 4 期。

运用考古类型学方法，对墓葬形制及各区随葬的典型陶器进行分类梳理，并结合钱币、铜镜等进行分期研究，最终建立各区石椁墓的年代框架。在此基础上，确认各时期尤其是年代最早的画像石椁墓，以尝试解决汉画像石起源时间、地点等相关问题。

二、墓葬形制分析

燕生东、刘智敏，杨爱国、郑同修分别在他们的文章中对石椁墓的墓葬形制进行过分类研究，但当时的材料相对较少。本文在现有材料基础上重新对墓葬形制进行分类。

这1400多座石椁墓中由于有些已发表资料不全，可用作研究对象的有851座。这批石椁墓均为中、小型竖穴墓，小型居多，墓圹为长方形或近方形土坑或石坑（石坑多见于徐州地区），极少数带墓道。根据单位墓葬内石椁的情况，将这851座石椁墓分四型。

A 型：单石椁墓，617座，约占73%。根据墓内设施与其位置分四亚型。

Aa 型：单石椁无其他设施，随葬品置于椁中、椁外或二层台上。如枣庄渴口 M82、徐州墓山墓、夏邑吴庄 M2、滕州岗头 M1、萧县破阁 XPM104、西虎山 M1、金山村 M2、济宁玉皇顶 M8 等。

Ab 型：单石椁带器物箱，随葬品置于器物箱中。器物箱有木制（多腐烂）、石砌或砖砌。根据不同构造方式分三式。

Ⅰ式：器物箱利用石椁一面石板围砌而成，有些中间有分格。如萧县车牛返 M39、夏邑吴庄 M26、苍山小北山 M2（图一：1）、徐州金山村 M1、徐州奎山墓、徐州小山子墓、滕州东小宫 M272、曲阜花山 M29 等。

Ⅱ式：器物箱单独建造。典型墓例有兖州徐家营 M67、济宁师专 M11（图一：2）、济宁潘庙 M47、曲阜花山 M32 等。

Ⅲ式：石椁内置一石板隔出器物箱。较少，如临沂苍山小北山 M3（图一：3）等。

Ac 型：单石椁带壁龛，随葬品置于壁龛中。此墓型多见于土坑墓，石坑墓少见。壁龛呈半圆弧形或方形，一墓一到两个，有的壁龛外用石板封堵，个别边龛内葬人[33]。如陶官 M1、临沂苍山小北山 M1、曲阜柴峪 M242（图一：4）、滕州东小宫 M80、滕州东郑庄 M54、滕州顾庙 M24、微山岛 M10、03 微山岛 M31、济宁陆桥 M6、

[33]　如嘉祥长直集 M108、M314。山东文物考古研究所编著《鲁中南汉墓》，第826、822页，文物出版社，2009年。

图一　单石椁墓（A 型）

1. AbⅠ（苍山小北山 M2）　2. AbⅡ（济宁师专 M11）　3. AbⅢ（临沂苍山小北山 M3）　4. Ac（曲阜柴峪 M242）　5. Ad（嘉祥长直集 M258）

微山墓前村 M3、嘉祥长直集 M108、兖州徐家营 M32 等。

Ad 型：单石椁带腰坑，腰坑内置随葬品。此种情况很少，典型墓例主要出于嘉祥长直集墓地，共发现 16 座，如 M10、M14、M111、M258（图一：5）等。

B 型：双石椁墓，199 座，约占 23％。根据石椁建造方式分三亚型。

Ba 型：两石椁分别砌筑，并列摆放。根据有无其他设施及其位置分三式。

Ⅰ式：无其他设施，随葬品位于椁中或椁外。如枣庄渴口 M1、嘉祥长直集 M2、滕州封山 M81、滕州东郑庄 M28、滕州顾庙 M4 等。

Ⅱ式：一个器物箱或壁龛。如滕州东郑庄 M87、枣庄小山 M2（图二：1）、枣庄渴口 M44、曲阜花山 M80、滕州封山 M66、滕州东小宫 M65、滕州顾庙 M36 等。

Ⅲ式：有两个或多个器物箱或壁龛，分属两椁。如枣庄渴口 M59、徐州凤凰山墓（图二：2）、临山 M2、滕州顾庙 M40 等。

Bb 型：两石椁共用中间一块侧板。可能两石椁同时搭建或是后葬入石椁利用前石椁的一面侧板建筑。根据有无其他设施及其位置分三式。

Ⅰ式：无其他设施，随葬品置于椁中或椁外。如乱墩 M2、微山 M18（图二：3）、曲阜花山 M93、曲阜柴峪 M213、滕州东郑庄 M63、滕州东小宫 M108、滕州顾庙 71 等。

Ⅱ式：一个器物箱或壁龛位于椁外。如曲阜柴峪 M239、嘉祥长直集 M284（图二：4）、滕州顾庙 M33 等。

Ⅲ式：有两个或多个器物箱或壁龛位于椁外，分属两椁。如枣庄渴口 M28、济宁陆桥 M1（图二：5）、平阴新屯 M2、滕州东小宫 M161 等。

Bc 型：一个较宽石椁中间用一块石板隔成左右两个独立椁室，有的石板上还有孔洞。根据有无其他设施及其位置分二式。

Ⅰ式：无其他设施，随葬品位于椁中或椁外。如江苏泗洪重岗墓（图二：6）等。

图二　双石椁、多石椁墓（B、C 型）

1. BaⅡ（枣庄小山 M）　2. BaⅢ（徐州凤凰山墓）　3. BbⅠ（微山 M18）　4. BbⅡ（嘉祥长直集 M284）　5. BbⅢ（济宁陆桥 M1）　6. BcⅠ（江苏泗洪重岗墓）　7. BcⅡ（曲阜花山 M84）　8. CaⅡ（枣庄小山 M1）　9. CaⅢ（03 微山岛 M20）　10. CbⅡ（滕州东小宫 M332）

Ⅱ式：有一个器物箱或壁龛位于椁外。如萧县西虎山 M3、临沂苍山小北山 M4、曲阜柴峪 M222、曲阜花山 M84（图二：7）等。

C 型：多石椁墓，20 座。其中三石椁墓 17 座，约占 2%；四石椁墓 2 座，约占 0.2%；五石椁墓 1 座，各约占 0.1%。根据石椁的建造方式分两亚型。

Ca 型：各石椁分别砌筑，并列摆放。根据有无其他设施及其位置分三式。

Ⅰ式：无其他设施，随葬品位于椁中或椁外。如 03 微山岛 M33 三石椁墓、徐州沛县栖山 M1 三石椁墓、邹城卧虎山 M2 四石椁墓、滕州封山 M103 三石椁墓等。

Ⅱ式：有器物箱位于每两石椁之间。如枣庄小山 M1 三石椁墓（图二：8）。

Ⅲ式：有多个器物箱或壁龛分属各椁，位于椁外。如 03 微山岛 M20（图二：9）。

Cb 型：每相邻两个石椁间共用一块侧板。根据有无其他设施及其位置分两式。

Ⅰ式：无其他设施，随葬品位于椁中或椁外。如枣庄渴口 M94 三石椁墓、滕州封山 M57 三石椁墓、曲阜花山 M58 三石椁墓等。

Ⅱ式：有一个或多个器物箱或壁龛位于椁外，多椁共用。如枣庄渴口 M10 四石椁墓、曲阜花山 M83 三石椁墓、滕州东小宫 M332 三石椁墓（图二：10）。

D 型：其他。一墓坑内除石椁外还使用其他葬具的合葬墓。共 15 座，约占 1.7%。如一石椁一洞室的徐州九里山奶头山 M1；一木棺一石椁的枣庄渴口 M4、M5、M30、M31、M42、M60，枣庄小山 M3，兖州徐家营 M117、M135，曲阜柴峪 M8，徐州铁刹山 M3；一岩坑一石椁的滕州顾庙 M22、M29、M30；四石椁、一木棺并带墓道和前室的滕州东小宫 M324 等。

三、分区与分期研究

出土随葬品以陶器为大宗，另有铜镜、铜印、带钩、钱币、车马器、铁器、玉石器、漆木器等，还有少量原始瓷器、骨牙器、金属器、泥器等。

陶器可分礼器、生活用器、模型明器和陶俑四类。陶质以泥质为主，少量夹砂，部分墓葬出土釉陶和硬陶。陶色多灰色，有些因火候问题呈红、褐、灰黑或青灰色，个别为红胎或灰胎黑皮陶。多素面，带装饰的分刻划纹和彩绘两种。常见刻划纹有弦纹、绳纹等，有些带刻划符号；彩绘多白、褐底，上绘红、黄、白、褐或黑彩，红、白两色最常见，少数通体白衣无彩绘，常见彩绘纹样有弦纹、云纹、波折纹、涡纹、三角纹、彩带纹、柿蒂纹、圆点纹、网纹等。多快轮拉坯成型，少数器物或部件为手制或模制，如模型明器、俑、勺、匜、器耳、足、手柄等，还有极少数器身为泥条盘筑。

因苏鲁豫皖邻近地区范围较大且石椁墓出土陶器各具特色，故再分三区分别讨论（图三）。

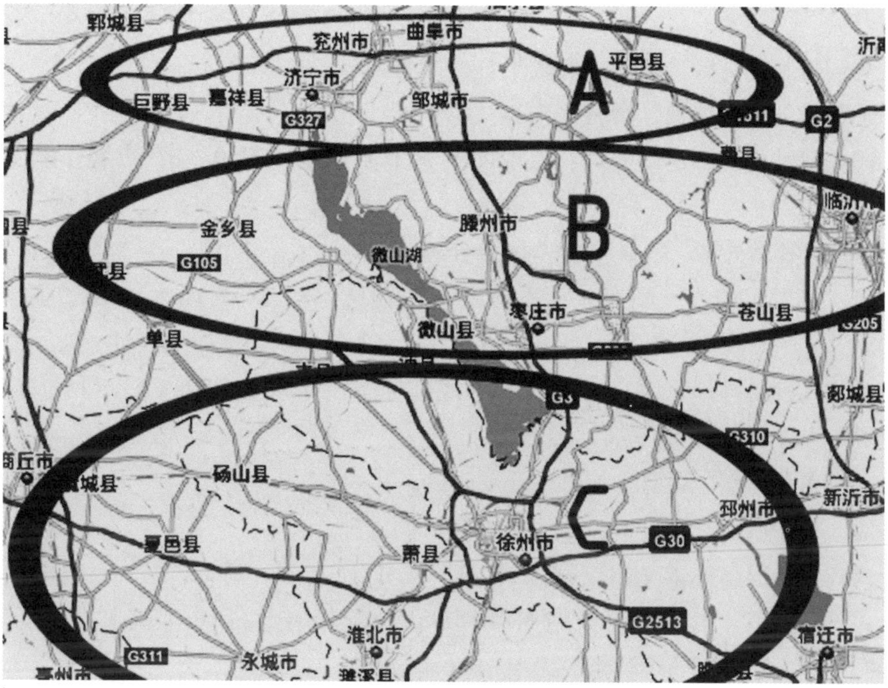

图三　苏鲁豫皖邻近地区石椁墓分区图

A. 鲁中区　B. 鲁南区　C. 苏北、皖北、豫东区

（一）鲁中区

主要包括济宁市及所辖嘉祥、曲阜、巨野等，兖州市、邹城市及周边，可用石椁墓材料 233 座。

1. 典型陶器组合的类型学研究

鼎，根据耳、盖分三型。

A 型：较直腹耳，覆钵形盖，圜底。根据身、足区别分三式。

Ⅰ式：弧腹，矮蹄足。标本兖州徐家营 M173：5，口径 12.2～12.5、高 13.8 厘米，蹄足内收（图四：1）。

Ⅱ式：折腹，较高蹄足。标本曲阜柴峪 M80：4，口径 11.6、高 11.6 厘米，子口内敛，圆唇斜上翘，上腹斜直（图四：2）。

Ⅲ式：弧腹扁圆，蹄足外撇。标本嘉祥长直集 M298：5，口径 13.6、高 13.4 厘米（图四：3）。

B 型：腹耳外撇，覆钵形盖。根据身、足区别分四式。

Ⅰ式：弧腹，矮蹄足微外撇，圜底。标本兖州徐家营 M71：2，口径 14.5、高 12.8 厘米（图四：4）。

Ⅱ式：球腹，蹄足高直，圜底。标本曲阜柴峪 M122：4，口径 14、高 14.8 厘米

（图四：5）。

Ⅲ式：弧腹，高蹄足外撇，底较平。标本曲阜柴峪 M242：6，口径 15.2、高 14.3 厘米，子口微下凹，内敛，圆唇（图四：6）。

Ⅳ式：扁鼓腹，蹄足微内敛，底略平。标本曲阜柴峪 M19：3，口径 14.2、高 13 厘米（图四：7）。

C 型：腹耳微外撇，覆碗形盖。按足分两式。

Ⅰ式：高蹄足较直，圜底。标本济宁潘庙 M16：5，口径 18、高 18.9 厘米（图四：8）。

Ⅱ式：高蹄足外撇，大口，扁腹，平底。标本济宁潘庙 M16：6，口径 21.5、高 17.8 厘米，尖唇，足上粗下细（图四：9）。

盒，按盖分两型。

A 型：覆钵形盖，子母口，平底。按腹分两式。

Ⅰ式：深弧腹。标本兖州徐家营 M173：7，口径 12.8、高 12.1 厘米（图五：1）。

Ⅱ式：浅弧腹。标本曲阜柴峪 M110：8，口径 16.4、高 10.7 厘米，盖较浅（图五：2）。

B 型：覆碗形盖。

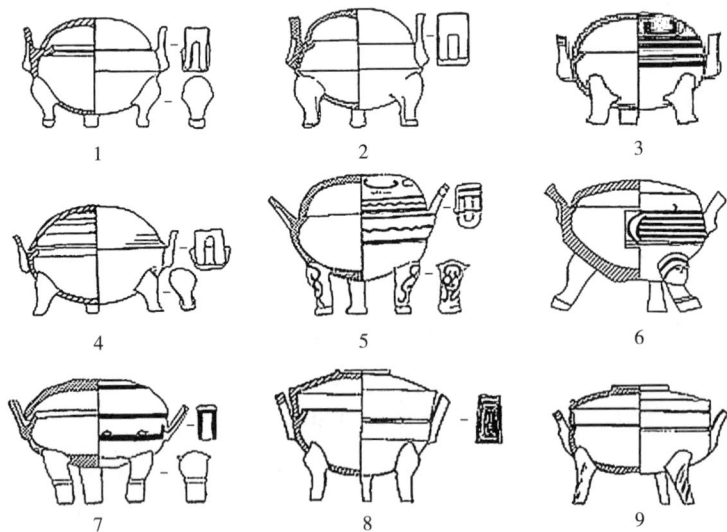

图四　鲁中区石椁墓出土陶鼎

1. A Ⅰ（兖州徐家营 M173：5）　2. A Ⅱ（曲阜柴峪 M80：4）　3. A Ⅲ（嘉祥长直集 M298：5）

4. B Ⅰ（兖州徐家营 M71：2）　5. B Ⅱ（曲阜柴峪 M122：4）　6. B Ⅲ（曲阜柴峪 M242：6）

7. B Ⅳ（曲阜柴峪 M19：3）　8. C Ⅰ（济宁潘庙 M16：5）　9. C Ⅱ（济宁潘庙 M16：6）

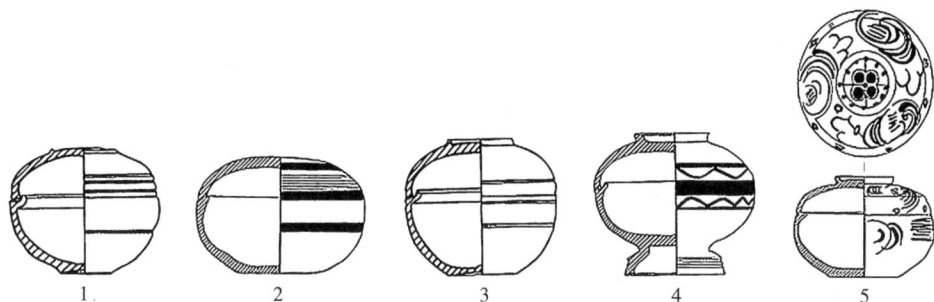

图五　鲁中区石椁墓出土陶盒

1. AⅠ（兖州徐家营 M173∶7）　2. AⅡ（曲阜柴峪 M110∶8）　3. BⅠ（兖州徐家营 M71∶4）　4. BⅡ（曲阜柴峪 M77∶7）　5. BⅢ（曲阜柴峪 M242∶7）

Ⅰ式：圈足碗盖，平底，深腹。标本兖州徐家营 M71∶4，口径 12.6、高 12 厘米，宽子口内敛，方唇（图五∶3）。

Ⅱ式：圈足碗盖，高圈足底，深腹。标本曲阜柴峪 M77∶7，口径 14.6、高 13 厘米（图五∶4）。

Ⅲ式：圈足碗盖，平底，浅腹。标本曲阜柴峪 M242∶7，口径 16、高 10.9 厘米（图五∶5）。

壶，按足分为假圈足壶、圈足壶、高圈足壶和平底壶四种。

假圈足壶，分两型。

A 型：壶身瘦长，高束颈，耸肩，假圈足较高。标本兖州徐家营 M103∶2，口径 9.6、高 26.5 厘米，侈口，方唇，鼓腹微折（图六∶1）。

B 型：壶身矮扁，假圈足矮粗，鼓腹较甚，最大腹径在下部近壶底处。标本曲阜花山 M9∶13，口径 12、高 23.7 厘米，浅盘口，尖唇粗颈，上腹内收，下腹凸鼓（图六∶2）。

圈足壶：分两型。

A 型：圈足相对较高。分三式。

Ⅰ式：束颈，鼓腹，最大腹径在中部，圈足外撇。标本嘉祥长直集 M298∶4，口径 10.8、高 24.4 厘米（图六∶3）。

Ⅱ式：束颈，鼓腹下垂，圈足外撇。标本曲阜柴峪 M110∶10，口径 10.6、高 21 厘米，侈口，平沿，圆唇，高束颈较粗（图六∶4）。

Ⅲ式：高直颈，鼓腹下垂，圈足微撇。标本嘉祥长直集 M282∶4，口径 14.4、高 33.5 厘米（图六∶5）。

B 型：圈足低矮。

Ⅰ式：高束颈，圆鼓腹。标本济宁潘庙 M16∶1，口径 20.5、高 40.3 厘米（图

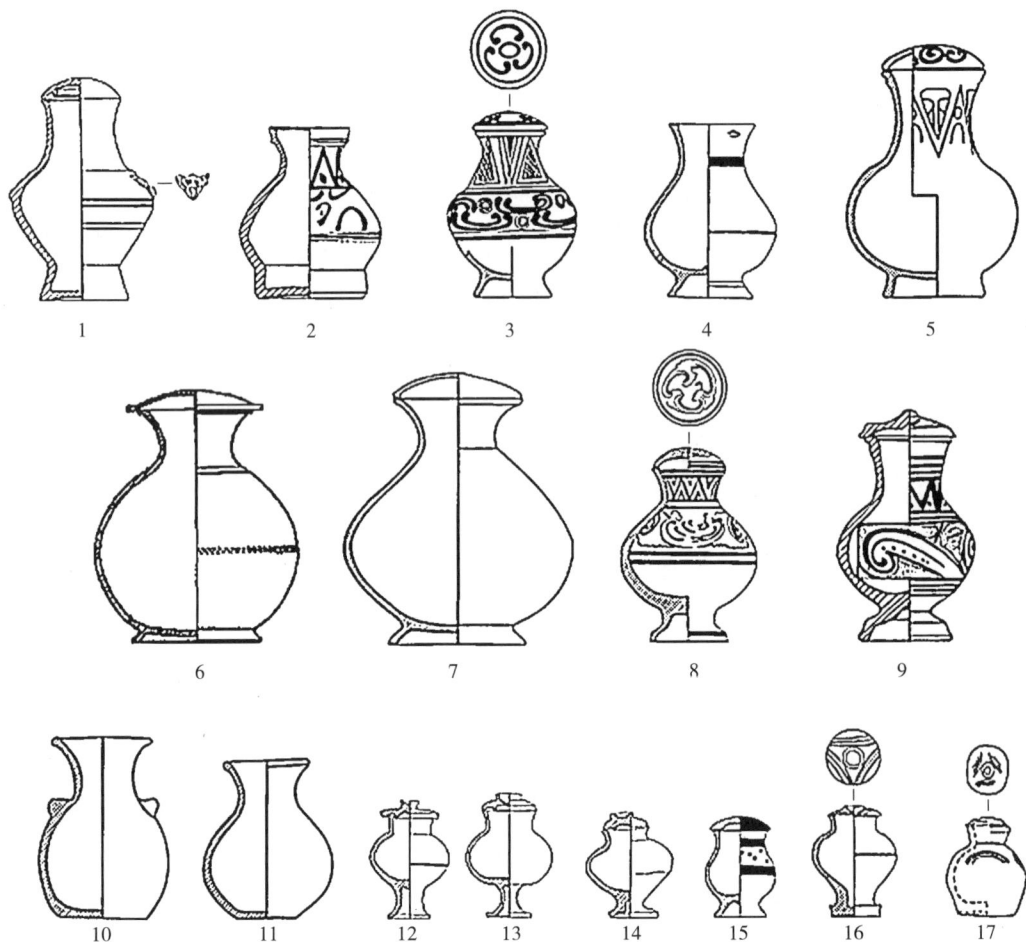

图六　鲁中区石椁墓出土陶壶

1. 假圈足壶 A（兖州徐家营 M103：2）　2. 假圈足壶 B（曲阜花山 M9：13）　3. 圈足壶 A Ⅰ（嘉祥长直集 M298：4）　4. 圈足壶 A Ⅱ（曲阜柴峪 M110：10）　5. 圈足壶 A Ⅲ（嘉祥长直集 M282：4）　6. 圈足壶 B Ⅰ（济宁潘庙 M16：1）　7. 圈足壶 B Ⅱ（嘉祥长直集 M384：1）　8. 高圈足壶 A（曲阜柴峪 M208：6）　9. 高圈足壶 B（曲阜花山 M29：5）　10. 平底壶 A（嘉祥长直集 M307：6）　11. 平底壶 B（嘉祥长直集 M35：5）　12～17. 明器小壶（12～15 出自曲阜柴峪墓地，16、17 出自曲阜花山墓地）

六：6）。

Ⅱ式：高束颈，口部甚外侈，鼓腹下垂。标本嘉祥长直集 M384：1，口径 19、高 40 厘米，弧顶器盖（图六：7）。

高圈足壶，分两型。

A 型：颈部短粗，腹部圆鼓，高圈足外撇。标本曲阜柴峪 M208：6，口径 9.1、高 23.5 厘米，侈口，斜方唇，钵形器盖（图六：8）。

B 型：颈部较细高，腹部圆鼓下垂，高圈足甚外撇。标本曲阜花山 M29：5，口径

8.4、高 22.4 厘米，盖上有蘑菇状纽（图六：9）。

平底壶，数量最少，按底的大小分两型。

A 型：大平底，束颈，弧腹。标本嘉祥长直集 M307：6，口径 11.2、高 19.2 厘米（图六：10）。

B 型：下腹内收成小平底，束颈，鼓腹下垂。标本嘉祥长直集 M35：5，口径 8.5、高 15.5 厘米（图六：11）。

另发现一些尺寸较小的陶壶，疑似明器，不再进行细致的类型分析（图六：12 ~ 图六：17）。

盘，分两型。

A 型：平底，敞口，方唇。按腹分四式。

Ⅰ式：弧腹。标本曲阜柴峪 M80：8，口径 10.9、高 2.4 厘米，卷沿（图七：1）。

Ⅱ式：微折腹。标本兖州徐家营 M173：8，口径 14.5、高 4 厘米，平沿（图七：2）。

Ⅲ式：斜直腹。标本曲阜花山 M51：21，口径 16、高 5.2 厘米，宽平沿（图七：3）。

Ⅳ式：深折腹。标本曲阜柴峪 M132：8，口径 17.6、高 5.5 厘米，宽折沿近平（图七：4）。

B 型：圈足底，折腹。按圈足分两式。

Ⅰ式：圈足小而高。标本曲阜柴峪 M77：9，口径 21、高 5.7 厘米，敞口，方唇，唇面数周凸棱，宽斜折沿（图七：5）。

Ⅱ式：大圈足底。标本平阴新屯 M2：2，口径 39、高 9.7 厘米，折腹较深（图七：6）。

匜，分两型。

A 型：一侧有长方形流。分三式。

Ⅰ式：腹壁俯视看为长方形。标本兖州徐家营 M173：9，高 5.2 厘米，敞口，方唇，斜腹，平底内凹（图七：7）。

Ⅱ式：腹壁俯视看为圆角长方形。标本曲阜花山 M29：1，口径 14.2、高 7.2 厘米，敞口，圆唇，折腹，平底，器壁较厚（图七：8）。

Ⅲ式：腹壁俯视看为圆形。标本兖州徐家营 M248：5，口径 19.2 ~ 22、高 7.2 厘米，敞口，圆唇，折腹，平底，内底处有凹槽（图七：9）。

B 型：整体似水瓢状。标本曲阜柴峪 M80：9，高 3.5 厘米，口部三角形，底大（图七：10）。

瓮，分三型。

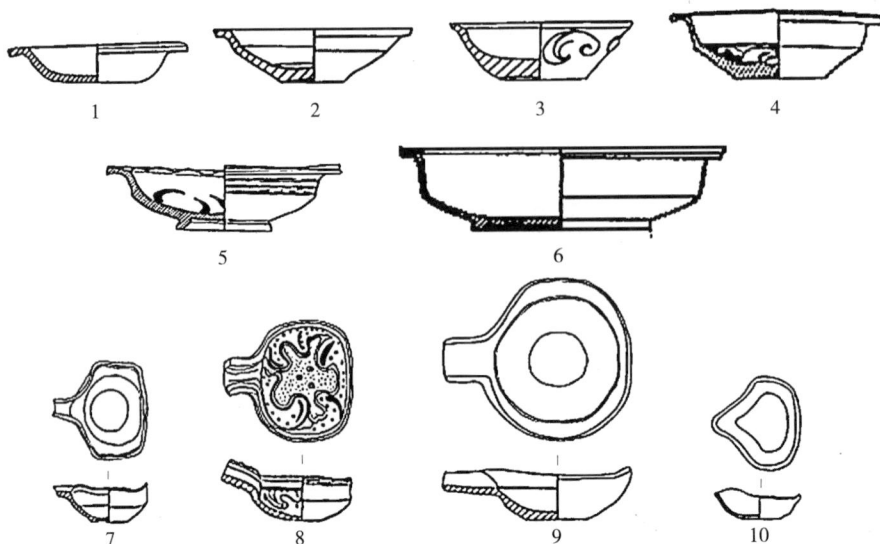

图七　鲁中区石椁墓出土陶盘、陶匜

1. A I 盘（曲阜柴峪 M80：8）　2. A II 盘（兖州徐家营 M173：8）　3. A III 盘（曲阜花山 M51：21）　4. A IV 盘
（曲阜柴峪 M132：8）　5. B I 盘（曲阜柴峪 M77：9）　6. B II 盘（平阴新屯 M2：2）　7. A I 匜（兖州徐家营
M173：9）　8. A II 匜（曲阜花山 M29：1）　9. A III 匜（兖州徐家营 M248：5）　10. B 匜（曲阜柴峪 M80：9）

A 型：长颈，卷沿，小口，鼓腹，小平底。

I 式：腹甚鼓，器身宽扁。标本嘉祥长直集 M298：9，口径 12.5、高 31 厘米，侈口，圆唇，溜肩，最大腹径在器身上部（图八：1）。

II 式：器身较瘦长。标本嘉祥长直集 M258：6，口径 16.5、高 30.4 厘米（图八：2）。

B 型：直颈，鼓腹，最大腹径在上部，小平底。标本嘉祥长直集 M335：1，口径 20、高 24.4 厘米，方唇，圆肩（图八：3）。

C 型：斜平沿，平底。

I 式：长颈，鼓腹。标本济宁玉皇顶 M5：1，口径 14、高 28.7 厘米，敞口，方唇，底微内凹（图八：4）。

II 式：长颈，颈部较直，器身瘦长。标本济宁玉皇顶 M5：3，口径 13.8、高 27.6 厘米（图八：5）。

III 式：束颈，小口，鼓腹。标本嘉祥长直集 M322：3，口径 14、高 34 厘米（图八：6）。

罐，分三型。

A 型：大平底。分两式。

I 式：折腹。标本嘉祥长直集 M284：13，口径 13、高 19 厘米，溜肩，束颈（图九：1）。

　　Ⅱ式：鼓腹。标本济宁潘庙 M15：11，口径 12.8、高 17.8 厘米，平折沿（图九：2）。

　　B 型：小平底。可分两式。

　　Ⅰ式：卷沿，鼓腹，最大腹径居中略偏下。标本曲阜花山 M68：6，口径 8.2、高 14 厘米，平沿内凹，斜折肩，平底微凹（图九：3）。

　　Ⅱ式：折沿，鼓腹，最大腹径在肩部。标本曲阜花山 M57：8，口径 8.2、高 12.5 厘米，平沿内凹，圆肩，收腹（图九：4）。

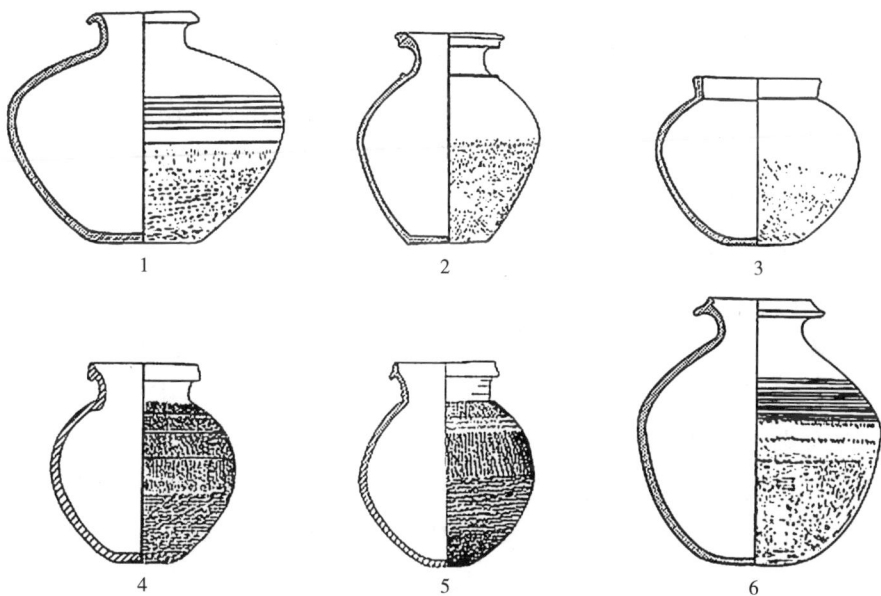

图八　鲁中区石椁墓出土陶瓮

1. AⅠ（嘉祥长直集 M298：1）　2. AⅡ（嘉祥长直集 M258：6）　3. B（嘉祥长直集 M335：1）　4. CⅠ（济宁玉皇顶 M5：1）　5. CⅡ（济宁玉皇顶 M5：3）　6. CⅢ（嘉祥长直集 M322：3）

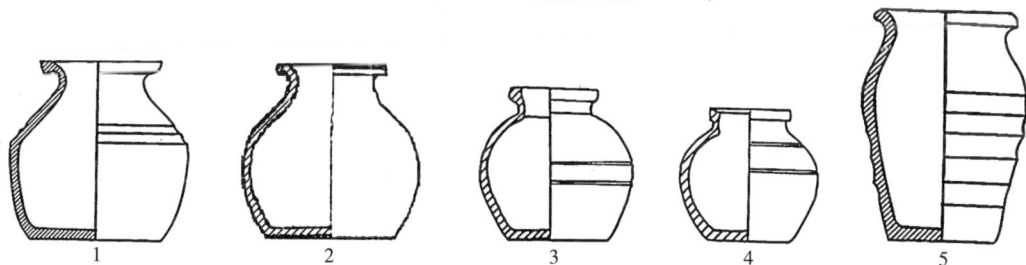

图九　鲁中区石椁墓出土陶罐

1. AⅠ（嘉祥长直集 M284：13）　2. AⅡ（济宁潘庙 M15：11）　3. BⅠ（曲阜花山 M68：6）　4. BⅡ（曲阜花山 M57：8）　5. C（嘉祥长直集 M316：2）

C 型：微折腹，器身瘦高。标本嘉祥长直集 M316：2，口径 11、高 18 厘米（图九：5）。

另有一种尺寸较小的陶罐，疑似明器。

2. 分期与各期特点及年代

根据鲁中区石椁墓墓葬形制与典型陶器组合的类型学研究，可分五期（表一）。

第一期主要墓葬形制为 Aa、Ab、Ac 单石椁墓，有的带器物箱或壁龛。随葬 A I 鼎，A I、II 盒，A 型假圈足壶，A I 圈足壶，A I、A II 盘，A I、B 型匜，A I 瓮，小型明器的壶和罐等。基本陶器组合为鼎、盒、壶（假圈足壶和圈足壶）、盘、匜，器型特点基本延续战国晚期风格。其中 A I 鼎身与银雀山 M3 所出鼎身相似，唯不带盖上的三弦纽，较之年代略晚；A I 盒与临沂银雀山 M3 所出盒相近[34]，A II 盒与湖北云梦 M 大 2 所出盒相似[35]，此两墓皆为西汉早期；假圈足壶腹部多饰铺首，有战国铜器遗风；曲阜柴峪 M215 出土器物与曲阜赵家村墓出土器物相同，两墓都只出半两钱[36]，兖州徐家营 M173 也出半两钱。故判断此期应为武帝发行五铢前的西汉早期。

第二期主要墓葬形制为 Ab I、II 和 Ac，即单石椁墓带器物箱或壁龛。随葬 B II、III 鼎，A I、II 和 B II、III 盒，A I、II 圈足壶，A II、IV 盘，A I、II 匜；A I 瓮，B I 罐，小型明器的壶与罐。基本陶器组合为鼎、盒、壶（圈足壶与高圈足壶）、盘、匜，与第一期相近，只是假圈足壶基本不见，开始流行各类圈足壶，且壶腹有下垂趋势；小型并饰有复杂纹饰的明器小壶在曲阜地区流行，颇具地域特色。曲阜花山 M69 出土圈足壶与战国晚期墓的同类器物接近；出现高蹄足鼎；盒有变矮变宽趋势。此期墓葬出无郭半两，五铢"五"字中间两笔稍有弯曲，稍晚的墓也出磨郭五铢。应为武、昭、宣所处的西汉中期。

第三期墓葬形制主要有 Aa、Ab II、Ac、B、Bb II 和 D 型，即单石椁或双石椁，有些带器物箱或壁龛，出现一石椁一木棺合葬墓。随葬 B II、III、IV 和 C I 鼎，A I、II 和 B I 盒，B 型假圈足壶，A II、III 和 B 型各式圈足壶，A、B 型平底壶，A II、III、IV、B I、II 盘，A II 匜，A I、B 型、C I 瓮，A I、II 和 B II 罐。基本陶器组合是鼎、盒、壶（假圈足壶、圈足壶、平底壶）、盘、匜、瓮、罐和小型明器壶，但盘、匜的出现频率较上期减少。鼎身变扁，蹄足变高，与临沂银雀山 M6 的鼎颇为相似，后者为西

[34]　山东省博物馆、临沂文物组《临沂银雀山四座西汉墓葬》，《考古》1975 年第 6 期。

[35]　湖北省博物馆《1978 年云梦秦汉墓发掘报告》，《考古学报》1986 年第 4 期。

[36]　中国科学院考古研究所山东工作队等《山东曲阜考古调查试掘简报》，《考古》1965 年第 12 期。

表一　鲁中区石椁墓典型陶器分期表

分期	鼎	盒	假圈足壶	圈足壶	平底壶	高圈足壶	盘、匜	瓮、罐	模型明器
西汉早期	AI（尧徐 M173）	AI（尧徐 M173） AII（曲柴 M215）	A（尧徐 M103）	AI（嘉长 M298）		明器小壶（曲柴 M215）	左：AI盘（曲柴 M80） 右：AII盘（尧徐 M173） 左：AI匜（尧徐 M173） 右：B匜（曲柴 M80）	AI瓮（嘉长 M298） 明器小罐	
西汉中期	BII（曲柴 M122） BIII（曲柴 M242）	AI、AII 左：BII（曲柴 M77） 右：BIII（曲柴 M242）		AI AII（曲柴 M110）		明器小壶（曲柴 M122）	AII盘，AI匜 左：AIV盘（曲柴 M132） 右：AII匜（曲柴 M122）	AI瓮 B罐（曲花 M29）	

续表一

分期	鼎	盒	假圈足壶	圈足壶	平底壶	高圈足壶	盘、匜	瓮、罐	模型明器
西汉晚期	BII、BIII BIV（曲柴 M19） CI（济潘 M16）	A I、A II BI（济潘 M16）	B（曲花 M51）	AII AIII（嘉长 M282） BI（济潘 M16） BII（嘉长 M118）	A（嘉长 M35） B（嘉长 M35）明器小平底壶	明器小壶（曲柴 M19）	AII、AIV 盘 AIII 盘（曲花 M51） BI盘（嘉长 M118） BII 盘（平新 M2） AII 匜	A I 瓮 左：B I 瓮（嘉长 M335） 右：C I 瓮（瓷济 王 M5） 左：C II 瓮（曲花 M51） 右：A I 罐（嘉长 M284） 左：A II 罐（济潘 M15） 右：B II 罐（嘉长 M335）	

续表一

分期	鼎	盒	假圈足壶	圈足壶	平底壶	高圈足壶	盘、匜	瓮、罐	模型明器
王莽至东汉初	BII（嘉长 M307）		B（曲花 M9）	BII（嘉长 M307）	A（嘉长 M307）		AIV 盘（嘉长 M307）	AII 瓮（济师 M5）／C罐（嘉长 M316）／AII、BI、BII罐	灶（嘉长 M307）／猪圈、楼（嘉长 M35）
东汉中晚期								AIII瓮（嘉长 M258）／CI瓮（曲柴 M8）／AII罐（曲花 M68）	

汉晚期[37]；A 型各式和 B I 盒，B 型假圈足壶颇具特色；有些墓出土五铢或剪轮五铢，昭明镜和日光镜。判断应为西汉晚期。

第四期墓葬形制种类与三期相似，有 Ab、Ac、Bc 和 Cb I，即单石椁带器物箱或壁龛墓和多石椁合葬墓。随葬 B 型假圈足壶、B II 圈足壶，A 型平底壶，A II 瓮，A II 和 B I、II 和 C 型罐，少数墓出 B II 鼎、A IV 盘。鼎、盒数量大减，盘、匜基本不见，基本陶器组合变成壶、瓮和罐；出仓、灶等模型明器；很多墓出土大泉五十、大布黄千、五铢等，多见昭明镜、四神博局纹镜。应属王莽至东汉初期。

第五期石椁墓数量较少。墓葬形制仅 Ad、D 型，即单石椁带腰坑和共用器物箱多石椁墓。随葬品较少，主要为 A II 和 C I 瓮，A II 罐。有些墓出剪轮五铢、五铢，"铢"字圆角或圆折。多出四乳四虺镜或五乳五鸟镜，基本不见模型明器。此期为东汉中晚期，石椁墓趋于衰落。

（二）鲁南区

主要包括滕州市、临沂市、枣庄市、微山县及周边，可用石椁墓材料 319 座。

1. 典型陶器组合的类型学分析

鼎，分四型。

A 型：直腹耳，矮蹄足。根据腹分四式。

I 式：圆鼓腹，覆钵形盖。标本滕州顾庙 M40：8，口径 10.4、高 13.2 厘米（图一〇：1）。

II 式：圆鼓腹，覆碗式盖。标本滕州顾庙 M48：18，口径 12.8、高 15.8 厘米（图一〇：2）。

III 式：扁鼓腹，覆钵形盖。标本滕州东小宫 M322：3，口径 13.3、高 12.4 厘米，马蹄足较肥硕，微外撇（图一〇：3）。

IV 式：折腹，覆钵形盖。标本滕州东郑庄 M142：1，口径 15.5、残高 12 厘米（图一〇：4）。

B 型：腹耳微外撇，覆钵形盖。分两式。

I 式：高蹄足，底较平。标本滕州封山 M9：9，口径 15、高 16.8 厘米（图一〇：5）。

II 式：矮蹄足，圜底。标本滕州顾庙 M48：1，口径 12、高 12.8 厘米（图一〇：6）。

C 型：斜腹耳，覆钵形盖。分两式。

I 式：圆鼓腹。标本滕州东郑庄 M31：4，口径 11.6、高 13.2 厘米，矮蹄足（图

---

[37] 同〔34〕。

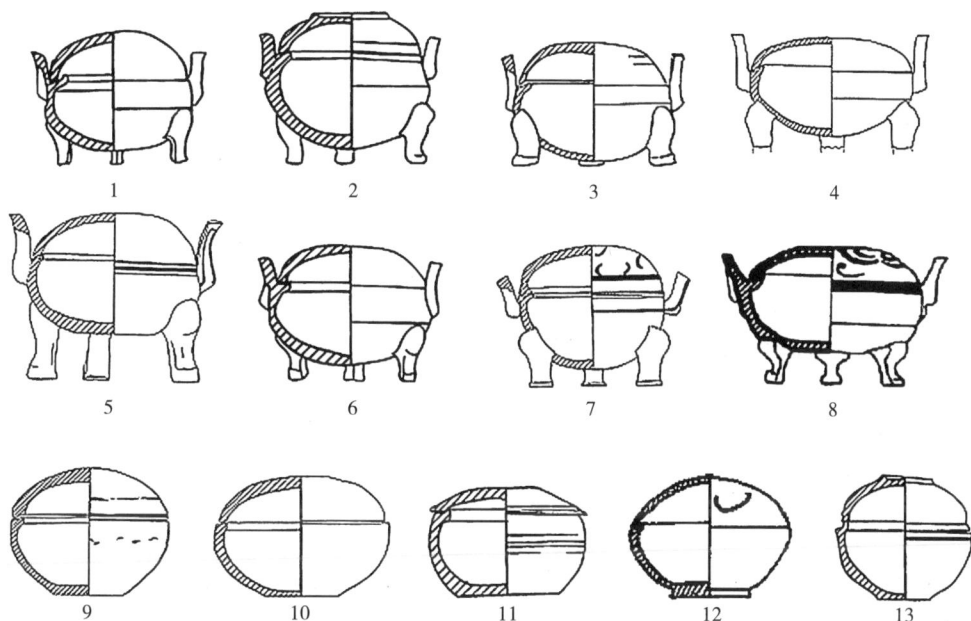

图一〇 鲁南区石椁墓出土陶鼎、陶盒

1. AI鼎（滕州顾庙 M40：8） 2. AII鼎（滕州顾庙 M48：18） 3. AIII鼎（滕州东小宫 M322：3） 4. AIV鼎（滕州东郑庄 M142：1） 5. BI鼎（滕州封山 M9：9） 6. BII鼎（滕州顾庙 M48：1） 7. CI鼎（滕州东郑庄 M31：4） 8. CII鼎（临沂庆云山 M2：1） 9. AaI盒（滕州封山 M9：6） 10. AaII盒（滕州东郑庄 M142：7） 11. AaIII盒（滕州顾庙 M5：6） 12. Ab盒（枣庄小山 M3：14） 13. B盒（滕州顾庙 M48：14）

一〇：7）。

II式：扁鼓腹。标本临沂庆云山 M2：1，口径 16、高 14 厘米，子母口（图一〇：8）。

D 型：异形鼎，一般器形古怪且制作粗糙。

盒，按盖可分两型。

A 型：覆钵形盖，子母口。分两亚型。

Aa 型：平底。分三式。

I式：弧腹较深。标本滕州封山 M9：6，口径 14.4、高 12.9 厘米（图一〇：9）。

II式：弧腹较浅，身扁。标本滕州东郑庄 M142：7，口径 15、高 11.4 厘米（图一〇：10）。

III式：弧腹，平顶盖，大平底。标本滕州顾庙 M5：6，口径 12.4、高 11.2 厘米（图一〇：11）。

Ab 型：圈足底。标本枣庄小山 M3：14，口径 14、高 12.3 厘米（图一〇：12）。

B 型：覆碗形盖，平底。标本滕州顾庙 M48：14，口径 12.4、高 12.4 厘米（图一〇：13）。

壶，分假圈足壶、圈足壶和平底壶。

假圈足壶，分两型。

A 型：瘦长，鼓腹，假圈足较高。标本滕州东小宫 M331∶8，口径 9.6、高 27 厘米（图一一∶1）。

B 型：圆鼓腹。根据颈部分两式。

Ⅰ式：高直颈，壶身瘦长。标本滕州东小宫 M282∶2，口径 10、高 30.5 厘米（图一一∶2）。

Ⅱ式：束颈较粗。标本滕州东郑庄 M31∶10，口径 9.6、高 19.4 厘米（图一一∶3）。

圈足壶，分三型。

A 型：鼓腹，高圈足外撇。

Ⅰ式：短束颈，大侈口，圈足较高，最大腹径在肩部。标本滕州封山 M9∶2，口径 10.8、高 26.5 厘米（图一一∶4）。

Ⅱ式：长束颈，小侈口，最大腹径偏下，瘦长。标本枣庄小山 M2∶1，口径 10.4、高 37.8 厘米（图一一∶5）。

B 型：微折腹，束颈，高圈足外撇。标本滕州东小宫 M322∶5，口径 9.8、高 23.6 厘米（图一一∶6）。

C 型：圆鼓腹，矮圈足，束颈。分四式。

Ⅰ式：最大腹径居中，口微侈。标本滕州封山 M36∶17，口径 14.4、高 36.8 厘米（图一一∶7）。

Ⅱ式：最大腹径居下，侈口。标本滕州东小宫 M265∶3，口径 17、高 36.1 厘米（图一一∶8）。

Ⅲ式：最大腹径居下，深盘口，瘦高。标本滕州东小宫 M265∶6，口径 16.2、高 40.9 厘米（图一一∶9）。

Ⅳ式：最大腹径居下，大侈口，矮扁。标本滕州东小宫 M324∶1，口径 18~18.3、高 28.3 厘米（图一一∶10）。

平底壶，分三型。

A 型：束颈，侈口，鼓腹。分四式。

Ⅰ式：最大腹径居中，身扁。标本滕州东小宫 M255∶7，口径 12.8、高 21.4 厘米（图一一∶11）。

Ⅱ式：长束颈，壶身瘦长。标本微山墓前村 M3∶1，口径 14.5、高 32.5 厘米（图一一∶12）。

Ⅲ式：最大腹径偏下，壶身较扁。标本滕州顾庙 M5∶5，口径 12、高 20.8 厘米

图一一　鲁南区石椁墓出土陶壶

1. A（滕州东小宫 M331：8）　2. BⅠ（滕州东小宫 M282：2）　3. BⅡ（滕州东郑庄 M31：10）　4. AⅠ（滕州封山 M9：2）　5. AⅡ（枣庄小山 M2：1）　6. B（滕州东小宫 M322：5）　7. CⅠ（滕州封山 M36：17）　8. CⅡ（滕州东小宫 M265：3）　9. CⅢ（滕州东小宫 M265：6）　10. CⅣ（滕州东小宫 M324：1）　11. AⅠ（滕州东小宫 M255：7）　12. AⅡ（微山墓前村 M3：1）　13. AⅢ（滕州顾庙 M5：5）　14. BⅠ（滕州东郑庄 M84：6）　15. BⅡ（滕州顾庙 M11：6）　16. BⅢ（微山岛 M7：2）　17. CⅠ（滕州东小宫 M323：8）　18. CⅡ（滕州封山 M59：8）　（1～3 为假圈足壶，4～10 为圈足壶，11～18 为平底壶）

（图一一：13）。

B 型：较直颈，口微侈，鼓腹。

Ⅰ式：高领，最大腹径居中。标本滕州东郑庄 M84：6，口径 10、高 23.6 厘米（图一一：14）。

Ⅱ式：最大腹径偏下。标本滕州顾庙 M11：6，口径 11.6、高 21.8 厘米（图一一：15）。

Ⅲ式：腹微鼓，大平底。标本微山岛 M7：2，口径 11.8、高 20 厘米（图一一：16）。

C 型：盘口，束颈，鼓腹。分两式。

Ⅰ式：最大腹径居中。标本滕州东小宫 M323：8，口径 11.9、高 20.7～21 厘米（图一一：17）。

Ⅱ式：最大腹径偏下。标本滕州封山 M59：8，口径 10.7、高 18.2 厘米（图一一：18）。

另出土一些假圈足或平底的明器小壶。

钫，高圈足，高颈，鼓腹。分两型。

A 型：尖顶盖，最大腹径居中。标本枣庄小山 M3：7，口径 12.5、高 38 厘米（图一二：1）。

B 型：平顶盖。分两式。

Ⅰ式：最大腹径居中。标本滕州顾庙 M73：6，口径 11.2、高 34.8 厘米（图一二：2）。

Ⅱ式：最大腹径偏下。标本滕州东郑庄 M142：4，口径 10.9、高 36 厘米，侈口（图一二：3）。

盘，平底。分三型。

A 型：斜直腹，下腹内收成小平底。标本滕州顾庙 M48：22，口径 11.2、高 2.8 厘米，敞口，平折沿（图一二：4）。

B 型，折腹，下腹内收成小平底，腹较深。标本滕州东小宫 M322：9，口径约 16.5、高约 3.8 厘米，侈口，平沿，方唇（图一二：5）。

C 型：斜直腹，大平底，浅腹。标本滕州东小宫 M255：9，口径约 18、高 3.8 厘米（图一二：6）。

匜，分两型。

A 型：一侧有长方形流。按腹壁俯视分Ⅰ长方形、Ⅱ圆角长方形、Ⅲ圆形三式。

B 型：整体似水瓢状。

瓮，束颈，鼓腹，平底。分两型。

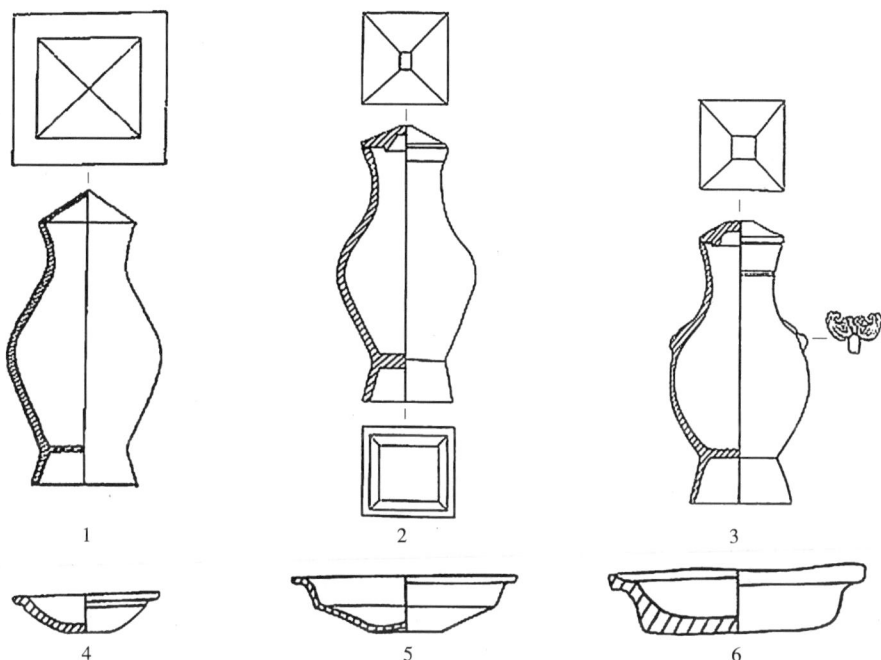

图一二　鲁南区石椁墓出土陶钫、陶盘

1. A 钫（枣庄小山 M3：7）　2. BⅠ钫（滕州顾庙 M73：6）　3. BⅡ钫（滕州东郑庄 M142：4）　4. A 盘（滕州
顾庙 M48：22）　5. B 盘（滕州东小宫 M322：9）　6. C 盘（滕州东小宫 M255：9）

A 型：分两式。

Ⅰ式：卷沿。标本枣庄小山 M1：12，口径 30、高 31.6 厘米，大平底（图一三：1）。

Ⅱ式：折沿，矮领。标本滕州东小宫 M219：6，口径 14.6、高 31.4 厘米（图一三：2）。

B 型：盘口，最大腹径居中。标本滕州封山 M44：8，口径 15.6、高 33.6 厘米（图一三：3）。

罐，束颈，平底，鼓腹。分两型。

A 型：卷沿。标本滕州封山 M44：6，口径 13.1、高 21.5 厘米，近平沿（图一三：4）。

B 型：折沿。分两式。

Ⅰ式：最大腹径在上部，小平底微内凹。标本滕州东郑庄 M142：5，口径 11.3、高 18.1 厘米（图一三：5）。

Ⅱ式：大口，最大腹径居下，大平底。标本滕州顾庙 M4：7，口径 13.6、高 13.2 厘米（图一三：6）。

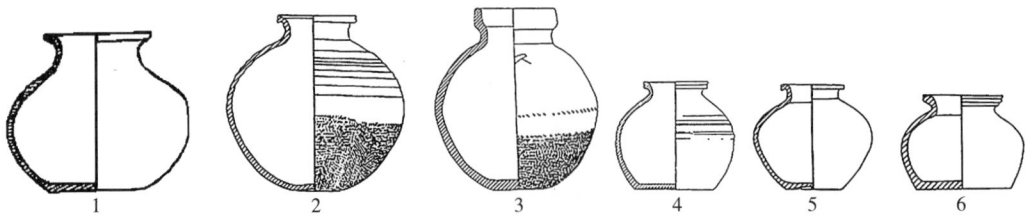

图一三　鲁南区石椁墓出土陶瓮、陶罐

1. AⅠ瓮（枣庄小山 M1∶12）　2. AⅡ瓮（滕州东小宫 M219∶6）　3. B瓮（滕州封山 M44∶8）　4. A罐（滕州封山
M44∶6）　5. BⅠ罐（滕州东郑庄 M142∶5）　6. BⅡ罐（滕州顾庙 M4∶7）

另有明器小罐若干，鼓腹，平底。

2. 分期与各期特点及年代

根据鲁南区石椁墓的墓葬形制和典型陶器组合的类型学研究结果，分为五期
（表二）。

第一期主要墓葬形制为 Aa、AbⅠ和Ⅱ单石椁，有的带一个器物箱，出现 D 型一石
椁和一木棺的合葬墓。出 AⅠ、Ⅱ、Ⅲ和少数 BⅠ、Ⅱ鼎，AaⅠ、Ⅱ、少数 Ab、B 型
盒，A 型假圈足壶，AⅠ、B 型圈足壶，A 型钫，A、B 型盘和 A 型各式匜。基本陶器
组合为鼎、盒、壶、钫、盘、匜，为西汉早期常见组合，有些墓出直口小型明器罐。
其中 A 型钫与长沙马王堆 M1 出土陶钫相似，后者为西汉早期[38]；AⅣ鼎、AaⅠ盒和
A 型假圈足壶都与临沂金雀山 M31 所出相似，后者也为西汉早期[39]。

第二期石椁墓数量最多，随葬品种类也较丰富。主要墓葬形制为 A 型各式单石椁，
少数 BaⅡ、BbⅠ和 CaⅡ单石椁，有的带器物箱或壁龛，少数墓为双石椁或多石椁合葬
墓。出土 AⅣ、BⅠ、Ⅱ和 CⅠ、Ⅱ鼎，AaⅠ、Ⅱ和 B 型盒，A、BⅠ、Ⅱ假圈足壶，B
型和少数 AⅡ圈足壶，BⅠ、Ⅱ钫，A、B 型盘，A 型各式匜，AⅠ、Ⅱ和 B 型瓮，A、
BⅠ罐及明器小罐。基本陶器组合为鼎、盒、壶、盘、匜、瓮、罐，此期年代越晚的墓
出土瓮与罐越多；少数墓出仓、灶、井、磨、猪圈等模型明器；出土蟠螭纹镜、星云
纹镜和铜五铢，五铢"五"字交叉两笔稍稍弯曲，个别墓出半两，判断应为西汉中期。

第三期墓葬形制主要有 AbⅠ、Ac 和 B 型，即单石椁带器物箱或壁龛和部分双石椁
墓。出土各种异型鼎，形态不规整且制作水平低、质量差；流行 AaⅠ盒，CⅠ圈足壶，
AⅠ、Ⅱ平底壶，B、C 型盘，少数 AⅠ匜，瓮、罐和明器小罐。基本陶器组合为鼎、
盒、壶、瓮、罐，盘、匜较少；模型明器出现频率变高，有仓、灶、井、磨、院落、
猪圈等；出土宣帝五铢、郡国五铢，其他五铢钱"五"字交叉两笔较为弯曲，书体较纤

[38]　湖南省博物馆《长沙马王堆一号汉墓》（上、下），文物出版社，1973 年。
[39]　临沂市博物馆《山东临沂金雀山九座汉代墓葬》，《文物》1989 年第 1 期。

表二　鲁南区石椁墓典型陶器分期表

分期	鼎	盒	假圈足壶	圈足壶	平底壶	钫	盘、匜	瓮、罐	模型明器
西汉早期	AI（滕顾M40） AII（滕顾M48） AIII（枣小M3） BI（滕封M9） BII（滕顾M48）	AaI（滕顾M40） AaII（枣小M3） Ab（枣小M3） B（滕顾M40）	A（滕顾M48）	AI（滕封M9） B（枣小M3）		A（枣小M3）	A盘（滕顾M48） B盘（滕顾M40） AI匜（滕顾M48） AII匜（滕顾M40） AIII匜（滕封M9）	直口明器小罐	

续表二

分期	鼎	盒	假圈足壶	圈足壶	平底壶	纺	盘、匜	瓮、罐	模型明器
西汉中期	AIV（滕郑 M142）BI、BII　CI（滕郑 M31）CII（临庆 M2）	AaI（滕小 M322）AaII（滕郑 M140）B（滕郑 M142）	A（枣小 M1）BI（滕东 M282）BII（滕东 M31）明器假圈足壶	AII（枣小 M2）B（滕小 M141）		BI（滕顾 M73）BII（滕郑 M142）	A 盘（滕小 M282）B 盘（滕顾 M73）AI、AII、AIII 匜	AI 瓮（枣小 M1）AII 瓮（临庆 M2）B 瓮（滕封 M44）A 罐（滕封 M44）BI罐（滕郑 M142）明器小罐	井、磨、灶（枣小 M2）仓（滕小 M331）猪圈　井、猪圈（滕封 M44）仓（滕封 M101）井（滕封 M101）

续表二

分期	鼎	盒	假圈足壶	圈足壶	平底壶	钫	盘、匜	瓮、罐	模型明器
西汉晚期	D型异形鼎（滕小 M255）（微墓 M3）（枣洼 M8）	Aa I（滕封 M36）		C I（滕小 M80）	A I（滕小 M218）　A II（微墓 M3）		B 盘（滕小 M255）　C 盘（滕小 M255）　A I 匜	瓮（滕小 M218，器形不明）　B I 罐（枣洼 M8）　B II 罐（滕郑 M82）明器小罐	井、磨（滕封 M36）　磨（枣洼 M8）　灶、仓（微墓 M3）
王莽至东汉初期	C I（滕封 M102）D型异形鼎	Aa III（滕顾 M5）		C II（滕小 M265）　C III（滕小 M265）	A III（滕顾 M5）　B I（滕顾 M28）			B 瓮（滕顾 M13）　B I 罐（滕封 M102）	仓（枣洼 M94）　仓、井、磨（微山 M7）

续表二

分期	鼎	盒	假圈足壶	圈足壶	平底壶	钫	盘、匜	瓮、罐	模型明器
东汉中晚期	D 型异形鼎 （滕小 M324） （03 微山 M31） （枣洼 M67）			CIV（滕小 M324）? M324	BII（滕顾 M5） BIII（滕顾 M71） CI（滕小 M323） CII（滕封 M59） 明器小平底壶		C 盘（枣洼 M67）	BII（滕顾 M13）明器小罐 AII 瓮（滕顾 M10） B 瓮（滕小 M137） A 罐（枣洼 M67） BI、BII 罐、明器小罐	灶、仓、井、圈、楼（03 微山 M20）、猪 仓、井（03 微山 M31） 灶、磨（枣洼 M67） 猪圈、仓（枣洼 M103）

秀；出昭明镜和四乳四虺镜，具备西汉晚期特征。

第四期墓葬形制较复杂，主要有 Aa、Bb Ⅰ、Bc Ⅱ、Ca Ⅱ 和 Cb Ⅱ，即有单石椁和各式双石椁墓，流行合葬墓。出土 C Ⅰ 和 D 型鼎，Aa Ⅲ 盒，C Ⅱ、Ⅲ 圈足壶，A Ⅲ 和 B 型各式平底壶，B 型瓮，B Ⅰ、Ⅱ 罐和明器小罐等。基本陶器组合为鼎、盒、壶、瓮、罐，壶、瓮、罐为主，流行各式平底壶；出仓、灶、井、磨、猪圈等模型明器；大部分墓葬都出土铜钱，种类混杂，包括剪轮五铢、磨郭五铢、五铢、大泉五十、剪轮大泉五十、小泉直一、货泉等。综上判断应为王莽至东汉初期。

第五期墓葬数量较多，主要墓葬形制有 Aa、Ba Ⅱ 和 D 型，即单石椁、分别砌筑的双石椁和带墓道的多石椁合葬墓，有向横穴墓过渡的迹象。出土 D 型鼎，C Ⅳ 圈足壶[40]，C Ⅰ、Ⅱ 平底壶，C 型盘，A Ⅱ、B 瓮，A、B Ⅰ 罐和明器小罐。基本陶器组合为壶、瓮和罐；平底壶仍较流行；各式瓮、罐数量最多；出仓、灶、井、磨、猪圈等模型明器，但后来逐渐不见；多出东汉五铢、博局纹镜、四乳八鸟镜、飞鸟镜、四乳羽人禽兽镜等，皆具东汉中晚期特征。

（三）苏北、皖北、豫东区

包括苏北徐州市，皖北萧县，河南商丘市、永城市及周边，可用石椁墓材料20座。

1. 典型陶器组合的类型学分析

鼎，蹄足，弧腹。分两型。

A 型：圜底，直腹耳。标本徐州金山村 M2：8，口径 13.2、高 9.2 厘米（图一四：1）。

B 型：平底。分两亚型。

Ba 型：小直腹耳，器身较扁。标本安徽萧县破阁 XPM125：4，口径 15、高 13 厘米（图一四：2）。

Bb 型：斜腹耳。分两式。

Ⅰ 式：器身较扁。标本安徽萧县西虎山 M1：3，口径 17.6、高 15.5 厘米（图一四：3）。

Ⅱ 式：最大腹径在下部，斜腹耳较高，蹄足细高。标本徐州凤凰山 M1：23，口径 14.4、高 17 厘米（图一四：4）。

盒。分两型。

---

[40] 需注意的是，出土 C Ⅳ 圈足壶的滕州东小宫 M324 是一座五石椁墓，五座石椁的下葬时间存在先后顺序，报告里并未对随葬品进行区分，虽此墓定为东汉中晚期，但这种圈足壶的年代则有待进一步确认。这种现象在合葬石椁墓中普遍存在，因而本文可能存在部分偏差，有些合葬墓随葬品的年代需要进一步区分和修改。

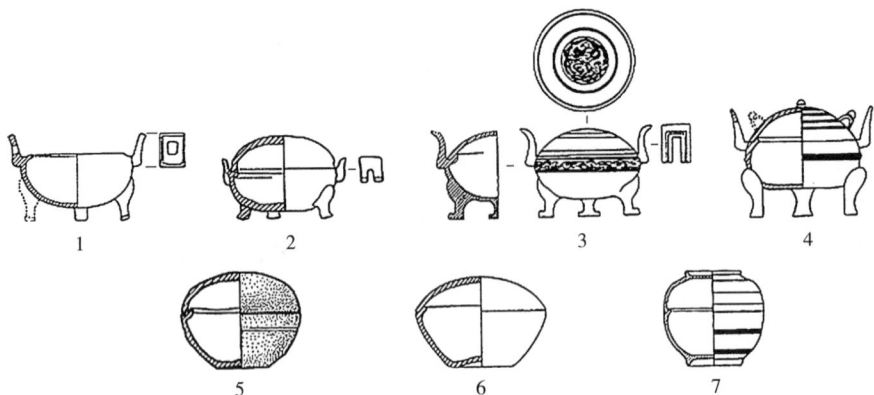

图一四　苏北、皖北、豫东区石椁墓出土陶鼎、陶盒

1. A 鼎（徐州金山村 M2∶8）　2. Ba 鼎（安徽萧县破阁 XPM125∶4）　3. BbⅠ鼎（安徽萧县西虎山 M1∶

3）　4. BbⅡ鼎（徐州凤凰山 M1∶23）　5. AⅠ盒（安徽萧县西虎山 XPM156∶4）　6. AⅡ盒（安徽萧县

西虎山 M2∶18）　7. B 盒（徐州凤凰山 M1∶3）

A 型：覆钵形盖，平底。分两式。

Ⅰ式：深弧腹。标本安徽萧县破阁 XPM156∶4，口径 16、高 14.2 厘米（图一四∶5）。

Ⅱ式：浅弧腹。标本安徽萧县西虎山 M2∶18，口径 16、高 12 厘米（图一四∶6）。

B 型：覆碗形盖，圈足。标本徐州凤凰山 M1∶3，口径 15.2、高 15.4 厘米（图一四∶7）。

壶，分为假圈足壶、圈足壶、平底壶和茧形壶。

假圈足壶，仅 1 件。安徽萧县西虎山 M3∶4，口径 9.8、高 29.5 厘米，直口稍外撇，方唇，鼓腹，下腹斜收，底微凹（图一五∶1）。

另有小型假圈足壶，应是明器，不再细致分类。

圈足壶。分三型。

A 型：束颈，鼓腹，侈口，最大腹径在上部。标本安徽萧县破阁 XPM156∶6，口径 9.6、高 28.4 厘米，敞口，平沿外折，尖唇，溜肩（图一五∶2）。

B 型：束颈，圆鼓腹，口微侈，底在圈足中部。标本徐州凤凰山 M1∶17，口径 9.6、高 25.8 厘米（图一五∶3）。

C 型：束颈，侈口，鼓腹，最大腹径在下部。标本夏邑吴庄 M26∶2，口径 15.8、高 42.2 厘米（图一五∶4）。

平底壶，仅 1 件。安徽萧县西虎山 M3∶5，口径 9.7、高 25.2 厘米，敞口，束颈，丰肩，鼓腹，下腹斜弧（图一五∶5）。

茧形壶。分两型。

A 型：标本徐州金山村 M1：9，口径 6、高 18.1 厘米，子母口外敞，短颈（图一五：6）。

B 型：标本徐州凤凰山 M1：25，口径 6.8、高 19.6 厘米，侈口，短颈（图一五：7）。

钫，圈足，鼓腹。分两型。

A 型：最大腹径在上部。标本徐州金山村 M2：6，口径 10.2、高 34.2 厘米（图一五：8）。

B 型：最大腹径在下部。标本徐州九里山奶头山 M1：23，口径 11、高 37.5 厘米（图一五：9）。

另有一种小型假圈足钫：徐州金山村 M1：15，口径 12、高 19.6 厘米，疑似明器。

盘。分两型。

A 型：浅弧腹，大平底。标本徐州凤凰山 M1：14，口径 21、高 5 厘米（图一五：10）。

B 型：深折腹，小平底。标本徐州九里山奶头山 M1：5，口径 11.4、高 5.2 厘米（图一五：11）。

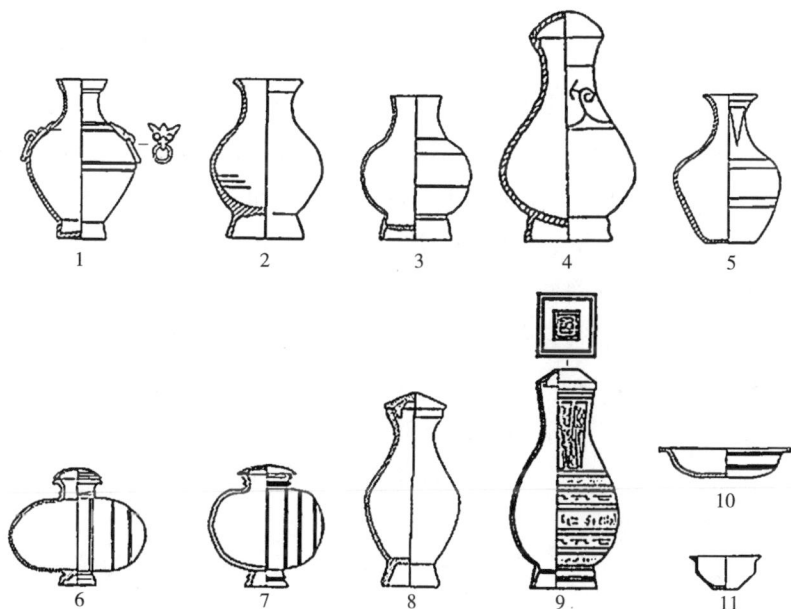

图一五　苏北、皖北、豫东区石椁墓出土陶壶、陶茧形壶、陶钫、陶盘

1. 假圈足壶（安徽萧县西虎山 M3：4）　2. A 圈足壶（安徽萧县破阁 XPM156：6）　3. B 圈足壶（徐州凤凰山 M1：17）　4. C 圈足壶（夏邑吴庄 M26：2）　5. 平底壶（安徽萧县西虎山 M3：5）　6. 茧形壶（徐州金山村 M1：9）　7. B 茧形壶（徐州凤凰山 M1：25）　8. A 钫（徐州金山村 M2：6）　9. B 钫（徐州九里山奶头山 M1：23）　10. A 盘（徐州凤凰山 M1：14）　11. B 盘（徐州九里山奶头山 M1：5）

匜，一侧有流，腹壁俯视看为长方形。

罐，侈口、折沿、折腹，最大腹径居中，大平底微内凹。

2. 分期与各期特点及年代

根据苏北、皖北、豫东区石椁墓的墓葬形制和典型陶器组合类型学研究结果，可分四期（表三）。

第一期主要墓葬形制为 Aa，少数有 AbⅠ、Ⅲ，即单石椁，少数配器物箱。随葬 A、Ba 鼎，AⅠ、Ⅱ盒，A 型圈足壶，A 型钫，其他还有少数 A 型盘和 A 型茧形壶。其中 A 型圈足壶与徐州米山汉墓 M1 所出相同，A 型茧形壶和徐州小金山汉墓所出相似，这两座均为西汉早期墓[41]；基本陶器组合是鼎、盒、壶、钫及少量茧形壶，其中茧形壶在鲁中、鲁南两区不见，是此区西汉早期墓陶器组合一大特色；徐州地区有墓葬出土少量模型明器，也是目前可见出土模型明器最早的墓葬；另发现三弦纹素面铜镜。推测此期为西汉早期。

第二期主要墓葬形制为 Aa、BaⅢ和 D 型，即主要是单石椁，也有双石椁或特殊的合葬墓。出 BbⅠ、Ⅱ鼎，B 型盒，A、B 型圈足壶，A、B 型茧形壶，B 型钫，A、B 型盘和匜。基本陶器组合为鼎、盒、壶、茧形壶、钫、盘、匜。B 型圈足壶和 B 型茧形壶与徐州琵琶山 M2 所出形制相近，后者为西汉昭宣时期墓葬[42]；出仓、灶、井、磨、楼、猪圈等成套模型明器；有些墓葬出五铢钱，蟠螭纹镜和四乳禽兽镜，判断属西汉中期。

第三期石椁墓数量较少，主要墓葬形制为 Aa、AbⅠ单石椁，有些筑器物箱。出 BbⅠ鼎，AⅡ盒，C 型圈足壶和少量罐。基本陶器组合为鼎、盒、壶、罐。成套模型明器出土较多，有仓、灶、井、磨、猪圈等；出五铢钱，"五"字交叉两笔较弯曲；有神兽镜和四乳八鸟镜，皆具西汉晚期特征。

第四期仅一座多石椁、带墓门及墓道的合葬墓，有向横室墓转化的过渡特征。随葬 BbⅠ鼎，AⅡ盒，假圈足壶，平底壶，B 型钫，B 型盘和匜，组合为鼎、盒、壶、钫、盘、匜，但各器物都与西汉时期流行的型式有别，鼎、盒器身变矮扁，圈足壶有仿铜器特征，出平底壶；出仓、灶、猪圈等模型明器和昭明镜、五铢、货泉和大泉五十，应为王莽至东汉初期。

根据分区、分期情况可见，苏鲁豫皖邻近地区的石椁墓，可分为前后相继的西汉早

[41] 徐州博物馆《徐州小金山汉墓清理简报》，《东南文化》1992 年第 2 期；徐州博物馆《江苏徐州市米山汉墓》，《考古》1996 年第 4 期。

[42] 耿建军《徐州琵琶山二号汉墓发掘简报》，《东南文化》1993 年第 1 期。

表三　苏北、皖北、豫东区典型陶器分期表

分期	鼎	盒	假圈足壶	圈足壶	平底壶	茧形壶	钫	盘、匜	罐	模型明器
西汉早期	A（徐金 M2） Ba（安破 XMP125）	A I（安破 XMP156） A II（安破 XMP125）	明器小假圈足壶	A（安破 XMP156）		A（徐金 M1）	A（徐金 M2）明器小钫	A 盘（安破 XMP62）		灶（徐金 M1）
西汉中期	Bb I（安西 M1） Bb II（徐凤 M1）	B（徐凤 M1）		A（徐奶 M1） B（徐凤 M1）		A（徐奶 M1） B（徐凤 M1）	B（安西 M1）	A 盘（徐凤 M1） B 盘（徐奶 M1） 匜（徐凤 M1）		井、猪圈、灶（徐凤 M1） 楼、灶（徐奶 M1）

续表三

分期	鼎	盒	假圈足壶	圈足壶	平底壶	茧形壶	钫	盘、匜	罐	模型明器
西汉晚期	Bb I （安西 M2）	A II （安西 M2）		C （夏吴 M26）	明器小平底壶				（安西 M2）	灶、仓、猪圈 （安西 M2）
王莽至东汉初	Bb I （安西 M3）	A II （安西 M3）	（安西 M3）		（安西 M3）		B钫 （安西 M3）	B 盘（安西 M3） 匜（安西 M3）		灶、仓、猪圈 （安西 M3）

表四　苏鲁豫皖邻近地区石椁墓墓葬形制划分表

区	墓型	A型 单石椁				B型双石椁			C型多石椁		D型 其他	
		Aa	Ab	Ac	Ad	Ba	Bb	Bc	Ca	Cb	Da	Db
鲁中区	西汉早期	有	有	有								
	西汉中期		I II	有								
	西汉晚期	有	II	有		有	II	有			II	
	王莽至东汉初		有	有				有		I		
	东汉中晚期				有						II	
鲁南区	西汉早期	有	I II			有					I	
	西汉中期	有	有	有	有	II	I		II			
	西汉晚期		I	I		有	有	有				
	王莽至东汉初	有						I	II	III	II	
	东汉中晚期	有				II						有
苏北豫东皖北区	西汉早期	有	I II									
	西汉中期	有				IV					I	
	西汉晚期	有	I									
	王莽时期											有

期、西汉中期、西汉晚期、王莽至东汉初期、东汉中晚期五期，三区情况大致相合，仅苏北、皖北、豫东区只有前四期。尤其要关注每区第一期墓葬的年代，即苏鲁豫皖邻近地区石椁墓最早出现的时间——三区基本相符，都在西汉早期或稍晚。

从墓葬形制上看（表四）：西汉早期各区均流行单石椁墓，仅鲁南区较早出现双石椁合葬墓；西汉中期，鲁中区仍普遍使用单石椁，鲁南和苏北、皖北、豫东区除单石椁外也开始陆续使用双或多石椁合葬墓；西汉晚期至东汉中晚期，鲁中、鲁南两区的石椁墓较发达，各种形制均有发现，至东汉末逐渐消亡；唯苏北、皖北、豫东区石椁墓衰落较早，西汉中期以降仅发现零星单石椁和混用合葬墓，可能与该地区此时出现并流行（画像）室墓有关。

从随葬陶器的特点看，三区存在差异，各具特色，且这种差异在年代越早的墓葬上体现得越明显。如鲁中区不出其他两区常见的陶钫；鲁中、鲁南两区流行假圈足壶；苏北、皖北、豫东区在西汉早、中期流行茧形壶，且仓、灶等模型明器出现较早，除陶罐发现较少之外，其他随葬陶器的风格接近鲁南区。

四、画像石椁墓的年代与西汉早期石椁画像的确认

1400多座石椁墓中，在石椁上雕刻画像的约170座，占12%。

以往学者多根据墓葬结构、个体画像的内容和雕刻技法来对苏鲁豫皖邻近地区的汉画像石进行分期。燕生东和刘智敏亦曾对石椁墓及其画像进行过分期研究[43]，但如前所述，此文存在一些问题：一是没有从画像石墓中区分"画像石椁墓""石椁画像"等概念；二是当时研究资料有限，仅200多座西汉石椁墓，带画像的则更少；三是研究者分别根据典型随葬品和典型画像的内容、雕刻技法，进行了两次分期并得出两种不相切合的分期结果。要知道，不能将石椁上的画像脱离画像石椁墓这一墓葬载体单纯依据画像内容和雕刻技法进行划分。根据本文研究，有些画像的内容和雕刻技法从西汉早期一直沿用至东汉晚期，更存在一些晚期利用早期画像石的"再造画像石椁墓"现象，也可能涉及工匠群体的流动和建造石椁的"商品化"等问题，情况十分复杂。所以，笔者认为正确的方法还是要以石椁墓的典型随葬品类型学研究为基础，建立此地区石椁墓的分期及年代框架，再从中找出雕刻有画像的石椁墓，按其年代序列找出石椁画像的发展变化规律。尤其要确认年代最早的画像石椁墓，这是涉及画像石椁墓，也可说是汉画像石墓起源时间、地点的关键问题。

本文根据上文石椁墓的分期断代结果，找出各期对应的画像石椁墓材料并详细论述如下。

（一）西汉早期

画像石椁墓25座：鲁中2座，鲁南22座，苏北、皖北、豫东1座。分别是：兖州徐家营M71，曲阜柴峪M215，滕州封山M6、M9、M54、M90，滕州东郑庄M40、M123、M124、M143、M164、M165、M189，枣庄小山M3，枣庄陶官M1，03微山岛M11~M13、M17、M18、M20、M51、M58、M59[44]，安徽萧县破阁XPM156。

现以几座西汉早期典型画像石椁墓为例来观察早期石椁画像的特征。

曲阜柴峪M215：墓向275°，单石椁。南、北侧板雕刻菱格纹和三角纹，头、足板分别雕刻树纹及穿璧纹（图一六）。

滕州东郑庄M123：墓向8°，单石椁。立板刻串联的菱格纹、三角纹、穿璧纹、树纹等，纹饰间以细密的斜向或竖向平行线为底纹（图一七：1）。

[43] 参考前文研究史部分相关内容及注[14]。
[44] 微山县文物管理所《山东微山县微山岛汉代墓葬》，《考古》2009年第10期。文中提到共有带画像的石椁墓8座，但根据下文看应是9座。

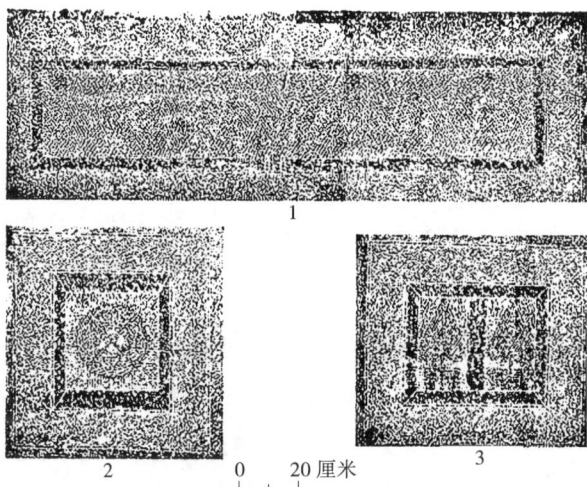

图一六　柴峪 M215 石椁画像

1. 南侧立板　2. 足板　3. 头板

图一七

1. 滕州东郑庄 M123 头板画像　2. 滕州东郑庄 M124 东侧板

　　滕州东郑庄 M124：墓向 15°，单石椁。立板刻树纹、穿璧纹、菱格纹、平行线等（图一七：2）。

　　枣庄小山 M3：墓向 105°，一木棺一石椁合葬墓，石椁墓打破木棺墓。立板、侧板、底板均刻画像（图一八）。

　　03 微山岛 M13：挡板刻树纹，侧板素面（图一九）。

　　03 微山岛 M18：北向，单石椁。头板刻树纹，足板及侧板刻穿璧纹（图二〇）。

　　安徽萧县破阁 XPM156：墓向 278°，西向，单石椁。两侧板阴线刻菱格纹（图二一）。

　　西汉早期，鲁中兖州，鲁南滕州、微山岛、枣庄地区，安徽萧县等地都发现画像石椁，其中鲁南较多，其他地区零星出现。早期画像特征是：均为阴线刻；四面椁板多分内外区，两侧板有时再分三格，外区刻细平行线装饰纹带，内区刻树纹、穿璧纹、三角纹、菱格纹或细平行线，头、足板常见树纹和穿璧纹，两侧板则多饰三角纹、菱格纹；各纹饰出现的位置无明显规律；盖板内面亦偶有装饰细平行线且一般在内侧面。

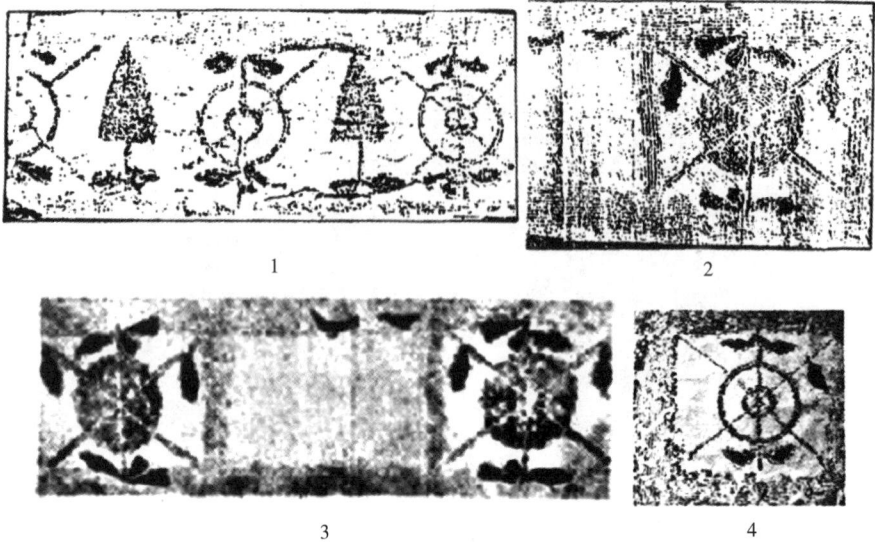

图一八 枣庄小山 M3 石椁画像

1. 南侧板 2. 足板 3. 北侧板 4. 头板

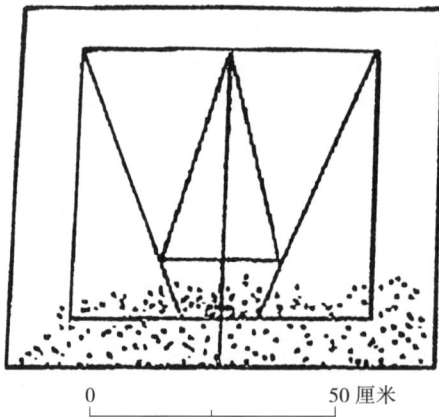

0   50 厘米

图一九 03 微山岛 M13 挡板画像

（二）西汉中期

画像石椁墓 34 座：鲁中 5 座，鲁南 27 座，苏北、皖北、豫东 2 座。分别是：曲阜柴峪 M6、M11、M58、M110，济宁师专 M16，枣庄小山 M1、M2，枣庄邻山 M1、M8，滕州东郑庄 M21、M31、M42、M43、M54、M71、M77、M78、M85、M129、M142、M161、M175、M183、M192，滕州顾庙 M73，临沂庆云山 M2，滕州封山 M44、M66、M76、M100，滕州岗头 M1，滕州东小宫 M272，徐州凤凰山 M1，徐州铁刹山 M3。

枣庄小山 M2：墓向 105°，双石椁，南室打破北室。北石椁盖板、侧板、底板皆阴线刻竖向平行线，挡板刻三角纹；南石椁内四壁及底板刻人物、树木、房屋等画像（图二二）。

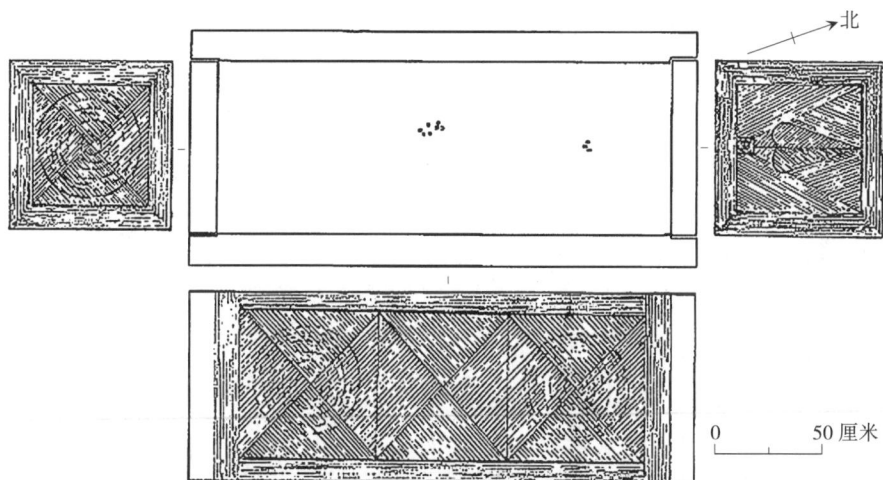

图二〇　03 微山岛 M18 石椁画像

图二一　安徽萧县破阁 XPM156 石椁及石椁画像

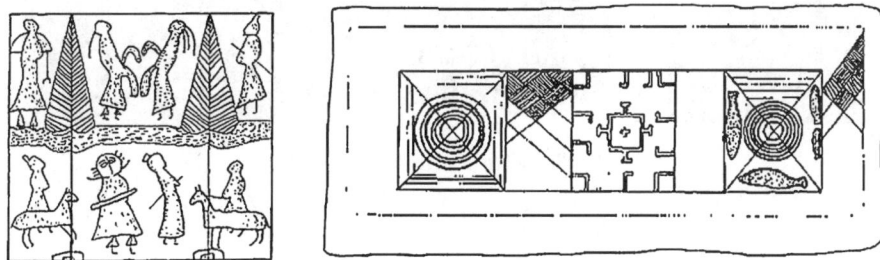

图二二　枣庄小山 M2 南石椁部分画像

枣庄临山 M8[45]（图二三）。

临沂庆云山 M2：单石椁，椁板均未打磨。盖板有凿刻的底纹；底板中部有六博盘纹和双方搁置棋子的圆圈纹和方框纹，左右为对称几何纹；两侧板中刻人物、屋宇、树，两侧刻穿璧纹，周围饰三角纹；头、足板刻人物和穿璧纹（图二四）。

徐州凤凰山 M1：墓向 70°，双石椁。北、南椁室头板刻十字穿环，足板刻树纹（图二五）。

西汉中期石椁画像的主要雕刻技法仍为阴线刻，一些较复杂画面使用凹面线刻。有些石椁板经打磨，有些依然在粗糙壁面直接刻划。装饰区主要以斜向或竖向阴刻平行线填充，有些仍延续西汉早期画像内容，有些则内容变丰富。石椁内壁仍是最主要

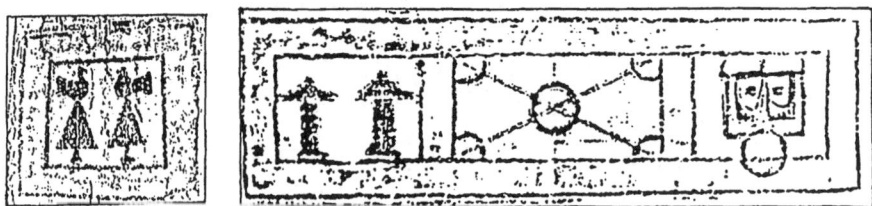

图二三　枣庄临山 M8 石椁画像

图二四　临沂庆云山 M2 石椁画像

[45]　此墓葬仅有画像资料。

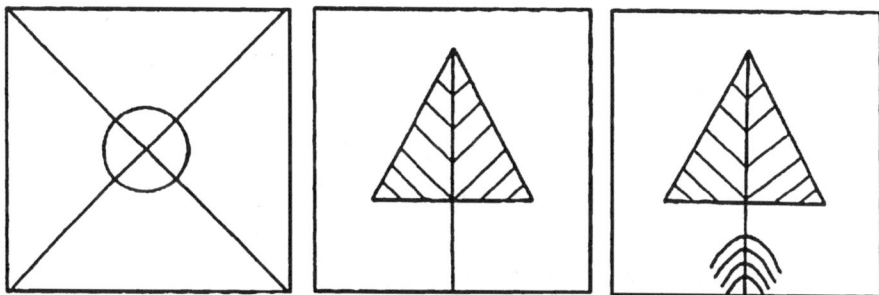

图二五　徐州凤凰山 M1 石椁画像头、足板画像

的刻划位置，少数刻于外壁；侧板多分三格，内容以树纹、穿璧纹和各类几何纹为主，新出现十字穿环、人物、建筑、鸟、铺首衔环等内容的搭配；头、足板主要刻树纹、穿璧纹、三角纹、阴刻平行线，出现人物、鸟、其他动物、十字穿环等较复杂的新纹饰；少数盖板内壁饰平行线、穿璧纹、几何纹和十字穿环；底板亦多分三格，常见博局纹居中格，左右配阴刻平行线、几何纹、穿璧纹、鱼纹等。

（三）西汉晚期

画像石椁墓 32 座：鲁中区 18 座，鲁南区 13 座，苏北、皖北、豫东区 1 座。分别是：兖州徐家营 M30、M32、M33、M45、M51、M84、M214、M248，曲阜柴峪 M19、M44、M62、M121、M223、M230，济宁师专 M4、M10，济宁陆桥 M1，济宁平阴新屯 M2，滕州东郑庄 M76，滕州封山 M77、M81、M106，微山 M18，03 微山岛 M17，枣庄渴口 M1、M2、M18、M28、M44、M60，邹城卧虎山 M1，夏邑吴庄 M26。

兖州徐家营 M51：墓向 92°，双石椁，北室打破南室。北椁底板刻穿璧纹，立板内、外壁均刻有画像；南椁内壁刻有画像（图二六）。

曲阜柴峪 M223：墓向 10°，单石椁。石椁加工规整，立板内壁刻有画像，头板刻穿璧纹，足板刻树纹，东、西侧板和盖板均刻有菱格纹和三角纹（图二七）。

济宁师专 M4：墓向 177°，单石椁。东侧板分三格，左格上部有三人舞蹈、一人跪坐、两人摇鼓；下部一人长袖起舞，两人边舞边击建鼓；中格刻双阙厅堂，各有侍卫执戟而立；右格刻辎车，上坐二人，车后两执戟卫士相随，车前一人相迎。西侧板也分三格，左格为狩猎场面；中刻厅堂，中坐主人，旁有人跪拜，厅外一人跪坐，上悬一鼓，右侧拴一马；右格刻双阙厅堂，两执戟侍卫相对而立。头板刻双阙厅堂，上立两鹤，厅内两人跪坐对拜。足板刻十字穿环（图二八）。

微山 M18：南向，双石椁，此墓带有竖穴向横穴过渡的特征，带墓道、甬道，两椁侧板、足板和西椁头板刻画像；表面粗糙，未经打磨；阴线刻，内饰麻点。东椁东侧板分三格，左格一虎，中格乐舞图，右格楼阙，下二人对坐演奏，楼顶两鸟，楼下左边拴马，外立一树；西侧板分三格，左格两鹤，中格一拱桥，桥上车马出行图，右

图二六　兖州徐家营 M51 画像

1. 北槫　2. 南槫

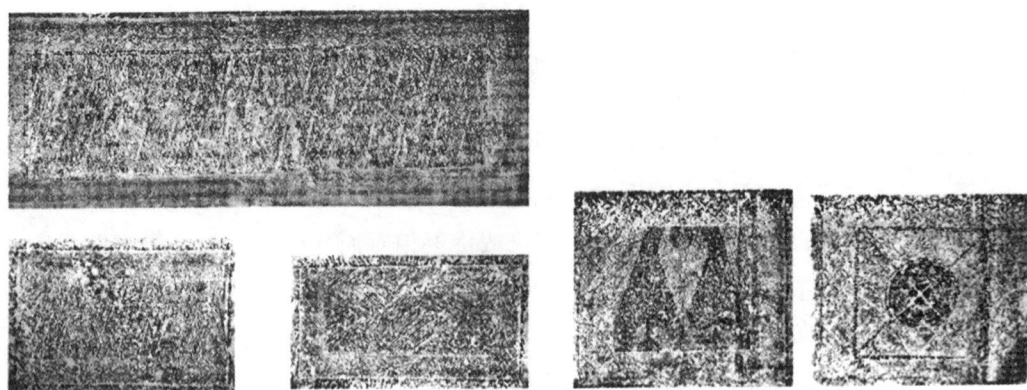

图二七　曲阜柴峪 M223 石槫画像

图二八　济宁师专 M4 石椁侧板画像

图二九　微山 M18 部分石椁画像

格二人格斗场景；足板阴刻两树。西椁头板分内外区，外区饰菱格纹，中刻穿璧纹；足板刻重檐双阙，阙下一人执戟，骑一兽（图二九）。

　　枣庄渴口 M44：墓向 287°，双石椁。北室侧板、挡板、南室挡板有画像（图三〇）。

　　邹城卧虎山 M1：墓向 26°，单石椁。石椁内壁刻画像（图三一）。

　　西汉晚期石椁画像风格仍显古朴，有些修面，但大多还是直接在粗糙椁壁上雕刻。

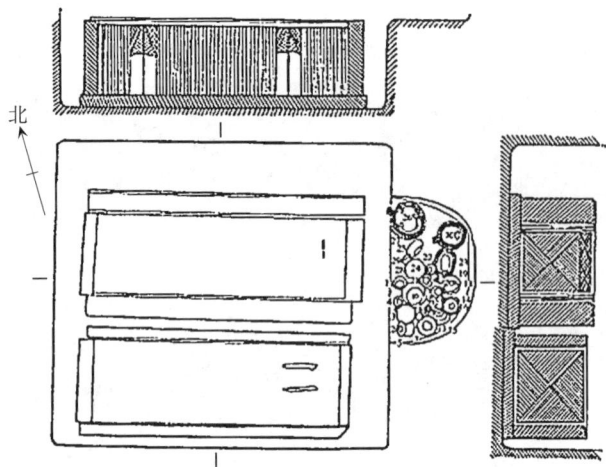

图三〇　枣庄渴口 M44 石椁画像

图三一　邹城卧虎山 M1 石椁画像

主要雕刻位置仍在石椁立板内壁，少数在外壁和盖板、底板上；侧板、底板、盖板仍多分三格，装饰区以斜向或竖向阴刻细密平行线填充。画像内容有些延续早期简朴风格，有些出现新发展，且三区开始显现差异。

鲁中区此期仍基本延续西汉早、中期的阴线刻，画像内容也主要是前期几种常见类别，人物和屋宇楼阙虽出现，但不论是雕刻技法还是画面组合都较简单，往往单幅出现。

鲁南区则明显发展至画像石椁墓的全盛阶段。画面内容虽未出现较多新题材，但雕刻技法、图像配置上均变复杂，从而赋予这一期的石椁画像更多生机。除使用传统阴线刻外，为雕刻更多复杂场景，凹面阴线刻、凹面浅浮雕、平地浅浮雕、高浮雕等方法开始普遍使用（尤其枣庄地区，雕刻技法繁多、画面内容丰富，自成风格）。各题材内容的组合方式更加多样化，构成复杂画面，如双阙与门卫、乐舞与演奏者以及双阙屋宇与人物、树、车马、鸟的搭配等，似乎从原本单纯的"图像符号"转变为一幅幅叙事的"画"。画面出现平面透视法，通过在上、下、左、右不同位置布局而刻入更多内容，视觉效果上初具立体感和空间感。

苏北、皖北、豫东区此时仍只有零星发现。

（四）王莽至东汉初期

画像石椁墓9座：鲁中2座，鲁南4座，苏北、皖北、豫东3座。分别是：兖州徐家营 M47，济宁师专 M5，微山岛 M7、M8，03 微山岛 M20，枣庄渴口 M120，安徽萧县西虎山 M3，徐州檀山墓，徐州沛县栖山 M1。

03 微山岛 M20：墓向 10°，五椁（G1～G5）分别砌筑，自西向东年代越来越晚（G5 年代最早，G1 最晚）。G1、G2、G4 内壁皆刻画像，G3 内壁刻竖向平行线，G5 侧板刻简易画像、足板刻铺首衔环。五个先后葬入石椁的画像风格充分展示出此地区石椁画像的演化轨迹（图三二～三五）。

图三二　03 微山岛 M20G1 石椁画像

图三三　03 微山岛 M20G2 石椁画像

图三四　03 微山岛 M20G4 石椁画像

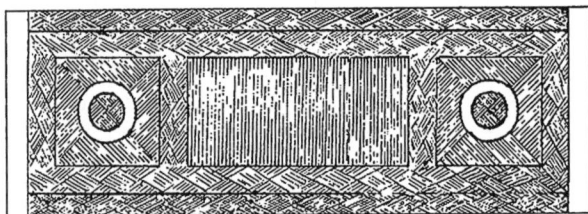

图三五　03 微山岛 M20G5 石椁画像

图三六　徐州沛县栖山 M1 中椁部分画像

徐州沛县栖山 M1：墓向 324°，三石椁。中椁四立板内壁均有画像。西椁头、足板有画像（图三六）。

安徽萧县西虎山 M3：墓向 120°，双石椁，带墓道。两椁足板刻树纹、铺首衔环和斜向平行线底纹（图三七）。

本期画像石椁墓数量大减，三区均只有少量发现。石椁画像的雕刻技法、基本配置和图像符号依然继承前期传统，与西汉晚期情况相似。三区差别依然存在：鲁中区与西汉晚期差别不大；鲁南区除了传统简单的画像外，亦出现更复杂精美的画面，一些先进的技法如散点透视法被熟练运用，总体看来画面较前期更美观，布局更合理；苏北、皖北、豫东区此期出现内部差别，皖北和豫东的石椁画像仍一如既往的简单，

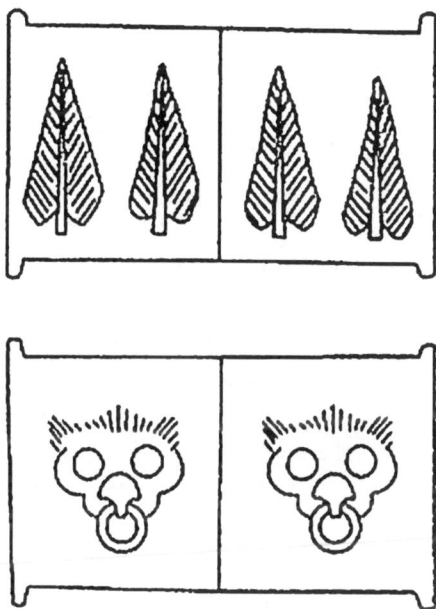

图三七　安徽萧县西虎山 M3 石椁画像

但徐州地区则出现了形式、风格与鲁南区很像的较复杂精美的石椁画像。

（五）东汉中晚期

画像石椁墓15座：鲁中1座，鲁南14座。分别是：曲阜柴峪 M124，滕州东小宫 M222、M324，滕州封山 M28、M55、M57、M58、M67、M103，邹城卧虎山 M2，枣庄渴口 M15、M78、M119、M121、M126。

滕州东小宫 M222：墓向360°，双石椁。四块石椁画像刻于东椁室四立板，均为阴线刻，内刻麻点或曲线底纹。头板刻双阙，一人立于阙间，两侍者低头在两旁，周边饰竖向平行线、菱格纹和水波纹。足板刻铺首衔环与穿璧各一对。东、西侧板分三格（图三八）。

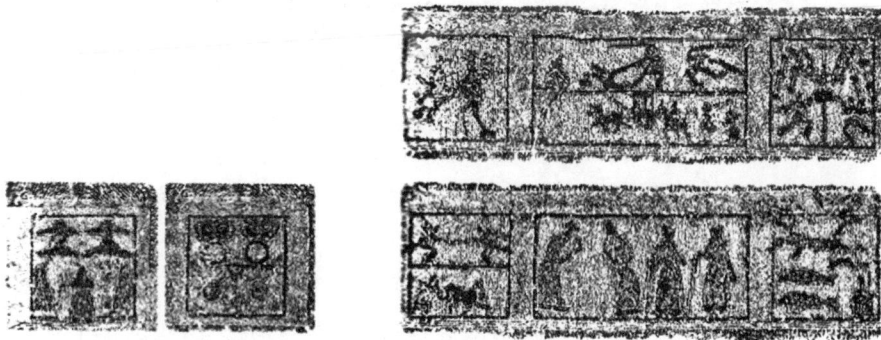

图三八　滕州东小宫 M222 东椁石椁画像

图三九　邹城卧虎山 M2 南石椁南、北侧板画像

图四〇　滕州东小宫 M324 门楣石外侧画像

　　邹城卧虎山 M2：墓向西南—东北，四石椁。仅南石椁有画像，刻于四立板外壁（图三九）。

　　滕州东小宫 M324：墓向95°，四石椁位于后室，带墓道、墓门。门楣石内侧刻斜向平行线，外侧刻菱格纹。南、北侧门扉周边刻斜向平行线，内侧刻十字穿环。雕刻技法为平地阴线刻（图四〇）。

东汉中晚期画像石椁墓数量不多。苏北、皖北、豫东区东汉初期后不见石椁墓，是衰落最早的一个区；鲁中区只有零星发现，入东汉后不久亦衰落；唯鲁南区，尤其是滕州、枣庄两地，整个东汉时期都有画像石椁墓。早期简单古朴的画像传统仍被延续，同时亦有明显发展，画面内容更丰富，历史故事、神话故事题材增多，可能受同时代画像石室墓的影响。

整体看来，鲁南区两汉时期的石椁画像无论是雕刻技法、风格或是内容配置，都是一脉相承、循序发展的。它是画像石椁墓延续时间最长、出土数量最多、石椁画像最发达的地区。

五、结　语

本文收集苏鲁豫皖邻近地区两汉时期的石椁墓葬约 1400 座，通过对墓葬形制的分类得以明确石椁墓的具体构造及发展情况。随之对石椁墓的随葬器物（陶器为主）进行类型学分析，将苏鲁豫皖邻近地区的石椁墓分为西汉早期、西汉中期、西汉晚期、王莽至东汉初期、东汉中晚期五期，在此年代序列中找出并排列画像石椁墓发展序列。

尤其重要的是确认了 25 座西汉早期的画像石椁墓。汉代的画像石椁墓是画像石室墓的早期形式，石椁画像的出现年代是关系到汉画像石起源的关键所在。经本文研究，证实汉画像石的出现时间可提前至西汉早期。

同时需要特别提出的是，通过对汉代石椁画像发展情况的观察，可见个体画像内容的繁简、雕刻技法的原始或先进、质量的粗糙或精细等因素，均不能单纯作为画像石椁墓分期断代的主要依据。有些产生于西汉早期简单朴素的画像内容与风格，会一直沿用至东汉晚期。因此，合理的分期断代方法，还是要以墓葬出土器物的类型学研究为基础。然而关于这种现象的成因，可能与汉代工匠群体的传承与流动，抑或是石椁制作的"商品化"有关，要最终准确解释这一问题，还有待进一步的发现和研究。

附表　苏鲁豫皖邻近地区石椁墓登记表

地点	墓地	石椁墓	带画像	墓形用	陶器用	资料出处	备注	名称	发现时间
江苏徐州	小山子 M1	1	0	1	1	《江苏徐州，铜山五座汉墓清理简报》，《考古》1964.10	单石椁带边箱	石椁墓	1963
	奎山汉墓	1	0	1	1	《江苏徐州奎山西汉墓》，《考古》1974.2	竖穴石坑，单石椁带两分格器物箱，仿分箱木椁。报告认为在战国晚期到西汉初之间	石室墓	1972
	沛县栖山 M1	1	1	1	0	《江苏沛县栖山汉画像石墓清理简报》，《考古学集刊》1982.2	三石椁	画像石墓	1977
	茅山墓	1	1	1	0	《江苏徐州市清理五座汉画像石墓》，《考古》1996.3	单石椁	石椁墓	20世纪90年代
	檀山墓	1	1	1	0	《江苏徐州市清理五座汉画像石墓》，《考古》1996.3	单石椁，此墓出土大泉五十和五铢	石椁墓	20世纪90年代
	奶头山 M1	1	0	1	1	《江苏徐州九里山汉墓发掘简报》，《考古》1994.12	竖穴墓道下同穴东西两石椁，西为前东后，东为竖穴石椁墓。出土文帝四铢半两	石椁墓	1991
	凤凰山 M1	1	1	1	1	《江苏铜山县凤凰山西汉墓》，《考古》2004.5	双石椁竖穴石坑墓，各有一壁龛。M2有类石椁的形式，过渡形式，较特殊	石坑竖穴墓	1996
	新沂乱墩墓	11	0	9	0	刘尊志《徐州汉墓与汉代社会研究》73页；《江苏新沂市乱墩汉墓群1号墩发掘简报》，《东南文化》2003.3	与土坑墓、砖室墓共存一大土墩，发掘其中9座。M1、M2为双石椁，其余为单石椁。出土器物主要为硬陶、釉陶和原始瓷。石椁墓仅见五铢钱，报告推测为西汉晚期	石椁墓	2000

地点	墓地	石椁墓	带画像	墓形用	陶器用	资料出处	备注	名称	发现时间
	金山村汉墓	2	0	2	2	《江苏徐州金山村汉墓》，《中原文物》2006.6	竖穴土坑单石椁，M1带分格边箱，M2无	石椁墓	2003
	铁刹山 M3	1	1	1	0	刘尊志《徐州汉墓与汉代社会研究》72页；《中国考古学年鉴·2006年》193页	竖穴石坑双石椁，一为画像石椁，一为石坑带石盖板，中有器物箱。报告认为西汉中期	石椁墓	2005
	泗洪重岗	1	1	1	0	燕生东《苏鲁豫皖交界地区西汉石椁墓及其画像石的分期》，《中原文物》1995.1	双石椁，两椁中间石板相隔，有一孔洞	石椁墓	
	万寨石椁墓	2	1	0	0	王恺《徐州地区的汉代石椁墓》，《汉文化研究论丛》223页；燕生东《苏鲁豫皖交界地区西汉石椁墓及其画像石的分期》，《中原文物》1995.1	M1有画像。无报告	石椁墓	
	铜山范山 M1	1	1	0	0	《徐州汉画像石》附图1，图一：4；燕生东《苏鲁豫皖交界地区西汉石椁墓及其画像石的分期》，《中原文物》1995.1	汉有散存画像	石椁墓	
	睢宁古邳乡苗庄墓	1	0	1	0	刘尊志《徐州汉墓与汉代社会研究》73页；王恺《徐州地区的汉代石椁墓》，《汉文化研究论丛》223页	双石椁，石椁上刻"李口乡石椁直万当千"	石椁墓	
	彩印厂墓					王恺《徐州地区的汉代石椁墓》，《汉文化研究论丛》223页		石椁墓	

续附表

地点	墓地	石椁墓	带画像	墓形用	陶器用	资料出处	备注	名称	发现时间
	古泗水墓					《徐州汉画像石》图227、228	散存画像石，仅有图		
	丰县华山墓	12				王恺《徐州地区的汉代石椁墓》《汉文化研究论丛》223页	原文认为是西汉末至东汉初墓葬	石椁墓	1978～1980
	丰县娘墓堌墓					王恺《徐州地区的汉代石椁墓》《汉文化研究论丛》223页		石椁墓	1981
	睢宁土山墓	15				《睢宁县土山发现汉代石墓群》《文物》1957.3	大部分被破坏，仅有5座出土随葬品，推测为西汉中期以后的家族墓葬	石墓	1956
	金鼎山墓	2				王恺《徐州地区的汉代石椁墓》《汉文化研究论丛》223页		石椁墓	
	铁二中墓	2				王恺《徐州地区的汉代石椁墓》《汉文化研究论丛》223页		石椁墓	
连云港	桃花洞 LTM1	1	1	0	0	《连云港市锦屏山汉画像石墓》《考古》1983.10；燕生东《苏鲁豫皖交界地区西汉石椁墓及其画像石的分期》《中原文物》1995.1	竖穴土坑单石椁	画像石墓	1979
	白鸽洞 LBM1	1	1	0	0	《连云港市锦屏山汉画像石墓》《考古》1983.10		画像石墓	1979
	酒店 LJM1	1	1	0	0	《连云港市锦屏山汉画像石墓》《考古》1983.10	4块画像石，可能是一个单石椁	画像石墓	1979

续附表

地点	墓地	石椁墓	带画像	墓形用	陶器用	资料出处	备注	名称	发现时间
	刘顶 LLM1	1	1	0	0	《连云港市锦屏山汉画像石墓》《考古》1983.10	3块画像石	画像石墓	1981
江苏总计		61	12	21	6				
	封山墓地	98	23	61	47	《鲁中南汉墓》	单石椁41座，双石椁18座，三石椁2座	石椁墓	2000
	东郑庄墓地	142	35	82	56	《鲁中南汉墓》	单石椁75座，双石椁7座	石椁墓	2000
	东小宫墓地	263	3	115	129	《鲁中南汉墓》；《汉画像石》54页	单石椁46座，双石椁66座，多石椁3座	石椁墓	2000
	顾庙墓地	47	1	34	29	《鲁中南汉墓》	单石椁20座，双石椁14座（其中3座为一石坑、一石椁）	石椁墓	2000
山东滕州	岗头 M1	1	1	1	0	燕生东《苏鲁豫皖交界地区西汉石椁墓及其画像石的分期》，《中原文物》1995.1	单石椁	石椁墓	
	马王		5块石椁板			《汉画像石》139页			
	后掌大		2块石椁板			《汉画像石》165页；《中国画像石全集·山东汉画像石》图176、177			
巨野	泗山墓	1	1	0	0	《中国汉画研究·第三卷》8页	只有画像石椁板	石椁墓	2003
兖州	徐家营墓地	63	11	46	36	《鲁中南汉墓》	单石椁40座，双石椁4座，土坑无葬具与石椁合葬墓2座	石椁墓	2000

续附表

地点	墓地	石椁墓	带画像	墓形用	陶器用	资料出处	备注	名称	发现时间
	农机校墓	2	2	2	0	董涛《兖州农机校出土汉代画像石解读》，《汉代石刻研究——首届济宁汉代石刻国际研讨会论文集》；《汉画像石》77页	M1为单石椁，M2为双石椁		1982
	花山墓地	90	0	82	56	《鲁中南汉墓》	单石椁67座，双石椁12座，三石椁3座。报告中没说有画像，只说有木棺彩绘，一座石椁上涂彩石椁墓	2000	
	柴岭墓地	197	26	140	69	《鲁中南汉墓》	单石椁132座，双石椁7座，一石椁一木椁1座	石椁墓	2000
	孔林		1块			《汉画像石》160页；《山东汉画像石选集》图158			
	梁公林		2块			《汉画像石》155页；《山东汉画像石选集》图155			
曲阜	鲁国故城M5	1				燕生东《苏鲁豫皖交界地区西汉石椁墓及其画像石的分期》，《中原文物》1995.1		石椁墓	
	董庄		1块侧板			《汉画像石》153页；《山东汉画像石选集》图157			
	"东安汉里"石椁墓		7块			《略论曲阜"东安里画像"石》，《考古》1985.12；《"山鲁市东汉里禹石也"，《考古》1987.10；《"山鲁里禹墓"简释》，《考古》1987.10；"河平三年八月丁亥汉里禹墓"拓片辨伪及有关问题》，《考古》1989.8；《汉画像石》86页	保存在曲阜孔庙	石椁墓	中华人民共和国成立之前

续附表

地点	墓地	石椁墓	带画像	墓形用	陶器用	资料出处	备注	名称	发现时间
嘉祥	长直集墓地	166	1	100	71	《鲁中南汉墓》	仅 M306 有画像。单石椁 94 座，双石椁 6 座	石椁墓	2000
临沭	曹庄墓	1				《汉画像石》24 页；《临沭县西南岭西汉画像石墓》，《中国考古学年鉴·1995》174 页	有斜坡墓道，出土四铢半两，报告中说是夫妇合葬墓	画像石墓	1994
	龙水村墓					王超《邹县发现一处西汉家族墓群》，《齐鲁晚报》1991 年 5 月 2 日 1 版	原报告认为是西汉早期		1991
	香城崮堆		2 块侧板			《汉画像石》105 页			
	八里河		4 块残石			《汉画像石》91 页；《中国画像石全集·山东汉画像石》图 74、75			
	北宿羊场村		1 块侧板			《汉画像石》143 页	收集品，西汉早期		
邹城	王村西汉墓					《中国汉画学会第十届年会论文集》437、441 页		石椁墓	1993
	北宿镇南落陵村	2	2 块测板	0	0	《汉画像石》145、150 页；《中国画像石全集·山东画像石》图 78	收集品，西汉中期		
	卧虎山 M1、M2	2	2	2	2	《中国汉画学会第十届年会论文集》413 页；《山东邹城市郊虎山汉画像石墓》1999.6；《考古》1999.6，《汉画像石》94 页	M1 为单石椁，M2 为四石椁。报告中认为是西汉晚期或东汉早期	汉画像石墓	1991

续附表

地点	墓地	石椁墓	带画像	墓形用	陶器用	资料出处	备注	名称	发现时间
济宁	师专石椁墓	17	5	16	13	《山东济宁师专西汉墓群清理简报》，《文物》1992.9；《汉画像石》58页	均为单石椁墓，除M20、M21外均带器物箱。M4、M5、M10、M16、M17有画像	石椁墓	1988
	潘庙墓群	15	0	15	14	《山东济宁郊区潘庙汉代墓地》，《文物》1991.12	均为单石椁带砖砌器物箱	石椁砖箱墓	1991
	玉皇顶汉墓	5	0	5	3	《山东济宁市玉皇顶西汉墓》，《考古》2006.6	墓地共有12座西汉墓，其中5座竖穴土坑墓，2座砖室墓，5座单石椁墓（M4~M8）	石椁墓	1995
	陆桥西汉墓	6	1	6	6	《山东济宁市陆桥西汉墓》，《考古》2008.6	双石椁2座（M1、M3），单石椁4座（M2、M4~M6）M1有画像	石室墓	1993 2001
	普照寺画像					《汉代画像全集》初编	大殿殿基，发现后移至渔山书院		
	肖王庄汉墓	2	2			《山东文物丛书·汉画像石卷》49页；《汉画像石》70页			
微山	微山岛 M7－10	4	2	4	4	《山东微山县汉画像石墓的清理》，《考古》1998.3；《汉画像石》118~138页	M7、M9为单石椁，M8、M10为双石椁，M7、M8带画像	石室墓	1993
	微山 M18	1	1	1	1	《山东微山县西汉画像石墓》，《文物》2000.10；《汉画像石》112页	双石椁，报告中认为年代在西汉中期偏晚，之前在此地发现的多为东汉时期	画像石墓	1997
	微山岛 2003	29	9	6	6	《山东微山县微山岛汉代墓葬》，《考古》2009.10	土坑墓15座、石椁墓21座（分单、双、三），画像石椁墓9座（报告称8座）	石椁墓	2003

续附表

地点	墓地	石椁墓	带画像	墓形用	陶器用	资料出处	备注	名称	发现时间
	独山岛 M1	1	0	0	0	燕生东《苏鲁豫皖交界地区西汉石椁墓及其画像石的分期》,《中原文物》1995.1		石椁墓	
	微山岛石椁画像	2＋	2块	0	0	《山东微山县汉代画像石调查报告》,《考古》1989.8;《中国汉画学会第十届年会论文集》452~454页	采集品,一组似乎可组成一个单石椁墓的零散画像石,无随葬品资料	石椁板	1953
	墓前村墓	3	0	3	1	《山东微山县墓前村西汉墓》,《考古》1995.11	M2、M3 为单石椁,M4 为双石椁	石室墓	1991
	万庄	1	1	0	0	《汉画像石》115页			
临沂	庆云山 M1、M2	2	2	0	2	《临沂的西汉瓮棺、砖棺、石棺墓》,《文物》1988.10;《汉画像石》28页	均为竖穴土坑单石椁墓	石椁墓	1984
	苍山小北山	4	0	4	0	《山东苍山县发现汉代石椁墓》,《考古》1992.6	M1~M3 为单石椁,M4 为双石椁。报告认为是西汉中晚期	石椁墓	1984
枣庄	渴口汉墓	87	13	85	40	《山东枣庄市渴口汉墓》,《考古学集刊14》;《汉画像石》48页	木棺和石椁共出的有 6 座,石椁墓 79 座	石椁墓	1985
	临山汉墓	5	2	1	0	燕生东《苏鲁豫皖交界地区西汉石椁墓及其画像石的分期》,《中原文物》1995.1	M2、M1、M8、M11、90M1,其中 M1、M8 有画像	石椁墓	

续附表

地点	墓地	石椁墓	带画像	墓形用	陶器用	资料出处	备注	名称	发现时间
	陶官 M1	1	1	1	0	燕生东《苏鲁豫皖交界地区西汉石椁墓画像石的分期》，《中原文物》1995.1	单石椁	石椁墓	
	小庄 M4	1	0	0	0	燕生东《苏鲁豫皖交界地区西汉石椁墓画像石的分期》，《中原文物》1995.1		石椁墓	
	建新南 M1	1	1	0	0	燕生东《苏鲁豫皖交界地区西汉石椁墓画像石的分期》，《中原文物》1995.1		石椁墓	
	东岔河 M1	1	1	0	0	燕生东《苏鲁豫皖交界地区西汉石椁墓画像石的分期》，《中原文物》1995.1		石椁墓	
	兰城汉墓	3	0	0	0	《枣庄兰城汉代石匣墓》，《文物资料丛刊》9；燕生东《苏鲁豫皖交界地区西汉石椁墓画像石的分期》，《中原文物》1995.1	均为单石椁。M3 的资料较全	石匣墓	1980
	大洼村					肖燕《枣庄发现西汉早中期画像石》，《中国文物报》1991 年 3 月 24 日			1991
	小山墓	3	3	3	3	《山东枣庄小山西汉画像石墓》，《文物》1997.12；《汉画像石》33 页	M1 为三石椁，M2 为双石椁，M3 为一石椁，一木棺合葬墓。年代较早	画像石墓	1990
成武	黑崮堆	1	1	0	0	《汉画像石》51 页；《山东郾城、成武、金乡石刻调查》，《考古》1996.6	单石椁，附近发现一些散存画像石，似为画像石椁版	画像石墓	1993

续附表

地点	墓地	石椁墓	带画像	墓形用	陶器用	资料出处	备注	名称	发现时间
山东总计		1271	152	815	588				
	夏邑吴庄墓	6	3	2	1	《河南夏邑吴庄石椁墓》，《中原文物》1990.1	均为单石椁。除 M2、M26、M38 外，其余遭破坏严重	石椁墓	1988
河南商丘	虞城王集	1	0	0	1	《虞城王集西汉墓》，《中原文物》1984.1	竖穴土坑单石椁，报告中无器物图		1983
	柿园墓群	约50	不明但有	0	0	阎根齐主编《芒砀山西汉梁王墓地》10 页	资料未发	石棺墓	
河南总计		57+	3+	2	2				
安徽萧县	破阁汉墓	7	1	7	7	《萧县汉墓》	均为单石椁。XPM156 两侧壁板有菱形图案，阴线刻，可能有朱绘	石棺墓	2000
	车牛返汉墓	2	0	2	2	《萧县汉墓》	均为单石椁	石棺墓	2000
	西虎山汉墓	3	1	3	3	《安徽萧县西虎山汉墓清理简报》，《东南文化》2007.6	均为单石椁。M3 为竖穴带墓道，有画像	石椁墓	1985
淮南	朱岗石椁墓	1	0	1	0	《淮南朱岗西汉石椁墓清理简报》，《文物研究》第 8 期，1993.10	竖穴单石椁带边箱，无器物图	石椁墓	1990
安徽总计		13	2	13	12				
总计		1402+	169+	851	608				

注："墓形用"和"陶器用"指本文墓葬形制和陶器类型研究时所用的材料；空白处为情况不明，统计数据时未计算在内。

高昌故城考略

陈　凌[*]　李　军[*]

In the light of new findings, we try to indentify the names and their location of the doors of Gaochang city (Kara khoja, 高昌). The influence of Wuxing (五行) thoughts is obvious in these names. Some of these names come from Chang'an (长安), Luoyang (洛阳) and Guzang (姑臧) directly, some may come from more ancient time. According the name system and C14 data, we believe the out wall of Gaochang city built in Qianliang dynasty (前凉). The structure design may also imitate the capital city of central China and county city of Hexi (河西).

高昌故城位于新疆吐鲁番盆地，行政上隶属今吐鲁番二堡乡，东距吐鲁番市45公里。吐鲁番是古代高昌国所在。《北史》称："高昌者，车师前王之故地，汉之前部地也。东西二百里，南北五百里，四面多大山……地多石碛，气候温暖，厥土良沃，谷麦一岁再熟，宜蚕，多五果，又饶漆。有草名羊刺，其上生蜜，而味甚佳。引水溉田。"[1]

高昌故城北为火焰山，古称赤石山。东西长约100公里，南北宽10公里，平均海拔400~500米。火焰山有桃儿沟、葡萄沟、吐峪沟、木头沟、胜金口、连木沁沟等，是火焰山南北的通道。吐峪沟、木头沟、胜金口、雅尔沟在吐鲁番文书中分别称为丁谷、宁戎谷、新兴谷和西谷。

高昌故城正位于火焰山南麓交通要道上。其西北为台藏塔和阿斯塔那古墓群，东北为胜金口石窟、柏孜克里克石窟，再东北则为吐峪沟石窟。西距交河故城约50公里（图一）。

高昌故城在西域史中极为重要，本文对部分问题略作探讨，其他方面笔者另有专文讨论。

一、高昌故城考古发现与研究概况

高昌城的调查工作始于19世纪下半叶，以下概述大致情况。

---

* 作者陈凌系北京大学考古文博学院教授；作者李军系新疆维吾尔自治区文物局副局长。
[1] 《北史》卷九七高昌传。

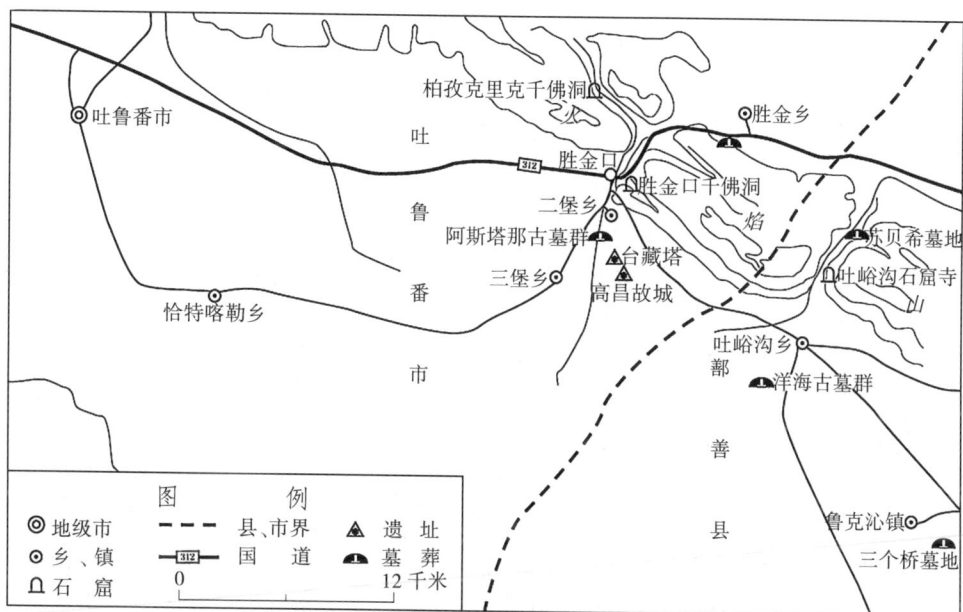

图一　高昌故城遗址区位示意图

1879 年，俄国植物学家艾尔伯特·雷格（Albert Regel）首先报道吐鲁番附近的哈拉和卓（Karakhodscha）古城，并绘制了故城位置草图。1896 年，俄国旅行家格鲁姆·格兹麦洛（Grum Grzimajlo）在其旅行记中第一次向外界报道了包括高昌故城在内的对吐鲁番及其周边地区遗址的相关情况。两年之后，俄国人克莱门茨（Dmitri Klementz）考察吐鲁番，带回了文书、壁画残片，用德文发表并附图。

20 世纪初，丝绸之路上的古物争夺战愈演愈烈。为了协调欧洲各国瓜分新疆古物的行动，1902 年在汉堡举行的第 13 届国际东方学家大会上通过一项特别决议，成立中亚和远东历史考古语言和民族学研究国际协会，吐鲁番被划归德国的势力范围。此后，德国共组织了四次吐鲁番考察。这四次考察均涉及高昌故城，其三次在高昌故城发掘，发掘时间最长、出版报告最多。

1902～1903 年，德国第一次考察队由柏林民俗学博物馆印度部负责人格伦威德尔（Albert Grunwedcl，1856～1935 年）带领，成员包括胡斯（语言学家缪勒的助手）和技术员巴图斯。1902 年 11 月 24 日至 1903 年 3 月初，格伦威德尔调查发掘了高昌古城内外的佛教和摩尼遗址，获得大批壁画、雕刻、泥塑和用各种古代语言写的手稿，分装 46 箱运回德国。他还对高昌故城进行了测绘（图二）。1906 年，格伦威德尔发表考察成果《高昌故城及其周边地区的考古工作报告（1902～1903 年冬季）》（*Bericht ueber archaeologische Arbeiten in Idikutschari und Umgebung，im Winter 1902 – 1903*）。

1904～1905 年，德国第二次考察（又称"第一次普鲁士皇家吐鲁番考察"）由勒柯克

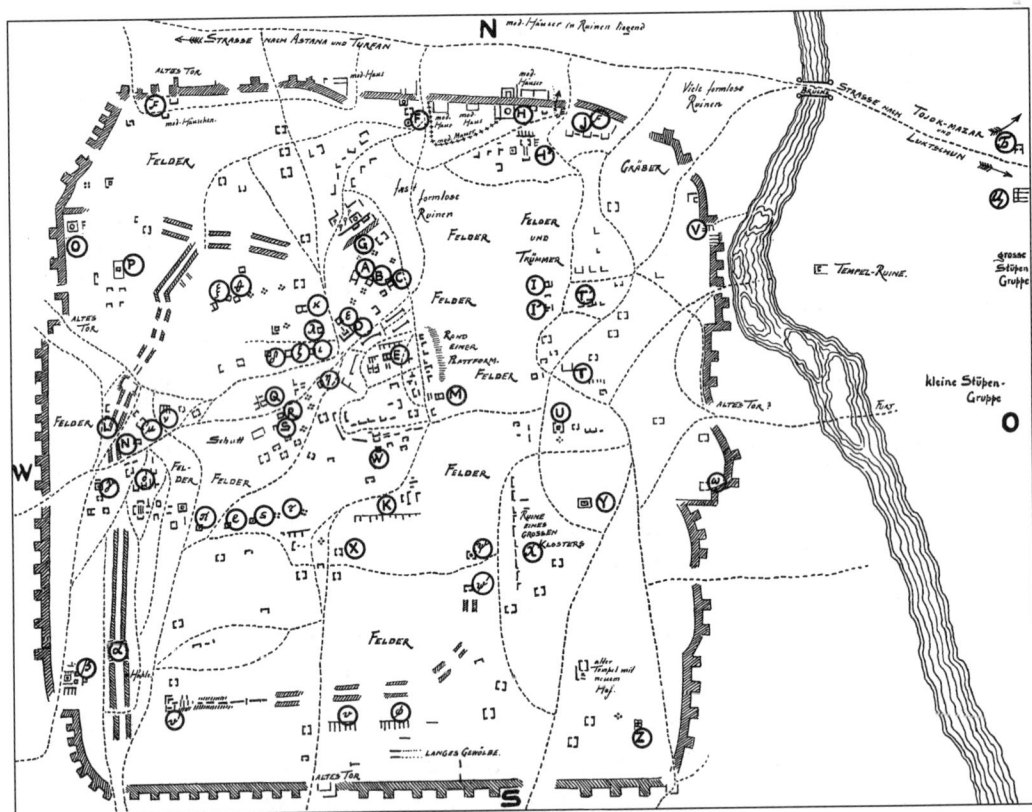

图二　格伦威德尔测绘高昌故城平面示意图

（Albert von Le Coq, 1860~1930 年）负责。1904 年 9 月，考察队发掘高昌古城，发现一批摩尼教遗址，又在其北两座佛塔塔基内获得大批佛经手稿。此后，勒柯克指派巴图斯在吐鲁番北部发掘。当他们在高昌古城再次会合时，巴图斯已获一大批古代写卷，其中有景教文献。1909 年，勒柯克撰文《第一次普鲁士皇家（第二次德国）吐鲁番考察队在中国突厥斯坦记行和考察结果简报》，初步介绍了这次考察成果；1913 年又出版正式报告《火洲》一书。

1905~1907 年，德国第三次考察（又称"第二次普鲁士皇家吐鲁番考察队"）由格伦威德尔主持，他们在高昌故城和吐峪沟发掘佛教、摩尼教寺院，并在吐峪沟取得重大发现，意外发现一个古代藏经的秘室，从中获取大批佉卢文、汉文、梵文、回鹘文、突厥鲁尼文、粟特文、叙利亚文以及中古波斯文等文书写卷。1926 年，勒柯克出版《东突厥斯坦的地下宝藏》一书，介绍了这次考察成果。

1913~1914 年，第四次考察（又称"第三次普鲁士皇家吐鲁番考察队"）由勒柯克主持。考察队重访吐鲁番时，又获许多摩尼教和佛教艺术品和文献。1928 年，勒柯克发表《东突厥斯坦的风土人俗》一书，介绍了这次考察的成果。

德国考察队所获新疆古物分藏柏林民俗博物馆和柏林普鲁士科学院，艺术品归前者，古代文书归后者。该考察队从新疆带回的文物总数尚无人统计，但经过编号的文书多达 30000 多件。第二次世界大战期间，许多新疆文物毁于战火，损失最严重的是壁画，大约 40% 被炸毁。1971 年在民俗博物馆印度部基础上成立了印度艺术博物馆，新疆文物大都在此保存。第二次世界大战后，新疆文书分藏西柏林国立普鲁士文化藏品图书馆东方部和东柏林东德科学院历史与考古中央研究所。两德统一后，两地的藏品又合并到一起，现存柏林普鲁士文化藏品图书馆。

1908 年和 1910 年，日本大谷探险队橘瑞超等两度在高昌及周边遗址发掘。大谷光瑞考察队是 20 世纪初争夺丝绸之路古代文物的主要角色之一。其主持者是日本贵族，真宗西本愿寺第 22 代宗主的大谷光瑞，故称"大谷光瑞考察队"。1912 ~ 1914 年，橘瑞超将所获文物辑成《二乐丛书》，分四册出版；1915 年出版的香川默识所编两卷本《西域考古图谱》以图片形式介绍大谷收集品。1937 年出版的上原芳太郎所编《新西域记》发表了大谷考察队的考察日记。这个考察队的人大都没受过基本的科学训练，他们的日记只有一些旅程记录，没有文物出土的详情。

俄国梵学家奥登堡（Sergei Fedorovich Ol'dengburg，1863 ~ 1934 年）于 1909 年和 1914 年两次考察高昌故城。考察队所获古物分藏于彼得堡的埃米尔塔什博物馆和俄国科学院的亚洲博物馆。1914 年，奥登堡发表这一次考察的报告，题为《关于 1909 ~ 1910 年俄国东突厥斯坦考察的工作简报》。

斯坦因（Aurel Stein，1862 ~ 1943 年）曾经三次到中亚考察。1907 年，斯坦因第二次考察期间，曾途经高昌故城。由于时间和人手不足，没有进行系统的调查发掘。1914 年，斯坦因第三次中亚考察期间，发掘西夏都城黑城子之后，沿丝绸之路北道返回，他对高昌故城及周边的阿斯塔那、吐峪沟石窟、胜金口、柏孜克里克等遗址进行详细勘察和发掘。斯坦因发现，原先格伦威德尔标示的几处遗址已经被完全破坏，还有一些本来可以判断性质的遗址也被严重破坏。斯坦因派人测绘高昌故城，在图上重点标出发掘过和仍可辨识的建筑遗存。斯坦因派人测绘的高昌故城平面图虽然也较粗略，但标出了格伦威德尔高昌故城平面图中缺少的比例尺（图三）。斯坦因认为，内城墙的年代早于外城墙。斯坦因在高昌故城内发掘了三个地点七处遗址。第一地点（Kao. I）位于内城东南，斯坦因在高昌收购的一份摩尼教写本据称出自该遗址。第二地点（Kao. II）位于外墙东北，在格伦威德尔早先发掘过的 V 佛寺附近。第三地点（Kao. IV, V）位于内城东墙外，临近一座被严重破坏的寺庙，斯坦因推测其为僧房或供香客居住的客房。第四处地点（Kao. VI, VII）位于外墙北墙外，发现回鹘文、汉文写本[2]。斯坦因将高昌古

---

〔2〕　A. Stein, *Innermost Asia*, *Detailed Report of Explorations in Central Asia*, *Kan - Su and Eastern Iran*, Oxford, 1928, vol. 2, pp. 587 - 595.

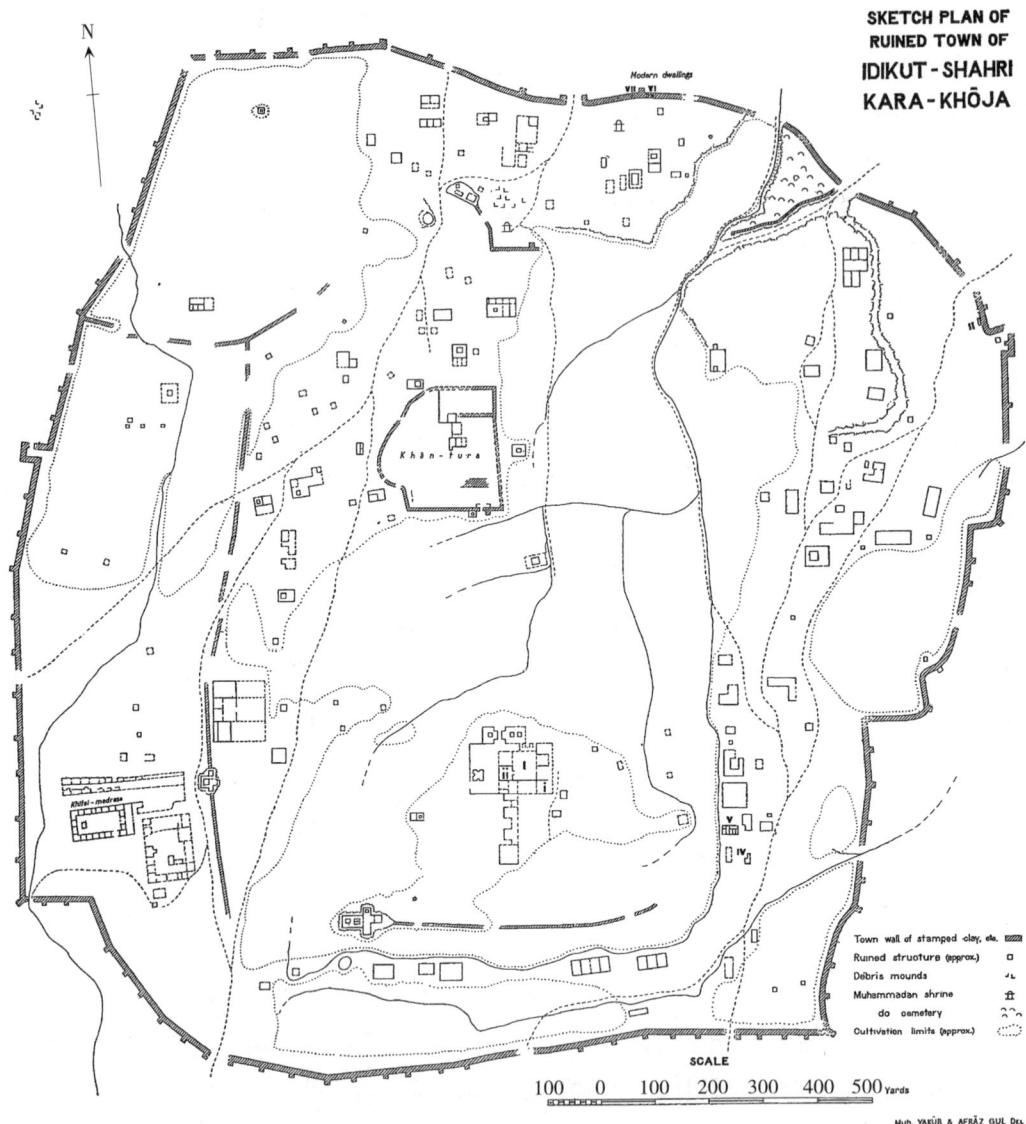

图三 斯坦因测绘高昌故城平面图

城的发掘资料刊布于第三次中亚考察报告《亚洲腹地》一书中。

1928~1931 年，中瑞西北联合科学考察团成员之一黄文弼先生在吐鲁番附近调查发掘高昌古城、雅尔湖故城及麴氏高昌墓地。后来黄文弼将吐鲁番地区的考察成果编成《吐鲁番考古记》一书，于 1954 年出版[3]。黄文弼根据吐峪沟出土的古代回鹘文石刻，认为高昌故城从汉沿用至元，到明初并入吐鲁番后始废弃。黄文弼对高昌故城

[3] 黄文弼《吐鲁番考古记》，中国科学院，1954 年。

中的可汗堡进行了简单发掘，收获甚微。黄文弼根据勒柯克发现的《沮渠安周造寺功德碑》，认为可汗堡一带当为沮渠氏时代遗址；而子城南部或为回鹘入主高昌城后的政治中心区；城东南或为当时子城之城隍；自汉迄唐的政治中心可能均在子城的中心偏西北区域[4]。

1961年，阎文儒在高昌故城考察，并由新疆文博人员绘制了平面图（图四）。阎文儒对高昌故城的形制布局、年代等关键问题提出了看法。他指出，高昌故城的布局与唐长安城相当接近；宫城位于全城北部；高昌故城东、北、西三面城垣各开两门，

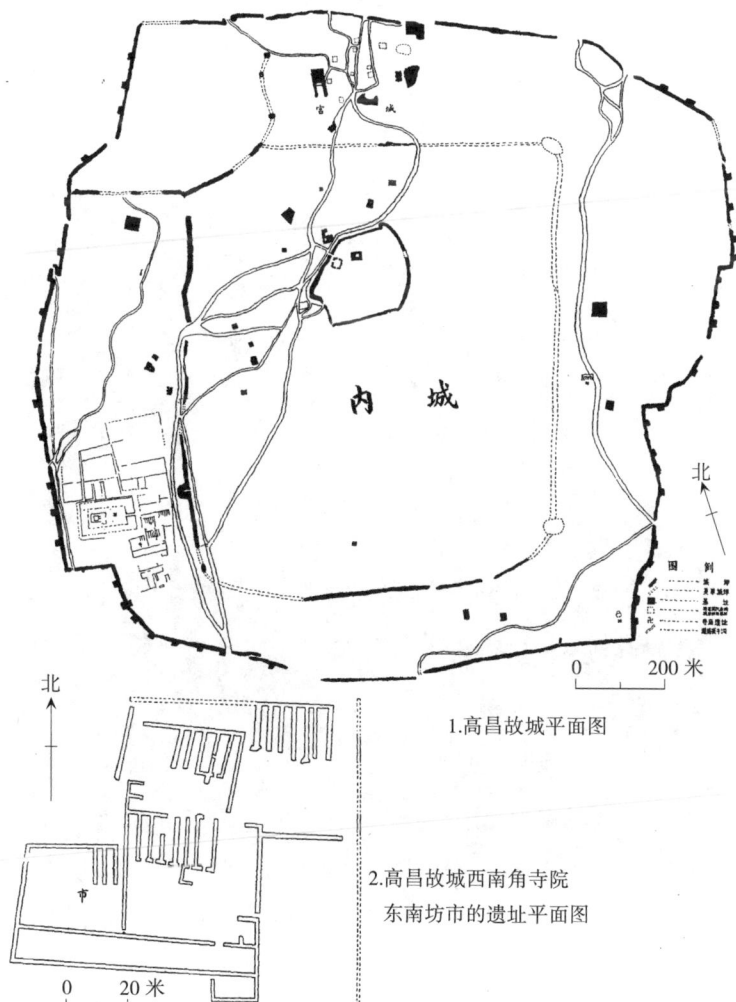

1.高昌故城平面图

2.高昌故城西南角寺院
　东南坊市的遗址平面图

图四　新疆博物馆测绘高昌故城平面图

---

[4]　黄文弼《吐鲁番考古记》，第4页，中国科学院，1954年。

南城垣开三门，共九门。阎文儒还认为，外城东南南部有两个手工业坊[5]。应该说，阎文儒先生这篇文章奠定了我国学者研究高昌故城的基础，后来的学者在很多方面承袭其观点。

1994 年，侯灿发表《高昌都城址——兼及历史与文化》一文，认为高昌城始于前凉建都，废于元末，现存遗址主要是回鹘时期的遗存[6]。

1995 年，刘建国利用航空影像资料，结合实际踏察，对高昌城进行航空遥感地学解译[7]。这是首次利用新的科技手段研究高昌故城。近几十年，高昌故城的很多遗迹现象已经消失，或变得很难辨认。刘建国搜集的航空影像（图五、六），无疑比格伦威德尔、斯坦因、阎文儒提供的高昌故城平面图更为准确，也反映出一些前所不知的新信息，对于分析和研究高昌故城颇为宝贵。

1996 年，孟凡人发表《高昌城形制初探》一文。孟氏认为，现存高昌故城绝大部

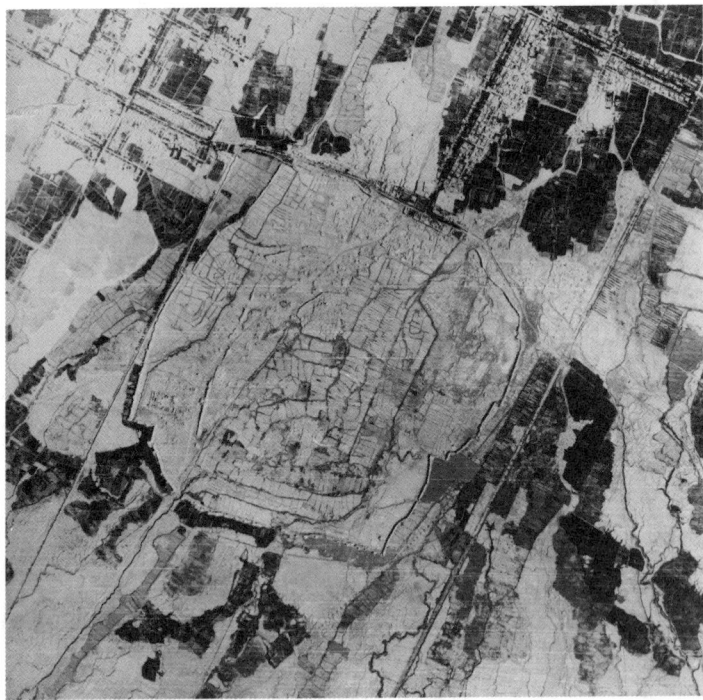

图五　20 世纪 50 年代高昌故城航拍图

---

〔5〕 阎文儒《吐鲁番的高昌故城》，《文物》1962 年第 7~8 期。

〔6〕 侯灿《高昌都城址——兼及历史与文化》，《中国古都研究（第十一辑）——中国古都学会第十一届年会论文集》，山西人民出版社，1994 年。

〔7〕 刘建国《新疆高昌、北庭古城的遥感探查》，《考古》1995 年第 8 期。

图六　现代高昌故城航拍图

分属高昌回鹘时期。他对麹氏高昌、唐西州、高昌回鹘时期高昌城的布局进行了推测，认为麹氏高昌城的形制布局是在北魏洛阳城和南朝建康城的影响下形成的，回鹘高昌城下平面形制接近北宋东京城，在局部处理上可见北魏洛阳城和唐长安城的影响[8]。孟氏文章可以算是 20 世纪国内对高昌故城讨论较全面的论文。此后，还有一些学者发表文章讨论高昌故城的年代等问题[9]。

　　2000 年，吐鲁番地区文物局和新疆第二测绘院联合对高昌故城进行了测绘，并绘制了高昌故城 1：2000 地形图。2006 年，吐鲁番地区文物局完成了高昌故城 1：500 平面图及外城墙内、外立面图的绘制工作。

　　2005～2009 年，新疆文物考古研究所对高昌故城局部区域进行了一次试掘及三次正式发掘。2005 年，国家启动丝绸之路（新疆段）重点文物保护工程，新疆文物考古研究所承担了对高昌故城维修前期的文物考古调查、勘探和发掘工作。根据维修工程进度的情况，2005 年 5 月对护城河遗迹进行了局部考古勘探。发掘结果证实高昌故城城外确实存在护城河、壕一类遗迹。根据新疆文物局丝绸之路（新疆段）重点文物保护项目办公室 2006 年度工作的安排，计划对高昌故城西门、西门外广场、大佛寺等处进行保护维修。2006 年 4～7 月，新疆文物考古研究所对高昌故城外城西门和大佛寺进行了第一次考古发掘[10]。2007 年 3 月 21 日至 6 月 19 日，对高昌故城进行了第二次考古发掘，发掘地点

〔8〕　孟凡人《高昌城形制初探》，《中亚学刊》第五辑，中华书局，1996 年。
〔9〕　如梁涛《高昌城的兴衰》，《新疆地方志》2009 年第 2 期。
〔10〕　新疆文物考古研究所《2006 年高昌故城发掘简报》，《新疆文物》2008 年第 3、4 期。

有大佛寺东北排房和外城西门南、北两侧各 200 米城墙。虽然获得的遗物不多，但这三次发掘为我们提供了一些地层信息，对于研究高昌故城较为重要。

二、高昌故城外城近年考古发现

高昌故城现存三重城墙。外城外有护城河，均已遭严重破坏，对这些遗迹各自的年代和性质也有争论。为了配合高昌故城维修加固工作，近年新疆文物考古研究所对高昌故城进行了多次考古工作[11]。现将外城相关部分概述如下。

高昌故城外城平面呈不规则的方形，南北略长，东西稍窄。南墙 1420 米，北墙 1320 米，西墙 1370 米，东墙 1320 米，周长约 5440 米，总面积 198 万平方米[12]。城垣保存较好，外城墙基厚 12 米，残高 5～11.5 米，墙体夯筑而成，夯层厚 8～12 厘米，间杂少量的土坯，纴木眼清晰可辨。

2007 年，新疆文物考古研究所发掘高昌故城时清理外城西城墙 400 米。其中西门南侧长 200 米，北侧长 200 米。西门南侧已经坍塌。底部残宽约 12 米，顶部宽约 3.5 米，残高近 8 米。除外侧护墙保存较好，其余部分仅存下部基址，残高 2～4 米。墙体剖面呈梯形，可分为中心墙体、外城护墙和内侧护墙三部分。从现存状况分析，该段城墙经过多次增筑、改建、维修，其中大的增筑有 4 次。

第一次，也是该段城墙上目前所能见到的最早的城墙。墙体直接建在原生土层上，为了将地面取平，部分地段有一层厚 40～70 厘米的垫层。墙体剖面呈梯形，残宽约 2、残高约 5 米。夯筑。夯层上平砌 3 层（个别地方 2 层）土坯。其上建雉堞。雉堞立面呈对称的三级台阶状。底部宽 45、顶部宽 20、残高 100 厘米。土坯垒砌，下部砌法为一顺一丁，上部均为顺砌。上面有一排三角形孔，孔两腰各立一块土坯。表面抹一层草拌泥，内侧墙顶面宽 70～100 厘米。

第二次，将早期城墙加高、加宽。外侧保持不变，顶部宽 200 厘米，较早期城墙高 200 厘米。将早期雉堞上的雉口用土坯填补平，内侧加宽。内侧加筑一层墙体。雉堞为两层台阶式，宽 45 厘米。土坯垒砌，表面抹草拌泥。西墙上雉堞间的间距较大，

---

〔11〕　新疆文物考古研究所《2006 年高昌故城发掘简报》，《新疆文物》2008 年第 3、4 期；新疆文物考古研究所《高昌故城第二次考古发掘报告》《2008 年高昌故城第三次发掘》《高昌故城第四次考古发掘报告》，《新疆文物》2011 年第 2 期；新疆文物考古研究所《高昌故城第五次考古发掘报告》，《吐鲁番学研究》2012 年第 2 期。

〔12〕　根据较新的测量数据，高昌故城总面积为 198 万平方米。见新疆维吾尔自治区文物局等《新疆丝绸之路文化遗产》，第 50 页，新疆青少年出版社，2010 年。孟凡人的文章中给出的数据是 220 万平方米，不知何据，见孟凡人《新疆考古论集》，兰州大学出版社，2010 年。

南墙西南部间距小一些。

第三次，外侧保持不变，沿着墙体从内侧继续加高、加宽。顶部宽85厘米，雉堞宽约55厘米，夯筑，两面抹泥。内侧宽度仅30余厘米。

第四次，现在保留下来的城墙、马面和角楼大多属于这次建造的。墙体内、外侧均加宽，顶部加高。早期墙体包在内部成为中心墙，外侧加筑2层，内侧加筑层。墙体夯筑，上面有5排纴木孔，马面和角楼高于城墙上面的雉堞。雉堞宽65～85厘米，土坯结构。残高120厘米。外侧护墙剖面呈微向主墙倾斜的梯形，墙面收分明显，坡度约71.5度。墙体夯筑，夯层厚8～12厘米，最厚可达约20厘米。夯窝呈圆形，直径约10厘米。墙上残留4层方形纴木孔，孔呈"品"字形，为三块土坯叠砌。内侧护墙多已坍塌。

外城西门北墙段仅存外侧护墙部分。墙体最高10余米，顶部残留少量雉堞。外侧有马面2座。墙体下部为原生土墙体，高约250厘米。上部夯筑，有3～4排纴木孔（图七）。

图七　高昌故城实测图

外城有马面，马面间距 30～45 米。西门南 100 米处的马面直接建在地面上，属于空心马面类型，平面呈长方形，立面呈梯形。底部南北长 17.6、东西宽 14.4 米；顶部南北残长 13、东西残宽 10.4 米。残高 8.4 米。由墩台和外侧护墙两部分组成。旁城墙底部宽 13 米，残高 8 米。其中中心墙底部宽 3.5 米，外侧护墙宽 4.7 米，内侧护墙宽 4.8 米。均为夯筑。马面位于中心墙外侧，南北两侧为城墙外侧护墙（图八）。

图八　西门南墙马面

墩台南北长 12.2、东西宽 7.6、高 4 米，外侧凸出城墙约 160 厘米。夯筑，夯层比较紧密，厚约 9 厘米。圆形夯窝直径 10 厘米，深不足 3 毫米。南、西、北三面筑墙，墙体宽 80、残高 90 厘米。墩台中西部有一堆虚土，里面含有大量土坯、卵石；西北部西墙边也有一堆直径约 10 厘米的卵石；南部有一个直径 30、深 80 厘米的柱洞，里面有一根直径约 11 厘米的带树皮木柱，木柱底部和四周填碎石子和小卵石。柱洞东侧夯面上有一个鞋印，长 27、宽 8～9 厘米。

外侧护墙位于墩台南、西、北三面，依托城墙而建，夯筑。底部南北长 17.6、东西宽 5.8 米，坍毁严重，局部高 8.4 米。马面外侧有水流过的痕迹，坍塌土中含有大量青砂。在马面西侧坍塌土中出瓮 2 件、钱币 8 枚以及罐、灯盏、瓦、盆等残片若干，还有许多卵石（图九、一〇）。

2007～2008 年，新疆文物考古研究所发掘高昌故城时，对护城河进行了解剖。

2007 年发掘的探沟位于外城西门南 200 米处城墙上，东西长 21.7、宽 2 米。此处早年已经坍塌，形成一段长约 5 米的缺口。这次发掘发现了城墙墙基和护城河的遗迹。城墙墙基位于探沟中部，由中心墙和内外侧护墙三部分组成。东西长 12.4、残高 2 米。夯筑，

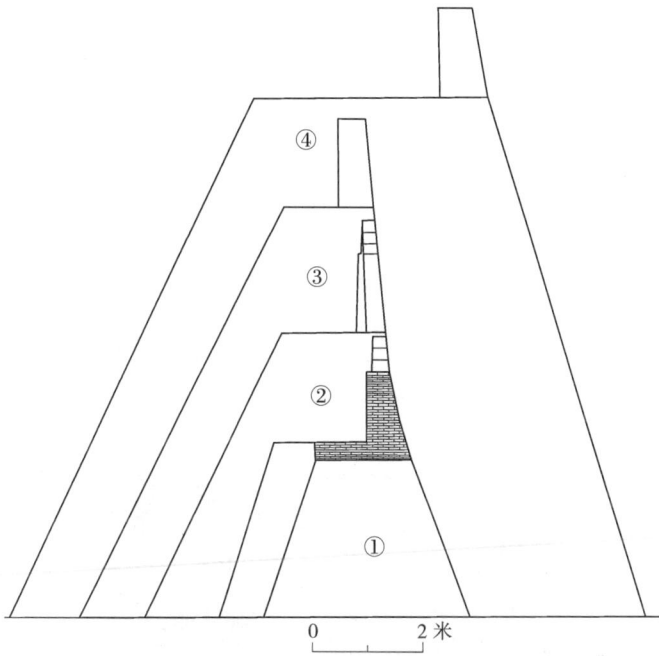

图九 城墙剖面图

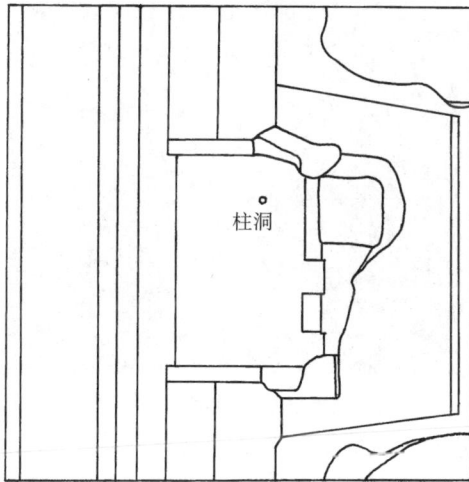

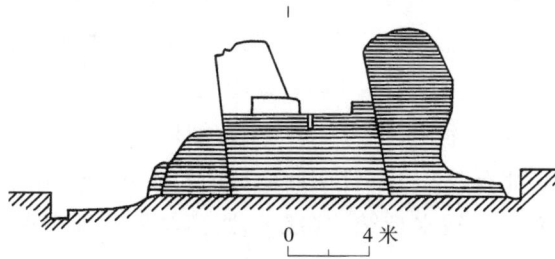

柱洞

图一〇 马面平、剖面图

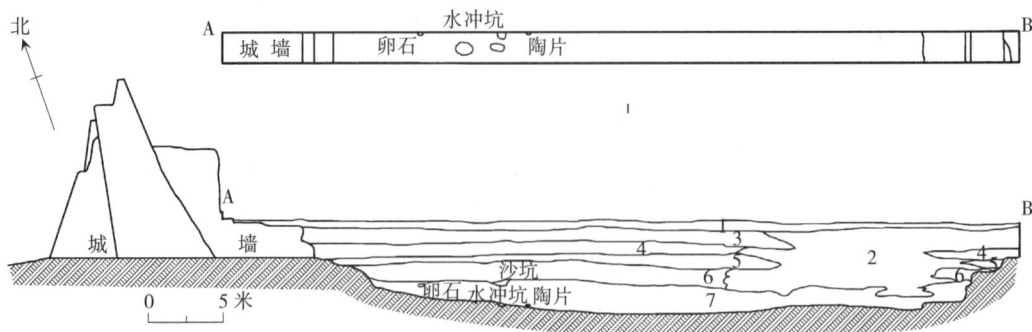

图一一　高昌故城外垣护城河探沟平、剖面图

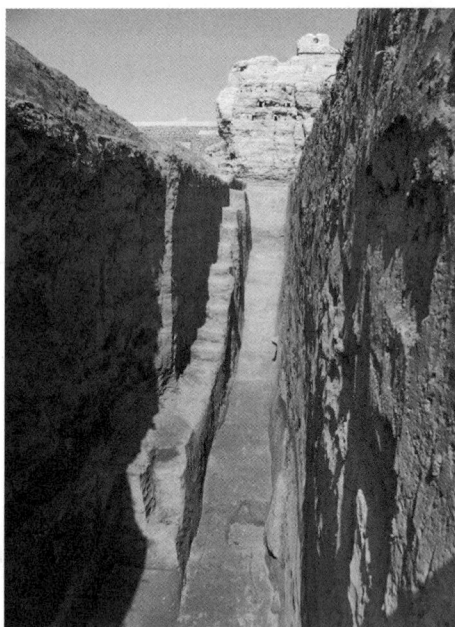

图一二　高昌故城外垣护城河西侧堤岸与城墙马面

夯层厚 10 余厘米，夯打紧密。城墙下地面呈西高东低状。护城河位于城墙西侧 290 厘米处。由于西边是现代道路，仅清理了 350 厘米的一段。已暴露部分距原始地表 410 厘米，距现地表 485 厘米。东堤岸比较缓，上面有两处水蚀坑，里面淤满青砂（图一一）。

2008 年发掘的护城河遗迹位于 08TGT1 黄沙土层之下，开口距现地表约 250 厘米。剖面呈梯形，口部宽 44、底部宽 39、深 3.6 米。河内为黄沙土、红胶泥土堆积，内含少量陶片、动物骨骼、卵石等。其底部中间低，两端靠近堤岸稍高。西侧堤岸残高 1.4 米，坡度较缓，表面有一个被水掏蚀的台阶。距离马面基址 1.4 米。东侧堤岸高 2.8 米，坡度较陡，上面也有水掏蚀形成的台阶（图一二）。

三、高昌故城外城诸门

　　1962 年，阎文儒对高昌故城进行考察，指出高昌故城分为外城、内城、宫城三部分，外城"从残存的痕迹来看，西、南两面的城垣，比较完整，西垣有两个门，北端的门，还保存了曲折的瓮城；北、东两面的城垣，也可能有两个门；南垣有三个缺口，如果正中的缺口，也是门的遗迹，那么就是三个门了"[13]。按照阎先生的说法，高昌故城存在 9 个门，即东、西、北垣各 2 个门，南垣 3 个门。根据刘建国对航空卫星图片的译解，外城东、西、南三垣至少有 5 个城门带瓮城，并且瓮城的形制各有不同（图一三）[14]。我们认为，诸门瓮城形制的不同或许是修建年代不同的一种反映。

图一三　刘建国复原高昌故城图

　　郑炳林从吐鲁番文书中检出相关文书，认为阎文儒先生的说法是可以和文献勘合的[15]。吐鲁番阿斯塔那 367 号墓出土文书《高昌延昌四十年（公元 600 年）供诸门及碑堂等处粮食帐》[16]：

---

[13]　阎文儒《吐鲁番的高昌故城》，《文物》1962 年第 7、8 期。

[14]　刘建国《新疆高昌、北庭古城的遥感探查》，《考古》1995 年第 8 期。

[15]　郑炳林《高昌城诸门考》，《兰州大学学报（社会科学版）》1985 年第 4 期。

[16]　国家文物局古文献研究室等《吐鲁番出土文书》第一册，第 295～297 页，文物出版社，1981 年。

（一）

（前缺）

    1.（前缺）供小门

    2.（前缺）次三斗，付□□，付辛（新）南门上。□

    3.（前缺）贤，供故东门上。次一斗，付僧养，供

    4.（前缺）付阿富，供碑堂。次付仏（佛）祐，供故南 门

    5.（前缺）供故西门上。次六斗，付支法，供巷中。次六斗，付

    6.（前缺）养胡，供府门。次二斗，付弖（后缺）

    7.（前缺）供小门。次一斗，付（后缺）

    8.（前缺）庚申岁正月十六日。

    9.（前缺）众护，供堂。次二斗（后缺）

    10.（前缺）供北门上。次一斗， 付 （后缺）

    （后缺）

（二）

（前缺）

    1.（前缺）次二斗，付阿胡，供小（后缺）

    2.（前缺）禅喜，供北门上。次一斗， 付 □受子，供□

    3.（前缺）腾苟，供鹿门。次一斗，付养胡，供府门。

    4.（前缺）故东门上。次一斗，付众养，供故南门上。次二斗，

    5.（前缺）斗半，付多畔，供碑堂。次六斗，付浮图，供

    6.（前缺）供故西门上。次六斗，付胡子，供帐下。

    7.（前缺）供北听（庭）。次二斗，付阿胡，供小门。次一斗，付保

    8.（前缺）□，供辛（新）西门。

    9.□□ 斗 ，付高昌，供北门上。欠（次）一斗，付保愿，供辛（新）西门

    10.□□ 斗 ，付显尊，供巷中。次二斗，付尧保，供 胡

    11.（前缺） 胡 奴子，供帐下。次一斗半，付阿富，供（后略）

    （后缺）

（三）

（前略）

3.（前缺）付□奴，供（后缺）

4.（前缺）大门上。次二　　　　　供鹿门（后缺）

5.（前缺）保　　　　　供辛（新）南门（后缺）

6.（前缺）供辛（新）南门下。一斗，付菩（后缺）

7.（前缺）儿，供北门下。一斗，付申忠，供（后缺）

8.（前缺）下。次一斗（斛）二斗，付众憙（后缺）

9.（前缺）下。六斗，付显尊，供巷中。（后缺）

10.（前缺）神救，供相（厢）上。一斗半，付（后缺）

11.（前缺）鹿门。次一斗，付怀庆（后缺）

（四）
（前缺）

1.（前缺）供故东门（后缺）

2.（前缺）鹿门。次二斗，付阿胡（后缺）

3.（前缺）西北上。次一斗，付（后缺）

4.（前缺）门上。次一斗，付养，供辛（新）南

5.（前缺）四斗，供北听（庭）。

6.（前缺）供故南门上。次一斗，付元祐（后缺）

7.（前缺）奴，供辛（新）西门上。

8.（前缺）鹿门。次一斗，付幼贤，供（后缺）

9.（前缺）付文忠，供相（厢）上。次一斗，付（后缺）

10.（前缺）南门上。次六斗，付（后缺）

高昌城的七个城门见诸阿斯塔那171号墓出土《高昌延寿十四年（公元637）兵部差人往青阳门等处上现文书》[17]：

（前略）

---

[17] 中国文物研究所等《吐鲁番出土文书》第二册，第73~75页，文物出版社，1994年。

4. （前缺）□□　　　　青阳门外现□伍日。次辛

5. □□张祁善、田迴□、□愿伯、贾庆□、孙秃子，右陆人，用金章

6. □外上现伍日。次冯师保、匡保崇、左海保、田老师、马喜□、张怀洛、右陆

7. 人，用金福门外上现伍日。次冯隆儿、大宋客儿子、索波□、张相愿、史

8. □□、□祐保，右陆人，用玄德门外上现伍日。次阳相保、张显

9. □、刘汉伯、解海祐、郭延护、赵愿伯，右陆人，用建阳

10. □外上观伍日。次赵养惠、左惠儿、樊相惠、李

11. □惠、阴欢子、右伍人，往永昌谷中、横城门里还伍日。次左惠

12. 相、王来女、张鼠儿、张怀保、王祐子，右伍人，往桢谷中还伍日。□

13. 赵羊得、赵海伯、阚阿欢、田波结、白阿举，右陆人，往赤谷中□

14. 伍日。□□□□，马买　　　　令狐相儿、张庆愿、小张□

15. （前缺）秃子，右捌　　　　阳门里上现□日。次孟康□

16. （前缺）张愿伯、□□垎、右捌人，供

17. （前缺）守愿，白（后缺）

（中缺）

18. （前缺）右捌人，供将庆祐，用金章门里□□□

19. （前缺）叠举、王善虎、张丰堉、李延惠、支相忠、袁显德、曹海□

20. （前缺）门里上现伍日。次令狐阿倣、张惠听、张海儿、郭延海

21. （前缺）祐，右捌人，□□□愿，用玄德门里

22. （前缺）欢愿、张欢幢、宋养祐、

23. （前缺）用建阳门里上现伍日。次张善怀、屌欢子、良阿孙、小张丰

24. （前缺）相子、右陆人，供将庆怀，用武城门里上现伍日。次张延相贾

25. （前缺）令狐欢悦、竺园得，右伍人，往永昌谷中山头还伍日。（后缺）

（后略）

此件文书出现了青阳门、建阳门、金章门、金福门、玄德门、武城门和横城门，七个城门名。这七门分别对应东垣南门、东垣北门、西垣南门、西垣北门、北门、北垣西门、南垣门之一[18]。这个比定大致可以信从，不过其中武城、横城、鹿城三门还

---

[18]　郑炳林《高昌城诸门考》，《兰州大学学报（社会科学版）》1985 年第 4 期。

有推敲的余地。武城、横城两门的比定问题后文再详细讨论。

　　先说鹿门，郑炳林认为就是武城门。我们认为，文书中提到的鹿门应该指的是高昌外城南垣东头第一门。鹿门这个词出现较早，按《史记》卷四三赵世家[19]：

> 十六年，肃侯游大陵，出于鹿门。

《公羊传》闵公二年：

> 冬，齐高子来盟。高子者何？齐大夫也。何以不称使？我无君也。然则何以不名？喜之也。何喜尔？正我也。其正我奈何？庄公死，子般弑，闵公弑，比三君死，旷年无君，设以齐取鲁，曾不兴师，徒以言而已矣。桓公使高子将南阳之甲，立僖公而城鲁，或曰自鹿门至于争门者是也，或曰自争门至于吏门者是也，鲁人至今以为美谈。曰："犹望高子也。"

顾炎武《日知录》卷四争门条：

> 《公羊·闵公二年传》："桓公使高子将南阳之甲，立僖公而城鲁。或曰自鹿门至于争门者是也，或曰自争门至于吏门者是也。"注："鹿门，鲁南城东门也。"据《左传》"臧纥斩鹿门之关出奔邾"是也，争门、吏门并阙。按《说文》："净，鲁北城门池也。从水、争声。士耕切。"是争门即以此水名，省文作"争"尔。后人以"瀞"字省作"净"，音才性切。而梵书用之，自南北史以下，俱为才性之净，而鲁之争门不复知矣。

顾炎武是较早指出鹿门即鲁城南垣东门的。又《左传》昭公十年：

> 晏平仲端委立于虎门之外，四族召之，无所往。其徒曰："助陈、鲍乎？"曰："何善焉？""助栾、高乎？"曰："庸愈乎？""然则归乎？"曰："君伐，焉归？"公召之而后入。公卜使王黑以灵姑𫓧，吉，请断三尺焉而用之。五月庚辰，战于稷，栾、高败，又败诸庄。国人追之，又败诸鹿门。栾施、高强来奔。陈、鲍分其室。

此处鹿门指的是齐国城门。高士奇《地名考略》认为"东南门曰鹿门"[20]。《左传》襄公二十三年：

---

[19]　《史记》，第六册，第1802页，中华书局点校本。
[20]　杨伯峻《春秋左传注》（修订本），第四册，第1316～1317页，中华书局，1990年。

（冬十月）乙亥，臧纥斩鹿门之关以出，奔邾。

杨伯峻先生注称"鹿门，鲁都南城东门"[21]。由此看来，不仅鲁国有鹿门，齐国也有鹿门，从上引顾、高、杨诸家解释来看，鹿门很可能是战国时代齐鲁对东南门常用的称谓。以此类推，吐鲁番出土文书中提到的高昌鹿门，应该也指的是外城南垣的东头第一门。

四、高昌故城外城诸门的命名及外城年代

高昌城始于何年一直是学术界争论较多的问题。格伦威德尔认为"不规整的城墙是为了环绕已经建造好的寺院建筑并且为了保护它们而建造的"[22]，阎文儒认为"以高昌故城现存的外垣，已经有了瓮城和马面，宫城内遗址的夯土层又较厚，堡垒内高耸的建筑物与寺院遗址，又都用土坯砌起，这一切都是唐或唐以后天山以南各地建筑的特征"[23]，孟凡人则认为现在的高昌故城为回鹘时期遗迹[24]。基于新的考古发现，我们有可能对这些看法进行重新检讨。

从文献记载来看，两汉时代高昌是有壁而无城。《汉书》九六下西域传下：

元始中，车师后王国有新道，出五船北，通玉门关，往来差近，戊己校尉徐普欲开以省道里半，避白龙堆之厄。车师后王姑句以道当为拄置，心不便也。地又颇与匈奴南将军地接，曾欲分明其界然后奏之，召姑句使证之，不肯，系之。姑句数以牛羊赇吏，求出不得。姑句家矛端生火，其妻股紫陬谓姑句曰："矛端生火，此兵气也，利以用兵。前车师前王为都护司马所杀，今久系必死，不如降匈奴。"即驰突出高昌壁，入匈奴。

徐松《补注》[25]：

齐召南曰：高昌壁始见于此。《后书》云，自敦煌西出玉门关、阳关涉鄯善，北通伊吾千余里，自伊吾北通车师前部高昌壁千二百里，自高昌壁北通后部金满城五百里，此西域之门户也，故戊己校尉更互屯焉。案拓跋魏时阚爽始立国于高

[21]　杨伯峻《春秋左传注》（修订本），第三册，第 1081 页，中华书局，1990 年。
[22]　Albert Grünwedel, *Bericht über Archäologische Arbeiten in Idikutschari und Umgebung im Winter 1902 – 1903*, München, 1906, p. 8.
[23]　阎文儒《吐鲁番的高昌故城》，《文物》1961 年第 7 期。
[24]　孟凡人《高昌城形制初探》，《中亚学刊》，第 44 页，新疆人民出版社，2000 年。
[25]　王先谦《汉书补注》，第 1648 页上栏，书目文献出版社，1995 年。

昌，号高昌王，即以此壁得名。

又《汉书》九六下西域传下：

> 是时，莽易单于玺，单于恨怒，遂受狐兰支降，遣兵与共寇击车师，杀后城长，伤都护司马，及狐兰兵复还入匈奴。时戊己校尉刀护病，遣史陈良屯桓且谷备匈奴寇，史终带取粮食，司马丞韩玄领诸壁，右曲候任商领诸垒，相与谋曰："西域诸国颇背叛，匈奴欲大侵，要死。可杀校尉，将人众降匈奴。"即将数千骑至校尉府，胁诸亭令燔积薪，分告诸壁曰："匈奴十万骑来入，吏士皆持兵，后者斩！"得三四百人，去校尉府数里止，晨火然。校尉开门击鼓收吏士，良等随入，遂杀校尉刀护及子男四人、诸昆弟子男，独遗妇女小儿。止留戊己校尉城，遣人与匈奴南将军相闻，南将军以二千骑迎良等。良等尽胁略戊己校尉吏士男女二千余人入匈奴。单于以良、带为乌贲都尉。

徐松《补注》[26]：

> 即校尉府所在也。案传言姑句驰出高昌壁，是其时有壁无城。而《后书》言匈奴、车师共围戊己校尉，又校尉城不在交河城内明证。盖前汉校尉城去交河城不远，后汉因之。建初元年，段彭解戊己校尉之围，而破车师于交河城是也。班超再定西域，复置戊己校尉，乃移治高昌壁耳。

"莽易单于玺，单于恨怒，遂受狐兰支降，遣兵与共寇击车师，杀后城长，伤都护司马，及狐兰兵复还入匈奴。时戊己校尉刀护病，遣史陈良屯桓且谷备匈奴寇，史终带取粮食，司马丞韩玄领诸壁，右曲候任商领诸垒"，这件事透露出前汉在车师设置有众多壁垒。东汉三次复置戊己校尉，最早一次分驻柳中、金满，第二次治高昌壁，第三次的时间和治所史籍失载。不过，东汉时代高昌仍是有壁而无城，这点应该是比较明确的。

"壁"是一种主要用于屯集兵马的比较简陋的独立型军事建筑，而"垒"则是一种主要用于伺察敌情的比较坚固的依附型军事建筑。前凉之前的高昌不可能同时具有"壁"和"垒"两种军事建筑形式。西汉元帝初元元年初置戊己校尉至东汉安帝末年为"高昌壁"时期，东汉安帝以后至东晋成帝咸和二年前凉置郡以前为"高昌垒"时期。高昌故城就是在简陋的"高昌壁"—坚固的"高昌垒"的基础上发展形成的[27]。

---

〔26〕　王先谦《汉书补注》，第 1649 页上栏，书目文献出版社，1995 年。

〔27〕　王素《高昌故城的形成》，《中国文物报》1988 年 7 月 15 日。

高昌出现城，应该是在魏晋时代以后。吐鲁番文书提到的高昌诸城门带有强烈的汉文化色彩，这一现象有助于我们推断外城的布局与年代。

吐鲁番文书反映的高昌诸城门的命名是汉文化阴阳五行说的产物，也就提醒我们，高昌城布局很可能是受中原的影响。从魏晋时代高昌城的历史推测，它的兴建最有可能是模仿中原的都城或河西的郡城。

先看长安城。汉长安城四面十二门见《三辅黄图》。《三辅黄图》卷一都城十二门条略云[28]：

> 长安城东出南头第一门霸城门，民见门色青，名曰青城门，或曰青门。门外旧出佳瓜。广陵人邵平，为秦东陵侯，秦破为布衣，种瓜青门外，瓜美，故时人谓之"东陵瓜"。《庙记》曰："霸城门，亦曰青绮门。"《汉书》王莽天凤三年，霸城门灾，莽更霸城门曰仁寿门无疆亭。

> 长安城东出第二门曰清明门，一曰藉田门，以门内有藉田仓，一曰凯门。《汉书》平帝元始四年"东风吹屋瓦且尽"，即此门也。《汉宫殿疏》曰："第二门名城东门。"莽更名曰宣德门布恩亭。

> 长安城东出北头第一门曰宣平门，民间所谓东都门。《汉书》曰："元帝建昭元年，有白蛾群飞蔽日，从东都门至枳道。"又疏广太傅受少博，上疏乞骸骨归，公卿大夫为设祖道，供张东部门外，即此门也。其郭门亦曰东郭，即逢萌挂冠处也。王莽更名曰春王门正月亭。东都门至外郭亭十三里。

> 长安城南出东头第一门曰覆盎门，一号杜门。《庙记》曰："覆盎门与洛门，相去十三里二百一十步，门外有鲁班输所造桥，工巧绝世。"长乐宫在城中，近东直杜门，其南有下杜城。《汉书》集注云："故杜陵之下聚落也，故曰下杜又曰端门，北对长乐宫。"《汉书》曰："戾太子所斩覆盎门出奔湖。"王莽更名曰永清门长茂亭。

> 长安城南出第二门曰安门，亦曰鼎路门，北对武库。王莽更名曰光礼门显乐亭。

> 长安城南出第三门曰西安门，北对未央宫，一曰便门，即平门也。古者平便皆同字。武帝建元二年初作便门桥，跨渡渭水上，以趋茂陵，其道易直。《三辅决录》曰："长安城西门曰便门，桥北与门对，因号便桥。"王莽更名曰信平门诚正亭。

> 长安城西出南头第一门曰章城门。《汉宫殿疏》曰："章城门汉城西面南头第

---

[28] 何清谷《三辅黄图校注》，第 68～82 页，三秦出版社，1980 年。

一门。"《三辅旧事》曰："章门亦曰光华门，又曰便门。"

长安城西出第二门曰直城门。《汉宫殿疏》曰："西出南头第二门也。"亦曰故龙楼门，门上有铜龙，本名直门，王莽更曰直道门端路亭。

长安城西出北头第一门曰雍门。本名西城门，王莽改曰章义门著义亭。其水北入有函里，民呼曰函里门。

长安城北出东头第一门曰洛城门，又曰高门。《汉宫殿疏》曰："高门，长安北门也，又名鹊雀台门，外有汉武承露盘，在台上。"王莽更曰进和门临水亭。

长安城北第二门曰厨城门。长安厨在门内，因为门名。王莽更名建子门广世亭。

长安城北出西头第一门曰横门。《汉书》虎上小女陈持弓走入光门，即此门也。门外有桥曰横桥。王莽更名朔都门左幽亭。

据此，汉长安城十二门分别是东三门（自南往北）：霸城门（青城门、青门）、清明门（籍田门、凯门）、宣平门；南三门（自西往东）：覆盎门（杜门）、安门（鼎路门）、西安门（便门）；西三门（自南往北）：章城门、直城门（龙楼门）、雍门（西城门）；北三门（自东往西）：洛城门（高门）、厨城门、横门（图一四）。

再看汉魏洛阳城的情况。《洛阳伽蓝记·序》：

大和十七年，高祖迁都洛阳，诏司空公穆亮营造宫室。洛阳城门，依魏、晋旧名。东面有三门。北头第一门曰"建春门"，汉曰"上东门"。阮籍诗曰"步出上东门"是也。魏、晋曰"建春门"，高祖因而不改。次南曰"东阳门"，汉曰"中东门"，魏、晋曰"东阳门"，高祖因而不改。次南曰"青阳门"，汉曰"望京门"，魏、晋曰"清明门"，高祖改为"青阳门"。

郦道元《水经注·榖水》：

榖水又东，屈南，迳建春门石桥下。即上东门也。阮嗣宗《咏怀诗》曰"步出上东门"者也。一曰上升门，晋曰建阳门。

据文献记载，东汉魏晋建洛阳城时，共十二门，门皆双阙。北魏建都洛阳，对汉晋旧门进行修缮改建，并在大城西北新辟承明门，共十三门。洛阳城原先的 12 个城门，东面 3 个自北而南为上东门、中东门、耗门，西面 3 个自北而南为上西门、雍门、广阳门，南面 4 个自东而西为开阳门、平门、小苑门、津门，北面 2 个自东至西为谷门、夏门（图一五）。

曹魏邺城城门名见《水经注》卷十浊漳水：

城有七门，南曰凤阳门，中曰中阳门，次曰广阳门，东曰建春门，北曰广德门，次曰厩门，西曰金明门，一曰白门。凤阳门三台洞开，高三十五丈。石氏作层观架其上，置铜凤，头高一丈六尺。东城上，石氏立东明观，观上加金博山，谓之锵天。北城上有齐斗楼，超出群榭，孤高特立。其城东西七里，南北五里，饰表以砖，百步一楼。凡诸宫殿门台隅雉，皆加观榭，层甍反宇，飞檐拂云，图以丹青，色以轻素。

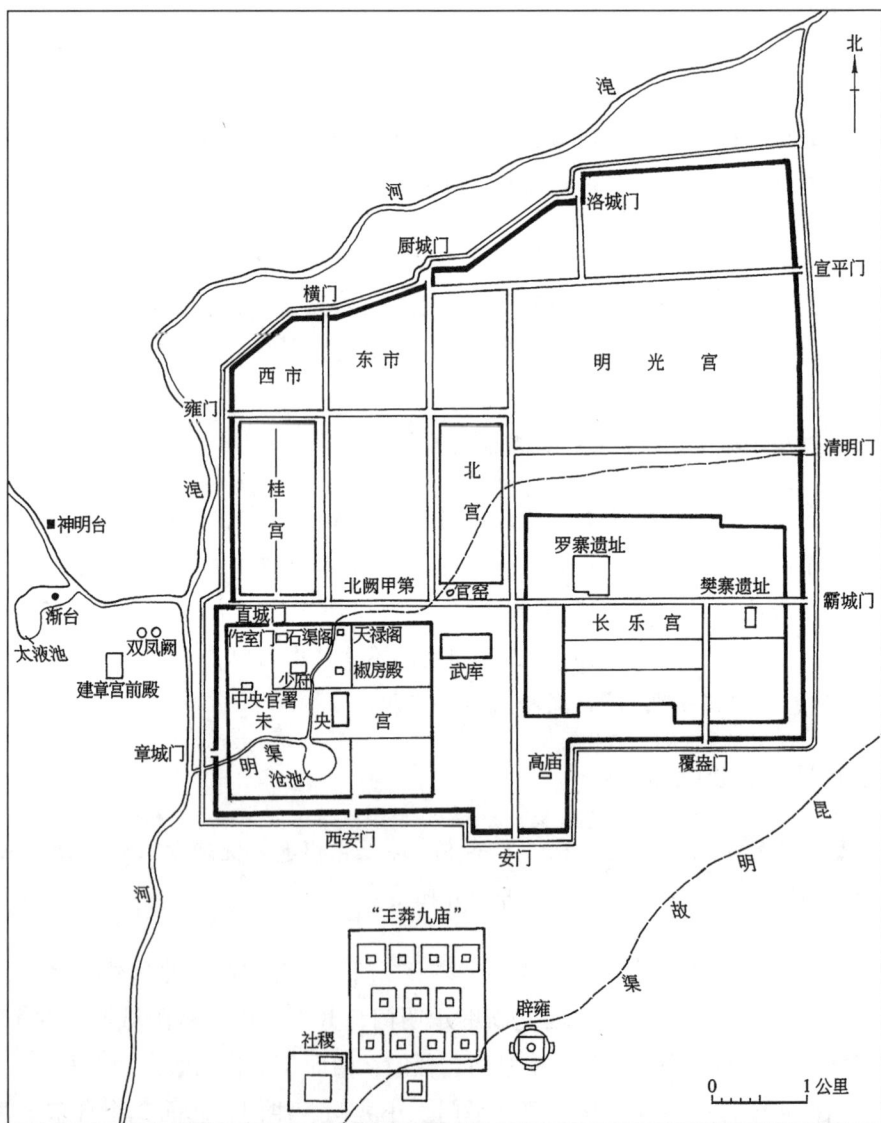

图一四　汉长安城遗址平面图

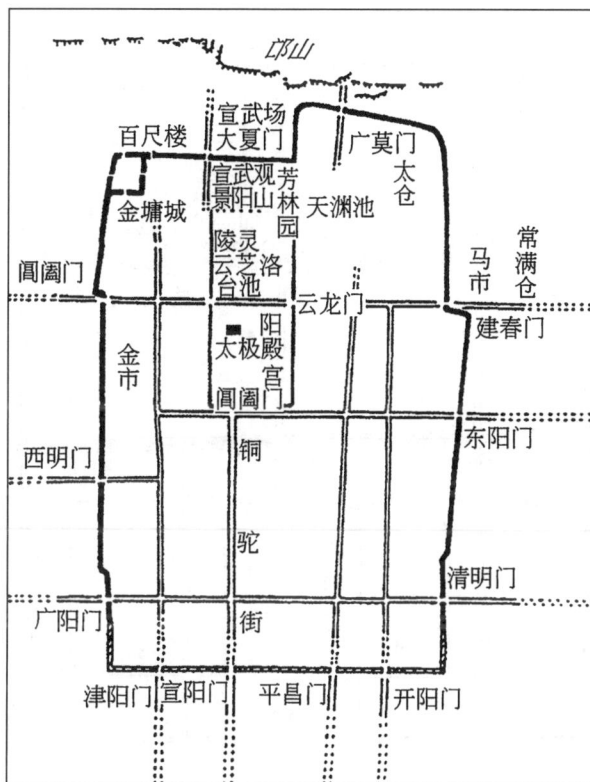

图一五　曹魏、西晋洛阳城复原示意图

即北二南三东西各一门，共七门。东垣建春门；南垣东头广阳门，中间中阳门，西头凤阳门；西垣金明门；北垣西头厩门，东头广德门（图一六）。

前凉姑臧城是五城攒聚的布局，情况比较特殊。城门的情况也不完全明确，目前只知道中城、东城部分城门的命名。《晋书》卷一二二吕光载记：

初，光欲立弘为世子，会闻绍在仇池，乃止，弘由是有憾于绍。遣尚书姜纪密告纂曰："先帝登遐，主上暗弱，兄总摄内外，威恩被于遐迩，辄欲远追废昌邑之义，以兄为中宗何如？"纂于是夜率壮士数百，逾北城，攻广夏门，弘率东苑之众斫洪范门。左卫齐从守融明观，递问之曰："谁也？"众曰："太原公。"从曰："国有大故，主上新立，太原公行不由道，夜入禁城，将为乱邪？"因抽剑直前，斫纂中额。纂左右擒之，纂曰："义士也，勿杀。"绍遣武贲中郎将吕开率其禁兵距战于端门，骁骑吕超率卒二千赴之。众素惮纂，悉皆溃散。

纂入自青角门，升于谦光殿。绍登紫阁自杀，吕超出奔广武。纂惮弘兵强，劝弘即位。弘曰："自以绍弟也而承大统，众心不顺，是以违先帝遗敕，惭负黄泉。今复越兄而立，何面目以视息世间！大兄长且贤，威名振于二贼，宜速即大

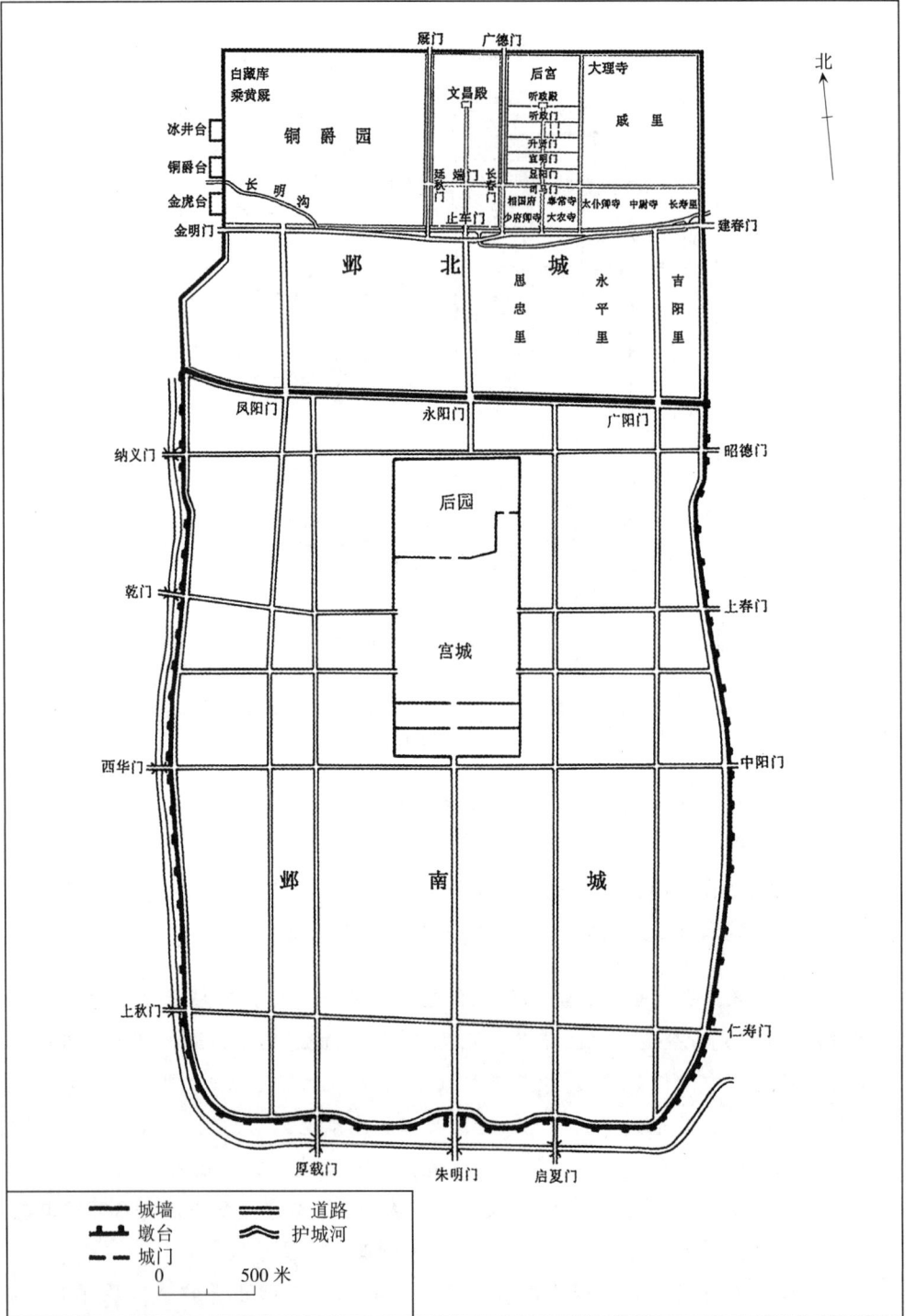

图一六　邺城平面示意图

位，以安国家。"纂以隆安四年遂僭即天王位，大赦境内，改元为咸宁，谥绍为隐王。以弘为使持节、侍中、大都督、都督中外诸军事、大司马、车骑大将军、司隶校尉、录尚书事，改封番禾郡公，其余封拜各有差。

姑臧的城门，中城东面为洪范门，应即取意于《尚书》"洪范九畴"。《礼记·月令》（《吕氏春秋·十二纪》），天子依四时在青阳、明堂、总章、玄堂四座堂中听政布政。四堂分别面向东、南、西、北四方。每方在堂的左右又有左、右个，每季三个月依次在左个、堂、右个中居处，即顺时布政[29]。

《晋书》卷一二六秃发乌孤载记：

（姚）兴乃署傉檀为使持节、都督河右诸军事、车骑大将军、领护匈奴中郎将、凉州刺史，常侍、公如故，镇姑臧。傉檀率步骑三万次于五涧，兴凉州刺史王尚遣辛晁、孟祎、彭敏出迎。尚出自清阳门，镇南文支入自凉风门。

又同卷秃发乌孤载记：

吕纂来伐，使傉檀距之。纂士卒精锐，进度三堆，三军扰惧。傉檀下马据胡床而坐，士众心乃始安。与纂战，败之，斩二千余级。纂西击段业，傉檀率骑一万，乘虚袭姑臧。纂弟纬守南北城以自固。傉檀置酒于朱明门上，鸣钟鼓以飨将士，耀兵于青阳门，虏八千余户而归。

《魏书》卷九九张寔附张骏传：

骏筑南城，起谦光殿于其中，穷珍极巧，又四面各起一殿，东曰宜阳青殿，南曰朱阳赤殿，西曰正德白殿，北曰玄武黑殿，服章器物皆依色随四时居之，其旁有直省寺署，一依方色。

这些记载为我们提供了姑臧城门命名的可贵资料。综合起来，可知姑臧东城东有青阳门，南有朱明门，西有凉风门；中城东有洪范门、青角门，北有广厦门。

隋大兴城、唐长安城城门，东垣自北而南：通化、春明、延兴；南垣自东而西：启夏、明德、安化；西垣自北而南：开远、金光、延平；北垣自东而西：芳林、景曜、光化。

我们将上述诸城与高昌故城城门的情况列如下表：

---

[29]《礼记·月令》。

	东 （南→北）	南 （西→东）	西 （南→北）	北 （东→西）
汉长安城	霸城门（青城门、青门） 清明门（籍田门、凯门） 宣平门	覆盎门（杜门） 安门（鼎路门） 西安（便门）	章城门 直城门（龙楼门） 雍门（西城门）	洛城门（高门） 厨城门 横门
汉魏洛阳城	秏门（青阳门） 中东门（东阳门） 上东门（建春门）	津门（津阳门） 小苑门（宣阳门） 平城门（平昌门） 开阳门	广阳门（西明门） 雍门（西阳门） 上西门（阊阖门）	谷门（广莫门） 夏门（大夏门） ——（承明门）
姑臧	洪范门（中城） 青角门（中城） 青阳门（东城）	朱明门（东城）	凉风门（东城）	广夏门（中城）
邺城	建春门	凤阳门 中阳门 广阳门	金明门	广德门 厩门
隋大兴城 （唐长安城）	延兴门 春明门 通化门	安化门 明德门 启夏门	延平门 开远门 金光门	芳林门 景曜门 光化门
高昌城	青阳门 建阳门	武城门? ?门 鹿门	金章门 金福门	玄德门 横城门

通过上表比较，不难看出高昌外垣诸门的命名很大程度上是受了汉长安城、汉魏洛阳城以及前凉姑臧城以来传统的影响，而与隋大兴城、唐长安城城门命名系统颇为不同。尤其是东面诸门的命名上表现得最为明显。而7世纪初高昌仍用古老的"鹿门"一名，更可说明受中原文化影响之深。郑炳林以为，高昌城开九门受中原的影响，但又不拘于《周礼·考工记》十二门之制，具有自己的特点[30]。这一看法大体不误。在前面我们提到过，郑炳林将武城门比定为北面西头城门。比照汉长安城的城门命名，我们认为这个城门更可能是横城，而武城门则有可能是高昌故城南垣中的西头第一门。据此，我们推测高昌故城外城九门的位置分布如图一七所示。

陈寅恪先生的研究指出，魏晋中原战乱时期，士人多避难于河西，由此导致中原文化对河西产生深刻影响[31]。高昌外城的命名近于汉魏而迥别于隋唐，联系魏晋南北朝历史发展情势，可以推测其外垣始建的年代应该在十六国的前凉时代。

[30]　郑炳林《高昌城诸门考》，《兰州大学学报（社会科学版）》1985年第4期。
[31]　陈寅恪《隋唐政治制度渊源略论稿》，上海古籍出版社，1981年。

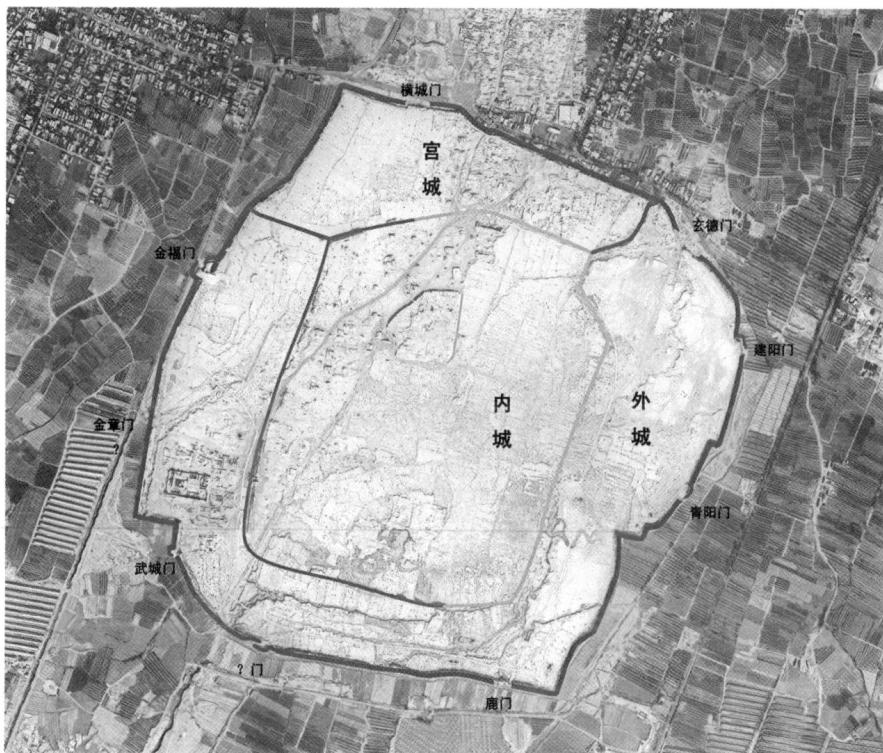

图一七　高昌故城外城诸门示意图

近年来新疆文物考古研究所在高昌故城的发掘实际上也为这一推断提供了证据。2007 年新疆文物考古研究所对高昌故城进行发掘时，采集了 7 个碳十四标本，其中东北排房 2 个、外城西墙 4 个、大佛寺中心佛塔 1 个。经北京大学考古文博学院实验室测年后，结果如下：

Lab 编号	样品	样品原编号	碳十四年代（BP）	树轮校正后年代（BC）	
				1σ（68.2%）	2σ（95.4%）
BAO71256	芦苇	07TGDDF17－1	585±35	1310 AD（48.4%）1360AD 1385AD（19.8%）1410AD	1290AD（95.4%）1420AD
BAO71257	芦苇	07TGDDF17－2	400±35	1440AD（57.6%）1510AD 1600AD（10.6%）1620AD	1430AD（70.7%）1530AD 1550AD（24.7%）1640AD
BAO71258	木	07TGDT	1760±40	220AD（68.2%）340AD	130AD（95.4%）390AD
BAO71259	芦苇	07TGXQ1	1470±35	565AD（68.2%）635AD	530AD（95.4%）650AD
BAO71260	芦苇	07TGXQ2	985±40	990AD（32.6%）1050AD 1080AD（35.6%）1160AD	980AD（95.4%）1160AD

续表

Lab 编号	样品	样品原编号	碳十四年代（BP）	树轮校正后年代（BC）	
				1σ（68.2%）	2σ（95.4%）
BAO71261	木	07TGXQ3	1600±35	410AD（30.1%）470AD 480AD（38.1%）540AD	390AD（95.4%）550AD
BAO71262	木	07TGXQ4	1465±40	565AD（68.2%）640AD	530AD（95.4%）660AD

　　西墙的 4 个碳十四标本测年时代落在 390～1160 年，分别对应北凉、麹氏高昌、高昌回鹘三个时期。这也表明高昌建城以后，后代一直沿用旧有城墙并时有修补。

　　吐鲁番阿斯塔那 367 号墓出土文书《高昌延昌四十年（公元 600 年）供诸门及碑堂等处粮食帐》提到高昌诸门有：

　　　　故东门
　　　　故南门、新南门
　　　　故西门、新西门
　　　　北门
　　　　大门、小门、鹿门、府门

　　其中故东门、故南门、新南门、故西门、新西门、北门方位明确。文书里既然提到故东门，则必然还对应有一个新东门。故门、新门相对而名，显然与开置于不同时期有关。虽然目前我们尚无法完全确定新门、故门分别对应外垣的哪些门，但这至少

图一八　高昌故城外城南垣未知名城门新发现遗迹

说明外垣诸门的开置是有一个过程而非一次性完成的，并且与碳十四数据所反映出的情况可以相印证。外垣各瓮城的形制不同也正说明了这一问题[32]。

高昌故城遗迹虽多已湮灭，所幸地下出土文物可供我们探其一斑。高昌外城门命名系统有力地证明了中原文化的强烈影响。城门的命名当然不只是简单的符号标识，更重要的是在这套符号背后反映出来的文化认同和文化体验。与此相似的大量符号并不能够留存下来相应的物质载体，然而这类"看不见"的东西却值得我们在考古工作中给予更多的重视。

附记：2013年，吐鲁番学研究院在高昌故城外城西南角处发掘，发现门砧石及道路遗迹（图一八）。笔者在发掘现场仔细考察，确认其位置恰好在我们推测外城南墙的未知名城门处。这一发现证明我们的推测不误。此次发掘的资料尚未刊布，更多的细节有待日后研究。

本文为教育部人文社会科学重点研究基地重大项目"汉唐西域城市与文明考古研究"（项目批准号：16JJD780002）阶段性研究成果。

---

[32]　孟凡人对高昌城的新旧门有过讨论，但基本都是推论，缺乏考古资料和文献证据，不可信据。见孟凡人《高昌城形制初探》，《中亚学刊》第五辑，第45页，中华书局，1996年。

石窟寺考古的新探索

——龟兹石窟调查与研究

魏正中[*]

This short paper fulfills the midterm requirement of the project "Survey and study of the rock monasteries of Kucha", a Key Research Project funded by the Chinese Ministry of Education, Research for Humanities and Social Sciences. Besides introducing the background work already completed by the author, the paper indicates the methodological basis from which the research moves and shortly describes the plan of the project. The brief history of research, besides illustrating the results of over a hundred years of research, is a reflection on the way these results were achieved. Past methodological shortcomings are pointed out and solutions are proposed. Since one of the main weaknesses of earlier studies were the result out of a limited knowledge of the sites and the focus on individual caves, "Survey and study of the rock monasteries of Kucha" aims at presenting a systematic survey of the eight main sites of the Kuhca area and offers a particular perspective, that is to look at the caves as constitutive part of groups, which in turn were concentrated in districts performing different functions, aimed at the harmonious functioning of the rock monastery, which provided spaces for living, worshipping and meditating.

绪　　言

　　2000～2006 年，笔者在新疆的库车、拜城、新和县一带即古代龟兹王国地区，进行了大量的实地调查，积累了丰富的田野工作记录和实测图。在此基础上，笔者一直尝试用新的视角来理解这些石窟寺院。2012 年获批教育部人文社会科学重点研究基地重大项目"龟兹石窟寺院调查与研究"，得以重新组织这批资料和实测图并将其整理出版，为致力于龟兹地区石窟寺院研究的学者提供更多有益信息。

　　本项目的最终成果将是一部系统的研究专著，既能展示适用于龟兹所有石窟寺遗址的理论研究框架，同时又能成为田野工作者和学者们案头常备的工具书。除介绍方

---

　　*　作者系北京大学考古文博学院教授。

法外，该书还将描述石窟寺院的布局，分析单体洞窟、组合和区段等基本要素。书中组织材料和开展研究秉持的基本原则是：遗址的构成单元不仅只有单体洞窟，并且包括彼此间关系密切的单体洞窟组成的组合和区段。

1905～1914年，德国的普鲁士皇家吐鲁番探险队在龟兹地区的探险活动被视为古龟兹石窟寺现代学术研究的开端。当时大量文物如文书残片及壁画和田野工作笔记、测绘图、摄影资料先后运至德国，成为过去一个世纪中外学者研究古龟兹的关键资料。时至今日，这批资料及一些早期探险家的著作仍备受重视。

20世纪前半叶，中国学者曾在古龟兹地区进行了零星的田野工作，但远不足以据之开展系统的学术研究。从1950年起，中国西部地区文物普查工作渐次开展，但与石窟考古有关的学术出版物依然是屈指可数。该地区系统的考古工作始于1979年，当时的北京大学考古系与克孜尔千佛洞文物保管所在克孜尔进行了联合考古调查，并于1997年出版了《新疆克孜尔石窟考古报告》第一卷，公布了克孜尔谷西区15个洞窟的详细材料[1]。与此同时，中日联合出版的大型系列图录《中国石窟》单列出四卷内容用以展示龟兹石窟，书后所附论文均由参加过考古调查的学者撰写[2]。在这之后，考古活动渐趋沉寂，直至近年考古报告的编写工作才有机会得以继续进行。

2000年以来，龟兹研究院先后编写了四册关于主要石窟寺院的内容总录以及三篇中型石窟寺院简报[3]。然而，这些内容总录和简报的重点在于对单体洞窟的描述，无法形成对遗址全面清晰的认识。针对单体洞窟的分析，在龟兹石窟研究之始就颇受关注，这一倾向在过去20年间因艺术史领域对窟内装饰的重视而被不断强化。事实上，有装饰的洞窟在龟兹石窟寺中所占比例不到三分之一。过度强调单体洞窟及其装饰，无疑会导致对石窟寺院整体评价的失真。龟兹石窟寺院是僧团居住、礼拜、禅定的场所，其组织结构必然有内在的逻辑关系，不能简单视为单体洞窟的总和。在这种情况下，我们亟须以新的视角探索一种行之有效的方法来研究龟兹石窟寺院。

2004年，笔者在田野调查的基础上完成了博士论文《克孜尔洞窟组合调查与研

〔1〕 北京大学考古学系等《新疆克孜尔石窟考古报告》，文物出版社，1997年。

〔2〕 新疆维吾尔自治区文物管理委员会等《中国石窟·克孜尔石窟》三卷，文物出版社，1989～1997年；《中国石窟·库木吐喇石窟》，文物出版社，1992年。

〔3〕 新疆龟兹石窟研究所《克孜尔石窟内容总录》，新疆美术摄影出版社，2000年；新疆龟兹石窟研究所《森木塞姆石窟内容总录》，文物出版社，2008年；新疆龟兹石窟研究所《库木吐喇石窟内容总录》，文物出版社，2008年；新疆龟兹研究院《克孜尔尕哈石窟内容总录》，文物出版社，2009年；新疆龟兹研究院《台台尔石窟调查简报》《库车玛扎伯哈石窟调查简报》《托乎拉克艾肯石窟考古勘查简报》，《吐鲁番学研究》2010年第1期。上述材料应注意甄别使用，尤其要注意其中的一些插图不够准确，洞窟类型被误判，有些不同时期的遗存也被定为同时。

究——对龟兹佛教的新探索》，文中分析了克孜尔石窟的组合，暂把遗址分为七个区段。同时撰文讨论了窟前的木构建筑，这是洞窟组合存在的证据和反映[4]。另有一篇关于谷西区西段石窟的研究，此处是洞窟区段分布的典型区域[5]。

以上是笔者关于克孜尔石窟的研究，但区段和组合两个概念适用于龟兹地区所有石窟寺院遗址，这是笔者多年来的研究重点[6]。除了使用考古学方法，笔者与美国艺术史学家何恩之（A. F. Howard）合作，尝试从考古学、艺术史和佛学等更广阔的视角研究龟兹石窟寺院，研究成果以英文专著形式已经出版[7]。近年，笔者还主持翻译了《犍陀罗石刻术语分类汇编》一书，解决了佛教术语的标准化问题[8]。此外，还编译了另一本与犍陀罗艺术有关的专著——《犍陀罗艺术探源》，该书系统介绍了自 1956年至今，意大利考古队在斯瓦特地区的重要发现和研究成果[9]。以上出版物及进行中的工作均为深入探讨龟兹石窟，完成"龟兹石窟寺院调查与研究"项目奠定了坚实的基础。

目前，学界对龟兹石窟的年代序列尚未达成一致见解。20 世纪前半叶，德国学者从艺术史角度提出了一个年代学序列，并根据语言学研究成果予以校正，其结论至今仍被广泛认可。近年来，因艺术史未能提供更可信的线索，绝对年代的研究过分倚重于 ^{14}C 测年技术的分析结果[10]。1979 年北京大学开展的考古研究对德国学者的年代结论提出了直接的挑战：以考古类型学划分不同类型洞窟，而后按同类洞窟的演变序列进行分期，最后综合所有不同类型洞窟的分期结果进而提出整个遗址的分期。但遗憾的是，这种方法当时只应用于少数典型洞窟，相较于德国人的研究缺乏数量基础，后来也没有进一步扩展，从而影响了其可信度。

通过考古类型学分析以获得同类洞窟的排序和分期，是值得肯定的。然而，选择不同类型洞窟间若干共有的、时代特征敏感的建筑结构，如叠涩等，串联不同类型洞

---

〔4〕 魏正中《克孜尔石窟前的木构建筑》，《文物》2004 年第 10 期。

〔5〕 魏正中《克孜尔谷西的石窟寺院》，《燕京学报》2004 年新 16 期。

〔6〕 魏正中《区段与组合——龟兹石窟寺院遗址的考古学探索》，上海古籍出版社，2013 年。

〔7〕 Howard, Angela F. and Vignato Giuseppe, *Archeological and Visual Sources of Meditation in the Ancient Monasteries of Ku ča*. Leiden – Boston, Brill, 2014. 中文本：何思之、魏正中著，王倩译《龟兹寻幽——考古重建与视觉再现》，上海古籍出版社，2017 年。

〔8〕 Facenna D. and A. Filigenzi, *Repertory of Terms for Cataloguing Gandharan Sculptures*, Istituto Italiano per l'Africa e l'Oriente, Roma, IsIAO, 2007. 魏正中、王姝婧、王倩译《犍陀罗石刻术语分类汇编——以意大利亚非研究院巴基斯坦斯瓦特考古项目所出资料为基础》，上海古籍出版社，2014 年。

〔9〕 卡列宁、菲利真齐、奥利维里著，魏正中编著，王倩编译《犍陀罗艺术探源》，上海古籍出版社，2015 年。

〔10〕 脱离考古学语境的 ^{14}C 年代结果是问题的制造者，同一洞窟的 ^{14}C 甚至相差数百年。

窟的分期以推断整个遗址的分期，显然缺乏客观依据，因这种做法的潜在假设是不同类型洞窟在石窟寺院使用之初就并存且共同发展直至废弃。考古类型学必须基于地层学，即叠压打破关系来确立遗存可靠的相对年代。石窟是一种特殊的遗址，开凿于高出地表的岩体上，但洞窟之间仍存在叠压打破关系，如僧房窟改建成中心柱窟，或洞窟的扩建，以及局部的改造，因此对不同类型洞窟的排年需要充分重视和利用这些叠压打破关系[11]。

迄今为止，研究石窟年代的立足点均是单体洞窟，曾开启并推动研究进展的方法现在却阻滞了进一步的深入探索，寻找新的视角以拓展相关领域的研究势在必行。

洞窟组合

洞窟组合早已应用于龟兹地区的石窟寺院研究中，并非新的概念[12]。洞窟组合是指位置毗邻，通常处于同一水平面且共用前室或栈道的若干洞窟；同一洞窟组合有明确的界限，不与其他组合的界限重叠。以克孜尔典型的洞窟组合14～19窟组合为例，组合的原始核心由同时开凿的15号僧房窟、16号方形窟和17号中心柱窟构成，在同一崖面上排成一列，相对独立于其他组合[13]。18、19两个镜像对称的僧房窟为后建，扩大了洞窟组合的规模；最后增建了14号方形窟[14]。在克孜尔谷西区西段类似于15～17窟的洞窟组合有九例，其中三例同样以增建两个镜像对称的僧房窟来扩大组合[15]（图一）。洞窟组合的原始核心部分同时设计和开凿，换言之，构成这一核心的不同类型的洞窟同时开凿，而后来增建的洞窟必然晚于前者。同类组合的反复出现，扩建方式的雷同，不仅为同类洞窟的排年，更为不同类型洞窟的相对年代关系提供了最重要的可验证参考。因此，洞窟组合既包括同时开凿的构成原始核心的不同类型洞窟，也包括后期增建的各类洞窟，这对遗址的分期至关重要。

---

[11] 洞窟间的叠压打破关系已见于早期研究，但通常仅限于单体洞窟。笔者曾总结列举了克孜尔遗址中100多例洞窟之间的叠压打破关系，参见《区段与组合——龟兹石窟寺院遗址的考古学探索》，第32页。

[12] 宿白《克孜尔部分洞窟阶段划分与年代等问题的初步探索》，载《中国石窟·克孜尔石窟》一，文物出版社，1989年；晁华山《克孜尔石窟的洞窟分类与石窟寺院的组成》，载《纪念北京大学考古专业三十周年论文集》，文物出版社，1990年；晁华山《库木吐喇石窟初探》，载《中国石窟·库木吐喇》，文物出版社，1992年。

[13] 构成组合的原始核心部分的洞窟同时开凿，这在一些未完工的组合中十分明显，如森木塞姆有共同前室的第37、38窟组合。

[14] 这种对洞窟组合演变的解释建立在整个遗址内全部洞窟类型学排比的基础之上。

[15] 有关这一问题的讨论，详见《区段与组合——龟兹石窟寺院遗址的考古学探索》，第90～105页。

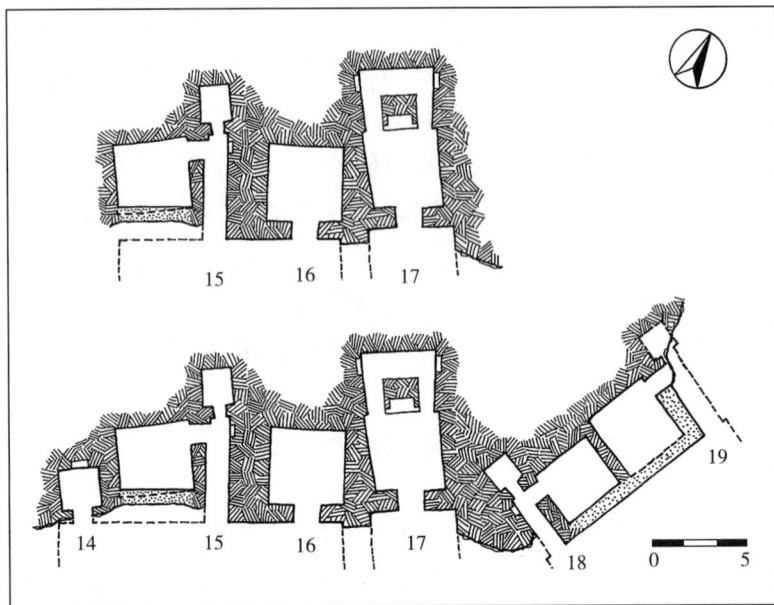

图一　克孜尔谷西区一组典型洞窟组合的发展

上阶段一：由第 15 号僧房窟、第 16 号方形窟和第 17 号中心柱窟形成的典型洞窟组合

下阶段二：在典型洞窟组合基础上扩建第 14、18、19 号窟

区　段

区段是另外一个深入理解龟兹石窟寺院遗址的概念。以龟兹地区的中型寺院玛扎伯哈石窟群为例[16]。

玛扎伯哈石窟的中央地带发现有六例同类洞窟组合，即 2、3 窟，6、7 窟，14、15 窟，17、18 窟，19、20 窟，22、23 窟，各包括一个僧房窟和一个未装饰的长条形洞窟，其最显著的特点是组合中的两个洞窟共用同一个宽大的前室。前室的体量远大于两个洞窟，木质屋顶遮挡炙热的阳光，具有良好的通风和光照条件，应是僧团的活动场所。宽大前室是组合中不可或缺的部分，且规模也不能被缩小。如 6、7 窟组合，因受地形限制，宽 12 米，进深超过 10 米的前室被安排在两个洞窟之间，这种设计上的变通即是印证（图二）。

这六例同类洞窟组合集中在中央地带，构成了一个典型的中央区段。区段即是指同类洞窟组合或单体洞窟集中分布的区域，并与其他区段有明显的界限，不同的区段承担着不同的功能。除了玛扎伯哈，龟兹地区的其他石窟寺院遗址也都由区段组成。

---

[16]　新疆龟兹研究院《库车玛扎伯哈石窟调查简报》，《吐鲁番学研究》2010 年第 1 期。

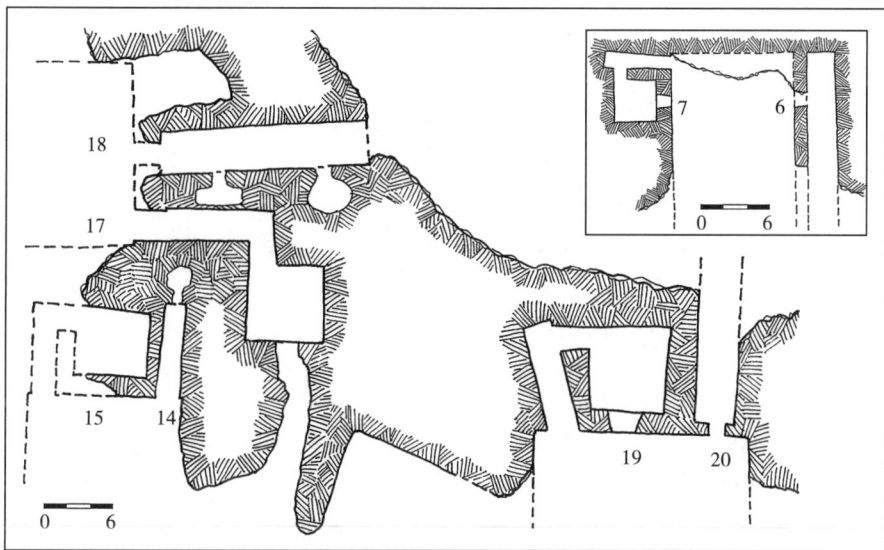

图二　玛扎伯哈中央区段的同类洞窟组合（各包括共用同一前室的一座僧房窟和
　　　一座未装饰的长条形洞窟）

区段的辨识比洞窟组合的确定更加复杂。石窟寺院经历了长期的发展演变，或遵照原
初设计，同类的单体洞窟或洞窟组合陆续凿建于已规划好的区段内，这种区段易于区
分；或为适应新的需求，区段内插入不同类型的单体洞窟或洞窟组合，这种内容或性
质发生转变的区段较难辨认。

　　若要识别出变化了的区段，理论上应先建立所有洞窟的年代序列，而后从晚到早
追溯至遗址的最初布局，然后梳理遗址内单体洞窟，洞窟组合的后续发展，如此不仅
能明晓区段在每个时期的演变情况，而且对整个遗址产生全面系统的认识。

　　综上所述，龟兹地区的石窟寺院是有内在逻辑关系的有机整体，包括若干由洞窟
组合或单体洞窟构成的功能不同的区段，而不是单体洞窟的随意增加。区段是理解石
窟寺院建造初衷的中介。石窟寺院的建造与僧团的需要息息相关，合理安排寺院内的
功能分区，也就是现在所见的区段以满足僧团需要无疑是设计者面临的首要任务。区
段不仅是设计者意图，也是寺院发展演变的最根本动力和原因的具体体现。概括地说，
构成龟兹石窟寺院的区段主要是为满足僧团的三项基本需求，即居住、礼拜、禅定。

遗址分析

　　在阐述了洞窟组合和区段两个概念之后，再度审视 1997 年出版的《新疆克孜尔石
窟考古报告》第一卷。以 2 ~ 6 窟组合为例，报告中称之为"一列洞窟"，并根据[14]C 的

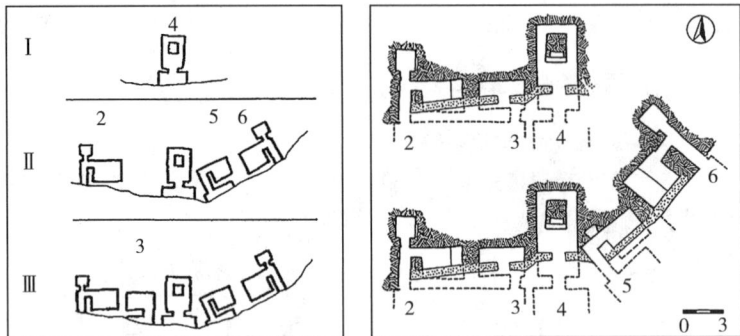

图三　克孜尔第 2 ~ 6 窟洞窟组合

左：《新疆克孜尔石窟考古报告》中主要基于[14]C 测年结果的三阶段形成图

右：笔者在全面系统考察克孜尔谷西西端洞窟组合发展的基础上绘制的两大阶段发展图

分析结果将这"一列洞窟"分为三个发展阶段：第一期开凿 4 号中心柱窟，第二期开凿 6、5、2 号三个僧房窟，第三期又增建 3 号方形窟。从分期的分析逻辑看，报告所称的"一列洞窟"是对最终布局的描述，而非真正意义上的洞窟组合[17]（图三）。

在克孜尔谷西区西段，与 2 ~ 6 窟类似的洞窟组合还有九例，如上文提及的 14 ~ 19 窟组合。通过对这些同类洞窟组合的分析，表明 2 ~ 6 窟组合中原始核心部分为同时开凿的 2 号僧房窟、3 号方形窟和 4 号中心柱窟；而 5、6 号两个对称分布的僧房窟属于晚期扩建，旨在不改变组合基本功能的前提下扩展居住区。这种扩张可视为对原始核心组合的打破，因而提供了无可辩驳的年代学线索。由此可知，基于洞窟组合的分期与报告的分期显然不同，前者以区段内同类组合的发展规律以及整个遗址洞窟的排年为根据，而后者仅参考了[14]C 测年数据。

如何以区段为切入点来理解整个石窟寺院，托乎拉克艾肯遗址为我们提供了一个分析个案[18]。该遗址保存状况不佳，洞窟或全部塌毁，或被沙石淤塞，或仅部分暴露地表，对遗址的整体面貌难以作出初步判断。

研究石窟寺遗址时，首先应该获得对遗址的整体理解，而后是对区段分布的认识，再次是对洞窟组合的考察，最后是对单体洞窟的分析。托乎拉克艾肯的中心是山丘，其上有地面遗址，由一堵残存的土坯石块墙环绕，墙内结构被严重破坏，无法辨识建筑的布局和大小。

在这处地面遗址上可以俯瞰全局。尽管托乎拉克艾肯的规模较小，编号洞窟只有 20 个，除地面遗址外，依据功能仍可划分为三个区段（图四）。

---

[17]　北京大学考古学系等《新疆克孜尔石窟考古报告》第一卷，第 61 页，文物出版社，1997 年。

[18]　新疆龟兹研究院《托乎拉克艾肯石窟考古勘查简报》，《吐鲁番学研究》2010 年第 1 期。

南区包含 6 个洞窟，即 5 ~ 8 号 4 个僧房窟和 3、4 两个带简单装饰的小型方形窟。值得注意的是，遗址内 6 个僧房窟中有 4 个集中分布于该区段。这 4 个僧房窟的建筑形式各不相同，表明它们可能开凿于不同时期，而改造和修葺的痕迹又反映了它们沿用了较长的时间。

东区由 9、10、12、17 号中心柱窟和 11 号方形窟构成。中心柱窟均受到严重破环，但仍反映出龟兹地区中心柱窟发展至晚期的典型特点，即中心柱四面以及甬道外侧壁均开龛，券顶更加平缓。11 号窟是遗址中最大的带装饰的穹隆顶方形窟，比例协调，位于两个中心柱窟之间。虽然区段内洞窟之间的关系已无法判断，但该区的最主要功能无疑是礼拜。

北区专门用于禅定。在北侧被修整的崖壁上有四排 30 多个禅定窟：靠下两排分别各有 10 个，第三排有 6 个，最上一排有 4 个，每排洞窟前有一条小径以供出入。崖面情况和遗址整体布局表明，禅定窟的原有数目当远多于此。这些禅定窟的规模和形制相同，宽 0.9 米，高 1.2 米，彼此相距 0.4 米。18 号中心柱窟凿建于禅定窟下方的中心位置处，表明其具有与禅修相关的特定功能：僧侣在禅定前后需要在中心柱窟处停留并礼拜佛像。北区的北侧还有 19、20 号两个未装饰的小型洞窟，可能是见于龟兹地

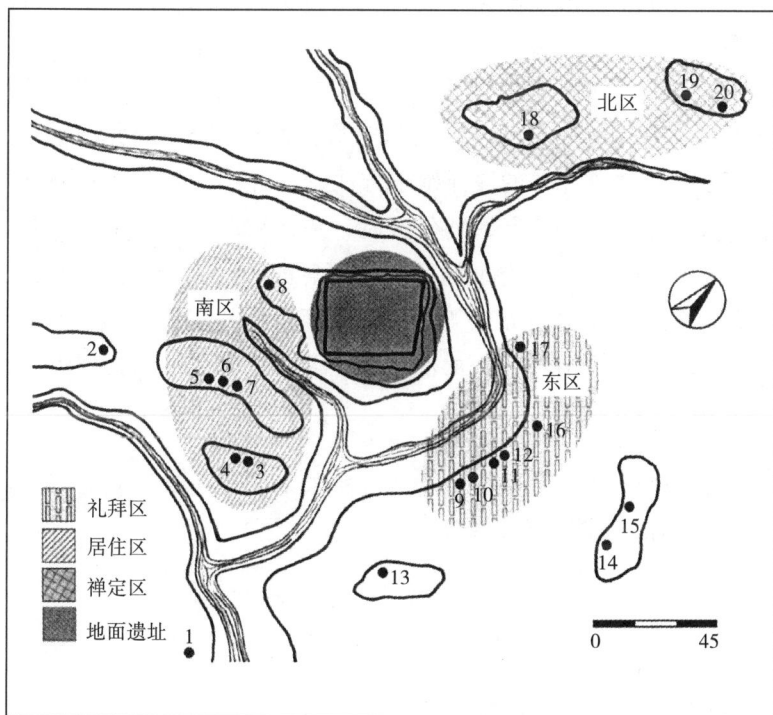

图四　托乎拉克艾肯石窟寺院遗址不同区段分布示意图

区其他石窟寺院的闭关窟[19]。

　　上述三个区段围绕山顶的地面遗址，这或是遗址的最初规划，每个区段有其特定功能，分别为居住、礼拜、禅定。遗址内其他洞窟如 1、2、13～15 号窟分布在外围，是晚期最佳利用空间用尽后的新发展。托乎拉克艾肯这种包括居住区、礼拜区和禅定区的清晰可辨的布局是龟兹石窟遗址布局的典型，它在规划石窟寺院之初已存在于设计者心中。

　　托乎拉克艾肯还反映出与龟兹地区其他遗址的某些共性。僧人在此地的住所既有地面住宅也有僧房窟，两者共存便引出一个问题，即使用这两种住所的僧人是否存在地位的差别。礼拜活动主要在雕饰精美、彼此相连的中心柱窟中进行。另外，这里集中了龟兹石窟寺院中最多的禅定窟，30 多个形制相同的小窟成排分布于崖壁上，说明了禅修在托乎拉克艾肯的重要性。

结　　论

　　以上讨论解释了开展"龟兹石窟寺院调查与研究"项目以及所采用的研究方法的缘由。这种方法在笔者过去的数篇文章中已用于分析特定问题，而本项目提供了将其应用到更多遗址和洞窟中的机会。

　　项目的最终成果是一部系统的专著。内容包括古龟兹王国现存的八处互为补充的石窟寺遗址，即克孜尔、库木吐喇、克孜尔尕哈、森木塞姆、玛扎伯哈、托乎拉克艾肯、台台尔、温巴什。主要章节的展开始于方法论的介绍，而后逐一分析每处石窟寺遗址，总述其布局及发展演变情况，划分区段，考察洞窟组合及单体洞窟。书中还配有进一步解说内容的插图，包括遗址洞窟分布示意图、区段分布图、洞窟组合的联合平面图和立面图以及窟内壁画分布图等，另辅有部分照片以作特别说明。预期这将会是一本内容简洁明了，查阅方便，版面清新的论著，读者还可根据田野工作需要和个人兴趣作进一步补充。

　　附记：本文为教育部人文社会科学重点研究基地重大项目"龟兹石窟寺院调查与研究"（批准号：12JJD78003）的阶段性成果。

---

[19]　已出版的调查简报将禅定窟误定为像龛。关于这一问题的讨论见魏正中《区段与组合——龟兹石窟寺院遗址的考古学探索》，第 152～171 页，上海古籍出版社，2013 年。

敦煌莫高窟北朝佛像着衣样式

陈悦新[*]

The Buddha and Bodhisattva's Dresses of 30 caves in Dunhuang Mogao grottoes in Northern Dynasties can be divided in three phases, according to arranging in order typing. The first phase may be dated to the period from the middle of taihe under reign of Emperor Xiaowen to the end of North Wei (about 486 – 534). The second phase may be dated in Western Wei Dynasty (535 – 556). The third phase may be datde in North Zhou Dynasty before destroying Buddhist (557 – 574). The first phase is subjected to the influence of the Buddha's Dress in Pingcheng, the Capital of North Wei. The second phase is impacted by the Buddha's Dress in southern dynasties. The third phase likely relates to Changan, the Capital of North Zhou. On the basis of the stages of the Buddha's Dress, we tentatively think that the building of caves can be matched with the time of the Buddha's Dress as a reference.

莫高窟位于甘肃河西走廊西端戈壁中，在敦煌市东南约 25 公里处的鸣沙山东麓、大泉河西岸。隋代以前的早期洞窟，现存 36 个[1]，其中泥塑佛像着衣样式保存较好的达 30 窟之多。本文拟运用考古类型学方法，对佛衣及菩萨衣饰进行分析排比，试探讨佛像着衣样式的分期及其所反映的文化影响与洞窟年代等问题。

一、莫高窟北朝佛像着衣类型

1. 佛衣

佛衣由内而外披覆三层长方形的三衣。里层第一衣遮覆下身，经文意译下衣（音译安陀会）；中层第二衣遮覆全身，经文意译中衣（音译欝多罗僧）；外层第三衣遮覆全身，经文意译上衣（音译僧伽梨）。根据印度和汉地佛教造像中三衣的表现形式，首先，从层次上将佛衣区分为上衣外覆类和中衣外露类。上衣外覆类仅表现上衣的披覆形式，中衣

---

[*] 作者系北京联合大学应用文理学院教授。

[1] 樊锦诗等《敦煌莫高窟北朝洞窟的分期》，载敦煌文物研究所编《中国石窟·敦煌莫高窟》（一），第 185~197 页，文物出版社，1982 年。

外露类则既表现上衣也表现中衣的披覆形式。其次，上衣外覆类据上衣披覆形式变化可分出通肩式、袒右式、覆肩袒右式、搭肘式、露胸通肩式五种类型；中衣外露类据上衣及中衣披覆形式变化可分出上衣搭肘式、上衣重层式、中衣搭肘式三种类型。除通肩式外，一般可见上身内着僧衹支，这是一件遮覆上身、袒右披着的助身衣，披覆三衣前须先衬僧衹支；也有少量的内着交领衣，其可能是由僧衹支改造的偏衫[2]。

莫高窟北朝佛衣具上述八种类型中的五种，分别为覆肩袒右式（A 型）、通肩式（B 型）、搭肘式（C 型）、露胸通肩式（D 型）和上衣搭肘式（E 型）。

A 型　覆肩袒右式。外层的上衣通覆两肩，右衣角由右腋下方绕过搭左肩。位于正壁或中心柱正壁，如 268、272、259、254、257、251、260、435、437、431 窟，除 268 和 260 窟佛衣外，余均装饰勾联纹（图一：1~10）。这种纹饰由突起的两股曲线合为一股，每股上刻阴线一道，每股之间的凹面上也刻阴线一道或两道；在交合处两股的内边线闭合，外边线延伸合为一股，同时交合处阴刻短弧线。

B 型　通肩式。外层的上衣通覆两肩，右衣角绕颈搭左肩。主要位于正壁以外的其他壁面，如 259、254、257、251、260、263、435、437、431、288、248、432、290 窟，其中 263 窟的装饰勾联纹（图二：1~13），248 窟的位于正壁。

C 型　搭肘式。外层的上衣通覆两肩，右衣角自右臂下方绕过搭左肘。主要位于正壁以外的其他壁面，如 257、431、248 窟（图三：1、4、6）；或右衣角搭在禅定印处，如 432、247 窟（图三：5、7）；还有的既表现出搭左肘又表现出搭左肩的形式，如 251、435 窟（图三：2、3）。其中 247 窟的位于正壁。

D 型　露胸通肩式。外层的上衣通覆两肩，右衣角自胸前呈 U 形绕过搭左肩。位于正壁或中心柱正壁，如 285、288、249、438、440 窟，其中 285、288、249 窟的装饰勾联纹（图四：1~5）。

E 型　上衣搭肘式。上衣自身后通覆两肩，右衣角横过腹部搭左肘；中衣与上衣披覆形式一致。位于正壁或中心柱正壁，如 432、290、439、428、430、442、294、296、297、299、301 窟（图五：1~11）。

2. 菩萨衣饰

菩萨衣饰的分类和称谓较少专门研究[3]。为叙述方便，现据披着形式的主要特点拟名下裙式披巾顺体（A 型）、下裙式斜披衣（B 型）、通肩式（C 型）、下裙式披巾交叉或横腹（D 型）和领袖式（E 型）。菩萨除个别为主尊外，一般为胁侍。

---

[2]　陈悦新《佛衣与僧衣概念考辨》，《故宫博物院院刊》2009 年第 2 期。

[3]　吉村怜《古代佛、菩萨像的衣服及其名称》，载《2005 年云冈国际学术研讨会论文集·研究卷》，第 157~172 页，文物出版社，2006 年。文中分析了菩萨衣饰的基本组合，但未给出术语称谓。

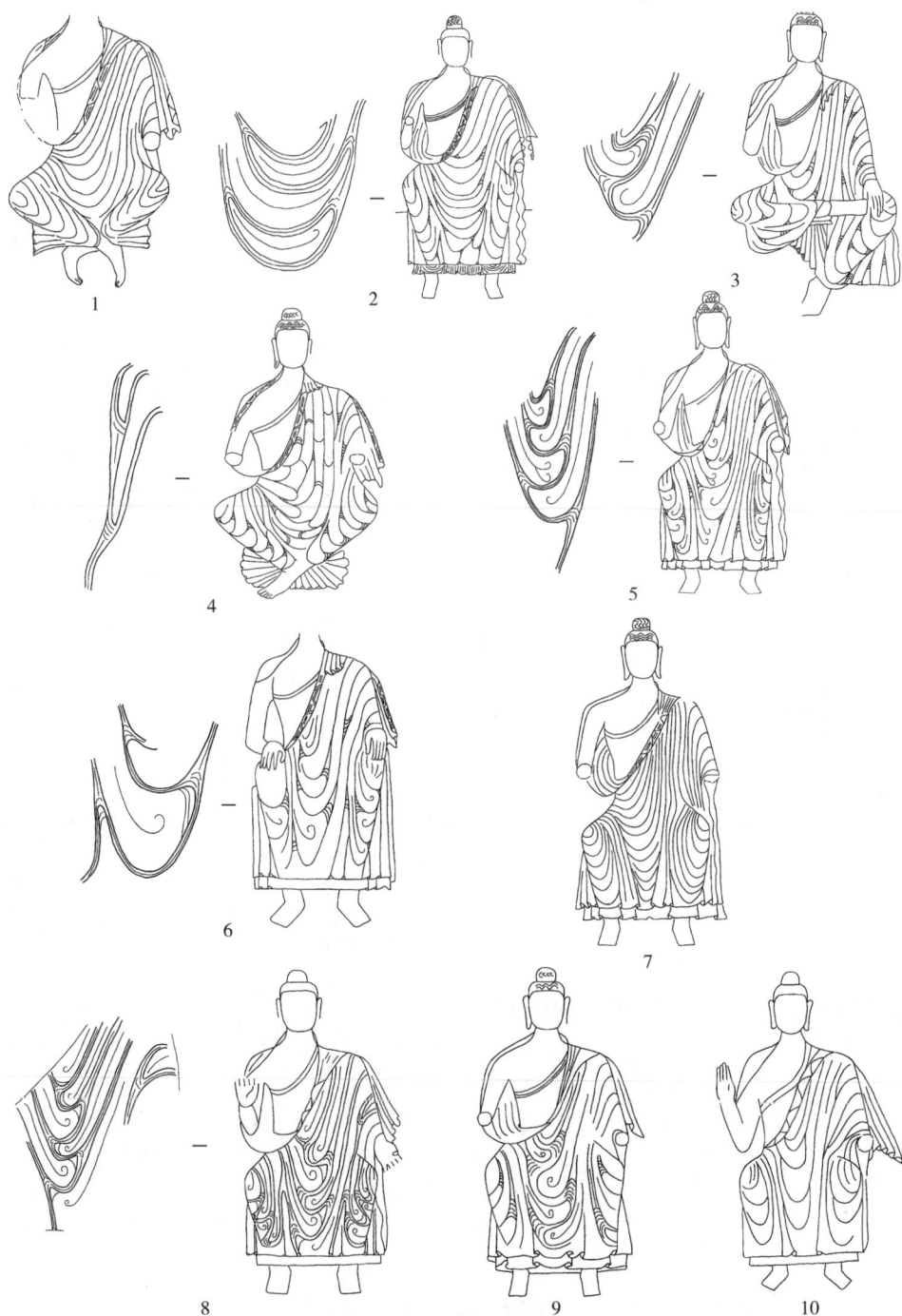

图一　莫高窟覆肩袒右式佛衣（A型）

1. 268窟正壁龛　2. 272窟正壁龛及两腿之间衣纹　3. 259窟正壁龛左身及腹部衣纹　4. 254窟中心柱正壁龛及腹部衣纹
5. 257窟中心柱正壁龛及胸腹部衣纹　6. 251窟中心柱正壁龛及两腿之间衣纹　7. 260窟中心柱正壁龛　8. 435窟中心柱
正壁龛及肩腹部衣纹　9. 437窟中心柱正壁龛　10. 431窟中心柱正壁龛

A 型　下裙式披巾顺体。上身裸体，或着似僧祇支式内衣，下身着裙，披巾搭肩顺于体侧。如 275、259、254、257、260、435、431、248、438、432、439、428、430、290、296、299 窟，其中 275 窟为主尊菩萨，裙上装饰勾联纹（图六：1～16）。

图二　莫高窟通肩式佛衣（B 型）

1. 259 窟左壁由里向外第三龛　2. 254 窟中心柱右壁下龛　3. 257 窟中心柱左壁下龛　4. 251 窟中心柱左壁下龛　5. 260 窟中心柱后壁下龛　6. 263 窟右壁龛　7. 435 窟中心柱后壁上龛　8. 437 窟中心柱后壁下龛　9. 431 窟中心柱后壁下龛　10. 288 窟中心柱左壁下龛　11. 248 窟中心柱正壁龛　12. 432 窟中心柱右壁下龛　13. 290 窟中心柱左龛

图三　莫高窟搭肘式佛衣（C 型）

1. 257 窟中心柱右壁下龛　2. 251 窟中心柱右壁下龛　3. 435 窟中心柱左壁下龛　4. 431 窟中心柱右壁下龛

5. 432 窟中心柱后壁下龛　6. 248 窟中心柱左壁龛　7. 247 窟正壁

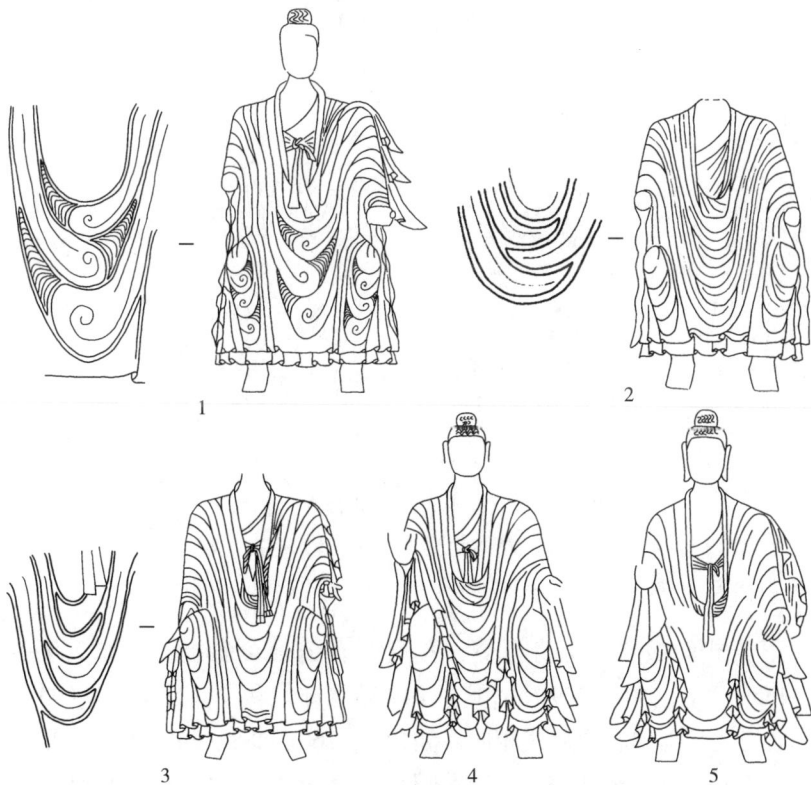

图四　莫高窟露胸通肩式佛衣（D 型）

1. 285 窟正壁龛及两腿之间衣纹　2. 288 窟中心柱正壁龛及两腿之间衣纹　3. 249 窟正壁龛左身及两腿之间衣纹

4. 438 窟正壁龛　5. 440 窟正壁龛

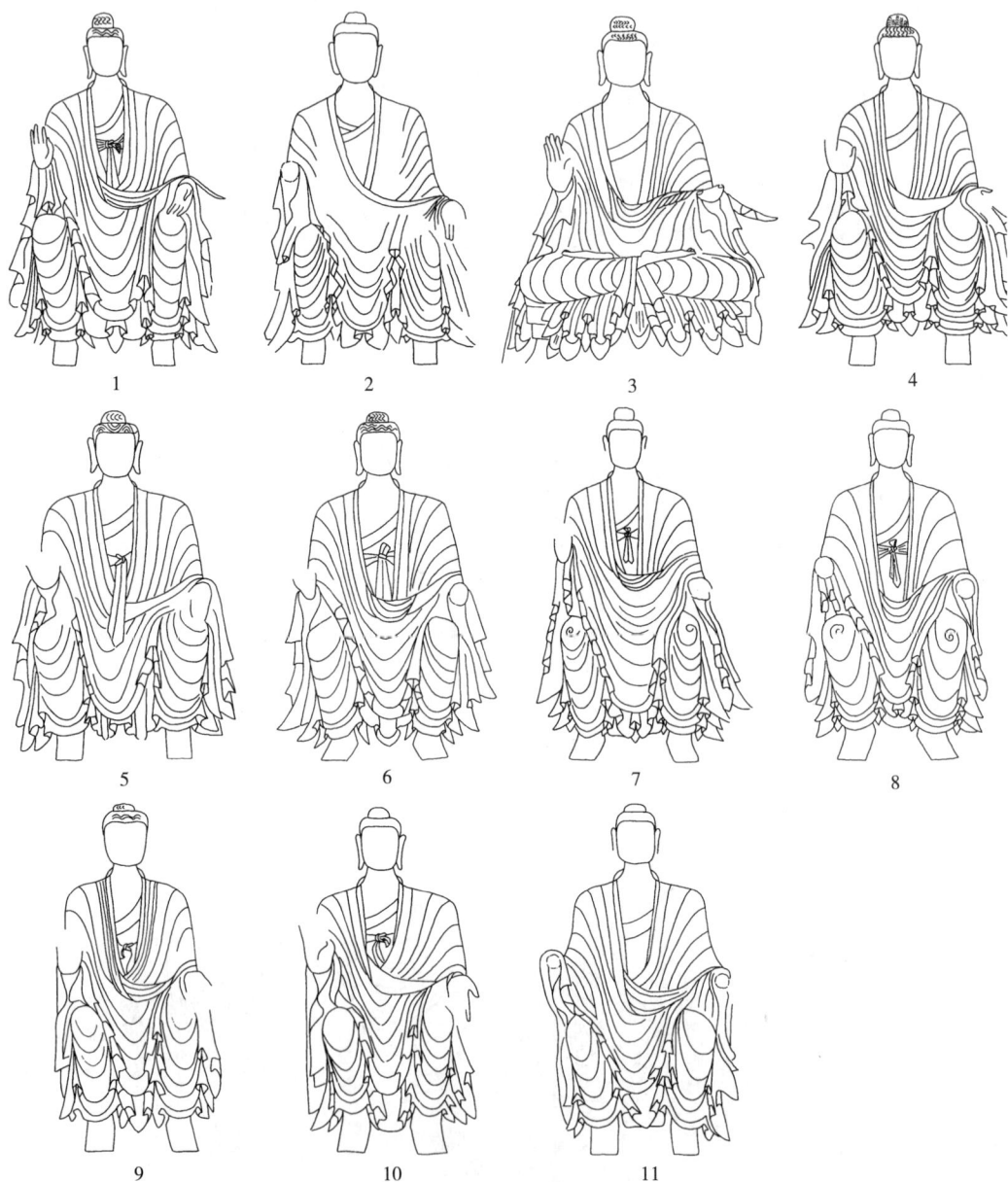

图五　莫高窟上衣搭肘式佛衣（E型）

1.432 窟中心柱正壁龛　2.439 窟正壁龛　3.428 窟中心柱正壁龛　4.430 窟正壁龛　5.442 窟中心柱正壁龛　6.290 窟中心柱正壁龛　7.294 窟正壁龛　8.296 窟正壁龛　9.297 窟正壁龛　10.299 窟正壁龛　11.301 窟正壁龛

　　B 型　下裙式斜披衣。上身裸体，左肩向右腿处覆斜披衣。如 259、254、257、251、260、435、288、248、249 窟，其中 249 窟装饰勾联纹（图七：1~9）。

　　C 型　通肩式。与佛衣通肩式相同。如 259、260、288、248 窟（图八：1~4）。

　　D 型　下裙式披巾交叉或横腹。上身裸体，下身着裙，披巾交叉或横腹前。如 260、

图六　莫高窟下裙式披巾顺体菩萨衣（A型）

1. 275 窟正壁及左腿部展开衣纹　2. 259 窟正壁左侧　3. 254 窟中心柱左壁右侧　4. 257 窟中心柱右壁左组右侧　5. 260 窟中心柱正壁左侧　6. 435 窟中心柱左壁左侧　7. 431 窟中心柱右壁右侧　8. 248 窟中心柱右壁左侧　9. 438 窟正壁右侧　10. 432 窟中心柱正壁左侧　11. 439 窟正壁右侧　12. 428 窟中心柱正壁右侧　13. 430 窟正壁左侧　14. 290 窟中心柱正壁左侧　15. 296 窟正壁右侧　16. 299 窟正壁右侧

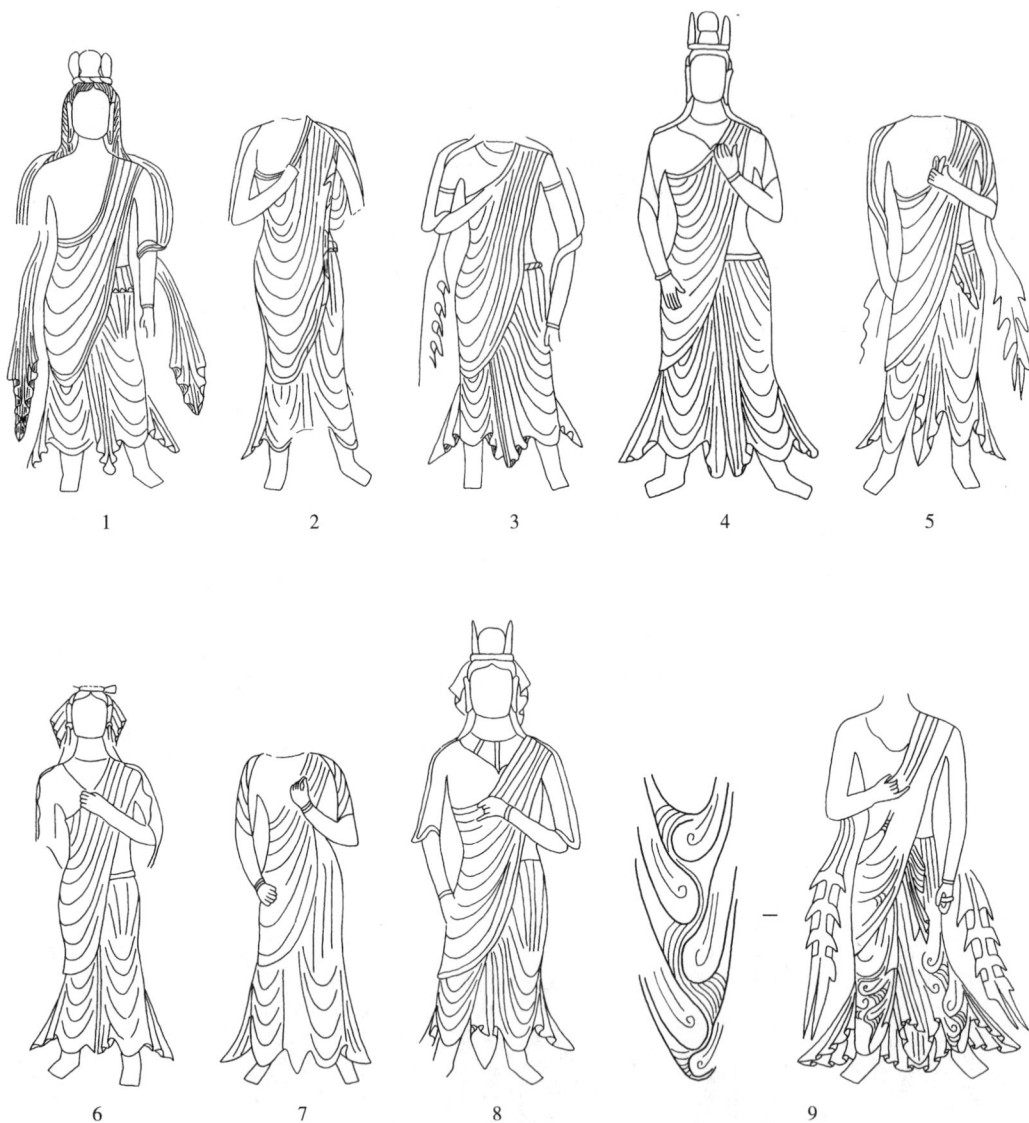

图七　莫高窟下裙式斜披衣菩萨衣（B型）

1. 259窟凸面左侧　2. 254窟中心柱正壁左侧　3. 257窟中心柱右壁左组右侧　4. 251窟中心柱正壁左侧　5. 260窟中心柱
正壁右侧　6. 435窟中心柱左壁右侧　7. 288窟中心柱左壁右侧　8. 248窟中心柱正壁右侧　9. 249窟左壁及左腿部衣纹

437、431、432、428、430、290窟（图九：1～7）。

E型　领袖式。剪裁的交领有袖衣。如285、288、432、290窟（图一〇：1～4）。

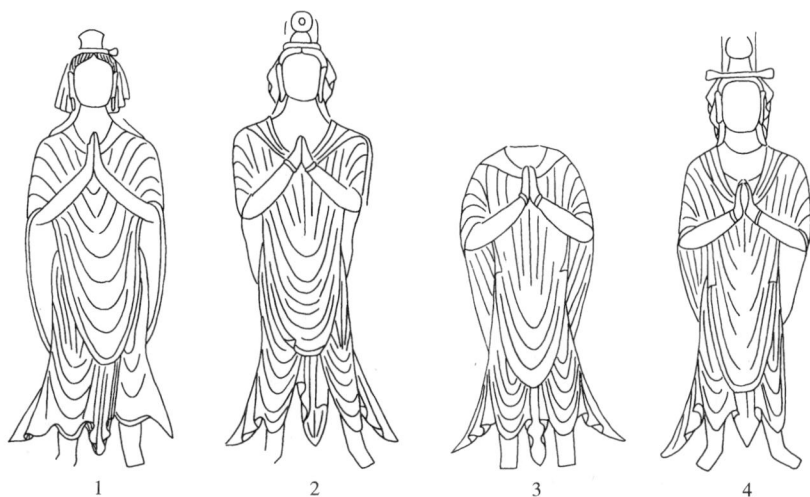

图八　莫高窟通肩式菩萨衣（C型）

1. 259窟左壁里龛右侧　2. 260窟中心柱右壁左组右侧　3. 288窟中心柱左壁上龛右侧　4. 248窟中心柱后壁左侧

图九　莫高窟下裙式披巾交叉或横腹前菩萨衣（D型）

1. 260窟中心柱后壁左组右侧　2. 437窟中心柱右壁左侧　3. 431窟中心柱正壁左侧　4. 432窟中心柱正壁右侧
5. 428窟中心柱正壁左侧　6. 430窟正壁右侧　7. 290窟中心柱正壁右侧　8. 296窟正壁右侧　9. 297窟正壁右侧

图一〇　莫高窟菩萨衣领袖式（E 型）

1.285 窟正壁左侧　2.288 窟中心柱正壁左侧　3.432 窟中心柱左壁左侧　4.290 窟中心柱后壁右侧

二、莫高窟北朝佛像着衣样式的分期

1. 佛像着衣样式的分期

根据以上 30 个洞窟佛像着衣样式的类型排比，可归纳分组，列如表一。

表一　莫高窟北朝佛像着衣类型分组表

窟号	佛衣				菩萨衣饰				组别
268	A								
272	A								
275					A				
259	A	B			A	B	C		
254	A	B			A	B			
257	A	B	C		A	B			
251	A	B	C			B			
263		B							
260	A	B			A	B	C	D	
435	A	B	C		A	B			
437	A	B						D	
431	A	B	C		A			D	

续表一

窟号	佛衣					菩萨衣饰					组别
248		B	C			A	B	C			
247			C								
285				D						E	
288		B		D			B	C		E	
249				D			B				二
432		B	C		E	A			D	E	
438				D		A					
440				D							
290		B			E	A			D	E	
439					E	A					
428					E	A			D		
430					E	A			D		
442					E						三
294					E						
296					E	A			D		
297					E				D		
299					E	A					
301					E						

说明：涂色符号表示是位于正壁或中心柱正壁的主尊佛衣及主尊菩萨衣饰。

表中第268、272、259、254、257、251、263、260、435、437、431窟的正壁或中心柱正壁为覆肩袒右式佛衣（A型），多装饰勾联纹；其他壁面为通肩式佛衣（B型）和搭肘式佛衣（C型），其中第263窟通肩式佛衣（B型）装饰勾联纹。菩萨衣饰下裙式披巾顺体（A型）和下裙式斜披衣（B型）较多，也有通肩式（C型）和下裙式披巾交叉或横腹（D型），其中第275窟主尊菩萨衣装饰勾联纹。可将这12个窟归为第一组。

第248窟中心柱正壁为通肩式佛衣（B型），第247窟正壁为搭肘式佛衣（C型），第285、288、249窟正壁或中心柱正壁为露胸通肩式佛衣（D型）并装饰勾联纹，第432窟中心柱正壁为上衣搭肘式佛衣（E型）；其他壁面以通肩式佛衣（B型）和搭肘式佛衣（C型）为主。菩萨衣饰除第一组的四型外，还见领袖式（E型），其中第249窟菩萨衣装饰勾联纹。可将这6个窟归为第二组。

第438、440窟正壁为露胸通肩式佛衣（D型），但无勾联纹，第290、439、428、

430、442、294、296、297、299、301 窟正壁或中心柱正壁为上衣搭肘式佛衣（E 型）。菩萨衣饰以 A 型 和 D 型为主。可将这 12 个窟归为第三组。

其中，第一组覆肩袒右式佛衣在第二组鲜见，第三组流行的上衣搭肘式佛衣始见于第二组。覆肩袒右式佛衣目前所见最早实例在西秦和北凉地区，如炳灵寺 169 窟开凿于西秦约 420 年的 9 号塑像[4]、现藏美国克林富兰艺术博物馆北凉缘禾四年（435 年）索阿后塔上的佛像[5]等；上衣搭肘式佛衣目前所见最早实例为四川省博物院藏四川茂汶出土的永明元年（483 年）造像碑[6]。根据这两种佛衣类型出现的先后，可知三组的顺序是第一组最早，第二组次之，第三组最晚，分为三期。各期佛像着衣的主要特点，列如表二。

表二　莫高窟北朝佛像着衣样式各期主要特点

期别＼特点	佛衣	菩萨衣饰
一期	正壁覆肩袒右式，多装饰勾联纹，其他壁面通肩式、搭肘式	下裙式披巾顺体、下裙式斜披衣、下裙式披巾交叉及通肩式，个别饰勾联纹
二期	正壁通肩式、搭肘式、露胸通肩式，装饰勾联纹，上衣搭肘式，其他壁面通肩式、搭肘式	与一期相同，出现领袖式
三期	少量露胸通肩式，上衣搭肘式为主	下裙式披巾顺体、下裙式披巾交叉或横腹

2. 各期年代推断

第一期覆肩袒右式佛衣多装饰勾联纹，这与云冈石窟 19、20、7、8 窟等的佛衣特点相似。云冈 19、20 窟的勾联纹在交合处内边线相互咬合，每股上的阴线也随形咬合（图一一：1），莫高窟勾联纹细节与其有所差异，而与云冈 7 窟的勾联纹表现形式接近，7 窟勾联纹在交合处内边线闭合、阴刻短弧线（图一一：2）。

《魏书·释老志》记录了云冈石窟始凿时的情况，和平初（460 年）"昙曜白帝，于京城西武州塞，凿山石壁，开窟五所，镌建佛像各一，高者七十尺，次六十尺，雕饰奇伟，冠于一世"[7]。这最初的五窟即相当于今云冈石窟 16～20 窟，五窟开凿的下

［4］　参见甘肃省文物工作队等《中国石窟·永靖炳灵寺》图版 29、32、33，文物出版社，1989 年。9 号塑像年代参考常青《炳灵寺 169 窟塑像与壁画的年代》，第 472 页，载北京大学考古系编《考古学研究》（一），文物出版社，1992 年。

［5］　参见殷光明《北凉石塔研究》图 59、62、63，财团法人觉风佛教艺术文化基金会，2000 年。"缘禾"年号，史籍无证，目前学术界基本认同北凉"缘禾"即北魏"延和"之谐音异写的观点。关于该塔年号考证问题参见该书第 65～67 页。

［6］　袁曙光《四川茂汶南齐永明造像碑及有关问题》，《文物》1992 年第 2 期。

［7］　《魏书》卷一一四，第 3037 页，中华书局，1974 年。

图一一　云冈与金塔寺石窟覆肩袒右式佛衣

1. 云冈20窟正壁佛衣及胸腹部衣纹　2. 云冈7窟主室正壁上龛左侧佛衣及右腿部衣纹　3. 金塔寺西窟中心柱右壁下层佛衣及腹部衣纹

限推断在献文帝末年（470 年）[8]。继昙曜五窟之后开凿的洞窟有 7、8 双窟及略晚的 9、10 双窟等[9]，推测 9、10 双窟的开凿时间约始于太和八年（484 年）[10]，勾联纹

〔8〕参见吉村怜《论云冈石窟编年》，卞立强等译，收入作者《天人诞生图研究——东亚佛教美术史论文集》，第 256～274 页，中国文联出版社，2002 年。原刊《国华》1140 号，1990 年。宿白《平城实力的集聚和"云冈模式"的形成与发展》，收入作者《中国石窟寺研究》，第 114～144 页，文物出版社，1996 年。原刊云冈石窟文物保管所编《中国石窟·云冈石窟》（一），文物出版社，1991 年。

〔9〕参见宿白《云冈石窟分期试论》，收入作者《中国石窟寺研究》，第 76～88 页，文物出版社，1996 年，原刊《考古学报》1978 年第 1 期；长广敏雄《云冈石窟第 9、10 双窟的特征》，载云冈石窟文物保管所编《中国石窟·云冈石窟》（二），第 193～207 页，文物出版社，1994 年。

〔10〕宿白《〈大金西京武州山重修大石窟寺碑〉校注——新发现的大同云冈石窟寺历史材料的初步整理》，收入作者《中国石窟寺研究》，第 60～61 页，文物出版社，1996 年。原刊《北京大学学报·人文科学》1956 年第 1 期；宿白《〈大金西京武州山重修大石窟寺碑〉的发现与研究——与日本长广敏雄教授讨论有关云冈石窟的某些问题》，收入作者《中国石窟寺研究》，第 89～113 页，文物出版社，1996 年，原刊《北京大学学报·哲学社会科学》1982 年第 2 期。

在9、10双窟中鲜见[11]，可进一步推知7、8双窟勾联纹的下限大致在太和八年（484年）。云冈石窟中勾联纹装饰在覆肩袒右式和通肩式佛衣上。

河西地区张掖金塔寺石窟东窟与西窟的泥塑造像，在通肩式佛衣和覆肩袒右式佛衣及胁侍菩萨腿部裙上装饰勾联纹（图一一：3），比较丰富；有的勾联纹为两根曲线相互交接成为一根，在交接处阴刻短弧线，但每根曲线中间无阴线，形式较简单。由上述两点分析，金塔寺石窟勾联纹略早于莫高窟，约在太和（477～499年）初期，推测莫高窟勾联纹出现的时间大致在太和（477～499年）中期，约486年前后。

第二期露胸通肩式佛衣装饰勾联纹，勾联纹沿袭第一期的特点，但露胸通肩式佛衣为新样式，其最早见于栖霞山石窟萧齐时期，即约永明二年（484年）以来的5世纪末期[12]，如19、22、24窟等[13]（图一二：1）。在东部地区出现于北魏末东魏时期，如青州龙兴寺北魏永安三年（530年）、东魏天平三年（536年）造像等（图一二：2、3）。据第二期285窟大统四年（538年）、五年（539年）题记[14]，推测第二期露胸通肩式佛衣约在西魏时期（535～556年）。

图一二　栖霞山石窟与青州龙兴寺露胸通肩式佛衣
1. 栖霞山19窟正壁佛衣（虚线表示后补）　2. 龙兴寺永安三年（530年）佛衣　3. 龙兴寺天平三年（536年）佛衣

[11] 9、10窟壁面佛衣不见勾联纹，但两窟主室正壁佛衣为后代泥皮所覆，尚不宜遽言9、10窟是否有此衣纹。
[12] 林蔚《栖霞山千佛岩区南朝石窟的分期研究》，《燕京学报》2005年（新19）。
[13] 陈悦新《栖霞山石窟南朝佛衣类型》，《华夏考古》2010年第2期。
[14] 敦煌研究院《敦煌莫高窟供养人题记》，第114、116页，文物出版社，1986年。

第三期露胸通肩式佛衣还有余绪，但勾联纹已消失。主要流行上衣搭肘式佛衣，推测其时间约在北周时期止于灭佛前（557～574年）。

据以上情况推定莫高窟北朝佛像着衣样式分为三期，第一期约自太和中期至北魏灭亡（约486～534年），第二期约西魏时期（535～556年），第三期约北周时期止于灭佛前（557～574年）。

三、佛像着衣样式的分期与文化影响

莫高窟第一期覆肩袒右式佛衣装饰勾联纹，可溯源北魏都城大同云冈石窟佛像的着衣样式，这从一个侧面反映了敦煌与平城的关系。文献记载，北魏时期首次由皇亲国戚出任敦煌地方长官的是文成帝婿、长乐王、秦州刺史、位列代北"勋臣八姓"之首的穆亮。穆亮"迁使持节、征西大将军、西戎校尉、敦煌镇都大将。政尚宽简，赈恤穷乏，被征还朝，百姓追思之"[15]，时在太和九年（485年）以前[16]。

敦煌从西汉设郡到魏晋时期，逐步地发展成中原西部的军政中心和商业城市[17]，控扼"西域之门户"的阳关、玉门关两座关口[18]，成为中西陆路交通的重要枢纽，"华戎所交，一都会也"[19]，其发展多依靠商业与交通。所在绿洲土地肥沃，面积较大，但人口与农业基础都受到地理条件限制。西汉户数11200[20]，东汉户数748[21]，西晋户数6300[22]，隋代户数7779[23]，唐开元盛世户数6466[24]，一般不足万户。仅在4世纪末，由于人口迁徙，最多时可能达两万户以上[25]。敦煌的农业生产规模不

［15］《魏书》卷二七，第667页，《穆崇传附四世孙亮传》，中华书局，1974年。

［16］穆亮自敦煌被征还朝后，"除都督秦梁益三州诸军事、征南大将军、领护西戎校尉、仇池镇将。时宕昌王梁弥机死……弥机兄子弥承，戎民归乐，表请纳之。高祖从焉"。同注〔15〕。"（太和）九年（485年）……遣使拜宕昌王梁弥机兄子弥承为其国王"，《魏书》卷七，第155页，《高祖纪上》。由此知，穆亮出镇敦煌在太和九年（485年）以前。

［17］宿白《两汉魏晋南北朝时期的敦煌》，收入作者《中国石窟寺研究》，第230页，文物出版社，1996年。原刊《丝路访古》（1982）。

［18］李吉甫《元和郡县图志》，第1027页，中华书局，1983年。

［19］《后汉书·郡国志五》，第3521页，敦煌郡条刘昭注引《耆旧记》，中华书局，1965年。

［20］《汉书》卷二八，第1614页，《地理志下》，中华书局，1962年。

［21］《后汉书·郡国志五》，第3521页，中华书局，1965年。

［22］《晋书》卷一四，第434页，《地理志上》，中华书局，1974年。

［23］《隋书》卷二九，第815页，《地理志上》，中华书局，1973年。

［24］李吉甫《元和郡县图志》，第1025页，中华书局，1983年。

［25］《晋书》卷八七，第2263页，《凉武昭王李玄盛传》："初，苻坚建元（365～384年）之末，徙江汉之人万余户于敦煌，中州之人有田畴不辟者，亦徙七千余户。郭䥗之寇武威，武威、张掖已东人西奔敦煌、晋昌者数千户。"中华书局，1974年。

大，节气少雨，水源主要依靠山暖雪消入河的雪水，据伯希和窃取的莫高窟藏经洞盛唐写本《沙州都督府图经》（P. 2005）记十六国时期修建的水渠有阳开渠、北府渠、阴安渠、孟授渠等，这几条渠都引甘泉水（今党河）灌溉农田，百姓蒙赖[26]，大体只够维持当地居民的生存。敦煌的经济资源难以为专门手工艺者提供长期从事创作性工作的条件，不比国都平城集中了全国的技艺和人力、物力，具备创造和不断发展新模式的条件。从莫高窟佛像着衣的样式来看，应是受到平城或内地的影响，包括部分匠人也有可能来自敦煌以外。

莫高窟第二期露胸通肩式佛衣，除萧齐时期都城建康栖霞山石窟流行外，萧梁时期成都地区石刻造像中也多见，如现藏四川省博物院"中大通元年（529 年）"鄱阳王侍从所造像。敦煌与蜀地早有交通，5 世纪前半期，高僧昙摩密多，罽宾人，"博贯群经，特深禅法……进到敦煌，于闲旷之地，建立精舍……顷之，复适凉州……学徒济济，禅业甚盛。常以江左王畿，志欲传法，以宋元嘉元年（424 年）展转至蜀……至于京师"[27]。高僧释慧（惠）揽，酒泉人，"远游外国……习禅于罽宾达摩……来至于阗、沙州，皆集大众，从揽师受，举国禅思，思法忘餐。蜀闻禅学，莫不师焉"[28]。敦煌藏经洞所出萧梁时期荆州和建康题记的佛经写本[29]，也说明敦煌与南朝之间有直接往还。

十六国时期河西割据政权与建康交通多经蜀地，前凉张骏遣使"假道于蜀，通表京师"，与蜀"修邻好"[30]，北凉沮渠蒙逊与益州刺史互聘使臣[31]。从河西与蜀地的地理关系考虑，莫高窟露胸通肩式佛衣有可能来自成都地区。北魏孝昌元年（525 年）至大统十一年（545 年），是宗室东阳王元荣一家在敦煌的活动时间[32]。东阳王元荣崇信佛教，广施佛经，开窟造龛，对北魏晚期至西魏前半期莫高窟的兴建影响很大。其自洛阳来到敦煌，带来中原地区文化，其时南朝新风普遍传播北朝地域，莫高窟的

---

[26] 参见《〈沙州都督府图经〉残卷考释》，收入王仲荦著作集《敦煌石室地志残卷考释》，第109～118 页，中华书局，2007 年。

[27] 释慧皎撰《高僧传》卷三，第121 页，《宋上定林寺昙摩密多传》，汤用彤校注本，中华书局，1992 年。

[28] 《名僧传抄·宋中兴寺惠揽传》，《大日本续藏经》134 册，第11 页下栏。

[29] 参见池田温《中国古代写本识语集录》，大藏出版，1990 年，如梁天监五年（506 年）焦良颙于荆州竹林寺敬造《大般涅槃经》一部（S. 81，第100 页150 条），天监十八年（519 年）建康瓦官寺僧奉敕写《出家人受菩萨戒法》（P. 2196，第107 页177 条）等。

[30] 《晋书》卷八六，第2236、2238 页，《张轨传附骏传》，中华书局，1974 年。

[31] 《晋书》卷一二九，第3196～3197 页，《沮渠蒙逊载记》，中华书局，1974 年。

[32] 宿白《东阳王与建平公》（二稿），收入作者《中国石窟寺研究》，第244～259 页，文物出版社，1996 年。原载《敦煌吐鲁番文献研究论集》第四辑（1988）。

佛衣样式，也有可能是南朝因素经洛阳再传。

　　莫高窟第三期上衣搭肘式佛衣，在南北各地流行期已过。成都地区齐梁时期（约483～549年）如四川省博物院藏永明元年（483年）、大同三年（537年）造像，四川大学博物馆藏太清三年（549年）背屏式左侧造像。北魏迁洛至北魏末（494～534年）如云冈6窟、龙门宾阳洞、孝昌三年（527年）皇甫公窟造像，东魏（534～549年）如天龙山石窟2、3窟，西魏（535～556年）如麦积山127、123、44窟造像。

　　莫高窟北周盛行这种佛衣类型，或与都城长安有关。西魏后期及北周时期瓜州刺史与当时的中央王朝关系密切，如给事黄门侍郎申徽，大统十二年至十六年（546～550年）拜瓜州刺史[33]。京兆望族王子直，废帝元年至恭帝初（552～554年）行瓜州事[34]。行京兆郡事、赐姓宇文氏的韦瑱，恭帝三年（556年）除瓜州诸军事、瓜州刺史[35]。累迁骠骑大将军、开府仪同三司、赐姓尔绵氏的段永，武成二年至保定二年（560～562年）任瓜州刺史[36]。西京盛族李贤，妻赐姓宇文氏，与宇文家族过从甚密，北周太祖、高祖数幸其宅，高祖幼时并寄养李贤家中达六年之久，李贤保定二年至四年（562～564年）授瓜州刺史[37]。建平公于义，代北旧族，父辈从魏武西徙，俱有功于周室，约564～574年出任瓜州刺史[38]。其中段永与建平公于义又有崇信佛教、建寺造窟的背景[39]，特别是建平公在敦煌地区弘扬佛教业绩，与东阳王元荣相匹。

　　长安地区在西魏时期可见上衣搭肘式佛衣，如碑林博物馆藏大统二年（536年）高子路造像碑等。但北周鲜见，主要流行通肩式和露胸通肩式佛衣，如碑林博物馆藏武成元年（559年）、大象二年（580年）造像等。说明北周时期莫高窟和长安地区流行的佛衣并不一致，长安与敦煌之间的关系尚乏实证连接的环节。

四、佛像着衣样式的分期与洞窟年代

　　关于莫高窟北朝洞窟的年代，目前主要有两种意见。一种意见将北朝洞窟分为四

[33]　《周书》卷三二，第555～556页，《申徽传》，中华书局，1971年。
[34]　《周书》卷三九，第700～701页，《王子直传》，中华书局，1971年。
[35]　《周书》卷三九，第693～694页，《韦瑱传》，中华书局，1971年。
[36]　《文苑英华》卷九〇五，第4763页下栏至4765页上栏，《周柱国大将军大都督同州刺史尔绵永神道碑》，中华书局，1982年。《北史》卷六七，第2347～2348页，《段永传》，中华书局，1974年。
[37]　《周书》卷二五，第413～418页，《李贤传》，中华书局，1971年。
[38]　宿白《东阳王与建平公》（二稿），收入作者《中国石窟寺研究》，第244～259页，文物出版社，1996年。原载《敦煌吐鲁番文献研究论集》第四辑（1988）。
[39]　《辨正论》卷四《十代奉佛篇》下，记周大将军尔绵永造尔绵寺，见《大正藏》52册，第518页下栏。

个阶段[40]，第一阶段不早于北魏孝文帝初年（471 年）迄太和十三年（489 年）前后；第二阶段约在太和十一年迄正光之末，即 487 ~ 524 年；第三阶段约在北魏正光之后迄西魏时期，即从 6 世纪 20 年代后半迄 50 年代中期；第四阶段约在北周迄隋开皇四年（584 年）以前，即从 6 世纪 50 年代后期迄 80 年代初。

另一种意见将北朝洞窟分为四期[41]，第一期相当于北凉统治敦煌时期（约 420 ~ 442 年）；第二期相当于北魏中期（约 465 ~ 500 年）；第三期相当于东阳王元荣一家统治敦煌时期，即北魏孝昌元年以前至西魏大统十一年（约 525 ~ 545 年）；第四期相当于西魏大统十一年至隋开皇四年（约 545 ~ 584 年），主要时代当在北周时期（557 ~ 581 年）。

本文据上述佛像着衣样式的分期，姑认为洞窟的营造年代大体与之相当，以为北朝洞窟分期的一种参考。现将莫高窟北朝洞窟分期对照，列如表三。

表三　莫高窟北朝洞窟分期对照表

第一种意见	第二种意见	本文
	第一期（约 420 ~ 442 年） 268、272、275	
第一阶段（不早于北魏孝文帝初年 471 年，迄太和十三年 489 年前后） 268、272、275	第二期（约 465 ~ 500 年） 259、254、251、257、263、260、487、265	第一期（约 486 年 ~ 534 年） 268、272、275、259、254、257、251、263、260、435、437、431
第二阶段（太和十一年迄正光之末 487 ~ 524 年） 259、254、251、257、263、260、265		
第三阶段（正光之后迄西魏时期 6 世纪 20 年代后半迄 50 年代中期） 437、435、431、432、248、249、288、285（包括 266）、246、461	第三期（约 525 ~ 545 年） 437、435、431、248、249、288、285、286、247、246	第二期（535 ~ 556 年） 248、247、285、288、249、432[42]

[40] 宿白《敦煌莫高窟现存早期洞窟的年代问题》，载《中国佛教石窟寺遗迹——3 至 8 世纪中国佛教考古学》，第 52 ~ 68 页，文物出版社，2010 年。该文为作者 1982 年讲稿，表三中的窟号和顺序采自此文；关于莫高窟北朝洞窟分期问题还可参考宿白《参观敦煌第 285 号窟札记》《敦煌莫高窟早期洞窟杂考》《两汉魏晋南北朝时期的敦煌》《莫高窟现存早期洞窟的年代问题》，收入作者《中国石窟寺研究》第 206 ~ 213、214 ~ 225、226 ~ 243、270 ~ 278 页，文物出版社，1996 年。原分别刊《文物参考资料》1956 年第 2 期、《大公报在港复刊三十周年纪念文集》卷上（1978）、《丝路访古》（1982）、香港中文大学《中国文化研究所学报》第 20 卷（1989）。

[41] 樊锦诗等《敦煌莫高窟北朝洞窟的分期》，载敦煌文物研究所编《中国石窟·敦煌莫高窟》（一），第 185 ~ 197 页，文物出版社，1982 年。

[42] 432 窟较为特殊，洞窟形制与第一期的 431 窟相似，正壁佛衣又与第三期流行的相似，表明其营造的时间可能较长。

续表三

第一种意见	第二种意见	本文
第四阶段（北周迄隋开皇四年6世纪50年代后期迄80年代初）438、439、440、441、430、428、442、290、294、296、297、299、301	第四期（557～581年）432、461、438、439、440、441、428、430、290、442、294、296、297、299、301	第三期（557～574年）438、440、290、439、428、430、442、294、296、297、299、301

从表三中可见，三种分期的分歧处主要在西魏以前。第一、二种意见基本以东阳王元荣一家统治敦煌时期（约525～545年）作为一个阶段，本文据佛像着衣样式的演变脉络分析，以第285窟大统四年（538年）、五年（539年）题记为标准，似将西魏时期（535～556年）作为一个阶段较为适宜。第二种意见将早期洞窟估定在北凉统治敦煌时期（约420～442年），本文所析覆肩袒右式佛衣装饰勾联纹的特征，尚未发现早到北凉时期的实例，似以太和（477～499年）中期前后较为稳妥。

附记：本文为2015年度国家社会科学基金重大项目"中印石窟寺研究"（批准号：15ZDB058）的阶段性成果。2001年10～11月和2008年10月在笔者收集资料期间，敦煌研究院给予鼎力支持与多方帮助。调查工作还得到云冈石窟研究院、甘肃省文物考古研究所和张掖市文物保护研究所等单位的热情襄助。谨向以上单位表示诚挚感谢！

重庆古城与重庆府署

——重庆渝中区老鼓楼遗址初析

孙 华[*]

The excavation of the Laogulou 老鼓楼 (Drum Tower) site is one the most important discoveries of Song 宋, Yuan 元 and Ming 明 archaeology, as well as Ancient City archaeology in China. The exposed brick platform of the Drum Tower of the Southern Song Dynasty actually had also been the platform of the Qiaolou 谯楼 tower in front of the Chongqingfu 重庆府 Municipal Government Yard from the late Southern Song to the Qing Dynasties, although the yard itself has not been found yet. A 凸 shaped architecture remain in front of the platform might be the Banchunting 颁春亭 pavilion recorded in ancient texts. The newly found Ming Dynasty stone structures might be the storage rooms and prison, in stead of the government yard of the Ba 巴 County. Before the early Qing Dynasty, the Chongqingfu Municipal Government Yard was situated along the Jinbi 金碧山 Mountain with a road going through the Drum Tower as the central axis. In the 24th year of Qianlong 乾隆 reign, the yard was reconstructed with that road as street in front of its gate. The Chongqingfu Municipal Government Yard before the Jiatai 嘉泰 reign of the Southern Song might be located on the Yuzhong 渝中 Peninsular in the western part of the ancient city from the ShuHan 蜀汉 to Qing Dynasty.

老鼓楼是重庆旧城区即今渝中区的一个传统地名。老鼓楼一带，从南宋以来就成为重庆城的政治中心所在，清代的川东道署、重庆府署、巴县署，以及行台、经历署等官署和县文庙、县学等官方文化场所都位于这里。清王朝覆灭后，除了巴县县衙因改为巴县县政府办公场所得以保留外，其他衙署都被废弃为公产。"府署在 1913 年废府后被卖给重庆商会，行台和经历署改作商业场，道署也于 1926 年被刘湘作为官产出卖，辟为第一模范市场；县文庙、县学则在 1928 年改为学校。"[1]从此，老鼓楼片区这个古代重庆的政治中心就成为重庆的主要商业区，逐渐淡出了人们的视野。2010 年春以后，重庆市文物考古研究所配合城市建设工程，对老鼓楼旧址及其周围区域进行

---

   * 作者系北京大学中国考古学研究中心教授。

[1] 唐冶泽、冯庆豪《老城门（老重庆影像志壹）》，第 27 页，重庆出版社，2007 年。

了大规模的抢救性考古发掘，取得了重要收获，为我们认识老鼓楼片区宋代以来街区和衙署的格局演变提供了重要的线索[2]。

重庆渝中区是中国重要的大都市，历史上先后曾经作为古巴国都城、南宋四川首府、明夏都城、民国战时陪都，其中宋末四川制置使司移驻重庆府，使重庆代替成都成为当时长江上游的军事、政治和经济的中心。现在这个中心城市的中枢遗址的一部分被考古工作所揭示，自然令人关注。我们以已见诸报道的老鼓楼遗址的材料为基础，对老鼓楼遗址的几个问题谈几点自己的见解。

一、老鼓楼遗址与重庆古城

老鼓楼衙署遗址位于重庆市渝中区解放东路望龙门街道巴县衙门片区，地处金碧山下、长江左岸的台地之上，背山面江，符合中国传统衙署建筑规制的同时又具有鲜明的巴渝地域特色。遗址鼎盛于宋蒙战争的历史背景之下，且为南宋川渝地区的军政中心——四川置制司及重庆府所在，著名的川渝山城防御体系即在此筹划经营，在一定程度上影响了当时相当大区域的历史发展进程。考古清理结果显示，遗址规模宏大、纪年明确，文物遗存丰富，地层关系清晰，宋元、明代、清至民国三个时期的衙署建筑层层垒叠。作为重庆市已发现的等级最高、价值极大的历史建筑遗存，老鼓楼衙署遗址见证了重庆定名以来近千年的沿革变迁，填补了西南地区城市考古的重大空白，对于丰富中国宋元时期都城以外的城市考古资料具有重要意义。

重庆老鼓楼一带从南宋至清末都是重庆城的政治中心，这种中心地位的形成是重庆渝中半岛的地理形势决定的，也与重庆古城历史发展的进程有着密切的关系。

1. 重庆旧城的地理形势

重庆旧城位于长江与嘉陵江交汇处。西南来的长江和西北来的嘉陵江受到名为"金碧山"山岭的阻隔，分别沿着这道山岭的南麓和北麓东流，最后在山岭结束处才汇合在一起，向东北流去。因而，包括重庆古城在内的重庆中心城区渝中区，实际上是三面被水包围的半岛，整个重庆老城区实际上坐落在三面环水的一道石质的山岭上。从重庆市中区南面流过的长江在重庆以上的四川泸州市接纳了流经川中丘陵地区的沱江（古称"中水"），在更上游一点四川宜宾市更汇集了来自川西平原的岷江（古称"外水"）水，后者恰好将四川乃至西南地区的中心城市成都与重庆联系起来。而从重庆市中区北面流过的嘉陵江，尽管在重庆北面不远的合川区钓鱼城下汇集了来自四川盆地中东部广阔地区的渠江和涪江（古称"内水"），但这些江河流

〔2〕　袁东山《重庆渝中区老鼓楼衙署遗址》，《中国文物报》2013年2月27日。

经的地区都非四川的中心地区，古代从成都出发顺着江河水路出川到京城，或从川外其他地区沿长江进入到四川的中心地区，其舟船都会从重庆中心区南面而过。古代只有在开展军事行动时，才会灵活选取长江路线或嘉陵江路线。清人顾祖禹概述重庆府城两江形势道：

> 府会川蜀之众水，控瞿唐之上游，临驭蛮僰，地形险要……公孙述之据蜀也，遣将从阆中下江州，东据捍关。光武使岑彭讨述，自江州而进。先主初入蜀，亦自江州而北。建安十九年诸葛武侯等由巴东至江州，破巴郡，乃分遣赵云从外水定江阳、犍为；张飞定巴西、德阳。蓋由江州道涪江，自合州上绵州者谓之内水；由江州道大江，自泸、戎上蜀郡者谓之外水。内外二水，府扼其冲。从来由江道伐蜀者未尝不急图江州，江州咽喉重地也……宋淳祐初，余玠帅蜀，兼知重庆府。时巴蜀残破，玠多方拮据，力谋完复。西南半壁，倚以無恐。彭大雅代之，急城重庆以禦利阆，蔽夔峡为蜀之根柢[3]。狡捍如蒙古，旦夕不能以得志也。岂非地有所必争歟。孙氏曰：重庆三面临江，春水泛涨，一望弥漫，不可卒渡。其出入必经之要道，惟佛图关至二郎关一路耳[4]。

战争时期用兵路线贵在出其不意，故时有绕行中水或内水前往成都；和平时期官宦商旅选择交通路线，考虑的通常是便捷因素。因此，古代人们平时走水路出入四川，主要还是选取重庆南面的长江。古代重庆的主政者从南宋以后选取渝中半岛南面的长江边上，在靠近两江汇合处的地方来营建重庆的政治中心即衙署，这是符合重庆这个水路枢纽的交通区位形势的。

重庆渝中区这个"半岛"，其最狭窄的地方正好处在长江和嘉陵江南北相对的地方。北来的嘉陵江和南来的长江受到金碧山的阻挡，改变了方向顺着山的南北麓折转东流。大概是受到江水的夹击，金碧山在这里变得相当狭窄，使得整个半岛的平面形态好似一只展翅飞翔的大鸟——鸟喙是两江汇合处的朝天门，鸟头是重庆旧城区，鸟颈是古浮图关即今鹅岭一带，鸟身以今大坪至石桥镇为脊梁，两翼则分别是今沙坪坝和九龙坡。由于这只鸟头形半岛三面环水，与陆地连接的一面又地势狭窄，既便于水路交通又便于防御，因而古代重庆的州郡县治的治所除了早期曾一度短暂迁移至江北外，其余时间都是建立在这个"鸟头"上（图一）。为了强化城市的防御功能，三国

---

〔3〕 顾祖禹此处引述史实有误。南宋彭大雅筑重庆城为抗击蒙元的根本，其事在前；余玠帅蜀始以重庆为南宋四川军政中心，其事在后。

〔4〕 （清）顾祖禹《读史方舆纪要》卷六十九，四川省重庆府，第 474、475 页，上海书店出版社，1998 年。

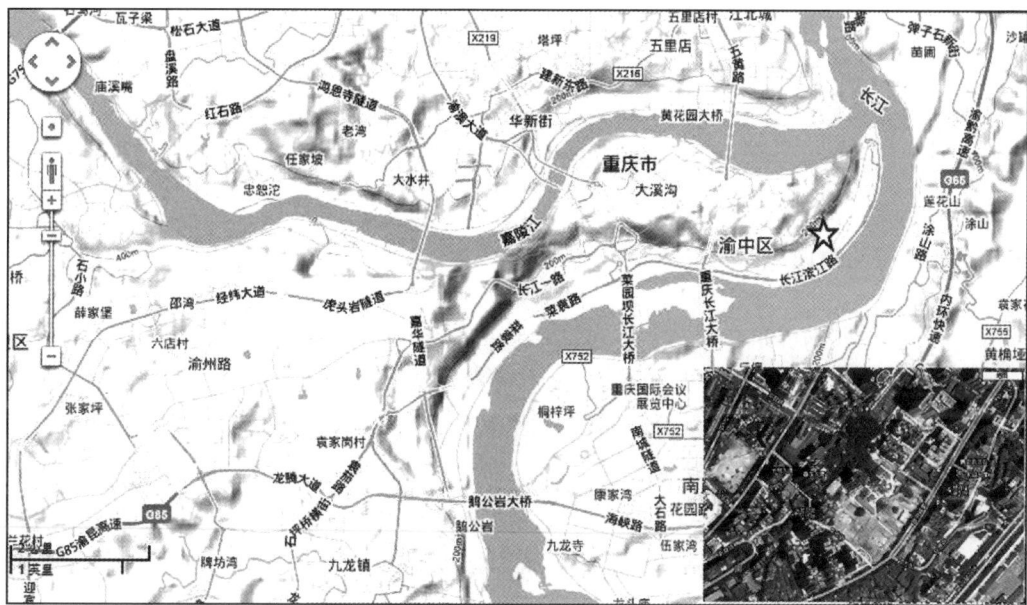

图一　老鼓楼遗址位置示意图

时期巴郡的郡守李严还企图人工挖断半岛的"鸟颈",使整个"鸟头"成为一个孤岛。东晋常璩《华阳国志·巴志》述李严建城事说:

> 后都护李严更城大城,周回十六里。欲穿城后山,自汶江通水入巴江,使城为州。求以五郡置巴州,丞相诸葛亮不许。亮将北征,召严汉中,故穿山不逮。然造苍龙、白虎门。[5]

李严试图将重庆城变为孤岛的宏伟计划虽没能实现,但李严筑重庆城事的影响深远,重庆城以后也留下了"蜀将古城"之名。宋人祝穆《方舆胜览》卷之六十记夔州路重庆府形胜有"蜀将古城"条,该条引《郡县志》云:"先主令李严镇此,又凿南山,欲会汶、涪二水,使城在孤洲之上。会严被召不卒其事。今凿处犹存。"重庆旧城的基本规制已经由李严奠定。

2. 重庆旧城的发展历程

熟悉重庆旧城历史的人都知道,重庆城在历史上有"江州""渝州""恭州""重庆府"等名称,其附郭首县为"巴县"。早在东周时期,巴国就曾经以这一带作为都城,但其具体位置不明。即使不计先秦时期的巴国建城,按照文献记载,重庆城在历

---

[5] (晋)陈寿《三国志·蜀书三》:"(建兴)四年春,都护李严自永安还住江州,筑大城。"注:今巴郡故城是。

史上有过四次大规模的筑城活动：最早一次是战国晚期秦灭巴国后，秦国张仪"城江州"；第二次就是上面提到的三国时期李严兴筑江州"大城"；第三次是宋朝末期，彭大雅为抗击元兵增筑重庆府城；第四次是明朝初年戴鼎在宋城基础上修筑重庆城。明代中期、清初尽管都还有重修重庆城墙的记载，但城的规模、形制及城门数量基本上沿袭明初制度，没有做大的更改。关于这个问题，已故的重庆博物馆董其祥先生专门有过论述。董先生说：

> （秦汉时期的）江州城市就是在原巴城的基础上重建的。解放后，我们先后在磨儿石码头、千厮门某仓库、运输电影院等地发现古井多处，井壁为粗绳纹陶圈；井内还出土细绳纹陶钵残片，云纹瓦当等，其时代为战国至西汉。可知这一带正是秦汉市井所在，人烟相当稠密……可知彭大雅筑城在开禧年间，城门有四，可能为砖石结构……明统一四川后，设重庆卫，指挥戴鼎因旧城址砌石（可知明以前不是石城）……明代城墙较之宋城有所增大，上半城大什字以外地方，较场口、夫子池、七星岗等地都是明代扩大的城区范围。[6]

董先生根据考古资料指出秦汉的重庆城在渝中半岛，中心区在今金碧山麓以北的嘉陵江沿岸，其范围是渝中半岛的北部即上半城，其说甚是；但他认为明代以前的重庆城范围是北以金碧山脊为界、南以长江为界的南半部即下半城，明初戴鼎筑城后才扩展到整个渝中半岛，这就不够准确了。我们认为，重庆古城的城市范围形成于蜀汉，城市格局定型于南宋，城市细节完善于明代。关于这一点，可以从地理形势、文献记载、历史背景和考古材料四个方面进行论正。

首先，从地理形势来看，位于长江和嘉陵江汇合处的重庆，最适合建城的地点就是鸟头形的渝中半岛。正如明人王士性所说："天设地险无如重庆者，嘉、巴两水隔石脉，不合处仅一线如瓜蒂，甚奇。"[7]如果在这个鸟头状半岛上建城，最恰当的选择就是南北两侧以江河为天然城濠，再在陆地最短的鸟颈之前筑城墙进行围合。蜀汉李严所筑江州大城正是这样规划的，南宋和明清只是继续沿用蜀汉的规划。如果南宋重建重庆城只利用半岛的南半部，将北城墙从沿嘉陵江退移至金碧山脊的话，就等于将江河之险拱手让与敌人，这是非常不合理的。古人说，整个重庆城都在天生磐石上，所谓"重庆生成石城若羣然，天下更无双"[8]，故有"天生的重庆，铁打的泸州"的说法。以渝

---

〔6〕 董其祥《重庆古城考》，原载《重庆社会科学》1988 年第 1 期，引自重庆中国三峡博物馆编《董其祥历史与考古文集》，第 427～432 页，重庆出版社，2005 年。

〔7〕 （明）王士性《广志绎》卷五，西南诸省·四川，第 109 页，中华书局，1981 年。

〔8〕 （明）黄汴著、杨正泰校注《天下水路路程》卷六，第 171、172 页，山西人民出版社，1992 年。

中半岛建重庆城，无论是是蜀汉、南宋、明清，都必然会利用这天然的地势。

其次，从城址规模来看，蜀汉江州城规模的大小，与明清重庆城的大小相近，也与渝州半岛适宜于修建城池的范围相当。前引《华阳国志·巴志》说，蜀汉李严所筑江州大城"周回十六里"。每汉里相当于414米，16汉里合今7624米。清道光《重庆府志》卷二·城池记江州故城说，李严大城即今府城，"明洪武初，指挥戴鼎因旧址修筑石城，高十丈，周十二里六分，计二千六百六十六丈七尺"。明里基本等于清康熙营造里，相当于今572米，12.6里即今7207米（如按2666.7丈计算，则相当于今8533米）〔9〕。从蜀汉到明代，重庆城的城垣周长相差不多，新增部分可能主要是南宋增筑的一字城，明初增建的城门瓮城等所致。据此可知，明清时期的重庆城的范围，就是南宋重庆城和更早的蜀汉江州城的范围。

其三，从历史背景来看，重庆在南宋末期至元明之际城市地位最高，余玠在宋末修筑的重庆城不应小于蜀汉城和明清重庆城。重庆城的地位在东汉末期巴郡分割为"三巴"后就开始下降，唐宋时期的城市地位相当低下，但在南宋晚期以后，重庆城因先后成为南宋四川首府，元代四川川东路首府、明夏国的都城，其地位陡然上升。南宋末期四川制置副使彭大雅重建重庆城，是要以该城作为四川抗击元蒙的军政中心，其规模只能在蜀汉江州城的基础上强化，而不可能弱化，更不可能将当时的重庆城缩小至蜀汉城一半大小。我们如果翻阅《宋史》和《元史》，就可以看出，当时元军围攻重庆城时，除了驻扎在浮图关一线的元军外，其余元军都是驻扎在两江对岸，攻城都发生周围的江面上或城墙外的河滩上，元军在攻陷重庆城前从没有出现在渝中半岛的金碧山上，就说明了这一问题〔10〕。

其四，从考古材料来看，在重庆旧城城墙范围内少见古墓，而在紧邻古城区的城郊却分布着大量历代墓葬，三面江水确定了重庆旧城的东、南、北面边界，西侧陆地则以古代墓地限定了其西界。重庆旧城的古墓，主要集中在旧城唯一的陆路城门通远门外，故旧有"通远门，锣鼓响，看埋死人"的谣谚〔11〕。民国年间通远门、南纪门外修公路并开辟新区，迁坟平坟无数（其数据说多达43万座），为保平安，特在今枇杷山巅修建了一座菩提金刚塔，此塔迄今犹存〔12〕。而在旧城范围内发现古墓甚少，除了文献记载在旧城西北部有传为巴君墓的石兽、在临江门外的山坡上发现有西汉墓地外，

〔9〕　关于蜀汉里和明清里的换算，参看陈梦家《亩制与里制》，引自河南省度量局主编《中国古代度量衡论文集》，第227～247页，中州古籍出版社，1990年。

〔10〕　《宋史·张珏传》卷四五一："大兵会重庆，驻佛图关，以一军驻南城，一军驻朱村坪，一军驻江上。"

〔11〕　同〔1〕，第14页。

〔12〕　王小全、张丁《老档案（老重庆影像志柒）》，第84、85页，重庆出版社，2007年。

其余汉墓基本都集中在渝中半岛山脊及其南侧，也就是重庆旧城的下半城，如"小十字、左营街、张家花园、观音岩"[13]，以及老鼓楼等地。这些汉墓或在明清旧城外，或在蜀汉李严扩建江州城前的城墙范围外。蜀汉扩城后的重庆城内，几乎不见这次筑城以后的墓葬。重庆城从蜀汉李严筑城后直至明清，其范围基本没有大的变动，才会出现这种墓地分布状况（图二）。

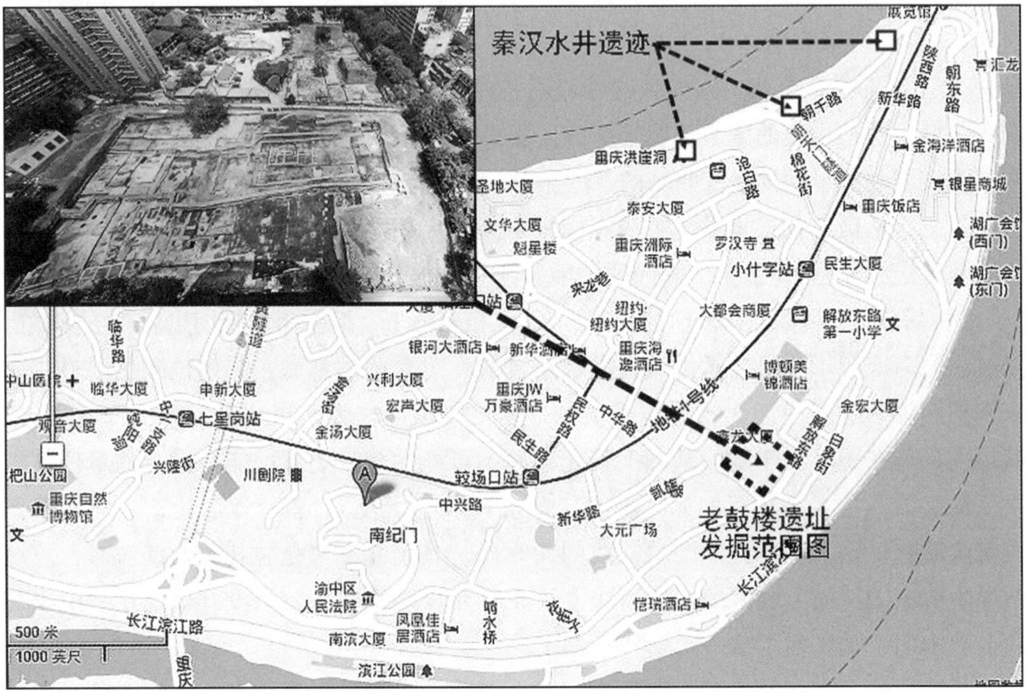

图二　老鼓楼遗址范围示意图

正是由于上述原因，古人在述及重庆城沿革时，都会特别说到今城因袭宋城，宋城因袭汉城。

从目前的资料看，蜀汉时期尽管已经出现了砖石包砌的城墙，如今四川广汉市的古雒城[14]，但当时流行的筑城材料还是夯土城墙，重庆奉节县白帝城的汉代城墙即其一例[15]。蜀汉时期李严所筑江州大城，很可能与同时期其他城址的城垣一样，都是用土在石基上夯筑。南宋末期彭大雅重修重庆城，其城垣基址可能因袭蜀汉大城，筑城材料却应该与同时期所筑抗蒙山城一样，主要是使用石材。目前调查过的宋末山城，如重庆合

〔13〕　庄燕和《从出土文物谈古城重庆的历史》，《四川文物》1984 年第 3 期。

〔14〕　陈显丹《广汉县发现古"雒城"砖》，《四川文物》1984 年第 3 期。

〔15〕　陈剑《白帝寺始建时代及现存文物概述》，《四川文物》1996 年第 2 期。

川区钓鱼城、奉节县白帝城的宋城、四川泸州神臂城等，无一例外为石构，作为当时首府和筑城总部所在的重庆城不应该是一个例外。南宋的重庆城并没有在宋元之际的战火中毁灭，它一直保存下来。宋元之际的邵桂子《雪舟脞语》记述并评论彭大雅筑城事道：

> 彭大雅知重庆，大兴城筑，僚属更谏不从。彭曰：不把钱做钱看，不把人做人看，无不可筑之理。既而城成，僚属乃请立碑以纪之。大雅以为不必，但立四大石于四门之上，大书曰："某年某月，彭大雅筑此城，为西蜀根本。"其后蜀之流离者多归焉。蜀亡，城犹无恙，真西蜀根本也。[16]

可见宋代重庆城垣在元代还沿用。元明之际，重庆过渡相对平稳，城垣和城内建筑基本保存完好，只是衙署建筑被元代晚期的一次大火毁掉大半。这些火毁的衙署建筑在元代晚期尤其是在明夏政权定都重庆时期得到修复和重建。因而明朝政权控制重庆后，城内并没有大的建设活动，只是明洪武年间重庆卫指挥戴鼎对城垣进行了加固和修整。这次筑城主要是修补先前的城墙，多开辟了一些城门，并将正对重庆卫的金紫（子）门建得宏伟壮观。明人曹汴《重庆府城垣记》说：

> 重庆，今蜀东剧郡也……史牒可考，名由较著者，则蜀诸葛相时都护李严尝大城此，今城盖其遗址也。适宋嘉熙，则制置彭大雅复因其址大兴城筑，后蜀扰，民竟赖城以全，然其时门才四耳。至我明初，则卫使戴鼎重新，盖增其门至十有七，今开者凡九，而金子城楼尤琼然晕起，甃石如新，则皆戴之旧也。[17]

明代曹汴这篇修城记是记述隆庆初年（1567~1568 年）王乾章修补重庆城垣一事，这次修城工程规模不大，"初计经费当二千余金，及工成而费者才二千余金耳"。这次修补后的重庆城池一直延续至明末，农民军张献忠进攻重庆城时，用炸药炸毁了城西通远门附近的一段砖砌城墙，从而攻陷重庆[18]。不过，那时的重庆城墙尚基本完好，重庆城连同城内建筑遭到大破坏，是在稍后的张献忠部将孙可望攻占重庆和即将撤离

---

〔16〕（明）陶宗仪《说郛》卷第五十七，中国书店据涵芬楼版影印，1986 年。

〔17〕 万历《重庆府志》卷七十四，上海图书馆《上海图书馆藏稀见方志丛刊》212 册，图书国家馆出版社，2010 年。

〔18〕（清）徐鼒《小腆纪年附考》卷第六（中华书局，1957 年）记张献忠攻陷重庆城的经过道："重庆下流四十里曰铜锣峡，江路所必经；士奇宿重兵以守。献忠既入涪州，分舟师沂流犯峡，而己则登山疾驰百五十里，破江津县。掠其船顺流下，不三日而夺佛图关；铜锣峡反出其下，兵惊扰不能支，遂溃。贼傅城下，士奇等日夜登陴，以火罐、滚炮击贼，死无算；贼裸妇人向城而骂。城三面临江，皆石壁；西南有砖城数十丈，贼发民墓凶具，负以穴城。是夜阴云四合，贼藏火药于城角。晨起，箭炮齐发，砖石皆飞，城遂陷。"

重庆时。清人顾山贞《蜀记》说："可望等烧尽重庆城中房屋，又欲将城垣踏平；因重庆城系生成石壁，半面在江、玉面在山，明玉珍曾踞此僭号，止于上面加砌垛石。可望等驱各贼将城垛尽推入江中，于平地盘踞数日，始商议由遵义入黔固守。"经过孙可望军这一番折腾，清朝的重庆府官员不得不对重庆城做一番大建设了。

不过，重庆城内的建筑尽管在明末清初的战乱中遭到严重破坏，但城墙却只是城楼无存、雉堞被平、通远门段城墙被炸毁而已，城墙本身的毁坏程度也并不很严重，故清康熙二年和四十七年，川陕总督李国英和重庆知府陈邦器重修重庆城垣的工程规模也并不很大。清代地方志记这两次修建工程道：

> 明末，张献忠攻通远门，城圮。国朝康熙二年，总督李国英补筑完固。[19]

这次城垣修补，因陋就简，以后随着重庆人口的增多，城垣也不时还有修补。清康熙四十七年陈邦器记说：

> 渝郡古制控辖三州十七邑，合岷涪两江，为全川一大都会。自昔兵革以来，虽修养生息二十余年而诸务缺略。即一府治，颓敝荒凉，不仅有举目萧条之感。岁辛巳，余奉命来守是邦……阅四年乙酉，嚣风渐息，政有余闲，遍览城垣学校，多在荒烟蔓草中，概然动修废举坠之思。[20]

清代前期的这两次重修，基本是在明代的重庆城基础上进行的，其主要工程只是修复被明末农民军推倒的城牒和战争中炸毁的个别墙段，重建被毁掉的城门城楼，恢复城墙上的敌楼警铺，新建城隍庙等保护神的庙宇而已。

如果简要概述重庆城的演变历程，可以知道，秦灭巴国后修筑的江州小城只是围绕着渝中半岛北部的上半城，东起朝天门，西至通远门，南以半岛山脊"大梁子"为界。蜀汉李严扩建后的江州大城，其城垣范围扩展至渝中半岛南部的下半城。南宋末期彭大雅重修重庆城是在蜀汉大城的基础上以石代土，并在城西南增建了一字城以加强水陆防御，其规模仅比蜀汉城略有扩展。明清重修后的重庆城，一依南宋城之旧，只是城门有所增加。

3. 重庆衙署位置的变化

老鼓楼所在的区域成为重庆旧城衙署集中的区域即重庆城的政治中心，开始于南宋后期的嘉泰年间，以后一直延续，直到民国以后才发生改变。关于南宋后期至清代重庆府署等衙门的位置，文献记载很清楚，如清嘉庆《四川通志》卷二十五·舆地·

---

[19] 嘉庆《四川通志》卷二十四，舆地·城池，巴蜀书社影印，1984 年。
[20] 道光《重庆府志》卷二，舆地·公署（中国地方志集成·四川府县志辑），巴蜀书社，1992 年。

公署记重庆衙署说：

　　　重庆府知府署：在太平门内。宋嘉泰时建。明洪武初知府袁维真重建。国朝
康熙八年知府吕新命重修。
　　　通判署：旧在丰瑞楼，乾隆二十五年通判陈金涵迁建府署右。
　　　经历署：旧在府署右。乾隆二十四年改司狱为江北厅，照磨以经历兼司狱事，
移驻司狱署。嗣经历徐绍墉以监舍逼近民居，虞火患，覆迁署于通判新署右。
　　　巴县知县署：在府署右。康熙六年知县张柟重修。乾隆二十三年知县王尔鉴
重修。

　　据此，重庆古代的通判署、经历署、巴县署都与府署有着密切的关系，老鼓楼的
府署始于南宋嘉泰年间，这些附属或下属的衙署在老鼓楼的存在时间也不得早于府署
始建于此的年代。
　　我们知道，重庆在南宋升为重庆府之前为恭州，更早为渝州和江州，这些州府的
治所变迁踪迹已经难以寻觅。不过，在老鼓楼遗址的考古发掘中，考古工作者发现的
年代最早的建筑遗存就是南宋衙署建筑、寺庙建筑基址及那时的文化堆积，宋代以前
的遗存只有两座汉墓，未见更早的居住遗存或公共建筑遗存[21]。尤其值得注意的是，
两座汉墓在重庆旧城中心的老鼓楼区域发现，这说明在汉代这里还不是当时江州城的
范围内，即使在蜀汉李严创筑大城以后，这里也是城内人烟稀少的空旷区域，因而在
除了汉墓以外，在汉至宋代之间这么长一段时间，这里都没有留下什么遗存能够被考
古学家发现。换句话说，宋代以后作为重庆衙署集中区域的老鼓楼地区，在这以前并
不是该城衙署所在，宋代以前的衙署应该在城内其他区域。
　　那么，南宋嘉泰年间以前，重庆城的衙署区在什么位置呢？关于这个问题，我们
目前虽还无直接的证据，但少许文献记载还是为我们认识这个问题提供了线索。
　　北宋乐史《太平寰宇记》卷一百三十六记渝州巴县说："本汉江州县地，属巴郡。
按巴城在岷江之北，汉水之南，即蜀将李严所修古巴城也。今州所理在巴城北故仓城。
汉水北有一城，时人谓之北府城，后汉巴郡所理，寻复还今理。"[22]据此可知，西汉江

---

〔21〕　据〔2〕，老鼓楼衙署遗址共发掘探方130个，清理汉、宋元、明、清及民国时期各类遗迹共计
　　　261处（汉代遗迹仅发现2座墓葬），出土了一批保存较好的陶瓷器、钱币、瓦当、礌石、坩埚
　　　等单体文物9000余件，待整理标本数万件。因地势影响，遗址地层堆积均北高南低，呈缓坡状
　　　分布。已发现清理四层：①层为现代堆积，②层（分②A、②B）为清至民国时期堆积，③层为
　　　明代堆积，④层为宋元时期堆积。
〔22〕　（宋）乐史《宋本太平寰宇记》，据日本宫内厅书陵部所藏宋本影印，第248页，中华书局，
　　　2000年。

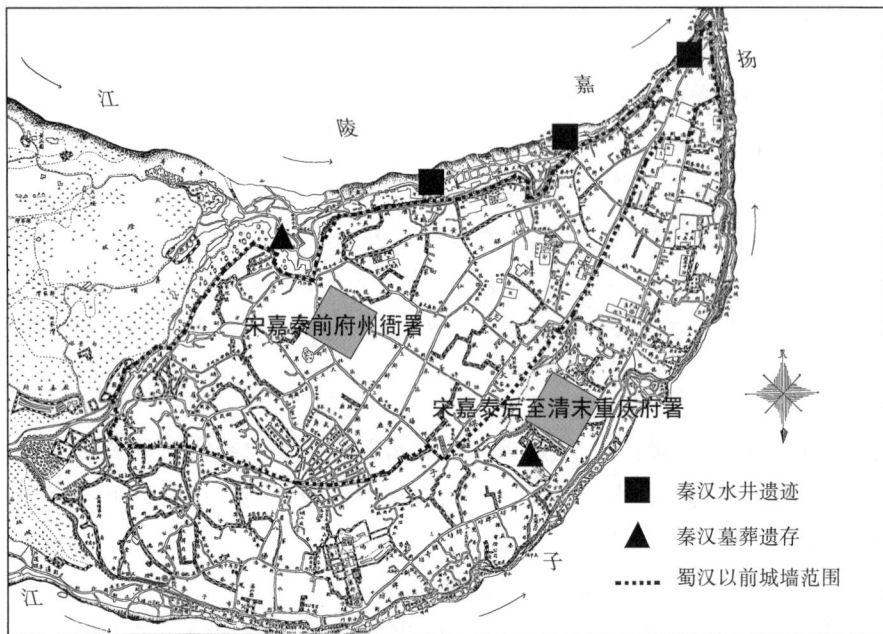

图三　重庆城池范围及府署变迁（以 1925 年测重庆城全图为底图）

州城的中心本来在今渝中半岛北部靠近嘉陵江（古称西汉水，如与长江对称，有时简称
作"汉"）一带，东汉时州治一度迁徙至嘉陵江对岸的江北区，但不久又回迁到渝中半岛
北部，并一直延续到北宋时期。大概正由于重庆城的政治中心先前在渝中半岛北部，故
创立于南宋嘉泰年间以前的州学等也在北部的上半城。元人尹梦龙《重庆路儒学重修礼
殿贰门记》记："学宫旧在巴子故城，宋绍兴十二年宪使何公麟建立而为之记，乾道辛卯
郡太守王宫亢改设于郡之西，洎嘉泰壬戌费公士羕拓而广之，壬午黄公羣又拆而新之，
自是学校稍完。"[23] 巴子城，是指曾经建都江州的巴国故都之城，秦灭巴后所重筑的江州
城就应该是巴国故都之城。这座城规模不大，在蜀汉李严扩展江州大城后，这座原先的
小城仍然保留了巴都之名，故称"巴子城"。又因巴子城内有成片的粮仓，故又称为"仓
城"。南宋嘉泰前的重庆府署应该与府学一样，都在这个位居渝中半岛北部的小城内。

重庆旧志皆说府治创自宋嘉泰时，但未明具体年份。嘉泰共四年（1201 ~ 1204
年），从原府署旁的府学扩建于嘉泰二年（1102 年）的记载看，可以推断，这次府学
的扩建很可能与府署的迁移有关。重庆在宋光宗即位前夕的淳熙十六年（1189 年）由
恭州升为重庆府，原先州署规模已经不敷使用，故迁徙到渝中半岛南半部的下半城。
府署迁走后，原先的府署区域就给相邻的府学扩建提供了场地。据此，又可以进而推

[23]　同〔17〕，卷七十三，第 260 ~ 264 页。

断，重庆府署迁至老鼓楼地区，很可能就在府学扩建前一年，即嘉泰元年（1201 年）；而重庆早期的衙署所在就在旧时重庆府学一带，也就是重庆临江门内的今临江门地铁站所在区域（图三）。

二、老鼓楼遗址的性质

老鼓楼遗址发掘后，因在遗址 A 区发现有南宋末期（也就是余玠主政四川时期）的砖筑高台，故考古发掘队主张高台周围的宋代建筑遗址都是当时衙署建筑的遗迹。我仔细观察过考古现场，注意到以南宋砖台为界限，砖台西北 B、C 区的宋代建筑遗迹与砖台方向不合，邻近砖台的"凸"字形建筑基址似当时衙署前的亭类建筑，故怀疑南宋衙署的主体部分应该在砖台以内，也就是砖台东北方向。砖台以外西南方向的宋代建筑，恐怕多是南宋重庆府署以外的其他功能的建筑。

老鼓楼曾经是重庆旧城最重要的地理坐标。即使在木构鼓楼建筑被拆除，砖砌鼓楼基座也仅保留少半的民国时期，老鼓楼的地名和老鼓楼街的街名还一直保留。要确认老鼓楼地区这些古代遗址的性质，首先需要对老鼓楼的形态、功能及在整个区域的作用作准确的分析。

清代的老鼓楼是重庆重要建筑，在晚清张云轩绘《重庆府治全图》中（图四），突出绘制有该楼的立体示意图。从该图可见，当时的老鼓楼横跨老鼓楼街，下面砖砌高台中央有拱门，拱门内标注"老鼓楼"的名称，门额题有"寰海境清"四大字。砖台上修建有木构的门楼，门楼为三间两层。老鼓楼街从门洞内穿过，直至新丰街。在稍后的刘子如绘《重庆府治全图》中，老鼓楼的表现方式和外部形态与张图全同，只是将张图拱门内的"老鼓楼"改为"丰瑞楼"[24]。由此可知，老鼓楼又名丰瑞楼。"老鼓楼"之名产生于新鼓楼兴建后，在没有新鼓楼之前，这座楼只称作鼓楼。清道光《重庆府志》卷二记清乾隆二十四年重建重庆府署时，"又于署北建谯楼，颜曰新丰，南与丰瑞楼相对"。按照这个记载，这个新建于府署北侧（实为东北）的被命名为"新丰楼"的谯楼，应该就是新鼓楼；有了新的鼓楼，那么先前就已经修建的鼓楼，也就是位于新丰楼以南（实为西南）的"丰瑞楼"，自然就成为老鼓楼了。

重庆府的鼓楼在明末清初四川旷日持久的战乱中受到损坏，上部的木构建筑被毁，只有下部的砖砌高台保留下来，故清康熙四十七年（1708 年）才有重修鼓楼之举。这次重修鼓楼后，重庆知府陈邦器将其题名为"丰瑞楼"，这是老鼓楼又名丰瑞楼的开

---

[24]　姜丽蓉《三幅重庆府治全图的比较》，曹婉如等编《中国古代地图集（清代）》，第 163、164 页，文物出版社，1997 年。

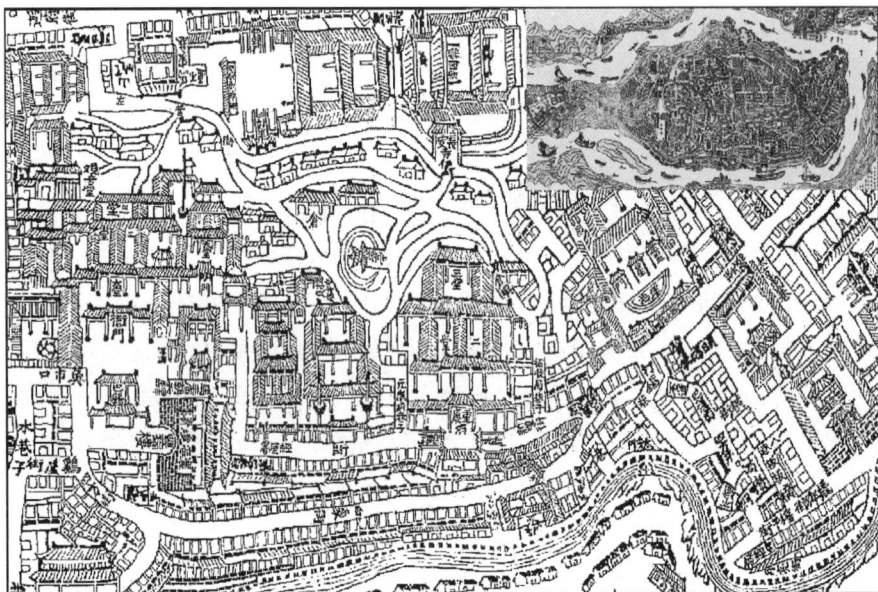

图四　晚清重庆府署示意图（清张云轩《重庆府治全图》局部）

始。清道光《重庆府志》卷二说"丰瑞楼即古谯楼"，并录康熙四十七年重庆知府陈
邦器重修鼓楼《记》说：

> 荒残衙舍，听其聊蔽风雨而已。然鼓楼实郡治观瞻，司漏传更非官居私署可
> 比，生财福德攸关，亦与学舍城隍相等。爰寸铢积累，议一新之。崷责经历涂君
> 廷俊、周子典朝夕襄事，刻期成功，已蔚然改观，非余下车时故辙矣。落成之日，
> 题曰丰瑞，冀时和年丰，长为吾民祯瑞也。

据此，老鼓楼原是古谯楼，是重庆府司漏授时、击鼓传更的地方。老鼓楼的司漏
授时功能，开始于明初洪武年间，故老鼓楼明代又名"漏壶台"。清道光《重庆府志》
卷二记漏壶台说"在府治谯楼上，明洪武初建"，并录有明万历十一年（1583 年）重
庆府通判张启明重修漏壶《记》说，自明洪武年间设漏壶于鼓楼上，至万历年间已有
损坏，定时不准，故又延请工匠修复司漏设备。其中关于漏壶创建及其与鼓楼的关系，
张《记》这样说：

> 我太祖混一寰宇，酌古定制，颁漏壶式于天下……自洪武十四年渝郡奉而创
> 之鼓楼。

重庆府的漏壶于明洪武十四年（1381 年）设于府治谯楼上，张启明《记》称之为
鼓楼，是鼓楼即古谯楼。这座安置有漏壶的谯楼下有高台，所以才称之为"漏壶台"。

由于明初创制的漏壶只是梯级放置的四件一套的滴水计时用铜壶,这套漏壶被安放在已有的鼓楼即谯楼上,可知该鼓楼的始建年代应早于明初。我们知道,明王朝进入明氏大夏的都城重庆城时并未发生战争,明夏的开创者明玉珍进驻元朝的重庆城时,也没有经历攻城作战[25],明夏和元末重庆宫署的谯楼应当能够完整地保留至明初。不过,元代晚期的延祐三年重庆路署曾经发生过一次大火,"郡舍十焚八九",不知老鼓楼是否在这被火毁的郡舍之列[26]。如果从更向前推寻,就是宋元之际,那时的四川地区虽然处在长期的战乱动荡期间,但元军攻占重庆是在宋元战争即将结束的时候,元军已开始注重战后城市和区域治理的问题,重庆在战争中遭受破坏的相对是较小的[27],南宋末期修建的鼓楼很可能保存下来,并被元、夏和明代所利用。

根据以上讨论,我们可以勾画出重庆老鼓楼名称演变的轨迹:

谯楼(鼓楼)→漏壶台(谯楼、鼓楼)→丰瑞楼(鼓楼)→丰瑞楼(老鼓楼)

老鼓楼既然是重庆城中的旧谯楼,其位置不在城门的位置而在历代重庆衙署所在区域,它是衙署门前的谯楼而不是城门处的谯楼是可以断定的。衙署前立谯楼,是宋元时期常见的现象,如《宋史·五行志二上·火》卷六三记淳熙二年四月"徽州大火,夜燔州治谯楼、官舍、狱宇、钱帛库务,凡十有九所,五百二十余区,延烧千五百家,自庚子至于壬寅,乃熄"[28]。谯楼就是与州治官舍、府库等联系在一起的。宋范成大《吴郡志》卷第六记吴郡(今江苏苏州)官宇首先就是谯楼,然后才是仪门、设厅等建筑[29]。

---

[25] 《新元史·明玉珍传》卷二二六记明玉珍溯江而上至重庆城道:"时重庆承平日久,见贼至,远近震骇。完者都遁,获哈林秃。城中父老以香花迎玉珍入城,玉珍禁侵掠,居民安堵如故,降附日众。"又记明军进抵重庆城附近的铜锣峡,"(明)升面缚衔璧,率其群臣出降"。

[26] 道光《重庆府志》附祥异:"仁宗延祐三年,重庆路火,郡舍十焚八九。"

[27] 《宋史·忠义六·张珏传》卷四五一:"大兵会重庆,驻佛图关,以一军驻南城,一军驻朱村坪,一军驻江上。遣泸州降将李从招降,珏不从。……珏率兵出薰风门,与大将也速斛儿战扶桑霸,诸将从其后合击之,珏兵大溃。城中粮尽,赵安以书说珏降,不听。安乃与帐下韩忠显夜开镇西门降。珏率兵巷战不支,归索鸩饮,左右匿鸩,乃以小舟载妻子东走涪,中道大恸,斧其舟欲自沉,舟人李斧掷江中,珏踊欲赴水,家人掖持不得死。明日,万户铁木儿追及于涪,执之送京师。重庆降,制机曹琦自经死,张万、张起岩出降。"

[28] 《容斋续笔》卷十四"州县牌额"条记此事道:"州县牌额,率系于吉凶,以故不敢轻为改易……徽州之山水清远,素无火灾,绍熙元年,添差通判卢瑢,悉以所作隶字,换郡下扁榜,自谯楼、仪门,凡亭榭、台观之类,一切趋新,郡人以为字多燥笔,而于州牌尤为不严重,私切忧之。次年四月,火起于郡库,经一日两夕乃止,官舍民庐一空。"

[29] (宋)范成大《吴郡志》卷第六,官宇(《江苏地方文献丛书》,第51页,江苏古籍出版社,1999年):"吴都佳丽,自昔所闻。建炎兵燹,所存惟觉报小寺及子城角天王祠,今州宅、官廨、学舍、仓庾、亭馆之类,皆中兴后随事草创,不能悉如旧观。辄考故事,并异时名额,识之以备考古。谯楼:绍兴二年郡守席益鸠工,三年郡守李擢成之。二十年郡守徐兢篆平江府额,然止能立正门之楼,两傍挟楼至今未复,遗基岿然。"

《东轩笔录》卷之十一记有这样一个故事：

> 林洙少服苣胜，晚年发热多烦躁，知寿州日，夏夜露卧于堂下，为鼓角匠以铁连鑻击杀之……自谯楼至使宅堂前，盖甚远，而诸门扃钥如故，莫知何以至也。

从这个故事也可见当时寿州（今安徽寿县）谯楼就在州府前面，要到大堂须经过数重大门方能入内。因此，我们可以断定，重庆老鼓楼当初应该是位于重庆主要衙署的前面，很可能充当着衙署外门和谯楼的双重作用。

作为南宋以来重庆衙署区谯楼和大门的老鼓楼，其门洞朝向西南，穿过楼门的街道呈西南—东北走向，可以推断，当初的重庆府署等衙署的位置，都应该在作为衙署大门的老鼓楼之内，也就是老鼓楼之后的东北方向。换句话说，目前重庆市文物考古研究所已发掘的区域，只跨越了当初衙署区大门右侧及其以外的区域，衙署区以内的主要区域目前还没有发掘。目前在老鼓楼东北、解放东路（原老鼓楼街）内侧还有一块没有现代建筑的区域，那里正是当初重庆主要衙署的前部西北侧，应该补充开展发掘，以弄清南宋以来重庆府衙署的布局情况。这不仅对于认识重庆城市历史非常重要，对于认识现已不存的宋元府路一级衙署的布局也具有价值。

老鼓楼朝向西南，其地势由西南向西北逐渐升高。现在穿过老鼓楼门址的解放东路是民国时期的林森路，民国修公路前是清代的老鼓楼街及新丰街。在公路修建以前，这条道路不是缓坡状上升，而是一段较平的石板路接一段石砌梯道，梯级上升。换句话说，作为大门的谯楼即鼓楼位于地势较低处，衙署其他主体建筑应该修建在大门内较高处。这种由大门逐渐上升至衙署主体厅堂的现象，应该是长江上游沿江山城府州县衙署的常见布局，只是这些府州县衙署现在都已无存，无法进行比较，这里权且以黄河支流汾河边上的山西霍州州署作为参照。霍州位于汾河东岸，地势东北高西南低，故霍州署也位于霍州旧城北部偏东的位置。州署是现存的保留有较早旧貌的衙署实例，衙署位置恐怕从古至今没有大的变动[30]，现在仍然保留的衙署中路建筑，其布局基本保持着元以来的格局，大堂甚至还是元代遗构。州署中路前有城门状谯楼（楼虽为明建，但砖台或许更早，按照明嘉靖《霍州志》中霍州署图，仪门两侧原先还有高墙），谯楼后地势高起，登多级梯道才能上至仪门，仪门内庭院地面高度大致与谯楼砖台平齐，院内大堂即"亲民堂"，为元代建筑。大堂后为二堂即"退厅"，最后是知州的内宅[31]。清代以前的重庆

---

[30] 霍州城历史悠久，《太平广记》卷四百五十，靳守贞："霍邑，古吕州也。城池甚固，县令宅东北有城，面各百步，其高三丈，厚七八尺，名曰囚周厉王城，则《左传》所称'万民不忍，流王于彘'，城即霍邑也。"

[31] 李志荣《霍州大堂与霍州州署的布局》，《文物》2007 年第 3 期。

府署中路的布局，应该与霍州署相似，每进庭院从西南向东北依次抬高。只是重庆府署比霍州署规模更大，中路轴线延伸更长而已。

这里有必要讨论一下重庆老鼓楼的形制问题。我们前面已经说到，清代末期重庆地图上的老鼓楼是一座下有砖砌高台、上有木构重楼、道路从高台中央的拱门穿过的城门式建筑。这种城门样式的谯楼，与现存的宋元时期州府一级的谯楼实例形态非常相似，如全国重点文物保护单位江西宜春市谯楼，是古代袁州府衙前戍守瞭望和击鼓报时的鼓楼。该楼始建于南唐保大二年（954 年），南宋嘉定十二年（1219 年）重建，增加了铜漏壶等定时报时设施[32]；明万历年间（1573～1620 年）重修，现有谯楼就是这次重修后的遗构。袁州谯楼虽历代重修，但其砖砌高台保存了南宋谯楼的原貌。砖台横跨南北向的街道（原先是袁州府署中轴线上的通道），平面呈“凹”字形，东西两侧有向前伸出的观台，其中形态与重庆老鼓楼砖台应比较接近。再如安庆谯楼，这是曾经作为省州府署大门前的望楼和鼓楼。安庆谯楼的始建可以追溯到元代，按照现在通行的认识，现存谯楼建于明洪武元年（1368 年）。清初曾加以重修，乾隆二十五年（1760 年）安徽布政司移至安庆，即以安庆府署为司署并加以扩建。咸丰年间蕃司衙门毁于兵焚而谯楼独存。安庆谯楼的砖台是明初遗构（或许可以早到元代），其形制为长方形，中央辟一拱门，台长 54、宽 18、高 4.2 米。这些都可以作为复原重庆老鼓楼砖台的参考（图五）。

重庆老鼓楼跨越清代重庆府署诸衙门前的横街，民国年间前清衙署被废除，利用原衙署前横街新拓宽的城市街道，老鼓楼那狭窄的拱门洞就成为交通的障碍，故老鼓楼连同新鼓楼于 1927 年被一并拆除[33]。不过，老鼓楼的砖砌高台的面宽比当时新修的街道要宽许多，故当时拓宽街道只拆除了阻挡街道的砖台中段和门楼，新街道两侧的砖台并没有被拆除。只是因街道外侧的砖台已经被临街房屋所破坏，只有街道内侧的一段砖台被保存下来。民国以后拓宽的街道是以原穿过老鼓楼的道路为中轴线拓展。现存砖台长“南北残长 24.3 米，东西宽 24.7 米”，还不见原先台中间的拱门门道的痕迹，中央拱门应该在后来街道也就是今解放东路的位置。鉴于现在残存

[32]　当下流行的关于袁州鼓楼的介绍，都将该楼的功能归纳为“集测时、守时、授时功能为一体的地方时间工作天文台”，不是普通的敲鼓报时用的鼓楼，并有学者把袁州谯楼称为“我国最早的从事时间工作的地方天文台”（谢志杰《袁州谯楼——从事时间工作的古天文台》，《南方文物》1994 年第 3 期；薄竖人、谢志杰、栾杏丽、李贤坊《袁州谯楼研究——我国现存最早的从事时间工作的地方天文台》，《自然科学史研究》1995 年第 1 期）。这种解释是错误的。谯楼要击鼓报时，就需要以漏定时，这是当时全国谯楼鼓楼通行的制度。

[33]　唐冶泽等先生“据 1927 年《重庆商埠月刊》第七期记载，太平门城门在次年底修建码头时被拆毁。而新老两个鼓楼也在同期修建公路时被拆毁，其中两套珍贵的古代计时仪器也不知所终”。参看〔1〕，第 28 页。

图五　宋元时期谯楼（上为宜春谯楼，下为莆田谯楼）

的砖台西北段的进深达到 24.7 米，超过了已知宋元时期府州一级衙署谯楼台座的进深[34]，这就有两种可能：一种可能是重庆老鼓楼建于南宋淳佑年间，这时正是余玠移四川制置使司署于重庆府之时，新建的制置使司衙署比先前的重庆府署规格高，其府前谯楼规模也大于现存的府州一级的谯楼；另一种可能是老鼓楼的高台平面呈"凹"字形，两端进深大于中段进深，如袁州谯楼等那样。鉴于现存宋元谯楼的高台中轴线的进深都没有超过 15 米的，老鼓楼砖台应原为"凹"字形平面的可能性更大一些。

　　近年，重庆市文化遗产研究院对衙署遗址靠近解放东路街道一侧的地下进行了勘察，发现了老鼓楼砖台西北侧观台的转角和门道内侧的包砖，对老鼓楼的形态有了进一步的了解。现在我们知道，老鼓楼遗址的砖台形制确是"凹"字形，但两侧突出的观台却是向内而非向外，与通常的谯楼高台有所不同。根据现在考古发掘已经掌握的信息，老鼓楼砖台西北一侧的现状是：最西端是夯土包砖的观台，地面底边面宽 13.5、进深 24.7 米；其内侧即东南方是外面砌砖、内有"门塾"的右侧楼台，楼台进深 17.2 米，从台内侧拐角至中央门道砌砖约 15.4 米[35]。由于已经发掘至砖台中央门道外侧，

---

[34]　江西宜春市袁州谯楼（宋或更早）高台面宽39、进深11.9米，浙江镇海谯楼（元或明初）高台面宽32.8、进深16米，广东肇庆市丽谯楼（宋）面宽34.5、进深14.45米。

[35]　此信息得之于袁东山先生惠赠的重庆市文化遗产研究院等《老鼓楼衙署遗址——重庆城市考古的重大发现》（参评2012年全国十大考古新发现材料），2013年4月。

尽管尚不知门道宽度及门道两侧砖墙厚度，老鼓楼砖台大致形态和尺度已可推知。从现存宋元时期的谯（鼓）楼下部高台可知，其中央的门道宽度一般不超过5米，加上门道两侧砖墙的厚度（老鼓楼砖台的夯土包砖墙厚1.5米，门塾前后砖墙厚2.2~2.5米，考虑到门道需要负担过梁或券拱的重量，以砖台后墙厚度2.5米作为门道两侧砖墙厚度），可以知道原老鼓楼砖台面宽总长度应该不超过67.8米（31.4＋5＋31.4＝67.8米）。

　　城门砖台的复原可以有两种方案：一种是采用对称复原的方式，参照现存的右半截砖台复原左半截砖台，使砖台呈现门洞两侧有对称的两门塾、每个门塾各有一门的模样；另一种是只有左侧单边门塾，右侧是全夯土包砖的砖台[36]。同样，砖台上的木构楼阁也有两种复原方案：一种是两侧凸出的观台不覆罩，只在中段架构层楼，如袁州谯楼的形制；另一种是不仅在中段架构层楼，两侧观台亦架构挟楼，如未被金兵焚毁前的平江府谯楼一样。谯楼两侧观台的挟楼是相对独立的建筑，可以与主楼同时建构，也可以后来补充扩建，如宋代的常州州署谯楼始建于唐末，直至宋代乾道年间才创建两挟楼[37]。重庆老鼓楼两观台向后突出，构建挟楼也不能在谯楼正面形成门道两侧观阙的效果，它原先很可能与晚清以来《重庆府治全图》所示老鼓楼一样，只是中段砖台上有层楼而没有两侧挟楼（图六）。

图六　宋重庆府署谯楼复原示意图（陈筱绘制）

---

[36] 现存于街道西南侧的砖台因中空有门塾，民国后被利用作房屋，因而保存至今；街道东北侧的砖台已被民房所毁，只余台基，故推知门道左侧的砖台以砖包夯土的实心砖台的可能性较大。

[37] （宋）史能之纂修《咸淳毗陵志》卷五："谯楼在内子城南，'常州'二字徐铉所篆……乾道初，叶守衡创两挟楼。"

三、老鼓楼区的古代衙署

既然老鼓楼是南宋末期修建的衙署区大门前的谯楼，以此为基点，我们可以对南宋至清代老鼓楼片区的衙署布局进行探讨。在讨论具体问题之前，先据现存重庆地方史志，对老鼓楼片区的历史沿革简述如下。

重庆衙署自南宋嘉泰年间（1201～1204 年）始有府署的记载。嘉熙四年（1240 年），四川制置副使彭大雅抢筑重庆城，使之作为四川抵御蒙军入侵的中心，可能也会相应地扩建衙署。南宋淳祐年间（1242～1245 年），四川制置使兼重庆知府余玠将四川制置使司迁至重庆，城内金碧山下原重庆府衙可能曾经改扩建，使之能够容纳四川军政机构。元军占领重庆后，以重庆为宣慰司治所，其司衙就是原南宋四川制置司和重庆府衙。元末明玉珍据有重庆时，建号曰"大夏"，以原宣慰司署为宫署。明洪武十四年（1382 年），明朝灭明夏政权，重庆府因原府署曾作明夏宫署而一度不敢进驻，府署建筑因缺少维护而坍塌不少。辛亥起义后成立蜀军政府（1212 年），在巴县府署内设财政部。自南宋晚期至清末，重庆府署、巴县县署及其他衙署尽管都在太平门与水东门之间的金碧山下，但其间发生了不小的变化。这种变化每每发生在改朝换代后，最大的变化莫过于清代乾隆二十四年的重建府署。道光《重庆府志》卷二舆地·公署叙述其变化说：

> 重庆府知府署：在太平门内。
>
> 宋嘉泰间建。元末明玉珍作伪宫。明洪武初，郡守袁维真改修，明末毁于兵。康熙八年郡守吕新命重建。原系南向，右倚金碧山，为江州结脉处；左与白象街廛舍毗连，每虞火灾。乾隆二十四年，郡守书敏移署倚山东，南向重建。金碧山堂前开新丰街巷，官民两便。又于署北建谯楼，颜曰新丰，南与丰瑞楼相对。

这段记载极其重要，但在府署方向变化上却仍有叙述不清之处。《府志》先叙述重庆府旧府署"原系南向，右依金碧山"，接着说清乾隆二十四年新建府署是"移署依山东，南向重建"，这就存在矛盾。造成这种不清晰的原因在于，重庆府署所在的老鼓楼片区的山脉、街道和城墙都不是正方向的，而是依照半岛山脉和长江河道的方向作西南东北走向，这一片区的建筑如果不是顺着街道自西南往东北而上，就是垂直于街道从江边台地自东南向西北而上。清乾隆二十四年以前和以后的重庆府署尽管都是"南向"，但以前应该为西南向，以后改为东南向。考古发掘出来老鼓楼南宋砖台的朝向为西南，明代晚期地方志的重庆城池图所示重庆府署也朝向西南，清末地图绘制的包括重庆府署在内的衙署却都朝向东南，就清楚地反映了府署方向的转变。

　　上海图书馆藏明万历《重庆府志》是保存至今的两种明代重庆府志之一[38]。该志的城池、官署等卷已经残缺，但在卷首图考部分有重庆府城图，图中重庆城内的所有公共建筑"重庆卫""巴县"等衙署的图题都是从北向南书写，唯有府署的图题"重庆府"是从东向西书写（图七）[39]。由此可以推断，明代晚期重庆府署仍然保持了南宋以来的位置和朝向，衙署顺着金碧山南麓从下至上分布，面朝西南而背负东北。

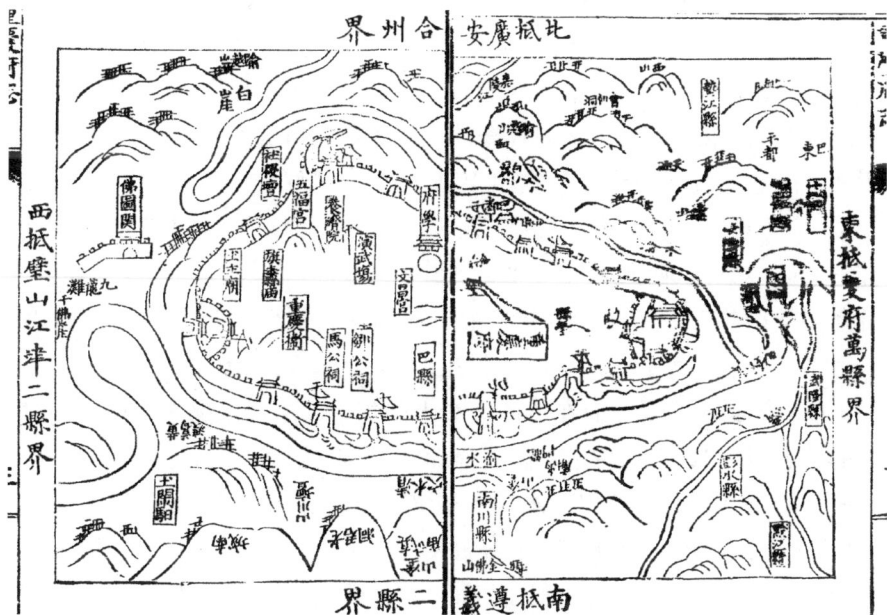

图七　万历《重庆府志》城池图

　　在清代重庆地方志的重庆府城图中，重庆府署与巴县署等衙署，其方向一致都是背山面江，府署方向与清代早期以前完全不同。在清代地方志书的重庆城池图中，重庆府署都是面朝原先作为府署中轴线的道路，与巴县署的朝向相同而与始建于南宋末的老鼓楼砖台朝向不同。从清代晚期绘制的三幅《重庆府治全图》看，穿越老鼓楼即丰瑞楼的街道与南侧的白象街平行，对照后来的地图，这条街道就是老鼓楼街——新丰街，也就是民国的林森路和现在的解放东路。街道原本是西南至东北走向，而在这三幅《重庆府治全图》中却全都被画成了正东西向，因而在这条街道以北的包括重庆府署在内的几个衙门，其朝向也被画成正南北向。如果将这三幅古地图转绘成精确测量的重庆旧城图，那么，衙署前的老鼓楼街——新丰街是西南至东北向，这些临街修建的衙署朝向也都是东南向。这些前清的衙署尽管民国以后几乎被拆除殆尽，但衙门

---

[38]　另一种明代重庆府志是国家图书馆藏明成化《重庆郡志》，但该志残缺严重，重庆府部分全缺。
[39]　同〔17〕，卷首。

前的街道只是扩宽没有移动，衙门两侧街巷有的也保留下来，此外巴县衙门左路的一座厅堂建筑至今犹在。据张云轩绘《重庆府治全图》所示，重庆府署前为新丰街，左为"鳌金局巷子"，右为"元泰店巷子"；而据稍后的刘子如绘《重庆府治全图》，重庆府署左侧的巷子则被标注为"征收局巷子"。后者的街巷标注恐怕有误，因为在 1925 年的《新测重庆城全图》中，原重庆府署左侧位置上的那条巷子还是标作"鳌金局巷子"，"征收局巷子"是巴县县政府西侧连接征收局的一条通道，该巷子与不远处新开的"西四街"平行，属于前清巴县署与经历署之间的巷子，距离重庆府署左侧的那条巷子中间还隔着经历署、行台署、重庆府署三个衙门。民国年间，这些衙署虽已不存，衙署间巷子有的也被拓为街道，但是衙署的位置基本可以分辨。如果以 1925 年重庆街巷名称为准，清重庆府署的位置是在"上新丰街""鳌金局巷子"和"中大街（正街）"之间，清行台署和经历署是在"下新丰街""中大街"与"西四街"之间，而巴县署则在"老鼓楼街""西四街"与"文华街"之间。

　　清乾隆二十四年开始重建后的重庆府、通判（行台）、经历（司狱）、巴县诸衙署，都是背靠金碧山，面临大街，俯瞰长江，也就是坐西北朝东南。这种格局一直影响到了民国以后的街巷格局。而在清乾隆二十四年前，格局就完全不同。那时的重庆府署是"右倚金碧山"，"左与白象街廛舍毗连"，也就是平行于金碧山和白象街。其余如通判署，按照清嘉庆《四川通志》和道光《重庆府志》记载，"旧在丰瑞楼内，南向"，乾隆二十四年后才改在重庆府署右侧，方向变成"东向"[40]，可知重建前的通判署是在丰瑞楼内一侧，与楼的朝向相同。经历署按照旧志记载，"旧在府署右……监舍逼近民居"（以上未标明出处者均为道光《重庆府志》语），推测"右"应为"左"字之误，因为经历署如乾隆二十四年前在重庆府署右前侧的话，其附近应该没有民居，只有位于原府署左前侧时，因与白象街平行，才有衙署建筑逼近民舍的可能。因此，乾隆二十四年前的通判署和经历署应该分别位于老鼓楼后至府署主要厅堂之间的两侧，也就是原中轴线两侧，与原府署一样都是坐东北朝西南。这两个衙署是与重庆府署一起，在清乾隆二十四年改变位置和朝向的。

　　清初以前，除巴县署外，重庆府署、通判署、经历署都是顺着金碧山和长江的走向，从西南向东北布列，府署居中，通判和经历二署分居前部（大概在老鼓楼至仪门的之间的位置），其后中轴线上是重庆府署的门、厅（堂）、宅等主要建筑。这种布局是延续宋代以来的旧制，中间虽经明氏大夏的僭越改动，但明夏的开创者明玉珍是个

[40]　道光《重庆府志》卷二，舆地·公署："通判署：旧在丰瑞楼内，南向。乾隆二十五年通判陈金涵迁建府署右，东向。道光十三年裁。今为行台。""经历署：旧在府署右。乾隆二十四年改司狱为江北厅，照磨以经历兼司狱事，移驻司狱署。嗣经历徐绍墉以监舍逼近民居，每苦火患，复迁署于通判新署右。"

相当节俭的人[41]，其宫殿宅邸恐怕不会超越南宋的规模。按照宋代府署制度，府署中轴线纵向布置相当疏朗，最前面是谯楼，其后是仪门（或称戟门）和戒石亭，再后是衙署处理公事的大堂"设厅"，大厅后有过厅（"退厅""小堂"之类），最后是知府及其家属住宿的宅邸。有的府署在宅邸后面还有游观的庭院和楼台。范成大撰《吴郡志》卷第六官宇记当时平江府署布局说：

> 吴都佳丽自昔所闻，建炎兵烬，所存惟觉报小寺及子城角天王祠，今州宅、官廨、学舍、仓庾、亭馆之类，皆中兴后随事草创，不能悉如旧观，辄考故事并异时名额识之以备考古。
>
> 谯楼：绍兴二年郡守席益鸠工，三年郡守李擢成之。二十年郡守徐兢篆平江府额，然止能立正门之楼，两傍挟楼至今未复，遗基岿然。
>
> 戟门：绍兴元年郡守胡松年建，榜以平江军额，徐琛书。
>
> 设厅：皇祐中李晋卿以兵部员外郎守郡，尝修大厅，蒋堂为记，叙厅之所始甚详。今题名逸李姓名，晋卿是其字也。后嘉祐中王琪以知制诰守郡，始大修设厅，规模宏壮，假省库钱数千缗……兵火之后，绍兴三年郡守宋伯友更建今厅。

宋代的平江府即今江苏苏州，北宋政和三年（1113 年）升苏州为平江府，吴县和长州是附郭县。该城至今还保存有南宋绍定二年（1229 年）的《平江图》碑，详细描绘当时府城的布局（图八）。在府城的中央有子城，府署就以子城为衙署范围。图对平江府署表现颇为细致，可以作为范成大文字记述的图注。从《平江图》可知，平江府署最前面的谯楼就是子城的城门楼，楼下砖石的高台两侧向前凸出，中间有单层的门楼，其上题"平江府额"，两侧凸出的观台上无挟楼，正合范成大"挟楼至今未复"的记载。从谯楼下城门入内，正面是悬"平江军"额的单檐戟门，谯楼与戟门间还有一横向道路，通向戟门两侧的府署办事机构。再后是衙署处理公事的大堂即"设厅"，大厅后或有过厅小室，最后是知府及其家属住宿的宅邸。

类似于宋平江府署的有关宋代府军州县衙署信息的文献和图，还有一些留传下来，如《咸淳临安府志》《景定建康志》《淳熙严州图经》[42]等，这些珍稀的宋代志书对衙

[41]　关于这一点，从明玉珍的叡陵就可以证明。明玉珍墓位于重庆江北区，墓穴为东西长5.4、南北宽3.5米的无墓道石坑墓，墓内两重棺（原简报称一椁一棺），随葬品除身上的服装外，只有金碗1件、银锭2件，相当简朴。在明玉珍墓发现之初，有考古学家曾把它误判为清代一般官僚之墓，直到《玄宫之碑》出土，才知道这是大夏开国国君的陵墓。参见重庆市博物馆《四川重庆明玉珍墓》，《考古》1986年第9期。

[42]　以上诸种宋代方志均见中华书局编辑部《宋元方志丛刊》，中华书局，1995年。

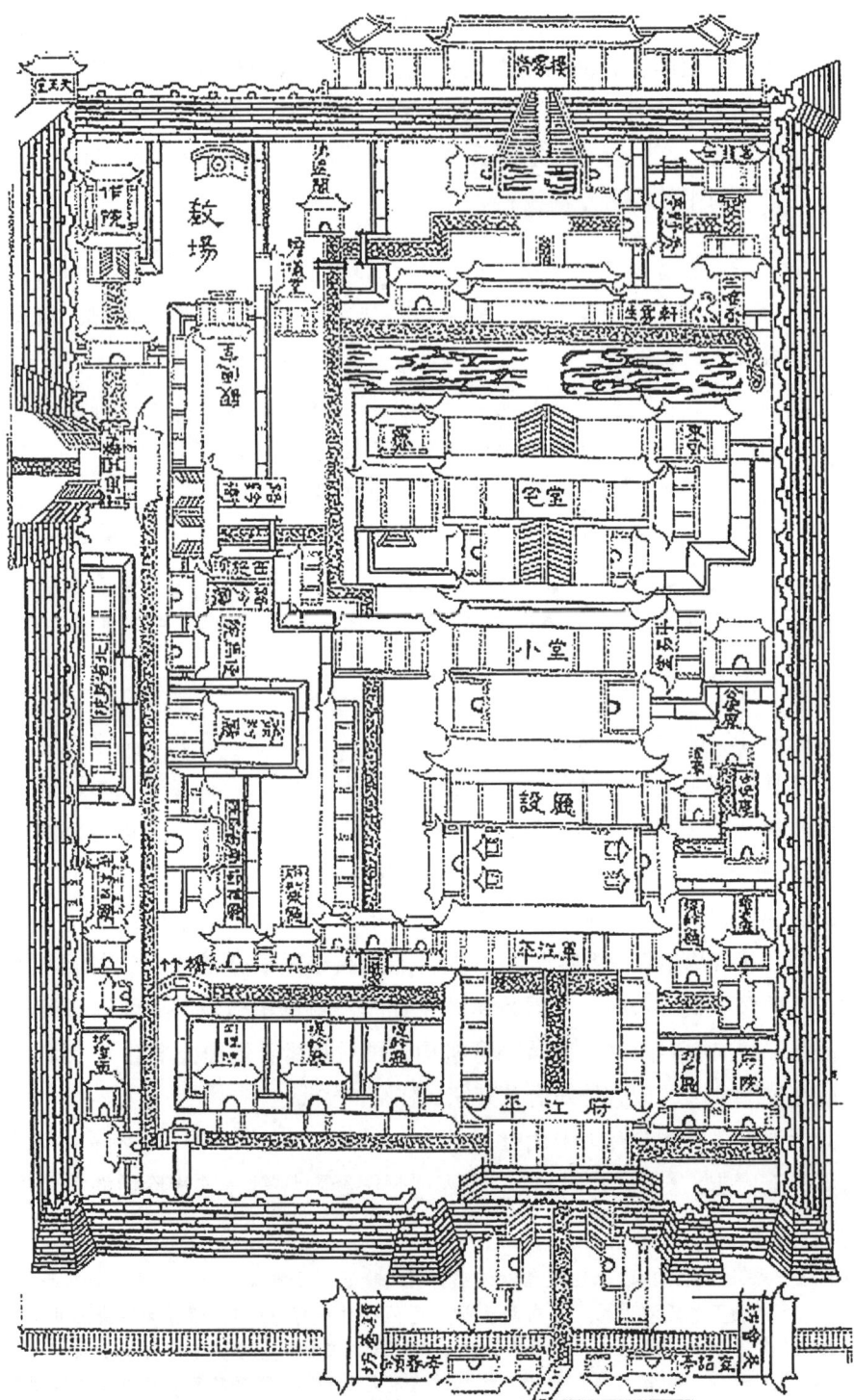

图八　《平江图》中府署图

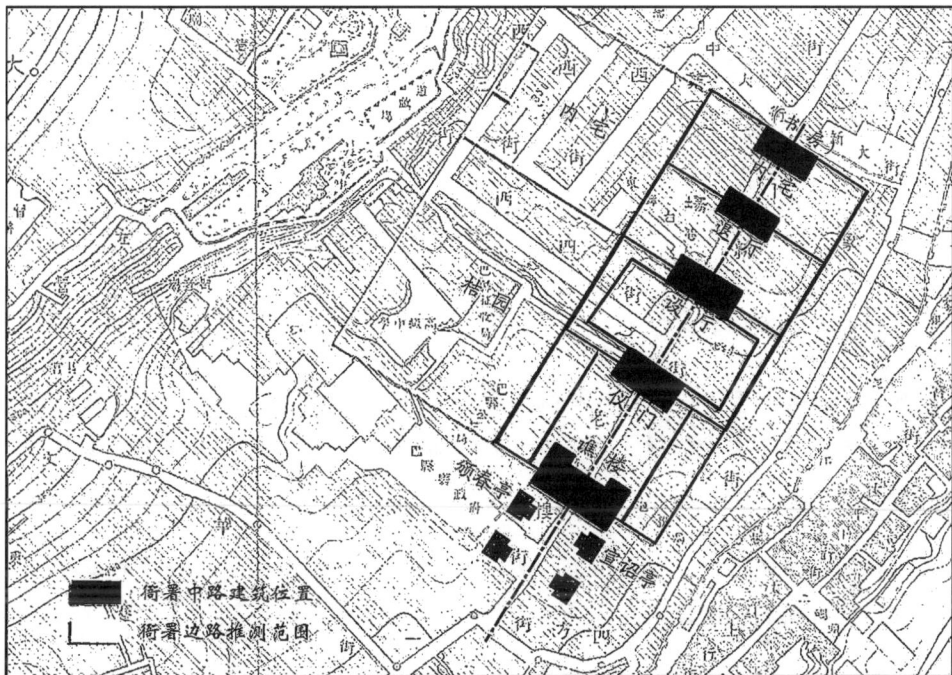

图九　宋至清初重庆府署平面布局（以1930年重庆城区图为底图绘制）

署除了有文字描述外，都还附有衙署的示意图，为我们认识宋代衙署提供了比较直观的材料，可以据此对南宋的重庆府署的布局进行大致的复原。只是由于目前重庆老鼓楼区已经发掘的重庆府署遗址还只是府署最前端的谯楼，谯楼后府署的主体建筑遗迹尚未被揭示，只能依照老鼓楼区的微地貌及其他府州的府署图所示制度来进行复原（图九）。

最后，我们还需要讨论老鼓楼外面的其他相关建筑遗迹的如下问题。

1. 谯楼前亭类建筑遗迹的性质

在老鼓楼遗址即南宋重庆府署谯楼的右前侧，有两座同时期的"凸"字形建筑遗迹，其中紧邻谯楼的那座保存状况较好，前面有宽阔的月台。对照南宋衙署制度，这些"凸"字形建筑，很可能是当时衙署大门前的"手诏亭"（或"宣诏亭"）和"颁春亭"一类建筑的遗迹。

今浙江宁波市旧城在宋代是明州奉国军治所，后升为庆元府。军州府以子城为衙署，子城南门即衙署正门奉国门，城门楼即谯楼，楼前左右对称有宣诏、颁春二亭。宋方万里、罗濬《宝庆四明志》卷第三叙郡下公宇记：

宣诏亭：奉国门外之左。亭之右又有晓示亭。

颁春亭：奉国门外之右。亭之左又有晓示亭。二亭皆宝庆三年守胡榘重修。

这是府署谯楼前有宣诏、颁春等亭的记载。

今江苏常州市古称毗陵，因运河通过这里的缘故，向来为长江下游重镇，宋代常州是重要的州城治所。常州以内子城为州署，内子城南门即州署大门谯楼，谯楼前夹路有手诏亭和颁春亭。宋史能之纂修《咸淳毗陵志》卷五记常州署说：

手诏亭在谯楼前左；
颁春亭在谯楼前右。

这是宋代州署有手诏、颁春二亭的记载。

今江苏无锡县在宋代为县，入元后升为州治所在，但州署沿用南宋无锡县署。元《无锡县志》州署三记载：

州署在州城之中，即宋旧县令厅也。元至元间改作之……谯楼外有亭三：西曰宣诏、曰阅武，东曰颁春。

这是宋代县署谯楼前有宣诏、颁春二亭的记载。

类似例子尚多，不一一列举。

从以上三例已经可以看出，衙署谯楼一类大门前对峙宣诏亭和颁春亭，且门外左侧为宣诏亭而右侧为颁春亭，这是当时通行的制度。除了这两个亭子外，有的衙署大门前还加有其他的一些亭子。据此，靠近老鼓楼砖台遗址前右侧的那个"凸"字形建筑基址，当为颁春亭的遗迹；其对面也就是老鼓楼的左前侧，应该还有宣诏亭的遗迹。那座在我们推测为颁春亭遗迹之外的"凸"字形建筑基址，则可能是其他非制度化的亭类建筑遗迹。

2. 巴县署位置和朝向的问题

现在老鼓楼西北侧，也就是考古发掘的第 B、C 区，清代是巴县署的所在地。这座衙署在清代的重庆地图上是坐西北朝东南，也就是背靠金碧山而面向长江。那么，在清代以前，确切地说在乾隆二十四年前，巴县署的位置和朝向是否与重庆府署等一样，也是顺着金碧山麓布置呢？关于这个问题，清人编写的志书对重庆府署、通判署、经历署的变迁说的较明确，对巴县署位置的变化却语焉不详。道光《重庆府志》记巴县知县署说："在府署右。康熙六年知县张柟建。乾隆二十三年，知县王尔鉴从修。"民国二十八年修《巴县志》卷一上记"县署局会"也说："县政府：旧在重庆府治右，依山东向。明末毁于兵。清康熙六年知县张柟重修。乾隆十六年，知县王尔鉴重修。清制，县设吏、户、礼、兵、刑、工六房，置典胥房书。民国初创，重庆建蜀军政府，巴县不设知事，改民事厅。"这些地方志既然说巴县署原先在重庆府署右侧，"依山东向"（与府署、通判署和经历署原先均为"南向"不同），没有乾隆二十四年重庆府署方位改变后新巴县署随之变化的说明，这就与通判署和经历署的情况有别。很可能巴县署原先就在重庆府署西南大门即老鼓楼外，面朝东南通向府署的道路，不同于通判署、经历署原在府署范围内且面朝西南。巴县署在清乾隆二十四年前后没有变更位置和朝向，这一点可以从文献中看到一点蛛丝马迹。《明实录·太祖实录》卷之一百三十八记载：

> 壬戌，四川布政使司言：重庆府旧治为明氏所居，归附以来但以巴县置府，今已十年，旧治摧毁，惟余厅事，乞仍旧为府治便。上从之。

明代重庆府署沿用的是元末明氏大夏的宫署旧址，只是在明洪武四年（1371年）灭明氏大夏后，因原重庆府署已经被明氏大夏改为宫署，重庆府的官员不敢进驻，遂以巴县署作为府署。直到十年后的壬戌年即洪武十五年（1382年），荒废的明夏宫署的建筑大多毁坏坍塌，只有中心建筑"厅"等尚存，这时四川布政使司才敢上奏，建议皇帝批准重庆府回归旧署，明太祖也才批准了四川布政司的建议。由此可见，巴县署原先确实不在重庆府署的范围内，所以重庆府署占用巴县署后才有回迁之事的发生。也正由于巴县署不在府署的范围内，清乾隆二十四年重建府署时，它才没有随府署及府署内其他衙署一起变更位置和朝向。关于这一点，万历《重庆府志》的重庆府城图中，巴县署被标注在重庆府署前，其朝向坐北朝南，与府署坐东朝西不同，可以作为证明（图一〇）。

3. 巴县仓库监狱等建筑基址

在巴县署中路的西侧，考古发掘已经揭露出一大片时代为明代的建筑基址。这些明代建筑以石块垒墙基，外面还围绕着很厚的石墙。该建筑群南北长115米以上，东西宽54.1米，包含单体遗迹14座，面积6200余平方米。据报道，"该建筑群被东西两道贯穿发掘区南北的大型石墙围合成一个大型院落，背山面江，坐北朝南，分区明确、布局规整，存在明显南北中轴线。据布局结构及遗迹组合关系推断，该建筑群当为明代重庆衙署的核心组成部分"。笔者仔细查看了老鼓楼前这组明代建筑基址的图片和现场，并查阅了相关历史文献，认为这组明代建筑基址尽管是明代衙署的组成部分，但却不是衙署的"核心组成部分"即中轴线的主要建筑的基址，而是明代衙署右翼的辅助建筑的基址——府库和监狱。

早在明初以前，重庆府署谯楼大门外也就是巴县衙门一带就建有官仓。永乐大典本《重庆志》载："广惠仓，旧《府志》：谯楼外，向西广为广积仓。"[43]这些仓库应

---

[43] 《永乐大典方志辑佚》册八一，卷七五一三，第18页，中华书局，2004年。

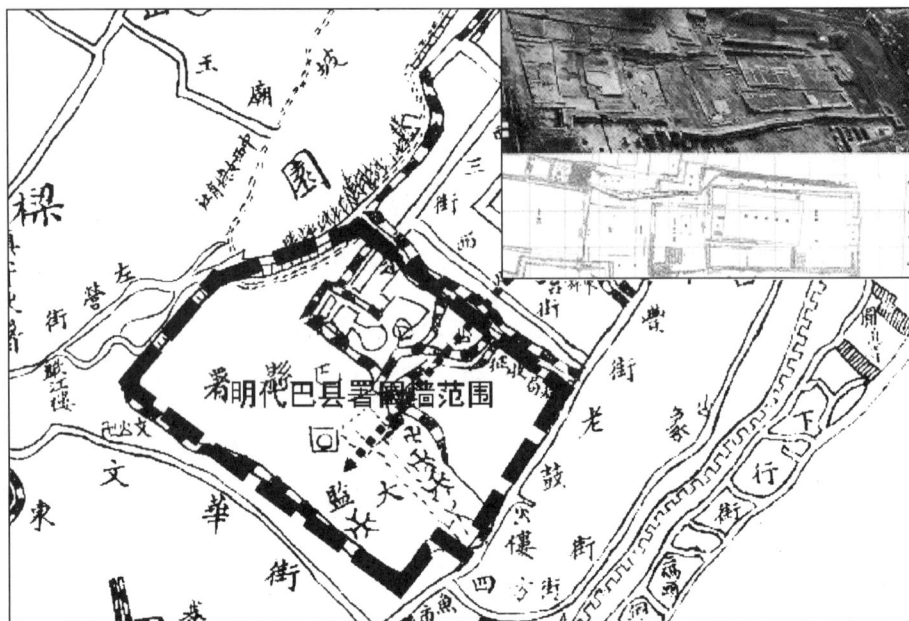

图一〇　明代巴县署范围示意图（以 1925 年测重庆城全图为底图）

该属于巴县署管辖，它们位于巴县署的范围内，并且很可能就在县署西侧即右侧的位置。

元代建造的这些仓库到了明代中期，因年久失修，狭小简陋，再加上当时四川省所属诸州县的仓库屡遭盗劫，四川布政使司和按察使司开始布置所属州县重修仓库。重庆府巴县令缪应龙对修建仓库事宜特别重视，亲自选址规划，新建的巴县仓库非常高大坚固。明人曹汴《巴县建常裕库记》载其事道：

> 维时我巴邑则滇南忠庵缪侯莅任之再明年也……方锐意有改库之图，而台移适至。遂躬卜基于县厅右畔。地既墺衍，复四望与与廨舍悬隔，乃……刻期兴役。其下甃石为台，高凡一丈一尺有奇，上乃结为砖楼，高一丈八尺，总之其高二丈九尺奇矣。中围一丈七尺，下为石藏。外户以铁，启闭惟艰，惟坚惟密。前复为庭四楹，以便盘视。又以后倍金碧山麓，旧墙及肩而已，不独为库之虞也。乃起郡二门之界，以接文昌宫后，延袤数百步间，尽缭以逾丈高垣，基广五尺。

据此可知，明代嘉靖年间重建的仓库垒砌石块为高大的台基，其上有砖砌厚墙，其内还有石砌仓柜；这些都与考古发掘的这一区域的遗迹现象相吻合。推断这处明代石构建筑基址是当时的仓库，应该是合理的。

明末清初，川渝地区发生长时期的战乱和灾荒，巴县仓库是各种势力首先抢夺和毁坏的目标。清代重建巴县衙署时，原先县署左侧仓库等区域的西南侧邻近文华街处，已经被移民的临街房屋所占据，重建的巴县署西路已经相当狭窄，故其仓库很可能缩小了许多，以至于在晚清时期的《重庆府治全图》上，我们只能见到巴县署右后侧，也就是巴县署与重庆府署之间，经历和行台之后靠金碧山的僻静去处有属于府署的仓库；而县署的仓库已经没有标注了。不过，县署内肯定是有仓库的，只是规模不大罢了。清嘉庆《四川通志》卷二十五"巴县知县署：在府署右……典史署在县署左。库在县署内。狱在县署左。常平仓在县署内"[44]的记载，就说明了这个问题。

在我们推断的明代巴县仓库建筑基址一带，明清时期还有监狱。《巴县建常裕库记》载："至于狴门，旧存仪门之内，尤非礼也。侯改辟门外，曲巷以达。复为建监门及灵官祠各一。"晚清的《重庆府治全图》中的巴县监狱，仍然位于巴县署右前侧的位置，与"库狱在县署内右"的记载相吻合。

在老鼓楼附近，历史上曾有一些官府的建筑，因地势限制，这些官府建筑主要排列在老鼓楼右侧，也就是靠近金碧山一侧。这里地势较宽敞，也较为高亢。据晚清的《重庆府治全图》所示，老鼓楼正右侧还有马王庙和朝天驿，右后侧则是经历署。这些官署和官馆，除经历署址在清代乾隆年间有较大变动外，其余在清代以前恐怕就已存在。如马王庙，根据明曹汴《巴县建常裕库记》"捕盗衙旧在县左近外，侯改立厅之右畔而以其址创为马房若干，一有遣拨，马由是可集"的记载，可知其得名应与明清时期这里曾经是马厩有关。捕盗衙需用马，驿站也需要马，故马厩旁有接待官方公干人员驿站的办事机构，这就不奇怪了。重庆"朝天驿"的名称尽管从清代才见诸正史记载[45]，但在明人黄汴《天下水陆路程》、明代徽商著《天下路程图引》等商旅指南图书中，巴县朝天驿已经是长江上下水路和重庆与成都陆路都要歇息的驿站[46]。清代重庆朝天驿的主要馆舍是在靠近朝天门码头的城内，与朝天宫在一起（这在晚清张云轩的《重庆府治全图》中尚有标注）；但在府署和县署之间设置一个驿站的馆舍或办事机构，以方便路过这里的官员与重庆府署和巴县署的官员相见，这也是符合情理的。明代以前重庆府署旁驿站情况不明，只知在邻近的清代经历署曾是南宋末四川制置使兼

---

[44]　嘉庆《四川通志·舆地·公署》卷二十五，巴蜀书社影印，1984年。另外，道光《重庆府志》
　　　卷二中也有"库、狱在县署内右"的记载。

[45]　（清）昆冈等重修《钦定大清会典事例》卷六百八十九，兵部·邮政·驿程二（清光绪二十五
　　　年石印本）："由锦官驿五十里至简州龙泉驿……五十里至巴县白市驿。五十里至巴县朝天驿。"
　　　《两交婚小传》第十七回中的"痴恶汉向外亲探内事，俏佳人借古迹索新题"，描写辛发从北京
　　　出发赴巴县知县任，从水路逆江而上，"不一日到了巴县朝天驿，早有合县衙役，俱来迎接
　　　上任"。

[46]　杨正泰校注《天下水路路程·天下路程图引·客商一览醒迷》，山西人民出版社，1992年。

知重庆府余玠的桔园，是"余玠别墅"所在，并有墨池等遗迹[47]。如果这种说法不误的话，则南宋重庆府署知府等的内宅就应该是府署中路右侧（西北一侧），其中右侧的前部是府署花园和书房所在，所以才有墨池等遗迹。书房可以作为知府接待客人之处，故府署接待官方客人住宿的公馆也应距离不远。明人曹学佺《蜀中名胜记》卷之十七上川东道重庆府一说"府治枕金碧山……玠又尝创招贤馆于府东偏"，这个位于府署东偏即左侧的招贤馆也就是公馆，它与后来的朝天驿虽说位置不同，但却都位于老鼓楼一侧，二者之间还是有某种先后关联。

---

〔47〕　道光《重庆府志》卷二，公署·墨池："墨池，在经历署内。或曰即巴桔园故址，余玠别墅也。玠自比桔中叟，名其园曰巴桔园。"

痕迹分析与实验考古在青铜器
研究中的应用

——兼论青铜器的修复理念

刘彦琪* 　李树国*

　　Trace analysis is a method often used to study the prehistoric stone, different from the traditional archaeology to shape concerns, trace analysis attaches great importance to the traces on ancient artifacts, these traces come from the artifacts making and using, trace analysis provides a new research perspective for us. At present, trace analysis has not been widely applied in the research of bronze, this thesis combines the concrete case briefly discusses the trace analysis applied in the research of bronze, and some research methods of trace into bronze study, we expound the methodology of bronze trace analysis, that the trace analysis should be carried out in the process of bronze restoration, we should emphasize the information excavation and recording in this process, the restoration is the continue of field excavations in the laboratory stage, trace analysis eventually need tested by experimental archaeology. Through a integrated process of observation, analysis, and test of trace, our bronze study established on the material evidence which is a objective reality.

一、痕迹分析的基本概念

1. 痕迹与痕迹分析的概念

　　痕迹是一个侦查学术语，在刑事侦查的痕迹检验中，人类行为在现场或有关物体上遗留下人或物的某种客体的印迹，根据印迹所反映出的客体外部结构形象能够进行同一认定，这种印迹就是痕迹。痕迹分析是指运用自然科学和技术科学相关原理和方法，对与犯罪有关的痕迹物证进行分析、检验、研究、认识，并作出鉴定结论[1]。

---

* 作者刘彦琪系北京大学考古文博学院工程师；作者李树国系乌兰察布市博物馆副研究馆员。
[1] 李少清、王传道《刑事侦查技术》，第130页，北京农业大学出版社，1989年。

对于出土文物，我们所关注的痕迹主要是古代人类在制作和使用相关器物时，在其上留下的印迹，我们通过适当方法对相关印记进行观察、分析、检验，并形成研究结论，称为文物的痕迹分析。

2. 痕迹分析的理论基础

同一认定是痕迹分析的理论基础。同一是"大自然从不精确重复其本身"原理的表现，同一就是物自身相同的含义，物质世界的每个客体物都是独一无二的，客体物存在的特殊性，使其只能等同于其自身，而与其他一切客体物都有区别。同一认定是指具有专门知识或熟悉客体物某些特征的人，在研究和比较先后出现的两个形象特征的基础上对其是否出自一个或是否属于同一整体物所作出的判断。同一认定的方法必须以对客体物特征的比较为基础[2]。

二、痕迹分析在考古学中的应用及其对青铜器研究的意义

1. 痕迹分析在石器考古学研究中的应用

早在20世纪30年代，苏联学者 S. A. Semenov 就开始采用痕迹分析研究石器，并采用实验考古的方法了解痕迹成因。例如，他通过实验考古发现许多端刮器刃缘的划痕和光泽来自于刮削皮革。他的著作英译后得到美国考古学家的重视，促使国际考古学界石器微痕研究的兴起。对考古学复原古人行为的学科任务而言，器物上的痕迹所蕴含的信息可能比器物本身的造型能够说明更多的问题，通过合理的分析方法，我们可以了解石器加工的具体工艺和加工步骤。

痕迹分析作为一种科学的研究手段，可以将静态的考古资料和动态的文化现象联系起来，是考古学"中程理论"[3]的应用方法。

2. 痕迹分析对青铜器研究的意义

中国上古时代的青铜器大多以块范法铸造而成，铸型制作本身就是一个复杂的生产过程。首先塑制器物泥模，由于泥料的塑性和良好的复印性，古代铸工的刮削、刻划、修抹等工艺行为，会在泥模上留下痕迹，用模翻范后，这些痕迹会被泥范复印下来，经过铸造，这些痕迹又会转移到器物表面，古代铸工为了掩盖某些工艺痕迹，会在铸后的器物表面进行打磨，也会留下痕迹。古代铸工的某种工艺行为必然产生一定

---

〔2〕　徐为霞《侦查学原理》，第29页，中国民主法治出版社，2007年。

〔3〕　中程理论是一个社会学概念，最早由莫顿提出，美国考古学家路易斯·宾福德（L. R. Binford，1930 ~ ）于1977年将其引入考古学领域。

形态的痕迹，不同的工艺痕迹反映不同的工艺信息[4]；通过工艺痕迹分析解读工艺信息，我们便可对古人工艺行为和技术形成分析判断。

古代铸工的工艺行为和他们所习得的技术，在一定时间内是一种相对稳定的客体，在古代社会它们的变化是缓慢的，技术突变需要长期的积累或者文化交流，这也使得我们利用技术演变研究文化演进的动力和不同文化间的关系成为可能。对于传统的考古学研究，一件器物进入研究者视野的首先是造型，通过形态特征对其类型归属进行分类。在痕迹分析基础上进行的器物制作工艺研究使我们的视野从宏观深化到微观，为我们提供了一种新的研究路径。在大量类似研究的基础上，我们便可将视野从微观重新放宽到宏观，根据不同地区出土的不同时代青铜器表面的工艺痕迹信息所反映出的生产技术和工艺思想，比较它们之间的联系，也就是从工艺技术的层面窥探各种文化类型之间的关系，进而总结出技术体系演化的内部动力。古人生产青铜器时，其形态特征除了受审美趣味等文化因素的影响，还会受到器物生产技术和所用材料的限制；而代表新的文化内涵的新型器物的生产需求也会催生新技术的创造和使用。具有文化内涵的器物型式与生产技术之间是互为影响的关系。在痕迹分析基础上进行的青铜器生产工艺研究，可以帮助考古学家将器物上静态的考古资料，转化成对已消逝的历史文化图景的复原。

三、青铜器痕迹分析的方法论

1. 痕迹分析对器物出土和修复的方式提出新要求

通过现场勘查，搜集并掌握第一手的物证材料，是痕迹分析的物质基础。青铜器的工艺痕迹分析，也要建立在第一手的物证资料基础上，以保证研究的客观性和准确性。青铜器在出土、提取和修复等环节，器表原始痕迹都可能受到扰动。按照以往的学科任务，田野考古发掘出的器物，会在出土地点进行初步清理并完成考古记录，然后交给修复人员进行除锈、粘接和补全，最后由考古学家负责绘图、整理和研究。这样的模式对于传统考古学所重视的器物造型和分类研究并不存在问题，但是如果需要进一步利用器物进行微观层面的痕迹分析，我们就会遇到器表痕迹信息的完整性与原真性的问题，如果器物出土时采用不恰当的清理方式，或者随后采取了不适当的修复，我们就无法取得第一手的可靠资料进行痕迹分析。

---

[4] 控制论的创始人维纳则认为信息是人与外部世界相互交换的内容的名称。信息来源于物质，体现物质的特征、物质的运动和发展，是人们认识事物的基础。一般来说，信息是指反映客观世界中各种事物的特征和变化的组合。从侦查学角度讲，信息就是事物存在的方式或运动的状态以及这种方式和状态的直接或间接表述。

青铜器埋藏在地下成百上千年，表面被锈蚀和硬结物覆盖，出土后无法观察到器表工艺痕迹，因此我们就需要通过修复将痕迹清理出来，然后才能进行痕迹观察、分析和提取。修复的介入会扰动器表原始痕迹，但是没有修复，我们的痕迹分析又无从进行。这对矛盾关系就如同侦查现场和侦查员的关系，当侦查员想要侦查案情，就必须介入现场采集痕迹信息，这时他的介入就会对原始现场造成扰动；但是如果侦查员不介入，虽然可以确保信息的完整性和原真性，但是他却无法感知、分析现场的痕迹信息，无法揭示案件真相。如果我们妄求不对现场造成丝毫的扰动，我们只能陷入不可知论的僵局，或者只能通过远观，进行主观唯心的阐释。现场的痕迹信息并不是只要不被人为干预就可以永远得以保全，物质世界的一切事物都在不断变化中，信息本身也在不断衰减变质，如果我们不及时利用这些信息揭示事件真相，将来它们一旦湮灭，许多研究将无从进行。现场痕迹信息的完整性与原真性的保全与揭示事件真相，是无法两全的，当后者是主要矛盾时，侦查员就必须介入，分析痕迹信息以了解真相。但这并不意味着他可以毫无顾虑地随意介入并随意实施干预，对现场过多的干扰会误导侦查分析。因此他的介入必须以最小程度进行，并且能够轻易地分辨出原始信息与干扰信息，提高两者间的可辨识性。在这个过程中，如果侦查员仅作为痕迹信息的采集者，而他的头脑中并没有对痕迹分析及其需要解决的问题有一个清晰明确的认识，他就不知道怎样才是最小程度的介入，也不知道怎样体现原始信息和干扰信息的辨识性。很可能他所认为的次要层面被介入的最小干预，恰恰对揭示真相的关键信息造成了破坏。其他人用他所采集、记录的现场信息进行分析时，可能要花更多的时间进行信息筛选，辨别原始信息与侦查员介入形成的干扰信息，筛选过程中失之毫厘，就可能导致案情判断谬以千里。为了得到准确的分析判断，侦查员应该兼有痕迹分析的角色。只有这样，他围绕某一亟待揭示的案件，在问题意识的指引下，明了哪些痕迹信息是关乎问题答案的重要物证，他才能知道怎样进行最小程度的介入，并且他自己便清楚地知道哪些信息是因为他的介入和干预而增添上去的，也就避免了信息可能被筛选失误而造成误导，按照这样的范式才能保证侦查分析的客观性和准确性。

同理，当我们从痕迹分析的新视野研究青铜器，相应地要求青铜器在提取、修复的过程中，尽量采用最少的干预，不随意使用发掘工具清理器表沉积物和硬结物，而器物在实验室阶段的修复也要在一定原则的指导下完成。未经修复的器物会最大限度地保全原始信息的完整性与真实性，修复的介入无法避免对器物原始状态的扰动，但是我们依然不能因此排斥修复。如果不通过修复发掘器表痕迹，我们的痕迹观察、分析和提取都将无从进行。最好的解决方法就是将侦查学的研究范式引入青铜器的修复研究中，即修复者自身同时兼具痕迹分析的角色，采用研究型修复的方式。

2. 带有考古资料发掘性质的研究型修复

为了完成痕迹分析而进行的修复，目的是获取器物上第一手的工艺痕迹信息，这是一个发掘和利用工艺痕迹的过程，通过工艺痕迹的反馈作用，最大程度地复原和再现古人工艺技术行为的本来面目。这样的修复是带有考古资料发掘性质的，修复不以单纯追求器物的美学价值为重点，也不仅是除锈、粘接、补全等工艺行为，而是将修复对象视为微型的考古遗存，研究型修复旨在发掘器表工艺痕迹等考古资料，同时要求修复过程中能够对这些考古资料进行妥善处理和保护，在此基础上才能通过痕迹分析了解这些考古资料的成因，最终发掘并阐释器物上潜在的历史价值和科学价值。

而在修复过程中如何妥善处理和保护器物上赋存的考古资料，则取决于修复者思考着何种问题，只有修复者熟知痕迹分析及其所能解决的问题，才能在这个问题的指引下去搜集信息和物证，并且能够小心翼翼地选择最合理有效的修复方式，进行最小程度的干预，保证那些重要的痕迹不被干扰，确保信息的完整性和原真性。这样的修复将使研究变得更容易进行，通过修复所发掘出的痕迹和信息，为研究提供第一手的可靠的考古资料。

如图一所示桥形纽青铜鼎盖，出土后表面被锈蚀的硬结物覆盖，无法观察到器表痕迹，我们选择桥形纽周围最有可能出现工艺痕迹的部位作为"试验块"，对器物局部进行尝试性的痕迹发掘，试验块内的器表痕迹显现后，我们再进一步决定是否对器表进行大面积清理，以及清理的方法。为了对锈蚀物的清理不会在器表留下划痕，干扰器表原始痕迹，我们首先需要将锈蚀物软化后再进行清理，使被它掩盖的痕迹显露出

图一

来。而对于没有重要工艺痕迹的器表锈蚀物，则应尽量选用机械去锈法，避免化学试剂可能对文物的安全长久保存带来的隐患。当我们清理出一定面积的器物表面，我们可以看到桥形纽周围的器表有打磨痕迹，这些已经显露出的痕迹足以帮助我们完成研究，解决问题，并且器表锈蚀物又不含有危害青铜器安全长久保存的物质，我们就尽量采取最小干预，在器物上留下尽可能多的未被过多干预的原始面，以便保存器物上更多的原始信息，这些信息在我们现在的研究视野下可能不被重视，但是如果未来的研究者有了新的关注角度，需要通过器物研究解决新的问题，我们要保证经过我们修复和研究的器物，依然保留尽可能多的原始信息，留给未来的后续研究。

四、青铜器表面常见痕迹的分析方法

青铜器表面的工艺痕迹，是古代铸工通过手工生产，在模、范及器物本体这三种承痕客体上留下的印迹。它是在工具、承痕客体和作用力三种因素的相互作用下，使承痕客体受力局部发生变形而形成的。古代铸工所使用的工具种类、形状、结构不同，使用方式不同，作用力的大小、方向、角度不同，承痕客体的硬度、塑性不同，所形成的痕迹特征、质量、种类也不同。我们进行痕迹分析，是根据同一认定原理进行同一认定的过程，其步骤大致是：先对单个痕迹进行分析，通过对细微形态进行观察分析或考古实验，了解痕迹成因；在此基础上，还要进一步进行比较检验，通常采用的方法有特征对照比较法、画线构图比较法和几何构图比较法等；最后还要通过对特征符合点和差异点进行综合评价形成分析结论。

1. 痕迹形态特征观察法

由于痕迹各部位表面形态不同，它们对同一方向入射光的反射方式不同，因此观察痕迹时需相应调整光线的角度和强度，使痕迹特征反映清晰后，进行观察分析并拍照记录，我们不但要注意痕迹的细节特征，而且要注意痕迹在器物整体所处的位置。对于成组出现的痕迹，还要注意痕迹之间的层位和次第关系，分析痕迹之间的先后形成顺序。另外也可以通过痕迹的归属帮助判断，模上的痕迹最先形成，范上的痕迹稍后产生，器物本体上的痕迹最后形成。

案例（1）：青铜器表面线状痕迹的分析——擦划痕迹与打磨痕迹的分辨

如图二所示为一件青铜器腹底的两种线状痕迹，呈下凹和凸起两种不同的形态特征，下凹痕迹呈长而流畅的弧线形状，弧线互相平行，痕壁平滑，是典型的擦划痕迹，是承痕客体在手指的切向力作用下，在其与手指动态接触部位形成的线状痕迹。这是古代铸工在泥模或泥范上用手指修抹的印记，铸后该痕迹转移到器表。凸起的短线痕，痕起缘清晰，是典型的刻划痕迹，它不是在青铜器上机械加工而成，而是在泥范内壁

图二

刻划产生，范上的刻划痕迹呈凹陷状，铸后该痕迹转移到器物表面呈现反像，变成凸起状。我们还观察到刻划痕迹叠压着修抹形成的擦划痕迹，将其打破，这说明擦划痕迹是在刻划痕迹之前形成，我们可以进一步确认下凹状的线痕为范表修抹所致的擦划痕迹，而非器表打磨痕迹，因为打磨痕迹必会叠压在刻划痕迹上。

　　如图一所示鼎盖上的打磨痕迹，痕迹特征与擦划痕迹明显不同，呈短而直的线状，痕壁粗糙。打磨痕迹显示出古人为了清理某种工艺痕迹所采用的加工工艺，这种痕迹的出现表明该部位曾经存在其他工艺痕迹，打磨痕迹的分布位置在鼎盖上的桥形纽周围，我们可以判断打磨是为了清除桥形纽周围的范线痕迹，鼎盖铸型使用了嵌范工艺（图三）。分范嵌入主体范时会留下接缝，器物铸成后便会在相应位置形成嵌范痕迹，古代铸

图三

工在相应位置进行打磨，恰恰是显示其掩盖此种工艺痕迹的心理。

案例（2）：青铜器表面刮削痕迹的分析

如图四的 G 部位所示，在青铜鼎内壁可见工具在承痕客体上进行刮削形成的动态痕迹，痕迹之间互相打破。这种痕迹不可能是以坚硬的青铜器为承痕客体的，而是在泥模或泥范上加工而成，痕迹的细节特征显示出刮削工具的特征为平刃口的薄片状，工具形状说明刮削只能在呈凸面的模上进行，而不可能在凹面形状的范上进行，据此可知古代铸工在制作这件器物的铸型时可能采用了"刮模成芯"的工艺，就是用模翻范后，将模刮薄一层制成型芯，刮去的厚度就是铸成器物的壁厚（图五）。

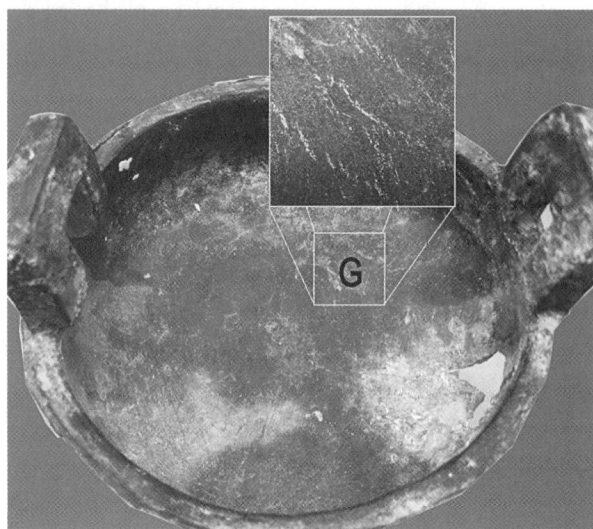

图四

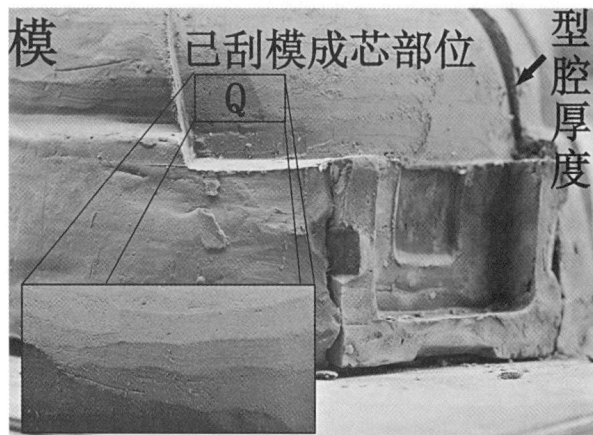

图五

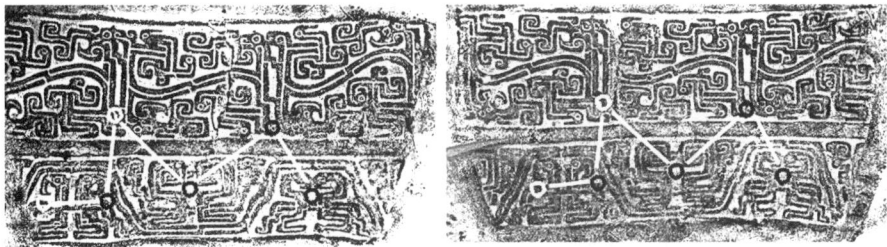

图六

2. 画线构图比较法

将痕迹特征用一定的几何图形连接起来，比较图形的形状、角度等是否相符，画线构图比较法不仅反映了痕迹的细节特征，而且反映出若干细节特征的组合关系，增强了特征的稳定性和可靠性，使我们得到准确的痕迹分析结论。

案例：器物纹饰制作工艺的研究

图六所示是一件器物的两个不同纹饰单元的拓片，在其上选取 6 个典型特征点，它们都是在雕刻纹饰时偶然产生的细微痕迹，比对两个纹饰单元发现它们的特征点的细节形态一致，将 6 个特征点连线后，发现两个纹饰单元的相符细节特征的组合关系一致。据同一认定原理，痕迹所反映出的造痕客体特征相同、相符细节特征的组合关系具有特定性且没有出现本质差异时，可以判断痕迹为同一工具所形成。因此器物的两个纹饰单元由同一模具制成。这样的工艺技术显然比重复雕刻纹饰单元的效率高。

3. 几何特征比较法

对于器物造型，可以采用几何特征比较法进行分析。在以往的青铜器制作工艺研究中，通常认为制作一件三足圆鼎，需要首先制作出三足圆鼎的泥模，然后用其翻范，制作铸型。我们在研究一件春秋青铜圆鼎时，为了分析该器的造型特征，进而研究其制作工艺，我们将三足分别翻模，制作复制件后，在 A、B、C 三个部位进行切片，制成 A、B、C 三组样品，将各个切片置于同样的视角，通过拍照将切片的形态特征提取下来（图七），足部形态特征这种难以描述和比较的立体痕迹，被转化为器物截面这种图像简单、界限明显的几何形象，我们可以直接观察到各足造型特征的重合情况，便于对它们之间造型特征的符合点和差异点进行综合评价。

这件器物的三个足的造型在本质上是一致的，三足截面皆呈偏斜的不规则弧形，仅细节特征有微小差异。A、B、C 三组样品都呈现相同特征，特征的相同点具有足够的数量保证。虽然鼎足截面偏斜不规则的形态特征可能是翻模时泥范变形所致，但它们不可能因泥范变形这一偶然因素产生一致的形态。三足造型特征在本质上相互符合，说明它们由同一工具制成，也就是说三个足由同一模制作铸型。微小的个性差异是由

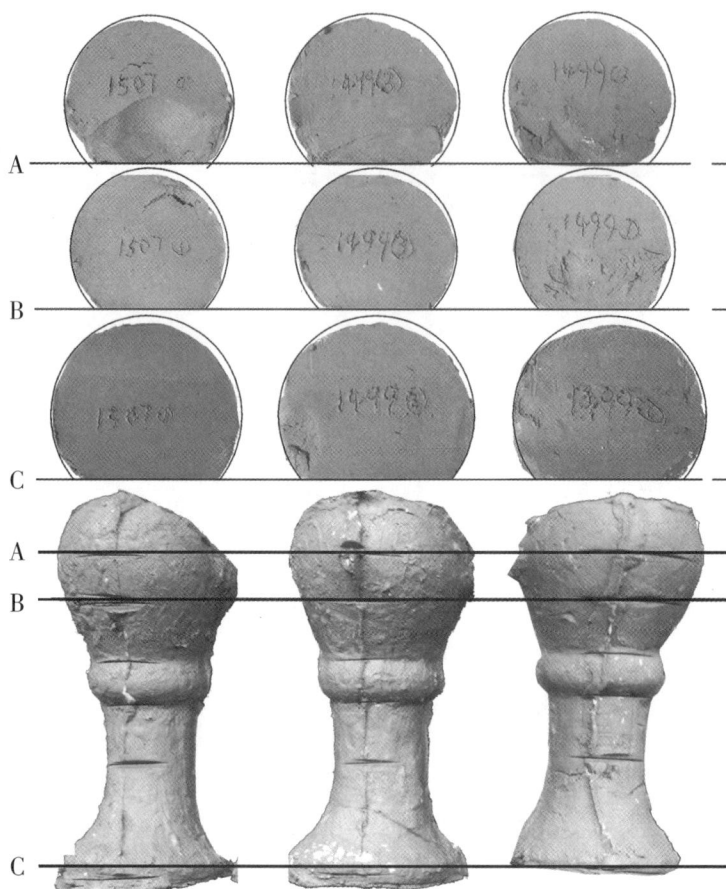

图七

古代制作铸型的材料和工艺决定的，古代铸工制作青铜器铸型时采用具有塑性的泥料，在模上翻范，然后脱模，虽然当时仅仅使用了一个足模，但是脱模时足范会产生细微的变形，导致铸成的三个足的造型特征产生了细微差异。从这里我们可以看到春秋时期的青铜器生产，并非像我们以往认为的那样效率低下不计工本，相反，当时已经有了分模造型工艺，想要铸造一件三足圆鼎，古代铸工并不用制作出一个完整的三足鼎模，只需制作出鼎腹模和一个足部活块模即可，这样的做法简化了制模工艺，生产效率较高。

从这个痕迹分析案例我们可以看到，痕迹特征比较检验时，出现完全相符或完全不符的情况很少，通常是既有符合点又有差异点，这是事物存在和发展的常态，比较时要对相同和相异特征的质量和数量及其在矛盾中的地位进行分析，从是否反映了客体特性角度考察，特征的符合或差异都会有本质的符合、本质的差异与非本质的符合、非本质的差异之别。因此，在对痕迹分析进行综合评判时，需要分析差异点的性质，应当从反映形象形成的条件、原因及客体自身的变化情况出发，弄清差异点产生的具体原因。如果现有差异点能够从反映形象的形成及处理过程中找出合理的解释，则表明这种差异与客体特性无关，是一种非本质的差异。

五、器表痕迹的提取方法

1. 拍照

配合适当的光线，使痕迹清晰度提高，然后从多角度拍照记录痕迹特征，除了关照痕迹的细节特征，拍照时还应记录该痕迹在器物整体的位置，以便于我们认识各种痕迹在器物上的空间关系及相对位置，如图四。

2. 拓片

拓片可用于提取起伏较浅的立体痕迹的形态特征，如青铜器表面的纹饰特征，通过拓片可以提高痕迹的对比度，便于研究痕迹的细节特征，如图六。

3. 翻模

器物的造型特征等立体痕迹无法通过照片反映出痕迹的全部信息，也无法进行痕迹分析，我们通常借助翻模提取器物造型，这样便于我们在随后制作复制件，进行器物造型工艺的研究，如图七。

六、通过实验考古辅助痕迹分析

实验考古的基本定义是：通过严格控制条件和操作来对古代器物和生产进行实验复制，以了解这些器物和生产方式所采用工艺、方法、能量甚至其功效，以便对考古材料作出科学的解释。进行实验考古有一些基本规则，要求实验所采用材料与古人相同；用来复制古代器物的方法不应超过当时社会的生产力；不应用现代技术干扰实验结果，但可以用现代技术帮助观察和比较[5]。

在痕迹分析过程中，实验考古具有双重价值。首先，实验考古作为一种直观的认知手段，可以帮助我们对各种痕迹的形成机制作出客观而准确的分析，也使我们能够在直接操作的过程中，发现新的问题和研究视角。其次，我们完成痕迹分析后，还需通过实验考古制作检验样本（如图三、五），当器物上的原始痕迹与实验考古制成模型所呈现的痕迹进行比对检验，互相符合时才能说明我们研究的客观性，最终形成研究结论。不能符合时则要寻找原因，评判痕迹分析的准确性并修改研究结论。这一层面

[5]　陈淳《考古学研究入门》，第239、291页，北京大学出版社，2009年。

的实验考古相当于侦查学中痕迹检验的过程，经过查证属实的可靠物证才能用来形成鉴定结论。只有经历了痕迹观察—分析—检验这个完整过程，才算完成了全部的青铜器分析研究的过程。

七、对修复和研究限度的思考

出土青铜器表面的痕迹信息是一种静态的考古资料，通过痕迹分析，我们将那些静态的考古资料转化为动态的、具有历史文化内涵的历史图景。为了确保痕迹分析建立在可靠物证的基础之上，我们需要通过修复亲自发掘器表痕迹，获取器物上第一手的考古资料，这要求青铜器的修复犹如一个微型遗址的发掘过程。田野发掘可以得到器物间的时空关系，进而完成器物的类型学与器型学研究。而基于研究型修复的痕迹分析和青铜器生产工艺研究，则相当于考古工作在实验室阶段的继续，即所谓实验考古。上述过程的方法论和目的与考古学是类似的：发掘器物上的工艺痕迹和信息，并通过它们的反馈作用，最大程度地复原和再现古人行为和工艺技术。

正如前文中我们对器表锈蚀物清理程度的认识，我们的修复和研究应充当文物这个历史"信息库"的开门者，我们的修复和研究无可避免地受到我们所在时代以及我们自身的研究视野和认识水平的限制。对文物所承载的信息及其价值的发掘和认识，不可能一次完成，而应是一个不断更新的认识层面，因此我们修复并研究过的文物，依然应该作为一个开放的历史"信息库"，后续的研究者可以重新走进被我们打开的大门，对它进行新的思考、研究和解释。基于这样的理念，经过我们修复和研究过的文物，不应妨碍后续的分析研究，因为不同的人就可能对文物有不同的解释，不同时代也会催生不同的研究视角和方法。我们还需将文物上那些形成我们的研究结论的痕迹信息，小心地进行保护，以待后人对它们进行新的认识和解读，评价我们的研究的客观性，甚至修改我们的研究。只有确保修复在最小干预和可辨识原则下进行，并最大限度地保证文物上的信息的真实性和完整性，文物才能成为一个可以被不断认识的开放的"信息库"。我们应该避免修复者带着强烈的主观判断和选择，在文物上随意添加信息，或在文物上删除那些我们认为对我们的研究结论和阐释不利的信息。这样的修复和研究便关闭了未来重新认识文物的大门，使我们对文物的研究成为无从验证的强行解释。

雍州日记

李 零[*]

In the autumn of 2014, I joined the exploration of the Silk Road organized by the Beijing University and Oxford University, which started from Dunhuang 敦煌 in Gansu 甘肃 and ended at Zhouyuan 周原 in Shaanxi 陕西. The diaries is a record of the geographic characters, the ethnic customs, as well as archaeological sites and unearthed artifacts, with the relationship of the Zhou 周, Qin 秦 and Rong 戎 people as the background. I argue that the Western Rong people in the Hexi 河西 Corridor and Longshan 陇山 Montains area consists of two branches: the Jiang 姜 Rong from Qinghai 青海 and the Yun 允 Rong from Xinjiang 新疆. The Qin people, with Ying 嬴 as its family name, is a branch of the Dongyi 东夷 people in eastern China. The Qin people also consists of two branches: the LuoYing 骆嬴 people to the west of the Longshan Montains and the QinYing people separated from LuoYing in the Qian 汧 River Valley and Wei 渭 River Valley. The Western Rong conquered the LuoYing people first and later defeated the Western Zhou. This rose the war between the Qin and Rong people.

　　上学期讲《禹贡》，忽然对雍州倍感兴趣。九州，螺旋排列，始于冀而终于雍。雍州西界在黑水、三危，北界在弱水、流沙，在九州中是最西最北的一州。黑水是哪条水？三危是哪座山？从甘肃到陕西怎么走？周、秦、戎是什么关系？早就想实地考察一下。徐天进（北大考古文博学院中国考古学研究中心主任）邀我参加他组织的中英联合丝绸之路考察团，起点敦煌，终点宝鸡，正好。

　　8月21日，晴。

　　天进给我的名单共22人：牛津大学8人，北京大学7人，人民大学1人，陕西考古研究院2人，宁夏文物考古所1人，甘肃文物考古所3人，考察日程为15天。

　　北京飞敦煌，只有早6：40一班。4：00，任超来接。5：00到T3，黎海超（徐天进的博士生）、张弛（北大考古文博学院副院长）和罗森（Jessica Rawson，牛津大学副校长）一行先后到。罗森送新作一篇。9：50到敦煌，陈建立（北大考古文博学院

*　作者系北京大学中文系教授。

教授）来接。

从机场去市里，顺道看佛爷庙墓群。两座魏晋墓，一座原地保存，一座自外迁来，都是用彩绘的画像砖券砌。这种墓在河西走廊很流行。

这是一大片戈壁滩，不仅埋古人，也埋今人，寂寥空阔。古墓，坟丘四周起垄，围成茔圈，风沙磨砺，仍然留有痕迹。今墓，也有茔圈，与古墓相似，但坟头包砖，一圈一圈，整整齐齐，前面有墓碑，后面有围屏。张弛说，内地人想永垂不朽的，不妨埋这里，法老待遇——木乃伊。

远山朦胧，我问当地人，这是何山，答曰三危山。原来这就是《禹贡》中的三危山。

宿太阳国际大酒店。

2：30，看敦煌市博物馆。看完博物馆，买书。我提议看党河。党河在城西，用橡皮坝拦蓄，水面宽阔。中国县市多如此。原来这就是《禹贡》中的雍州黑水（梁州也有黑水）。

回宾馆，时间还早，逛集市，看土特产：肉苁蓉、锁阳、鸣山大枣、李广杏。这里有戈壁玛瑙，都是小块，最小一种，酷似葡萄干，号称葡萄干玛瑙。罗森买玛瑙，她对奇石美玉有特殊爱好。

晚饭，驴肉、黄面、啤酒。罗森考察，兴趣在中国考古的外部环境，最后落实在中西异同，他们在饭桌上热烈讨论。我埋头吃饭，Chris Gosden（牛津大学考古所所长）忽然向我发问，曰中西异同何在，予率尔对，中国传统是一政府而多宗教，欧洲传统是一宗教而多政府，他大呼 perfect，说我的归纳最精辟。

【备课】

雍州，地跨陕、甘、宁三省，但不包括陕南山区。陕南山区属于梁州，古人一向把它跟巴蜀视为一区。陕、甘、宁三省，甘肃、宁夏是头，陕西是尾。陕西五条大河，汧、渭的源头在甘肃，泾河的源头在宁夏，洛河的源头在陕北，河出青海，经甘肃、宁夏、内蒙古，与渭水相会，古人以为河出积石，积石山也在甘肃。陕西的关中平原，即八百里秦川，主要是渭河流域。汧渭之会在宝鸡，泾渭之会在西安，洛渭之会在华阴，河渭之会在潼关。

甘肃，元代立省，省名是合甘州（张掖）、肃州（酒泉）而称之。甘肃的简称是陇。陇是陇山，宁夏段叫六盘山。古人以面南背北定左右，左为东，右为西。陇山是陕、甘、宁三省的分界线，甘肃在陇山以西，为陇右，陕西在陇山以东，为陇左。古人说的关陇，关是关中，陇是甘肃。

甘肃省的省会在兰州。黄河从青海发源，七拐八绕，穿兰州北上，往宁夏、内蒙古流。黄河以西，汉设敦煌、酒泉、张掖、武威四郡，称河西四郡。敦煌、酒泉二郡相当今酒泉市（包嘉峪关市），张掖郡相当今张掖、金昌二市，武威郡相当今武威市。武威市以东，可分四大块。陇中是白银、兰州、临夏、定西、天水五市，秦设陇西郡，西汉分属金城、天水、陇西三郡。陇东是庆阳、平凉二市，秦属北地郡，西汉分属北地、安定二郡，与陕北、宁夏为一区。陇南挨着陕西、四川，秦为白马氐羌所居，西汉设武都郡。甘南，挨着四川、青海，有一部分曾属西汉金城郡、陇西郡，现在是藏族自治州。

看地图，甘肃省的形状好像一根骨头棒，两头大，中间细。酒泉市（包嘉峪关市）是一个大头，在西北；兰州、定西、天水三市及其两侧是一个大头，在东南；张掖、金昌、武威三市夹中间，连接两头。三个地区，三种气候，三种环境。地理学家以乌鞘岭为界，把乌鞘岭以西称为河西走廊。

甘肃的山，河西走廊，两边是山，中间是路。马鬃山（也叫北山）在肃北北部，合黎山在高台、临泽、张掖，龙首山在山丹，这是北边的山。南边的山，阿尔金山在阿克塞，属昆仑山脉，东面是祁连山脉。祁连山脉分三段：鹰咀山、野马山、野马南山、党河南山在肃北南部，为第一段；托来山、托来南山、走廊南山、冷龙岭在肃南，为第二段；乌鞘岭（冷龙岭支脉）在天祝，为第三段。祁连山以东，东有陇山、秦岭，南有阿尼玛卿山、迭山。合黎山见《禹贡》，其最高峰在东头，现在叫东大山。阿尼玛卿山是藏族的神山，《禹贡》叫积石山。此外，《禹贡》还提到三危山和朱圉山。朱圉山在甘谷。三危山，地图多标在莫高窟附近，好像一座孤零零的山，其实不然，这是很长的一道山。

甘肃的河，乌鞘岭以西，肃北南部和玉门、瓜州有疏勒河，肃北南部和敦煌有党河，阿克塞有大小哈勒腾河，肃南、嘉峪关、酒泉、金塔有北大河，张掖、临泽、高台、金塔有黑河。这些河都发源于祁连山南麓，从南往北流，或从东南往西北流，属于内陆河，跟四渎的流向相反。北大河，青海上游段叫托来河。黑河，金塔—额济纳段叫弱水。民勤县的石羊河是黑河的支流。乌鞘岭以东，西有黄河和黄河的支流洮河、夏河，东有泾河、渭河，南有嘉陵江和嘉陵江的支流西汉水和白龙江。党河即《禹贡》黑水。黑河即《禹贡》弱水。西汉水即《禹贡》的潜水，白龙江即《禹贡》的桓水。《禹贡》以为河出积石，渭出鸟鼠。积石山即阿尼玛卿山，在甘南。鸟鼠山在渭源县。

甘肃的湖，阿克塞有大小苏干湖，是大小哈拉腾河所汇。民勤县有青土湖，是石羊河所汇（已经干涸）。青土湖即《禹贡》猪野泽。

甘肃的路，东西方向的通衢大道是两关七州连成一条线：敦煌（沙州）—瓜州—玉门（玉门关）—嘉峪关—酒泉（肃州）—张掖（甘州）—武威（凉州）—兰州—天水（秦州）。甘肃去新疆两条道：一条出玉门关，走柳园—星星峡—哈密（汉伊吾），沿天山（北山）南麓和北麓走；一条出阳关，经罗布泊，沿昆仑山（南山）北麓走。

甘肃去陕西，要从清水、张家川，翻陇山，沿千河（即汧水）走。甘肃去内蒙两条道，一条沿额济纳河走，一条沿黄河走。甘肃去青海两条道，一条走阿克塞，一条走兰州。甘肃去四川，要先到宝鸡或汉中，再从陈仓道或褒斜道走。

近出《丝绸之路——中国—波斯文化交流史》（〔法〕阿里·玛札海里著，耿昇译）有《沙哈鲁遣使中国记》，述明永乐年间波斯使团来中国，正好提到从新疆经甘肃、陕西到北京的沿途见闻。

8 月 22 日，晴。

上午，乘车去敦煌研究院，见樊锦诗院长，参观莫高窟。时间有限，樊院长替我们挑了一些窟，让我们分中英两组分别参观。驱车南行，至莫高窟。停车场在大泉河东岸，莫高窟在大泉河西岸。莫高窟一侧，山上有塔。停车场东面是三危山，山上有亭。莫高窟，年代最早的中心柱窟与山西造像塔相似。壁画，人脸发黑处，经专家检测，其实是用一种含砷的颜料，年久颜色发生变化。特意看 323 窟《张骞出使西域图》中的祭天金人。参观途中，徐天进到。来时没注意，归途才发现，三危山一直在右手，很长。这是第二次见三危山。

中午，樊院长请饭，合影留念。

下午，参观保护研究所。焦南峰（陕西考古院前院长）到。下一个节目是 Chris Gosden 和 Mark Pollard（牛津考古实验所所长）作报告。Gosden 提到我在饭桌上的话。报告后，乘车去数字化展示中心，看敦煌影片二，各 20 分钟，出品人是樊院长。罗森说，第二个片子比第一个好。

饭后，再逛夜市，跟徐天进、焦南峰、张弛看几家古董店。

王子今（人大历史学院教授）不能来。

【备课】

现在，我们的位置是在甘肃省酒泉市下的敦煌市，河西走廊的最西头。地貌以戈壁、沙漠为主，绿洲只是几个点，比较荒凉。

甘肃是丝绸之路的交通要冲，北有蒙古高原，南有青藏高原，西有新疆，东有周秦汉唐的中心陕西省。自古以来，有无数民族，从各个方向穿行于此，你来我往，互为主客。历史上，氐羌、西戎、乌孙、月氏、匈奴、突厥，以及五凉、西夏、蒙元、满清，都在这片土地上留下了他们的历史痕迹，现在也是汉、藏、蒙、回、哈、东乡、裕固、保安、撒拉等族共同的家园。人是最重要的历史遗产。

甘肃省的民族分布特点是汉族占大路，少数民族占两厢。酒泉市，地广人稀，三市四县加一块，面积为 19.2 万平方公里，相当英伦三岛的 70%，但人口只有 109 万。敦煌—瓜州—玉门—嘉峪关（不属酒泉）—酒泉一线是汉族聚居区，南北两边是少数民族聚居区。前者是农区，后者是牧区。整个酒泉市，土地面积，肃北最大，阿克塞其次，两县加一块儿，占酒泉市的一半以上，但前者只有 1.3 万人，后者只有 1 万人。

肃北是蒙古族自治县，蒙古族只有 5000 人，属西部蒙古的和硕特部和土尔扈特部，明代叫瓦剌，清代叫厄鲁特，西人叫卡尔梅克人。肃北，顾名思义，应在肃州以北，也就是酒泉市的东南部，但它分两大块，一块在敦煌、瓜州、玉门以北，一块在敦煌、瓜州、玉门以南，县城（党城湾镇）反而在肃北南部。党城是党河所经。

阿克塞是哈萨克族自治县，哈萨克族是 1936～1939 年从新疆迁来，只有 4000 多人。那里有两山两水两大湖，风景极好，我很想到那里看看，但日程表上没有这个县。阿尔金山和祁连山之间的山口，叫当金山口。当金一词，可能与党河有关。党河是蒙语党金格勒（格勒即河）的省称。穿越这个山口，翻越赛什腾山，是去青海格尔木、德令哈的路。

8 月 23 日，晴。

上午，看汉长城、小方盘城、大方盘城。一路看到的远山是阿尔金山。阿尔金山比三危山高大，山顶覆盖白雪。

汉长城是汉武帝长城。遗址景区只选其中一小段。墙体用沙土夹红柳、胡杨、芦苇、罗布麻，一层层夯筑，很矮很薄，好像农村的院墙。其西头有当谷燧遗址，夯层很厚，北面的洋水海子已干涸见底，只剩盐碱底子，白花花一片，南面有积薪若干堆，地面也有盐碱。景区入口处有小屋，可供休息。买书，吃瓜。

小方盘城在上述景区的东南，很近。障屋四四方方，有西、北二门。周围有若干风化台地，北面可见若干小湖和水洼。景区有商店和展厅。展厅有《敦煌汉长城分布示意图》，从图上看，汉长城呈"丁"字形，横墙沿疏勒河南岸夯筑，纵墙穿小方盘城，南接阳关。小方盘城在汉长城内，位置在横墙和纵墙交叉点的南面，前面有很多湖泊，大方盘城在横墙和纵墙交叉点的东面。

大方盘城，位置在小方盘城东北，前临疏勒河，比小方盘城大得多，也高得多。此城也叫河仓城，据说是放粮草。粮草是顺疏勒河漕运而至？

中午，驱车到阳关遗址附近的龙勒村，旁边是阳关葡萄观光园。阳关属汉龙勒县，龙勒县治寿昌城。公路两旁皆葡萄架，我们在葡萄架下吃饭，葡萄很甜。

阳关遗址在村南的古董滩上。古董滩经常出古物，故名。景区有个新修的城，城里有个博物馆，没看。坐电瓶车去遗址，首先看见的是个烽燧墩台。墩台高高在上，很美。墩台南有廊、亭各一，供人凭吊。远山是阿尔金山，眼前空无一物，只有廊前立石，写着"阳关故址"，供游人照相。

阳关遗址东有汉寿昌城遗址，东南有渥洼池，即所谓汉武帝得天马处，来不及去。

归途，提议看党河水库。我第一个登上大坝，库中蓄水甚少，近于干涸。敦煌有"引哈济党"工程，"哈"是阿克塞县的大小哈勒腾河，"党"是党河，不知何时完工。

返回市里，接罗丰（宁夏文物考古所所长），前往瓜州。高速路分两条道，右手有一道黑山，绵延不绝，一直到瓜州。这是第三次见三危山。

晚宿睿辰宾馆。

【备课】

疏勒河，汉代叫籍端水。历史上，疏勒河曾流入罗布泊（汉称盐泽，唐称蒲昌海），后世退缩。

党河，汉代叫氐置水，前凉叫甘泉水。氐置水，疑与驿道有关。氐是氐羌之氐，置是邮驿（相当后世递铺），氐置可能在青海西部进入甘肃的通道上，或与肃北的党城有关，或与阿克塞的当金山口有关。历史上，此水曾流入疏勒河，后世退缩。《禹贡》说雍州黑水入于南海，南海是什么湖？众说纷纭。有人说是罗布泊，有人说是哈拉淖尔（蒙语黑湖，与青海哈拉湖同名），有人说是苏干湖。罗布泊或哈拉淖尔在疏勒河远端，位于党河东；大小苏干湖在党河南，与党河并不相连。问题还值得进一步研究。

三危山，上网看地图，是祁连山的西段，从敦煌到瓜州，很长，其北麓如刀切，笔直笔直，遮在最前面，后面是肃北南部的四道山，莫高窟恰好位于它的西端。

8 月 24 日，晴。

早饭分别吃，吃兰州拉面。

上午，看兔葫芦遗址。据说中午没地方吃饭，因而在街上买了饼子、水果。出县城，沿疏勒河北岸，一直往东走，车过双塔水库，折而南，至双塔村下车。遗址在双塔村西南。这里很荒凉，到处是沙丘。发掘者陈国科（甘肃省文物考古研究所业务办公室主任）拿着 GPS 定位仪，带着大家找遗址。大家在毒日头下满地乱转，寻找陶片、石器、金属残件，走了很远。我把长袖脱了，皮肤晒得生疼。兔葫芦是什么意思？新疆也有这类地名，如伊吾县有吐葫芦，或说吐火罗之讹。

中午，在双塔村吃饼子、葡萄。

下午，去锁阳城。城在县城东南。景区入口处在遗址北，一进景区，到处都是锁阳。我们在敦煌看过的锁阳是这种植物的根茎。

此城分内外城，外城包内城。外城西北有一堡子。坐电瓶车，穿外城，沿内城西侧转到内城西南角，登观景台，眺望全城。内城有瓮城四、马面若干，西北角立角墩，城中有一道南北隔墙，把内城分为东西两部分。然后去塔尔寺。寺在城外，东北方向。

傍晚，回到城里，看瓜州县博物馆。博物馆有两个展室，东西很少，兔葫芦遗址的东西有一点儿，其他比较晚。

晚饭，文物局李宏伟局长请客，有羊肉、甜瓜。瓜分青白二色，青色的叫西州蜜，白色的叫银地白。瓜州吃瓜，很有纪念意义。天进说，这是最好吃的一顿饭。

睿辰宾馆太新，有装修味，罗丰和我换住榆林宾馆。焦南峰说，他可以陪我们。

榆林宾馆有新旧两家，旧的三星，新的四星，我们住旧的。

【备课】

西州蜜25号是新疆维吾尔自治区瓜果开发研究中心开发。中心在鄯善县，属吐鲁番地区。吐鲁番，古称西州。银地白则是白兰瓜，1944年由美国副总统华莱士从美国引进，故亦名华莱士。

瓜州本指敦煌。《左传》说，瓜州有姜姓之戎（也叫姜戎）、允姓之戎（也叫陆浑戎、阴戎），杜预注说"瓜州，今敦煌"。我们在的这个县，唐以来才叫瓜州。唐瓜州郡，不在敦煌，而在汉冥安县、西晋晋昌县，即刚才去过的锁阳城。今县，城在渊泉镇，是汉渊泉县所在。瓜州是唐代旧称，清以来一直叫安西，有人说，"安西"谐音"安息"，不吉利，2006年改回，仍叫瓜州。《左传》中的姜姓之戎是落脚于山西，允姓之戎是落脚于河南，离这里非常远。顾颉刚怀疑，他们不可能从敦煌迁来，路太远，恐怕来自秦岭山区（《史林杂识·瓜州》）。他说，瓜州之瓜，与我们吃的蜜瓜无关，意思是陕西、四川人说的瓜，即傻瓜。很多人给他提供消息，说秦岭山区有当地称为"瓜人"者，呆傻矮小，让他兴奋不已。总之，经他考证，瓜州就是傻瓜州。此说过于离奇，学者不之信。瓜州位于河西走廊的通衢大道，唐设玉门关。唐玉门关在双塔堡，已经淹在双塔水库里。锁阳城在其西南。

8月25日，晴。

上午，去马鬃山玉矿遗址。一路上，偶见牛羊，几乎看不到人。遗址在肃北北部马鬃山镇西北20公里，三普发现，四次发掘。肃北北部与外蒙接界，是甘肃唯一设有边境口岸的地方。过银凹峡边防站，办手续花了不少时间。肃北北部那么大，除马鬃山镇，居然只有一个明水镇，在甘肃与新疆的边界上。

中午，在镇上吃饭，敬酒，一轮一轮，花了不少时间。韩县长特意从肃北南部，驱车400多公里，远道赶来。明镇长是蒙古族，晚一点儿到，又是一个轮回。上厕所回来，蒙古族姑娘在唱歌，唱的是"虽然不能用母语来诉说"（《父亲的草原，母亲的河》），但她们会说蒙语。我向她们请教附近的山水名。她们说，疏勒河是"高地的河"，党河的党是"党金洪太吉"的省称，"党金洪太吉"即党金皇太子，党金是人名，阿尔金山是"后面的山"，苏干湖是"红柳湖"，哈勒腾河是"黑河"。上网查一下，疏勒非蒙古语，乃突厥语"有水"，阿尔金山是蒙语"长柏树的山"。

下午，韩县长、明镇长带电视台的人陪同，前往遗址。这里坑坑洼洼，到处是矿坑和石料堆，探方盖着塑料布，被风吹得破破烂烂。昨天，这里下过一场雨，非常难得，据说还有冰雹。

晚上，赶到玉门，与王辉（甘肃文物考古所所长）、吴小红（北大考古文博学院副院长）会合。会议在阳光酒店开，我们的人分住两处，国人住新盖的阳光酒店，外宾住老旧的玉门宾馆，在另一处。我已入住阳光酒店，房间不够，被换到玉门宾馆。他们说我是外宾待遇。

8月26日，晴。

全天开会：火烧沟与玉门历史文化国际学术研讨会。会议室在楼上，电梯经常坏。

王辉介绍甘肃考古概况，罗森讲中国考古的外来背景，吴小红讲火烧沟年代，陈建立讲火烧沟金属，陈国科讲西城驿遗址，焦南峰讲秦十大王陵区。刘常生论古玉门关在玉门市赤金峡，西北大学李并成驳之，认为最早的玉门关不在玉门市，而在嘉峪关市石关峡，石关峡既是宋玉门关所在，也是最早的玉门关所在，说刘不讲学术规范，未引他的《石关峡：最早的玉门关与最晚的玉门关》（2005年）。

记者采访，请老同学王仁湘代劳。

聊天中，罗森概括，说中国文化有四大特点：一是规模大；二是大规模重复制作，分工系统复杂；三是文字系统发达，官僚化管理发达；四是重礼仪，礼仪与西方理解的宗教不完全一样。她与雷德侯合作。雷德侯的《万物》就是讲第二点。

【备课】

玉门关，其名与汉输玉石有关。古玉门关指敦煌玉门关以前的玉门关，即年代最早的玉门关。这个玉门关在哪里，其说有二，一说在玉门市赤金峡，一说在嘉峪关石关峡。玉门人希望在玉门，嘉峪关人希望在嘉峪关。刘常生是玉门人，他主第二说，这是旧说，很多学者都持此说（如王国维）。李并成说是新说，在他之前已有人讨论，如潘俊生、潘竟虎《汉玉石障地理位置及玉门关变迁考》（2004年）。《变迁考》认为，汉玉门关最初在石关峡，关在嘉峪关北黑山上（黑山也叫玉石山），城在明长城外，与明长城平行，即所谓玉石障。太初二年（前103年）后，玉门关迁敦煌，这是第二个玉门关。小方盘城，其实是东汉玉门关的阴关，阳关在其南，是玉门关的阳关。唐玉门关在瓜州双塔堡，这是第三个玉门关。李并成说，宋代也有玉门关，他们不同意。古玉门关到底在哪里，还需要有更多的考古证据，但学者推测，玉门关最初在东面，后来向西扩张，才推进到敦煌，唐以来内缩，先缩到瓜州，后缩到今玉门市或嘉峪关市，这个大趋势还是合乎情理。

8月27日，晴。

上午，看古董滩遗址、砂锅梁遗址、火烧沟遗址。

古董滩遗址在花海镇西北小康村附近，有春秋战国时期的古城残墙。

砂锅梁遗址在小金湾乡附近，是个四坝文化和骟马类型的遗址。小金湾乡有清真寺，居民戴小白帽，初以为回民，原来是东乡族。

火烧沟遗址在清泉乡312国道旁，遗址是因盖学校而发现，现在校舍空空，只有后院住着文保所的人。

中午，在清泉镇吃羊肉。昨天，王辉推荐，果然很好，羊肉又嫩又烂。本来，打算全天在外看遗址，忽然接通知，大家务必赶回宾馆，参加闭幕式，并安排了罗森讲话。罗森不太高兴。我劝她说，市里很重视，这个面子还是要给的。她说她懂，只是我们外国人不习惯随便更改计划。车回宾馆，到处都是鲜花，到处都是标语，连街上的出租车，顶灯都滚动着欢迎这次大会的标语。

下午，3：30至4：30回宾馆休息。5：00上会，参加闭幕式。牛津女士都精心打扮，盛装出现。李并成发言，慷慨激昂，为把玉门打造成中国的石油储备基地献计献策。王辉发言，作会议总结。罗森发言，表示感谢。

【备课】

甘肃的少数民族，来自三个方向：南边的青海、四川，西边的新疆、中亚，北边的蒙古高原和西伯利亚，族源复杂，种类繁多。历史上，乌孙、月氏、匈奴都曾占据河西走廊，但月氏赶走乌孙，匈奴赶走月氏，汉族赶走匈奴，他们只是匆匆过客。氐羌系各族不同，从先秦的西戎，到唐代的吐蕃，到宋代的西夏，到现代的藏族、羌族，对甘肃一直影响很大。现代甘肃的少数民族多与元朝统治下的民族融合有关。如蒙族、藏族、土族、裕固族都信喇嘛教，但蒙族说蒙语，藏族说藏语，土族语属蒙古语族，西部裕固语属突厥语族，东部裕固语属蒙古语族；回族、东乡族、保安族、撒拉族都信伊斯兰教，但回族说汉语，东乡族、保安族说蒙语，撒拉语属突厥语族。

中国古代的族经常是小族依附大族，古人叫归化。汉晋官印多氐、羌、匈奴各部率善归义印就是很好的见证。历史上的大族，如匈奴、蒙古、鲜卑、突厥，都是笼统的名称，经常是一族之名下，混杂着许多不同的族群，体质、语言、宗教、文化，情况很复杂。看看现代的情况，就能明白古代的道理。

8月28日，晴。

上午，看嘉峪关。明长城，嘉峪关是头，山海关是尾。山海关，旅游非常热闹，这里也很红火，有杂技表演、空中滑翔和骑骆驼。

中午，在市里吃饭。饮食不习惯，罗森病。她说，西方人不习惯中国的汤汤水水，中国的三足炊器就是为了汤汤水水。她想吃面包、饼干、咖啡、酸奶。

下午，去果园—新城墓群，看魏晋墓二。墓群在嘉峪关市东北。

然后，去酒泉市肃州区，看酒泉市博物馆。先到一处，仿古建筑，占地甚广，以为酒泉市博物馆，进门一问，是个私人博物馆，叫丝绸之路博物馆，没看。进入市区，找真正的酒泉市博物馆，原来新馆还在施工，只有部分文物在酒泉图书馆。酒泉图书馆，文物在二楼陈列，多为魏晋墓所出，并有宋代投壶和肃州城模型。

然后，去高台县，看高台县博物馆。展品多为骆驼城所出，有魏晋铭旌和魏晋帛书。帛书字很小，长篇大论，据说与《论语》有关，光线昏暗，未能细看。中国工农红军西路军纪念馆在高台县，未能看。

然后，去张掖市甘州区，看西城驿遗址。遗址在张掖市西北明永乡下崖村西北，位于黑河西岸，年代为马厂晚期到四坝早期，距今 4100～3600 年。2010 年以来，一直在发掘。遗址有两个名，令人疑惑。傍晚在考古工作站吃瓜。夜行，进张掖市，宿国防宾馆。装修气味大，开窗而睡。

【备课】

西城驿遗址，保护标志作黑水国遗址。黑水国是当地俗称，以遗址东侧的黑水而名，据说是乌孙国都城，后被匈奴占领，汉武帝夺之，设觻得县，为张掖郡治所，当地人也叫老甘州。遗址有南北二城，据说北城筑于汉，南城筑于唐，唐叫巩笔驿，元叫西城驿，明叫小沙河驿。

8 月 29 日，上午雨，下午晴。

5：00 起，房间里有一本《解读甘肃》，作者陶明，翻了一遍。

上午，雨中看西夏大佛寺。寺内有全国最大的卧佛（34.5 米）。寺后有明须弥千佛塔和清山西会馆。会馆供着关老爷，中国的武圣和财神。牌坊有字：威震华夏。柱上有字：汉朝忠义无双士，自古英雄第一人。然后，经山丹、永昌去武威。在山丹县看山丹县博物馆（艾黎捐赠文物陈列馆）。展品有甲骨、印章、《圆明园图》、《大清万年一统全图》拓片等。买图册二。雨还在下。

中午，在山丹县吃午饭。

下午，在武威看文庙、西夏博物馆。以前跟罗泰来过，西夏博物馆是新馆，有张仃题的篆字馆名。

文庙是明代建筑。东路文昌阁，中路大成殿，西路儒学院。文昌阁有文昌像，大成殿有孔子和孔子弟子像。儒学院空白。

西夏博物馆，有元代四体钱币照片，正文为汉字：至元通宝，背文，穿上穿下为八思巴文，穿右为察合台文，穿左为西夏文。敦煌研究院藏六字真言碑，用梵、藏、汉、西夏、八思巴、回鹘六体书写，同云台过街塔。这是最早的"五族共和"。

宿云翔国际酒店，楼下有红胖子雕塑。

罗森一直要我找个时间讲地理。晚 8：00 在 7 楼讲地理，大意见下。

【备课】

1. 中国地形，以爱辉—腾冲切割线分两块，西北高，东南低。中国疆域，汉族和少数民族各占一半，历史也是各占一半。

2. 中国疆域，等于清本部十八省（西人叫 China Proper）加拉铁摩尔说的四大边疆（东北、蒙古、新疆、青藏），两者各占一半。本部十八省是以《禹贡》九州和秦帝国的疆域为基础，比较稳定，四大边疆，时有伸缩。中国疆域是西北打东南、东南抗西北的结果，不打不成交，谁都离不开谁。扩张是被动扩张。童恩正说的半月形地带只是一半，中国的沿海是另一个半月形地带。中国西北，背后有更大的西北（欧亚草原、中亚，以及阿富汗、伊朗和印度）。中国东南，背后有更大的东南（太平洋群岛和东南亚）。

3. 游牧生存圈与农业生存圈的关系，好像航船与海岸线、港口的关系。航海都是顺边溜，游牧生存圈的发达地区都是与农业生存圈邻近的地区。蒙古，内蒙为前，外蒙为后；青藏，也是青海为前，西藏为后。新疆，早期遗址在哈密和罗布泊，靠近甘肃。甘肃是三大边疆与汉地的交汇点和往来通道。

4. 中国古代的戎狄。戎字常与西字连在一起，狄字常与北字连在一起。王国维说，戎字本指兵器（其实，戎还可指兵车），狄可读逖，是远的意思。这两种称呼都是中原诸夏称呼西北民族，不是西北民族自称，可以反映中原诸夏对他们的印象。这种说法不一定对，但罗森说，马车和车马器，小件的青铜兵器和青铜工具，确实是东北亚、南西伯利亚、中亚和整个欧亚草原的特点。

中国早期以族姓识别不同的族。西北地区有六大姓。

姬姓：有陕西的周人、骊戎，山西的大小戎、河北的白狄（鲜虞、中山）。姬姓主要来自北方（陕北）。

媿姓：有山西的怀姓九宗，怀姓即媿姓。其先鬼方，初居内蒙河套，后来南下，进入陕西、山西，东周以来则集中在晋东南，号称赤狄。媿姓也主要来自北方（内蒙古）。

姜姓：有申、吕和姜姓之戎，学界公认，与氐、羌有关，藏、羌是氐、羌的后代。申国初在陕西，后分一支迁南阳，留在陕西的叫西申，迁居南阳的叫南申。吕国初在陕西，后来也迁南阳，太公吕尚一支封于齐。姜姓之戎，也叫姜戎，初居瓜州，后迁山西。姜姓主要来自西方（青海）。

允姓（铭文未见）：有甘肃的允姓之戎。允姓之戎与鬼方系的媿姓各族并非一系。汉代人说，允姓之戎出自塞种（Saka），即斯基泰人（Scythians），可能与高加索人种有关。蒙古人种与高加索人种互为进退，主要在新疆和甘肃西部。允姓之戎，初居瓜州，后被秦晋迁于熊耳山南的河南嵩县，叫陆浑戎。嵩县在熊耳山南，古人以山南为阴，陆浑戎也叫阴戎。允姓与西周猃狁有关。猃狁也叫獯鬻、绲戎。匈奴，即汉代称胡、西人称为 Hun 者，可能也与这一支有关。允姓也主要来自西方（新疆和甘肃西部）。

姒姓：与上不同，来自东方（山西）。周人与他族联姻，除去姜姓，还有姒姓。如文王的王后是太姒，幽王宠幸褒姒。太姒出自莘，褒姒出自褒。莘在陕西合阳，褒在陕西汉中。

赢姓：与上不同，来自东方。他们本来是鲁南、苏北、皖北、豫东的土著，属于东夷和南淮夷。其中一支，西迁山西者为赵，西迁甘肃者为骆嬴，秦是从骆嬴分出。

总之，研究上述六姓之关系，甘肃是重镇。

8 月 30 日，晴。

早起看邮件，李旻寄《石峁与夏墟》文。

上午，看雷台汉墓，只进 1 号墓，以前跟罗泰来过，没有太大变化。展厅有铜马、木马等物。

出武威，去兰州，一路看山。这一带的山特别漂亮。过去来，它的满脸大褶子给我留下深刻印象，现在重见，赶紧拍照，高速路上，无法停车，只能在车上拍。罗森也拍。她送我一本 *Orientations*，登的全是给她庆生日的文章，前面有篇采访，在车上看，很有意思。她说，她是因为小时候跟妈妈逛珠宝店才迷上文物，迷上中国，怪不得她那么喜欢珠宝。

经古浪，入天祝，车过乌鞘岭隧道，一共有四条。穿过乌鞘岭隧道，进入永登，两边仍有山，但逐渐浮现另一种地貌，黄土塬区。

张弛、吴小红带罗森去青海民和看喇家遗址。车入兰州前，甘肃所派车来接。车在左手车道等，他们只能翻越高速隔离带，看上去很危险。

过收费站，陈建立提议去一家生意火爆的店吃午饭，店名阿西娅羊肉。吃羊肉，喝盖碗茶，花不少时间。

饭后，沿黄河南岸，去甘肃省博物馆。北岸高楼林立，跟从前大不一样。一路塞车，4：00 始到。与馆长联系，同意闭馆延到 6：00。李永平陪我看丝绸之路展厅和彩陶展厅，买书，然后一起去宾馆。入住艺海大酒店。永平给我拷照片。拷完，他说太太出差刚回来，不肯留下吃饭。

晚 7：30，跟徐天进、陈建立到对面的岚岛餐饮吃福建饭：白粥、白灼虾。

【备课】

上古帝王的合法性主要靠两个东西，一是天意，二是历史。李旻说，上古传说是一种历史记忆，禹迹是龙山—二里头时期的历史记忆，这种记忆是以北方即高地龙山为中心。其说受邵望平影响。我想，历史记忆，越往上越模糊，夏商的记忆很模糊，要靠考古校正，但不一定毫无史影，中国的两次大一统（西周大一统和秦代大一统）肯定有历史准备。西方汉学家和疑古派把历史分成信史和传说两大类，一刀切下去，前者可信，后者不可信，这种二分法，恐怕有问题。事实上，历史一直被简化，既有美化，也有丑化，虽现代史亦不能免，同样有文学成分，历史和文学一直有关系。

8 月 31 日，晴。

凌晨 4：30，有人打电话，一言不发，把我吵醒。早起看邮件，《读书》删掉我的写作日期，还改了一句。

昨夜，张弛一行返回。

全天在甘肃省考古所看文物。

上午，王辉放 PPT，介绍甘肃考古新发现。然后，大家讨论。我的发言，大意是：马家塬墓地的出土物，总体印象，主要是戎人的东西，秦人的东西有一点儿，不多，墓中没有楚国或其他地方的东西。比如鼎、敦、壶，这一时期，秦与中原差不多。秦僻处雍州，很长时间里不与中原通聘问。早期秦鼎是模仿西周中期的鼎（垂腹平底，垂鳞纹、波带纹），很保守。战国中期以前，秦鼎多平底鼎，与中原不一样，直到很晚才与三晋、两周趋同，作球腹鼎。马家塬的铜敦，并非楚国独有，中原也有。铜壶也没什么特殊。这批东西，有件东西值得注意，这就是三号墓出土的铜茧形壶（M3：8）。茧形壶，古人叫椑榼，秦地很流行。它有一个字：鞅，铭文在器底，阳文，显然是铸造，不是后刻，字体与商鞅诸器的"鞅"字如出一辙，显然是秦文字，不是六国文字。这个字是负责监造铜器的官员名还是铸造铜器的工匠名？我看是监造铜器的官员名。如果是工匠名，应为刻铭。商鞅，前 356 年为左庶长，前 352 年为大良造，卒于前 338 年，商鞅变法在前 356～前 338 年，墓地测年正在这一时间范围内。墓地出土很多错金银车马器。我怀疑，秦地流行的错金银车马器（如带"陵里"铭文的秦车马器），以及洛阳出土的错金银器物，很可能是受戎人影响。

中午，吃盒饭，重看 PPT 的某些器物，我发现马家塬的虎纹有四种，一种类似巴泽雷克（作逗号状），一种类似纳林高兔（平行波纹），一种类似西周虎纹（作菱角状），一种类似汉代虎纹（双钩 S 形纹）。

下午，看库房，先看马家塬的东西，后看新石器的东西。马家塬牌饰（20132MM16：42）为第一种虎纹，牌饰（20132MM16：42）为第三种虎纹。

张弛、吴小红回北京，焦南峰回西安。宁夏考古所被和尚占领，罗丰也赶回银川。

【备课】

古书提到的西戎：

1.《禹贡》：昆仑、析支、渠搜（旧居青海，后迁甘肃）。

2.《左传》：姜姓之戎（旧居瓜州，后迁山西）、允姓之戎（旧居瓜州，后迁河南）、伊洛之戎（在伊洛之间）。

3.《史记》：

秦宪公伐灭的西戎：亳戎（在西安）。亳戎都荡杜，秦武公于荡杜设杜县（在西安市雁塔区曲江乡林带路的西段两侧）。（《秦本纪》）

秦武公伐灭的西戎：彭衙（在白水）、邽戎（在清水）、冀戎（在甘谷）、小虢（在宝鸡市陈仓区虢镇）。（《秦本纪》）

秦穆公时臣服于秦的西戎八国："自陇以西"有绵诸（在天水）、绲戎（犬戎，疑在西犬丘，即礼县）、翟戎（在临洮）、獂戎（在天水）；"岐、梁山、泾、漆之北"有义渠（在庆阳、平凉一带）、大荔（在大荔）、乌氏（在固原）、朐衍（在定边）。（《匈奴列传》）

印象：西戎诸部以氐羌系为主，背景是甘青地区的新石器文化和青铜文化。从敦煌到天水，从陕甘宁到山西、河南，到处都有他们的活动遗迹，但中心区域是河西走廊以东和青海的河湟地区。这里不包括山戎、骊戎、大小戎。山戎是北方系。骊戎、大小戎是姬姓。

9月1日，晴。

从兰州，经榆中、定西、陇西、武山去甘谷。

中午，到磐安镇考古工作站吃饭，有鱼。见甘肃省考古所的侯红伟，他说在礼县见过我和罗泰。这个院子有文昌庙，原来是小学。

下午，先看库房，有出土秦戈，铭文作"秦公乍（作）子车"云云（"车"字以下八字看不太清），共14字。秦穆公以子车三良为殉，《诗·秦风·黄鸟》哀之。这一发现，当然很重要。看完库房，看工地。工地有大墓一，很深，墓壁有古人留下的脚窝。当年，我在西高泉挖秦墓，每天就是踩着脚窝上下。墓的旁边有车马坑。小侯说，秦墓和车马坑的分布规律是，墓在西北，车在东南。车马坑是盗墓贼发现，他是先找到车马坑，然后才找到墓。离开工地，与小侯一起去天水，路过朱圉山。此山山体呈红色，多凹坑，很奇特。清华简《系年》说，秦的祖先到甘肃，最初在朱圉山。

到天水。天水博物馆在伏羲庙内，装修气味很大，但展品不错。获展览图录一册。博物馆请饭。

进市里，宿天辰大酒店。曹玮（秦始皇帝陵博物院院长）来电话，约扶风见面。

时间不够，放弃去礼县。

9月2日，晴。

沿305国道，去清水、张家川，翻陇山，去宝鸡。

上午，顺牛头河，去清水县，看清水县博物馆。展品多出白驼镇，有不少车饰，与马家塬相似（甘肃省博物馆也有一件白驼车饰，误标西周）。看完，顺后川河去张家川。小侯留在清水编图录。

中午，到张家川，县城在张川镇。见孙局长（汉族），看博物馆。博物馆对面是个大清真寺。孙局长说，张家川70%是回族，30%是汉族。

下午，看马家塬遗址。遗址在县城西北木河乡桃园村。考古工地在一道长塬下。这里有很多偏洞室大墓，盖了棚子，铺着塑料膜。村在山下，旁边有个学校。民工说，这个村的人多来自陕西凤翔，清代回民起义后，有不少回族是从陕西迁来。

离开马家塬，走盘山路，往县城方向走，云影下，到处是绿色的梯田，很美。来时看见一城堡，四四方方，现在又一次看到。山下有重檐建筑，路过门口，才知是宣化岗。博物馆有介绍，这是哲合忍耶派的圣地。过县城，重回 305 国道，走恭门镇—阎家乡—马鹿乡—长宁村（附近有长宁驿），出张家川，入陇县。陇县段，穿关山牧场，到处是森林、草场，非常美丽，经店子上村、天成镇，傍晚到陇县。这条路就是著名的关陇大道，马鹿到陇县，叫陇马路。天黑到宝鸡，宿天辰大酒店，在附近吃饭。

【备课】

天水地区，外加南面的礼县，是西戎各部的活动中心。清水县白驼遗址、张家川县马家塬遗址和秦安县王洼墓地的发现就是这批戎人的东西。

天水、甘谷是秦武公伐邽、冀戎所设的邽、冀二县。天水不仅有邽戎，也是绵诸戎和獂戎聚集的地方。当时的邽县包括清水县。秦代从邽县分出上邽县，上邽故城在清水县城的西北。张家川是西汉陇县。礼县是西垂（西犬丘）所在，大骆之族和秦庄、襄二公的都城，也是绳戎即犬戎聚集的地方。犬戎是住在西犬丘的戎。

清水、张家川靠近陇山，是关陇大道所必经。清水有秦亭村，位于清水县城以东，秦亭镇以西。秦亭村有北魏太和二十年残碑（现存百家村秦乐寺）。其东北盘龙村有清道光二十二年重修关山驿路碑。翻过陇山，山的东侧是陇县。陇县店子村有秦的城址和墓地，考古学界的很多学者说，这是襄公徙都汧的证据，陇县是襄公东进建立的新都。

其实，秦在秦亭说和襄公徙都汧说都靠不住，属于误用文献。30 年前，我写过一篇《〈史记〉中所见秦早期都邑葬地》（《文史》第 20 辑），已经讨论过这两种说法。

司马迁写《史记·秦本纪》，说非子封秦在汧渭之会。他看过很多谱牒材料，有秦人留下的《秦纪》作依据，不能轻易否定。但考古界的很多学者却把非子的封邑定在甘肃清水县。理由是：目前，年代最早的秦遗址是清水李崖遗址，其次是甘谷毛家坪遗址，其次是天水的西山遗址、鸾亭山遗址和大堡子山墓地。他们相信，最早的秦不在陕西，而在甘肃。秦人是从清水，翻越陇坂，沿千河，从陇县经千阳到宝鸡到凤翔，一步步往东挪。所有文献记载的都邑，从西到东，按年代早晚，一个萝卜一个坑，都能找到相应位置。

我不同意这种判断。

第一，问题不在年代，李崖遗址和毛家坪遗址，无论多早（西周中期或西周早期），都不能证明非子封在清水。因为秦是周孝王以来才有的概念，时间早不过西周中晚期之交。早于这一时期，只有骆嬴一族，没有独立的秦嬴，我们不能把大骆之族当作秦。

第二，清水秦亭距李崖遗址还有相当距离，当地没有任何考古证据，足以支持非子受封的秦就在秦亭。清水秦亭说出徐广，广为东晋人。其说晚出，并不能抹杀和代替司马迁的说法。秦在清水说肇于秦在秦亭说，前提本身就有问题。

第三，秦亭以秦为名，这样的地名很多，不能证明秦在秦亭。秦亭以亭为名，从地名不难判断，只不过是古驿站。秦亭镇旧名秦亭铺，秦亭村旧名秦子铺。铺是驿站。秦亭只是关山驿路上的一个歇脚点。

至于襄公徙都汧说，我在《〈史记〉中所见秦早期都邑葬地》中也讲过，此说出唐《括地志》，不仅不见于《史记》，而且《括地志》引用的《帝王世纪》也非原文，其实是误用文献。

现在，为了探索秦文化，考古学家做了大量工作，积累了大量资料。考古材料和文献材料有矛盾，经常不是这两种材料本身有矛盾，而是我们对两者的关系吃不准，对它们的认识有矛盾。这里，关键不在考古可信还是文献可信，而在如何正确理解和运用这两种材料，把两者放在它们应有的位置上。这么多年，考古材料已经推翻了司马迁的说法吗？我看没有。

总之，在没有真正可以推翻司马迁的考古材料之前，我们应该尊重司马迁的说法。

司马迁是个绕不过的大山。

9 月 3 日，晴。

上午，先看宝鸡青铜器博物馆。时间仓促，秦器部分未能细看，其中有孙家南头和斗鸡台所出。然后看石鼓山四号墓的东西。这批铜器，最最吸引人者为一件动物形尊。同出还有一件动物形尊，与之相似，但比它小一点儿，未见。此器有三种颜色，底色灰黑，底纹（阴纹）覆蓝锈，表纹（阳纹）覆绿锈。尊作怪兽形，头上长角，似牛似鹿，两角间有弯曲的双钩，末端尖锐，爪为虎爪，腹有鱼鳍二、虎纹五道、羽纹两道，四足与臀饰饕餮、夔龙、双身蛇，真是什么动物都有。这是中国最早的有翼神兽，年代比张家坡的那件早。

中午，陈建立提议，看董亚威的铸造车间和设备。

下午，去岐山，再次路过那个用岐山做水泥的工厂，叫海螺凤凰山水泥有限公司。到凤雏村，看新发现的车马坑。坑上搭了棚子。车轮有铜箍，车辖、车軎镶绿松石。北大考古系的实习工地正式开工，孙庆伟（北大考古文博学院副院长）、雷兴山（北大考古文博学院教授）带学生实习，王占奎（陕西考古研究院研究员）、刘绪（北大考古文博学院教授）指导车马坑发掘。曹玮有事不能来。焦南峰来，说老卢（卢连成，当年带我在西高泉和沣西发掘的考古学家）联系不上。

晚上，罗森给学生做报告，讲她总结的四条。孙庆伟主持，要我给学生训话。我简单说了几句，谈不上训话。大意是，第一，考古要脚踏实地，重视地理，研究我们脚下的地；第二，我把我为中华书局百年纪念写的话改了一下，送学生。那篇题词是

"为学日益，为道日损，古书常读常新"，我把"古书"换成"考古"。我说，考古是基础工作，似乎是个自我满足的体系，我离开谁都行，谁离开我都不行。但我们的知识永远残缺不全、漏洞百出，再多的发现也填不满这些漏洞。我们只能虚实结合，反复调整。见得越多，学得越多，越需要提炼，越需要归纳，用最简单的话讲最简单的道理。开动脑筋，对考古很重要，愿与大家共勉。

宿扶风关中风情园公刘院。Gosden 送我一本小书：*Shapes*。

【备课】

上面说，考古界的流行看法，几乎众口一词，都说秦在甘肃清水。我在《〈史记〉中所见秦早期都邑葬地》梳理过这个问题，跟众说不同。现在有不少考古发现，应该重新总结一下。

1. 仿照商周考古，学界有所谓先商、先周，秦也有先秦。这个先秦不是指秦代以前的历史，而是指非子以前的历史，即非子的族源世系。最近，清华楚简《系年》透露，秦人的祖先曾居商奄（曲阜一带），周灭商，成王迁其民于朱圉山（在甘谷），他们才来到甘肃，平王东迁后，秦仲（秦襄公之误）才代周守岐，给周人看祖坟。我们从司马迁的记述看，嬴姓西迁分两支，一支是赵人的祖先（蜚廉子季胜之后），在山西赵城，一支是秦人的祖先（蜚廉子恶来之后），在甘肃礼县。礼县，古名西垂，也叫西犬丘，秦汉叫西县。西垂一支，周孝王时有大骆。大骆有二子，成以嫡子顺继大骆，住在西垂，非子是旁支，封在秦邑。成与非子是一家，他们的遗物，从考古文化讲是一个系统，无法分开，但骆嬴、秦嬴是两支，不能混为一谈。我们即使在甘肃发现早于西周晚期而又与秦有联系的东西，也不能认为就是秦的东西。

2. 秦之称秦，当从非子封秦算起，非子以前居西垂者，只有大骆一族。司马迁讲得很清楚，非子封秦，是周人"分土为附庸"，肯定住在岐周附近，而不是西垂附近。而且这个地点很具体，就是"汧渭之会"。清水也好，陇县也好，都不能叫"汧渭之会"，只有宝鸡才能叫"汧渭之会"。非子为孝王养马，封秦之前，或在汧陇一带（如关山牧场一带），但周人赐邑，还是在汧渭之会。秦与周密迩相处，还有一个证据。司马迁曾四次引用周太史儋的预言，"始周与秦合而别，别五百载复合，合十七岁而霸王者出焉"（《史记·周本纪》等），他说的"始周与秦合"指非子封秦，与周比邻而居，"而别"指秦襄公护送平王东迁洛邑，"别五百载复合"指平王东迁到秦灭周，中间隔了 500 年。"合十七岁而霸王者出焉"指秦王政灭周后 17 年，大举攻赵，由此揭开秦灭六国的序幕。我们从这段话看，秦与周本来住在一起，这点没法否认。

3. 申是姜姓，对安抚氐羌系的西戎很重要。申是西申，也叫申戎，既与周通婚，也与秦通婚，西戎多听命于申侯。西周晚期，周宣王宠褒姒，废申后之女所生子，西周就是被申侯率犬戎攻灭。犬戎即薰鬻、绲戎，学者多已指出，即西周金文屡见的猃犾。戎族之号，多冠居地，如邽、冀、翟、獂诸戎，莫不如此，犬戎盖居西犬丘。西犬丘不仅是犬戎所居，也是大骆所居。大骆妻是申侯女。司马迁说，大骆有二子，成与非子，周孝王更喜欢非子，想立非子继嗣大骆，申侯反对，说"昔我先骊山之女，为戎胥轩妻，生中潏，以亲故归周，保西垂，西垂以其故和睦。今我复与大骆妻，生適（嫡）子成。申骆重婚，西戎皆服，所以为王"，您能把王位坐稳，关键在这里。因此孝王才把非子封在秦，号曰秦嬴，让申侯之女所生子继嗣大骆。基于这一史实，我有一个概括：陇右为骆（骆嬴），陇左为秦（秦嬴）。骆与戎住一块儿，秦与周住一块儿。骆是用来和戎，秦是用来事周。我认为，不别骆、秦是所有误解的根源。

4. 秦世系，非子—秦侯—公伯—秦仲四世是头一段。这一段，秦的都邑、葬地在汧渭之会。非子"赏宅"是秦史的第一件大事。其年代可从后面三代逆推。秦仲在共、宣时（前 844～前 822 年），很明确。公伯立三年（前 847～前 845 年），秦侯立十年，皆厉王时（前 855～前 846 年）。非子跨孝、夷、厉三王（前？～前 856 年），孝、夷在位短，主要活动当厉王时。西戎灭大骆之族在厉王末年，当秦仲三年（前 841 年）。这以后才只有秦嬴，没有骆嬴。西戎灭骆嬴，是西戎灭西周的先兆。

5. 秦公簋有"十又二公"。这十二个公从谁算起？或说庄公，或说襄公，我是从庄公算起。襄公受封诸侯，秦器称为"受国"，当然是秦史上的大事，但庄公称公，《史记》讲得清清楚楚，为什么不算？庄公西略伐戎，在宣王时。从此，秦人才放弃秦邑，以西垂为都，代替骆嬴一支，作西垂大夫。我们要知道，这是平王东迁的前提，也是秦史上的大事。庄公称公，跟武王取天下，仍尊其父为文王一样，古代帝王往往如此。庄公、襄公居葬在西垂，司马迁讲得清清楚楚，没问题。大堡子山有两座秦陵，不管是两个公各居其一，还是同一个公夫妻分葬，都只能是这两个秦公或其中的一个。在这二公之前，在这二公之后，西垂没有秦公的陵墓。

6. 犬戎灭西周，司马迁讲得很清楚，平王说"戎无道，侵夺我岐、丰之地"，周在陕西的地盘是整个丢掉。平王封襄公为诸侯，让它收复岐以西之地。襄公伐戎至岐，没能取得最后胜利，就死了。文公继续伐戎，才把戎人赶走，岐以西归秦，岐以东献周。《史记·秦本纪》说："文公元年，居西垂宫。三年，文公以兵东猎。四年，至汧渭之会。曰：'昔周邑我先秦嬴于此，后卒获为诸侯。'乃卜居之，占曰吉。'"司马迁讲得很清楚，文公新都和非子故邑，两者在同一区域。这个新邑，现在还没找到，但毫无疑问，应在汧渭之会，即宝鸡一带。此话不能理解为人封在清水，但仪式在宝鸡举行。

7. 文公新邑与非子故都同在宝鸡，有四个地点，可以卡定它的大致范围。第一，五岳之前，只有四岳，秦地的岳山，不是华山，而是吴山，吴山是标志秦地的岳山（当时正叫岳山），在宝鸡西北。第二，文公梦黄龙，建鄜畤于凤翔三畤原上，在宝鸡东面。第三，文公祭陈宝，建陈宝祠于陈仓北阪城，陈仓北阪当即宝鸡贾村塬，城在塬上。第四，文公祭南山丰大特，建怒特祠于宝鸡南山，宝鸡南山也叫陈仓山。

8. 宝鸡以千河分东西，渭河分南北，是秦人的龙兴之地。宝鸡，旧名陈仓。陈仓与陈宝有关。陈宝见《顾命》，列于宝石中，其实是陨石。陨星穿越大气层，呼啸而过，有如鸡鸣，落地者为陨石。古人说陈宝是宝鸡所化，唐以来以宝鸡为县名，还是因袭故事。《封禅书》说，"作鄜畤后九年，文公获若石云，于陈仓北阪城祠之"。陈仓北阪城是获石之所，应即最早的陈仓城。汉陈仓城在宝鸡斗鸡台。斗鸡台一带出土过很多著名的西周铜器。陈仓以仓为名，恐怕与漕运有关。孙家南头遗址，不仅有春秋秦国大墓，也有汉代仓储遗址。汉陈仓城虽不必等于文公新邑，但文公新邑应在今宝鸡市陈仓区一带，还是八九不离十。

9. 《史记·秦本纪》说，文公居西垂宫，葬西山；宪公徙居平阳，葬西山；武公居平阳封宫，葬雍平阳，未及出子。《秦始皇本纪》不同，作文公居西垂宫，葬西垂；宪公居西新邑，葬衙；出子居西陵，葬衙；武公居平阳封宫，葬宣阳聚东南。文公新都既然在宝鸡，陵随邑转，自应以《秦本纪》为是，也在宝鸡。《秦始皇本纪》的"葬西垂"是"葬西山"之误。西山，或本作岐西山，不在西垂，《帝王世纪》《括地志》谓即"岐州陈仓县西北三十七里秦陵山"。从方向和距离估计，可能在宝鸡市金台区陵原村一带，即大唐秦王陵（李茂贞墓）附近。宪公徙居平阳，也叫西新邑，旧说在阳平镇，现在多认为在阳平镇西边的太公庙。宪公葬地，《秦本纪》作西山，《秦始皇本纪》作衙，似乎是一回事。衙也可能就在西山一带。这个衙在哪里？过去我有一个大胆推测，衙即茹家庄、纸坊头、竹园沟出土铜器铭文上的弴国之弴（古音相同）。这三个地点，茹家庄、竹园沟在渭河南，与姜城堡、益门为一线，都在清姜水东岸。纸坊头在渭河北，正好在陵原南。当然这是假说，但其地点总以不离宝鸡者为是。武公葬宣阳聚东南，宣阳聚是平阳城下面的小聚落。宝鸡出土春秋秦铜器，地点很多，如金陵河以西有福临堡，千河以西有斗鸡台，千河以东有孙家南头、太公庙、大王村、阳平镇（秦家沟），从西到东，大体在一条线上，都在渭河北岸。渭河南岸则有渭滨区的姜城堡，与福临堡隔河相望。我怀疑，秦文公以来的四个秦君，其都邑、葬地是以汧渭之会为中心，大体沿渭河一线分布，在其上下，并逐渐向凤翔原东移。最近，太高庙探出大型车马坑，与从前出土秦公钟镈的祭祀坑很近，尤其值得注意。

10. 我相信，不仅非子故邑、文公新都可能在这一带，宪公、武公的西新邑平阳也应在这一带。我对秦在宝鸡说很有信心。秦史虽可上溯到周孝王，当西周中晚期之交。但秦真正崛起和壮大主要是东周以来。我的印象，出土铜器，真正可以明确断定为秦器者，似乎没有比大堡子山更早。不其簋是不是秦庄公的铜器，恐怕还不能最后敲定。秦式陶器，虽可上接西周，但数量最多还是周室东迁后的东西。陇山东侧，从西周晚到春秋到战国，陇县—宝鸡—凤翔，序列比较完整。陇山西侧，虽有早一点儿的东西，但缺晚期的东西，特别是战国的东西。河西四郡设于西汉，河西走廊几乎看不到秦的东西，就连秦代的东西都没有，发现最多，主要是魏晋以来的东西。秦史，除庄、襄二公，非子到秦仲，还有秦文公以来，中心始终在宝鸡。秦是面向东方，伐戎继周，踩着西周的脚印，一步步向东挺进，都邑、葬地都是紧随其后，雍城是傍岐周，咸阳是傍宗周（沣镐）。伐戎是巩固后方，继周是向前推进，更高的目标是挺进中原。当然，这是后话。

9 月 4 日，晴。

上午，看扶风县周原博物馆，正屋和西屋有展室二，与以前不同。西屋是按文化类型和年代早晚排队的周原陶器。在东屋看周原陶范。

中午，吃泡馍，然后去机场。

下午，从咸阳机场回北京。

晚上，天进的朋友派车接罗森一行回北大，我也坐这辆车，到蓝旗营下。

9 月 5 日，晴。

早 8：30 送书给罗森和其他两位教授。北大考古文博学院与牛津大学还有活动，不再参加。

2014 年 9 月 16 日写于北京蓝旗营寓所